Dietz

Forschungsinstitut der Friedrich-Ebert-Stiftung
Reihe Politik- und Gesellschaftsgeschichte, Band 45

Herausgegeben von Dieter Dowe und Michael Schneider

Beatrix Bouvier

# Ausgeschaltet!

Sozialdemokraten in der
Sowjetischen Besatzungszone
und in der DDR
1945 – 1953

Verlag J. H. W. Dietz Nachfolger

Die Deutsche Bibliothek – CIP-Einheitsaufnahme

**Bouvier, Beatrix:**
Ausgeschaltet! : Sozialdemokraten in der sowjetischen
Besatzungdzone und in der DDR ; 1945 - 1953 / Beatrix Bouvier.
[Forschungsinstitut der Friedrich-Ebert-Stiftung]. –
Bonn : Dietz, 1996

(Reihe: Politik- und Gesellschaftsgeschichte ; Bd. 45)
ISBN 3-8012-4075-4
NE: GT


In der Raste 2, D-53129 Bonn
Umschlaggestaltung: Manfred Waller, Reinbek,
unter Verwendung einer Abbildung aus dem
Archiv der sozialen Demokratie der Friedrich-Ebert-Stiftung
Druck und Verarbeitung: Saarbrücker Druckerei und Verlag

Printed in Germany 1996

# Inhalt

***Anhang***

# Vorwort

Es ist eine angenehme Verpflichtung, an dieser Stelle Dank zu sagen. Er gilt vorweg Dieter Dowe, dem Leiter des Instituts für Sozialgeschichte e. V. Braunschweig-Bonn und des Historischen Forschungszentrums der Friedrich-Ebert-Stiftung, der diese Studie in allen Stadien begleitet und gefördert hat. Seine und Michael Schneiders ständige Diskussionsbereitschaft, ihre Ratschläge und hilfreiche Kritik haben sich in Verbindung mit ihrer Sachkompetenz seit vielen Jahren als unentbehrlich erwiesen. Eingeschlossen in diesen Dank sind alle Kolleginnen und Kollegen des Instituts für Sozialgeschichte, der historischen Abteilung im Forschungszentrum der Friedrich-Ebert-Stiftung sowie des Instituts für Geschichte an der Technischen Hochschule Darmstadt. Auf Hilfsbereitschaft und sachkundige Beratung in Archiven und Bibliotheken war ich stets angewiesen und konnte darauf zählen, namentlich in der „Stiftung Archiv der Parteien und Massenorganisationen der DDR" (SAPMO) im Bundesarchiv, Berlin, beim „Bundesbeauftragten für die Unterlagen des Staatssicherheitsdienstes der ehemaligen DDR" (BStU), der sogenannten Gauck-Behörde in Berlin, sowie im Archiv der sozialen Demokratie der Friedrich-Ebert-Stiftung. Dort war es vor allem Horst-Peter Schulz, der nicht nur alle Materialwünsche umgehend erfüllte, sondern dessen Detailkenntnisse darüber hinaus halfen, so manche Wissenslücke zu schließen. Eine besonders große Dankesschuld habe ich bei allen Zeitzeugen abzutragen, die meine Gesprächspartner waren oder es noch sind. Nicht zuletzt ihre Lebens- und Leidenswege sind ein wichtiger Anstoß für diese Arbeit gewesen und haben sie nachhaltig beeinflußt. Dem Bundesministerium des Innern schließlich ist für eine fünfzehnmonatige finanzielle Förderung in den Jahren 1992/93 zu danken. Nicht unerwähnt bleiben darf die Mühe meiner Kolleginnen Doris Faßbender und Heike Spanier, die bei der Manuskripterstellung halfen.

Bonn, im März 1996 Beatrix Bouvier

# Einleitung

Im April 1944 notierte Wilhelm Pieck im Moskauer Exil: „Einheit ist die Frage der SPD – sie wird dadurch ausgeschaltet“.[1] Dieses Zitat kann für die vorliegende Arbeit insofern als eine Art Motto verstanden werden, als sie sich mit dieser „Ausschaltung“ befaßt und nachzeichnet, was darunter zu verstehen war und wie Sozialdemokraten darauf reagierten. Unabhängig von den sich bis Kriegsende und in der Nachkriegszeit wandelnden Bedingungen zeigen die Moskauer Diskussionen konstante ideologische und taktische Elemente, die das Verhältnis zur und den Umgang mit der Sozialdemokratie prägten. Zu nennen sind dafür der unbedingte Führungsanspruch und -wille der KPD und die im Hinblick auf die SPD unübersehbare alte Einheitsfronttaktik. Geprägt von der eigenen Vergangenheit und orientiert an historischen Vorbildern, sollten „alte Fehler“, eine neuerliche „Niederlage“ und Entwicklung wie in Deutschland nach 1918 vermieden werden.

Diese Diskussionen kreisten um Gesamtdeutschland, so daß sich auch der Blick auf die SPD als eine Partei dieses gesamten Deutschland richtete, nicht nur auf die einer Zone. Die „Einheit“ zum Problem der gesamten SPD zu machen, ist demnach ebensowenig gelungen, wie sie insgesamt „auszuschalten“. Doch in der Sowjetischen Besatzungszone (SBZ) gelang es; dort wurde die der SPD aufgezwungene „Einheit“ zur Existenzfrage.

Im Mittelpunkt der vorliegenden Arbeit steht zwar diese Ausschaltung mit ihren vielfältigen Formen; doch ohne den Weg in die Einheitspartei SED ist dieser Prozeß nicht nachvollziehbar. Dafür wird der Begriff „Zwangsvereinigung“ verwendet, weil die formal freiwillige Zustimmung der SPD nicht Folge einer freien Entscheidung, sondern des vorherigen Gleichschaltungsdruckes war. Für eine tatsächlich freie Entscheidung im Anschluß an eine inhaltliche und sachliche Diskussion mit der Abwägung von Alternativen gab es keine Voraussetzungen. Die Berücksichtigung der

1 Das Zitat entstammt den handschriftlichen Notizen Wilhelm Piecks zum Vortrag Walter Ulbrichts in der „Arbeitskommission“ des ZK der KPD über „Die politische Führung beim Sturze Hitlers und im neuen Deutschland“ am 17.4.1944, dessen Diskussion am 24.4.1944 fortgesetzt wurde. In: SAPMO-BArch, NL 36/501, Bl. 46. Zur Bedeutung der Arbeitskommission und zu den Diskussionen der KPD-Führung im Moskauer Exil vgl. Peter Erler, Horst Laude, Manfred Wilke (Hrsg.), „Nach Hitler kommen wir“. Dokumente zur Programmatik der Moskauer KPD-Führung 1944/45 für Nachkriegsdeutschland, Berlin 1994. Die zitierte Notiz ist darin nicht enthalten, obwohl sie den zentralen Aspekt des Verhältnisses zur SPD und damit der Funktion, die ihr zugewiesen wird, enthält.

Entwicklung von 1945/46 ist für die Ausschaltung der Sozialdemokraten auch insofern von großer Bedeutung, als sie bereits während dieses Prozesses erkennbar einsetzte; und das Verhalten von Sozialdemokraten während dieser „Einheitskampagne“ war ein wichtiges – wenn auch häufig instrumentell verwendetes – Argument bei ihrer Ausschaltung, bei dem Kampf gegen Einzelne, den „Sozialdemokratismus“ insgesamt und bei der Verfolgung und „Liquidierung“ ganzer Gruppen.

*

In dieser Arbeit kann die Bezeichnung SPD oder Partei nur für die kurze Phase ihrer organisatorischen Selbständigkeit und für Ost-Berlin verwendet werden; für die nachfolgende Entwicklung ist lediglich von Sozialdemokraten die Rede, von einzelnen Personen oder Gruppen. Das kann verschiedenes bedeuten; es gilt formal zunächst für alle SED-Mitglieder, deren Herkunftspartei die SPD war. Der neutrale Begriff „ehemalige SPD-Mitglieder“ wird vorwiegend dann verwendet, wenn sie als statistische Größe auftauchen und über Verhaltensweisen oder Einstellungen keine präzisen Angaben gemacht werden können. Als Sozialdemokraten hingegen werden hier diejenigen bezeichnet, die sich ungeachtet ihrer freiwilligen oder unfreiwilligen SED-Mitgliedschaft weiterhin mit der Sozialdemokratie verbunden fühlten und sich nicht mit der SED identifizieren wollten. Gemeint sind auch jene Sozialdemokraten, die aus der SED austraten, wegen ihrer politischen Gesinnung ausgeschlossen wurden, sowie diejenigen, die nach 1945 aus unterschiedlichen Gründen der SPD nicht beigetreten waren, aber vor 1933 in der SPD, ihren Vorfeldorganisationen oder den Freien Gewerkschaften organisiert waren oder aus sozialdemokratischen Elternhäusern stammten und sich der Sozialdemokratie zugehörig fühlten.[2] Als ehemalige Sozialdemokraten werden vornehmlich diejenigen – vor allem in den Führungsgremien der SED – bezeichnet, die sich mit den Zielen der SED und dem Gedanken einer Einheitspartei (nicht nur nach außen) identifizierten, aber sich zugleich in den ersten Jahren auch zu ihrer Herkunftspartei und deren Geschichte bekannten und sich erkennbar von den Funktionären kommunistischer Herkunft unterschieden.

*

2 Problematisch ist diese Bezeichnung für diejenigen, die keine früheren Bindungen hatten, zur Tarnung in einer anderen Partei waren und gleichzeitig für das Ostbüro der SPD arbeiteten, sich eventuell erst später, während der Haft oder nach der Flucht in den Westen, der SPD oder ihrem Gedankengut näherten. Diese spezifische Problematik wie auch die spätere Entwicklung einzelner Personen ist nicht Gegenstand dieser Untersuchung.

Eine Untersuchung über Sozialdemokraten in der Sowjetischen Besatzungszone und frühen DDR kann weder *alle* Sozialdemokraten oder ehemaligen SPD-Mitglieder einbeziehen noch *die* Sozialdemokraten allgemein meinen, die es ebensowenig gab, wie in der kurzen Phase der organisatorischen Selbständigkeit eine einheitliche ostzonale SPD existierte. Eine Sonderentwicklung nahm die Viersektorenstadt Berlin, wo bis zum Mauerbau von 1961 im Osten eine eigene SPD-Organisation legal wirkte. Trotz Blockade und Spaltung der Stadt wurde diese Organisation nicht aufgelöst. Auch wenn die Ost-Berliner SPD als politische Kraft die Ost-Berliner Kommunalpolitik nach 1948 nicht mehr mitgestalten konnte, blieb ihre durch den alliierten Status ermöglichte Weiterexistenz ein wichtiges Symbol, was nicht bedeutete, daß die Mitglieder ihre Arbeit lediglich als symbolisch verstanden.[3]

Schwerpunkt dieser Untersuchung sind bewußt nicht die sogenannten „Spitzenfunktionäre", also die ehemaligen Mitglieder des Zentralausschusses (ZA) der SPD, die aus der SPD stammenden Mitglieder des Zentralsekretariats (ZS) der SED sowie die Landesvorsitzenden der SED/SPD. Sie waren diejenigen auf sozialdemokratischer Seite, die in der letzten Phase die Vereinigung von SPD und KPD nicht nur befürworteten, sondern sogar forcierten. Ungeachtet der Tatsache, daß einige sich später von der SED lösten und in den Westen flohen, andere politisch beiseite geschoben und kaltgestellt wurden, waren sie doch nicht in der gleichen Weise von Repressionen und Verfolgung betroffen wie die Funktionäre der mittleren und unteren Ebene, deren Ausschaltung zu den Kernproblemen dieser Arbeit gehört. Angesichts der kommunistischen Strategie, die sozialdemokratischen „Massen", d. h. die einfachen Mitglieder, für sich zu gewinnen, muß gefragt werden, welche Konsequenzen dies für die wichtige Ebene zwischen Führung und Basis hatte, die „mittlere Ebene", die nicht nur bezogen auf die Sozialdemokratie von großer Bedeutung ist.[4] Es ist jene Entscheidungs- und Handlungsebene, deren Vertreter in der Regel die eigentliche Arbeitslast bei der Vorbereitung und Ausführung von Entscheidungen tragen, die sie auch umsetzen müssen; es ist eine Gruppe, die wenig Publizität erlangt, ohne die jedoch nichts getan und verändert wer-

3 Als erstes Ergebnis einer geplanten größeren Studie vgl. Siegfried Heimann, Die Sonderentwicklung der SPD in Ost-Berlin 1945-1961, in: Materialien der Enquete-Kommission „Aufarbeitung von Geschichte und Folgen der SED-Diktatur in Deutschland" (12. Wahlperiode des Deutschen Bundestages), hrsg. vom Deutschen Bundestag, Baden-Baden 1995, Bd. II, 3, S. 1649-1688; vgl. auch Stefan Wolle, Die SPD in Ostberlin (1946-1961), in: ebd., Bd. II, 4, S. 2941-2993. Zu dieser SPD als Symbol vgl. Richard Merritt und Ronald Francisco, Die Symbolpartei in der Ost-West-Auseinandersetzung. Die Sozialdemokratie in Berlin 1945 bis 1961, in: PVS, 13. Jg. 1972, S. 311-334.

4 Zur Bedeutung dieser „mittleren Ebene" über die Parteien hinaus vgl. Karl W. Deutsch, Politische Kybernetik, Freiburg 1969, S. 222 ff.

den kann. Diese Kommunikationsebene ist in „vertikaler“ Richtung der „Masse“ oder Basis nahe genug, um den permanenten und wirksamen Kontakt zu ihr zu halten und ihn zu einer „höchsten“ Ebene hin zu vermitteln oder zu unterbinden. Gleichzeitig ist sie hoch genug, um eine intensive „horizontale“ Kommunikation auf der gleichen Ebene zu ermöglichen.

Die Untersuchung umfaßt die Jahre zwischen 1945 und 1953; das Schwergewicht liegt in der Zeit zwischen 1946 und 1950/51 als einer Zäsur, die mit dem Abschluß der ersten Parteiüberprüfung deutlich machte, daß die SED völlig umstrukturiert worden war. Innerhalb dieses zeitlichen Rahmens sind immer wieder Rückgriffe auf die von 1945/46 ausgehende Entwicklung erforderlich. Sie machen es notwendig, die Voraussetzungen, den Weg der Sozialdemokraten in die Zwangsvereinigung, noch einmal nachzuzeichnen. Die Untersuchung endet mit dem 17. Juni 1953, jenem historisch bedeutsamen Ereignis, an dem Sozialdemokraten noch sichtbar beteiligt waren.

*

Wenn nach der Einstellung, dem Verhalten, dem Handeln und der Verfolgung von Sozialdemokraten in dem genannten Zeitraum gefragt wird, kann der Gesamtkontext – die Folie, vor der das Geschehen zu verstehen ist – nicht jeweils ausgerollt werden. Dies gilt insbesondere für die Gesamtentwicklung der Sowjetischen Besatzungszone und DDR, die Herausbildung der beiden deutschen Staaten im Gefolge des Kalten Krieges und die unterschiedlichen Perspektiven für die Wiederherstellung einer auch staatlichen deutschen Einheit.[5] Wichtige Daten und Ereignisse können nur erwähnt, nicht jedoch in ihrer jeweiligen Bedeutung im Detail nachgezeichnet werden. Sie waren zwar wahrnehmbar, aber in ihrer Tragweite für die Zeitgenossen noch nicht abzuschätzen. Nicht nur für die Sozialdemokraten in der Sowjetischen Besatzungszone und frühen DDR war eine lang anhaltende Spaltung Deutschlands nicht vorstellbar. Zu nennen sind für diesen Zusammenhang vor allem die gescheiterten Außenministerkonferenzen des Jahres 1947 und der Marshall-Plan als signi-

---

5 Als Gesamtüberblick zu dieser Problematik vgl. Christoph Kleßmann, Die doppelte Staatsgründung. Deutsche Geschichte 1945–1955, 3. erg. Aufl., Bonn 1984; zur Geschichte der SBZ/DDR u. a. Hermann Weber, DDR. Grundriß der Geschichte, vollständig überarb. u. erg. Neuaufl., Hannover 1991; für die Entwicklung in den Westzonen bis zur Gründung der Bundesrepublik vgl. Geschichte der Bundesrepublik Deutschland, Bd. 1: Theodor Eschenburg, Jahre der Besatzung. 1945–1949, Stuttgart, Wiesbaden 1983; Bd. 2: Hans-Peter Schwarz, Die Ära Adenauer. Gründerjahre der Republik. 1949–1957, Stuttgart, Wiesbaden 1981.

fikante Zeichen für den Beginn des „offenen“ Kalten Krieges.[6] Nicht nur die bis dahin noch bestehenden gesamtdeutschen Verbindungen – etwa zwischen Parteien und Gewerkschaften – wurden unterbrochen bzw. zerbrachen, sondern Europa begann sich zu spalten. „Von da an wurden deutlich die Weichen gestellt für eine Integration in die sich nun beschleunigt ausbildenden politischen, wirtschaftlichen und militärischen Blöcke.“[7]

Vor allem die Berliner Situation legte brennpunktartig die Interdependenzen zwischen sowjetischer und westalliierter Deutschlandpolitik offen. Die Dynamik, die dann zur beschleunigten staatlichen Verselbständigung führte, war eng mit der Berlin-Blockade von 1948/49 verknüpft, auch wenn dieser Prozeß in beiden Teilen Deutschlands bereits im Frühjahr 1948 weit vorangeschritten war.[8] Diese Krise mit der von beiden Seiten konstatierten Kriegsgefahr verhinderte die Bildung des Weststaates nicht, und ihre Beilegung bedeutete auch keine Rückkehr zum status quo ante des Potsdamer Systems. Deutlich wurde schon für die Miterlebenden der sich mit der Berlinkrise herausbildende antikommunistische Konsens in der westdeutschen Bevölkerung, ihr spontanes Bekenntnis zur westlichen Demokratie in Verbindung mit der Akzeptanz des Feindbildes vom „Russen“, von den „Sowjets“ und ihren deutschen Parteigängern in Gestalt der SED als den alleinigen Spaltern Deutschlands. Die Bevölkerung Berlins erlebte hautnah die Dramatik der Blockade, die Sperrung aller Landverbindungen zwischen den Westzonen und Berlin, die Einstellung der Versorgung der Westsektoren mit Energie und Lebensmitteln aus dem Ostsektor und der sowjetischen Zone; und sie erlebte die Luftbrücke, die mit zu dem Gefühl beitrug, daß aus Besatzern die Schutzmächte vor der „Gefahr aus dem Osten“ wurden. Weithin sichtbaren Ausdruck verlieh dieser Stimmung der Berliner Ernst Reuter, der 1947 gewählte, wegen des sowjetischen Vetos jedoch nicht amtierende sozialdemokratische Oberbürgermeister. Mit Blick auf den Osten plädierte er für die Bildung eines westdeutschen Staates als Voraussetzung nicht nur der „Gesundung“ der Verhältnisse in Berlin, sondern auch einer Rückkehr des „Ostens“ zum „gemeinsamen Mutterland“.[9] Die Reaktionen und das Verhalten der Berliner Sozialdemokraten in dieser Phase, ihre Einbettung in den antikommunistischen Konsens, waren auch eine Ermutigung für diejenigen So-

---

6 Vgl. Kleßmann, S. 15.; vgl. auch Wilfried Loth, Stalins ungeliebtes Kind. Warum Moskau die DDR nicht wollte, Berlin 1994, S. 71 ff.

7 Kleßmann, ebd.

8 Vgl. Gerhard Keiderling, Zur Vehikel-Funktion der Berliner Krise in der „doppelten Staatsgründung“, in: Elke Scherstjanoi (Hrsg.), „Provisorium für längstens ein Jahr“, Berlin 1993, S. 48 ff.

9 Vgl. ebd., S. 52.

zialdemokraten, die in der Sowjetischen Besatzungszone leben mußten und zwangsvereinigt waren.

Sie erlebten die sowjetische Besatzungs- und Deutschlandpolitik und deren Umsetzung durch die SED noch unmittelbarer. Obwohl sie Strukturveränderungen wollten, grundsätzlich akzeptierten und mitzutragen bereit waren, lehnten sie die Methoden zu deren Durchsetzung ab. Darüber hinaus identifizierten sich die meisten auch nicht mit der Besatzungsmacht, wie dies der kommunistische Teil der SED tat. Und anders als in den Westzonen wurde in der bald folgenden Konfrontation zwischen den Alliierten für sie die Besatzungsmacht nicht zur Schutzmacht; deshalb wollten sie auch nicht uneingeschränkt – von prominenten Ausnahmen abgesehen – dem primären Ziel sowjetischer Deutschlandpolitik folgen. Wenn dies in „der Befriedigung der Interessen an Wiedergutmachung und Sicherheit bestanden hat“[10], so bedeutete das nicht allein das Offenhalten der Deutschen Frage, sondern auch Demontagen, Reparationen und eine Wirtschaftspolitik, die nicht selten als Ausplünderung erfahren wurde, als eine Politik, die den eigenen – deutschen Interessen – zuwiderlief.

Wenig durchschaubar konnten für die Miterlebenden die heute diskutierten und noch nicht endgültig zu beantwortenden Fragen sein, was Stalin tatsächlich wollte und wie real der kommunistische Weltherrschaftsanspruch jemals war. Gleiches gilt für das „formelle“, taktische oder tatsächliche Offenhalten der Deutschen Frage bis hin zu einer Preisgabe des „ungeliebten Kindes“ DDR zugunsten eines einheitlichen Deutschland als parlamentarische Demokratie im westlichen Sinn.[11]

10 Wilfried Loth, Das ungeliebte Kind. Stalin und die Gründung der DDR, in: Scherstjanoi (Hrsg.), „Provisorium für längstens ein Jahr“, S. 32.

11 Dafür plädiert vor allem Loth in der genannten Arbeit in sehr pointierter Weise, während beispielsweise Dietrich Staritz von einem „formellen“ Offenhalten ausgeht. Vgl. Dietrich Staritz, Die SED, Stalin und der „Aufbau des Sozialismus“ in der DDR. Aus den Akten des Zentralen Parteiarchivs, in: Deutschland Archiv 24, 1991, S. 686-700. Nach Loth gab es Möglichkeiten für ein so gestaltetes einheitliches Deutschland im gesamten Zeitraum zwischen Kriegsende und Sommer 1953, in Ansätzen auch danach. Darin eingeschlossen ist eine entsprechende Interpretation der „Stalin-Note“ vom Frühjahr 1952: Eine Verständigung wäre jederzeit möglich gewesen, wenn die westlichen Siegermächte gewollt hätten. Für den vor allem nach 1953 durchgesetzten „real existierenden Sozialismus“ ist in seiner Sicht Walter Ulbricht der Hauptverantwortliche. Vgl. Loth, Stalins ungeliebtes Kind, S. 224 ff. Zur Stalin-Note vgl. Rolf Steininger, Eine Chance zur Wiedervereinigung? Die Stalin-Note vom 10. März 1952, Bonn 1985. Auch mit diesen auf neuen Quellen basierenden Thesen bleibt die Frage offen, ob eine solche parlamentarische Demokratie tatsächlich der Wirkungsweise westlicher Demokratien entsprechen sollte, ob Stalin überhaupt in der Lage war, westliches Demokratieverständnis nachzuvollziehen. Denn zentral war doch wohl eher die Hoffnung auf eine Stärkung der Arbeiterklasse und mit ihr zusammenarbeitender bürgerlicher Elemente, die auf Moskau setzen sollten oder wollten.

Ebensowenig konnten sie die Entscheidungsprozesse in Moskau erkennen, eventuelle Differenzen und politische Nuancen zwischen Stalin, der KPdSU und der Sowjetischen Militäradministration in Deutschland (SMAD), auch nicht die tatsächlichen Einflußmöglichkeiten und Handlungsspielräume der SED-Führung einschätzen. Was sie wie die gesamte deutsche Öffentlichkeit als Politik der UdSSR wahrnehmen konnten, war die Propaganda, zu der es in einem Bericht der Informationsverwaltung der SMAD nach dreijähriger Tätigkeit hieß: „Die zentrale Frage in unserer Propaganda in bezug auf Deutschland war die Frage der Einheit Deutschlands. Die Initiative in der Propaganda für die Einheit Deutschlands lag immer in unseren Händen. Das war eine populäre Forderung, um die sich die fortschrittlichen und demokratischen Kräfte aus allen Schichten der deutschen Gesellschaft sammelten."[12]

Die Sozialdemokraten erlebten nicht nur diese offizielle deutschlandpolitische Propaganda, sondern zugleich den Verselbständigungsprozeß der Sowjetischen Besatzungszone, die entscheidenden und nachhaltigen Strukturveränderungen. Wichtig war für sie jedoch auch die parteiinterne Erfahrung der Erfolglosigkeit kommunistischer Politik im Westen, die offenkundige innere Schwäche und Krise der SED 1947 und deren Legitimitätsverlust, der wesentlich mit der Politik der Besatzungsmacht zusammenhing.[13] Nicht zuletzt aufgrund dieser Schwächeperiode begann die auch für die Sozialdemokraten klar erkennbare, früh einsetzende Rezeption sowjetischer Vorstellungen, die als Stalinisierung der SED mit erheblichen Folgen für die Sozialdemokraten im Kontext der Arbeit nachgezeichnet wird.

Für das Verhalten und Handeln der Sozialdemokraten in der SBZ/DDR sind in dem behandelten Zeitraum nicht nur diese Erfahrungen und Prozesse von Bedeutung, sondern vornehmlich ihre Vorstellung von der Umkehrbarkeit dieser Prozesse, genährt von der als offen proklamierten Deutschen Frage. Hinzu kam, daß ihr westdeutscher Ansprechpartner, die SPD unter Führung Kurt Schumachers, sich nicht nur als ihr Sprachrohr empfand, sondern daß die Wiedervereinigung bis weit in die fünfziger Jahre *das* Nahziel sozialdemokratischer Politik war.[14]

---

12 Zitiert nach Jochen Laufer, Auf dem Wege zur staatlichen Verselbständigung der SBZ, in: Jürgen Kocka (Hrsg.), Historische DDR-Forschung. Aufsätze und Studien, Berlin 1993, S. 29. Eingeräumt wird in diesem Bericht auch, daß die Argumente der Propaganda die Deutschen nicht hätten überzeugen können.

13 Vgl. dazu Dietrich Staritz, Einheits- und Machtkalküle der SED (1946–1948), in: Scherstjanoi (Hrsg.), „Provisorium für längstens ein Jahr", S. 15-31.

14 Vgl. Kurt Klotzbach, Der Weg zur Staatspartei. Programmatik, praktische Politik und Organisation der deutschen Sozialdemokratie 1945 bis 1965, Bonn 1982, S. 228 ff. (Neuaufl. 1996); Kurt Thomas Schmitz, Deutsche Einheit und Europäische Integration, Bonn 1978, S. 83 ff.

Mit und nach der „Wende" von 1989/90 und der Zugänglichkeit neuer Quellenbestände hat eine kaum noch zu überschauende DDR-Forschung eingesetzt.[15] Manches an den bereits publizierten Forschungsergebnissen scheint dem Bedürfnis geschuldet, möglichst viele Quellen zu publizieren, konkrete Fragen anhand einseitiger oder eng begrenzter Quellenbestände zu beantworten oder auf tatsächliche oder vermeintlich aktuelle politische Debatten zu reagieren. Da historische Forschung in der Regel keine schnellen Ergebnisse zu präsentieren in der Lage ist, sind es vorwiegend Einzelergebnisse in Sammelwerken, die andeuten, in welcher Weise die Geschichte der DDR „aufgearbeitet" werden kann, welche inhaltlichen und methodischen Probleme sie für Historiker aufwirft.[16]

Von der Forschung aufgegriffen wurden Themen, die von der DDR-Historiographie tabuisiert worden waren und die – von Ausnahmen abgesehen – auch in der westdeutschen Forschung, vornehmlich in Überblicksdarstellungen, im Hintergrund blieben, obwohl sie bis in die sechziger Jahre einer auch breiteren Öffentlichkeit präsent waren. Dazu gehören Opposition, Widerstand und Verfolgung in den vierziger und fünfziger Jahren, jenem Zeitraum demnach, in dem die vorliegende Untersuchung angesiedelt ist. Daß diese Thematik kein Gegenstand der DDR-Historiographie sein konnte, liegt auf der Hand; in der Bundesrepublik könnte mit der Entspannungspolitik und dem Wunsch nach Überwindung des „Kalten Krieges" ein Verdrängungsprozeß einhergegangen sein, der diese Thematik einer längst überwundenen „stalinistischen" Entwicklungsphase zuordnete, die um der Gegenwart und Zukunft willen verdrängt wurde und möglicherweise in Vergessenheit geraten sollte. In Vergessenheit gerieten freilich auch die Menschen, die Opfer dieses Systems wurden, die sich gewehrt und versucht hatten, ihm zu widerstehen.

---

15 Einen Überblick über die laufende Forschung vermittelt die Umfrage des Arbeitsbereiches DDR-Geschichte im Mannheimer Zentrum für Europäische Sozialforschung (MZES), die im Auftrag der Enquete-Kommission des Deutschen Bundestages „Aufarbeitung von Geschichte und Folgen der SED-Diktatur in Deutschland" durchgeführt wurde; mit Stand vom Dezember 1993 verzeichnet sie über 750 Forschungsvorhaben. Die publizierten Materialien dieser Enquete-Kommission machen unabhängig von den damit zusammenhängenden politischen Kontroversen deutlich, wie breit das Themenspektrum der noch zu erforschenden Problematik ist. Vgl. Materialien der Enquete-Kommission „Aufarbeitung von Geschichte und Folgen der SED-Diktatur in Deutschland" (12. Wahlperiode des Deutschen Bundestages), hrsg. vom Deutschen Bundestag, 18 Bde., Baden-Baden, Frankfurt a.M. 1995.

16 Exemplarisch dafür seien angeführt Jürgen Kocka (Hrsg.), Historische DDR-Forschung. Aufsätze und Studien, Berlin 1993; Hartmut Kaelble/Jürgen Kocka/Hartmut Zwahr (Hrsg.), Sozialgeschichte der DDR, Stuttgart 1994.

Nicht alle Themen wurden also „neu" entdeckt, sondern sie mußten und müssen quasi wiederentdeckt und auf einer breiteren Quellengrundlage erforscht werden. Unabhängig vom Problem der Zugänglichkeit von russischen Archiven gehören dazu u.a. die sowjetischen Sonderlager auf deutschem Boden[17], die Entwicklung der frühen CDU zwischen Widerstand und Gleichschaltung[18], der Widerstand und die Verfolgung von Jugendlichen in den fünfziger Jahren[19], die allgemeine Problematik von Widerstand und Verfolgung, Zeitzeugenberichte eingeschlossen[20], sowie auch die neueren Forschungen zum 17. Juni 1953.[21]

An neueren Forschungsergebnissen, die die Thematik der Arbeit in direkterer Weise berühren, ist u. a. die minutiöse Studie Manfred Overeschs über den sozialdemokratischen Politiker Hermann Brill zu nennen.[22] Mit dessen Namen ist ein herausragendes Modell für einen politischen Neubeginn verbunden; an seinem Beispiel wird zudem deutlich, wie die SPD durch Ausnutzung parteiinterner Differenzen von KPD und sowjetischer Besatzungsmacht faktisch in eine Spaltung getrieben und durch Brills Ausschaltung in Thüringen der Weg in die Einheitspartei freigemacht wurde. Zu nennen sind darüber hinaus drei Lokalstudien über Sachsen und Thüringen, deren Untersuchungszeitraum vom Kaiserreich bis in die Gegenwart reicht.[23] Ausgehend von der unerwartet katastrophalen Wahlniederlage der SPD bei den ersten freien Volkskammerwahlen vom 18. März 1990 in ehemaligen mitteldeutschen Hochburgen der Sozialdemokratie, gehen die Autoren der Frage nach, wann die sozialdemokrati-

17 Vgl. dazu u. a. Michael Klonovsky und Jan von Flocken, Stalins Lager in Deutschland 1945–1950. Dokumentation, Zeugenberichte, Berlin, Frankfurt am Main 1991, München 1993; Bodo Ritscher, Speziallager Nr. 2 Buchenwald. Zur Geschichte des Lagers Buchenwald 1945 bis 1950, Weimar-Buchenwald 1993; Gerhard Finn, Die Speziallager der sowjetischen Besatzungsmacht 1945–1950, in: Materialien der Enquete-Kommission „Aufarbeitung von Geschichte und Folgen der SED-Diktatur in Deutschland", Bd. IV, S. 337-397.

18 Vgl. vor allem Michael Richter, Die Ost-CDU 1948–1952. Zwischen Widerstand und Gleichschaltung, 2. Aufl., Düsseldorf 1991.

19 Vgl. dazu Patrik von zur Mühlen, Der „Eisenberger Kreis". Jugendwiderstand und Verfolgung in der DDR 1953–1958, Bonn 1995.

20 Vgl. zuletzt Brigitte Kaff (Hrsg.), „Gefährliche politische Gegner". Widerstand und Verfolgung in der sowjetischen Zone/DDR, Düsseldorf 1995. Anders als der umfassende Titel vermuten läßt, sind darin allerdings die Sozialdemokraten nicht eingeschlossen; sie finden lediglich in dem allgemeinen Beitrag von Karl Wilhelm Fricke Erwähnung, unter den Zeitzeugenberichten sind sie nicht zu finden.

21 Auf die neueren Forschungen zum 17. Juni soll im Kontext der Arbeit gesondert eingegangen werden. Vgl. Kapitel 7.

22 Manfred Overesch, Hermann Brill in Thüringen 1895–1946. Ein Kämpfer gegen Hitler und Ulbricht, Bonn 1992.

23 Franz Walter/Tobias Dürr/Klaus Schmidke, Die SPD in Sachsen und Thüringen zwischen Hochburg und Diaspora, Bonn 1993.

schen Traditionsströme aus dem Kaiserreich und der Weimarer Republik versiegten. Sie kommen zu dem Ergebnis, daß die Erosion der Sozialdemokratie in Teilen ihrer Stammregionen früh einsetzte und dramatisch verlief, daß Sachsen und Thüringen bereits am Ende der Weimarer Republik nicht mehr „rot" und schon gar nicht mehr sozialdemokratisch waren.

Von großer Bedeutung für die vorliegende Studie ist vor allem die umfangreiche Quellenedition von Andreas Malycha, die den Weg der ostzonalen Sozialdemokratie in die Einheitspartei in breitem regionalen Zugriff in eindrucksvoller Weise dokumentiert.[24] Die herausragende Bedeutung dieser Quellensammlung liegt nicht in sensationellen Einzeldokumenten oder großen inhaltlichen Überraschungen, sondern darin, daß nun dokumentiert und nachgewiesen werden kann, was westdeutsche Historiker auf einer sehr viel schmaleren Quellenbasis der DDR-Historiographie mit ihrer mehr als einseitigen Sicht der SED-Gründung und der sozialdemokratischen Haltung entgegengestellt haben. Die Dokumente untermauern zudem die Argumentation, daß im Hinblick auf die Fusion von SPD und KPD von einer „Zwangsvereinigung" gesprochen werden muß, auch wenn der Herausgeber selbst diesen Begriff vermeidet. In seiner Studie über die Entwicklung der SED in den Jahren zwischen 1946 und 1950 belegt Malycha dann, daß innerparteiliche Demokratie in der SED von Anbeginn an nicht existierte, daß stalinistische Strukturen frühzeitig durchgesetzt wurden.[25]

Die Erwartungen, die an die erst neuerdings für die Forschung verfügbaren Quellen geknüpft werden, mögen groß sein; dennoch ist unübersehbar, daß auch schon vorher, d. h. in der historischen DDR-Forschung der alten Bundesrepublik, Themen aufgegriffen wurden, die Probleme der vorliegenden Arbeit berühren; trotz begrenzter Quellenbasis sind ihre differenzierten Ergebnisse unverzichtbar. Als Summe dieses Forschungsstandes sei zunächst das SBZ-Handbuch erwähnt.[26] Unerläßlich für die

24 Andreas Malycha, Auf dem Weg zur SED. Die Sozialdemokratie und die Bildung einer Einheitspartei in den Ländern der SBZ. Eine Quellenedition, Bonn 1995. Als für diesen Weg ebenso unerläßliche Quelle sind darüber hinaus die Protokolle über die sogenannte „Sechziger-Konferenz" zu nennen. Vgl. Gert Gruner/Manfred Wilke (Hrsg.), Sozialdemokraten im Kampf um die Freiheit. Die Auseinandersetzungen zwischen SPD und KPD 1945/46. Stenographische Niederschriften der Sechziger-Konferenz am 20./21. Dezember 1945, München 1981; Einheitsdrang oder Zwangsvereinigung? Die Sechziger Konferenzen von KPD und SPD 1945 und 1946. Mit einer Einführung von Hans-Joachim Krusch und Andreas Malycha, Berlin 1990.

25 Andreas Malycha, Partei von Stalins Gnaden? Die Entwicklung der SED zur Partei neuen Typs in den Jahren 1946 bis 1950, Berlin 1996.

26 Martin Broszat/Hermann Weber (Hrsg.), SBZ-Handbuch. Staatliche Verwaltungen, Parteien, gesellschaftliche Organisationen und ihre Führungskräfte in der Sowjetischen Besatzungszone Deutschlands 1945–1949, München 1990.

Einbettung von Fragestellungen in die Gesamtentwicklung sind zudem die zahlreichen Arbeiten von Hermann Weber.[27] Karl Wilhelm Fricke und Gerhard Finn haben immer wieder Themen aufgegriffen, die in der Öffentlichkeit wenig Resonanz fanden. Ihre Ergebnisse haben jedoch trotz erweiterten Quellenzugangs auch heute noch Gültigkeit.[28] Mit Blick auf die Sozialdemokraten muß vor allem auf die Arbeiten von Harold Hurwitz verwiesen werden, der die frühe Entwicklung in Berlin analysiert hat.[29] Mit zentralen Aspekten hat sich frühzeitig auch Frank Moraw befaßt, der sich jedoch insgesamt auf eine frühere Zeit und die Führungsebene, den Zentralausschuß (ZA), konzentrierte.[30] Nicht zu vergessen sind die Erinnerungen prominenter Sozialdemokraten aus der Sowjetischen Besatzungszone und DDR, die lange Zeit eine wichtige Quelle für historische Arbeiten waren.[31] Unentbehrlich sind darüber hinaus nach wie vor jene

---

27 Vgl. u. a. Hermann Weber (Hrsg.), Parteiensystem zwischen Demokratie und Volksdemokratie. Dokumente und Materialien zum Funktionswandel der Parteien und Massenorganisationen in der SBZ/DDR 1945–1950, Köln 1982; ders., Aufbau und Fall einer Diktatur. Kritische Beiträge zur Geschichte der DDR, Köln 1991; ders., Die Sozialistische Einheitspartei Deutschlands. 1946–1971, Hannover 1971; ders., Geschichte der DDR, 3. Aufl., München 1989.

28 Vgl. u. a Karl Wilhelm Fricke, Opposition und Widerstand in der DDR, Köln 1984; ders., Politik und Justiz in der DDR. Zur politischen Verfolgung 1945–1968. Bericht und Dokumentation, 2. Aufl., Köln 1990; ders., Selbstbehauptung und Widerstand in der Sowjetischen Besatzungszone Deutschlands, Berlin, Bonn 1964; ders., Warten auf Gerechtigkeit, Köln 1971; Gerhard Finn, Die politischen Häftlinge in der Sowjetzone 1945–1959, Pfaffenhofen 1960; ders. (unter Mitarb. von Karl Wilhelm Fricke), Politischer Strafvollzug in der DDR, Köln 1981.

29 Nicht zuletzt wegen dieser Arbeiten, die fortgesetzt werden, wird in dieser Arbeit auf eine Einbeziehung Berlins weitgehend verzichtet. Vgl. Harold Hurwitz, Die Anfänge des Widerstands, Teil 1: Führungsanspruch und Isolation der Sozialdemokraten, Köln 1990 (= Demokratie und Antikommunismus in Berlin nach 1945, Bd. 4/1); ders., Die Anfänge des Widerstandes, Teil 2: Zwischen Selbsttäuschung und Zivilcourage: Der Fusionskampf, Köln 1990 (= Demokratie und Antikommunismus in Berlin nach 1945, Bd. 4/2); ders., Zwangsvereinigung und Widerstand der Sozialdemokraten in der Sowjetischen Besatzungszone und Berlin, Köln 1990.

30 Frank Moraw, Die Parole der „Einheit“ und die Sozialdemokratie. Zur parteiorganisatorischen und gesellschaftspolitischen Orientierung der SPD in der Periode der Illegalität und in der ersten Phase der Nachkriegszeit (1933–1948), 2. Aufl., Bonn 1990. Konzentriert auf Leipzig, hat sich mit ähnlichen Fragen auch Werner Müller befaßt. Vgl. Werner Müller, Sozialdemokratie und Einheitspartei. Eine Fallstudie zur Nachkriegsentwicklung in Leipzig, in: Dietrich Staritz/Hermann Weber (Hrsg.), Einheitsfront – Einheitspartei. Kommunisten und Sozialdemokraten in Ost- und Westeuropa 1944–1948, Köln 1989, S. 129-166; ders., Sozialdemokratische Politik unter sowjetischer Militärverwaltung. Chancen und Grenzen der SPD in der Sowjetischen Besatzungszone zwischen Kriegsende und SED-Gründung, in: IWK, 23 (1987), H. 2, S. 170-206.

31 Als prominenteste Beispiele dafür sind zu nennen: Erich W. Gniffke, Jahre mit Ulbricht, Köln 1966; Ernst Thape, Von Rot zu Schwarz-Rot-Gold. Lebensweg eines Sozialdemokraten, Hannover 1969; Willi Brundert, Spiegelbild deutschen Schicksals. Ein Lebensweg, Hannover 1964.

Arbeiten, die sich mit wichtigen Fragen der ideologischen Abgrenzung, der Auseinandersetzung zwischen KPD/SED und der Sozialdemokratie bzw. dem „Sozialdemokratismus", befaßten.[32] Wolfgang Buschfort hat mit seiner Studie über das Ostbüro der SPD ein Thema aufgegriffen, das anscheinend immer noch nicht emotionslos diskutiert werden kann.[33]

*

Auch auf eigene Vorarbeiten konnte die Verfasserin zurückgreifen.[34] Durch die Öffnung der DDR-Archive konnten auf breiterer Quellenbasis Fragestellungen weiterentwickelt werden. Dennoch blieben die schon früher zugänglichen Archivalien, insbesondere Nachlässe und die Sachakten des Ostbüros, unentbehrlich. Gleiches gilt für die Ergebnisse eines größeren Forschungsprojekts, das in den siebziger Jahren im Auftrag der Friedrich-Ebert-Stiftung durchgeführt wurde.[35] Obwohl bereits damals häufig schon im letzten Augenblick Mitglieder der SPD bzw. Funktionäre der mittleren und unteren Ebene aus der ehemaligen Sowjetischen Besatzungszone befragt wurden, konnten nach der „Wende" weitere Interviews mit „alten" Sozialdemokraten geführt werden, die von ihren Erfahrungen und ihrem Leben als Sozialdemokraten in der DDR berichteten. Diese Interviews und die daraus resultierende Kenntnis zahlreicher Lebensgeschichten und ihrer „subjektiven Wahrheit" sind wichtige Quellen für diese Arbeit.[36] Ebenso wichtig sind Archivmaterialien des ehemaligen Parteiarchivs der SED, heute Stiftung Archiv der Parteien und Massenor-

---

32 Dazu vor allem Hans-Joachim Spanger, Die SED und der Sozialdemokratismus. Ideologische Abgrenzung in der DDR, Köln 1982; Frank Thomas Stössel, Positionen und Strömungen in der KPD/SED 1945–1954, Köln 1985; Peter Lübbe, Kommunismus und Sozialdemokratie. Eine Streitschrift, Berlin, Bonn 1978.

33 Wolfgang Buschfort, Das Ostbüro der SPD. Von der Gründung bis zur Berlin-Krise, München 1991; Helmut Bärwald, Das Ostbüro der SPD, Krefeld 1991.

34 Beatrix W. Bouvier, Antifaschistische Zusammenarbeit, Selbständigkeitsanspruch und Vereinigungstendenz. Die Rolle der Sozialdemokratie beim administrativen und parteipolitischen Aufbau in der sowjetischen Besatzungszone 1945 auf regionaler und lokaler Ebene, in: Archiv für Sozialgeschichte, XVI (1976), S. 417-468; dies./Horst-Peter Schulz (Hrsg.), „... die SPD aber aufgehört hat zu existieren". Sozialdemokraten unter sowjetischer Besatzung, Bonn 1991.

35 Eine Auswahl der von der Verfasserin zusammen mit Horst-Peter Schulz durchgeführten etwa 150 Interviews ist in dem genannten gemeinsamen Band veröffentlicht worden. Zu beachten ist bei diesen Erinnerungen stets, daß es sich angesichts der politischen Situation in beiden deutschen Staaten damals nicht um eine systematische Erfassung und Befragung handeln konnte. Interviewt werden konnten nur solche Personen, die in der alten Bundesrepublik lebten, was das Schicksal von Flucht, politischer Verfolgung, Verhaftung und langjähriger Freiheitsstrafe mit anschließender Übersiedlung in die Bundesrepublik einschloß.

36 Zu dieser Problematik vgl. Lothar Steinbach, Sozialgeschichte, Arbeitergeschichte, erinnerte Geschichte, in: Archiv für Sozialgeschichte, XXVIII, 1988, S. 547.

ganisationen der DDR im Bundesarchiv (SAPMO-BArch), sowie des Bundesbeauftragten für die Unterlagen des Staatssicherheitsdienstes der ehemaligen DDR (BStU), der sogenannten Gauck-Behörde. Beide Quellenarten, die schriftlichen und mündlichen Quellen, stehen keineswegs unverbunden nebeneinander. Nicht nur, weil Interviews als ergänzende Methode der Zeitgeschichtsforschung verstanden werden, die den unbestrittenen Aussagewert einer „erinnerten Geschichte“ haben, die zugleich Lebensgeschichte in der Sicht eines einzelnen ist, sondern weil diese Form der Subjektivität die nicht weniger subjektive und ideologisch einseitige Optik der SED-Quellen ergänzt. Ergänzen ist relativieren, denn die schriftlichen Quellen sprechen keineswegs immer für sich. Gleichwohl müssen viele Fragen unbeantwortet bleiben, weil sie – etwa im Hinblick auf innere Wandlungsprozesse oder Handlungsmotive – im Bereich von Spekulationen bleiben. Trotz ausstehender Regional-, Lokal- und Detailstudien ist die vorliegende Arbeit der erste Versuch einer Bilanz des gesamten Prozesses, durch den die Sozialdemokratie in der Sowjetischen Besatzungszone und frühen DDR ausgeschaltet wurde.

Im Vordergrund steht in der Regel das exemplarische Arbeiten. Dies bezieht sich auf die Handlungsebenen, die regionale und lokale Verteilung und vor allem auf die biographischen Ansätze. Lebensläufe und Erinnerungen sind nicht zu verallgemeinern; dennoch kann man mit ihnen „typische“ Schicksale verdeutlichen, die charakteristisch für ganze Gruppen sind.

Als Voraussetzung für das spätere Handeln und Verhalten der Sozialdemokraten wird im ersten der insgesamt sieben Kapitel der Weg in die Zwangsvereinigung aufgezeigt, der vom organisatorischen Erfolg in die politische Defensive führte und schließlich einer Gleichschaltung gleichkam. Wichtig sind sowohl die politischen Rahmenbedingungen als auch die Folgen des unterbundenen Willensbildungsprozesses, wodurch es unmöglich war, den in der SPD üblichen Meinungspluralismus und Richtungsstreit offen auszutragen. Gefragt wird, welche Vorstellungen sie von ihrer Weiterexistenz als Sozialdemokraten in der neuen Partei hatten und wie sie auf den Machtwillen der Kommunisten reagierten. Wie groß ihr Selbstbehauptungswille war und wie gering unter diktatorischen Bedingungen ihr politischer Handlungsspielraum, zeigt die Sonderentwicklung der Ost-Berliner SPD.

Im anschließenden zweiten Kapitel stehen Sozialdemokraten in Führungsgremien der SED im Vordergrund der Untersuchung. Es konzentriert sich auf die ersten Jahre nach der SED-Gründung, als noch eine relativ offene Diskussion möglich war. Zugrundegelegt werden die Debatten im Parteivorstand, so daß es nicht um Fragen nach ihrem Widerstand, den eventuellen ideologischen Abweichungen oder dem Tauziehen hinter den Kulissen geht, sondern um Verhaltensweisen und verbale Ausdrucksformen, die auf eine andere politische Sozialisation bzw. ein von den Kommunisten zu unterscheidendes politisches Selbstverständnis hindeuten. In welcher Weise nahmen Sozialdemokraten zu bestimmten Themen Stellung, packten „heiße Eisen" an und unterschieden sich argumentativ von den Kommunisten? Wie reagierten sie angesichts eines immer enger werdenden Spielraums und Otto Grotewohls frühen Bekenntnisses zum Stalinismus? Wie wirkten sich denkbare Wandlungs- und Anpassungsprozesse aus, die nötig waren, wollten sie von sich aus keine politischen Konsequenzen ziehen?

Das dritte Kapitel befaßt sich mit der Stalinisierung der SED in den Jahren 1948–1950, der Entwicklung zur „Partei neuen Typs" und deren Folgen für die Sozialdemokraten. Es wird erörtert, inwieweit dieser Stalinisierungsprozeß mit seinen auch äußeren Bedingungen schon früher einsetzte, als in der Literatur bisher angenommen wurde. Folgen für die Sozialdemokraten entstanden durch die repressive Verfolgung, aber auch durch die Ausschaltung über organisatorische Maßnahmen, speziell die Parteiwahlen, womit der Funktionärsapparat neu zusammengesetzt wurde, sowie durch die sich daran anschließende Säuberung, genannt Parteiüberprüfung. Mit Beispielen aus den Ländern und Kreisen wird dieser Prozeß auf der unteren Ebene nachgezeichnet, um herauszufiltern, wie der die Umstrukturierung der SED begleitende ideologische Kampf gegen den „Sozialdemokratismus" auf einer unteren Ebene umgesetzt wurde. Wichtig sind die Überlegungen, ob es sich dabei um einen gewollten Traditionsbruch handelte, welche Hebel dafür angesetzt werden konnten und welche Widerstände diese Entwicklung bei den Sozialdemokraten hervorrief, in welcher Weise sich möglicherweise Resistenz gegenüber der Stalinisierung manifestierte.

Da „Sozialdemokratismus" ein zentraler Begriff dieser Arbeit ist, werden im vierten Kapitel dessen Verwendung als Kampf- und Disziplinierungsinstrument nach innen sowie seine wechselnde Funktion gegenüber der SPD des Westens dargelegt. Dennoch handelt es sich nicht allein um theoretische Überlegungen, sondern um die Konsequenzen für Menschen, die unter diesem Verdikt, das mit der Bezeichnung „Schumacher-Agent" seine schärfste Form annahm, diffamiert, verfolgt und verurteilt wurden. Zu fragen ist, ob dies tatsächlich vorwiegend Funktionäre der mittleren und unteren Ebene betraf und inwieweit dem beispielsweise die Kaltstellung von Funktionären der höchsten Ebene entsprach bzw. damit einherging? Es handelte sich zwar um die Verfolgung und Ausschaltung einzelner Personen oder Gruppen, damit sollte aber das gesamte Umfeld getroffen und eingeschüchtert werden. Diese Überlegungen beziehen sich in noch stärkerem Maße auf die sich an die Verhaftungswelle der späten vierziger Jahre anschließende Inszenierung von Schauprozessen, deren Funktion und Bedeutung an wichtigen Beispielen aufgezeigt wird.

Im fünften Kapitel werden das individuelle Verhalten und Handeln sowie die Verfolgung von einzelnen und Gruppen in den Vordergrund der Betrachtung gerückt. Insbesondere in diesem Kontext zeigen die exemplarischen Beispiele die vielschichtigen Reaktionen nach der Vereinigung. Da es weder ein von oben oder außen organisiertes kollektives Handeln noch allgemein gültige Anweisungen gab, muß untersucht werden, wie einzelne und Gruppen den Weg von der Selbstbehauptung in Illegalität und Widerstand gingen und von Verfolgung betroffen waren. Zu den Kernfragen gehört, was unter Widerstand zu verstehen ist, wie die Handelnden selbst dies empfanden und welche Motive sie dafür hatten. Da diese Beispiele in den Kontext der Verhaftungswelle der späten vierziger Jahre gehören, waren es diejenigen, die zur häufig vergessenen Gruppe der SMT-Verurteilten gehörten, jener Menschen, die von sowjetischen Militärtribunalen zu sehr hohen Freiheitsstrafen verurteilt und nicht selten in Arbeitslager der UdSSR deportiert wurden. Trotz der Subjektivität des biographischen Ansatzes werden die Bedingungen für Handeln unter – erneut – diktatorischen Verhältnissen deutlich.

Viele Sozialdemokraten wurden wegen ihrer Kontakte zum sogenannten Ostbüro der SPD als „Spione" verurteilt. Im sechsten Kapitel werden diese Einrichtung der West-SPD, seine Bedeutung für die Sozialdemokraten in der Sowjetischen Besatzungszone und sein Wirken beschrieben. Dargelegt wird auch die östliche Sicht, namentlich die des späteren „Ministeriums für Staatssicherheit" (MfS); entwickelt wird, wie dessen Optik entstand, sich mit zunehmenden „Kenntnissen" – auch durch Infiltration und Geständnisse – wandelte und in den Grundzügen bis 1989 erhalten blieb. Dem werden die westlichen Realitäten des Ostbüros entgegengestellt, wie sie sich durch die Umstände seiner Entstehung, Entwicklung, wechselnden Aufgabenstellung und Arbeitsweise ergaben. Möglicherweise bedingte und bestätigte sich – etwa im Hinblick auf sozialdemokratische Aktivitäten am 17. Juni 1953 – beider Sicht wechselseitig. Darüber hinausgehend wird im siebten und letzten Kapitel dargelegt, in welcher Weise Sozialdemokraten am 17. Juni beteiligt waren, welche Rolle sie selbst bzw. sozialdemokratische Traditionen am 17. Juni spielten.

Die in der vorliegenden Arbeit präsentierten zahlreichen Einzelbeispiele sind so ausgewählt, daß an ihnen über das unverwechselbar Individuelle hinaus allgemeine Probleme deutlich gemacht werden können. Dazu gehört die Frage, ob die zu untersuchenden Personen und Gruppen Erfahrungen mit dem Nationalsozialismus auf die Entwicklung in der Sowjetischen Besatzungszone übertrugen und welche Vergleiche dabei im Vordergrund standen. Ab wann und in welchem Ausmaß empfanden sie nicht nur die Entwicklung der SED, sondern das Besatzungsregime und die von der Besatzungsmacht gestützte Gesellschaftsordnung als „stalinistisch" bzw. totalitär? Totalitär bedeutet, daß es mit Hilfe von Steuerung, Manipulation und Gewalt gelingt, einen tendenziell totalen Zugriff auf die Individuen und sozialen Verhältnisse zu realisieren.[37] Was konnten und wollten die Sozialdemokraten einem solchen Zugriff entgegensetzen? Sie beharrten auf den eigenen Organisationsprinzipien und lehnten die der KPD ab. Sie verwarfen die für sie unzulässigen und undemokratischen Methoden in der Politik und machten damit den Unterschied zwischen Sozialdemokratie und Kommunismus deutlich, der um so wichtiger war, als beide für Demokratie und Sozialismus eintraten. Dem „demokratischen Zentralismus" der Kaderpartei KPD, der Avantgarde-Theorie und strikten Unterordnung unter Linienvorgaben stand die Auffassung von innerparteilicher Demokratie, von Meinungspluralismus und offenem Streit auch über Programmziele gegenüber. Die Organisationsunterschiede waren Teil des historisch gewachsenen und unaufhebbaren Gegensatzes. Zur sozialdemokratischen Grundüberzeugung gehörte früh, daß der Weg zum Sozialismus nur über das allgemeine Wahlrecht und die Demokratie führe. Demokratie mit Rechtssicherheit und individueller Freiheit war nach sozialdemokratischem Verständnis das Prinzip der repräsentativen parlamentarischen Demokratie mit Elementen von direkt-demokratischer Teilhabe an der politischen Willensbildung. Und Sozialismus war in dieser Tradition kein geschlossenes System, sondern umfaßte Vorstellungen für die Gestaltung der Gesellschaft, die vor allem in den zwanziger Jahren zu einem Konzept für den Ausbau des Sozialstaates weiterentwikkelt wurden. Noch ehe die Arbeiterbewegung sich im Gefolge des Ersten Weltkrieges in ein sozialdemokratisches und ein kommunistisches Lager gespalten hatte, waren die fundamentalen Differenzen an den Auseinandersetzungen über Lenins Positionen deutlich geworden. Die Entwicklung unter dem Stalinismus begründete demnach die Unterschiede zwischen Kommunismus und Sozialdemokratie nicht, vertiefte jedoch die Gegensätze in den zwanziger und dreißiger Jahren; durch die enge Anlehnung der KPD an das sowjetische Vorbild und die Übernahme des bolschewistischen Modells mit seinem Mangel an individueller Freiheit, der Bejahung von bürokratisch-terroristischen Methoden als Mittel zum Zweck, der Avantgarde-Theorie mit fehlender öffentlicher Kontrolle der herrschenden Elite, dem Wahrheits- und Politikmonopol einer Partei und der daraus resultie-

---

37 Vgl. zu der Terminologie Jürgen Kocka (Hrsg.), Historische DDR-Forschung, S. 24; Siegrid Meuschel, Legitimation und Parteiherrschaft. Zum Paradox von Stabilität und Revolution in der DDR 1945-1989, Frankfurt a. M. 1992; dies., Überlegungen zu einer Herrschafts- und Gesellschaftsgeschichte der DDR, in: GG 19, 1993, S. 5-14.

renden Verfolgung Andersdenkender, dem Aufbau eines Überwachungsapparates und der Unterdrückung von individuellen Grund- und Menschenrechten wurden diese Gegensätze unüberwindbar und unaufhebbar.

Sind die Reaktionen von Sozialdemokraten auf die Entwicklung in der Sowjetischen Besatzungszone und DDR, ihr Verhalten oder ihr Handeln von den genannten fundamentalen Unterschieden geprägt gewesen und als Widerstand bzw. als Formen von Widerständigkeit und Resistenz zu bezeichnen? Wie weit hing dies mit konkreten Alternativen zusammen und in welchem Ausmaß bewahrten sie ihre Traditionen und hielten an einer sozialdemokratischen Identität fest? Wenn Identität die Übereinstimmung von Denken, Sein und Handeln ist, muß nach den Konsequenzen gefragt werden, wenn diese – etwa durch den Zwang zur Anpassung – immer weiter auseinanderfielen. Unter Anpassung kann nicht nur opportunistisches Karrieredenken zu verstehen sein, sondern auch die notwendige Akzeptanz von äußeren Rahmenbedingungen als Voraussetzung für deren Aus- und langfristige Umgestaltung. Sie ist auch die Gratwanderung zwischen innerer und äußerer Unterwerfung, denkt man an den Zwang zur Tarnung oder an das Bedürfnis nach persönlicher Sicherheit. Inwieweit konnte es unter den gegebenen Bedingungen noch ein kollektives Handeln von sozialdemokratischen Gruppen geben? In welchem Ausmaß wurden das Festhalten an sozialdemokratischen Traditionen und die Bewahrung von in einer Solidargemeinschaft erlebter Identität zur individuellen Entscheidung? Welche langfristigen Folgen hatte es zudem für die sozialdemokratische Tradition, wenn die auf kollektiven Werten und gemeinsamem Handeln gründende Solidargemeinschaft nicht mehr konkret erlebbar war?

# 1. Der Weg in die Zwangsvereinigung 1945/46

Die Zeitspanne der organisatorischen Selbständigkeit der Sozialdemokratischen Partei Deutschlands (SPD) in der Sowjetischen Besatzungszone (SBZ) war außerordentlich kurz. Zwischen Juni 1945 und April 1946 waren ihre Mitglieder und Funktionäre mit einer Entwicklung konfrontiert, deren Tempo und Dramatik die damalige Situation unübersichtlich machten.

## 1.1 Die Bedingungen für politisches Handeln

Einige Bedingungen für den Wiederbeginn politischen Handelns nach dem Untergang des Dritten Reiches am Ende eines mörderischen und verlustreichen Angriffskrieges müssen in Erinnerung gerufen werden. Die deutsche Wehrmacht hatte den Krieg gegen die Sowjetunion mit dem Ziel der vollständigen Vernichtung des Gegners geführt.[1] Der Preis des Sieges war für die Sowjetunion hoch. Heutige Schätzungen gehen von einer Zahl zwischen 26 und 28 Millionen Toten aus, von denen etwa 10 Millionen durch Kampfhandlungen und Kriegsgefangenschaft starben.[2] Der westliche Teil des Landes war weitgehend verwüstet, und Stalins Herrschaftssystem war erschüttert. Wegen dieser Situation war sowjetische Deutschlandpolitik in erster Linie auf das Ziel gerichtet, Sicherheit vor Deutschland zu erreichen.[3]

In Deutschland selbst wußte zunächst niemand, was mit dem ehemaligen Deutschen Reich geschehen würde, das am 8. Mai 1945 kapituliert hatte. Gemäß alliierten Vereinbarungen wurde es in vier Besatzungszonen eingeteilt, in denen die Besatzungsmächte bzw. die von ihnen eingesetzten Behörden rechtlich und faktisch die obersten Machtorgane waren. Darüber hinaus unterstrichen die vier Alliierten mit der Deklaration vom 5. Juni 1945 die Souveränität einer jeden Siegermacht in ihrer eigenen Zone. Daß die Interessen und Ziele der Besatzungsmächte höchst ver-

1 Vgl. Wilfried Loth, Stalins ungeliebtes Kind. Warum Moskau die DDR nicht wollte, Berlin 1994, S. 13 f.; vgl. auch Rolf-Dieter Müller, Hitlers Ostkrieg und die deutsche Siedlungspolitik, Frankfurt/M. 1991; ders., Die deutsche Wirtschaftspolitik in den besetzten sowjetischen Gebieten 1941–1945, Boppard 1990.

2 Vgl. Dimitri Wolkogonow, Stalin. Triumph und Tragödie. Ein politisches Porträt, Düsseldorf 1993, S. 683.

3 Vgl. Loth, ebd.

schieden voneinander waren, bot die Grundlage für eine unterschiedliche Entwicklung in den einzelnen Gebieten.

Die Teilung Deutschlands ist heute politisch überwunden. Doch die Diskussion über die Entstehung der SED und die Entwicklung der DDR ist noch immer emotional belastet. Erst die unvorhergesehene Implosion des kommunistischen Systems, die den Untergang der DDR einschloß, hat ins allgemeine Bewußtsein zurückgerufen, daß es sich bis zum Schluß um ein Regime diktatorischen Charakters handelte, dessen Parteiensystem ungeachtet der Existenz mehrerer Blockparteien mit dem Parteienpluralismus westlicher Prägung nie verwechselt werden durfte.[4] Dies hat auch dazu beigetragen, den Blick erneut auf den Anfang der Entwicklung zu richten, auf die in Ost und West bislang unterschiedlich bewertete Ausgangssituation von 1945 und die Jahre danach, als die Sowjetische Besatzungszone zunehmend „stalinisiert“ wurde und die DDR entstand. Dabei geht es nicht nur um die deutschlandpolitischen Konzeptionen und Vorstellungen Stalins und um die Frage, ob dieser die DDR überhaupt „gewollt“ habe, sondern auch um Alternativen, um Handlungsspielräume und Entwicklungstendenzen in den ersten Jahren nach Kriegsende.[5] Angesichts der Dominanz des politischen Systems spielt die Entwicklung der SED als der führenden Partei eine wichtige und vielbeachtete Rolle in der wissenschaftlichen Literatur. Ihre Entstehungsgeschichte, die erzwungene Fusion der SPD mit der KPD sowie der Weg dorthin, zeigt, daß der parteipolitische Wiederaufbau in der Sowjetischen Besatzungszone anderen Bedingungen unterworfen war als vergleichbare Aktivitäten in den westlichen Besatzungszonen.

---

4 Zu diesem Problembereich insgesamt, insbesondere für die im Kontext dieser Arbeit interessierenden frühen Jahre, vgl. u. a. Hermann Weber, Parteiensystem zwischen Demokratie und Volksdemokratie. Dokumente und Materialien zum Funktionswandel der Parteien und Massenorganisationen in der SBZ/DDR 1945–1950, Köln 1982; Siegfried Suckut, Blockpolitik in der SBZ/DDR 1945–1949, Köln 1986; ders., Die gesellschaftspolitische Funktion und Bedeutung der Blockparteien, in: Materialien der Enquete-Kommission „Aufarbeitung von Geschichte und Folgen der SED-Diktatur in Deutschland, Bd. II, 1, S. 282-290; Werner Müller, Entstehung und Transformation des Parteiensystems der SBZ/DDR 1945–1950, in: ebd. Bd. II, 4, S. 2327-2374.

5 Vgl. dazu u. a. das bereits angeführte Werk von Loth; vgl auch ders., Das ungeliebte Kind. Stalin und die Gründung der DDR, in: Elke Scherstjanoi (Hrsg.), „Provisorium für längstens ein Jahr“. Die Gründung der DDR, Berlin 1993, S. 31-38; Rolf Badstübner/Wilfried Loth (Hrsg.), Wilhelm Pieck. Aufzeichnungen zur Deutschlandpolitik 1945–1953, Berlin 1994; Rolf Badstübner, Zum Problem der historischen Alternativen im ersten Nachkriegsjahrzehnt. Neue Quellen zur Deutschlandpolitik von KPdSU und SED, in: BzG 33 (1991), S. 579-592; Elke Scherstjanoi (Hrsg.), „Provisorium für längstens ein Jahr“. Die Gründung der DDR, Berlin 1993; Dietrich Staritz, Die SED, Stalin und die Gründung der DDR, in: APuZ, B 5/91, S. 3-16.

Nach der militärischen Kapitulation gab es für mehrere Wochen keine politischen Instanzen, die auf überregionaler Ebene die Verhältnisse hätten ordnen können. Gleichwohl war es eine Periode, in der schon Vorentscheidungen für die Zukunft getroffen wurden. Für die sowjetisch besetzte Zone war diese kurze Phase bereits Anfang Juli 1945 abgeschlossen. Zu diesem Zeitpunkt war die Übernahme von Thüringen und der zuvor von den westlichen Alliierten besetzten Gebiete Sachsen-Anhalts und Mecklenburgs durch die sowjetischen Truppen abgeschlossen, es gab eine zentrale sowjetische Verwaltung für die gesamte Zone (SMAD), sowjetische Länder- bzw. Provinzverwaltungen (SMAs) sowie Bezirks-, Stadt- und Rayonkommandanturen.[6] Diese komplexe Struktur ruhte auf über 500 Kommandanturen, deren Zahl bis 1948 stufenweise reduziert wurde.[7] Kaum bekannt ist die genaue Zahl der Mitarbeiter der Sowjetischen Militäradministration, die man in der ersten Besatzungsphase bis 1947/48 auf 30.000 schätzt. Hinzu kamen Tausende von Spezialisten, die vor allem im wirtschaftlichen und wissenschaftlich-technischen Bereich Interessen der Sowjetunion geltend machten.[8] Nach sowjetischem Recht hatte die Sowjetische Militäradministration die Aufgabe, die Einhaltung der Kapitulationsbedingungen für Deutschland zu kontrollieren, die Sowjetische Besatzungszone zu verwalten und die Beschlüsse des Kontrollrats durchzusetzen.[9] Über die völkerrrechtlich legitimierten Befugnisse hinaus war sie das zentrale Organ, das die politische Neuordnung in der Sowjetischen Besatzungszone beeinflußte und leitete.

Die Sowjetische Militäradministration griff unmittelbar in die Gestaltung des politischen Systems ein, wobei sie sich auf den eigenen Apparat stützte und sich zugleich eines deutschen Hebels in Gestalt der KPD (später SED), der deutschen Zentralverwaltungen und ab 1947 der Deutschen Wirtschaftskommission bedienen konnte. Sie nahm direkten Einfluß auf die Landes- und Provinzialregierungen, die Parlamente und auf die zunächst erneuerte deutsche Selbstverwaltung, die jedoch bald wieder

---

6 Zum Aufbau, zur Struktur und Wirkungsweise vgl. im Überblick Jan Foitzik, Befehls- und Kommunikationsstruktur der Sowjetischen Militäradministration in Deutschland (SMAD), in: Klaus Schönhoven/Dietrich Staritz (Hrsg.), Sozialismus und Kommunismus im Wandel. Hermann Weber zum 65. Geburtstag, Köln 1993, S. 324-351; ders., Die Sowjetische Militäradministration in Deutschland. Organisation und Wirkungsfelder in der SBZ 1945–1949, in: APuZ B 11/90, S. 43-51.

7 Genaue Zahlenangaben bei Foitzik, Befehls- und Kommunikationsstruktur der SMAD, S. 332.

8 Vgl. dazu Foitzik, Die Sowjetische Militäradministration in Deutschland, S. 45.

9 Vgl. Anordnung für die Sowjetische Militäradministration über die Verwaltung der Sowjetischen Besatzungszone in Deutschland (6. Juni 1945), in: Um ein antifaschistisch-demokratisches Deutschland, Berlin (Ost) 1968, S. 51.

zerstört wurde.[10] Gleiches gilt für die im Parteienblock wirkenden Parteien und die zugelassenen Massenorganisationen. Neben der direkten komplexen schriftlichen Befehlsstruktur gab es mündliche Befehle sowie ein breites dirigistisches Instrumentarium an Verfügungen, Richtlinien, Instruktionen usw. Mündliche Befehle und die Tatsache, daß zahlreiche Befehle nicht im Original an deutsche Verwaltungsinstanzen weitergegeben wurden, sorgten nicht selten für Selbstherrlichkeit bei den örtlichen Kommandanten und für Verwirrung oder Ärger auf deutscher Verwaltungsebene.[11] Vor allem dürfen die Kontrollen und Konsultationen nicht unerwähnt bleiben, die es auf allen Organisationsebenen der Sowjetischen Militäradministration gab. Die Arbeit der Massenmedien und der politischen Parteien wurde in besonderem Ausmaß von der bald in „Verwaltung für Information“ umbenannten Verwaltung für Propaganda kontrolliert.[12] Zugrunde gelegt wurden die sowjetischen Erfahrungen, was auch für andere Bereiche in Politik und Wirtschaft Gültigkeit hatte, ohne daß es hierfür schon umfassende Quellenbelege gibt.

Hinzu kam die monatliche Berichtspflicht, der die deutschen Stellen unterlagen. Ergänzt wurde dieses engmaschige System von „Anleitung“ und Kontrolle durch das Prinzip der persönlichen Verantwortung für die Durchführung von Befehlen. Derartige Grundsätze des „demokratischen Zentralismus“ wurden auf alle Ebenen übertragen, so daß deutsche Stellen nur noch Hilfsorgane der Besatzungsmacht waren.[13] Ein wichtiger Bereich war die Zulassung und Tätigkeit von Parteien und Organisationen, „die sich die endgültige Ausrottung der Überreste des Faschismus und die Festigung der Grundlagen der Demokratie und der bürgerlichen Freiheiten [...] zum Ziel setzen.“ Sie sollten für die Zeit des Besatzungsregimes „unter der Kontrolle der sowjetischen Militärverwaltung und entsprechend den von ihr gegebenen Instruktionen“ arbeiten.[14] Sie unterstanden der Kontrolle der Politischen Verwaltung der Sowjetischen Militäradministration, die für jede Partei und wichtige Massenorganisation zuständige Referenten hatte. Kontrolle und „Anleitung“ beinhalteten neben der Berichterstattung über innerparteiliche Vorgänge und Stimmungen u.a. die Genehmigungspflicht für Versammlungen, die Vorzensur

10 Vgl. dazu Dieter Marc Schneider, Renaissance und Zerstörung der kommunalen Selbstverwaltung in der sowjetischen Besatzungszone, in: Vierteljahrshefte für Zeitgeschichte 3 (1989), S. 457-497.

11 Vgl. Foitzik, Befehls- und Kommunikationsstruktur der SMAD, S. 335 f.

12 Dazu und zum folgenden Foitzik, Die Sowjetische Militäradministration in Deutschland, S. 46 f.

13 Vgl. ebd., S. 47.

14 Ebd.; vgl. auch Befehl des Obersten Chefs der SMAD Nr. 2 vom 10. Juni 1945, in: Um ein antifaschistisch-demokratisches Deutschland, S. 54 ff.

für Referate oder Vervielfältigungen von Schriftstücken aller Art. Darüber hinaus waren die Parteien Beobachtungsgegenstand eines dichten Informantennetzes, dem sie sich kaum entziehen konnten. Dies engmaschige Kontrollnetz des sowjetischen „demokratischen Zentralismus" konnte bei Nicht-Kommunisten – so auch und gerade bei Sozialdemokraten – kaum Vertrauen schaffen.[15]

## 1.2 Der parteipolitische Wiederaufbau in der SBZ

Voraussetzung für den parteipolitischen Wiederaufbau war der SMAD-Befehl Nr. 2 vom 10. Juni 1945, der die Genehmigung zur Bildung von antifaschistischen Parteien auf dem Territorium der sowjetischen Besatzungszone enthielt. Er konnte von der vorläufigen Konsolidierung der Verhältnisse und der Existenz einer funktionierenden „antifaschistischen" deutschen Verwaltung ausgehen, an deren Aufbau auf der regionalen und lokalen Ebene Sozialdemokraten maßgeblich beteiligt waren.[16] Schon zu diesem frühen Zeitpunkt war deutlich geworden, daß die Kommunisten Macht bei sich konzentrierten, indem sie Schlüsselpositionen mit eigenen, ihnen „zuverlässig" erscheinenden Leuten besetzten. Von Anfang an half und bevorzugte die Besatzungsmacht Kommunisten, die dadurch beträchtliche Startvorteile hatten.[17]

Unter diesen Umständen lag es nahe, daß zuerst die KPD mit einem Gründungsaufruf am 11. Juni 1945 auf den Befehl Nr. 2 vom Vortag rea-

---

15 Einbezogen in die Berichterstattungspflicht waren auch Angaben über die Mitgliederzahlen der Parteien. Angesichts des Selbstbewußtseins von Sozialdemokraten in ihren traditionellen Hochburgen, wie Leipzig eine war, und eines vermutlich daraus auch resultierenden notorisch schlechten Verhältnisses zu den Kommunisten und der Besatzungsmacht wirken Angaben glaubhaft, daß nicht immer die korrekten Mitgliederzahlen weitergegeben wurden. Dies ist handschriftlichen Randbemerkungen zu entnehmen, die Stanislaw Trabalski, ein führender SPD-Funktionär in Leipzig, zu Zahlenangaben vom Oktober 1945 machte. Demzufolge gab es weit mehr sozialdemokratische Mitglieder, als an die Besatzungsmacht offiziell gemeldet waren. Angaben dazu in: AdsD, NL Trabalski, 19 a.

16 Vgl. Beatrix W. Bouvier, Antifaschistische Zusammenarbeit, Selbständigkeitsanspruch und Vereinigungstendenz. Die Rolle der Sozialdemokratie beim administrativen und parteipolitischen Aufbau in der sowjetischen Besatzungszone 1945 auf regionaler und lokaler Ebene, in: Archiv für Sozialgeschichte 16 (1976), S. 417-468.

17 Diese Vorteile hatten Kommunisten auf vielfältige Weise. Das, was andere als Vertreibung aus den Gebieten östlich der Oder und Neiße erlebten, konnten sie mit Hilfe der Roten Armee als „antifaschistischen" Treck organisieren. Dies ist u. a. der Korrespondenz und entsprechenden Berichten einer „Antifaschistischen Freiheitsbewegung Breslau" vom Juli 1945 zu entnehmen, die die Zusammenstellung, personelle Zusammensetzung und Durchführung des Trecks sowie dessen spätere Aufteilung in Sachsen dokumentiert. In: SAPMO-BArch, ZPA V G 127/1.

gierte.[18] Unterzeichnet hatten ihn sechzehn Parteifunktionäre im Namen des Zentralkomitees der KPD; dreizehn von ihnen waren erst kurz vorher aus dem Moskauer Exil zurückgekehrt. Von der über Deutschland hereingebrochenen „Katastrophe“ war darin die Rede, von der Schuld des Nationalsozialismus, von Schuldigen und Mitschuldigen, wobei die Kommunisten sich selbst mit eingeschlossen sahen. Als Konsequenz sollte nicht allein der „Faschismus“ vollständig vernichtet werden, sondern in einer weitausholenden historischen Perspektive forderte der Aufruf die Vollendung der bürgerlich-demokratischen Revolution von 1848. Die KPD plädierte für den „Weg der Aufrichtung eines antifaschistischen, demokratischen Regimes“ und vor allem für eine parlamentarisch-demokratische Republik mit allen demokratischen Rechten und Freiheiten. Das Programm enthielt traditionell sozialistische Forderungen wie Enteignung des Vermögens von „Nazibonzen und Kriegsverbrechern“, Liquidierung des Großgrundbesitzes oder Verstaatlichung der Betriebe von lebenswichtigem öffentlichen Interesse. Dem stand jedoch die Zusage der „völlig ungehinderten“ Entfaltung des freien Handels und der privaten Unternehmerinitiative auf der Grundlage des Privateigentums gegenüber. Auffallend war insbesondere der Verzicht auf die politische Perspektive des Sozialismus. Gegenüber den traditionellen und potentiellen Gegnern, Konkurrenten und Bündnispartnern präsentierte sich die KPD Mitte 1945 als eine völlig gewandelte Partei.

Sowohl der kommunistische Aufruf als auch die Strategie der wiederaufzubauenden KPD waren in Moskau vorberaten und festgelegt worden.[19] Schon seit 1944, als der Krieg in die entscheidende Phase eingetreten war und sich dem Ende näherte, hatte eine Arbeitskommission des Politbüros beim exilierten Zentralkomitee der KPD die Lage beraten und über künftige Aufgaben diskutiert. Unabhängig von der Tatsache, daß

---

18 Abgedruckt in: Dokumente zur Geschichte der kommunistischen Bewegung in Deutschland. Reihe 1945/46, Bd. 1: Protokolle des Sekretariats des Zentralkomitees der KPD, Juli 1945 bis April 1946. Bearb. v. Günter Benser u. Hans-Joachim Krusch unter Mitarb. v. Hans Meusel, München u. a. 1993, S. 227-233.

19 Vgl. Wolfgang Leonhard, Die Revolution entläßt ihre Kinder, Köln 1955; ders., Spurensuche. 40 Jahre nach „Die Revolution entläßt ihre Kinder“, Köln 1992; vgl. auch die Aufzeichnungen Anton Ackermanns aus dem Jahre 1963 über das Zustandekommen des von ihm formulierten KPD-Aufrufs, in: SAPMO-BArch, EA 1291. Demzufolge war es Stalin selbst, der die „Losung“ für die parlamentarisch-demokratische Republik vertreten hatte, weil ein Parlament einen sehr unterschiedlichen „Charakter“ haben könne; zu sichern war die „Hegemonie der Arbeiterklasse und ihrer revolutionären Partei“. Es war auch Stalin, der diesen Aufzeichnungen zufolge gegen eine rasche Vereinigung von KPD und SPD war, wie es die von Ulbricht vorgetragene Konzeption vorgesehen hatte. Stalin fürchtete die Gefahr, daß bei einer – auch im Westen vorgesehenen – Einheitspartei die KPD ihrer Selbständigkeit verlustig gehen könnte, weil nur eine „Mischmaschpartei“ entstünde.

sich derartige Überlegungen bis zum tatsächlichen Kriegsende zwangsläufig verändern und den sowjetischen Wünschen und Bedürfnissen anpassen mußten, werden mit Blick auf das Verhältnis zur Sozialdemokratie politisch-strategische Grundlinien deutlich, die die Annahme nahelegen, daß es keineswegs um eine Neudefinition des Verhältnisses beider Parteien ging, sondern um taktische Überlegungen zur Gewinnung breiter Schichten der Bevölkerung und zur Ausschaltung der Sozialdemokratie.[20] Dem sollte die „nationalbetonte Sprache“ dienen und die Hervorhebung von Reformplänen, solange nicht von Sozialismus die Rede sein könne. Da die exilierte KPD-Führung in Moskau zu diesem Zeitpunkt noch von einem Sturz Hitlers ausging, war es die Aufgabe einer starken KPD, Deutschland nicht zur Gefahr für die Sowjetunion werden zu lassen.[21]

Ein Wiederaufbau der alten bürgerlichen Parteien schien in dieser Sicht nicht möglich, da die „Massen“ gegen eine Parteienzersplitterung seien und zur Einheit strebten. Dennoch werde es als „Ausdruck verschiedener Interessen“ mehrere Parteien geben, aber nur auf „antifaschistischer Grundlage“. Innerhalb der Sozialdemokratie glaubte man verschiedene Richtungen sehen zu können: Sie sei in Gruppen zerfallen, und die „Rechten“ in ihr suchten Anschluß an das Bürgertum. Entscheidend werde sein, Gewerkschaften und „sozialdemokratische Massen“ für die „Einheit“ zu gewinnen. Das war die Fortsetzung der kommunistischen Taktik, wie sie in den zwanziger und dreißiger Jahre entwickelt und dann unterschiedlichen Bedingungen angepaßt worden war. In der Nachkriegssituation sollte – unabhängig von der Einbindung der politischen Parteien in einen Block und den taktischen Überlegungen zur Herstellung und Absicherung der eigenen Vormachtstellung – gegenüber der Sozialdemokratie die „Grundlinie“ gelten, nicht „*eine*“ Partei zu bilden, aber eine Einheitspartei auf der Basis der Aktionseinheit gemäß den Beschlüssen der „Berner Parteikonferenz“ vom Januar 1939.[22] Da nach Einschätzung der Kräfteverhältnisse die KPD die Führung allein nicht übernehmen konnte, war sie bereit, diese zunächst zu teilen, was für sie die „Einheit der Arbeiterklasse“ zur Voraussetzung hatte. Die „Einheit“ sollte zur zentralen Frage für die SPD gemacht werden, um sie dadurch letztlich ausschalten zu können.[23] Jeder vorläufige Kompromiß mit ihr war möglich, um die längerfristige Perspektive nicht zu gefährden.

---

20 Gestützt wird dies durch die Aufzeichnungen Wilhelm Piecks über die genannten Beratungen im Frühjahr 1944, in: SAPMO-BArch, NL 36/501.

21 Wörtlich heißt es: „D ohne starke KPD/ist Gefahr für SU“, in: Ebd., Bl. 14.

22 Vgl. ebd., Bl. 41 („Nicht mit der SPD eine Partei, aber Einheitspartei auf Basis der Aktionseinheit – Beschluß Berner Parteikonferenz“).

23 „Einheit ist die Frage der SPD – sie wird damit ausgeschaltet“, in: Ebd., Bl. 46.

Voraussetzungen für den Erfolg dieser Taktik waren ideologische Geschlossenheit und der erfolgreiche Wiederaufbau der eigenen Partei. Eine wichtige Rolle war dabei den sogenannten „Initiativgruppen“ zugedacht, denen Georgi Dimitroff, der Angeklagte im Reichstagsbrandprozeß von 1933 und Generalsekretär der Kommunistischen Internationale, vor der Abreise nach Deutschland die Anweisungen gegeben hatte. Sie besagten auch, daß sie nicht der KPD selbst, sondern der Roten Armee zur Verfügung zu stehen und deren Rolle adäquat zu propagieren hatten. Die KPD sah sich selbst vor einer Bewährungsprobe.[24]

Der KPD-Aufruf als programmatische Umsetzung der in Moskau vorformulierten Strategie mußte zunächst in der eigenen Partei durchgesetzt werden. Gleichzeitig war nach außen hin ein modus vivendi mit der „Konkurrentin“ Sozialdemokratie zu finden. Und darüber hinaus sollte die KPD für die Anerkennung ihrer Block-Vorstellung bei den neu entstehenden Parteien sorgen.[25] Die Durchsetzung der neuen Linie in der KPD selbst erwies sich als schwierig. Schon die drei „Initiativgruppen“ erfuhren, daß die Leitlinien für die Nachkriegszeit in der Restpartei auf Unverständnis und auch auf Widerstand stießen. In Anbetracht der Anwesenheit sowjetischer Truppen erwarteten nicht wenige KPD-Mitglieder eine Art sozialistische Umwälzung. Angesichts dieser Situation war es aus der Sicht der Moskau-Remigranten dringend geboten, die Partei so zu „erneuern“, daß den marxistisch-leninistischen Organisationsprinzipien des „demokratischen Zentralismus“ erneut Gültigkeit verschafft und ihr eigener Führungsanspruch durchgesetzt wurde.

Wichtig für dessen Durchsetzung war auch das Zurückdrängen des Einflusses der sogenannten „Antifas“, die es überall in Deutschland mit Tausenden von Mitgliedern gab.[26] Häufig waren sie als Selbsthilfegruppen entstanden, in denen Kommunisten und Sozialdemokraten dominierten. In der Sowjetischen Besatzungszone war ihnen eine noch kürzere Lebensdauer beschieden als in den übrigen Besatzungszonen. Sowohl die Militärverwaltungen als auch die KPD-Emissäre der „Initiativgruppen“ lösten rigoros die bestehenden „Antifas“ auf und integrierten deren „beste Ver-

---

24 Vgl. hierzu die Aufzeichnungen Wilhelm Piecks über Besprechungen der Leitung im Februar 1945 sowie über eine Besprechung bei Dimitroff am 25.5.1945, in: SAPMO-BArch, NL 36/500.

25 Im Überblick dazu Beatrix W. Bouvier/Horst-Peter Schulz, „... die SPD aber aufgehört hat zu existieren“. Sozialdemokraten unter sowjetischer Besatzung, Bonn 1991, S. 27 ff.

26 Vgl. dazu insgesamt Lutz Niethammer/Ulrich Borsdorf/Peter Brandt, Arbeiterinitiative. Antifaschistische Ausschüsse und Reorganisation der Arbeiterbewegung in Deutschland, Wuppertal 1976; vgl. auch Günter Benser, Antifa-Ausschüsse – Staatsorgane – Parteiorganisationen, in: ZfG 16 (1978), H. 9, S. 785-802.

treter“, wie Walter Ulbricht dies nannte, in die neuen Verwaltungen.[27] Parallel zur Besetzung von Schlüsselpositionen leiteten die „Initiativgruppen“ die Vorbereitungen für den Parteiaufbau. Verglichen mit den anderen Parteien hatte die KPD damit erhebliche Startvorteile.[28] Die Unterstützung seitens der Besatzungsmacht war von zentraler Bedeutung. Darüber hinaus verfügte das Zentralkomitee der KPD bzw. dessen Sekretariat über die erwähnten längerfristigen Planungen und Zielvorstellungen; zudem konnte es weiträumiger operieren und dies mit einer entsprechend großzügigen Personalpolitik verbinden. Durch die Remigranten aus der Sowjetunion hatte es ein beträchtliches Reservoir an loyalen Führungskadern und bald schon einen erheblichen Apparat aus hauptamtlichen Funktionären.

Die Wiedergründung der SPD verlief anders, auch wenn es so aussah, als würde die Partei ähnlich zentralistisch aufgebaut.[29] Sie beschränkte sich weitgehend auf die regionale und lokale Ebene, und wegen fehlender Kommunikationsmöglichkeiten handelten verschiedene Gründergruppen neben- und häufig ohne Kenntnis voneinander.[30] Erste Aktivitäten waren von zufällig zusammengesetzten Gremien getragen, deren Mitglieder vor 1933 in den jeweiligen Gemeinden, Städten oder Regionen ansässig und politisch aktiv gewesen waren oder die es in den Jahren des Nationalsozialismus dorthin verschlagen hatte.

Dies wurde auch beim Berliner Gründerkreis der SPD deutlich, der sich im Juni 1945 als Zentralausschuß (ZA) konstituierte.[31] Der sich erst bildende Führungskreis bestand aus drei Gruppierungen mit im wesentli-

---

27 So Walter Ulbricht in einem Brief an Georgi Dimitroff im Mai 1945, in: Walter Ulbricht, Zur Geschichte der deutschen Arbeiterbewegung. Aus Reden und Schriften, Bd. 2: 1933-1945, Berlin (Ost) 1953, S. 419; vgl. zu den Initiativgruppen neben den Erinnerungen von Wolfgang Leonhard auch Günter Benser, Die KPD im Jahr der Befreiung, Berlin (Ost) 1985, S. 94 ff.

28 Vgl. auch Werner Müller, Sozialdemokratische Politik unter sowjetischer Militärverwaltung. Chancen und Grenzen der SPD in der sowjetischen Besatzungszone zwischen Kriegsende und SED-Gründung, in: IWK 23 (1987), H. 2, S. 173.

29 Vgl. Bouvier/Schulz, S. 29 ff.

30 Zu dem Prozeß des Aufbaus und der Entwicklung der SPD auf der regionalen Ebene bis hin zur Zwangsvereinigung vgl. vor allem die umfangreiche Dokumentation von Andreas Malycha (Hrsg.), Auf dem Weg zur SED. Die Sozialdemokratie und die Bildung einer Einheitspartei in den Ländern der SBZ, Bonn 1995.

31 Vgl. dazu immer noch Frank Moraw, Die Parole der „Einheit“ und die Sozialdemokratie. Zur parteiorganisatorischen und gesellschaftspolitischen Orientierung der SPD in der Periode der Illegalität und in der ersten Phase der Nachkriegszeit (1933–1948), 2. Aufl., Bonn 1990; vgl. aus einer anderen Perspektive auch Andreas Malycha, Die Sozialdemokratische Partei Deutschlands (SPD) in der Sowjetischen Besatzungszone Deutschlands im Jahre 1945. Zu Rolle und Wirksamkeit des Zentralausschusses (ZA) im Ringen um antifaschistisch-demokratische Umgestaltungen in der Etappe der Aktionseinheit von KPD und SPD (Mai 1945 bis Dezember 1945), Diss. A, Berlin (Ost) 1988.

chen folgenden Vertretern: Otto Grotewohl, Erich Gniffke, Hermann Schlimme, Bernhard Göring, Richard Weimann, Fritz Neubecker und Max Fechner. Dieses Zufallsgremium war keineswegs das Ergebnis eines innerparteilichen Willensbildungsprozesses, und es war weder geprägt noch geführt von einer so dominierenden Persönlichkeit, wie es Kurt Schumacher im Westen war. Der Rolle der Moskau-Remigranten hatten die Sozialdemokraten nichts Vergleichbares entgegenzusetzen; ihr Reservoir an Führungspersonal war begrenzt. Die mangelnde Unterstützung seitens der Sowjetischen Militäradministration kam erschwerend hinzu und begrenzte von vornherein ihre Handlungsmöglichkeiten.[32]

Die Parteienzulassung und das Hervortreten der KPD als eigenständige Partei kamen für die Berliner sozialdemokratischen Gruppen so überraschend, daß sie in großer Eile mit einem eigenen Gründungsaufruf meinten reagieren zu sollen. Er wurde nach nur wenigen Tagen veröffentlicht, ohne mit anderen Mitgliedern oder Parteigliederungen in der sowjetisch besetzten Zone außerhalb Berlins beraten und abgestimmt worden zu sein. Er war nach den Vorstellungen Grotewohls an dem KPD-Aufruf orientiert, ging inhaltlich jedoch darüber hinaus, indem er den „Kampf um die Neugestaltung auf dem Boden der organisatorischen Einheit der Arbeiterklasse" forderte, quasi als „moralische Wiedergutmachung politischer Fehler der Vergangenheit".[33] Als wenige Monate später die Kom-

---

32 Vgl. auch Müller, Sozialdemokratische Politik unter sowjetischer Militärverwaltung, S. 174. Da sich mehrere Kreise von alten Sozialdemokraten in Berlin zusammengefunden hatten, kam eine ganze Reihe von ehemaligen Funktionären hinzu, die im Text namentlich nicht erwähnt wurden. Sie stammten aus der SPD, den Gewerkschaften und dem Angestelltenbund; hinzu kamen ehemalige Reichstags- und Preußische Landtagsabgeordnete. Grotewohl und Gniffke waren vor 1933 in Braunschweig tätig, Gniffke beim Zentralverband der Angestellten und als Gauvorsitzender des Reichsbanners, Grotewohl als Landtagsabgeordneter, Landesminister und ab 1925 als Reichstagsabgeordneter. Hermann Schlimme war 1945 bereits 63 Jahre alt und vor 1933 Vorstandsmitglied des ADGB. Bernhard Göring (Jg. 1897) war früher Sekretär des AfA-Bundes. Richard Weimann (Jg. 1890) und sein früherer Mitarbeiter Fritz Neubecker (Jg. 1903) waren bis 1933 beim Bildungsauschuß des Parteivorstandes der SPD angestellt. Max Fechner (Jg. 1892), der ebenfalls einen Kreis um sich gesammelt hatte, war seit 1924 im Preußischen Landtag und Redakteur der kommunalpolitischen SPD-Zeitung „Die Gemeinde". Auffallend ist, daß die Sozialdemokraten, die eine führende Rolle beim als erstes erwarteten Aufbau der Gewerkschaften übernehmen wollten, gegenüber einem Zusammenschluß mit den Kommunisten stärkere Bedenken hatten als die Parteipolitiker, die über eine „einheitliche" Organisation diskutierten. Dennoch traten sie später der SED bei und übernahmen leitende Funktionen. Vgl. zu den einzelnen Personen und der personellen Zusammensetzung der Gründerkreise und des ZA insgesamt Moraw, S. 82 ff.; Hurwitz, Demokratie und Antikommunismus in Berlin nach 1945, Bd. 4, Teil 1, S. 84 ff.

33 Zitiert nach Dokumente und Materialien zur Geschichte der deutschen Arbeiterbewegung, hrsg. vom IML beim ZK der SED, Reihe III, Bd. 1 (Mai 1945–April 1946), Berlin (Ost) 1959, S. 31.

munisten auf die Vereinigung drängten und die Sozialdemokraten dann so nicht folgen wollten, war es auch dieses ursprünglich von Sozialdemokraten formulierte Einheitsangebot, das sie in argumentative Nöte brachte.

Die KPD lehnte dieses Angebot ab und unterbreitete im Gegenzug am 19. Juni dem Zentralausschuß der SPD den Entwurf einer Vereinbarung, die als „Ausdruck der Aktionseinheit" einen „gemeinsamen Arbeitsausschuß" vorsah, der auch die Voraussetzungen einer späteren Einheit klären sollte. An die unteren Gliederungen der Parteien ging die Empfehlung, die einer Direktive gleichkam, in der gleichen Weise zusammenzuarbeiten.[34] Da die sozialdemokratischen Vertreter keine Alternative anzubieten hatten, akzeptierten sie den Entwurf, den der Zentralausschuß nachträglich billigte.[35] Damit hatte das Sekretariat des Zentralkomitees der KPD seine Vorstellungen über die Vorgehensweise in der Einheitsfrage durchgesetzt. Es hatte Zeit gewonnen, die eigene Partei zu konsolidieren. Gleichzeitig konnte es auf der regionalen und lokalen Ebene gemäß der Einheitsfronttaktik über die Zusammenarbeit mit den SPD-Gliederungen die für die KPD günstigsten Bedingungen für die Vereinigung herbeiführen.

Diese entscheidenden Weichenstellungen erfolgten zu einem Zeitpunkt, als es dem Zentralausschuß wegen fehlender Kommunikationsstrukturen noch nicht möglich war, politische Fragen mit den regionalen Parteigliederungen außerhalb Berlins abzustimmen. Es dauerte bis Ende August, systematische Kontakte zu den wiedererstandenen sozialdemokratischen Organisationen in der sowjetisch besetzten Zone herzustellen.[36] Schon die ersten Gespräche mit den Parteiorganisationen machten den Zentralausschuß-Vertretern deutlich, daß es aufgrund der schlechten Erfahrungen mit Kommunisten und Besatzungsmacht Bedenken gegen die vereinbarte Form der Kooperation gab, daß darüber hinaus viele sozialdemokratische Funktionäre Einwände gegen jede Art von Vereinigungspolitik erhoben oder sogar die politische Zielrichtung des Zentralausschusses ablehnten. Er repräsentierte nur *eine* Strömung innerhalb der ostzonalen Sozialdemokratie.

Auch im Zentralausschuß war das Bild uneinheitlich; nicht alle Mitglieder mochten den Kurs in Richtung Einheitspartei befürworten, auch wenn Diskussionen über Fehler in der Vergangenheit und die Notwendigkeit einer politischen Neuorientierung einer bei Kriegsende verbreiteten

---

34 Die Vereinbarung vom 19. Juni 1945 ist abgedruckt in: Dokumente zur Geschichte der kommunistischen Bewegung in Deutschland, S. 264 f.

35 Zum Zustandekommen der Vereinbarung auf der genannten Sitzung vgl. die Schilderung von Erich Gniffke, Jahre mit Ulbricht, Köln 1966, S. 32 f.

36 Vgl. Moraw, S. 107 f.; zu den Eindrücken von den ersten Reisen in der SBZ vgl. auch Gniffke, S. 75 ff.

Grundstimmung entsprachen.[37] Mit der Hinwendung zu den Vorstellungen von „Einheit“ oder „Vereinigung“ war nicht die Aufgabe von sozialdemokratischen Traditionen zugunsten von kommunistischer Theorie und Praxis verbunden, sondern zumeist die Aufhebung der Spaltung der Arbeiterbewegung im Sinn einer Wiederherstellung der Partei August Bebels, eine Anknüpfung demnach an die Tradition der Zeit vor dem Ersten Weltkrieg.

Der Wiedergründungsprozeß der SPD war somit vielgestaltig und auch widersprüchlich, was dem dezentralen und ungesteuerten Aufbau der Partei entsprach. Obwohl er von regionalen und lokalen Besonderheiten geprägt war, zeigten sich schon bald übergreifende Tendenzen. Ausgenommen davon war und blieb die Sonderentwicklung in Berlin, wo die SPD im Osten der Stadt noch bis zum Sommer 1961 legal wirken konnte.[38] Schon der organisatorische Wiederaufbau war auf allen Ebenen begleitet von den Debatten um die Einheitsfrage, zunächst in Form der von oben nach unten durchgesetzten Aktionseinheit, letztlich jedoch von dem sich als existentiell herausstellenden Verhältnis zur KPD und der sie unterstützenden Besatzungsmacht.

Während der Wiederbeginn des sozialdemokratischen Parteilebens von der anfänglichen Vielfalt an Bemühungen um Neuorientierung gekennzeichnet war, dominierten im organisationspolitischen Bereich die traditionellen Formen sozialdemokratischer Parteiarbeit.[39] Im wesentlichen lassen sich drei Konzeptionen unterscheiden: In einigen traditionellen Hochburgen der SPD wollten die Sozialdemokraten bruchlos an die in ihren Augen bewährten Weimarer Traditionen anknüpfen. Einer zweiten Vorstellung zufolge sollte die SPD zugunsten einer breiten sozialistischen und zugleich die früheren politischen „Lager“ übergreifenden Bewegung überwunden werden. Eine dritte Konzeption schließlich baute auf dem kommunistischen Nachkriegsbekenntnis zu Demokratie und Parlamentarismus auf, wodurch die Ursachen der Spaltung der Arbeiterbewegung

---

37 Vgl. Bouvier/Schulz, S. 31; vgl. auch Helga Grebing/Christoph Kleßmann/Klaus Schönhoven/Hermann Weber, Zur Situation der Sozialdemokratie in der SBZ/DDR im Zeitraum zwischen 1945 und dem Beginn der 50er Jahre, Marburg 1992, S. 12 f.

38 Ausführlicher dazu Kapitel 1.6. Zu dem Ablauf der Ereignisse in Berlin vgl. vor allem die umfangreichen Darstellungen von Harold Hurwitz, Die Anfänge des Widerstandes, Teil 1: Führungsanspruch und Isolation der Sozialdemokraten; Teil 2: Zwischen Selbsttäuschung und Zivilcourage: Der Fusionskampf, Köln 1990; ders., Zwangsvereinigung und Widerstand der Sozialdemokraten in der sowjetischen Besatzungszone und Berlin, Köln 1990; Albrecht Kaden, Einheit oder Freiheit? Die Wiedergründung der SPD 1945/46, Bonn 1980.

39 Ausführlich auch zum folgenden Malycha, Auf dem Weg zur SED, S. XXVI ff.; vgl. auch Werner Müller, Sozialdemokratische Partei Deutschlands, in: SBZ-Handbuch, München 1990, S. 460 ff.

gegenstandslos geworden zu sein schienen; die Bildung einer einheitlichen sozialistischen Partei konnte damit auf Zustimmung stoßen.

Der Organisationsaufbau war in der Regel von Funktionären getragen, die gegen Ende der Weimarer Republik zu den Trägern der „mittleren Ebene" gehört hatten. Gerade für sie lag es nahe, sich unter Berücksichtigung der neuen Zonengrenzen an die Weimarer Gliederung anzulehnen.[40] Es entstanden erneut Bezirke, Unterbezirke und Ortsvereine, die sich am Prinzip der Wohngebiete orientierten. Verschiebungen ergaben sich durch die Bildung von bis dahin nicht existierenden Landesvorständen, die von KPD und Sowjetischer Militäradministration mit dem Argument der Angleichung des Parteiaufbaus an die neugeschaffene Verwaltungsstruktur gefordert worden waren. An die Spitze dieser Landesverbände gelangten sozialdemokratische Funktionäre, die der Besatzungsmacht genehm waren und dem Wunsch nach Bildung der Einheitspartei dann willig folgten. Darüber hinaus kam es zu einem teilweise beträchtlichen innerparteilichen Reibungsverlust zwischen diesen Vorständen und den weiterbestehenden Bezirken.

Von noch größerer Bedeutung waren die der Parteistruktur der SPD bisher fremden Betriebsgruppen. Sie erfaßten den größten Teil der ab Herbst neu in die SPD strömenden Mitglieder. Und ihnen fiel insofern eine Schlüsselrolle zu, als die Kommunisten zumeist an ihrem Aufbau beteiligt waren, was offiziell mit „Hilfestellung" umschrieben wurde. Da den Sozialdemokraten der Umgang mit den Betriebsgruppen ebensowenig vertraut war wie den neuen Mitgliedern der mit sozialdemokratischen Traditionen, gelang es auf dieser Ebene bald, die Grenzen zwischen Kommunisten und Sozialdemokraten zu verwischen. Die offiziellen Vereinbarungen über die Zusammenarbeit hatten zur Folge, daß ein sozialdemokratischer Anteil am Willensbildungsprozeß, vornehmlich an den meist von der KPD initiierten Resolutionen, nicht mehr zum Ausdruck kam.

Für den Aufbau und die Entwicklung der SPD lassen sich mehrere Phasen unterscheiden. Ungeachtet der Nachteile und Behinderungen konnte die Partei sich bis zum Spätsommer 1945 auf dem gesamten Gebiet der SBZ formieren und konsolidieren. In der dann folgenden Phase zwischen September und November 1945 betonte sie unter Berufung auf ihre Stärke den Willen zu Eigenständigkeit und Unabhängigkeit, so daß der Zentralausschuß-Vorsitzende Otto Grotewohl sogar einen Führungsanspruch für die SPD im Nachkriegsdeutschland erhob. Danach geriet sie bis zum Februar 1946 gegenüber dem kommunistischen Einheitsanspruch in

40 Vgl. Bouvier, Antifaschistische Zusammenarbeit, Selbständigkeitsanspruch und Vereinigungstendenz, S. 422 f., S. 466.

die Defensive und verlor schließlich ihre Handlungsfreiheit. Bis zum April 1946 konnte sie dem KPD-Kurs nur noch hilflos folgen.

## 1.3 Die SPD auf der regionalen Ebene

Ein Blick auf die regionale Ebene macht sowohl anfängliche Unterschiede als auch vergleichbare Tendenzen deutlich. Dem Zentrum Berlin am nächsten war die Mark Brandenburg als Kernland des untergegangenen preußischen Staates. Die Provinz war dünn besiedelt, nach wie vor überwiegend agrarisch strukturiert und mußte nach Kriegsende einen riesigen Flüchtlingsstrom aufnehmen. Aufgrund der vorherrschenden Strukturen hatte es nennenswerte Organisationen der Arbeiterbewegung vorwiegend in den wenigen industriellen Zentren um Berlin und nahe der Oder gegeben.[41] Wie überall im Land entstanden auch in Brandenburg bei Kriegsende „Antifaschistische Komitees“ oder „Volksausschüsse“, in denen Sozialdemokraten und Kommunisten zusammenwirkten, ohne daß von Harmonie die Rede sein konnte. Die Differenzen wurden meist dann offenkundig, wenn Sozialdemokraten den kommunistischen Machtanspruch in Frage stellten, ihrerseits Machtbeteiligung verlangten oder sich um die Erweiterung ihrer Mitgliederbasis über die traditionelle Mitgliedschaft hinaus bemühten.[42] Bei den Kommunisten wiederum gab es die Hoffnung, Mitglieder aus dem traditionell sozialdemokratischen Milieu rekrutieren zu können.[43]

Ohne Kontakte nach Berlin begannen vielerorts die Vorbereitungen für den Aufbau der Parteien noch vor deren Legalisierung. Beispielhaft dafür ist Potsdam, wo es schon früh tagelange Besprechungen und Konferenzen gab, ein zähes Tauziehen mit den Kommunisten um die Besetzung von Posten, deren Ergebnisse der sowjetische Kommandant meist wieder über den Haufen warf, weil er eine Besetzung nach seinen Wünschen verlangte.[44] Nachdem im Juli 1945 zahlreiche Ortsvereine der SPD entstanden waren, versuchten ab August Georg Spiegel als Vorsitzender und Fried-

---

41 Im Überblick dazu Bouvier, Antifaschistische Zusammenarbeit, Selbständigkeitsanspruch und Vereinigungstendenz, S. 427 ff.; Malycha, Auf dem Weg zur SED, S. XXXV ff.

42 Vgl. u.a. Bericht Friedrich Eberts über die Neubesetzung des Oberbürgermeisteramts in Brandenburg vom 27. September 1945, in: Malycha, Auf dem Weg zur SED, S. 37 ff. (Dokument Nr. 17).

43 Vgl.u.a. Schreiben des Bürgermeisters von Storkow Franz Becker an das Zentralkomitee der KPD vom 2. September 1945, in: ebd. S. 27 f. (Dokument Nr. 13).

44 Die Angaben entstammen einem anschaulichen Bericht des späteren Bezirksvorsitzenden Georg Spiegel, den er im August 1945 diktierte. In: SAPMO-BArch, II 3/2/2, Bl. 47 ff.

rich Ebert, der älteste Sohn des ersten Reichspräsidenten der Weimarer Republik, als politischer Sekretär die Parteiarbeit in Brandenburg zu koordinieren. Anfang November bestätigte der erste Parteitag beide in ihren Funktionen. Dem Tätigkeitsbericht zufolge hatte die SPD zu diesem Zeitpunkt in Brandenburg etwa 400 Ortsvereine mit über 32.000 Mitgliedern, was noch nicht ganz dem Vorkriegsstand von etwa 36.000 Mitgliedern entsprach. Bis Ende Dezember 1945 war die Mitgliederzahl auf etwa 43.000 gestiegen, bis zum 31.3.1946 auf um die 78.000. Die KPD hatte im gleichen Gebiet vor 1933 nicht mehr als 6–7.000 Mitglieder; für den 31.12.1945 wird ein Mitgliederstand von etwas über 35.000 genannt, der bis zum 31.3.1946 auf über 63.000 gesteigert werden konnte.[45] Es war ab Herbst nicht zuletzt Friedrich Ebert, der in öffentlichen Versammlungen auftrat und unter Hinweis auf den kommunistischen Aufruf zumindest die Möglichkeit für eine Zusammenarbeit mit den Kommunisten sah.

Auch das 1945 neugebildete Land Mecklenburg-Vorpommern mit der Landeshauptstadt Schwerin war vorwiegend agrarisch strukturiert, dünn besiedelt und mußte zahlreiche Flüchtlinge und Vertriebene aufnehmen.[46] Das Gebiet zählte nicht zu den Hochburgen der Arbeiterbewegung, doch die SPD hatte vor 1933 unter den Landarbeitern über einigen Einfluß verfügt. Obwohl die KPD einen auch zeitlichen Vorsprung hatte, überflügelte die SPD sie bald vornehmlich in den Städten. Auf einer Sitzung des Landesvorstandes konnte im Oktober 1945 von 139 Ortsvereinen mit fast 20.000 Mitgliedern berichtet werden; bis Ende 1945 waren es 40.000, am 31.3.1946 dann 81.000. Die KPD wuchs im gleichen Zeitraum von 8.000 im August 1945 auf 32.000 (Dezember 1945) und auf über 70.000 Mitglieder Ende März 1946.[47] Es war ein Wettlauf um neue Mitglieder, aber auch um Einfluß in der Bevölkerung. Die Kooperation zwischen SPD und KPD entsprang vorwiegend dem Zwang, Not zu lindern und den Wiederaufbau des Landes in Angriff zu nehmen. Von großer Bedeutung für das Verhältnis zwischen beiden Parteien war in diesem Agrargebiet die Bodenreform, bei der die Sozialdemokraten den kommunistischen Vorstellungen nicht

45 Zu den Vorkriegszahlen vgl. Jahrbuch der Deutschen Sozialdemokratie für das Jahr 1931 (im folgenden nur noch Jahrbuch der SPD für 1931); vgl. Malycha, Auf dem Weg zur SED, S. XXXVII; zu den Mitgliederzahlen vgl. auch SBZ-Handbuch, S. 479 f.; Angaben auch in: SAPMO-BArch, IV 2/5/4973.

46 Dazu und zum folgenden im Überblick Bouvier, Antifaschistische Zusammenarbeit, Selbständigkeitsanspruch und Vereinigungstendenz, S. 437 ff.; Malycha, Auf dem Weg zur SED, S. XXXI ff.

47 Vgl. Protokoll über die Sitzung des Landesvorstandes der SPD Mecklenburg-Vorpommern am 7. Oktober 1945, in: Malycha, Auf dem Weg zur SED, S. 117 f. (Dokument Nr. 51). Vor 1933 hatte die SPD in Mecklenburg knapp 25.000 Mitglieder, in Pommern etwa 15.000. Vgl. auch SBZ-Handbuch, S. 458 f., S. 479 f.

folgen wollten. Die Besatzungsmacht entschied zugunsten der KPD, so daß die Sozialdemokraten von beiden überfahren wurden.

Die Eingriffe der Besatzungsmacht in innerparteiliche Personalfragen waren in Mecklenburg-Vorpommern schon in einem frühen Stadium des Parteiaufbaus empfindlich zu spüren. So hatten sich bei der Bildung und Zulassung der Landesorganisation erhebliche Schwierigkeiten ergeben, weil die Kommandantur Rostock als Sitz des Landesvorstandes nicht akzeptieren wollte; und diesen traditionellen Sitz des ehemaligen Bezirksverbandes wollten führende Rostocker Funktionäre um den späteren Oberbürgermeister Albert Schulz nicht aufgeben. Auch die personelle Zusammensetzung des Landesvorstandes wurde in der vorgeschlagenen Form nicht bewilligt. Die Militäradministration bestätigte erst nach Veränderungen eine Liste mit dem ehemaligen Landtags- und Reichstagsabgeordneten Carl Moltmann als erstem Vorsitzenden.[48] Daß die Besatzungsmacht sofort mit Verboten reagierte, wenn Weisungen nicht umgehend befolgt oder sie auch nur ansatzweise öffentlich kritisiert wurden, machte den Sozialdemokraten von vornherein die engen Grenzen ihres Handlungsspielraums deutlich. Eingriffe dieser Art mußten verunsichernd und einschüchternd wirken.

In Thüringen, das mit Städten wie Eisenach, Gotha und Erfurt zu den sozialdemokratischen Traditionsgebieten zählte, war in den Monaten zwischen Kriegsende und Winter 1945 Hermann Brill die herausragende Führungspersönlichkeit der Sozialdemokratie.[49] Als Mitverfasser des „Buchenwalder Manifests“ war er über die Landesgrenzen hinaus bekannt und als Gegner des Nationalsozialismus legitimiert. Ursprünglich von der amerikanischen Militärverwaltung als Regierungspräsident eingesetzt, wurde er nach dem Besatzungswechsel von diesem Amt abgelöst und durch den der Sowjetischen Militäradministration genehmeren und damals noch parteilosen Oberbürgermeister von Gera, Rudolf Paul, ersetzt.[50] Auch mit seinen parteipolitischen Neuordnungsvorstellungen, die er mit dem „Bund demokratischer Sozialisten“ zu verwirklichen suchte, geriet Brill in Konflikte mit der Sowjetischen Militäradministration. Dem Berliner Zentralausschuß gegenüber war er eher ein Konkurrent als ein nur

---

48 In der ursprünglichen Liste war der weniger gelittene Albert Schulz als 1. Vorsitzender vorgesehen. Zu der personellen Zusammensetzung insgesamt Malycha, Auf dem Weg zur SED, S. XXXIII.

49 Vgl. zuletzt dazu Manfred Overesch, Hermann Brill in Thüringen 1895–1946. Ein Kämpfer gegen Hitler und Ulbricht, Bonn 1992.

50 Vgl. dazu Bouvier, Antifaschistische Zusammenarbeit, Selbständigkeitsanspruch und Vereinigungstendenz, S. 445 ff.; zu Rudolf Paul, der bald danach Mitglied der SED wurde und kurz darauf in den Westen flüchtete, vgl. auch Interviewprotokoll Paul, AdsD der FES.

unbequemer Partner. Das dürfte zum einen in seiner persönlichen Autorität als ehemaliger Buchenwald-Häftling begründet gewesen sein, aber auch in seiner anfangs mangelnden Bereitschaft, den Zentralausschuß anzuerkennen, da dieser sich nach seiner Auffassung außerhalb der Parteistatuten gebildet hatte.[51] Darüber hinaus vermutete er in der in Berlin mit der KPD-Führung vereinbarten Form der Kooperation die Gefahr eines Sonderdaseins der KPD. Sein Konzept ging in Anlehnung an das Modell der britischen Labour Party von einer Einheitspartei aus, in der die Kommunisten eingebunden waren, die Sozialdemokratie mit ihren Demokratievorstellungen jedoch dominierend sein sollte. Auf konkrete Vorschläge reagierte die KPD in Thüringen zunächst ausweichend und dann ablehnend, da sie – auch durch personalpolitische Veränderungen – gezwungen wurde, den Vorgaben des Berliner Sekretariats zu folgen.

Die Differenzen über die Zulassung des „Bundes demokratischer Sozialisten", dessen Umbenennung und die Zusammensetzung des Landesvorstandes waren keineswegs rein organisationspolitischer Natur, wie es nach außen scheinen konnte. Sichtbar wurden darin vielmehr tiefgreifende programmatische, ideologische und politische Unterschiede, aus denen Spannungen resultierten, die insbesondere zwischen dem Chef der Sowjetischen Militäradministration in Thüringen, Generalmajor Iwan Kolesnitschenko, und Hermann Brill bestanden und die nicht abzubauen waren. Dies führte dazu, daß die Zulassung der SPD in Thüringen von der Anerkennung des Berliner Aufrufs vom 15. Juni 1945 und vom Fallenlassen des Buchenwalder Manifests abhängig gemacht wurde. Im Gegensatz zu diesen Tatsachen wurde in der DDR der Mythos aufrechterhalten, das Buchenwalder Manifest sei die „historische" Grundlage für den Zusammenschluß von KPD und SPD gewesen. In der weiteren Folge kam es zu einer zeitweiligen Verhaftung Brills, und als sich der Konflikt im Herbst dramatisch zugespitzt hatte, zu seinem erzwungenen Rücktritt. Daraufhin ging er an der Jahreswende 1945/46 in den Westen.

Sein Nachfolger wurde der Regierungsrat in der Thüringischen Landesverwaltung Heinrich Hoffmann, der bereitwilliger mit KPD und Besatzungsmacht zusammenarbeitete. Während Brill immer wieder auf die Gefahren verwies, die aus der Einheitsfronttaktik der KPD resultierten, auf sich häufende Verhaftungen und dann vor allem auf das Trommelfeuer in der Einheitsfrage, wollte Hoffmann sich auf den „Boden der Tatsachen" stellen: Ein Machtkampf gegen die KPD würde einem Kampf gegen die Besatzungsmacht gleichkommen, den sich die SPD nicht leisten könne. Er sah in der KPD eine „Bruderpartei", deren Bündnispolitik er akzeptier-

51 Vgl. auch Malycha, Auf dem Weg zur SED, S. LVI ff.

te.[52] Damit überging er freilich, daß nicht nur auf dieser Parteiebene, sondern auch an der Basis das Klima zwischen beiden Parteien viel zu schlecht war, als daß es zu einer von Mißtrauen freien Zusammenarbeit hätte kommen können. Das lag nicht nur an der Konkurrenz um Mitglieder, sondern vor allem an dem bezweifelten Wandel, der für viele Sozialdemokraten fragwürdigen „Ehrlichkeit" der Kommunisten, an deren exklusiver Zusammenarbeit mit der Besatzungsmacht und an Methoden, die einer indirekten Denunziation gleichkamen, weil Vorwürfe einer vermeintlichen nationalsozialistischen Vergangenheit ins Spiel gebracht wurden.[53]

Obwohl sich der Aufbau der SPD in Thüringen zwangsweise verzögert hatte, konnten bis zum Oktober 1945 etwa 35.000 Mitglieder organisiert werden, denen ein Mitgliederstand von über 42.000 im Jahr 1931 gegenüberstand.[54] Den hatte die SPD Ende des Jahres wieder erreicht, um ihn bis zum 31.3.1946 (ca. 92.000 Mitglieder) mehr als zu verdoppeln. Die KPD hatte im Oktober 1945 in Thüringen über 19.000 Mitlgieder, Ende des Jahres 53.000 und wuchs bis zum April 1945 auf etwa 73.000.

Die Provinz Sachsen (später Sachsen-Anhalt) war zunächst sowohl von britischen und amerikanischen als auch sowjetischen Truppen besetzt worden. Sie wurde aus den ehemaligen Regierungsbezirken Halle-Merseburg, Magdeburg und dem Land Anhalt gebildet und umfaßte neben landwirtschaftlichen Gebieten bedeutende Industriezentren, in denen beide Flügel der Arbeiterbewegung mit unterschiedlichen Schwerpunkten verankert waren.[55] Schon vor dem Besatzungswechsel hatten Sozialdemokraten in zahlreichen Orten mit dem Wiederaufbau ihrer Partei begonnen, wobei zunächst in einem Vorstadium auch gewerkschaftliche Kontakte genutzt und entsprechende Strukturen aufgebaut wurden.[56] Von einem regulären Parteileben konnte zu diesem frühen Zeitpunkt nicht die Rede sein; entscheidend für die lokale Ebene war, die SPD mit den verfügbaren und vertrauten Kräften wieder aufbauen zu können.[57] Über das Ziel, die

52 Dazu vor allem das Protokoll der Sitzung des Gesamtvorstandes des Landesverbandes Thüringen der SPD am 26. November 1945, in: SAPMO-BArch II 3/8/2.

53 Deutlich wird dies z. B. an der Korrespondenz zwischen den Ortsgruppen der KPD und SPD Weißensee zwischen Oktober 1945 und Februar 1946. In: SAPMO-BArch I 3/13/44.

54 Vgl. Jahrbuch der SPD für 1931; für die Nachkriegszahlen von SPD und KPD vgl. SBZ-Handbuch, S. 479 f., 459 f.

55 Vgl. Bouvier, Antifaschistische Zusammenarbeit, Selbständigkeitsanspruch und Vereinigungstendenz, S. 459 f.

56 Vgl. auch Malycha, Auf dem Weg zur SED, S. XXXVIII f.

57 Vgl. u. a. das Interview mit Rudolf Dux, in: Bouvier/Schulz, „... die SPD aber aufgehört hat zu existieren", S. 109.

SPD in der alten Form zu reorganisieren, bestand insbesondere im alten und neuen Magdeburger Bezirk nicht der geringste Zweifel.[58]

Obwohl es auch in der Provinz Sachsen Differenzen mit sowjetischen Kommandanten beim Parteiaufbau gab, verlief dieser insgesamt relativ problemlos. Der Provinzialvorstand (später Landesvorstand), dem neben Bruno Böttge auch Werner Bruschke, Fritz Jungmann und Ernst Thape angehörten, konnte sich bereits Mitte August in Halle konstituieren.[59] Gegen seine Bildung hatte es erhebliche Widerstände gegeben, da die drei Bezirksverbände auf ihrer organisatorischen Selbständigkeit bestanden. Deren Aufbau wiederum hatte mit Bezirksparteitagen im Oktober einen vorläufigen Abschluß gefunden. Mit annähernd 78.000 Mitgliedern hatte der Provinzialverband zu diesem Zeitpunkt beinahe den letzten Stand der Weimarer Republik erreicht; bis Ende 1945 waren es etwa 100.000 Mitglieder, und mit über 170.000 Mitgliedern Ende März 1946 war dies (nach Sachsen) die zweitstärkste sozialdemokratische Landesorganisation der Sowjetischen Besatzungszone.[60] Die KPD wuchs im gleichen Zeitraum von etwa 65.000 über 79.000 auf 146.000 Mitglieder.

Nicht zuletzt vor dem Hintergrund der eigenen Stärke und des daraus resultierenden Selbstbewußtseins kam es vor allem im Bezirk Magdeburg von Anfang an zu erheblichen Auseinandersetzungen mit den Kommunisten. Dabei ging es vordergründig um parteipolitische Motive bei der Besetzung von Verwaltungsposten, doch letztlich um die von den Sozialdemokraten beklagte kommunistische Taktik, in der sie keine Veränderung gegenüber der Zeit vor 1933 erkennen konnten. Als typisches Beispiel galt das Ansinnen, sozialdemokratische Parteiveranstaltungen, Versammlungen oder auch Funktionärssitzungen aus Kontrollgründen bei der KPD anzumelden. Begründet wurde dieses Verlangen mit dem Vorwand, die KPD sei der Besatzungsmacht gegenüber verantwortlich für die „antifaschistische Ausrichtung" der Bevölkerung. Und die Zeit vor 1933

58 Vgl. dazu die Interviews, in: ebd., S. 89 ff.

59 Es war dann vor allem Werner Bruschke, der bereitwillig mit der SMA zusammenarbeitete. Den Erinnerungen des stellvertretenden Chefs der SMA von Sachsen-Anhalt, General Alexandr Kotikow, zufolge hat Bruschke die sowjetischen Stellen laufend über Interna aus dem sozialdemokratischen Vorstand informiert, so daß diese in der Lage waren, rechtzeitig in ihrem Sinne gegenzusteuern. „Die Aufgabe bestand darin, zu erfahren, was die sozialdemokratische Führung zu tun gedenkt. Und das konnte man nur durch Bruschke erfahren. Und er informierte uns so ausführlich über alles, daß wir die Möglichkeit hatten, sehr taktische Beschlüsse zu fassen, die die sozialdemokratischen Führer mobilisieren konnten." Die entscheidende Taktik bestand darin, Führung und „Massen" gegeneinander auszuspielen sowie die „Rechten" in der Sozialdemokratie zu isolieren bzw. auszuschalten. Die Erinnerungen von Kotikow in: SAPMO-BArch, EA 1786.

60 Zu den Zahlen vgl. Jahrbuch der SPD für 1931; SBZ-Handbuch, S. 458 f., 479 f.

habe bewiesen, daß Sozialdemokraten keine Antifaschisten seien, lediglich die KPD habe ihren Antifaschismus unter Beweis gestellt.[61]

Das Land Sachsen war das am stärksten industrialisierte und am dichtesten besiedelte Gebiet der Sowjetischen Besatzungszone mit traditionellen Hochburgen der Arbeiterbewegung.[62] Dazu zählte auch Leipzig, nach Berlin die größte Stadt im Besatzungsgebiet. Dort hatten Sozialdemokraten und Kommunisten schon in der Weimarer Republik in harter Frontstellung gegeneinander gestanden; diese Polarisierung erhielt sich in der Illegalität, lebte sofort bei Kriegsende wieder auf und verschärfte sich.[63] Die traditionsbewußten Leipziger SPD-Funktionäre sahen keine Veranlassung, alte Grundsätze aufzugeben, auch nicht im Hinblick auf die Konfrontation mit der KPD. Schon unter amerikanischer Besatzung hatten sie unter der Führung des später jahrelang inhaftierten Stanislaw Trabalski mit Vorbereitungen für den Parteiaufbau begonnen; gleiches gilt für den Gewerkschaftsaufbau, für den der frühere Leipziger ADGB-Vorsitzende Erich Schilling die ersten Kontakte knüpfte. Gerade um den Einfluß in dieser wichtigen Massenorganisation gab es zwischen beiden Parteien heftige Auseinandersetzungen.

Im Vergleich zu den übrigen sächsischen Bezirken hatte Leipzig insofern eine Sonderrolle, als sich der Bezirksverband bewußt vom Landesvorstand abgrenzte und dessen Kompetenzen energisch bestritt.[64] Für einige Zeit konnte er sich mit Erfolg der Einbindung in die gesamtsächsische Organisation ebenso entziehen wie der Einflußnahme durch den Berliner Zentralausschuß. Die Tatsache, daß die Leipziger Sozialdemokraten beispielsweise das sogenannte „Ostorientierungs-Konzept“ ablehnten, macht überdies deutlich, daß es höchst unterschiedliche Vorstellungen in der ostzonalen SPD gab.[65] Darüber hinaus hatte der Leipziger Bezirksverband einen eigenen Aufruf und eigene Statuten erarbeitet, was wiederum den

---

61 Vgl. Bericht des Bezirksvorstandes der SPD Magdeburg an den Zentralausschuß der SPD über das Verhältnis zur kommunistischen Partei vom 15. September 1945, in: Malycha, Auf dem Weg zur SED, S. 50 (Dokument Nr. 25).

62 Als Überblick zur unmittelbaren Nachkriegsentwicklung und den Besatzungsbedingungen vgl. Bouvier, Antifaschistische Zusammenarbeit, Selbständigkeitsanspruch und Vereinigungstendenz, S. 451 ff.; zu den traditionellen Hochburgen vgl. zuletzt Franz Walter, Tobias Dürr, Klaus Schmidtke, Die SPD in Sachsen und Thüringen zwischen Hochburg und Diaspora, Bonn 1993.

63 Dazu und zum folgenden vor allem Werner Müller, Sozialdemokratie und Einheitspartei. Eine Fallstudie zur Nachkriegsentwicklung in Leipzig, in: Dietrich Staritz/Hermann Weber (Hrsg.), Einheitsfront – Einheitspartei. Kommunisten und Sozialdemokraten in Ost- und Westeuropa 1944–1948, Köln 1989, S. 129-166.

64 Vgl. Malycha, Auf dem Weg zur SED, S. XLV f.

65 Zur Ostorientierung vgl. u. a. Moraw, S. 96 ff.; Henry Krisch, German Politics under Soviet Occupation, New York, London 1974, S. 93 ff.; Hurwitz, Demokratie und Antikommunismus in Berlin, Bd. 4, Teil 1, S. 333 ff.

zentralistischen Forderungen der sowjetischen Kommandantur zuwiderlief. Nicht zuletzt der Wunsch nach einer Sonderrolle und das selbstbewußte Auftreten auch gegenüber der Besatzungsmacht führten zu Behinderungen und zur Verzögerung bei der formalen Zulassung, die erst durch eine Intervention der Berliner Führung ausgeräumt wurden. Es dauerte bis in den Herbst, daß die Leipziger sich auf eine längere Dauer der Besatzungssituation einstellten, was die Konfliktlage jedoch keineswegs entschärfte.[66] Wohl auch aufgrund zahlreicher Behinderungen hatte die Leipziger Organisation im Herbst noch nicht die hohe Zahl von über 44.000 Mitgliedern erreicht, die sie 1931 gehabt hatte; bis zur Vereinigung gelangte sie jedoch weit darüber hinaus.[67]

Die anderen sächsischen Bezirke – Dresden, Chemnitz, Zwickau und Görlitz – konnten ihren organisatorischen Wiederaufbau zügiger vorantreiben, auch wenn die Probleme mit KPD und Besatzungsmacht vergleichbar waren.[68] Zu dieser Konfliktlinie kam auch in Sachsen die innerhalb der Partei hinzu, was von außen die Möglichkeit bot, Sozialdemokraten gegeneinander auszuspielen und unter ihnen die kooperationswilligen und wenig später vereinigungswilligeren zu unterstützen. Von großer Bedeutung war in Sachsen der Landesvorsitzende Otto Buchwitz, ein vehementer und emotionaler Befürworter der Vereinigung.[69] Der ehemalige schlesische Funktionär war im Juni 1945 zum Dresdener Gründerkreis um den Oberbürgermeister Rudolf Friedrichs gestoßen, aus dem wenig später der Landesverband hervorging.[70] Buchwitz wurde nicht nur Vorsitzender, sondern auch politischer Sekretär der Landesorganisation, der u. a. Arno Haufe als Vorsitzender des Dresdener bzw. ostsächsischen Bezirksverbandes angehörte. Der Landesparteitag bestätigte Anfang Oktober in Freital auch die personelle Zusammensetzung des Vorstandes, der durch Vertreter aus allen Bezirken erweitert wurde. Zu diesem Zeitpunkt hatte die SPD in Sachsen bei über 700 Ortsvereinen etwa 66.000 Mitglieder, eine Zahl, die bis zur Vereinigung von SPD und KPD noch mehr als verdreifacht werden konnte und weit über den Stand von vor 1933 hinausging. Bis Dezember 1945 waren es etwa 104.000 Mitglieder, Ende März 1946 über 200.000; 1931 hatten die damaligen sächsischen Bezirke zu-

66 Vgl. Malycha, Auf dem Weg zur SED, S. L.

67 Vgl. Jahrbuch der SPD für 1931; Ende Oktober gab es etwa 13.000 Mitglieder, Ende März 1946 dann 65.000. Vgl. SBZ-Handbuch, S. 479 f.

68 Vgl. Bouvier/Schulz, S. 227 ff.; Gerhard Börner, Persönliche Erinnerungen eines Augenzeugen [Ms., AdsD der FES 1994].

69 Zu Buchwitz insgesamt Fritz Zimmermann, Otto Buchwitz. Ein Lebensbild, Berlin (Ost) 1984.

70 Zu den Etappen des Aufbaus und zur personellen Zusammensetzung vgl. Malycha, Auf dem Weg zur SED, S. XLIII f.

sammen etwa 163.000 Mitglieder. Die KPD wuchs im gleichen Zeitraum nach 1945 von etwa 71.000 Mitgliedern über 110.000 auf 194.000.[71]

Die negativen Erfahrungen in der Zusammenarbeit mit den Kommunisten waren denen in der übrigen Zone vergleichbar, obwohl Buchwitz meinte, mit Hermann Matern, dem Bezirksleiter der KPD, durch persönliche Freundschaft zu Vereinbarungen gelangen zu können, die die Benachteiligungen der SPD verringerten. Die von ihm frühzeitig verfochtene Einheit konnte jedoch auch nach seiner Ansicht nur bei „völliger Gleichberechtigung“ erfolgen.[72] Doch die Auseinandersetzungen zwischen Kommunisten und Sozialdemokraten hatten ein solches Ausmaß angenommen, daß sie sogar für Buchwitz durch Gespräche kaum regelbar schienen. Seinen Unmut formulierte er allerdings vorwiegend in internen Schreiben und nicht in öffentlichem Protest.

## 1.4 Vom Erfolg in die Defensive

Alles in allem war die Wiedergründung der SPD in der Sowjetischen Besatzungszone ein trotz Behinderungen allein von den Mitgliederzahlen her erfolgreicher Prozeß.[73] Sie konnte sich so weit konsolidieren, daß sie in wichtigen Zentren über eine ausgebaute Organisation verfügte, in anderen über Stützpunkte. In fast allen Bezirken wurden Parteitage abgehalten, die die in der Gründungsphase gebildeten Vorstände bestätigten. Und die SPD verfügte neben dem Zentralorgan „Das Volk“ auch über Regionalzeitungen, die allerdings wie alle Publikationen der Zensur der Sowjetischen Militäradministration unterlagen. Deutlich wurde in diesen Monaten auch, daß die Mehrheit der Sozialdemokraten in der Sowjetischen Besatzungszone insbesondere auf mittlerer und unterer Ebene den offiziellen Forderungen der Berliner Führung nach sozialistischer Umgestaltung nicht folgte, sondern an der Überzeugung festhielt, für den Aufbau einer sozialen Demokratie genüge das traditionelle Instrumentarium von Parlamentarismus und Demokratie.[74]

---

71 Zu den Zahlen vgl. Jahrbuch der SPD für 1931; SBZ-Handbuch, S. 479 f., S. 459 f.

72 Vgl. dazu Schreiben von Otto Buchwitz an Otto Grotewohl vom 23. September 1945, in: Malycha, Auf dem Weg zur SED, S. 86 ff. (Dokument Nr. 41).

73 Ende Oktober waren es etwa 300.000 Mitglieder, zwei Monate später um die 400.000. Zu den leicht differierenden Zahlenangaben vgl. Malycha, Auf dem Weg zur SED, S. LXI; SBZ-Handbuch, S. 479. Die KPD wuchs im gleichen Zeitraum von etwa 250.000 auf 370.000 Mitglieder.

74 Vgl. Bouvier, Antifaschistische Zusammenarbeit, Selbständigkeitsanspruch und Vereinigungstendenz, S. 468.

Auch wenn erste Erfahrungen in der verordneten Zusammenarbeit mit den Kommunisten regional unterschiedlich ausfielen und von positiven oder negativen Vorerfahrungen mitgeprägt waren, wurde doch bald eine einheitliche Tendenz deutlich: Die anfangs vorhandene Kooperationsbereitschaft schwand rapide; an ihre Stelle traten zumeist Ernüchterung und Desillusionierung. Und es wuchsen Unmut und Ärger über die Kommunisten, die ihren Hegemonieanspruch unverhohlen und mit Hilfe der Besatzungsmacht rigoros durchsetzten. Wechselseitiges Mißtrauen und Gegnerschaft entsprachen eher der Realität als die offiziell verkündete Partnerschaft zwischen SPD und KPD. Dennoch gab es auch auf der regionalen Führungsebene Sozialdemokraten, die ein gutes Verhältnis zur Besatzungsmacht zu entwickeln suchten und sich der kommunistischen Argumentation annäherten. Dies mag u.a. in der Erfahrung begründet gewesen sein, daß eine offene Konfrontation sowohl mit der Besatzungsmacht als auch mit den Kommunisten den ohnehin geringen Handlungsspielraum der Sozialdemokraten noch weiter einengte.

Nach den Erfahrungen des Sommers und Frühherbstes 1945 wuchs in der SPD der Wunsch nach Eigenständigkeit und Unabhängigkeit. Die lokalen Konflikte nahmen an Schärfe zu; viele Funktionäre fühlten sich von der KPD an die Wand gedrückt, der Zustand zwischen beiden Parteien galt gar als unhaltbar.[75] Die Stimmung unter den Sozialdemokraten war so schlecht, daß auch der Zentralausschuß von der mit der KPD-Führung vereinbarten Kooperation abrückte. Diesen Kurswechsel formulierte Otto Grotewohl mit einer Rede am 14. September 1945 vor mehreren tausend Funktionären und in Anwesenheit des KPD-Vorsitzenden Wilhelm Pieck.[76] Er stellte den kommunistischen Führungsanspruch in Frage; nach seiner Ansicht fehlten die Voraussetzungen für eine Fusion der beiden Parteien. Viel zu tief sei nach wie vor der Graben aus Mißtrauen und Unverständnis. Dennoch konnte oder wollte er nicht völlig von dem Ideal einer Einheitspartei abrücken, aber es blieb eine pathetische Beschwörungsformel, dessen Realisierung in die Ferne gerückt wurde.[77] Im Vordergrund stand die Wiedervereinigung der SPD auf nationaler Ebene, und nach Grotewohls Vorstellung sollte diese nationale Partei auch das Band der nationalen Einheit sein.

---

75 Vgl. u. a. Schreiben der KPD-Kreisleitung Ruppin an die Bezirksleitung der KPD Brandenburg vom 22. Oktober 1945 und Schreiben von Friedrich Ebert an Max Porazik aus Potsdam-Babelsberg vom 8. November 1945, in: Malycha, Auf dem Weg zur SED, S. 135 f., S. 142 (Dokumente Nr. 61 und 65).

76 Vgl. Otto Grotewohl, Wo stehen wir, wohin gehen wir? Der historische Auftrag der SPD, Berlin o. J. [1945].

77 Vgl. Lucio Caracciolo, Der Untergang der Sozialdemokratie in der Sowjetischen Besatzungszone. Otto Grotewohl und die „Einheit der Arbeiterklasse" 1945/46, in: VjhZg 36 (1988), S. 288.

Für die KPD war dies eine Kampfansage „auf der ganzen Linie". In ihrer Sicht bedeuteten die der Grotewohl-Rede Beifall spendenden Sozialdemokraten, die zudem Piecks Erwiderung über eine „ehrliche Zusammenarbeit" mit höhnischem Lachen quittierten, die „Negation aller Einheitsbestrebungen". Danach konnte die Konsequenz nur sein, daß „der Bruderkampf [...] morgen wieder ausgelöst sein [wird], wenn weitere Referate dieser Art die Streitfackel in die Massen tragen".[78] Wilhelm Pieck hatte umgehend reagiert, indem er die Schaffung einer einheitlichen Partei und die Umsetzung der Lehren des Marxismus-Leninismus in die Praxis forderte. Und es kam einer Drohung gleich, als er sich gegen jeden Versuch wandte, die sich anbahnende Einheit aufzuhalten. Da sich die KPD-Führung bewußt war, daß der dominierende Einfluß der KPD der Roten Armee zu verdanken war, und sie sowohl die Stimmung in der Sowjetischen Besatzungszone als auch den wachsenden Widerstand unter den sozialdemokratischen Funktionären registrierte, entsprach ihre Taktik diesen Gegebenheiten.[79] Es war erneut die alte Einheitsfronttaktik, wonach nun verstärkt die sozialdemokratischen Mitglieder gegen die Führung mobilisiert werden sollten. Dazu wurde jeder auch innerparteiliche Widerstand gegen den Fusionskurs zurückgedrängt; vor allem mußten die kritischen Funktionäre der mittleren Ebene isoliert werden. Spätestens von da an war die Einstellung von Sozialdemokraten gegenüber der Vereinigung für die Kommunisten der ausschließliche Maßstab für die Einteilung in „Linke" und „Rechte", wobei letztere wenig später durch das für sie gefährliche und sogar lebensgefährliche Schlagwort „Reaktionäre" und „Volksschädlinge" gebrandmarkt wurden. Jede noch so vorsichtige Kritik am Kurs der KPD hatte deshalb mit dem grundsätzlichen Bekenntnis zur Einheit zu beginnen, was jede sachliche Diskussion ausschloß und die Sozialdemokraten in die Defensive drängte. Zugleich begann die KPD eine Werbekampagne zur Steigerung ihrer Mitgliederzahlen, um den Rückstand gegenüber der SPD aufzuholen. Und das Sekretariat des Zentralkomitees drängte auf die Einberufung einer gemeinsamen Konferenz, um die „Aktionseinheit" beider Parteien organisatorisch stärker abzusichern.

Diese Einheitskampagne wurde noch einmal beschleunigt und intensiviert. Hintergrund dafür war auch das Ergebnis der Parlamentswahlen in Ungarn und vor allem in Österreich, wo die Kommunisten eine vernich-

---

78 So der Bericht eines Kommunisten über die „Außerordentliche Funktionärsversammlung der SPD am 14.9.1945 [...] in der Neuen Welt, Hasenheide", in: SAPMO-BArch, NL 72/167.

79 Vgl. dazu die zusammenfassenden Berichte über die Parteiorganisation der KPD von und für Franz Dahlem vom September und Oktober 1945, in: SAPMO-BArch, NL 72/209; vgl. auch die Angaben bei Malycha, Auf dem Weg zur SED, S. LXVIII f.

tende Niederlage erlitten hatten.[80] Zur gleichen Zeit hatte Otto Grotewohl in einer Rede zum Jahrestag der Novemberrevolution dem kommunistischen Verlangen nach „Einheit“ eine Absage erteilt. Er betonte, die Einheit könne kein Beschluß von Instanzen sein und schon gar nicht das Ergebnis von Druck oder Zwang. Er verlangte die schnelle Schaffung einheitlicher Reichsparteien und lehnte alle Bestrebungen von zonenweisen Vereinigungen ab.[81]

In der Folge wurde die organisatorische Einheit von den Kommunisten zur „Schicksalsfrage“ der „demokratischen“ Entwicklung Deutschlands gemacht, was alle Gegner dieser Einheit zu Feinden des „friedlichen und demokratischen“ Aufbaus stempelte, denen jeder offene Protest und jegliche öffentliche Artikulation ihrer Meinung unmöglich gemacht wurden. Der Druck von unten, insbesondere über die Betriebsgruppen, nahm zu, indem über initiierte und auch erpreßte Resolutionen ein vermeintlicher Einheitswille der Basis dokumentiert wurde, um den auf anderen Ebenen zu „fördern“. Versammlungsverbote, manipulierte Berichte und direkte und indirekte Repression durch die sowjetischen Kommandanten kamen als Einschüchterungsmaßnahmen hinzu.[82]

Ziel dieser Einheitskampagne war, die SPD entlang der schon angelegten Bruchlinie zu spalten, Parteigliederungen für sich zu gewinnen oder sich gefügig zu machen und einzelne Funktionäre, insbesondere die Landesvorsitzenden, an sich zu binden. Den zentral gesteuerten Initiativen standen viele Sozialdemokraten hilflos gegenüber; sie konnten allenfalls auf örtliche Schwierigkeiten verweisen, da nach den offiziellen Vereinbarungen die grundsätzliche Bereitschaft zur Zusammenarbeit betont werden mußte. Sie hofften auf Entscheidungen durch die Berliner Führung, deren Spielraum noch enger geworden war, da es auf Landesebene tatsächlich wichtige sozialdemokratische Befürworter der Einheitspartei gab.

Der Zentralausschuß und einzelne Führungspersönlichkeiten setzten verstärkt auf gesamtdeutsche Strategien, die auch einen gesamtdeutschen Führungsanspruch enthielten.[83] Noch hofften Otto Grotewohl und der Zentralausschuß auf eine Übereinkunft mit Kurt Schumacher in Hanno-

---

80 Vgl. dazu auch Hurwitz, Demokratie und Antikommunismus in Berlin nach 1945, Bd. 4, Teil 1, S. 468.

81 Vgl. dazu Andreas Malycha, „Hier stehe ich, ich kann nicht anders!“ Rede Otto Grotewohls am 11. November 1945, in: BzG 34 (1992), H. 2, S. 167-184. Die SMAD unterband die Veröffentlichung dieser Rede.

82 Vgl. auch Malycha, Auf dem Weg zur SED, S. LXXX; als plastisches Beispiel vgl. den Bericht von August Karsten über eine Versammlung der SPD in Oranienbaum bei Dessau vom 17. Dezember 1945, in ebd. S. 156 ff. (Dokument Nr. 75).

83 Vgl. u. a. Protokoll über die Tagung des Gesamtvorstandes der SPD Thüringen in Weimar am 26. November 1945, in: ebd. S. 194 ff. (Dokument Nr. 92).

ver, um dem Einheitsanspruch der KPD eine vereinigte und machtvollere SPD gegenüberstellen zu können. Dazu kam es nicht, da es nach Schumachers Vorstellungen vorerst keine Einheit der SPD im Reichsmaßstab und prinzipiell keine Einheitspartei mit der KPD geben sollte.[84] Dennoch blieb im Spätherbst 1945 die Forderung nach einem Reichsparteitag eine zentrale Losung der ostzonalen SPD, mit der sie auf Zeitgewinn setzte. Das geschah auch in dem Glauben, mit einer mitgliederstarken Partei deren Unabhängigkeit wahren und zugleich die interne Gestaltung einer vereinigten Partei entscheidend beeinflussen zu können.

Gleichzeitig mehrten sich Berichte über die Schärfe der Auseinandersetzungen mit der KPD, über Denunziationen und Verhaftungen von sozialdemokratischen Funktionären.[85] Um so mehr sank die Frage der Einheit bei den „Mitgliedern im Kurs", wuchs auch die Befürchtung, daß in der neuen Partei nicht viel an Demokratie zu erwarten sei.[86] Auch Otto Grotewohl mußte einräumen, daß die SPD ihre Bewegungsfreiheit inzwischen verloren hatte, daß die Funktionäre mutlos waren und sich in den Ortsvereinen kaum noch Mitglieder zur Mitarbeit bereitfanden.[87] Die weitere Entwicklung wurde von manchen Funktionären so pessimistisch beurteilt, daß die Frage auftauchte, ob die Weiterexistenz der Partei überhaupt noch zu verantworten sei. Auf eine Kraftprobe mit der KPD und damit der Besatzungsmacht wollte es allerdings bis auf den Leipziger Bezirksverband und Hermann Brill in Thüringen kaum jemand ankommen lassen.

Nachdem aus einer Übereinkunft mit Kurt Schumacher nichts geworden war, folgte am 20./21. Dezember 1945 die seit Wochen von der KPD geforderte Konferenz von Funktionären beider Parteien, die als „Sechziger

84 Vgl. Klaus Sühl, Kurt Schumacher und die Westzonen-SPD im Vereinigungsprozeß, in: Staritz/Weber (Hrsg.), Einheitsfront – Einheitspartei, S. 119 ff.

85 Vgl. u. a. Protokolle über die Sitzung des Landesvorstandes der SPD Mecklenburg-Vorpommern am 7. Oktober 1945; Schreiben des Kreisvorstandes der SPD Schwerin an den sowjetischen Stadtkommandanten der Stadt Schwerin vom 19. Dezember 1945; Bericht von August Karsten über eine Versammlung der SPD in Oranienbaum bei Dessau vom 17. Dezember 1945; Protokoll über die Sitzung des SPD-Vorstandes der Provinz Sachsen am 17. Dezember 1945, in: Malycha, Auf dem Weg zur SED, S. 117 ff., 133 ff., 156 ff., 158 ff. (Dokumente. Nr. 51, 59, 75, 76).

86 Vgl. ebd., S. LXXX und u.a. Niederschrift über die Sitzung des erweiterten Landesvorstandes der SPD Sachsen am 18. Dezember 1945, in: ebd., S. 181 ff. (Dokument Nr. 87).

87 Vgl. Protokoll über die Sitzung des Landesvorstandes der SPD Mecklenburg-Vorpommern am 9. Dezember 1945, in: ebd., S. 129 ff. (Dokument 87). Gerade die Passivität und Inaktivität beklagte auch Hermann Lüdemann in einem Schreiben vom 5. Dezember 1945 an den ZA, in dem er gleichzeitig auf die Überalterung und fehlende Schulung verwies. Die Partei insgesamt sei nicht lebendig, zu wenig straff organisiert und vor allem fehle ihr der entscheidende Wille zur Macht. In: SAPMO-BArch, II 2/10.

Konferenz“ bekannt wurde.[88] Die Vertreter aus den Bezirken waren so kurzfristig und überraschend eingeladen worden, daß ihnen für Vorbereitungen oder interne Vorbesprechungen keine Zeit geblieben war. Folgenreich war zudem, daß die Mitgliederbasis und die Öffentlichkeit erst im nachhinein von diesem Treffen unterrichtet wurden. Durch die Kontrolle und Manipulierung der Medien mußte oder sollte der Eindruck entstehen, der entscheidende Schritt in Richtung auf die Einheit sei bereits getan. Erst das stenographische Protokoll der Konferenz macht deutlich, daß hinter dieser Fassade ein heftiger Kampf tobte, der zu einem wenig tragfähigen Kompromiß führte. Die bitteren Klagen von sozialdemokratischer Seite nutzten wenig; da sie nicht mehr als geschlossene Gruppe auftraten, waren sie taktisch leicht zu überfahren. Die KPD konnte ihren Entwurf zur Grundlage einer „Entschließung“ machen, auch wenn sie einige sozialdemokratische Forderungen hinnahm. Da weder die Einwände der Sozialdemokraten noch die erreichten Zugeständnisse veröffentlicht werden durften, mußte der Eindruck bei den erst durch nachträgliche Rundschreiben informierten unteren Parteigliederungen entstehen, die SPD sei auf die Linie der KPD eingeschwenkt.[89]

Es nutzte wenig, daß der Zentralausschuß Mitte Januar 1946 noch einmal seinen Standpunkt präzisierte, die Differenzen mit der KPD konkretisierte und die unteren Parteigliederungen vor Alleingängen bei der organisatorischen Vereinigung warnte. Die Verwirrung war groß und eine Kettenreaktion von letztlich verheerendem Ausmaß die Folge.[90] Viele Mitglieder waren erstaunt, häufig verunsichert, aber auch erzürnt, weil sie glaubten, der Zentralausschuß habe sie den Kommunisten ausgeliefert. Denn die Monate davor hatten häufig ihren Verdacht bestätigt, daß die Kommunisten keineswegs zu Demokraten geworden waren.[91] Gleichzeitig nahm Kurt Schumacher diese Vorgänge zum Anlaß, endgültig mit dem Berliner Zentralausschuß bzw. der SPD in der Sowjetischen Besatzungszone zu brechen und von sich aus einen scharfen Trennungsstrich zwi-

---

88 Vgl. Einheitsdrang oder Zwangsvereinigung? Die Sechziger-Konferenzen von KPD und SPD 1945 und 1946. Mit einer Einführung von Hans-Joachim Krusch und Andreas Malycha, Berlin 1990; zu Interpretation, Vorgeschichte, Verlauf und Ergebnissen vgl. vor allem Hurwitz, Demokratie und Antikommunismus in Berlin nach 1945, Bd. 4, Teil 2, S. 659 ff.

89 Vgl. u.a. Schreiben von Otto Buchwitz an Otto Grotewohl vom 28. Januar 1946, in: Malycha, Auf dem Weg zur SED, S. 310 ff. (Dokument Nr. 133); zu weiteren Angaben ebd., S. LXXXV f.

90 Vgl. Caracciolo, Der Untergang der Sozialdemokratie, S. 306; Malycha, Auf dem Weg zur SED, S. LXXXVII.

91 Zu den unterschiedlichen Formen der Reaktion unter den Sozialdemokraten vgl. nach wie vor Klaus-Peter Schulz, Auftakt zum Kalten Krieg. Der Freiheitskampf der SPD in Berlin 1945/46, Berlin 1965, S. 63.

schen beiden Parteien zu ziehen. Er sah keine Möglichkeit für die ostzonale SPD, sich dem Druck und Zwang entziehen zu können.[92] Bei einem letzten Treffen Anfang Februar 1946 mußten die Zentralausschuß-Vertreter in der Tat einräumen, daß der Weg in die Einheitspartei unumkehrbar war. Dem Rat Schumachers, angesichts des Drucks der Besatzungsmacht die SPD in der Sowjetischen Besatzungszone aufzulösen, hielten sie entgegen, nicht mehr für die gesamte ostzonale SPD Entscheidungen treffen zu können.

Zur gleichen Zeit initiierte und organisierte die KPD vor allem in den Betrieben Hunderte von Stellungnahmen, in denen die „Entschließung" der „Sechziger Konferenz" begrüßt wurden. Die Sowjetische Besatzungszone wurde mit einer Versammlungskampagne überzogen, mit der die Sozialdemokraten auf allen Ebenen durch „Gemeinsamkeit" eingebunden werden sollten, so daß sie einem ungeheuren „Gleichschaltungsdruck" ausgesetzt waren.[93] Mit der wirklichen Stimmung unter den Sozialdemokraten hatten diese Bekundungen wenig zu tun. Da es bald nicht mehr möglich war, dem Druck nach den geforderten gemeinsamen Veranstaltungen und öffentlichen Bekenntnissen auszuweichen, waren die innerparteilichen Reaktionen charakteristischer für ihre Haltung. Bei der Vereinigung mit der KPD ging es auch im Bewußtsein der Miterlebenden um eine so schwerwiegende Entscheidung, daß in zahlreichen Orten die Forderung nach einer Urabstimmung auftauchte.[94] Entscheidend war nicht die Tatsache, daß eine solche Forderung mit der Ausnahme Berlins auf dem Gebiet der SBZ nicht durchzusetzen war. Wichtiger erscheint das darin zum Ausdruck gebrachte Verständnis der Sozialdemokraten von demokratischen Willensbildungs- und Entscheidungsprozessen. Daß Mitglieder frei und ungehindert diskutieren und ohne Folgen auch abweichende Meinungen würden vertreten können, hielten sie für ihr demokra-

92 Zur ausführlichen Begründung Schumachers vgl. seine Stellungnahme zur Zwangsvereinigung von Mitte Februar 1946, in: Willy Albrecht (Hrsg.), Kurt Schumacher. Reden, Schriften, Korrespondenzen 1945–1952, Berlin, Bonn 1985, S. 329 ff.; zu den Gesprächen zwischen dem ZA und Schumacher ausführlich Hurwitz, Demokratie und Antikommunismus in Berlin nach 1945, Bd. 4, Teil 2, S. 830 ff.

93 Vgl. z.B. Rundschreiben Nr. 1 der Bezirksleitung der KPD Sachsen vom 3. Januar 1946, in: Malycha, Auf dem Weg zur SED, S. 296 ff. (Dokument Nr. 122); Hurwitz, Demokratie und Antikommunismus in Berlin 1945, Bd. 4, Teil 2, S. 714.

94 Als Beispiele dafür u. a. Bericht über die Besprechung der Funktionäre der SPD und KPD des Kreises Wismar am 5. Januar 1946; Entschließung der Mitgliederversammlung der Ortsgruppe der SPD Rostock vom 6. Januar 1946; Protokoll über die Sitzung des Landesvorstandes der SPD Mecklenburg-Vorpommern am 14. Januar 1946; Schreiben von Otto Buchwitz an Otto Grotewohl vom 23. Januar 1946; Bericht über die Vorbereitung der Vereinigung von SPD und KPD im Unterbezirk Magdeburg vom 4. Februar 1946, in: Malycha, Auf dem Weg zur SED, S. 250 ff., 255 ff., 257 ff., 310 ff., 421 ff. (Dokumente Nr. 97, 98, 100, 133, 167).

tisches Recht und einen alten sozialdemokratischen Grundsatz. Ein Zusammenschluß mit der KPD konnte in dieser Sicht nur eine Grundlage haben, „wenn jedem einzelnen Mitglied das Recht gegeben wird, selbst über sein Schicksal zu bestimmen".[95]

Da eine öffentliche Artikulation von Gegenargumenten in den Ländern und Provinzen der SBZ unterbunden werden konnte, fand durch den Zeitdruck der KPD eine inhaltliche Diskussion überhaupt nicht statt. Die Reaktion der KPD auf diejenigen Sozialdemokraten, die ihrem Kurs nicht folgen wollten, waren Diffamierungen wie „Saboteure" und „Feinde der Einheit".[96] Das bestätigten nicht nur die in Monaten gewachsenen Vorbehalte, sondern nahm den Sozialdemokraten jede Bewegungsfreiheit. Angst und Verzweiflung wuchsen, der Druck nahm zu, und die Berichte über Verhaftungen und drohende Parteiverbote häuften sich.[97] Und die KPD nahm mit ihrer Kampagne zwar massiven Einfluß auf die SPD-Vorstände aller Ebenen, formulierte jedoch ihre wirklichen Motive allenfalls intern. Vorbild war danach die russische Entwicklung zwischen Februar und Oktober 1917. Der Weg über die Einheit sollte die Möglichkeit bieten, jeden „reformistischen" Einfluß auszuschalten, ein Prozeß, der nach der Vereinigung fortzusetzen war.[98]

Als vermutlich entscheidender Faktor kam hinzu, daß der Einfluß und die Eingriffe der örtlichen sowjetischen Kommandanten und der Militäradministrationen der Länder die kommunistische Gleichschaltungsstrategie verstärkten. Dazu gehörten neben Überredung und Begünstigung auch massiver psychischer und physischer Druck, personalpolitische Willkür, Rede- und Versammlungsverbote sowie nicht zuletzt die Steuerung der öffentlichen Meinung durch Weisungen, denen auch die sozialdemokratische Presse Folge leisten mußte.[99] Dementsprechend einseitig hatte nicht nur die Berichterstattung über die Einheitskampagne zu sein, sondern es gab auch die Forderung, gegen Kurt Schumacher und die

---

95 So Albert Schulz aus Rostock in einer Landesvorstandssitzung am 14. Januar 1946. Zitiert nach Malycha, Auf dem Weg zur SED, S. 258 (Dokument Nr. 100).

96 Vgl. Protokoll über die gemeinsame Sitzung der Landes- und Bezirksleitungen Sachsens der KPD und SPD am 28. Januar 1946, in: Malycha, Auf dem Weg zur SED, S. 315 ff. (Dokument Nr. 136). In Woltersdorf bei Berlin wurden die Sozialdemokraten in einer dieser gemeinsamen Versammlungen nicht nur als „Saboteure" niedergeschrien, sondern der kommunistische Versammlungsleiter drohte auch, den Saal so lange verschließen zu lassen, bis die gewünschte Entschließung über eine sofortige Verschmelzung zustande gekommen sei. Vgl. dazu den Bericht in: SAPMO-BArch, II 2/10.

97 Vgl. Malycha, ebd., S. XCII.

98 Vgl. ebd., S. XCVIII.

99 Vgl. z.B. Bericht von Emil Schröder über eine Besprechung bei der SMA der Provinz Brandenburg in Potsdam am 29. Januar 1946, in: ebd., S. 284 ff. (Dokument Nr. 115).

West-SPD zu polemisieren sowie gegen alle innerparteilichen Gegner der Einheit Stellung zu beziehen.[100]

Da die Auseinandersetzungen an Schärfe zunahmen und mit ihr der Druck, wuchs unter den Sozialdemokraten die aus Hilflosigkeit resultierende Neigung, ihm nachzugeben oder auszuweichen. Beides enthielt die Einsicht in die Unvermeidbarkeit der wie eine Lawine heranrollenden Entwicklung und den Wunsch, ihr durch Zustimmung zur Vereinigung zu entgehen, gelegentlich in der Hoffnung, der Druck würde dann nachlassen.[101] Man war sich darüber hinaus bewußt, daß die Vereinigung gegebenenfalls zwangsweise vollzogen würde. Daher begannen vor allem die sozialdemokratischen Landesvorsitzenden, offen einen anderen Kurs zu steuern und sich der KPD anzupassen, und zogen weitere Funktionäre der mittleren und unteren Ebene nach sich. Mit dieser mangelnden Geschlossenheit der Ost-SPD hatte die KPD ihr Ziel schon erreicht. Alle taktischen Positionen waren damit untergraben, und die Unsicherheit der vergeblich auf ein Signal vom Zentralausschuß wartenden Funktionäre und Mitglieder nährte irrige Vorstellungen und Hoffnungen. Dazu gehörten das Vertrauen auf die eigene zahlenmäßige Stärke oder gar Überlegenheit, aber auch die Annahmen, die eigene Organisation noch intakt halten, Bedingungen stellen sowie in der SED eigene Traditionen und Ziele wahren zu können.

Doch es war die KPD, die das Gesetz des Handelns in der Hand hatte und die Bedingungen diktierte. Sie bereitete inzwischen die Vereinigung von der Länderebene aus vor und konnte über Länderbeschlüsse sozialdemokratische Widerstandszentren wie Leipzig, Chemnitz, Rostock oder Magdeburg ausschalten.[102] Angesichts der uneinheitlichen Reaktion unter den Sozialdemokraten konzentrierte sie sich verstärkt auf die noch Schwankenden. Erneut wurden die Betriebe zum Schwerpunkt der Auseinandersetzung, weil den Delegiertenwahlen für den ersten zonalen

---

100 In welcher Form Sozialdemokraten diesen Weisungen entsprachen, machte Max Fechner in einem Artikel „Gegen die Brunnenvergifter“ im sozialdemokratischen Zentralorgan „Das Volk“ vom 12. Januar 1946 deutlich. Parteiintern waren die Reaktionen heftig, die beispielsweise Hermann Lüdemann in einem Schreiben an Fechner vom 17. Januar 1946 formulierte. Vgl. Malycha, ebd., S. 260 ff., (Dokument Nr. 101).

101 Vgl. u. a. Niederschrift über die Sitzung des erweiterten Landesvorstandes der SPD Sachsen am 4. Februar 1946, in: ebd., S. 433 ff. (Dokument Nr. 171). Vgl. auch das Schreiben von Otto Seiffert an Otto Buchwitz vom 22. Januar 1946, in: SAPMO-BArch, NL 95/56.

102 Vgl. Malycha ebd., S. XCVIII; zur Entwicklung auf der Länderebene vgl. Bericht von August Frölich über eine Besprechung beim Stellvertreter für Zivilangelegenheiten des Chefs der SMA Thüringen, Generalmajor Iwan S. Kolesnitschenko, am 23. Januar 1946 und Protokoll über die Sitzung des Sekretariats der Bezirksleitung der KPD Thüringen am 24. Januar 1946, in: ebd., S. 359 ff., 363 ff. (Dokument Nr. 145, 146).

Gewerkschaftskongreß eine entscheidende Bedeutung für den Nachweis eigener Stärke beigemessen wurde. Die KPD scheute keine Mittel zwischen psychologischem Terror und Wahlfälschung, um sozialdemokratische Mehrheiten zu verhindern.[103] Die SPD-Führung protestierte intern heftig, so daß die KPD nach erregten Auseinandersetzungen Änderungsvorschläge für die Zusammensetzung des Kongresses akzeptierte; auf eine Sprengung durch die SPD wollte sie es nicht ankommen lassen. Das Nachgeben war bedeutungslos, weil die KPD den Aufzeichnungen Piecks zufolge sicher war, sich politisch auch ohne Mehrheit durchzusetzen, „da immer einige Sozialdemokraten mit uns gehen werden".[104] Die KPD hatte zu diesem Zeitpunkt in Moskau grünes Licht für eine beschleunigte Vereinigung erhalten; nun sollten unumkehrbare Tatsachen geschaffen werden.[105]

Nach den unteren Parteigliederungen hatte auch der Berliner Zentralausschuß seine Handlungsfreiheit verloren. Tempo und Richtung wurden von der KPD und den ihr folgenden Sozialdemokraten vorgegeben. Auf einer zweiten „Sechziger Konferenz" Ende Februar 1946 erschienen von sozialdemokratischer Seite längst nicht mehr alle Eingeladenen, denn die Würfel waren gefallen. Zug um Zug hatte seit Januar der Zentralausschuß seine Positionen zurücknehmen müssen, bis ihm am 11. Februar 1946 anläßlich der erwähnten Gewerkschaftskonferenz keine andere Wahl zu bleiben schien, als in einer Art Selbstaufgabe den kommunistischen Vorstellungen zuzustimmen.[106] Unmittelbar vorher hatte sich der Zentralausschuß noch einmal mit Vertretern aus den Bezirken getroffen, um über die KPD-Forderung zu entscheiden, die Vereinigung bis zum 1. Mai zu vollziehen. Obwohl es für die SPD eigentlich gar keine Alternative mehr gab, wurde auf der als turbulent überlieferten Sitzung noch einmal kontrovers über das Vorgehen der SPD diskutiert. Als die Landesvorsitzenden von Mecklenburg-Vorpommern (Carl Moltmann), Sachsen (Otto Buchwitz) und Thüringen (Heinrich Hoffmann) drohten, sich von der Parteiführung loszusagen und die Vereinigung auf Landesebene zu vollziehen, kam ein Mehrheitsbeschluß zugunsten der Vereinigung zustande.

Für die sozialdemokratischen Parteigliederungen in den Ländern und Provinzen blieb nur der Weg in die Einheit. Da für sie eine Urabstimmung

103 Vgl. ausführlich dazu Hurwitz, Demokratie und Antikommunismus in Berlin nach 1945, Bd. 4, Teil 2, S. 764 ff.

104 So in den Aufzeichnungen über eine Besprechung zwischen KPD und SPD am 2.2.1946, in: SAPMO-BArch, NL 36/633.

105 Vgl. Badstübner/Loth (Hrsg.), Wilhelm Pieck. Aufzeichnungen zur Deutschlandpolitik 1945-1953, Berlin 1994, S. 68 f.

106 Ausführlich zu den Vorgängen am 10./11. Februar 1946 vor allem Hurwitz, Demokratie und Antikommunismus in Berlin nach 1945, Bd. 4, Teil 2, S. 849 ff.

ebenso unmöglich war wie offener Protest, hatten sie nur noch Zweifel und Vorbehalte an den Methoden und dem Zeitdruck anmelden können. Kritisiert wurden zudem die Statuten der neuen Partei, die schon durch die beabsichtigte Gleichstellung von Betriebsgruppen und Ortsvereinen nicht nur die traditionelle sozialdemokratische Organisationsform abwerteten, sondern langfristig auch den internen Zusammenhalt untergruben. Das Gefühl der Unvermeidbarkeit wuchs und führte zu dem Versuch, noch möglichst viele Positionen mit Sozialdemokraten zu besetzen, aber auch zu Apathie und Resignation.[107] Nicht alle sahen sich in der Lage, persönliche und politische Konsequenzen aus der „Mißachtung auch der elementarsten Grundregeln" zu ziehen, die an die Methoden des gerade untergegangenen Dritten Reiches erinnerten.[108]

In Berlin gerieten oppositionelle Sozialdemokraten zunehmend in offenen Widerspruch zum Zentralausschuß sowie zum Berliner Bezirksverband, und es wurden Resolutionen gegen die Vereinigung verabschiedet.[109] Doch erst nach dem ZA-Beschluß vom 11. Februar 1946 formierte sich die Opposition, die Ende Februar Kontakt zu Kurt Schumacher aufnahm. Der Kampf der Berliner Fusionsgegner führte zunächst in der dramatischen Funktionärskonferenz im Admiralspalast am 1. März zur Annahme der Entschließung für eine Urabstimmung.[110] Bis zu dieser Abstimmung am 31. März 1946 spaltete sich die Berliner SPD auch formal. Das Abstimmungsergebnis – deutliche Ablehnung eines sofortigen Zusammenschlusses bei gleichzeitiger Bereitschaft zur Zusammenarbeit – wäre mit großer Wahrscheinlichkeit auf dem Gebiet der sowjetisch besetzten Zone nicht anders ausgefallen.[111] Dort gab es dieses Votum jedoch nicht, sondern die Vereinigung wurde nach dem verabredeten Terminplan vollzogen. Bereits die zweite „Sechziger Konferenz" hatte am 26. Februar 1946 die „Grundsätze und Ziele" der neuen Partei und deren Statuten verabschiedet. Sie endete mit dem Beschluß, die Vereinigung am 21. und 22. April

107 In der Sicht der KPD traten manche Sozialdemokraten überhaupt nicht mehr offen oder „verdeckt" gegen die Einheit auf, sondern hatten ihre „Taktik" geändert und wollten Machtpositionen erringen, um die Führung in der neuen Einheitspartei übernehmen zu können. Vgl. Malycha, Auf dem Weg zur SED, S. CIV f.

108 So Hans Hermsdorf in einem Brief vom 31.3.1946 an den Chemnitzer SPD-Bezirksvorsitzenden August Friedel, in dem er seine ablehnende Haltung gegenüber der Vereinigung begründete. Die Einheit werde gegen den Willen der Mitglieder verfügt, inzwischen auch von Teilen der Landesleitung (Otto Buchwitz) und des Zentralausschusses. Er stellte alle Ämter zur Verfügung und ging in den Westen. Zitiert nach Malycha, Auf dem Weg zur SED, S. 447 f. (Dokument Nr. 175).

109 Vgl. die breite Schilderung der Ereignisse und ihrer Abläufe bei Hurwitz, Demokratie und Antikommunismus in Berlin nach 1945, Bd. 4, Teil 2, S. 659 ff.

110 Ebd., S. 1009 ff.

111 Zum Ergebnis vgl. ebd., S. 1220 f.

1946 nach getrennten Parteitagen vorzunehmen. Entsprechende Landesparteitage sollten am 6./7. April vorausgehen. Deren Delegierte hatten längst nichts mehr zu entscheiden, sondern nur noch zu bestätigen, was seit Ende März auf der unteren Ebene faktisch existierte. Sie verliefen ebenso planmäßig wie der mit Pomp und Pathos inszenierte zentrale Vereinigungsparteitag im Berliner „Admiralspalast“. Mehr als tausend Delegierte und Hunderte von Gästen nahmen daran teil. Auftakt der SED-Gründung war die Szene, als nach Beethovens Fidelio-Ouvertüre Wilhelm Pieck und Otto Grotewohl von verschiedenen Seiten die Bühne betraten, sich in der Mitte trafen und die Hände reichten. Danach folgten zahlreiche Glückwunschadressen, Begrüßungsansprachen und Reden. Den Höhepunkt sollte die Abstimmung über das Programm, die Statuten und den Beschluß zur Vereinigung bilden. Nur bei den Statuten wurden die Erwartungen nicht erfüllt. Unvorhergesehene 21 Gegenstimmen und 4 Enthaltungen störten die übrige Einstimmigkeit.

## 1.5 Die Zwangsvereinigung als Folge der Gleichschaltung

Abgesehen von der Sonderentwicklung Berlins, war in der Sowjetischen Besatzungszone der Weg der Sozialdemokratie in die Zwangsvereinigung charakterisiert durch einen zunächst uneinheitlichen Parteiaufbau mit dann fast gleichlaufenden Phasen und Entwicklungstendenzen. Durch den Gleichschaltungsdruck seitens der KPD und der Sowjetischen Militäradministration wurde jede regionale Eigenständigkeit, wie sie insbesondere in Thüringen und Leipzig deutlich geworden war, unterdrückt. Das geschah vorwiegend durch den manipulierten oder erzwungenen Austausch einzelner Personen oder ganzer Gruppen, die für die Meinungsbildung in der SPD auf den verschiedenen Parteiebenen von Belang waren. Der in der SPD übliche Meinungspluralismus und Richtungsstreit konnte nicht zu einem innerparteilichen Willensbildungsprozeß führen und somit durch undemokratische Methoden und Zwang unter den Bedingungen der Zeit und des keinen westlichen Demokratievorstellungen verpflichteten Besatzungsregimes die Geschlossenheit der Partei untergraben und sie spalten. Eigenes oder eigenständiges politisches Handeln von Sozialdemokraten bewegte sich darüber hinaus von vornherein auf einem schmalen Grat zwischen Anbindung an die Besatzungsmacht z. B. durch materielle (Sonderrationen und andere persönliche Zuwendungen) und politische (größere Karrierechancen) Vorteile auf der einen und Konfliktsituationen auf der anderen Seite. Solche Konflikte mit der Besatzungsmacht waren kaum zu gewinnen; darüber hinaus war es für die Sozialdemokraten außerordentlich schwierig, eigenständige Strategien oder Gegenstrategien zu entwickeln, weil sie durch frühzeitige Vereinbarungen an die gemeinsame Basis des „Antifaschismus“ gebunden waren, von der aus Kommunisten und Besatzungsmacht, gestützt auf ihre „Bündnispolitik“, alle politischen Initiativen und Diskussionen erst in die gewünschten Bahnen lenken und dann steuern konnten.

Trotz zahlreicher Formen von einschüchterndem Druck, Zwang und psychologischem Terror war es der SPD in der SBZ bis Ende des Jahres 1945 gelungen, eine Mitgliederzahl zu erreichen, die mit 385.000 in etwa dem Vorkriegsstand entsprach.[112] Daß sie in den verbliebenen Monaten bis zur Vereinigung noch einmal etwa 300.000 Mitglieder dazugewinnen konnte, bleibt ein erstaunlicher Erfolg.[113] Das stärkte einerseits das Selbstbewußtsein, auch in der neuen Partei ihr Gewicht in die Waagschale werfen und Einfluß nehmen zu können. Andererseits konnte es dazu beitragen, die machtpolitischen Realitäten in den Hintergrund treten zu lassen. Unter den gegebenen Verhältnissen kam es weder auf die Sympathie der Bevölkerung noch auf Mitgliederzahlen an. Denn die Einheit war bereits vor Kriegsende in Moskau im voraus festgelegt worden. Es konnte fast als illusionär gelten, angesichts der Erfahrungen des Jahres 1945/46 und der Stimmung unter der Mitgliedschaft in der neuen Partei ein demokratisches Miteinander zu erwarten. Das hätte demokratische Bedingungen zur Voraussetzung gehabt, die es nicht gab, so daß den Vorstellungen von Sozialdemokraten über ihren denkbaren Einfluß allein schon der Machtanspruch und -wille der Kommunisten entgegenstand. Trotz ihrer Mitgliederstärke konnte die SPD zudem das Organisationsmißverhältnis durch die hauptamtlichen kommunistischen Sekretäre nicht ausgleichen, was wiederum die für die Einheitspartei vereinbarte Parität bald gegenstandslos machen mußte. Von den in die Hunderttausende gehenden neuen Mitgliedern waren darüber hinaus vermutlich nicht einmal die Hälfte vor 1933 in der SPD organisiert, so daß die Frage auftauchte, wie sie sich in der neuen Partei verhalten würden.[114] Vor allem die traditionsgebundenen Funktionäre glaubten, in irgendeiner Form als Sozialdemokraten in der SED weiterexistieren und ihren politischen und menschlichen Zusammenhalt wie in der Zeit des Nationalsozialismus wahren zu können. Verbunden war dies wiederum mit der Hoffnung, das „Experiment“ SED gegebenenfalls wieder rückgängig machen zu können.

---

112 Vgl. zu den Zahlen SBZ-Handbuch, S. 479; Jahrbuch der SPD für 1931.

113 SBZ-Handbuch, ebd.; vgl. auch SAPMO-BArch, II 2/17.

114 Otto Buchwitz ging sogar davon aus, das jedenfalls in Sachsen nur ein Drittel der Mitglieder schon vor 1933 in der SPD organisiert war. Vgl. ein Schreiben von Buchwitz an Grotewohl vom 23. Januar 1946, in: SAPMO-BArch, NL 95/96.

## 1.6 Exkurs: Die Ost-Berliner SPD 1946–1961

Nur dank des alliierten Status hatten sich in der Viersektorenstadt Berlin die Gegner einer Vereinigung von KPD und SPD als Opposition formieren können.[115] Sie organisierten die Urabstimmung unter den SPD-Mitgliedern, deren Ergebnis sie eindeutig bestätigte. In den drei Westsektoren lehnten am 31. März 1946 über 82 % der abstimmenden Sozialdemokraten einen sofortigen Zusammenschluß ab; zugleich jedoch votierten über 60 % für eine Zusammenarbeit beider Parteien. Grundsätzlich wurde demnach eine punktuelle politische Zusammenarbeit zunächst keineswegs ausgeschlossen; deren Voraussetzungen waren jedoch eine demokratische Basis, Freiheit und organisatorische Selbständigkeit. Obwohl die sowjetische Besatzungsmacht in ihrem Sektor die Abstimmung generell unterband, hatten einige Ost-Berliner Kreise für kurze Zeit abstimmen können. Die Ergebnisse bestätigten den West-Berliner Trend.[116] Besatzungsmacht, KPD und die vereinigungswilligen Mitglieder des sozialdemokratischen Zentralausschusses (ZA) negierten diese eindeutige Willensbekundung und verwandelten das Abstimmungsergebnis mit Zahlenakrobatik in einen Sieg der Vereinigungsbefürworter.[117]

Nach der Urabstimmung waren die Sozialdemokraten zunächst verunsichert, weil sie nicht wußten, wie die parteipolitische Entwicklung weitergehen würde. In den drei Westsektoren war die sozialdemokratische Parteiorganisation intakt geblieben, so daß dort die Unsicherheit schneller überwunden werden konnte als im Ostsektor. Klarheit und größere Sicherheit entstanden erst Ende Mai 1946 mit der offiziellen Zulassung der SPD in allen vier Sektoren Berlins. Der Zulassungsbescheid der Alliierten Kommandantur besagte, daß die SPD ebenso wie die gerade gegründete SED „innerhalb der Stadtgrenzen von Groß-Berlin" tätig sein dürfe, daß den Sozialdemokraten, die sich einer der beiden Parteien anschließen wollten, keine Hindernisse in den Weg gelegt werden dürften.[118]

---

115 Zur Gesamtproblematik vgl. neben den Arbeiten von Hurwitz u. a. Arthur Schlegelmilch, Hauptstadt im Zonendeutschland. Die Entstehung der Berliner Nachkriegsdemokratie 1945–1949, Berlin 1993; Ditmar Staffelt, Der Wiederaufbau der Berliner Sozialdemokratie 1945/46 und die Einheitsfrage, Frankfurt a. M. 1986; zur besonderen Problematik der Ost-Berliner SPD vgl. Manfred Rexin, Die SPD in Ost-Berlin von 1946–1961, Berlin 1989; Siegfried Heimann, Die Sonderentwicklung der SPD in Ost-Berlin 1945–1961, in: Materialien der Enquete-Kommission „Aufarbeitung von Geschichte und Folgen der SED-Diktatur in Deutschland" (12. Wahlperiode des Deutschen Bundestages), hrsg. vom Deutschen Bundestag, Bd. II, 3, Baden-Baden 1995, S. 1648-1688; Stefan Wolle, Die SPD in Ostberlin (1946–1961), in: ebd., Bd. II, 4, S. 2941-2993.

116 Vgl. Heimann, Die Sonderentwicklung der SPD in Ost-Berlin, S. 1651.

117 Auch das Thesenpapier, das die PDS zum 50. Jahrestag der SED-Gründung vorlegte, versucht mit Zahlenspielerei, das eindeutige Votum zu relativieren.

118 Nach dem Mauerbau firmierte der West-Berliner SED-Ableger als SEW.

Zwar fanden in den Westsektoren die Sozialdemokraten schneller zur SPD zurück als im Ostsektor, doch auch dort stabilisierte sich die Partei. Bis zum Dezember 1946 waren etwa 14.000 Sozialdemokraten, das waren im Vergleich zum Januar knapp 60 %, in die SPD zurückgekehrt.[119] Nachdem die Partei 1947 im Ostsektor einen beachtlichen Mitgliederzuwachs verzeichnen konnte, sanken die Mitgliederzahlen ab 1948, stagnierten zu Beginn der fünfziger Jahre und gingen bis 1961 kontinuierlich zurück. 1961, bei der Auflösung der acht Ost-Berliner Kreisorganisationen, bekannten sich noch etwa 5.000 Ost-Berliner Sozialdemokraten zu dieser bis dahin legal zugelassenen SPD.[120]

Der Mitgliederschwund war groß und ist teilweise mit der Übersiedlung in den Westen und einer Überalterung der Mitglieder zu erklären. Die verbleibende Zahl von 5.000 Parteimitgliedern mag im Vergleich zu den Anfangserfolgen gering erscheinen, ist jedoch um so bemerkenswerter, wenn man an die begrenzten Wirkungsmöglichkeiten dieser legal zugelassenen und doch nur geduldeten Partei denkt, an die Einschränkungen, Behinderungen, Drangsalierungen und Schikanen, denen sie ausgesetzt war.

Zur relativen Stabilisierung hatte der Wahlsieg der SPD bei den Kommunalwahlen vom 20. Oktober 1946 nicht unbeträchtlich beigetragen. Bezogen auf ganz Berlin hatte die SPD über 48 % der Stimmen erhalten. Trotz Bevorzugung der SED durch die Besatzungsmacht war sie auch im Ostsektor mit durchschnittlich 43 % die stärkste Partei geworden. Selbst dort erhielt die SED nur etwa 30 % der Stimmen; bezogen auf ganz Berlin waren es nur 20 %.[121] Als stärkste Partei stellte die SPD auch in Ost-Berlin die Bezirksbürgermeister und zahlreiche Bezirksräte. Obwohl die Besatzungsmacht das Wahlergebnis offiziell nicht ignorierte, wurden die Grenzen einer sozialdemokratisch beeinflußten Kommunalpolitik schnell sichtbar. Unter meist fadenscheinigen Vorwänden wurden Bezirksbürgermeister und Bezirksräte aus den Ämtern entlassen. Von den insgesamt 40 gewählten Sozialdemokraten (8 Bürgermeister und 32 Bezirksräte)

119 Zu den Zahlenangaben vgl. ebd. Die anderen waren nicht alle in die SED gegangen. Nicht wenige blieben zunächst abwartend und kehrten 1947 in die SPD zurück, andere wollten sich für keine der beiden Parteien entscheiden.

120 Das entsprach 12 % aller Berliner Mitglieder. Ungefähr 600 Sozialdemokraten beriefen sich 1989/90 beim Wiedereintritt in die SPD auf ihre frühere Mitgliedschaft in der Ost-Berliner SPD. Vgl. zu den Angaben Heimann, S. 1649.

121 Manche Sozialdemokraten, die der SED beigetreten waren, kehrten in die SPD zurück, wo sie nicht immer besonders willkommen waren. Ende 1948 fiel der Wahlsieg für die Sozialdemokraten aufgrund ihrer für viele Berlinerinnen und Berliner überzeugenden Haltung während der Berlin-Blockade dann in West-Berlin mit über 64 % noch überwältigender aus.

waren Mitte 1948 nur noch 21 im Amt.[122] Öffentlich klagte die Berliner SPD die Rolle der SED in einem Spiel an, das früh erkennbar auf eine Spaltung der Stadt hinauslief: „Mit allen Mitteln der Propaganda, Verleumdung und Schaffung von Gegensätzen versucht die SED unter Mißbrauch der Freundschaft zu einer Besatzungsmacht, die Zonenmethoden auf Berlin zu übertragen, um antidemokratische Tatbestände zu schaffen. Diese Lage macht eine zielbewußte sozialdemokratische Kommunalpolitik im Ostsektor nahezu unmöglich. Die Sozialdemokratische Partei wird alle ihre Kräfte einsetzen, um die Einheit Berlins zu wahren und den Totalitätsbestrebungen im Ostsektor entgegenzutreten."[123]

Die Alltagserfahrungen der Ost-Berliner Sozialdemokraten mit Schikanen, Überwachung, Bespitzelung und insbesondere Verhaftungen ließen die anfangs vorhandene Bereitschaft zur punktuellen kommunalpolitischen Zusammenarbeit mit der SED schwinden.[124] Diese Erfahrungen mochten in hohem Maße solche mit der allgegenwärtigen Besatzungsmacht sein, doch sie schlossen die Mitverantwortung der SED nicht aus.[125] Spätestens seit 1948 wurden aus politischen Gegnern erbitterte politische Feinde. Nachdem sich die Spaltung Berlins schon vor dem Herbst 1948 abzuzeichnen begann, hatte die endgültige Abkopplung des Ostsektors dann verstärkt Auswirkungen auf die Situation von Sozialdemokraten, die in den Verwaltungen beschäftigt waren. Etwa 2.000 Arbeiter und Angestellte wurden entlassen; über die Hälfte davon waren SPD-Mitglieder. Als nach der Bildung eines Ost-Berliner Magistrats mit Friedrich Ebert jun. als Bürgermeister den verbliebenen Verwaltungsangestellten eine Loyalitätserklärung abverlangt wurde, verweigerte die erstaunlich hohe Zahl von 700 Angestellten einen solchen „Treueeid". In der Mehrzahl waren es Sozialdemokraten. Allein die ständigen Schikanen und Entlassungen aus politischen Gründen waren Ursachen einer Verbitterung, die sich nicht allein gegen die SED richtete, sondern auch zur Intoleranz

---

122 Die anderen waren entlassen worden, zwei waren verhaftet, gegen einen lag ein Haftbefehl vor, ein weiterer Bezirksrat hatte sich durch Flucht einer Verhaftung entziehen können. Vgl. Helga Grebing u. a., Zur Situation der Sozialdemokratie in der SBZ/DDR im Zeitraum zwischen 1945 und dem Beginn der 50er Jahre, Marburg 1992, S. 45.

123 So in einem dramatischen Appell, veröffentlicht in: Jahresbericht der SPD Berlin 1947/48, S. 14; zitiert nach Heimann, S. 1653.

124 In einem 1947 von Franz Neumann zusammengestellten Bericht über die „Verschleppten in Berlin und Zone" sind auch über 20 Berliner Sozialdemokraten genannt. Vgl. Heimann, S. 1653. Nach 1990 sind weitere Schicksale bekannt geworden. Eines ist das von Peter Bordihn, der als junger Sozialdemokrat im Ostsektor Berlins verhaftet wurde, weil er sich für die sowjetischen Sonderlager zu interessieren begann, nachdem sein Vater dorthin verschleppt worden war. Vgl. Peter Bordihn, Bittere Jahre am Polarkreis. Als Sozialdemokrat in Stalins Lagern, Berlin 1990.

125 Vgl. zu diesen Alltagserfahrungen Wolle, Die SPD in Ostberlin, S. 2952 ff.

gegenüber den Sozialdemokraten führte, die den Weg in die Einheitspartei mitgegangen waren, sich später von der SED trennten, in den Westen flohen und in die SPD zurückkehren wollten.

Mit der Spaltung der Stadt wurde die Berliner SPD vor die Frage gestellt, ob die Aufrechterhaltung der Ost-Berliner Parteiorganisation weiterhin verantwortbar war. Obwohl der alliierte Status von Berlin dies erlaubte, hatte die SPD in Ost-Berlin faktisch keine kommunalpolitischen Gestaltungsmöglichkeiten mehr. Darüber hinaus waren weitere Behinderungen und Gefährdungen abzusehen. Doch eine Auflösung der Parteiorganisation kam für die Ost-Berliner Sozialdemokraten nicht in Betracht. Trotz ideeller und praktischer Solidarität der Berliner SPD mit den Parteimitgliedern im Osten konnten Spannungen zwischen den beiden Organisationen nicht ausbleiben. Neben taktischen Differenzen über die Haltung gegenüber der SED betraf dies etwa die Forderung der West-Berliner SPD nach Einbeziehung Berlins in die Bundesrepublik. Unter den Ost-Berliner Sozialdemokraten stieß dies auf Bedenken und Widerspruch, mußten sie doch – nicht zu Unrecht – eine weitere Komplizierung ihrer Lage befürchten.[126] Andererseits war die Orientierung an der Bundesrepublik für die Berliner Sozialdemokraten ohne Alternative, auch wenn sie sich im vorparlamentarischen Raum immer wieder um Rücksicht auf die „Berliner Sonderlage“ bemühten. Eine solche Besonderheit war, daß die Ost-Berliner Sozialdemokraten sich seit 1948 zwar nicht mehr an den Wahlen beteiligen konnten, aber im West-Berliner Abgeordnetenhaus und seit 1953 mit zwei Abgeordneten im Bundestag vertreten waren. Die Tatsache, daß diese Abgeordneten sich frei bewegen und Interessen einbringen konnten, war für die Tätigkeit der SPD im Ostsektor wenig charakteristisch, da sie letztlich nur das tun konnte, was die SED zuließ.

Die SPD war in Ost-Berlin einer Strategie ausgesetzt, die zwischen Verfolgung, Kriminalisierung, Schikanen und Umarmungsversuchen schwankte. Uns liegen detaillierte Schilderungen der Lebens- und eingeschränkten Arbeitsmöglichkeiten in den Ost-Berliner Kreisen vor, die ein plastisches Bild vermitteln.[127] Die Entwicklung zwischen 1946 und 1948 war nur eine Vorstufe zu dem, was nach der offiziellen Spaltung Berlins folgte. Zu den Alltagsschikanen gehörten neben dem Verbot des öffentlichen Wirkens u. a. die Kündigung von Büroräumen, die Verweigerung von Redeerlaubnis für Redner aus dem Westen oder die berüchtigten Rapporte

126 Vgl. zu dem Verhältnis der Berliner SPD zu den Ost-Berliner Mitgliedern Heimann, S. 1656 ff.

127 Als Schilderung für einzelne Kreise vgl. u.a. Bernhard Meyer, Norbert Podewin, Die SPD in Friedrichshain. Von den Oktoberwahlen 1946 bis zur Spaltung im November 1948, Berlin 1993; zu zahlreichen Beispielen etwa aus Weißensee und Pankow vgl. Wolle, S. 2982 ff., zu Köpenick vgl. Heimann, S. 1664 ff.

bei der Kommandantur. Als besonders verdächtig im Sinn der östlichen Machthaber galten Zeitungen, Zeitschriften und Broschüren. Vor allem die Verbreitung von Werbematerial – etwa Reden von Kurt Schumacher und Ernst Reuter – waren schon von den sowjetischen Besatzungsbehörden unterbunden worden. Diese Praxis wurde von der Volkspolizei fortgesetzt, die nach 1949 für Genehmigungen zuständig war. Obwohl die in West-Berlin erscheinenden sozialdemokratischen Zeitungen offiziell auch in Ost-Berlin zugelassen waren, wurden deren Verteiler häufig kriminalisiert. Man machte ihnen die Verbreitung von illegalem Material zum Vorwurf, weil die für Ost-Berlin bestimmten Zeitungen zum Teil in einem handlicheren Format hergestellt wurden.[128]

Der wechselnde Umgang der SED mit den Ost-Berliner Sozialdemokraten war keineswegs vom Zufall geprägt, sondern folgte den Wendungen sowjetischer Deutschlandpolitik und der damit verbundenen Haltung gegenüber der westlichen Sozialdemokratie. Die Ost-Berliner Sozialdemokraten waren damit sowohl den „Sozialdemokratismus"-Kampagnen mit ihren nach innen gerichteten Disziplinierungszielen ausgesetzt als auch den Umarmungsversuchen der SED.[129] Zu dieser SED-Strategie gegenüber der Sozialdemokratie gehörten stets auch Spaltungsversuche. So installierte die SED in Ost-Berlin eine „oppositionelle" SPD, die den Anschein erwecken sollte, „linke" Sozialdemokraten zusammenzufassen. Später nannte sie sich „Sozialdemokratische Aktion" (SDA) und trat in der Ost-Berliner Stadtverordnetenversammlung, im Magistrat und in der Volkskammer auch als „SPD-Fraktion" auf. Seit Beginn der fünfziger Jahre, verstärkt nach 1953, gab es zahlreiche – nicht besonders raffinierte – Versuche, die Ost-Berliner Sozialdemokraten zu gemeinsamen „Aktionen" und Demonstrationen – etwa gegen die Politik Adenauers – zu bewegen: Beide Parteien hätten mit dem Wunsch nach Frieden ein gemeinsames Ziel, das man auch öffentlich gemeinsam vertreten könne. Dieser Anbiederung begegnete die Berliner SPD strikt ablehnend und verwies auf die zahlreichen verhafteten Sozialdemokraten. Ohne deren Freilassung sei an Gespräche oder gemeinsame Aktionen nicht zu denken. Die Ost-Berliner Sozialdemokraten reagierten gelegentlich trickreicher. Sie erklärten gemeinsame Diskussionen und Aktionen für unmöglich, weil sie ja in Ost-Berlin nicht öffentlich politisch auftreten dürften. Die Friedrichshainer SPD erklärte sich beispielsweise 1952 sogar zu einer gemeinsamen öffentlichen Veranstaltung bereit. Als Redner benannte sie „unseren Genossen Werner Rüdiger (z. Zt. Haftanstalt Waldheim)" oder

128 Vgl. Heimann, S. 1669.
129 Zu dieser Problematik insgesamt vgl. Kapitel 4. Zu einigen plastischen Beispielen vgl. Wolle, S. 2955 ff.

„die Kreisvorsitzende des Kreises Pankow, unsere Genossin Gertrud Prusseit (Aufenthalt z. Zt. unbekannt)“.[130] Es kam nicht dazu.

Die Umarmungsversuche der SED bedeuteten freilich nicht, daß Schikanen unterblieben. Sie wurden in den Jahren bis 1961 nur unterschiedlich intensiv angewendet. Hinzu kamen Verleumdungen und ständige Verunsicherungen etwa durch manipulierte und auch gefälschte Zustimmungserklärungen zu politischen Aktivitäten der SED. Die Annahme liegt nahe, daß Sozialdemokraten veranlaßt werden sollten, die SPD oder Ost-Berlin zu verlassen. Auch die Drohungen mit Verlust von Wohnung und Arbeitsplatz sind nicht zu unterschätzende Einschüchterungsversuche, die zum gleichen Ergebnis führen sollten. Vor allem waren Jahr für Jahr Verhaftungen zu verzeichnen, die einfache Mitglieder ebenso trafen wie Parteifunktionäre. Noch 1960 waren 71 Sozialdemokraten aus Berlin in Haft; 1961 gab es erneut 29 Verhaftungen, davon 21 nach dem Mauerbau am 13. August 1961.[131]

Der über die Jahre andauernde Druck, die Schikanen und Repressionen, die Manipulationen, die Bespitzelung und auch die Infiltrationsversuche seitens des „Ministeriums für Staatssicherheit“ (MfS) waren die Wirklichkeit hinter der formalen Respektierung alliierter Interessen. Langfristig blieb diese Politik nicht ohne Wirkung, wie die abnehmende Zahl der SPD-Parteimitglieder zeigt. Dennoch waren die Sozialdemokraten bestrebt, unter den gegebenen Bedingungen, die ein gewisses Wohlverhalten gegenüber der Besatzungsmacht und der SED einschlossen, ihre Organisation aufrechtzuerhalten und ein bescheidenes Organisationsleben zu entfalten, das sich zwangsläufig teilweise in den Westen der Stadt verlagerte. Diese eingeschränkte SPD war in der Sicht der SED eine keineswegs zu unterschätzende Größe, denkt man allein an die Beobachtung und die „operativen Vorgänge“, die vom „Ministerium für Staatssicherheit“ (MfS) ausgingen.[132] Die Staatssicherheit war über die Mitglieder und die Aktivitäten der SPD sowohl in den Kreisorganisationen als auch in den Betrieben bestens informiert. Das Ausmaß der Stasi-Aktivitäten und die Intensität der Beobachtung sind andererseits ein Indiz dafür, daß die Ost-Berliner SPD noch in den fünfziger Jahren mehr als ein Schattendasein zu führen versuchte, daß sie nicht nur eine „Symbolpartei“ war.

Auch die Berliner Sozialdemokraten wurden am 13. August 1961 vom Mauerbau überrascht. Noch einmal wuchs der Druck auf die Ost-Berliner Parteimitglieder, von denen nicht wenige ratlos waren und eine drohende Illegalität fürchteten. Nachdem schließlich den West-Berlinern das Betre-

130 Zitiert nach Heimann, S. 1671.
131 Zu den Zahlenangaben vgl. Heimann, S. 1672.
132 Zu den Details anhand der Stasiunterlagen vgl. Wolle, S. 2969 ff.

ten Ost-Berlins verboten worden war, faßte der Berliner Landesvorstand am 23. August 1961 den Beschluß, die Ost-Berliner Kreisorganisationen aufzulösen. Zugleich jedoch hielt sie an dem Recht fest, die SPD im Ostsektor wiederherzustellen, und sie übernahm die Verpflichtung zur Solidarität mit den ehemaligen Migliedern. Unter oft schwierigsten Bedingungen wurden – sofern dies erwünscht war – bis 1989 Kontakte aufrechterhalten.[133]

133 Vgl. dazu Heimann, S. 1676.

# 2. Sozialdemokraten in Führungsgremien der SED

Schon vor und mit der Zwangsvereinigung waren Sozialdemokraten, nicht zuletzt die Mitglieder des Zentralausschusses und andere führende Funktionäre, an Selbstverleugnung und Selbstpreisgabe grenzende Kompromisse eingegangen, sofern sie nicht, wie z. B. Gustav Dahrendorf, andere Konsequenzen, nämlich Übersiedlung bzw. Flucht in den Westen, gezogen hatten.[1] Zu denken ist nicht allein an den Verlust von Hoffnungen und Illusionen, sondern auch an den Wunsch, in der SED etwas bewahren zu wollen, was Sozialdemokraten als „Identität" oder Prägung empfunden haben mochten. Was das sein konnte, ist im Horizont dieser Zeit schwer zu definieren; doch Erich Gniffkes Erinnerungen liefern Anhaltspunkte dafür, wie die Beteiligten etwa die Unterschiede zwischen Kommunisten und Sozialdemokraten empfunden haben. Gniffke beschreibt die neuen SED-Spitzenfunktionäre als zwei unterschiedliche „Menschentypen": Da ist für ihn „der Sozialdemokrat", der gesellig und vergnügt sein könne, der die Politik so weit abschalte, daß er auch ein Recht auf Privatleben verteidige. Auf der anderen Seite sieht er den „kommunistischen Funktionärstyp", der eigentlich „keine Privatsphäre besitzen darf".[2] Manches an der von Gniffke formulierten Skepsis über das Gelingen und Scheitern des „Experiments" SED mag aus der Sicht späterer Erfahrungen und Einsichten heraus formuliert sein, denn die SED-Spitzenfunktionäre aus der Sozialdemokratie waren ja Befürworter der Fusion von SPD und KPD gewesen.[3]

---

1 Zu den Vorgängen über Dahrendorfs Entscheidung gegen die Vereinigung und seine anschließende Übersiedlung bzw. Flucht in die Westzonen vgl. Hurwitz, Bd. 4, Teil 2, S. 872 ff.; zu den Reaktionen im ZA und den von der KPD veranlaßten Angriffen gegen Dahrendorf vgl. Gniffke, S. 149 ff.

2 Gniffke, S. 170.

3 Mit Spitzenfunktionären sind die Mitglieder des Zentralsekretariats (ZS) und des Parteivorstandes gemeint. Für die Sozialdemokratie waren dies bis zum 2. Parteitag der SED im September 1947 im ZS: Otto Grotewohl, Max Fechner, Erich Gniffke, Otto Meier, Helmut Lehmann, August Karsten, Käthe Kern sowie Fritz Schreiber als Sekretär des ZS. Vgl. dazu Protokoll der Sitzung des Parteivorstandes am 23.4.1946, in: SAPMO-BArch, IV 2/1/1. Im Parteivorstand kamen die Vertreter aus den Bezirken hinzu; für die SPD waren dies in alphabetischer Reihenfolge: Edith Baumann (Berlin); Bruno Böttge (Provinz Sachsen); Erich Braun (SPD Westzonen, Hildesheim); Hans Brede (SPD Westzonen, Kiel); Willi Buch (SPD Westzonen, Braunschweig); Otto Buchwitz (Sachsen); Friedrich Ebert (Brandenburg); Max Fank (Mecklenburg-Vorpommern); August Friedel (Sachsen); Bernhard Göring (Berlin); Karl Hauser (SPD Westzonen, Frankfurt am Main); Ernst Heilmann (SPD Westzonen, Flensburg); Gertrud Hentsch (Sachsen); Ernst Hoff-

Wenn im folgenden nach Sozialdemokraten im Parteivorstand der SED als einem Führungsgremium gefragt wird, so sind deswegen nicht die Abweichungen von der großen ideologischen Linie von Interesse; auch nicht der Einfluß, die Machtkämpfe und das Tauziehen hinter den Kulissen, d. h. die Beteiligung an oder Ausgrenzung der Sozialdemokraten von Entscheidungen. Von Anfang an waren sie trotz Parität nicht gleichberechtigt. Unabhängig von ihrem Zwang zur Rechtfertigung und Selbstrechtfertigung werden Hinweise auf Verhaltensweisen und verbale Ausdrucksformen gesucht, die trotz notwendiger ideologischer Bekenntnisse eine spezifisch sozialdemokratische Tradition oder politische Sozialisation und ein daraus resultierendes Selbstverständnis erahnen lassen.

Verdeutlicht werden diese Fragen anhand der Diskussionen im SED-Parteivorstand, die in den ersten beiden Jahren vor der offiziellen Stalinisierung und Umwandlung der SED zur „Partei neuen Typs" noch relativ offen waren.[4] Auch Sozialdemokraten beteiligten sich an diesen Debatten, deren historischer Gesamtzusammenhang und konkreter Anlaß nicht im Detail nachgezeichnet werden kann. Die Offenheit und der dadurch gegebene Freiraum verschwanden bald, und die Beiträge von Sozialdemokraten wurden immer seltener. Sie verstummten oder verschwanden, die vorbereiteten Diskussionsbeiträge wurden stromlinienförmig und gestanzt. Mit „Verschwinden" ist auch Verhaftung gemeint, wie im Fall von Willi Jesse, der noch fast ein Jahr nach seiner Verhaftung im Protokoll des Parteivorstandes lediglich als „fehlend" vermerkt wurde.[5] Offen ange-

---

mann (Berlin); Heinrich Hoffmann (Thüringen); Willi Jesse (Mecklenburg-Vorpommern); Fritz Jungmann (Provinz Sachsen); Karl Litke (Berlin); Erich Lübbe (Berlin); Albert Meier (Sachsen); Carl Moltmann (Mecklenburg-Vorpommern), Gustav Müller (SPD Westzonen, Rheinland); Hermann Prübenau (Provinz Sachsen); Emma Sachse (Thüringen); Yella Schaar (SPD Westzonen, Heidelberg); Hermann Schlimme (Berlin); Paul Szillat (Brandenburg); Gottlieb Teichert (SPD Westzonen, Essen); Stanislaw Trabalski (Sachsen); Fritz Wagner (Thüringen); Oskar Wegner (Brandenburg); Richard Weimann (Berlin), Toni Wolgemuth (Berlin). Zu der Haltung von führenden SPD-Funktionären vgl. aus späterer Einsicht auch das Interview mit Fritz Schreiber, 1945 Vorstandssekretär des ZA und von 1946–1948 Sekretär des ZS der SED, in: Bouvier/Schulz, „... die SPD aber aufgehört hat zu existieren", S. 51 ff.

4 Die Ausführungen stützen sich auf die stenographischen Protokolle der meist mehrtägigen Parteivorstandstagungen. Quellenkritisch muß hinzugefügt werden, daß trotz relativer Freimütigkeit die konkrete Ausschaltung von Sozialdemokraten aus den Führungsgremien mit diesem Quellenbestand nicht deutlich gemacht werden kann. Gleiches gilt für die Sitzungen des Zentralsekretariats, für die zumeist nur knappe Beschlußprotokolle vorliegen.

5 Vgl. Protokoll der 12. Tagung des Parteivorstandes am 1., 2. u. 3. Juli 1947, in: SAPMO-BArch, IV 2/1/23; Willi Jesse (1897–1971) war vor 1933 Funktionär der SAJ und Bezirkssekretär der SPD in Mecklenburg; nach 1933 illegale Arbeit; 1944 Flucht nach Schweden; Ende 1945 Rückkehr; 2. Bezirksvorsitzender und Landesgeschäftsführer (anstelle von Hermann Lüdemann) der SPD in Mecklenburg-Vorpommern; April-Juli 1946 Mitglied des PV und des Landessekretariats der SED in Mecklenburg-Vorpommern;

sprochen oder diskutiert wurde dieser Fall nicht, auch nicht in der Sitzung des Zentralsekretariats vom 7. August 1946, in der Wilhelm Pieck ohne weitere Einzelheiten von der Verhaftung Jesses Mitteilung machte. In direkter Vorverurteilung stellte er lediglich fest, der Verdacht sei begründet, Jesse habe mit den Engländern „konspiriert": „Der Fall wird untersucht, und vieles spricht dafür, daß die Beschuldigung zu Recht besteht."[6] Nicht einer der Anwesenden ging auf diesen Fall ein oder hatte eine Nachfrage; nicht ein Sozialdemokrat protestierte gegen die Unterstellungen. Nach außen war diese minimale Form von Solidarität offenkundig nicht möglich. Mangelnde Zivilcourage ist die naheliegende Erklärung dafür.

Für die Wertung der Beiträge von Sozialdemokraten in den Debatten des SED-Parteivorstandes müssen die Vorgeschichte der Zwangsfusion und ihre besonderen Umstände sowohl für die ehemaligen Zentralausschuß-Mitglieder als auch für die Zonenfunktionäre mitberücksichtigt werden. Deren Äußerungen, Verhalten und tatsächliche oder auch nur vermutete Einstellung gerieten keineswegs in Vergessenheit. Da Opposition gegen den verordneten Kurs schon während der Einheitskampagne gefährlich war, konnten die Sozialdemokraten in der SED in eine noch größere Zwickmühle geraten.

Nicht der Nachweis von mehr oder weniger offener Gegnerschaft ist im folgenden von Interesse, sondern in welcher Weise Sozialdemokraten zu bestimmten Themen Stellung nahmen, ob und wie sie „heiße Eisen" anpackten und sich argumentativ von den Kommunisten unterschieden. Dabei darf nicht vergessen werden, daß dezidierte Gegner zwar von Anfang an bekämpft und ausgeschaltet wurden, daß die Sozialdemokraten machtpolitisch keineswegs gleichberechtigt waren, daß sie zunächst jedoch noch nicht offen wegen „Sozialdemokratismus" diffamiert und verfolgt wurden, wie dies wenig später geschah. Im Bewußtsein bleiben muß darüber hinaus der möglicherweise unterschiedliche Blick von Sozialdemokraten und Kommunisten nach Westen, wo die SED die sozialdemokratischen Arbeiter gewinnen wollte. Erneut stand damit die Anwendung der Einheitsfronttaktik zur Debatte. Angesichts der für die ersten Nachkriegsjahre – jedenfalls im Bewußtsein vieler Zeitgenossen – noch offen

---

Verhaftung am 13. Juli 1946 durch sowjetische Organe; nach vier Jahren Zuchthausaufenthalt in ein sibirisches Lager verschleppt; 1954 in den Westen entlassen; bis 1964 Leiter der Abteilung Betriebsgruppenarbeit beim PV der SPD. Jesses Schicksal blieb auch im Westen bis zu seiner Rückkehr aus Sibirien und anschließenden Flucht in den Westen unbekannt. Für Jahre fehlte jede Spur von ihm. Es gab Gerüchte über heftigen Streit mit den Kommunisten und die Vorwürfe der angeblichen Geheimkontakte mit Kurt Schumacher, denen die der Spionage folgten. Offiziell jedoch schwieg die SED diesen Fall tot. In der westlichen Presse wurde wiederholt vergeblich nach seinem Schicksal gefragt.

6 Stenographische Niederschrift der Sitzung des erweiterten Zentralsekretariats, Mittwoch, d. 7. August 1946, in: SAPMO-BArch, IV 2/2.1/22.

erscheinenden „deutschen Frage“ wurde die Ausweitung der SED nach Westen ebenso diskutiert wie eine Wiederzulassung der SPD in der Sowjetischen Besatzungszone.

Zu den vordringlichen politischen Themen, die der Parteivorstand unmittelbar nach der SED-Gründung behandelte, gehörten neben den Vorbereitungen für den Volksentscheid in Sachsen[7] die für den Herbst 1946 angesetzten Kommunal- und Landtagswahlen. Doch es gab andere gravierende Probleme, die manchen – besonders sozialdemokratischen – Funktionären unter den Nägeln brannten, weil sie wußten, was die Menschen beschäftigte, bedrückte und die Stimmung in der Bevölkerung nachhaltig beeinflußte. Dazu gehörten in den Anfangsjahren der Besatzungszeit vor allem die Demontagen, die Lage der zahlreichen Vertriebenen, die Rückkehr der Kriegsgefangenen, die Oder-Neiße-Grenze und immer wieder die Verhaftungen.

## 2.1 Verhaftungen, Rechtssicherheit und Menschenrechte

Nachdem im neugebildeten Parteivorstand der SED zunächst vorwiegend Organisationsfragen beschlossen worden waren, brachte bereits in der nachfolgenden Sitzung Erich Lübbe das heikle Thema der Verhaftungen zur Sprache.[8] Er beschränkte sich auf Berlin, namentlich auf die „alte Berliner SPD-Bewegung“, die unter Verhaftungen zu leiden habe.[9] Unabhängig von den denkbaren und – wie alle wußten – unwägbaren Verhaftungsgründen lag ein zentrales Problem darin, daß es nicht gelang, irgendeine Auskunft über die Verhafteten zu erhalten. Mit und nach der

7 Es war die erste Abstimmung in der SBZ/DDR; sie fand am 30. Juni 1946 statt und betraf das „Gesetz über die Übergabe von Betrieben von Kriegs- und Naziverbrechern in das Eigentum des Volkes“. Dadurch sollte das durch den SMAD-Befehl Nr. 124 vom Oktober 1945 sequestrierte Vermögen als enteignet erklärt und dessen Unterstellung unter öffentliche Verwaltung legitimiert werden. Der Volksentscheid wurde nur in Sachsen durchgeführt und knüpfte bewußt an Weimarer Traditionen an. Dazu und zu den Ergebnissen vgl. als Überblick die Beiträge von Helga A. Welsh und Günter Braun, in: SBZ-Handbuch, S. 126 ff., 381 ff.

8 Erich Lübbe (1891–1977); vor 1933 SPD und Vorsitzender des Gesamtbetriebsrates des Siemens-Konzerns in Berlin; MdR; nach 1933 illegale Arbeit; 1939–1945 KZ Sachsenhausen; 1945 SPD und Mitbegründer der IG Metall im FDGB; 1945/46 Sekretär des Bezirksvorstandes der SPD Berlin; Sekretär des ZA; SED; bis 1947 im Parteivorstand der SED und bis 1948 im Sekretariat des Landesvorstandes der SED Berlin; bis 1950 im Zentralvorstand der IG Metall; bis 1948 StadtVO und Stadtrat in Berlin; 1948–1950 „Holzbeauftragter“ des Ostberliner Magistrats; 1950 Parteiaustritt und Flucht in den Westen; Referent beim DGB-Bundesvorstand in Düsseldorf.

9 Vgl. Stenographische Niederschrift über die 2. Sitzung des Parteivorstandes der SED am 14. u. 15. Mai 1946 zu Berlin, in: SAPMO-BArch, ZPA, IV 2/1/2, Bl. 72 f.; im folgenden werden lediglich die Bestandssignaturen angegeben.

Gründung der SED sollte es nach Lübbes Vorstellungen leichter sein, sowohl bei der Sowjetischen Militäradministration in Karlshorst als auch beim Personalreferat der SED entsprechende Auskunftsstellen einzurichten. Da es keineswegs um vereinzelte Fälle ging, sondern im konkret angesprochen Fall um eine Liste von zwanzig Verhafteten, schienen ihm die weit verbreitete Angst und Unsicherheit nur durch eine verbindliche, d. h. institutionelle, Lösung vermindert werden zu können. Wenig hilfreich und nur durch persönliche Betroffenheit erklärbar war der Einwurf Max Fechners, die „Russen“ könnten kaum die in der englischen und amerikanischen Zone verhafteten Bürgermeister „freimachen“.[10] Lübbe entgegnete lakonisch, von den westlichen Besatzungsmächten sei auf jeden Fall leichter eine Auskunft zu erhalten. Es war deutlich, daß sein Vorstoß auf Ansätze von Rechtssicherheit abzielte, die sich in den westlichen Sektoren Berlins bereits abzeichnete.[11] Da er sie von der sowjetischen Besatzungsmacht kaum verlangen konnte, begründete er sie zusätzlich mit dem Eigeninteresse der SED. Wenn es nicht gelinge, beispielsweise den Eltern der zahlreichen verhafteten Jugendlichen wenigstens eine Auskunft geben zu können, würden die Menschen die Situation und damit die SED weiterhin mit dem Nationalsozialismus gleichsetzen. Lediglich Friedrich Ebert[12] unterstützte das Begehren nach einer zentralen Auskunftsstelle. Aus seinem Erfahrungsbereich in Brandenburg konnte er von Vätern der verhafteten Jugendlichen berichten, die als SED-Parteimitglieder besonders „laut“ protestierten.[13]

---

10 Max Fechner (1892–1973); vor 1933 SPD; Geschäftsführer der kommunalpolitischen Zentralstelle der SPD und Redakteur von „Die Gemeinde“; Mitglied des Preußischen Landtages; nach 1933 wiederholt verhaftet; 1945 SPD, Mitglied des ZA und Verfechter der Einheitspartei; 1946 SED; Mitglied des ZS und stellvertretender Vorsitzender der SED; ab 1950 ZK der SED; 1948/49 Präsident der Deutschen Zentralverwaltung für Justiz, 1949–1953 Justizminister der DDR; 1953 Verlust aller Ämter und Parteiausschluß, Verhaftung im Zusammenhang mit dem 17. Juni; 1956 entlassen, 1958 teilweise rehabilitiert. Seine Ressentiments gegenüber den westlichen Besatzungsmächten resultierten vermutlich daraus, daß er 1945 einen unerfreulichen Zusammenstoß mit einem amerikanischen Militärpolizisten hatte und daraufhin von einem amerikanischen Militärgericht angeklagt wurde. Vgl. dazu die Schilderung bei Gniffke, S. 70 f.; Vgl. auch Hurwitz, Bd. 4, Teil 1, S. 244 f.

11 Zum Problem der begrenzten Rechtssicherheit in der Viersektorenstadt in der Anfangszeit 1945/46 vgl. Hurwitz, Bd. 4, Teil 1, S. 209 ff.

12 Friedrich (Fritz) Ebert (1894–1979); ältester Sohn des ersten Reichspräsidenten der Weimarer Republik; Redakteur des „Vorwärts“ und bis 1933 Chefredakteur der „Brandenburger Zeitung“; MdR; 1933 KZ-Haft; 1945 SPD, Sekretär des Bezirksverbandes Brandenburg-Land und Sekretär des ZA; SED; 1946/47 Mitglied des Parteivorstandes, des ZS und ab 1949 des Politbüros; Landtagspräsident von Brandenburg; 1948–1967 Oberbürgermeister von Ostberlin; 1960 Mitglied des Staatsrates.

13 Anders als Lübbe stand bei ihm jedoch nicht die Angst der Menschen im Vordergrund, sondern die eigene Hilflosigkeit gegenüber dem lauten Protest von SED-Mitgliedern, die seiner Ansicht nach nicht ganz schuldlos an dem Verhalten der Jugendlichen sein konn-

Wenige Wochen später griff Erich Lübbe dieses Thema erneut auf.[14] Franz Dahlem hatte im Zusammenhang mit den Wahlvorbereitungen eine Sprachregelung für die nicht zu leugnenden sowjetischen „Übergriffe“ für notwendig erachtet.[15] Sie bestand im wesentlichen darin, Übergriffe und Verhaftungen im Westen hervorzuheben und zu versichern, die SED kümmere sich in der eigenen Zone darum. Da sie als isolierte Einzelfälle dargestellt werden sollten, verwies man Auskunftssuchende an die „Administration“, d. h. an die sowjetischen Stellen, weil diese „vereinzelten“ Fälle nur an Ort und Stelle zu lösen seien. Damit wurde das Problem umgeleitet und auch abgeblockt; entsprechende Bemühungen waren schon 1945 vergeblich. Gerade diese Vergeblichkeit wurde in keiner Weise thematisiert.

Lübbe knüpfte an diese Argumentation an und betonte, die Unterschiede zwischen Ost und West müßten beachtet und die Erfolge im Osten besonders herausgestellt werden. Als Sozialisten sollten sie jedoch unterschiedliche Maßstäbe an die „kapitalistischen Mächte“ und den „sozialistischen Staat Rußland“ anlegen. Die SED dürfe sich nicht von den Menschen entfernen und etwas verteidigen, was menschlich nicht vermittelbar war. Man sollte deswegen bei den „russischen Genossen“ und den Militärbehörden verstärkt auf die „Wesensunterschiede“ zwischen beiden Völkern hinweisen. Er selbst hatte in erregten Auseinandersetzungen mit sowjetischen Offizieren wegen der Kriegsgefangenen und vor allem der politischen Gefangenen die Erfahrung gemacht, „daß die Russen unsere Mentalität nicht verstehen, als ich ihnen klar machte, daß es schon vor 1933 und in früheren Jahren nicht möglich war, einen Menschen zu verhaften, wenn nicht ein Befehl dazu vorlag, und daß der Betreffende nicht festgehalten werden konnte, wenn nicht genau klargelegt wurde, was ihm vorgeworfen wurde.“[16] Der Hinweis auf die Rechtstraditionen und die Rechtssicherheit der Weimarer Republik und auch schon in gewissem Umfang des Kaiserreichs machten die unterschiedlichen Denktraditionen zwischen Kommunisten und Sozialdemokraten deutlich. Daß es sich hierbei um eine fundamentale Kontroverse handelte, zeigen erregte Zwischen-

---

ten. Als mögliche Lösung schlug er vor allem eine – wohl auch disziplinierend wirkende – intensive Jugendarbeit der SED vor.

14 Vgl. zum folgenden insbesondere Stenographisches Protokoll über die 3. Sitzung des Parteivorstandes der SED vom 18. bis 20. Juni 1946 zu Berlin, in: SAPMO-BArch, IV 2/1/4.

15 Franz Dahlem (1892–1981); ab 1920 KPD; Mitglied des Preußischen Landtages und ab 1928 MdR; Mitglied des Politbüros der KPD; 1933 Emigration u. a. nach Frankreich; dort interniert und nach Deutschland ausgeliefert; KZ Mauthausen; 1945 ZK und Sekretariat der KPD; ab 1946 ZS, ab 1949 Politbüro der SED; Mitglied des ZK; 1953 aller Funktionen enthoben; 1956 rehabilitiert und erneut im ZK der SED.

16 IV 2/1/4, Bl. 118.

rufe Walter Ulbrichts und Wilhelm Piecks. Doch Lübbe blieb bei seinem Standpunkt; er verwies nachdrücklich auf die zahlreichen Verhaftungen aufgrund von Denunziationen und erklärte Art und Form des Vorgehens zu einem „Verstoß gegen die Menschlichkeit“. Wie ein politisch notwendiges Zugeständnis wirkt der erneute Hinweis, man könne den „kapitalistischen Staat“ nicht anprangern, wenn man selbst nicht in der Lage sei, Kernelemente der „Menschlichkeit“ zu wahren.

Während Lübbe für die Anerkennung von Menschenrechten und Grundsätzen von Rechtssicherheit stritt und das Vertrauen der Bevölkerung, d. h. eine demokratische Legitimierung der SED, anstrebte, hob Walter Ulbricht durch polemische Zwischenbemerkungen die Debatte auf ein anderes Gleis. Er reduzierte das Problem der Verhaftungen auf vermeintlich oder angeblich bewaffnete „faschistische Gruppen“, denen gegenüber keinerlei Menschlichkeit angebracht sei. Auch das Begehren nach einer Auskunftsstelle wies er mit zynischen Argumenten zurück: „Das könnte manchen Leuten gefallen, wenn überall mitgeteilt wird: das und das liegt vor! Damit alle Beziehungen bekannt werden. Das könnte den Leuten ausgezeichnet gefallen. Das würde zur Folge haben, daß alle die gedeckt werden, die mit dem Kerl zusammenhängen. Wir dürfen die Verbindungen nicht bekannt werden lassen.“[17] Doch Lübbe insistierte auf seiner Thematik und wiederholte, daß er vor allem eigene „Parteigenossen“, vorwiegend Sozialdemokraten, meinte, die schon 1945 aus politischer Verärgerung heraus denunziert und verhaftet worden seien. Und er wiederholte auch, daß die sowjetischen Offiziere offenkundig kein Bewußtsein von persönlicher Freiheit hätten, „wie wir es gehabt haben“.[18] Da der Parteivorsitzende Wilhelm Pieck keine Kontroverse über Rechtssicherheit und Rechtstraditionen zulassen wollte, versuchte er sie durch den Einwand abzuwürgen, derartige Fragen entsprächen nicht der „Würde“ des Parteivorstandes, der zu „politischen“ Fragen Stellung zu nehmen habe. Ob Lübbe denn ernsthaft glaube, der Parteivorstand solle eine Protestresolution annehmen.[19]

Dennoch sah sich Pieck veranlaßt, zu der ungewollten Kontroverse Stellung zu nehmen. Nachdrücklich verwies er auf ständige Bemühungen, „solche Fragen zu klären“, wie er die Verhaftungen unter Vermeidung

---

17 Ebd., Bl. 119.

18 Ebd.

19 Da das Problem der Verhaftungen nicht zu leugnen war, wurde es stets dadurch aus der Diskussion genommen, daß darum gebeten wurde, die „konkreten Fälle“ an das Zentralsekretariat oder an die beiden Vorsitzenden zur weiteren Überprüfung weiterzuleiten. Diese angeblichen Überprüfungen verliefen dann häufig ergebnislos. Es waren Vorstöße, die vermutlich ins Leere laufen sollten; damit waren sie ebenfalls jeder Diskussion entzogen.

direkter Benennung umschrieb. Dann ging er in die Offensive, indem er Lübbe der Verantwortungslosigkeit bezichtigte, „wenn man sich hier im Parteivorstand so ausdrückt, wie Gen. Lübbe, wo wir doch annehmen, daß hier die Elite der Partei sitzt und über die Politik der Partei berät, [...] und dann an dieser Stelle mit Argumenten gearbeitet wird, die wir wohl verstehen, wenn sie uns von unseren Gegnern entgegen gehalten werden, wenn sie von Schumacher angewandt werden, wo man mit Phrasen arbeitet und von Menschlichkeit und Sozialismus spricht und versucht, gegen die sowj. Besatzungszone und auch gegen Sowjet-Rußland eine gewisse Stimmung zu erzielen [...]“.[20] Woher wolle man das Recht nehmen, von einem Mangel an Menschlichkeit und Sozialismus „bei unseren russischen Freunden [zu] reden, nachdem wir doch alles, was wir haben, der Sowjetarmee zu verdanken haben! Sonst säßen wir doch nicht hier.“[21] Das war weniger ein Eingeständnis der Abhängigkeit unter Besatzungsbedingungen, sondern der Ausdruck totaler Identifikation. Die betraf auch die sowjetischen Sicherheitsorgane, denen die SED um so weniger in die Arme fallen dürfe, als sie selbst noch nichts zur „Ausmerzung der faschistisch-reaktionären Elemente“ getan habe. Das klingt einerseits wie eine Ankündigung, dies schnell nachholen zu müssen, und war zugleich wie bei Ulbricht eine Reduktion der Problematik auf die angeblich überall lauernden „faschistischen“ Überreste. Aus diesem Grund wollte er nicht bedauern, daß auch Unschuldige in diese Maschinerie gerieten. Pieck bewegte sich damit im Rahmen der gleichen Argumentation, wie sie für die Säuberungen in der Sowjetunion schon in den dreißiger Jahren als Erklärung und Entschuldigung verwendet worden ist.[22] Dies gilt auch für das Leugnen der Existenz von politischen Gefangenen in der Sowjetischen Besatzungszone, die üblicherweise, auch von Pieck, kriminalisiert wurden. Verhaftungen fänden aufgrund von „Verdachtsmomenten“ statt, aber nicht aus politischen Gründen, d. h. weil jemand Demokrat oder Sozialist sei, „wie es unter Hitler war“.[23] Allein durch die Wortwahl drängt sich der Eindruck auf, als sei es um mehr als um eine politische Frage gegangen, wenn er Lübbe entgegenhielt: „Es ist eine Blasphemie zu sagen: wir müssen den Russen erst Menschlichkeit beibringen, oder wir unterscheiden

20 IV 2/1/4, Bl. 129.

21 Ebd.

22 Zu den Säuberungen in der Sowjetunion vgl. u. a. Robert Conquest, Der Große Terror. Sowjetunion 1934–1938, München 1992; zu den unterschiedlichen und nachhaltigen Auswirkungen auf die kommunistische Emigration und ihre Führung während dieser Zeit vgl. u. a. Georg Lukács, Johannes R. Becher, Friedrich Wolf u. a., Die Säuberung. Moskau 1936: Stenogramm einer geschlossenen Parteiversammlung. Hrsg. von Reinhard Müller, Hamburg 1991; Reinhard Müller, Die Akte Wehner. Moskau 1937 bis 1941, Berlin 1993.

23 IV 2/1/4, Bl. 130.

uns von ihnen in punkto Menschlichkeit.“[24] Auf den Zuruf Lübbes, er habe von der Freiheit der Persönlichkeit gesprochen, erwiderte er, in der Sowjetunion herrsche die größte Freiheit, und er wünschte, man hätte sie. Politisch stand hinter diesen Worten Piecks die Sorge, derartige Äußerungen könnten Mißtrauen und Zweifel an der Zuverlässigkeit des Parteivorstandes wecken. Seine Grundannahme war, die SED bzw. die Deutschen müßten sich Vertrauen erst erwerben.

Pieck verlieh seinen Worten Nachdruck, weil die Einstellung Lübbes kein Einzelfall war. Auch Karl Hauser hatte ihm in der Debatte über die Kriegsgefangenen widersprochen.[25] Pieck zufolge konnte in dieser Frage gar nicht nach allgemein menschlichen Gesichtspunkten entschieden werden. Die Rückkehr von Kriegsgefangenen aus der Sowjetunion bleibe ein schwieriges Problem, weil es dort vermutlich keine zentrale Registratur gebe. Das hatte Hauser, der in der amerikanischen Zone lebte, zu dem Kommentar veranlaßt, gerade ein sozialistischer Staat müsse unter allen Umständen die Menschenwürde „hochhalten“, und „wenn gerade der russische Staat nicht in der Lage ist, den elementarsten Menschenbegriffen Rechnung zu tragen, so ist das tief bedauerlich, und mit Recht können unsere Gegner, vornehmlich im Westen – im Osten werden sie sich meistenteils hüten – gegen diese Einstellung des russischen Staates Stellung nehmen.“[26] Ein nun schon so „alter“ sozialistischer Staat müsse die Gefangenen registrieren, um „später“ den Nachweis zu erbringen, was mit den Gefangenen geschehen sei, die doch nicht alle „Gegner“ gewesen seien, da es darunter Hunderttausende mit sozialistischer Gesinnung gebe. Ohne den Nationalsozialismus relativieren zu wollen, vertrat er ähnlich wie Lübbe die Meinung, an einen „sozialistischen“ Staat andere Maßstäbe anlegen zu müssen; auf jeden Fall sollten Sozialisten die „besseren Menschen“ sein: „Sie müssten deshalb [...] eine ganz andere Einstellung haben als die Länder von rein kapitalistischer Couleur.“[27] Diese Äußerung war ohne Zweifel auch auf die eigene Partei, die SED, sowie auf die sowjetische Zone bezogen. Sie entsprang einem wenig realistischen Bild von der Sowjetunion und einem idealistischen Menschenbild, das schon in der Sozialdemokratie des 19. Jahrhunderts verbreitet war.

---

24 Ebd.

25 Karl Hauser (Frankfurt am Main) war ein Sozialdemokrat, der als Freund Erich Gniffkes und Fritz Schreibers die Interessen des ZA im Westen vertreten hatte. Er war dann Vertreter der Westzonen im Parteivorstand der SED und vom ZS beauftragt, die sozialistische Einheitsbewegung in der amerikanischen Zone zu betreuen. Er trat aus der SPD im Westen aus, war bis Ende 1948 in der dortigen KPD, aus der er (wie auch aus der SED) austrat, um einem Ausschluß zuvorzukommen. Danach war er in der Gewerkschaftsarbeit tätig.

26 IV 2/1/4, Bl. 27.

27 Ebd., Bl. 28.

Damit standen sich Sozialisten verschiedener „Glaubensrichtungen“ und wenig übereinstimmender Erfahrungswelten gegenüber; ebenso deutlich wird die unterschiedliche politische Sozialisation, zu der bei den führenden kommunistischen Funktionären der Aufenthalt in der Sowjetunion der dreißiger Jahre gehörte. Die Stellungnahmen der Sozialdemokraten sind auf der einen Seite als in hohem Maße idealistisch und illusionär zu werten; andererseits ist die Taktik unübersehbar. Piecks Worte jedoch enthielten eine nachdrückliche Warnung, die an Drohung grenzte. Allein der Hinweis auf „antisowjetische Stimmung“ und „Hetze“ genügte; beides rechtfertigte von Anfang an die willkürliche Verfolgung und Verurteilung zahlreicher Menschen.

## 2.2 Die Wahlen vom Herbst 1946

Zu den Diskussionen des Parteivorstandes der SED, an denen sich Sozialdemokraten besonders lebhaft beteiligten, gehörten die Vorbereitungen und Ergebnisse der Kommunal- und Landtagswahlen vom Herbst 1946. Sie wurden von vornherein als „Bewährungsprobe“ für die SED und insbesondere für den nach Westen zu exportierenden Einheitsgedanken angesehen. Deswegen sollte schon der Kommunalwahlkampf nicht unter kommunalpolitischen Aspekten geführt werden, sondern bei flächendeckend einheitlicher Betonung unter dem der politischen Gesamtsituation Deutschlands. Die jeweiligen Wahltermine waren sorgfältig aufeinander abgestimmt, und Otto Grotewohl als einer der beiden Vorsitzenden formulierte unmißverständlich, daß die SED nicht nur einen mehrheitssichernden Wahlausgang benötige, sondern einen „sichtbaren Mehrheitserfolg“.[28]

Als Vorlauf, als Generalprobe, galt der Volksentscheid in Sachsen, die Abstimmung vom 30. Juni 1946 über die Enteignung der Betriebe von „Kriegs- und Naziverbrechern“, bei der es dem sächsischen Landesvorsitzenden Otto Buchwitz zufolge um die Erringung des Vertrauens der Men-

28 Ebd., Bl. 58. Wörtlich heißt es dazu u. a.: „Die Kommunalwahlen als die erste Bewährungsprobe unserer Partei und des Einheitsgedankens in Deutschland müssen in ihrer gesamten Stoßrichtung darum von uns zu einem zwingenden Sieg organisiert werden.“ (Ebd., Bl. 59) Durch einen weithin sichtbaren Erfolg erhoffte man nicht nur eine demokratische Legitimierung, sondern auch eine Entkräftung der „Gegenpropaganda“. Nichts sollte deswegen den Zufallsergebnissen oder Unwägbarkeiten eines Wahlausgangs überlassen bleiben, sondern das gewünschte Ergebnis mußte „gesichert“ werden, was den Gedanken an über die bei allen Wahlen übliche Taktik und Propaganda hinausgehende Verfahren nahelegt.

schen ging.[29] Wenn er vom Einbau „demokratischer Sicherungen“ und der „völlig demokratischen Willensbildung“ sprach, so meinte er jedoch nicht die Einhaltung demokratischer Spielregeln oder Verfahren, sondern verfolgte die Taktik, den „Westmächten“ und der „Reaktion“ keine Handhabe zu liefern, das Ergebnis des Volksentscheids anzufechten.[30] Noch deutlicher wurde diese unverblümt formulierte Taktik durch die Versicherung, man werde während der „Kampagne“ weder von „Sozialisierung“ noch von „Sozialismus“ reden. Die strategischen Ziele sollten im Hintergrund bleiben, im Vordergrund hatte die Parole von der Sicherung des Friedens zu stehen. Damit war auch sichergestellt, daß sich die bürgerlichen Gruppierungen dem nicht entziehen konnten, da an diese Parole eine „antifaschistische“ Argumentationskette geknüpft war, der zu widersprechen bedeutet hätte, sich sofort dem Vorwurf der „faschistischen Kriegshetze“ auszusetzen.

Otto Grotewohl bezeichnete das Ergebnis der Kommunalwahlen vom September 1946 als großen Sieg.[31] Dennoch sah er Veranlassung, diese Auffassung zu begründen, blieb das Gesamtergebnis für die Zone mit 57,1 % doch weit hinter dem Ergebnis des sächsischen Volksentscheids zurück, obwohl es besser war als das der nachfolgenden Landtagswahlen.[32] Verglichen mit den Ergebnissen von vor 1933 errechnete er damit einen „Aufschwung des Sozialismus“.[33] Es waren jedoch 10 % ungültige Stimmen zu bedenken, und sie wurden realistischerweise nicht der eigenen Anhängerschaft zugerechnet. Vielmehr ging Grotewohl von nur etwa

---

29 Vgl. Anm. 7. Otto Buchwitz (1879–1964) war einer der vehementesten Befürworter der Einheitspartei aus der Sozialdemokratie. Vor 1933 MdL in Sachsen und Preußen sowie bis 1933 Reichstagsabgeordneter; 1933 Emigration nach Dänemark, 1941 Verhaftung und Zuchthaus; 1945 SPD und danach SED; Landesvorsitzender in Sachsen bis 1948; Mitglied des PV/ZK der SED bis 1964; 1948–1950 Vorsitzender der ZPKK; bis 1964 MdVR bzw. Alterspräsident der Volkskammer.

30 Vgl. IV 2/1/2, Bl. 180.

31 Da die Berliner Wahlen erst am 20. Oktober stattfanden, stand diese Niederlage erst bevor.

32 Zu den Einzelergebnissen sowohl des Volksentscheids in Sachsen als auch aller Wahlen vom Herbst 1946 vgl. SBZ-Handbuch, S. 395 ff. Eine umfassende Darstellung und Analyse der Wahlgänge von 1946 in der SBZ liegt noch nicht vor; eine zusammenfassende Ergebnisanalyse bietet Günter Braun, Determinanten der Wahlentscheidungen in der sowjetischen Besatzungszone 1946. Problemskizze, in: Deutsche Studien, XXIV (1986), Nr. 96, S. 341-357.

33 Zur Gegenüberstellung der „sozialistischen“ Stimmenanteile von SED 1946 und SPD und KPD in der Weimarer Republik vgl. Günter Braun, in: SBZ-Handbuch, S. 387; deutlich wird diese Problematik, die neben regionalen und lokalen Unterschieden die einzelnen Faktoren von Kontinuität und Diskontinuität im Wählerverhalten unberücksichtigt läßt, auch bei der Fallstudie über Freital, in: Franz Walter, Tobias Dürr, Klaus Schmidke, Die SPD in Sachsen und Thüringen zwischen Hochburg und Diaspora, Bonn 1993, S. 137 ff.

40 % „echten“ SED-Stimmen aus, so daß vor allem über das Stimmenreservoir für die Landtagswahlen nachzudenken war. Deutlich wurden die Faktoren formuliert, die sich negativ für die SED auswirkten: Dies waren neben der Diskussion über die Ostgrenze vor allem die Demontagen und Reparationsleistungen, bei denen die SED-Führung auf eine kurzzeitige Beruhigung durch das Versprechen von Erleichterungen baute. Die Diskussion zeigt, daß es der SED vor allem darum ging, das Problem argumentativ umzubiegen, indem sie einerseits an die durch Hitlers Krieg verursachten Schäden und die Pflicht zur Wiedergutmachung erinnerte, andererseits auf die Reparationsleistungen im Westen verwies und der Bevölkerung das Gefühl vermitteln wollte, „daß wir keineswegs nur einem Prozeß der restlosen Ausplünderung ausgeliefert sind. [...] Es wäre eine Gefahr, wenn sich eine solche Betrachtungsweise in der Arbeiterschaft in unserer Zone festsetzen würde.“[34]

Auch die SED selbst, die Parteiorganisation, entsprach nicht dem, was für den Landtagswahlkampf notwendig zu sein schien. Sie war nämlich keine schlagkräftige Organisation. Sie galt als eine große Maschinerie, die durch die Zusammenlegung von zwei Parteiapparaten schwerfällig geworden war und vorwiegend Papier zu produzieren schien. Grotewohl beklagte die Entwicklung eines „hemmungslosen Angestelltenapparates“, aber dahinter stand vermutlich auch, daß es kaum gelang, die Mitglieder zu aktivieren, daß zudem die Zusammenarbeit von Sozialdemokraten und Kommunisten ungeachtet der noch eingehaltenen Parität alles andere als reibungslos funktionierte.[35] Es war ein heikles Thema, das nur in vorsichtigen und allgemeinen Umschreibungen zur Sprache kam. Die Tatsache jedoch, daß es überhaupt benannt wurde, ist ein Indiz für seine Virulenz. Die Formulierungen, deren sich in diesem Fall Otto Grotewohl bediente, entsprachen genau denen, die Wilhelm Pieck bei anderer Gelegenheit verwandte, so daß man entweder von einer Sprachregelung ausgehen oder annehmen muß, daß Grotewohl darauf verzichtete, die Probleme der Sozialdemokraten, die ihm bewußt und bekannt waren, zur Sprache zu bringen. Die offizielle Version der beiden Vorsitzenden hieß, „daß der Prozeß der inneren Verschmelzung noch nicht abgeschlossen ist“, was durch Zwischenbemerkungen im Zentralsekretariat bestätigt wurde.[36] Die Verwirklichung der „inneren“ Einheit sollte auch in der äußeren Gestaltung

34 Stenographische Niederschrift über die 5. Tagung d. PV d. SED am 18./19. Sept. 1946, in: IV 2/1/8, Bl. 19.

35 Die Schwierigkeiten hinter den Kulissen, die Differenzen und Reibereien zwischen beiden Teilen der SED waren anderen Quellen zufolge auf der Führungsebene groß; auf der unteren Ebene dürften sie nicht geringer gewesen sein.

36 Ebd., Bl. 33; vgl. auch Stenographische Niederschrift d. Sitzung des erweiterten Zentralsekretariats, 7. August 1946, in: IV 2/2. 1/22, Bl. 8 ff.

der Parteihäuser zum Ausdruck kommen. „Das ZS ist der Auffassung, daß es falsch ist, wenn unsere Parteihäuser in ihrer Dekoration, in ihrer Aufmachung und im ganzen Ablauf der Geschäfte wie Filialen der russischen Kommandanturen erscheinen."[37] Die lebhafte Bestätigung durch die Anwesenden macht deutlich, daß die Beschreibung der Realität entsprach und die Forderung allgemein akzeptiert wurde.

Käthe Kern konnte diesen Eindruck, den sie bei einer Reise durch Sachsen-Anhalt gewonnen hatte, nur bestätigen.[38] In den Parteibüros hingen zwar Bilder des „Generalissimus Stalin", doch solche von deutschen Parteiführern, namentlich von August Bebel oder Wilhelm Liebknecht, vermißte sie. Darüber hinaus hatte sie den Eindruck gewonnen, als würden die Parteisekretäre sich allzu sehr mit der Staatsmacht identifizieren und glauben, „sie haben die Macht des Staates schon in Händen".[39] Sie hatte erlebt, daß ein ganzer Kreisvorstand einen LDP-Vertreter während einer Versammlung verhaftete, weil dieser sich politisch „grob" geäußert hatte. „Wenn man ihn verhaften will, soll man das nicht von der Bühne herab tun, sondern in anderer Form. (Lehmann: Die Partei darf ihn gar nicht verhaften!)"[40] Auffallend ist nicht nur, daß auch diese Sozialdemokraten Verhaftungen aus politischen Gründen nicht an sich verwarfen, sondern daß erst nach der Zwischenbemerkung Helmut Lehmanns die Ergänzung kam, eine Polizeimaßnahme könne nicht Sache der SED sein, auf diese Weise könne man kaum Vertrauen bei den Mittelschichten gewinnen. Die Vermutung, die angemahnte Zurückhaltung könnte auch bei einigen Sozialdemokraten lediglich Ausdruck von Wahltaktik und nicht des Beharrens auf rechtsstaatlichen Prinzipien sein, drängt sich insofern auf, als davon die Rede ist, man habe *noch* nicht die Macht in Händen. Die Allmacht einer Partei und die Identifizierung von Staatsmacht und Partei war vermutlich nicht nur für Kommunisten verführerisch. Sie konnte auch für den spezifischen Typ ehemaliger sozialdemokratischer Funktionäre attraktiv gewesen sein, der bereitwillig oder Bedenken beiseite schiebend in die SED gegangen war, sich von der Herkunftspartei entfernte, die Übernahme des bolschewistischen Parteimodells mittrug und infolgedessen die Rolle der SED als Staatspartei nicht

37 Ebd.

38 Käthe Kern (1900–1985) war vor 1933 in der SPD; bis 1933 Sekretärin im Bezirksvorstand d. SPD Berlin; nach 1933 zeitweilig inhaftiert; 1945 SPD, Beisitzerin d. ZA u. Frauensekr. d. SPD-Bezirksvorstandes Berlin; bis 1949 im ZS d. SED; MdL Sachsen-Anhalt; Mitbegründerin u. stellvertr. Vors. d. Demokratischen Frauenbundes Deutschlands (DFD); bis 1984 MdVK und 1949–1970 Leiterin d. Hauptabteilung Sozialwesen im Ministerium für Arbeit und Gesundheitswesen d. DDR.

39 IV 2/1/10, Bl. 107.

40 Ebd.

ablehnte. Soweit ersichtlich, reichen die frühere Zugehörigkeit zu einem bestimmten Parteiflügel oder die „antifaschistischen“ Konsequenzen aus den Erfahrungen des Dritten Reiches als Erklärung für dieses Verhalten nicht aus. Ein autoritärer Grundzug ist unübersehbar, denkt man an die Neigung auch von sozialdemokratischen Funktionären, mit innerparteilichen Gegnern wenig fair umzugehen oder demokratische Willensbildungsprozesse zu ignorieren. Die Verwendung gleicher Begriffe – etwa Demokratie und Sozialismus – konnte es ihnen erleichtern, sich über deren fundamental anderen Inhalte hinwegzusetzen und sich täuschen zu lassen. Ein Mangel an analytischen Fähigkeiten kam hinzu, der sie darüber hinaus die Sowjetunion und deren Politik anders beurteilen ließ als einen Kurt Schumacher. In einer Ausnahmesituation waren sie aus der zweiten Linie an die Spitze gelangt; sie wollten in Führungspositionen bleiben und an der geborgten Macht teilhaben.

Angesichts der Wahlergebnisse vom Herbst 1946 war an eine demokratische Machterringung nicht zu denken, weil das Bürgertum nicht hatte gewonnen werden können und darüber hinaus der Erfolg der SED bei den Arbeitern als zumindest unbefriedigend angesehen wurde. Zahlreiche Faktoren wurden in den Führungsgremien der SED dafür mehr oder weniger verklausuliert und regional differenziert genannt. Bei den Kommunalwahlen überraschten die sehr unterschiedlichen Einzelergebnisse. Zu den ebenso zutreffenden wie unverbindlichen Erklärungsfloskeln gehörte es, vom Stand des erwähnten inneren Verschmelzungsprozesses auf das gute oder schlechte Abschneiden der SED zu schließen, denn manche örtlichen Wahlergebnisse waren ein Protest gegen die Zwangsfusion. Doch auch die Suche nach eigenen Fehlern gehörte in diesen Kontext. So nahmen beispielsweise kommunistische Redner an, das „Klassenbewußtsein“ der Arbeiter überschätzt und die Nachwirkungen der Existenz einer „Arbeiteraristokratie“ unterschätzt zu haben.[41] Als entscheidender Fehler der SED galt weiterhin, besonders den Arbeitern in den unter Sequester stehenden Betrieben die sowjetischen „Maßnahmen“ nicht vermitteln zu können. Die Arbeiter könnten nicht verstehen, daß die SED nicht in der Lage sei, Mißstände in diesen Betrieben abzustellen. Deswegen sollten auf dem höheren Instanzenweg Verhandlungen mit den „russischen Freunden“ aufgenommen werden. Doch bei dieser Form der Argumentation ging es nicht um die Menschen, sondern nur um die SED, die in ihren propagandistischen Versprechungen zu „marktschreierisch“

41 Als Beispiel wurden die Zeiss-Arbeiter in Jena angeführt, vor deren mangelndem Klassenbewußtsein die örtliche SED-Leitung zurückgewichen sei. Als weiterer Grund für das mangelnde „Klassenbewußtsein“ wurden auch die Nachwirkungen des Nationalsozialismus angegeben. Vgl. IV 2/1/8, Bl. 77.

gewesen sei, so daß der Vorwurf, sie sei „die Partei der Russen“, sich verfestige, was große Gefahrenmomente enthalte.[42]

Der Wunsch nach Zugeständnissen durch die sowjetischen Besatzungsorgane, deren rigide Politik sich zuungunsten der SED auswirkte, wurde immer wieder artikuliert. Otto Buchwitz gehörte zu denjenigen, die zwar die Wahltaktik keineswegs aus den Augen verloren, der aber auf unmittelbare Sorgen und Nöte der Bevölkerung hinwies, indem er zwar die bisherige Hilfe der Sowjets lobte, aber mehr einforderte. Es gehörte zu den Ritualen, zunächst auf die Verbrechen des Dritten Reiches einzugehen, um dann das eigentlich Wichtige zu sagen. „Die Russen sollten uns etwas mehr aus den Reparationsleistungen abtreten [...]. Das bedeutet keineswegs eine Verkennung der ungeheuren Notlage, die zweifellos im großen Rußland durch die Verwüstungen deutscher Truppen auf Geheiß ihrer verbrecherischen Generalität hervorgerufen worden ist.“[43] Auch andere sozialdemokratische Redner im Parteivorstand hofften auf eine entgegenkommendere sowjetische Haltung, insbesondere in der Grenzfrage. Doch die Quellen machen auch deutlich, daß gerade sie sich bewußt waren, den Wunsch nach einer Grenzrevision nie öffentlich äußern zu können, solange diese nicht sowjetischer Politik entsprach.

Bei den Redebeiträgen von Otto Buchwitz fällt auf, daß ihn das schlechte Abschneiden der SED besonders zu bekümmern schien. Ihn stimmte nachdenklich, sich die Enttäuschung der „Massen“ eingestehen zu müssen, als deren Folge Stimmen von SED-Mitgliedern an die LDP gegangen waren. Zu den großen Enttäuschungen gehörte, daß die SED gerade unter den Arbeitern nicht den erhofften Erfolg verbuchen konnte. Ungeachtet notwendiger Differenzierungen und unterschiedlicher Verhältnisse suchte man nach einer Erklärung, warum die SED beispielsweise in den größeren Städten Sachsens wenig Erfolg hatte, noch viel weniger in den Traditionsgebieten der sächsischen Textilindustrie. Dafür reichten die gängigen Erklärungsmuster – Protest gegen die Fusion, angeblich mangelnde politische Reife oder verschüttetes Klassenbewußtsein – nicht aus; auch die sozialen Probleme der Nachkriegszeit und die kriegsbedingten demographischen Verschiebungen wären zu bedenken gewesen.

Da die Berliner Wahlen erst am 20. Oktober 1946 stattfanden, wurde ihr Ergebnis mit den für die SED vergleichsweise weniger katastrophal ausgefallenen Landtagswahlen zusammen diskutiert.[44] Im Parteivorstand

---

42 Zu den gefürchteten Gefahren gehörten auch die Einflüsse aus dem Westen sowie das Abwandern zahlreicher Arbeiter in die Westzonen. Vgl. ebd., Bl. 79.

43 Ebd., Bl. 43.

44 Eindeutiger Sieger der Berliner Wahlen waren die Sozialdemokraten mit 48,7 %, während die SED lediglich 19,8 % erhielt. Bei den Landtagswahlen hatte die SED hingegen im Zonendurchschnitt 47,6 % erhalten, wobei es allerdings in den einzelnen Ländern er-

gab es beschönigende Sprachregelungen und ideologische Schuldzuweisungen. Dennoch wurde das Ergebnis in seiner negativen Deutlichkeit angesprochen. Kommunistische Sprecher stellten heraus, daß die Berliner Wahl auch eine Protestwahl gegen die Verhältnisse war, für die die SED verantwortlich gemacht wurde; daß zudem viele Wähler hatten mobilisiert werden können, was vorwiegend der SPD zugute gekommen war. Für die Sozialdemokraten im Parteivorstand der SED war der Erfolg der – aus ihrer Sicht – abgespaltenen Berliner SPD bitter. Den Erinnerungen Gniffkes zufolge waren sie sehr deprimiert, und jeder wollte gewarnt haben, die Vereinigung vor der Wahl vorzunehmen. Doch nach außen drang davon nichts, auch nichts von den heftigen Debatten im Zentralsekretariat. Selbst in den Protokollen des Parteivorstandes hinterließen sie keine Spuren.[45] Otto Grotewohl nahm in der Sitzung des Parteivorstandes von Ende Oktober 1946 zu dem Wahlergebnis Stellung. Von seiner sozialdemokratischen „Herkunft" ist dabei kaum etwas zu ahnen. In Einzelheiten ging er nicht; er zeichnete ein Bild Gesamtdeutschlands, aus dem er die Schlußfolgerung zog, „daß die Aussichten bei einer Abstimmung über eine Verfassung oder für die Wahl eines Parlaments [...] im Augenblick als ungünstig zu bezeichnen sind".[46] Sein Hauptargument war die politische Orientierung der SPD im Westen, wo es vermutlich zu einer Koalition mit der CDU komme.

Die politische Stoßrichtung war deutlich. Sie zielte zum einen auf die SPD im Westen und zum anderen auf die eigene Zone mit dem weiter auszudifferenzierenden Modell der „demokratischen Mehrheitsbildung", was nichts mit der demokratischen Praxis von Koalitionsbildungen zu tun hatte. Und sie zielte auf die SED selbst, in der das „verschüttete Klassenbewußtsein der deutschen Arbeiter" wieder offengelegt werden sollte, was verstärkte Erziehungsbemühungen bedeutete. Mangelndes Klassenbewußtsein war nach dieser offiziellen Version ein Grund, daß im Berliner Wahlkampf der Begriff „Diktatur" eine ebenso bedeutsame Rolle hatte spielen können wie das Verhältnis der SED zur Besatzungsmacht. Besonders letzteres sollte in ein besseres Licht gerückt werden, um aus der ständigen Defensive herauszukommen.[47]

---

hebliche Abweichungen gab. Ihre besten Ergebnisse erzielte die SED in Sachsen, Thüringen und Mecklenburg-Vorpommern. Zu den Ergebnissen im Detail vgl. SBZ-Handbuch, S. 388 ff., 383 ff.

45 Vgl. Gniffke, S. 213.

46 IV 2/1/10, Bl. 30.

47 Vgl. ebd., Bl. 33. Es sollte nach den Ausführungen Grotewohls alles vermieden werden, was in der Öffentlichkeit den Anschein erwecken konnte, die SED sei eine „Quisling-Partei".

Es fällt auf, wie sehr der ehemalige Sozialdemokrat Otto Grotewohl aus der SPD stammende Parteivorstandsmitglieder geradezu abkanzelte, indem er ihnen vorwarf, ihre Anschauungen stünden im Widerspruch zum Parteivorstand oder es gebe einen „falschen Zungenschlag“ (zu Buchwitz). Es war wiederum Erich Lübbe, der sich davon nicht einschüchtern ließ und zu zwei Punkten Stellung nahm. Im Gegensatz zu Grotewohl sah er durchaus Ansatzpunkte für eine Zusammenarbeit mit der SPD in den Westzonen; nach seiner Ansicht waren dies die Entnazifizierung sowie die Bestrebungen, die Macht der „alten Konzernherrn“ zu beschneiden. Wichtig ist seine Diktion, denn er griff zu keiner der üblichen Negativbezeichnungen, sondern sprach von den „Freunden von der SPD“. Vor allem wollte er zum Berliner Wahlausgang Stellung nehmen und daran erinnern, daß er zeitig auf die Besonderheiten der Stadt hingewiesen hatte. Den Kommunisten machte er den Vorwurf, Auseinandersetzungen nicht sachlich zu führen, sich rücksichtslos über alle Bedenken hinwegzusetzen und nicht auf die „psychologische Einstellung der Berliner Bevölkerung“ einzugehen.[48] Zum wiederholten Mal griff er das Thema Besatzungsmacht auf. Er wisse von den internen Verhandlungen, beklagte jedoch, daß es durch die Vorzensur keine Möglichkeit gebe, Meinungen öffentlich zu äußern. Durch die Tatsache, daß die Presse in West-Berlin frei berichten konnte und sie selbst zu vielen Vorgängen schweigen müßten, gerate die SED – jedenfalls in Berlin – immer wieder in Schwierigkeiten. Wieder bot das Eigeninteresse den Anlaß und die Möglichkeit, etwas zu fordern, in diesem Fall die Milderung der Pressezensur.[49]

In der Sowjetischen Besatzungszone selbst hatte die SED diese „Schwierigkeiten“ nicht. Dennoch waren die Ergebnisse der Landtagswahlen in der Zone insgesamt hinter den Erwartungen zurückgeblieben. Weder die konkrete Lage der Menschen noch ihre unmittelbaren Erfahrungen mit der SED und der Besatzungsmacht konnten geleugnet werden. Das kam im Parteivorstand deutlich zur Sprache, auch als Argument für den Ausgang der Landtagswahlen. Es waren dort häufig die Sozialdemokraten, die auf mehr Handlungsfreiheit gegenüber der Besatzungsmacht drängten. Dabei wurde auch eine eigenartige Verbindung von offizieller Linie und spezifischen Länderinteressen deutlich, wie sie etwa Carl Moltmann für Mecklenburg oder Bruno Böttge für Sachsen-Anhalt formulierten. Zu diesem Zeitpunkt konnten regionale Schwierigkeiten, Besonderheiten und auch Traditionen noch offen angesprochen und diskutiert

48 Vgl. ebd., Bl. 113.
49 Vgl. ebd., Bl. 114 f.; im konkreten Fall bezogen sich diese Ausführungen auf den Abtransport von Facharbeitern in die Sowjetunion. Über die Unruhe in der Bevölkerung hatte der „Telegraf“ ausführlich berichtet, während die SED schwieg.

werden; in den nachfolgenden Jahren wurden sie als föderalistische Überreste oder Traditionen lediglich kritisiert.[50] Ein Faktor, den man entweder tatsächlich fürchtete oder der vom eigenen Versagen ablenken sollte, war der Hinweis auf den Einfluß aus dem Westen durch direkte Kontakte oder auch durch Flugblätter.

## 2.3 Die „Lehren" aus den Wahlergebnissen

Zur Auswertung der Wahlergebnisse gehörten schließlich die „Lehren", die für die SED daraus zu ziehen waren, eine Bilanzierung des unbefriedigenden „ideologischen Zustandes", der nun aus einem Guß werden sollte. Anton Ackermann, Verfasser des KPD-Aufrufs von 1945 und Leiter einer der sogenannten „Initiativgruppen", charakterisierte die SED als „marxistische Massenpartei" mit dem Sozialismus als Endziel.[51] Entsprechend seiner damals noch gültigen These von einem „besonderen deutschen Weg zum Sozialismus" charakterisierte er die Bedingungen und Möglichkeiten, mit demokratischen Mitteln an die Macht zu gelangen, als ungleich besser als in der Sowjetunion, auch wenn ein großer Teil der Arbeiter bei den Wahlen nicht hatte gewonnen werden können.[52] Wenn dies gelänge, sei die „Einheit der Arbeiterbewegung" hergestellt. Deren Ausdehnung auf ganz Deutschland eröffne den „demokratischen Weg zum Sozialismus". Das interpretierte Richard Weimann, der noch dem alten SPD-Parteivorstand von vor 1933 angehört hatte und 1945 zum Gründerkreis des Zentralausschusses zählte, auf eigene Art und Weise.[53] Er begrüßte spürbar erleichtert die Ausführungen Ackermanns als eine notwendige Klarstellung von Grundbegriffen. „Er hat klar den Gedanken herausgearbeitet, daß der Weg zum Sozialismus der demokratische Weg sein muß. Das ist das entscheidende Wort und die entscheidende Parole,

---

50 Zu den Ausführungen von Moltmann und Böttge vgl. ebd., Bl. 87 ff., 107 ff.

51 Vgl. ebd., Bl. 130; Anton Ackermann (1905–1973) war vor 1933 in der KPD und Absolvent der Leninschule in Moskau; 1933 Emigration; 1935 ZK und Kandidat des Politbüros der KPD; 1945 Leiter der „Gruppe Ackermann" für Sachsen; ZK und Sekretariat des ZK der KPD; ab 1946 ZS der SED, ab 1949 Kandidat des Politbüros; Präsident des Kulturbundes; Staatssekretär im Außenministerium; 1953 aller Ämter enthoben, 1956 rehabilitiert.

52 Als „Chefideologe" konnte er bis 1948 die These vom besonderen deutschen Weg zum Sozialismus vertreten, die 1946 als Aufsatz erschienen war. Mit diesem Aufsatz bzw. dieser These vermochte er die Bedenken vieler Sozialdemokraten gegen eine Vereinigung von SPD und KPD zu vermindern. Vgl. auch Moraw, S. 165.

53 Richard Weimann (Jg. 1890) war bis 1933 Sekretär für Bildung und Kultur beim PV d. SPD; nach 1933 illegale Arbeit; 1945 SPD, 1946 SED; Mitglied d. PV d. SED; Chefredakteur d. „Einheit"; bis 1949 Leiter d. Abt. Kultur u. Erziehung im ZS d. SED; ab 1949 in der Wirtschaft tätig.

die er ausgegeben hat, [...]. Besonders aber begrüße ich es, daß Gen. Ackermann den Gedanken der Diktatur des Proletariats jetzt aus unserer Agitation verbannt hat. Dieser Gedanke ist verhängnisvoll und hat uns nach meiner Überzeugung außerordentlich geschadet."[54] Im Abrücken vom Begriff „Diktatur des Proletariats" und im Stichwort „demokratischer Weg zum Sozialismus" sah Weimann offensichtlich bereits eine Übernahme von sozialdemokratischen Vorstellungen. Laut Protokoll erfolgte ein zustimmendes „sehr richtig", aber zunächst kein lauter Protest.

Dann griff Otto Grotewohl die Ausführungen Anton Ackermanns auf und wandte sich an die anwesenden ehemaligen Sozialdemokraten. Sie vor allem müßten sich von ihren „gefühlsmäßigen Bindungen" lösen. Der Beitrag von Richard Weimann habe gezeigt, daß es den „Revisionismus" der alten Sozialdemokratie noch immer gebe. Er meinte, die Vorstellungen Eduard Bernsteins und Georg von Vollmars hätten in weiten Teilen der Mehrheitssozialdemokratie bis 1933 Gültigkeit gehabt. Die Bindungen an diese Richtung der alten Sozialdemokratie bezeichnete er als gefühlsmäßige Belastung, die für die Entwicklung der SED hinderlich sei. Er wies den Sozialdemokraten quasi die Schuld zu, daß das Zusammenwirken beider Gruppierungen nicht funktionierte. Er betonte, diese „Richtung" sei schon 1945 verworfen worden und niemals die Basis für die Vereinigung gewesen. Mit seinen Ausführungen hatte er alle anderen in der Sozialdemokratie des Jahres 1945 existierenden Meinungen und Richtungen ignoriert und eine scharfe Trennungslinie zu einer wichtigen Tradition der Arbeiterbewegung gezogen. Das führte fast zwangsläufig zur Frage der Anerkennung und Übernahme der Lehren von Lenin und Stalin. Für ihn war das kein inhaltliches Problem, sondern lediglich eine Überlegung der Zweckmäßigkeit, „ob wir das propagandistisch nach außen in Erscheinung treten lassen können [...]".[55] Allenfalls sei die psychologische Situation zu berücksichtigen, um Widerstände abzubauen, weil diese Lehren „im Pulverwagen einer Okkupationsarmee herübergekommen sind".[56] Folgt man Grotewohls Äußerungen, so hatte er deren Inhalte längst akzeptiert. Für ihn war deren Übernahme nur noch eine Frage der „Plakatierung", wie er dies zu einem frühen Zeitpunkt unverblümt nannte.

Betrachtet man die Bandbreite, die durch die Beiträge der ehemaligen Sozialdemokraten Richard Weimann und Otto Grotewohl angedeutet ist, so zeigten sich allein darin unvereinbare Positionen. In der SED dieser Zeit wird man dementsprechend keineswegs eine ideologisch geschlossene Partei sehen können. Durch das Aufeinanderprallen von Kommunisten

54 IV 2/1/10, Bl. 167.
55 IV 2/1/10, Bl. 173.
56 Ebd., Bl. 174.

und Sozialdemokraten unterschiedlicher Prägung war sie erheblich belastet. Wiederholt sah sich der Parteivorstand mit der Frage der „inneren Verschmelzung“ konfrontiert, wie dieses ideologische Auseinanderklaffen und das schwierige Verhältnis beider Gruppierungen zueinander zumeist umschrieben wurde. Im März 1947 bezeichnete Wilhelm Pieck dies im Parteivorstand als „heikles“ Thema, da es offenkundig keinerlei „positive“ Entwicklung in diese Richtung gab, jedenfalls zu diesem Zeitpunkt nicht, als es als Problem noch an- und ausgesprochen wurde. Wenn der Parteivorsitzende glaubte, „ernst“ mit den Genossen reden zu müssen, so kann dies als Indiz für große Schwierigkeiten und gravierende Vorfälle gedeutet werden. Wenn er einschränkend hinzufügte, dies betreffe weniger die „Mitgliedermassen als die auf verantwortlichen Posten stehenden Genossen in den Kreisen und Ländern unserer Zone“, so wird man kaum daraus schließen können, daß das Verhältnis zwischen kommunistischen und sozialdemokratischen Mitgliedern besser war als das unter den von ihm angesprochenen Funktionären.[57] Er sprach von „Erscheinungen“ in der Partei, die sogar zu der Befürchtung Anlaß gegeben hätten, „daß manche Genossen sich nur noch wenig mit der Partei verbunden fühlen oder die Freude an der Parteiarbeit immer mehr verlieren, ja sogar mit dem Gedanken spielen, zur SPD zurückzukehren“.[58]

In der nachfolgenden Diskussion griff Helmut Lehmann das Thema auf und konkretisierte es aus der Sicht eines Sozialdemokraten.[59] Alle Versuche, die „unerquicklichen Zustände“ zwischen Sozialdemokraten und Kommunisten zu verbessern, hätten bisher zu keinem Ergebnis geführt. Die Argumente wie mangelnde Gleichberechtigung und Mißtrauen gegenüber Sozialdemokraten waren dieselben wie schon vor der Vereinigung.[60] Er räumte zwar „reformistische Eierschalen“ ein, doch dies dürfte ein verbal notwendiges Zugeständnis gewesen sein, wollte er doch die andere Seite des Problems beleuchten, nämlich die zahlreichen ihm glaubhaft erscheinenden Beschwerden von Sozialdemokraten. Deren Kern war die Angst vor Verhaftung oder anderen Sanktionen, wenn sie offen ihre Meinung über die Entwicklung der SED äußerten. Alle Diskussionen darüber hatten bis dahin zu keiner Veränderung geführt, so daß Helmut Lehmann

57 Vgl. IV 2/1/18, Bl. 34.

58 Ebd., Bl. 35.

59 Helmut Lehmann (1882–1959) war vor 1933 in der SPD und bis 1933 Funktionär im Angestelltenbund sowie Geschäftsführer der Ortskrankenkassen; 1933 illegale Arbeit und zeitweise verhaftet; 1944/45 Kriegsgefangenschaft; 1945 wieder SPD und Mitglied des engeren Vorstandes des ZA in Berlin; Leiter des Referats für Sozialpolitik, Vizepräsident der Zentralverwaltung für Arbeit und Sozialwesen; 1946 SED; Mitglied des PV und später des Politbüros; Mitglied des Bundesvorstands des FDGB und des Zentralvorstandes d. VVN; bis 1959 Mitglied der Volkskammer.

60 Vgl. ebd., Bl. 59.

nun mit einem neuen Argument auf die Dringlichkeit des Problems hinwies: Abhilfe sei um so notwendiger, „als wir ja in absehbarer Zeit mit einer Zulassung der SPD in der Ostzone rechnen müssen".[61] Wie vorsichtig er argumentieren mußte, um überhaupt für die Sozialdemokraten sprechen zu können, zeigt die nachfolgende Begründung: „Viele Genossen draußen in der Zone sehen der Zulassung der SPD mit einer gewissen Beklemmung entgegen, weil sie sich innerlich nicht sicher genug fühlen, der Gegenpropaganda genügend Widerstand leisten zu können." Heikle Themen konnten zwar angesprochen werden, mußten aber geschickt verpackt und ideologisch entsprechend aufbereitet werden. Darüber hinaus dürfte eine solche Äußerung auch Ausdruck der eigenen inneren Unsicherheit eines aus der Sozialdemokratie stammenden SED-Funktionärs sein, der sich noch nicht völlig von seinen traditionellen Bindungen gelöst hatte.

## 2.4 Diskussionen über die Wiederzulassung der SPD

Die Problematik der „mangelnden inneren Verschmelzung" bzw. die Konflikte zwischen Kommunisten und Sozialdemokraten in der SED erhielten im Kontext der von Helmut Lehmann angesprochenen Diskussion über eine Wiederzulassung der SPD in der sowjetisch besetzten Zone offenkundig eine zusätzliche Virulenz. Diese Diskussion stand im Zusammenhang mit den gesamtdeutschen Vorstellungen, Überlegungen und Machtkalkülen der Sowjetunion und der SED.[62] Die denkbaren konkreten Hintergründe verflüchtigten sich in der Zone selbst und auf der unteren Parteiebene zu Gerüchten und vagen Hoffnungen. Einer davon war das Gespräch einer SED-Gruppe unter Führung Wilhelm Piecks Ende Dezember 1946 bei der Sowjetischen Militäradministration in Karlshorst, in dem diese SPD-Zulassung thematisiert wurde. An den laufenden Kontrollratsverhandlungen über eine Art gesamtdeutsches Parteiengesetz hatte die Sowjetunion schon deshalb Interesse, weil es die Voraussetzung für eine West-Ausdehnung der SED bot. Dafür sollte die legale Existenz der SPD im Osten eventuell in Kauf genommen werden.[63] Wie ein solches Modell hätte aussehen können, zeigte die Entwicklung in Berlin.

---

61 Ebd., Bl. 60.

62 Für diesen Fragenkomplex sei u.a. auf die Arbeiten von Wilfried Loth verwiesen. Vgl. auch Dietrich Staritz, Das ganze oder das halbe Deutschland? Zur Deutschlandpolitik der Sowjetunion und der KPD/SED 1945–1955, in: Die Republik der fünfziger Jahre. Adenauers Deutschlandpolitik auf dem Prüfstand. Hrsg. von Jürgen Weber, München 1989, S. 112-129; ders., Einheits- und Machtkalküle der SED (1946–1948), in: „Provisorium für längstens ein Jahr", S. 15-31.

63 Vgl. dazu Staritz, Einheits- und Machtkalküle der SED, S. 20.

Vor diesem Hintergrund kam das Thema Wiederzulassung der SPD im SED-Parteivorstand mehrfach zur Sprache. Die Möglichkeiten einer Ausdehnung der SED in die Westzonen wurden diskutiert und mit der Gewinnung von Sozialdemokraten für die eigenen (gesamtdeutschen) Ziele verknüpft. In der Konsequenz bedeutete dies die Spaltung der SPD im Westen. Darauf reagierten ehemalige Sozialdemokraten unterschiedlich. Sofern sie überhaupt das Wort ergriffen, wirken die Reaktionen ambivalent und verunsichert. Das ist verständlich, weil sie als führende Funktionäre nicht das aussprechen konnten, was sie insgeheim dachten und was andere den späteren Interviews zufolge hofften. Auch Furcht konnte eine Rolle spielen, weil sie als Befürworter und Verfechter der Vereinigung in mehrfacher Hinsicht in Bedrängnis geraten konnten.

Die offizielle Position des Parteivorstandes brachte Otto Grotewohl im Januar 1947 auf die griffig erscheinende Formel: „In der Ostzone [...] besteht für die Zulassung der SPD ebenso wenig ein Bedürfnis wie für die Zulassung der KPD. [...] Die Vereinigung der Arbeiterparteien ist die unabdingbare Voraussetzung für unsere politische Arbeit und das feste Ziel dafür. [...] Unser Ziel ist es nicht, aus zwei Arbeiterparteien drei zu machen, sondern aus zwei eine. (Sehr gut!) Darum haben wir auch das Recht, die Zulassung der Sozialdemokratischen Partei in der Ostzone für überflüssig zu halten, da das letzten Endes nichts anderes als Spaltung bedeuten würde. [...] Die Aufgabe kann darum nicht lauten: Spaltung im Osten, sondern Sammlung und Vereinigung im Westen. (Lebhafte Zustimmung).“[64] Allerdings räumte er wenige Wochen später ein, daß „gegenwärtig keinerlei Möglichkeit besteht, mit der SPD zu einem allgemeinen Vereinigungsakt zu kommen“.[65] Da Grotewohl meinte, die Zeit dränge, sollte jedoch über die Bildung und Gestaltung der SED in den Westzonen entschieden werden. Auf der Moskauer Außenministertagung vom März 1947 standen auch Beratungen über die Bildung von gesamtdeutschen Strukturen an, die – so war zu erwarten – gesamtdeutsche Parteien nach sich ziehen würden.[66]

Helmut Lehmann sprach deutlich aus, wie er als alter Sozialdemokrat diese Diskussion empfand. Vermutlich war er mit seiner Meinung keineswegs isoliert, auch wenn er keine offene Unterstützung fand. „Ich war 40 Jahre Mitglied der Sozialdemokratischen Partei. Ihr werdet es daher

---

64 IV 2/1/14, Bl. 66.

65 IV 2/1/16, Bl. 24.

66 Vgl. Loth, Stalins ungeliebtes Kind, S. 83 ff. Wie Pieck im Mai im Parteivorstand berichtete, glaubte man von einer Übergangszeit bis zur Novemberkonferenz der Außenminister ausgehen zu können, von der man dann die Herstellung der wirtschaftlichen und politischen Einheit Deutschlands erwartete, wodurch auch die Zulassung gesamtdeutscher Parteien entschieden würde. Vgl. IV 2/1/20, Bl. 12.

verstehen, daß es mich etwas berührt, wenn es sich jetzt darum handelt, die Sozialdemokratische Partei zu spalten. [...] Die Schumacher-Partei weiß, daß die Sowjetmacht angesichts der Moskauer Konferenz die Zulassung in der Ostzone nicht verweigern wird, und die britische und amerikanische Militärregierung sind, glaube ich, in der gleichen Lage, wenn es sich um die Zulassung der SED in den Westzonen handelt. [...] Daraus ergibt sich ein neues Moment, daß wir damit wiederum die Einheit in der Ostzone zerstören. [...] Aber ich glaube, wir kommen um die Auseinandersetzung mit der Sozialdemokratie auch in der Ostzone nicht herum; wir müssen durch dieses Gefahrenmoment hindurch, und es wird sich erweisen, ob der Gedanke der Einheit der Arbeiterklasse stark genug ist, um zu verhindern, daß wesentliche Teile der Arbeiterschaft sich bereitfinden, eine neue Splitterpartei in der Ostzone zu errichten; [...]".[67] Damit trat er für eine freie Diskussion ein und plädierte dafür, sich einem offenen Wettbewerb um die Gunst der Arbeiter zu stellen. Das schloß den Wunsch nicht aus, die SED möge eine solche Prüfung gut bestehen.

Insgesamt jedoch wurde im Parteivorstand der SED das Thema „Wiederzulassung der SPD" als ein Problem abgetan, das man nicht zu fürchten habe. Die Ausdehnung nach Westen hingegen wurde lebhaft und unter verschiedenen Aspekten immer wieder betrachtet. Helmut Lehmann sprach von seinem Unbehagen, die SPD zu spalten, aber Paul Wandel warnte nur vor der Verwendung des Begriffes Spaltung.[68] Doch Otto Grotewohl bekräftigte, daß es sich um nichts anderes als um die Spaltung der SPD im Westen handele, wie auch immer man es nenne: „[...], selbstverständlich, Genossen, handelt es sich darum. Es hat doch keinen Sinn, daß wir uns hier etwas vormachen. Die Situation ist vollkommen klar. Es handelt sich nur um die Zweifelsfrage, ob wir mit dieser Tatsache unsere Propaganda und unser Auftreten begründen wollen. [...] Aber es ist Unsinn, wenn wir hier davon reden, wir denken nicht daran, die SPD zu spalten."[69] Wiederum war es für Grotewohl nur eine Frage der „Plakatierung" und kein inhaltliches Problem. Anderen aus der Sozialdemokratie stammenden Funktionären bereitete es offenkundig emotionale Schwierigkeiten.

Diese Argumentation besagt freilich weder etwas über die geringen Chancen, Teile der SPD im Westen abspalten zu können, noch etwas dar-

---

67 IV 2/1/16, Bl. 58 f.

68 Paul Wandel (Jg. 1905) war vor 1933 KPD-Bezirksleiter in Baden; Absolvent der Leninschule und Mitarbeiter der Komintern; 1945 Chefredakteur des kommunistischen Zentralorgans „Deutsche Volkszeitung"; Mitglied des PV und bis 1958 des ZK der SED; 1953–1957 Sekretär des ZK; Minister für Volksbildung; 1957 „strenge" Parteirüge; 1961–1964 Außenminister der DDR.

69 IV 2/1/16, Bl.89.

über, für wie real man diese wirklich einschätzte. Große Zweifel sind angebracht. Schon allein die Chancen einer SPD in der Ostzone wurden keineswegs unterschätzt. Man fürchtete sie als Gefahr und Bedrohung und verfolgte und kriminalisierte sie in der Gestalt von sogenannten „Schumacher-Agenten". Die wiederholten Versicherungen, die SED habe von der „Schumacher-Partei" im Osten nichts zu befürchten, wirken wie rhetorische Floskeln, hinter denen die Sorge um die eigene Machtstellung durchschimmert. So konnte Otto Buchwitz sich einen Erfolg Schumachers in der sächsischen „Arbeiterschaft" nicht vorstellen, räumte aber so viel Unzufriedenheit in der Bevölkerung ein, daß jede neue Partei Zulauf haben würde. Er kannte Kurt Schumacher von früher und hatte von dessen Versammlungsauftritten gehört. Er konnte sich vorstellen, daß „dieser gefährliche Irre" in der Ostzone „unter den indifferenten Massen ungeheure Verheerungen anrichten" werde.[70] Ungeachtet seiner pejorativen Terminologie fällt erneut auf, daß Buchwitz trotz seines emotionalen Engagements für die Einheitspartei die tatsächliche Stimmung und auch die Lage der Menschen im Auge behielt.

Doch der denkbare Zulauf für eine neue Ost-SPD war zweitrangig. Vordringlich war die „Sorge" um die innere Geschlossenheit der SED, den wenig zufriedenstellenden Prozeß der „inneren Verschmelzung" von Sozialdemokraten und Kommunisten. Die dafür entscheidenden internen Faktoren waren bekannt und wurden benannt. Mehr und mehr wurden jedoch externe Faktoren an deren Stelle gesetzt, die leichter zu „bekämpfen" und „auszumerzen" waren als die tatsächlichen Ursachen und die eigenen Fehler. Für kurze Zeit konnten ehemalige Sozialdemokraten in dem beginnenden Kampf gegen „Schumacher-Agenten" und „Sozialdemokratismus" wenigstens für Mäßigung plädieren. August Friedel, damals schon ein Veteran, riet, bei Differenzen zwischen den beiden Gruppierungen zum Mittel der „Überzeugung" zu greifen.[71] Allein bei diesem Begriff wird deutlich, daß er mehrdeutig verwendet werden konnte – je nach politischer Herkunft. Für Sozialdemokraten hieß überzeugen, miteinander zu reden und zu streiten, in der stalinistischen Terminologie bedeutete dies jedoch, mit unterschiedlichen Methoden zu zwingen. Auch Otto Buchwitz meinte, man brauche nicht gleich mit dem Holzhammer zuzuschlagen, „(sehr richtig!), man muß versuchen, mit den Genossen, von denen man weiß, daß sie Wühlarbeit machen und Unzufriedenheit säen,

---

70 IV 2/1/18, Bl. 70.

71 August (Augustin) Friedel (1875–1956); seit 1898 in der SPD; Parteifunktionär und Vorsitzender der SAJ in Chemnitz; 1945 SPD, Vorsitzender der SPD in Chemnitz (Bezirksvorstand); 1946 SED; paritätischer Vorsitzender des Bezirksvorstandes; Mitglied des Landesvorstandes Sachsen und des Sekretariats des LV sowie des Parteivorstandes der SED; 1946 MdL und bis 1950 Stadtverordneter in Chemnitz.

im Guten auszukommen. Man soll sie laden, sich mit ihnen unterhalten und sie fragen: Was gefällt euch nicht an unserer Politik? Wir können uns mit jedem auseinandersetzen.“[72] Erneut wird Buchwitz' Glaube an die Überzeugungskraft von Ideen deutlich, die er für überlegen hielt, aber niemandem aufzwingen mochte.

Der Einfluß Kurt Schumachers war nicht zu leugnen. Wilhelm Pieck nahm sogar an, „daß er mit dieser Hetze gegen uns doch eine gewisse Verwirrung anrichtet, die bis in unsere eigenen Reihen geht, und Glauben bei den Massen findet“.[73] Dem sollte nun entgegengewirkt werden, „ernste“ Maßnahmen wurden angekündigt. Die eigenen Erfolge waren propagandistisch herauszustellen, und gleichzeitig sollte der „reaktionäre Charakter“ der sozialdemokratischen Politik im Westen betont werden. In der Verknüpfung beider Elemente mit der „Friedensfrage“ und der als Prüfstein geltenden Haltung gegenüber der Sowjetunion lag die Bedrohung nach innen.

## 2.5 Der II. Parteitag der SED

Im Mai 1947 begannen die Vorbereitungen für den ersten Parteitag seit der Vereinigung von KPD und SPD, der für September geplant war.[74] Eine Überprüfung der „innerparteilichen Lage“ erschien notwendig. Da mit einer Zulassung der SPD noch gerechnet wurde, waren deren eventuelle Folgen in den Ländern zu bedenken. Weil die Probleme der internen Zusammenarbeit durch die Parität nicht zu überwinden waren, setzte die Führung nun auf ideologische Vereinheitlichung, blieb aber vorläufig zurückhaltend und schob manche Schwierigkeiten auf die „Ungeschicklichkeiten“ der Besatzungsmacht. Um so unglaubwürdiger sind die Formulierungen Max Fechners in seinem Referat über die Parteitagsvorbereitungen. Eher vom Gegenteil ist auszugehen, wenn er von Berichten aus den Ländern über den „guten“ inneren Zusammenschluß sprach und dies noch steigerte mit der Behauptung, aus politischen seien persönliche Freundschaften entstanden. Wahrheitsgemäß räumte er jedoch das man-

72 IV 2/1/18, Bl. 71.
73 IV 2/1/20, Bl. 24.
74 In der offiziellen Zählung war dies der II. Parteitag der SED. Während sich dort die SED noch zu ihren Gründungsprinzipien bekannte, änderte sich 1948 die Situation radikal. Vgl. dazu u. a. Hermann Weber, DDR. Grundriß der Geschichte, Hannover 1991, S. 24 f.; im Überblick auch Werner Müller, in: SBZ-Handbuch, S. 481 ff.; aus einer anderen Optik vgl. auch Horst Lipski, Die ersten Schritte und Maßnahmen zur ideologisch-politischen und organisatorischen Stärkung der SED (Sommer 1946 bis Frühjahr 1947), in: 20 Jahre SED. Beiträge, Berlin (Ost) 1966, S. 13-56.

gelnde Vertrauensverhältnis zwischen beiden Gruppen ein, spielte es aber als vorübergehende „Kinderkrankheiten“ herunter.[75]

Im Juli 1947 skizzierte Otto Grotewohl mit Blick auf den stets so benannten „Prozeß der inneren Verschmelzung“ die politische Linie für den Parteitag. Er äußerte die Hoffnung und Erwartung, „daß wir in nicht allzu ferner Zukunft keinen Unterschied zwischen den Genossen nach ihrer früheren Parteizugehörigkeit mehr kennen“.[76] Eine intensivierte Schulung sollte die Unterschiede abschleifen, was zwangsläufig eine Anpassung der Sozialdemokraten an die vorgegebene Linie bedeutete. Gleichzeitig sollte der Kampf gegen die Partei Kurt Schumachers, gegen dessen „reaktionäre Politik“ sowie deren Einflüsse in der eigenen Zone verstärkt werden, wodurch die internen Schwierigkeiten nach außen abgeleitet werden konnten. Der Ton und die Kampfansage wurden härter; die Terminologie, deren sich der ehemalige Sozialdemokrat Grotewohl bediente, wenn er SPD-Führer als „Schädlinge“ bezeichnete, entsprach nicht mehr dem Vokabular seiner Herkunftspartei, sondern dem einer stalinistischen Partei. Schon während der Säuberungen in der Sowjetunion der dreißiger Jahre war diese Form der biologistischen Bezeichnung für tatsächliche oder vermeintliche politische Gegner üblich und die Vorstufe zu deren „Vernichtung“ bzw. „Ausmerzung“. Daß zudem der von vielen Sozialdemokraten erhoffte und vertretene Kompromißcharakter der SED geleugnet wurde, machte Grotewohl mit der Formulierung deutlich, daß nicht zwei Parteien zusammengekittet, sondern der „Typ einer neuen marxistischen Partei“ entwickelt worden sei.[77] Was sich dahinter verbarg, mochte zu diesem Zeitpunkt für viele Sozialdemokraten noch nicht deutlich gewesen sein.

Zu den Parteitagsvorbereitungen gehörte auch die Berichterstattung der Landesvorsitzenden im Parteivorstand. Erneut standen die zahlreichen zeitbedingten Probleme in den Ländern im Vordergrund, aber auch auf die schlechte Stimmung in der Bevölkerung und verstärkt auf die in der Mitgliedschaft wurde aufmerksam gemacht. Darüber hinaus standen die illegale Arbeit und die Einflüsse aus dem Westen, vor allem seitens des sozialdemokratischen Ostbüros in Hannover und Berlin, zur Debatte.

75 Vgl. IV 2/1/20, Bl. 172. Wie unterschiedlich beide Gruppierungen dachten, zeigen auch die internen Beratungen über die Resolution für den 2. Parteitag, an der die Sozialdemokraten Kritik übten. So wünschte z. B. Karl Litke, Vorsitzender der Berliner Parteiorganisation, die Aufnahme von Forderungen wie Freiheit der Persönlichkeit, des Wortes, der Presse sowie ein klares Bekenntnis für die parlamentarische Demokratie. Vgl. dazu das Protokoll der Sitzung der Kommission zur Beratung der Resolution für den 2. Parteitag der SED am 2.7.1947, in: SAPMO-BArch, NL 36/651.

76 IV 2/1/22, Bl. 43.

77 Ebd., Bl. 44.

Einzelvorfälle und Beschuldigungen, wie sie der sächsische Landesvorsitzende Wilhelm Koenen gegen aus der Sozialdemokratie stammende sächsische Funktionäre vortrug, haben einen eindeutig denunziatorischen Charakter. Dem Leipziger Stadtverordnetenvorsteher Ernst Schönfeld warf er vor, die Bodenreform angegriffen zu haben, ein „Gen. Rohde aus Leipzig" [d. i. Rudi Rothe] äußere sich anerkennend über die Politik der Amerikaner in ihrer Besatzungszone und berufe sich auf das Recht der freien Meinungsäußerung.[78] Die für ihn selbstverständliche und keiner Diskussion bedürftige Folge war deren Ablösung von ihren Funktionen.[79] Besonders empörend fand er eine Resolution dieser Leipziger Sozialdemokraten, die unter Berufung auf die „Grundsätze und Ziele" der SED Meinungsfreiheit, Streikrecht und ein energischeres Auftreten gegenüber der Besatzungsmacht forderte. Für ihn war das Bild von Sozialdemokraten, die dies in der SED bleiben wollten, „klar und rund". Zu diesem Bild gehörte auch die Auseinandersetzung mit Arno Haufe in einer Sitzung des Landesvorstandes.[80] Sozialdemokratische Freunde von ihm traf der Vorwurf des Kontaktes zur West-SPD. Im Landesvorstand stellte man Haufe die Frage, wie er sich ihnen gegenüber verhalten wolle. Die von ihm erwartete und eingeforderte Treue zur SED wollte er nicht bis zur Auflösung von Freundschaften treiben und beharrte auf seinem Recht auf private freundschaftliche Kontakte auch mit Andersdenkenden. Als die Kommunisten ihm dies verwehrten und eine ausdrückliche Distanzierung verlangten, erwiderte er lediglich, daß sie dann eben Welten voneinander

78 Ernst Schönfeld gehörte 1945 zum SPD-Bezirksvorstand Leipzig und wurde 1948 von seinem Posten abgelöst. Rudi Rothe (1897–1969) gehörte ebenfalls zu diesem Bezirksvorstand und war Mitverfasser des „Buchenwalder Manifests". Er war ein dezidierter Gegner der Vereinigung und flüchtete noch 1947 in den Westen. Dort wurde er Mitarbeiter des PV der SPD. Hintergrund dieser Äußerung von Koenen waren heftige Auseinandersetzungen in der Leipziger SED, die auf einer Delegiertenkonferenz von Ende August 1947 weiter ausgetragen wurden. Dort wurden die drei Sozialdemokraten Ernst Schönfeld, Richard Füchsel und Rudi Rothe heftig attackiert, wogegen sie ebenso vehement ihre Gegenargumente vortrugen. So blieb auch Schönfeld unter Berufung auf Bebel bei seiner Meinung über die Bodenreform, wofür er im wesentlichen genossenschaftliche Vorstellungen vertrat, die als ideologische Abweichung und als Auffassungen Schumachers denunziert wurden. Alle drei Sozialdemokraten beklagten sich über falsche Angaben seitens der Kommunisten und über den permanenten Linienwechsel, der nicht nachvollziehbar sei. Vor allem jedoch reklamierten sie die Freiheit des Gewissens und wollten Offenheit in die Organisation tragen. Vgl. Protokoll der SED-Delegiertenkonferenz am 30./31. August 1947 in Leipzig, in: AdsD der FES, NL Trabalski 18.

79 „Die weiteren Konsequenzen werden sich folgerichtig abwickeln." IV 2/1/24, Bl. 36.

80 Zum folgenden ebd., Bl. 37 f. Arno Haufe (1884–1962) war vor 1933 in der SPD und führend im Reichsbanner; nach 1933 illegale Arbeit und KZ; 1945 2. Landessekretär der SPD in Sachsen, 1946 SED-Landessekretär; 1947 ausgebootet, 1948 verhaftet und zu 25 Jahren Zwangsarbeit in der Sowjetunion verurteilt; Mitte der fünfziger Jahre in die Bundesrepublik entlassen.

trennten. Da alle erwähnten Funktionäre noch Mitglieder in Kreissekretariaten bzw. im Landesvorstand waren, erklärte es Koenen geradezu zu einer Verpflichtung, diese Gremien anders zusammenzusetzen, was die Ausschaltung aller Andersdenkenden, vornehmlich der Sozialdemokraten, zur Folge hatte.

Abgesehen von diesen direkten Angriffen gegen Sozialdemokraten blieben die meisten Berichte aus den Ländern in der vermeintlich „freien" Aussprache vage. Es wurde durchweg versucht, Erfolge herauszustellen, obwohl die Klagen über „antisowjetische" und „Anti-SED"-Stimmungen, über „Einflüsterungen" aus dem Westen, über Kritik und vor allem über die innerparteiliche Resignation unüberhörbar waren. Dies veranlaßte Anton Ackermann zu einer deutlichen Kritik an dieser „Schönfärberei". Die Berichte träfen kaum die Stimmung in den Ländern, die sich längst zuungunsten der SED entwickelt habe. Die SED habe in der Tat seit den Wahlen eine Kette von Fehlern begangen und alle Warnsignale nicht beachtet. Er warnte vor der Wiederholung alter kommunistischer Fehler, „nämlich vor der verderblichen Tendenz, das, was unsere Wünsche sind, für die Realität zu halten und uns darüber Illusionen zu machen, was wirklich bei den Massen vorgeht. (Sehr richtig) Schönfärberei kann uns nichts nützen. [...] Was kann sich daraus ergeben? Nur, daß wir schwerwiegende Fehler machen, die Verbindung zu den Massen verlieren und schließlich in unserer Politik Schiffbruch erleiden müssen."[81] Weder die Probleme selbst – wie die Ernährungslage oder die Demontagen – sollten verdrängt werden, noch die Diskussionen darüber, die man sonst nicht werde kanalisieren können. Immer deutlicher werde zum gegenwärtigen Zeitpunkt die Hilflosigkeit gegenüber den Argumenten des „Gegners". Der Bevölkerung fehle das Vertrauen, und die Demontagen würden nicht als so schmerzhaft erlebt, hätte die SED nicht deren Einstellung versprochen.

Obwohl Ackermann mit dieser Kritik exakt die Realität beschrieben hatte, stieß sie im Parteivorstand auf wenig Resonanz. Otto Grotewohl griff sie insofern auf, als er sie indirekt kritisierte und argumentativ umbog. In seiner Sicht krankten die Beiträge aus den Ländern vor allem an mangelnder Vorbereitung und Abstimmung. Nicht Ansätze von Spontaneität wollte er darin sehen, sondern lediglich „mangelnde Reife", ungenügende Schärfe bei den Auseinandersetzungen mit der „Schumacher-Politik" sowie eine „gefährliche Tendenz" durch die Annahme von Resolutionen gegen die Demontagen. Offene Kritik formulierte er an Ackermanns Äußerungen über die uneingelösten Versprechungen der SED. Die Schuld wurde auf die Besatzungsmacht verlagert, die die Parteiführung

81 IV 2/1/24, Bl. 164.

Grotewohl zufolge ermuntert hatte, derartige Versprechungen abzugeben. Auf die zentrale Frage, die in zahlreichen Zwischenbemerkungen zum Ausdruck kam, nämlich, wie man dies den Menschen erklären solle, gab er die wenig befriedigende und für ihn typisch ausweichende Antwort: „Wir werden jedenfalls zunächst einmal bei den dafür verantwortlichen Stellen sehr vertrauensvoll dieses Problem behandeln müssen.“[82] Damit hatte er dieses Thema jeder Diskussion entzogen und deutlich gemacht, in welchem Ausmaß auch oder gerade der engste Führungszirkel an die Weisungen der Besatzungsmacht gebunden war.

Der Parteitag vom September 1947 fiel in die Phase der sich verändernden weltpolitischen Lage. Mit dem Scheitern der Moskauer Außenministerkonferenz, der Verkündung der „Truman-Doktrin“ und vor allem des Marshallplanes endete die Kooperation zwischen den Alliierten. Die Konfrontation begann. Auch der Parteitag machte deutlich, daß die SED auf einen leninistischen Kurs gehen und noch enger an die Sowjetunion angebunden werden sollte. Die Parteitagsreden von Otto Grotewohl und Walter Ulbricht mit ihrer Kritik an den USA, dem Marshallplan, der Bildung der Bizone und mit dem Gegenentwurf in Form der Planwirtschaft waren deutliche Signale des Kurswechsels. Eine Resolution bestätigte das neue Bild der „zwei Lager“.

Die Umorientierung der SED und die Realisierung ihres Hegemonieanspruchs, der demokratisch nicht hatte durchgesetzt werden können, waren wichtige Voraussetzungen für die Neuordnung in der Sowjetischen Besatzungszone. Für diesen Wandel war in der Sicht der SED die innere Geschlossenheit der Partei unumgänglich. Die gab es bislang nicht.

Auf der zweiten Tagung des Parteivorstandes der SED im Oktober 1947 unterstrich Wilhelm Pieck nicht nur die „riesige“ Bedeutung des Parteitages, sondern hob in Anspielung auf westliche Pressekritik die demonstrierte bzw. demonstrative Einmütigkeit und innere Geschlossenheit hervor. Sie sei eine Bestätigung des inneren Zusammenwachsens der Partei. Die Öffentlichkeit außerhalb der sowjetisch besetzten Zone hatte offene Gegensätze erwartet, aber die Parteitagsregie hatte dafür von vornherein keinen Raum gelassen. Pieck erwähnte dies mit Genugtuung; dennoch gab es im Parteivorstand einige wenige kritische Anmerkungen, und sie kamen von sozialdemokratischer Seite. Die Regieführung sei sehr offenkundig gewesen, meinte Paul Szillat aus Rathenow[83], er hätte sich

82 Ebd., Bl. 229.

83 Paul Szillat (1888–1958) war Verwaltungsfachmann und seit 1910 in der SPD; bis 1933 MdL in Preußen; nach 1933 illegale Arbeit und KZ Oranienburg; 1945 erneut SPD und Oberbürgermeister von Rathenow, stellvertretender Bezirksvorsitzender der SPD Brandenburg; ab 1946 im Parteivorstand der SED; bis 1950 MdL Brandenburg; 1950 Verhaftung und Verurteilung zu 8 Jahren Zuchthaus; 1956 aus der Haft entlassen.

gewünscht, daß Redner auch ohne vorherige Aufforderung von sich aus hätten sprechen dürfen. Nun wußte auch er, daß keine Großveranstaltung dieser Art ohne Regie auskommen kann, aber er bemängelte die Einseitigkeit, hatte er doch den Eindruck gewonnen, „daß hier Kräfte walten, die den einen Teil zurückzudrängen wünschen".[84] Das wollte er nicht als rein persönlichen Eindruck heruntergespielt sehen, und deshalb formulierte er es als Meinung vieler Delegierter, vornehmlich der aus der Sozialdemokratie. Da zudem viele Redebeiträge inhaltsarme Deklamationen gewesen seien, habe dies nicht der Parteitag sein können, „den wir wünschen".[85] Es mag sein, daß auch andere sozialdemokratische Mitglieder des Parteivorstandes der SED diesen Eindruck und diese Meinung geteilt haben. Allerdings fand Paul Szillat wenig Unterstützung in diesem offiziellen Rahmen. Lediglich Karl Hauser aus den Westzonen und Otto Buchwitz nahmen in vorsichtigen Formulierungen die Kritikpunkte auf und hielten sie für bedenkenswert. Für Wilhelm Pieck war dies Anlaß genug, eine derartige Kritik zurückzuweisen. Sein Bekenntnis zu Offenheit besagte wenig; entscheidender war die Feststellung, „daß nach dem Parteitag solche ungesunden Stimmungen hier und dort auftreten und daß man in kleineren Kreisen über den Ablauf des Parteitages abfällig diskutiert".[86] Erneut war der warnende Unterton unüberhörbar, und von der Feststellung einer „ungesunden Stimmung" zu ihrer Bekämpfung war nur ein kleiner Schritt.

Sie bezog sich keineswegs nur auf die angeblich „ungesunde Stimmung" unter den ehemaligen Sozialdemokraten in der SED, sondern auch auf die SPD Kurt Schumachers mit ihrer Ausstrahlungskraft und ihrem direkten Einfluß in der Ostzone. Wie Wilhelm Pieck auf der Parteivor-

---

84 IV 2/1/30, Bl. 43. Zur Schilderung des Parteitages vgl. auch Gniffke, S. 253 ff. Danach hatte er die Delegiertenlisten mit denen des Vereinigungsparteitages verglichen und festgestellt, daß viele Sozialdemokraten nicht mehr darunter waren. Nach der geheimen Wahl der Vorstandsmitglieder waren die Ergebnisse nicht bekannt gegeben worden, vor allem vermutlich, weil das von Walter Ulbricht sehr schlecht war. Gniffke zufolge hatten die Sozialdemokraten recht gut abgeschnitten. Darüber hinaus war nach dem Parteitag das Zentralsekretariat erweitert worden, so daß von sozialdemokratischer Seite Friedrich Ebert als neues Mitglied hinzukam. Auch Wolfgang Leonhard berichtet in seinen Erinnerungen von diesem Parteitag, in dem er schon deutliche Anzeichen für eine sich abzeichnende Stalinisierung sieht. Vgl. Wolfgang Leonhard, Die Revolution entläßt ihre Kinder, S. 379 ff. Zur vorherigen Kandidatenaufstellung vgl. Auszug aus dem Protokoll Nr. 142 vom 16. September 1947, in: SAPMO-BArch, NL 36/651; über die Wahlen für den Parteivorstand gab es dem Protokoll zufolge nur ein Exemplar des Wahlprotokolls, das sich im Nachlaß Pieck befindet. Es bestätigt, daß die Sozialdemokraten ein gutes Stimmenergebnis hatten und daß Ulbricht die geringste Stimmenzahl erhielt. Vgl. NL 36/651.

85 IV 2/1/30, Bl. 44.

86 Ebd., Bl. 146 f.

stands-Tagung Mitte November 1947 mitteilte, hatte das Zentralsekretariat beschlossen, die Gegenpropaganda zu organisieren und die „gesamte Agitation und Propaganda schlagartig auf diese Aufgabe einzustellen".[87] Die SED-Führung fürchtete, daß es der SPD gelingen könnte, die SED zu diskreditieren und die Stimmung zu beeinflussen. Einzelargumente der SPD wollte die SED in ihrer Gegenpropaganda keineswegs „richtigstellen", sondern ihr kam es darauf an, den „reaktionären Charakter" der Politik Schumachers insgesamt „zu entlarven", aber so geschickt, daß man nicht die Mitglieder, auf die man hoffte, abstieß. Allerdings wurde die Frage nie erörtert, wie man den Kampf gegen die Sozialdemokraten und den „Sozialdemokratismus" in der SED den Sozialdemokraten im Westen erklären wollte.

Auch wenn nach außen hin wenig Kritik am Parteitag geübt worden war, versuchte die SED-Führung, sich den Zustand der Partei zu vergegenwärtigen. Franz Dahlem wies auf den Widerspruch zwischen der – angeblich so positiven – Stimmung unter den Funktionären auf den Delegiertenversammlungen und der Resignation und dem Pessimismus in weiten Teilen der Mitgliedschaft hin.[88] Gestützt auf zahlreiche Organisationskonferenzen, zeichnete Dahlem ein realistisches Bild, das keine Züge von Schönfärberei aufwies. Seine Plastizität erhielt es durch zahlreiche glaubwürdige Einzelfälle und Berichte aus den Ländern. Auch Verhaltensweisen von SED-Mitgliedern, die sofort dem Verdikt des „Antisowjetismus" unterlagen, erscheinen glaubhaft, wenn es heißt, man habe sich geweigert, Parteifunktionen anzunehmen, weil ein Besatzungswechsel immer noch denkbar sei. Ungeachtet des tatsächlichen Realitätsgehaltes waren dies verbreitete Gerüchte, die mit einem leicht nachvollziehbaren Wunschdenken verbunden gewesen sein dürften.

Dahlem skizzierte eine Krise, die auch auf der organisatorischen Seite sichtbar war. Nach einer Phase der stürmischen Mitgliederentwicklung unmittelbar nach der Vereinigung waren nun Stagnation und Rückgang zu verzeichnen; schlechte Beitragsmoral und Desinteresse an Mitgliederversammlungen, Parteiaustritte, Verweigerung von Parteifunktionen sowie Flucht in den Westen waren die Indizien. Die Lage wurde unumwunden als schlecht bezeichnet. Da zudem eine rasche ökonomische Verbesserung nicht zu erwarten war, mußte man den SED-Befürchtungen zufolge mit einer „verstärkten Wühlarbeit der Schumacher-Leute" rechnen.

---

87 IV 2/1/32, Bl. 11.

88 „Hier finden wir angesichts der Notlage, des Hungers, des Mangels in unserer Mitgliedschaft, die ja einen bedeutenden Teil des Volkes darstellt, viel Niedergedrücktheit und Pessimismus, Zweifel bis zum Unglauben, ob die Partei die Lebensfragen des Volkes zu lösen imstande ist, Enttäuschung über nicht eingehaltene Versprechungen." Ebd., Bl. 20.

Diese „Schumacher-Leute" sollten überall aufgespürt und „unschädlich" gemacht werden. Die Berichte aus den Ländern erwecken den Eindruck, als hätten die Ländervertreter in der Parteispitze in der Umbruchsphase 1947/48 anfangs nicht genau gewußt, was von ihnen erwartet wurde. Sollten sie in jedem Ort den von oben benannten Feind entdecken und über die zahlreichen „Schumacher-Agenten", Gruppen oder des „Sozialdemokratismus" verdächtige SED-Funktionäre berichten, um dafür kritisiert zu werden? Oder sollten sie die Lage in der Partei so schildern, als habe man damit keine Probleme? Das wiederum rief häufig Walter Ulbricht auf den Plan, der besonders viele „Feinde" dort witterte, wo sie angeblich nicht existierten. Obwohl die vermeintlichen gegnerischen Einflüsse und Aktivitäten für vieles verantwortlich gemacht wurden und Sabotagevorwürfe sich häuften, kam die Parteiführung nicht umhin, die Landesleitungen der SED mitverantwortlich zu machen, die ihrerseits Mißstände, Korruption und Bestechung nicht leugnen konnten. Die Vertreter aus den Ländern versuchten sich zu verteidigen, indem sie die Verantwortung abwälzten oder auch dem Berliner Zentralsekretariat allzu diktatorisches Vorgehen vorwarfen.

Da die Politik der SED ihren gesamtdeutschen Anspruch aufrecht erhielt und darauf abzielte, die SPD im Westen zu spalten oder zumindest Mitglieder aus den Gewerkschaften und der SPD an sich zu binden, mußte das Führungsgremium sich mit den Vorwürfen aus dem Westen auseinandersetzen. Ungeachtet der lauten propagandistischen Töne wurden sie als psychologische Belastung ernst genommen. In einer weitschweifigen Umschreibung, im Kern jedoch deutlich, resümierte Otto Grotewohl, daß sich die westlichen Vorwürfe auf die „persönliche Freiheit des Menschen" bezögen.[89] Die in den westlichen Medien angeprangerten Verhaftungen waren in seiner Diktion nichts als Greuelmärchen, doch im nächsten Satz bestätigte er die Verhaftung von „politisch sehr mißliebige[n] Leute[n], die einer fortschrittlichen Politik in der Ostzone feindlich gegenüberstanden, [...] und die Art dieser Verhaftungen war schärfer, konsequenter und wirkungsvoller".[90] Er gab vor, es handele sich lediglich um ehemalige Nazis, womit der Spieß propagandistisch umgedreht werden konnte: Dem Westen wurde vorgeworfen, in allen Bereichen des öffentlichen Lebens würden ehemals führende Nazis schon wieder eine wichtige Rolle spielen. Da jedoch die westlichen Vorwürfe in ihrer psychologischen Belastung und in ihren negativen Folgen für die SED als gravierend angesehen wurden, war in Verhandlungen mit den sowjetischen Stellen eine „Prüfung" der „aus sozialistischen Kreisen stammenden Verhafteten" und vor allem der

---

89 Vgl. IV 2/1/44, Bl. 15.
90 Ebd.

Fälle von inhaftierten Jugendlichen erreicht worden. Grotewohl konnte eine bevorstehende Entlassungsaktion ankündigen, die damit den westlichen Protesten zu verdanken war.[91] Das dürfte auch für die Mitteilung gelten, die sowjetischen Behörden würden den Verhafteten die Möglichkeit geben, mit ihren Angehörigen in schriftlichen Kontakt zu treten. In zahlreichen Erinnerungen von Inhaftierten dieser Zeit wird die fehlende Verbindung zu den Angehörigen, die ihrerseits häufig auch nichts über den Verbleib der Verhafteten wußten, als psychisch besonders belastend beschrieben. Als Grotewohl dann weiterhin verkündete, die Sowjetische Militäradministration habe angeordnet, in Zukunft bei wichtigen Fällen die Gerichtsverhandlungen öffentlich abzuhalten, war dies angesichts der zunehmenden Stalinisierung kaum als Zeichen für mehr Rechtssicherheit zu deuten, sondern als Vorbereitung und Vorankündigung von öffentlichen Schauprozessen, mit denen Exempel statuiert werden sollten.[92] Grotewohl ließ mit keinem Wort erkennen, wie dies andere ehemalige Sozialdemokraten in unterschiedlicher Form getan hatten, ob oder daß ihn die Verhaftungen und das Schicksal der Verhafteten berührten.

## 2.6 Die fast vergessenen Sozialdemokraten oder die Folgen der Selbsttäuschung[93]

Auch nach dem II. SED-Parteitag waren der Parteivorstand und das Zentralsekretariat zur Hälfte mit ehemaligen Sozialdemokraten besetzt, d. h., die 1946 vereinbarte Parität blieb formal zunächst erhalten. Sozialdemokraten im Führungsgremium oder auch einfache Mitglieder konnten sich immer noch der Illusion hingeben, ihre Identität als Sozialdemokraten und ihre Tradition wahren zu können.[94] Überblickt man die Diskussionen im Führungsgremium der Sozialistischen Einheitspartei, so wird man bis zum Herbst 1947 noch von relativ offenen Diskussionen sprechen können. Sozialdemokraten beteiligten sich daran, aber es waren nicht viele. Läßt man dezidierte Vereinigungsbefürworter wie Grotewohl, Fechner und Buchwitz, der sich in seiner sprachlichen Diktion und in seinen Verhal-

91 Vgl. ebd., Bl. 15 f.

92 Seine fast zynisch wirkende Begründung macht dies überdeutlich. Mit öffentlichen Gerichtsverhandlungen bestehe die Möglichkeit, „solche dunklen politischen Umtriebe in aller Öffentlichkeit zu behandeln und die Notwendigkeit von Verurteilungen klarzustellen". Ebd., Bl. 16.

93 Hurwitz verwendet in diesem Kontext den noch schärferen Begriff von „Selbstbetrogenen". Vgl. Hurwitz, Zwangsvereinigung und Widerstand der Sozialdemokraten in der Sowjetischen Besatzungszone, S. 50 ff.

94 Zur personellen Zusammensetzung des Parteivorstandes und des ZS vgl. Protokoll der 1. Sitzung des Parteivorstandes am 25.9.1947, in: IV 2/1/28 und IV 2/1/29.

tensweisen allerdings auch später von den Kommunisten unterschied, außer acht, so waren es einige wenige, die mit den erwähnten Beispielen ihre Herkunft aus der Sozialdemokratischen Partei nicht leugneten, auch wenn sie sich die ideologischen Vorgaben freiwillig oder unfreiwillig angeeignet hatten. Bald war dies jedoch hinfällig, weil sie bis auf wenige Ausnahmen erst ins politische Abseits gestellt wurden und dann aus dem Führungsgremium verschwanden. Vergessen werden darf zudem nicht, daß auch schon vor der massiven Stalinisierung und offiziellen Umwandlung der SED zur „Partei neuen Typs" im Jahre 1948 sogar in diesem Gremium Verhaftungen vorkamen. Man denke nur an den Fall Willi Jesse. Die Einschüchterung und Denunziation von Sozialdemokraten als „Schumacher-Agenten" waren ebenfalls zu diesem frühen Zeitpunkt unüberhörbar und den Worten Piecks, aber auch schon denen Grotewohls zu entnehmen. Unabhängig von dem Mut einzelner, den eigenen Überzeugungen auch in diesem Gremium Ausdruck zu verleihen, wird man von einer sozialdemokratischen Gruppe oder gar von einer Fraktion kaum sprechen können, selbst wenn es nach heftigen Debatten im Zentralsekretariat so etwas wie ein gruppenweises Abstimmen gab.[95]

Die Selbsttäuschung der Sozialdemokraten der Spitzenebene konnte noch anhalten, weil die Parität nicht offen in Frage gestellt wurde. Als die ersten von ihnen politisch beiseite geschoben wurden, mochten sie von den anderen wegen unbedachter Äußerungen noch als „lästige Narren" angesehen werden.[96] Ernst wurde es für sie, namentlich für die aus dem ehemaligen Zentralausschuß, als Max Fechner in die Schußlinie geriet und Walter Ulbricht, sein kommunistisches Gegenüber zur Herstellung der Parität im stellvertretenden Parteivorsitz, ihn aus seinen Ämtern zu verdrängen begann. Die Sozialdemokraten trafen sich Ende Mai 1948 zu einem internen Gespräch bei Max Fechner, an dem Erich Gniffke, Otto Meier, Helmut Lehmann und Käthe Kern teilnahmen. Friedrich Ebert kam nicht, und Otto Grotewohl war erst gar nicht eingeladen worden. Allenfalls dieses Treffen, bei dem sie über ein gemeinsames Vorgehen beraten wollten, könnte man als geheime „Fraktionssitzung" oder als Ansatz zu einer Fraktionsbildung ansehen. Ähnlich wie Pieck in seinen wiederholten Äußerungen waren die Sozialdemokraten der Meinung, daß es seit der Vereinigung nicht gelungen war, die internen Probleme zu bereinigen. Den Erinnerungen Gniffkes zufolge stimmten sie nach langer Diskussion darin überein, daß die Traditionsunterschiede in der SED wie

95 Vgl. dazu den Bericht Gniffkes über seine politische Tätigkeit 1945–1948, in: AdsD der FES, Bestand Ostbüro 320.

96 Hurwitz, Zwangsvereinigung und Widerstand der Sozialdemokraten in der Sowjetischen Besatzungszone, S. 52.

ein Riß von oben bis nach unten durch die Partei gingen. „Zum Abschluß der Diskussion [...] kamen wir zu der Überzeugung, daß zwar das Experiment der organisatorischen Vereinigung von SPD und KPD zur SED zwangsweise gemacht werden mußte, daß es aber als gescheitert anzusehen ist."[97]

Otto Grotewohl wurde von Erich Gniffke über die Besprechung in Fichtenau unterrichtet. Er wurde auf die Sorgen der Sozialdemokraten angesprochen, die angesichts der bevorstehenden Währungsreformen, der Berlin-Blockade und nicht zu verhindernden Weststaatsbildung die Folgen einer längerfristigen Teilung Deutschlands fürchteten. Gleichzeitig nahm mit der verschärften Ost-West-Konfrontation auch für sie unübersehbar die Verfolgung der Sozialdemokraten zu. Sie – die Spitzenfunktionäre – konnten die „Säuberung" der SED von Sozialdemokraten nicht länger negieren. Doch die von Erich Gniffke und Fritz Schreiber überlieferten Reaktionen Grotewohls zeugen von großem Optimismus; er hielt seine eigene Rolle für so bedeutsam und seinen Einfluß für so groß, daß er glaubte, Walter Ulbricht überspielen und dessen Macht zurückdrängen zu können.[98] Den ehemaligen Sozialdemokraten schien Grotewohl immer noch den Eindruck vermitteln zu wollen, einer der ihren zu sein. Doch spätestens mit seinem Verhalten auf der Tagung des SED-Parteivorstandes vom 29./30. Juni 1948 enttäuschte er sie, wie Gniffke ausführlich berichtet.[99] Grotewohls Positionsbestimmung war eindeutig; von einer Brückenfunktion der Sowjetischen Besatzungszone sollte entgegen früheren Überlegungen nicht mehr die Rede sein, vielmehr sollte sie sich rückhaltlos nach Osten orientieren. Mit endlosen Stalinzitaten untermauerte er die Abhängigkeit von der Sowjetunion und befürwortete die daraus resultierenden Folgerungen für die SED, also die Säuberungen und den Kampf gegen die Sozialdemokraten.[100]

Anlaß und Auftakt der offiziellen Kampagne gegen die Sozialdemokraten, von der die SED-Parteivorstandsmitglieder vorher wußten, war das gefälschte „Spionage-Geständnis" eines inhaftierten sozialdemokratischen Parteisekretärs namens Wilhelm Lohrenz.[101] Folgt man Gniffke, der wenige Monate später in den Westen flüchtete, so waren die ehemaligen

---

97 Gniffke, S. 308.

98 Gniffke, S. 312; vgl. auch die ausführlichen Interviews mit Fritz Schreiber, in: AdsD der FES; gekürzt abgedruckt in: Bouvier/Schulz, S. 51 ff.

99 Gniffke, S. 315 ff.; Gniffke datiert die Tagung fälschlicherweise auf den 27. Juni. Vgl. dazu vor allem das Protokoll, in: SAPMO-BArch IV 2/1/48.

100 Grotewohl sprach gar von einem „Krankheitskeim" in der Partei, womit die illegalen Gruppen gemeint waren, die für die „Schumacher-Politik" einträten. Bis zu diesem Zeitpunkt habe man nicht viel darüber gesprochen, sondern gedacht, man sei „diese Leute" los, wenn die sowjetische Besatzungsmacht sie verhafte. Vgl. IV 2/1/48, Bl. 185.

101 Vgl. Kapitel 6.

Sozialdemokraten besonders darüber enttäuscht, daß Grotewohl sich wider besseres Wissen dazu hergab, die Verfolgung von sogenannten „Schumacher-Agenten" bedenkenlos zu rechtfertigen und direkt dazu aufzufordern.[102] Weitere persönliche Gespräche schienen danach sinnlos geworden zu sein, es gab unter den Sozialdemokraten der Führungsebene keine gemeinsame Plattform mehr.[103]

Auffallend ist, daß Grotewohl offenkundig großen Einfluß auf die Sozialdemokraten hatte, daß er nach wie vor die in diesem Kreis anerkannte Führungspersönlichkeit war. Erstaunlich und befremdend ist deswegen nicht nur dieser Auftritt; sein parteiöffentliches Verhalten gegenüber den anderen Sozialdemokraten ist von großer Distanz und Zynismus geprägt.[104] Er galt als Zauderer, der zum öffentlichen Interpreten von Entscheidungen wurde, zu denen er sich halbherzig durchgerungen hatte. Doch mit großem Gespür scheint er erfaßt zu haben, was der Augenblick erforderte, was möglicherweise die bald vorherrschende Meinung anderer war. Nicht nur bei ihm wurden Desillusionierungen und Enttäuschungen, wie man sie sich intern eingestanden hatte, vermutlich auch verdeckt durch den für Politiker verständlichen Ehrgeiz, zu einem innersten Machtzirkel gehören zu wollen. Das dürfte auch für Max Fechner gelten, der schon vor der Vereinigung seine Bereitschaft zur Anpassung an die Verhältnisse hatte deutlich werden lassen, was nichts anderes bedeutete als Anpassung an die von der Roten Armee bestimmten Besatzungsverhältnisse. Auf ihre politische Starthilfe hatte er schon früh gebaut, komme, was wolle.[105]

Soweit die ehemals führenden sozialdemokratischen Funktionäre nicht wie z.B. August Karsten, Otto Meier, Helmut Lehmann oder Käthe Kern aus dem Machtapparat verdrängt und auf machtpolitisch einflußlose Posten geschoben wurden, verblieben diejenigen, die nicht wie Willi Jesse, Max Fank, Paul Szillat, Stanislaw Trabalski und Max Fechner verhaftet wurden oder wie Erich Gniffke und Fritz Schreiber in den Westen flüchteten, in den wechselnden Positionen, die ihnen zugewiesen wurden. Wie diese Verdrängung aus dem inneren Machtapparat empfunden wurde und in welcher Weise dies die Haltung gegenüber dem System beeinflußte, konnte unter den gegebenen Bedingungen nach außen nicht sichtbar

---

102 Vgl. Gniffke, S. 318.

103 „Es bestand kein Zweifel mehr: wir waren politisch auseinandermanövriert worden. Otto Grotewohl hatte sich innerlich einen Ruck gegeben. Er hatte sich von seiner politischen Vergangenheit losgesagt, um auf einer neuen Parteilinie in Führung zu gehen." Gniffke, S. 323.

104 Vgl. auch Hurwitz, Demokratie und Antikommunismus in Berlin nach 1945, Bd. 4, Teil 1, S. 105.

105 Vgl. ebd., S. 88.

werden. Es gab zweifellos auch Sozialdemokraten, die aus voller Überzeugung für die Bildung einer einheitlichen sozialistischen Partei eingetreten waren und sich auch später – soweit ersichtlich – nicht von ihr distanzierten. Jedenfalls liegt diese Annahme bei einem Lebensweg nahe, bei dem die Entscheidung zugunsten der SED nicht in der Sowjetischen Besatzungszone fiel, sondern in einer räumlichen und zeitlichen Distanz, die eine freie Entscheidung wahrscheinlich macht.[106]

Ohne Zweifel ist Otto Buchwitz exemplarisch für diejenigen, die aus einer tiefverwurzelten Überzeugung heraus die Vereinigung befürwortet, vorangetrieben und stets verteidigt haben. Dazu gehörte auch, daß er die Politik der SED mittrug und ihre Wandlung zu einer stalinistischen Partei in hohem Maße mitvollzog. Dennoch zeigen seine Redebeiträge im Parteivorstand und später im Zentralkomitee der SED, daß er unabhängig von der ideologischen Linie und ihm keineswegs fremden taktischen Winkelzügen sich der Nöte der Menschen mit Emphase annahm. Gelegentlich hat es den Anschein, als wäre er für diese Haltung belächelt oder aufgrund seines fortgeschrittenen Alters nicht mehr ganz ernst genommen worden. Er nahm sich die Freiheit, noch 1952, in der Hochphase der Stalinisierung vor dem 17. Juni, auf einer ZK-Tagung „freimütig und sachlich“ zur Entwicklung der SED Stellung zu nehmen.[107] Dem Sprachduktus zufolge waren seine Ausführungen – anders als in diesem Gremium üblich – nicht abgelesen. Um seinen Worten die Schärfe zu nehmen, entschuldigte er sich quasi für seine politische Herkunft aus der SPD und die angeblich verfehlte frühere Politik der Sozialdemokratie, die wiedergutzuma-

---

106 Dies könnte beispielsweise für Oskar Edel (1892–1958) zutreffen. Er war sei 1908 in der SPD, schloß sich der USPD und dann erneut der SPD an. Bis 1933 war er MdL in Sachsen, Redakteur von sozialdemokratischen Zeitungen und Vorsitzender der SPD-Bezirksleitung Ostsachsen. Nach 1933 arbeitete er illegal und emigrierte in die Tschechoslowakei und nach Schweden, wo er bereits 1944 für eine einheitliche sozialistische Partei und die Zusammenarbeit von Sozialdemokraten und Kommunisten eintrat. Damit geriet er in heftigen Widerspruch zur Haltung des Londoner Exil-Vorstandes der SPD. 1947 kehrte er nach Deutschland zurück; in der SBZ war er zunächst Sekretär im sächsischen Landesvorstand der SED, ab 1950 MdL und bis zur Auflösung der Länder Abteilungsleiter im sächsischen Ministerium für Wirtschaft und Arbeit, danach am Umbau der Wohnungsbaugenossenschaften in „sozialistische“ Organisationen beteiligt. Trotz seiner betonten Bereitschaft, von Anfang an der kommunistischen Einheitsfronttaktik zu folgen, war dies letztlich eine „mittlere“ Karriere, die als typisch für Sozialdemokraten dieser Ebene angesehen werden kann, wenn sie sich im kommunistischen Sinn gewandelt hatten. Zu dem Lebenslauf und den Aktivitäten Edels im schwedischen Exil vgl. die Materialien in: SAPMO-BArch II 145/87.

107 Zum folgenden vgl. Protokoll der 8. ZK-Tagung vom 21.-23. Februar 1952, IV 2/1/101, Bl. 98 ff.

chen er persönlich sich verpflichtet gesehen habe. Daraus leitete er jedoch auch die „Verpflichtung“ ab, innerparteiliche Kritik zu üben.[108]

Auf einem großen Umweg über die Weltpolitik und die Notwendigkeit der „Aktionseinheit“ mit der westdeutschen Sozialdemokratie kam er zu seinem eigentlichen Kernpunkt, dem Problem der innerparteilichen Demokratie. Er leitete ihn mit der rhetorischen Frage ein, ob sich die SED mit gutem Gewissen den westdeutschen Arbeitern als Vorbild präsentieren könne. Indem er einen Vergleich mit der „Bonner Demokratie“ verwarf, stellte er die DDR als vorbildlich hin, wenn sie der offiziellen Propaganda entsprechen würde. Vor allem jedoch prangerte er das Fehlen von innerparteilicher Demokratie an: Parteileitungen würden nicht gewählt, die Mitglieder seien völlig rechtlos; Initiativen würden erstickt, die Bürokratie wuchere. Die Tatsache, daß die Menschen zu dieser Entwicklung schwiegen, habe mit Demokratie nichts zu tun. Für eine besonders krasse Fehlentwicklung hielt er den Mangel an Vertrauen in die SED, ein für Buchwitz typisches Anliegen, „weil es nach meiner Meinung ein Kleinod ist“.[109] Als Gründe dafür nannte er die fehlende Überzeugungsarbeit, an deren Stelle das Kommandieren getreten war, die Bindungslosigkeit durch häufigen Kaderwechsel sowie das ständige „Reden vom Menschen“ ohne Interesse für dessen Belange. Er wurde noch deutlicher, indem er den Vorwurf erhob, wer menschlich handele, setze sich dem gefährlichen Verdacht des „Versöhnlertums“ aus.[110] In unzähligen Zirkeln werde die Geschichte der KPdSU gelehrt, doch „nach meiner Meinung haben wir aber eins nicht gelernt: die Menschlichkeit. Wir haben nicht gelernt, wie man die Menschen überzeugt und wie man mit den Menschen umgeht.“[111] Dazu gehörten für ihn auch die Verhafteten, deren Angehörige nicht unterrichtet würden, um die sich keiner kümmere, von denen er den Eindruck hatte, sie würden einfach vergessen. Schon allein aus Eigennutz sollten derartige „Zustände“ beseitigt werden. „Die Leute gehen dann nach dem Westen, und die Partei hat den Schaden davon.“[112]

Otto Buchwitz sagte so in einer vorsichtig verpackten und systemimmanenten Form die Wahrheit und sprach möglicherweise einigen Men-

---

108 Diese bezog sich zunächst auf den Fall des bisherigen sächsischen Landesvorsitzenden Ernst Lohagen, der kurz zuvor wegen „parteischädigenden Verhaltens“ eine Rüge erhalten und seiner Parteifunktionen enthoben worden war. Als Mitglied des sächsischen Landessekretariats fühlte sich Buchwitz mitschuldig an dem Übersoll an Stalinismus, zu dem auch er geschwiegen hatte.

109 IV 2/1/101, Bl. 101.

110 „Wer aber grob und kurz angebunden zu den Menschen ist, wer vielleicht noch ein Dutzend Zitate aus dem Ärmel schütteln kann – sie können manchmal an der falschen Stelle angewendet werden – der ist politisch stark!“ Ebd., Bl. 106.

111 Ebd.

112 Ebd., Bl. 109.

schen aus dem Herzen, indem er der SED einen Spiegel vorhielt. Die Reaktion darauf ist bemerkenswert, denn es gab so gut wie keine Reaktion, jedenfalls keine, die das schriftliche Protokoll verzeichnet. Das wird verständlich, wenn man berücksichtigt, wie weit inzwischen die Stalinisierung fortgeschritten war, die abweichendes Denken und Verhalten schon lange nicht mehr zuließ, sondern in der Regel ahndete. Um so mutiger waren diese offenen Worte.

Man überließ es dem ehemaligen Sozialdemokraten Otto Grotewohl, Buchwitz nicht zu rügen, sondern jovial-ironisch zu behandeln und seine Worte herunterzuspielen. Buchwitz sei bekannt für sein „etwas zu weiches Herz, die Neigung, den Sorgen der Menschen nicht nur ein Ohr, sondern oft beide zu schenken und ohne kritische Prüfung mit dem Herzen zu entscheiden.“[113] Unumwunden räumte er jedoch die politische Belastung durch die von Buchwitz angeprangerten „Mängel“ bei der „demokratischen Gesetzlichkeit“ ein und versprach Abhilfe bzw. eine Regelung der Untersuchungsverfahren und der Untersuchungshaft. Wiederum machen seine zynisch wirkenden Worte deutlich, daß er keineswegs an rechtsstaatliche Verfahren dachte, sondern nur daran, dem „Gegner“, d. h. dem Westen, keine Argumente zu liefern. Denn, so betonte Grotewohl, juristische Regelungen sollten auf keinen Fall als „Weichheit“ mißverstanden werden.[114]

Daß Buchwitz' Äußerungen über Deklamationen vor dem Zentralkomitee hinausgingen, bewies er noch Jahre später durch seinen persönlichen Einsatz für aus der Haft entlassene Sozialdemokraten. So verwandte er sich 1956 nicht nur für den noch inhaftierten Max Fechner, sondern auch für den gerade entlassenen ehemaligen Polizeichef des Landes Sachsen, Ludwig Hoch, der 1946 verhaftet und verurteilt worden war, sowie für Stanislaw Trabalski, der nach 1948 mehrfach verurteilt wurde.[115] Unabhängig davon, daß er 1945/46 andere Positionen als sie vertreten und eine andere Politik betrieben hatte, bemühte er sich um Arbeit und materielle Hilfe; wiederum nahm er das Argument zu Hilfe, ihre sonst denkbare Flucht in den Westen müßte der SED schaden.

Überschaut man die Diskussionen der ersten Jahre im Parteivorstand und ZK der SED, so gab es nur wenige Augenblicke oder „Stunden der Wahrheit“, in denen Sozialdemokraten einen deutlich erkennbaren Widerspruch zur Entwicklung der SED zu formulieren wagten, was letztlich ohne Einfluß blieb. Sofern sie nicht einer freiheitsberaubenden Verfolgung

113 Ebd., Bl. 157.

114 Wie sehr sich Grotewohl mit den herrschenden kommunistischen Prinzipien identifizierte, machte er zusätzlich dadurch deutlich, daß er es für selbstverständlich hielt, die Arbeit der Staatssicherheit von allen Regelungen im Justizbereich auszunehmen.

115 Vgl. dazu u. a. die Schreiben von Otto Buchwitz an Paul Fröhlich vom 24. Mai 1956 und an Otto Grotewohl vom 7. April 1956, beide in: SAPMO-BArch, NL 95/67.

ausgesetzt wurden oder sich nach außen sichtbar von der SED trennten, waren sie einem Anpassungsdruck ausgesetzt, der beispielsweise in den von der SED veranlaßten und gesammelten späteren Erinnerungen deutlich wurde.[116] Die dahinter stehenden Lebensläufe und denkbaren inneren Brüche in den Lebenswegen dieser fast vergessenen Sozialdemokraten sind unter diesen Bedingungen nur schwer zu rekonstruieren. Hinter der von der SED vorgegebenen und möglicherweise verinnerlichten historischen und politischen Interpretation werden weder die Menschen selbst noch der Wunsch nach Annäherung an historische Realitäten sichtbar. Friedrich Ebert und Max Fechner etwa betonten verständlicherweise die eigene Rolle, leugneten jedoch die Realität und unterschlugen die Auseinandersetzungen zwischen Sozialdemokraten und Kommunisten.[117] Dennoch sind sie zu ahnen, wenn August Friedel aus Chemnitz über den Aufbau der SPD berichtete, über persönliche Gegensätze, „Spannungen und Mißverständnisse“ sowie die nachwirkende „Treue“ zur alten Partei.[118] Wie stark die SPD 1945/46 in ihren traditionellen Hochburgen tatsächlich war, machen die Negativcharakterisierungen von Hermann Prübenau, dem ehemaligen sozialdemokratischen Bezirksvorsitzenden von Magdeburg, überdeutlich. Er bezeichnete die jegliche Zusammenarbeit mit den Kommunisten ablehnenden sozialdemokratischen Funktionäre Albert Deutel, Rudi Dux und Gustav Schmidt[-Küster] als „Kommunistenhasser“ und „mies und negativ“. Ihren Einfluß leugnete er nicht, und auch das Dilemma der innerparteilichen Uneinigkeit wird sichtbar.[119] Auch verletzte Eitelkeit, d. h. von der SPD bzw. vom Zentralausschuß nicht mit einem erstrebten Posten bedacht worden zu sein, konnte ein Grund sein, frühzeitig auf die Karte der KPD und der Sowjetischen Militäradministration zu setzen, wie etwa anhand der Erinnerungen von Karl Steinhoff zu vermuten ist.[120] Da Sozialdemokraten gerade auf Verwaltungsposten in der frühen Zeit unentbehrlich waren und nicht selten zunächst dort belassen

---

116 Als sogenanntes Erinnerungsarchiv waren sie Bestandteil des ehemaligen SED-Parteiarchivs und stehen nun der Forschung zur Verfügung. Als (teilweise veröffentlichte) und stark redigierte Manuskripte sind sie häufig von begrenztem Aussagewert; es gibt jedoch auch unredigierte Wortprotokolle von mitgeschnittenen Diskussionen, die noch nicht stromlinienförmig geglättet sind.

117 Vgl. zu Ebert die Erinnerungen in SAPMO-BArch, EA 0177; zu Fechner, der in den von Siegfried Thomas aufgezeichneten Erinnerungen alles über die Ereignisse vom 17. Juni und seine anschließende Verhaftung wegließ bzw. dies tun mußte, vgl. EA 1274.

118 Vgl. EA 0240.

119 Vgl. dazu EA 1589.

120 Vgl. EA 1307. Steinhoff (1892–1981) war Verwaltungsjurist und bis 1932 stellvertretender Oberpräsident in Ostpreußen; 1945 wurde er Präsident der Provinzialverwaltung von Brandenburg, dann dort Ministerpräsident; von 1949–1952 Innenminister der DDR, Kandidat des Politbüros und ZK-Mitglied.

wurden, wenn sie den Wünschen insbesondere der Besatzungsmacht entgegenkamen, erschien das Abschieben auf weniger bedeutsame Posten in einem milderen Licht, wenn Privilegien beibehalten werden durften.[121]

Die Entscheidung von ehemaligen Sozialdemokraten, auch nach der Umwandlung der SED in eine kommunistische Partei Stalinscher Prägung, d.h. in die „Partei neuen Typs", in ihren Funktionen zu verbleiben oder andere anzunehmen, dürfte im Einzelfall schwer nachvollziehbar sein.[122] Für sie konnten wichtige Faktoren wie Alter, Familienbindungen, Angst vor Statusverlust und vor politischer Ächtung – gegebenenfalls in Ost und West – eine nicht zu unterschätzende Rolle gespielt haben. Ihre Loslösung von der sozialdemokratischen Vergangenheit und den Traditionen der SPD war und ist offenkundig. Das muß nicht unbedingt als abruptes Ereignis gesehen werden, sondern kann auch als eine allmähliche Angleichung an äußere Gegebenheiten und Einsicht in die Unausweichlichkeit der Zwänge in Verbindung mit freiwillig oder unfreiwillig akzeptierten ideologischen Vorgaben verstanden werden, denen die Erinnerung schließlich folgte.

Beispielhaft dafür könnten die Variationen und Veränderungen sein, wie sie in den unterschiedlich formulierten Lebensläufen von Käthe Kern, Zentralausschuß-Mitglied, danach u. a. Landtagsabgeordnete, SED-Frauenfunktionärin und bis 1970 Abteilungsleiterin im DDR-Gesundheitsministerium, deutlich werden.[123] Selbstverständlich variieren „offizielle" Lebensläufe je nach Situation und Anforderungen und dem dafür gezeichneten Selbstbild und verändern sich über die Jahre hin. Im vorliegenden Fall sind die zunächst gering erscheinenden Variationen eine stetige inhaltliche und sprachliche Umformung und Anpassung an das System, so daß aus einem „typisch" sozialdemokratischen Lebenslauf ein „blütenreiner" Werdegang im Sinn der SED wird. So gering die Veränderungen erscheinen mögen, sie zeigen dennoch den allmählichen Übergang, ohne daß dies jeweils als direkte Lüge oder große Umbiegung erscheint.

Im ersten Lebenslauf vom 7. Juni 1945 schildert Käthe Kern vorwiegend ihren schulischen und beruflichen Werdegang. Der Vater, ein sozial-

---

121 Vgl. dazu beispielsweise die Erinnerungen von Heinrich Deist (1874–1963) in SAPMO-BArch, NL 88/1. Deist war vor 1933 zunächst sozialdemokratischer Redakteur in Dessau, später Ministerpräsident im Freistaat Anhalt; 1945–1947 wurde er Bezirkspräsident in Dessau und danach bis 1949 Präsident der Verwaltungsschule des Landes Sachsen-Anhalt. Von dieser Funktion wurde er im Alter von 75 Jahren entbunden. Mit Stolz und Genugtuung erinnerte er sich später, daß er bei seinem Wechsel zur Verwaltungsschule Amtsbezeichnung, Gehalt, Dienstwagen und Chauffeur behalten durfte.

122 Zur Stalinisierung der SED vgl. Kapitel 3.

123 Die folgenden Ausführungen basieren auf verschiedenen Lebensläufen und Fragebogen aus den Jahren 1945, 1946, 1948, 1950 und 1959, die sich im Nachlaß von Käthe Kern befinden. Vgl. SAPMO-BArch, NL 145/2.

demokratischer „Krankenkassenbeamter“, wird lediglich erwähnt. Besonders hervorgehoben und begeistert geschildert werden Bildungseinrichtungen wie die Heimvolkshochschule Tinz, die Akademie der Arbeit in Frankfurt am Main und die Hochschule für Politik in Berlin, die teils der beruflichen Weiterbildung, teils der Schulung von Funktionären dienten. Parallel dazu liefen ehrenamtliche und hauptamtliche Tätigkeiten im Darmstädter Büro des Gewerkschaftskartells unter der Leitung Wilhelm Leuschners, die Mitarbeit bei Otto Suhr im Allgemeinen Freien Angestellten-Bund (Afa-Bund) und beim Zentralverband der Angestellten (ZdA), was in die Leitung des Frauensekretariats der Berliner SPD mündete. Das war 1933 zwangsweise beendet. Käthe Kern wurde für kurze Zeit in „Schutzhaft“ genommen, aus der ihre Mutter sie befreien konnte. Unter Verzicht auf jede politische Betätigung konnte sie, ihrer Schilderung zufolge, dann unbehelligt im Saarverein und bis Kriegsende bei der Preußag als Sekretärin arbeiten. Für die Zeit danach – so wohl die Absicht des Lebenslaufs in Richtung neuaufzubauender SPD – wünschte sie sich eine ihren Neigungen und Fähigkeiten entsprechende Tätigkeit.

Das frühe sozialdemokratische Umfeld und die sozialdemokratische Sozialisation werden in den späteren Lebensläufen nicht geleugnet, aber auf knappe tabellarische Angaben reduziert, so daß auch die für den Werdegang wichtigen Sozialdemokraten, wie etwa Otto Suhr, nie wieder Erwähnung finden. Das sind Kleinigkeiten, deren politische Bedeutung durch die weiteren Angaben noch offenkundiger wird. Die zunächst nur knapp und eher beiläufig erwähnte kurze Schutzhaft rückt immer stärker in den Vordergrund und erhält mit den Schrecken ausschmückenden Adjektiven größeres Gewicht. Wenn sie noch 1945 formulierte, „unbehelligt“ geblieben zu sein, so betonte sie 1946 an dessen Stelle, ihre sozialistische Gesinnung unter den harten Bedingungen des nationalsozialistischen Regimes beibehalten zu haben. Hervorgehoben wird nun auch die persönliche Bekanntschaft mit Wilhelm Leuschner, was vorher allenfalls in Privatbriefen, aber nicht im Lebenslauf auftauchte.[124] Bis 1948 sind dies fast unmerkliche Kleinigkeiten, doch ab 1950 werden insbesondere zwei Gewichtsverlagerungen offenkundig. Aus der persönlichen Bekanntschaft mit Wilhelm Leuschner wird zuerst eine inoffizielle Mitarbeit und

124 So in einem Brief an Herta Gotthelf vom Londoner Exil-Vorstand der SPD vom 6.6.1946. Darin erzählt sie von gemeinsamen Freunden, läßt allerdings auch die Tatsache, daß sie in der Vereinigungsfrage sehr unterschiedlicher Meinung gewesen sind, nicht unerwähnt. Dennoch betont sie, daß die persönliche Freundschaft darunter nicht leiden dürfe. Davon ist dann Anfang der fünfziger Jahre nicht mehr die Rede. In diesem weiteren Brief benutzt sie die alte persönliche Bekanntschaft lediglich als Aufhänger, um deutschlandpolitische Propagandasprüche der SED zu transportieren. Beides in SAPMO-BArch, NL 145/44.

danach die „Mitarbeit in der Widerstandsgruppe Leuschner". Ebenso bedeutsam ist die nun breiten Raum einnehmende Charakterisierung des Elternhauses, das von Lebenslauf zu Lebenslauf proletarischer wird; auch hier wird die SPD-Mitgliedschaft nicht verschwiegen, aber doch heruntergespielt. Hervorgehoben wird nicht mehr, was der Vater wurde, sondern, daß er gelernter Former, also Metallarbeiter, war, sich im Kaiserreich an Streiks beteiligte und Maßregelungen hatte hinnehmen müssen. Zu diesem nun proletarischeren Lebensweg des Vaters gehört die Mitgliedschaft im Arbeiter- und Soldatenrat, von dem ursprünglich nie die Rede war. Verbunden wird dies mit Kritik an der sozialdemokratischen Politik in der Revolution und der Weimarer Republik, die als Enttäuschung in den Lebenslauf schon der Eltern zurückprojiziert wird, aus der sich sowohl die eigene als auch die spätere Hinwendung des Vaters zur SED-Politik folgerichtig ableiten läßt. Da Käthe Kern zu den Befürwortern der Vereinigung gehörte, wurde auch für sie selbst das Bekenntnis zur „sozialistischen Einheit" im eigenen Lebenslauf zurückprojiziert, nämlich als frühe Erfahrung beim Kapp-Putsch, womit die persönliche und politische Entscheidung zusätzlich historisch legitimiert wird.

Damit sind es in der Hauptsache drei Elemente, die in diesen Lebensläufen verändert wurden: Die Entscheidung für die Einheit wird zur persönlich erfahrenen historischen Notwendigkeit, die Herkunft und frühe Prägung werden verändert und die Jahre des Nationalsozialismus durch Widerstandsarbeit aufgewertet. Damit entsprach Käthe Kern dann den Anforderungen für führende SED-Funktionen. Die sozialdemokratische Herkunft und Sozialisation traten erst unmerklich in den Hintergrund und konnten nach und nach vermutlich auch aus der Erinnerung getilgt werden.

Mit dieser Art von Verdrängung der eigenen Herkunft und Geschichte unter den Bedingungen des neuen Systems trugen Sozialdemokraten selbst dazu bei, daß sozialdemokratische Traditionen in der SED verschwanden. Wenn sie nicht flüchteten oder verhaftet wurden, mußten sie, wollten sie sich eine politische Karrierechance bewahren, sich zu Kommunisten wandeln. Dennoch verschwanden sie bis auf wenige Ausnahmen aus den Führungsgremien. Im ersten Politbüro 1949 gab es keine Parität mehr; neben vier Kommunisten (Wilhelm Pieck, Walter Ulbricht, Franz Dahlem, Paul Merker) blieben nur noch die Sozialdemokraten Otto Grotewohl, Friedrich Ebert und Helmut Lehmann und 1950 nach dem III. Parteitag nur noch Grotewohl und Ebert.[125] Demnach verschwand spätestens mit der Wandlung der SED zur kommunistischen Partei Stalinscher

125 Im Jahr 1958 kam der ehemalige Sozialdemokrat Erich Mückenberger hinzu, der bis zur „Wende" als letzter Sozialdemokrat in einer Spitzenfunktion verblieb.

Prägung – jedenfalls auf der genannten Führungsebene – der Einfluß ehemaliger Sozialdemokraten. Die Sozialdemokraten in der Sowjetischen Besatzungszone und DDR wurden politisch „heimatlos".[126] Zur frühen Selbsttäuschung dieser Sozialdemokraten gehörte jedoch nicht nur ihre Beteiligung an der Zurückdrängung des Einflusses von sozialdemokratischen Traditionen, die zudem als „Herkunftsmakel" ihrer Biographie geradezu in Vergessenheit geraten sollten, sondern vor allem die Ignorierung und Leugnung der Opfer, die dieser Prozeß gekostet hat.

126 Vgl. dazu auch Hermann Weber, Mit Zwang und Betrug, in: DIE ZEIT vom 23. Februar 1990.

# 3. Auf dem Weg zur „Partei neuen Typs“

Der Gesamtprozeß der Stalinisierung in der Sowjetischen Besatzungszone und DDR ist in seinen ökonomischen, politischen sowie ideologischen Dimensionen und – für die SED – auch in seinen organisatorischen Etappen in den Grundzügen bekannt.[1] In seinem Verlauf wurden viele Sozialdemokraten verhaftet oder flüchteten. Sie wurden ausgeschaltet oder zogen sich von der Parteiarbeit zurück. Zu dem Transformationsprozeß der SED gehörten neben der Neudefinition ihrer Rolle als „Partei neuen Typs“ die organisatorischen Konsequenzen in Form der Kontrollkommissionen, der Parteiüberprüfungen sowie der wiederholten Beschäftigung mit dem „ideologischen Zustand“ der Partei. Der Kampf gegen alle tatsächlichen und vermeintlichen ideologischen Gegner wurde verstärkt. Parallel dazu verfolgte die SED ihre teils als Spaltung der SPD, teils als Unterstützung bzw. Organisation von Opposition innerhalb der SPD bezeichnete Politik gegenüber der West-SPD.

## 3.1 Die Stalinisierung der SED 1948–1950

Der Prozeß der auch strukturellen Veränderung der SED kündigte sich früh an und wurde 1948 offenkundig. Die praktische Dominanz von Kommunisten und Besatzungsmacht war seit Kriegsende unübersehbar, und beide dürften trotz unleugbarer Zugeständnisse auch an die Sozialdemokraten in ihren stalinistischen Grundauffassungen fest verwurzelt geblie-

1 Neben den zahlreichen einschlägigen Werken von Hermann Weber vgl. u. a. auch dessen Zusammenfassung anhand der neueren Archivkenntnisse in der 18. Sitzung der Enquete-Kommission „Aufarbeitung von Geschichte und Folgen der SED-Diktatur in Deutschland“ am 13. November 1992. Öffentliche Anhörung zu dem Thema „Die Veränderung des Parteiensystems 1945–1950“, in: Materialien der Enquete-Kommission, Bd. II,1, S. 22 ff.; zur Frage der Umwandlung der SED vgl. immer noch Carola Stern, Porträt einer bolschewistischen Partei. Entwicklung, Funktion und Situation der SED, Köln, Berlin 1957; Ernst Richert, Macht ohne Mandat. Der Staatsapparat in der Sowjetischen Besatzungszone Deutschlands, 2. erw. u. überarb. Aufl., Köln, Opladen 1963; Manfred Koch und Werner Müller, Transformationsprozeß des Parteiensystems der SBZ/DDR zum „sozialistischen“ Mehrparteiensystem 1945–1950, in: Deutschland-Archiv. Sonderheft 1979, S. 38 ff.; Gerd-Joachim Glaeßner, Herrschaft durch Kader. Leitung der Gesellschaft und Kaderpolitik in der DDR, Opladen 1977, S. 291 ff.; zuletzt Andreas Malycha, Partei von Stalins Gnaden? Die Entwicklung der SED zur Partei neuen Typs in den Jahren 1946 bis 1950, Berlin 1996.

ben sein.[2] Doch nach außen hatte die SED – ähnlich wie vorher die KPD – zunächst nicht die Merkmale einer kommunistischen Partei. Weder in der offiziell verkündeten Ideologie des „besonderen deutschen Weges zum Sozialismus“ noch in der vereinbarten Programmatik gab es eine Festlegung auf das sowjetische Modell oder die Prinzipien des Leninismus. Freilich war beides kein Bruch mit dem stalinistischen Sozialismusmodell, denn die allgemeinen Leitlinien der kommunistischen Weltbewegung sahen eine zeitlich nicht genau bestimmte Übergangsphase vor, in der die bürgerlich-demokratische Revolution vollendet werden sollte.[3]

Die kommunistische Taktik des Jahres 1945/46 hatte im Vorfeld der Zwangsvereinigung deutlich werden lassen, daß der Stalinismus bei der SED-Gründung insofern doch Pate gestanden hatte, als die KPD ihre Vorstellungen von der künftigen Partei als einer Kampfpartei betonte, die auch nach außen einen einheitlichen Willen verkörpern müsse; das wiederum verlieh ihrem Bekenntnis zu der von den Sozialdemokraten geforderten innerparteilichen Demokratie von vornherein wenig Glaubwürdigkeit.[4] Hinzu kam, daß die SED von Anfang an eine auf die Führung hin ausgerichtete zentralistische Partei war. Richtungskämpfe, Flügelbildungen und Meinungspluralismus, wie sie in der Sozialdemokratie üblich waren, konnte es deswegen offen kaum geben. Zu diesen frühen stalinistischen Elementen gehörte auch das Organisationsstatut, das die Möglichkeit bot, den Zentralismus zu verstärken, den hauptamtlichen Funktionärsapparat auszubauen und damit die unteren Parteigliederungen und das innerparteiliche Leben von oben zu steuern.

Dennoch konnten die strukturellen Stalinismusmerkmale zunächst nicht voll wirksam werden, weil die SED aufgrund des Zusammenschlusses der beiden unterschiedlichen und gleich mitgliederstarken Parteien eine Massenpartei und keine Kaderpartei traditionellen kommunistischen Zuschnitts war. Zunächst hatte es den Anschein, als könnten sozialdemokratische Vorstellungen und Traditionen gegenüber den stalinistischen Praktiken ein Korrektiv sein. Das Organisationsstatut mit den für jedes Jahr vorgesehenen Parteitagen und der demokratischen Wahl von Delegierten und Parteileitungen sowie dem Beschlußrecht auch für Mitglieder bot durchaus Chancen für innerparteiliche Demokratie.[5] Die vom Vereinigungsparteitag beschlossenen „Grundsätze und Ziele“ der SED enthielten ebenfalls demokratische Elemente wie demokratische Wahlen, demokrati-

2 Vgl. auch Weber, in: Materialien der Enquete-Kommission, Bd. II,1, S. 22.

3 Vgl. dazu zusammenfassend Andreas Malycha/Wladislaw Hedeler, Die Stalinisierung der SED, Mainz 1991, S. 6.

4 Vgl. ebd., S. 9.

5 Die Statuten lagen schon der zweiten sogenannten Sechziger-Konferenz zum Beschluß vor. Abgedruckt in: Einheitsdrang oder Zwangsvereinigung?, S. 268-276.

sches Beschlußrecht, Rechtssicherheit, demokratischer Aufbau des Staates von unten nach oben, Toleranz und Meinungsfreiheit sowie Sicherung des Koalitions-, Streik- und Tarifrechts, auf die sich Sozialdemokraten beriefen und an denen sie festhalten wollten.[6] Ihrem Verständnis von innerparteilicher Demokratie, Pluralismus, Meinungsfreiheit und Toleranz stand das Ziel des Sozialismus keineswegs entgegen. Da jedoch für sie dieses Ziel wie auch die Eroberung der politischen Macht nur mit demokratischen Mitteln, vornehmlich dem des Wahlrechts, zu erreichen war, standen dem die kommunistischen Vorstellungen unvermittelt gegenüber: Demokratische Mittel auf dem „Boden der demokratischen Republik" wurden zwar formuliert, aber sie enthielten zugleich die Möglichkeit, zu „revolutionären Mitteln" zu greifen und den Boden der Demokratie zu verlassen, falls die Mehrheitsverhältnisse nicht den eigenen Wünschen entsprachen.

Offiziell hatten die Gründungsdokumente bis 1948/49 Gültigkeit, wie auch in der Organisation bis dahin die „paritätische" Besetzung aller Funktionen durch Vertreter beider Parteien beibehalten wurde. Noch auf dem 2. Parteitag bezeichnete Erich Gniffke in seinem Organisationsbericht die SED als „sozialistische Massenpartei" und betonte die Gültigkeit der Gründungsdokumente einschließlich der Paritätsklausel.[7] Doch entgegen seiner Behauptung konnte von einem Fortschreiten des Verschmelzungsprozesses zwischen den kommunistischen und sozialdemokratischen Gruppierungen kaum die Rede sein; allein die Debatten darüber im Parteivorstand zeugten vom Gegenteil.[8] Zudem waren längst vor dem Parteitag die kommunistischen Bestrebungen deutlich geworden, den sozialdemokratischen Einfluß im Organisationsgefüge der Partei zurückzudrän-

---

6 Abgedruckt in: ebd., S. 262-267. Beide Dokumente waren vor der Vereinigung in Heft 2 der „Einheit" vom März 1946 veröffentlicht worden.

7 Vgl. Protokoll der Verhandlungen des 2. Parteitages der Sozialistischen Einheitspartei Deutschlands, 20. bis 24. September 1947 in der Deutschen Staatsoper zu Berlin, Berlin 1947, S. 106. Nach der Vereinigung war die Mitgliederzahl rapide angewachsen. In einem Jahr gewann die SED über 430.000 Mitglieder hinzu, was über 30 % waren. Von der Gesamtmitgliedschaft waren etwa 50 % zwischen 30 und 50 Jahre alt, 48 % der Mitgliedschaft wurden von der sozialen Zusammensetzung her als „Industriearbeiter" geführt. Die Zahlenangaben nach SAPMO-BArch, NL 90/303. Gleichzeitig ist nicht zu übersehen, daß die Werbekraft der SED erheblich nachließ, daß dieser Parteitag zugleich als ein Höhe- und Wendepunkt in der Mitgliederentwicklung anzusehen ist. Zum Rückgang der Mitglieder und zu der Situation in einzelnen Ländern vgl. auch das Protokoll der 7. (21.) Tagung des PV der SED am 11./12. Februar 1948, in: SAPMO-BArch IV 2/1/40. Danach mehrten sich die Anzeichen, ein unkontrolliertes Wachstum der Partei nicht mehr zuzulassen, was zugleich ein Vorwand war, die Struktur und den Charakter der SED zu verändern. In diesen Kontext gehören auch die Tendenzen zur Abschaffung der Parität mit dem Argument, die zahlreichen neu eingetretenen Mitglieder könnten dadurch nicht adäquat bei der Besetzung von Funktionen berücksichtigt werden.

8 Vgl. Kapitel 2.

gen und die traditionell sozialdemokratische Organisationsform der Ortsgruppen und Bezirke zu entmachten.[9] Dem entsprach beispielsweise die zahlenmäßige Erhöhung der Betriebsgruppen, die bald die der Ortsgruppen überstieg. Darüber hinaus sollten die für die Meinungsbildung wichtigen Mitgliederversammlungen der Ortsgruppen nach Richtlinien des Zentralsekretariats vom Dezember 1946 nur noch „informatorischen" Charakter haben.[10]

Dem von Gniffke entworfenen Bild einer „Massenpartei" auf marxistischer Grundlage standen freilich Ausführungen von Walter Ulbricht entgegen, der mit eher beiläufigen Bemerkungen über die Entwicklung der SED zu einer „Partei neuen Typs" eine andere Richtung wies.[11] Es waren Andeutungen über eine „Avantgarde", die sich nicht mehr auf eine hohe Mitgliederzahl berief und ihre Funktion daraus ableitete. Sie war vielmehr eine nach unten abgeschottete und „gesäuberte" Funktionärselite aus dem Kreis der hierarchisch strukturierten hauptamtlichen Sekretäre.[12] Obwohl die offizielle Weichenstellung für die Übernahme der stalinistischen Prinzipien erst 1948 erfolgte, wurde die Umformung der SED wesentlich früher deutlich. Dies gilt insbesondere für die innerparteilichen Strukturen, für die der Terminus „demokratischer Zentralismus" noch vermieden wurde. Gerade die Personalpolitik mit der Auswechslung, Ausschaltung und Verhaftung von Funktionären sozialdemokratischer Herkunft sowie der Denunzierung und Verfolgung von Andersdenkenden machte die stalinistischen Prinzipien sichtbar.[13] Ungeachtet der Parität wollten die Kommunisten die Partei nicht zuletzt über die Personalpolitik dominieren und letztlich übernehmen.

Wenn demnach der Stalinisierungsprozeß zeitlich früher anzusetzen ist, als bisher in der Literatur angenommen wurde, so erhielt er durch die veränderten außen- und innenpolitischen Bedingungen ab 1948 doch zusätzliche Schubkraft. Mit der Eskalation des „Kalten Krieges" und dem Konfrontationskurs der sowjetischen Führung wuchsen deren hegemoniale Bestrebungen in ihrem Einflußbereich, die Disziplinierung der von ihr abhängigen Parteien eingeschlossen. Zu erinnern ist nicht allein an die Berlin-Blockade und die wachsende deutsch-deutsche Konfrontation, sondern auch an den Staatsstreich in Prag vom Februar 1948 sowie an die

9 Ausführlich dazu Moraw, S. 180 ff.

10 Vgl. ebd., S. 181.

11 Vgl. Protokoll der Verhandlungen des 2. Parteitages, S. 479. Wenige Wochen nach dem Parteitag formulierte Ulbricht in einem Artikel unmißverständlich, daß die Partei nach den Theorien von Marx, Engels, Lenin und Stalin umgebaut werden müsse. Vgl. auch Weber, in: Materialien der Enquete-Kommission, Bd. II,1, S. 23.

12 Vgl. auch Malycha/Hedeler, S. 17.

13 Vgl. auch Weber, in: Materialien der Enquete-Kommission, Bd. II,1, S. 25.

Auseinandersetzungen mit der jugoslawischen KP über deren von der KPdSU und der Sowjetunion unabhängigen Kurs. Mit und über die Verurteilung der jugoslawischen KP wurde begonnen, die osteuropäischen „Volksdemokratien“ und ihre kommunistischen oder sozialistischen Parteien auf das sowjetische Parteien- und Gesellschaftsmodell zu verpflichten.[14]

Mit der Resolution „Über die Lage in der Kommunistischen Partei Jugoslawiens“ des Informationsbüros der Kommunistischen Parteien (Kominform), dem die SED allerdings nicht angehörte, war die entsprechende Festlegung auch der SED verbunden. Der Parteivorstand verabschiedete auf seiner „Tagung“ vom 15./16. September 1948, auf der Anton Ackermann seine These vom „besonderen deutschen Weg zum Sozialismus“ zurücknehmen mußte, die Entschließung „Die theoretische und praktische Bedeutung der Entschließung des Informationsbüros über die Lage in der KP Jugoslawiens und die Lehren für die SED“ mit dem folgenreichen Passus: „Um die Sauberkeit der Partei zu sichern, beschließt der Parteivorstand die Bildung einer Zentralen Parteikontrollkommission und von Parteikontrollkommissionen für jedes Land und für jeden Kreis. Die Parteikontrollkommissionen haben die Aufgabe, den Kampf zu führen gegen die im Auftrage ausländischer Kräfte tätigen feindlichen Agenten, die besonders vom sogenannten Ostbüro der SPD entsandt werden. Ihre weitere Aufgabe besteht im Kampf gegen Korruptionserscheinungen, gegen den Mißbrauch von Parteifunktionen und staatlichen Funktionen sowie gegen Karrierismus.“[15]

Doch nicht erst als Folge dieser Entschließung wurden Sozialdemokraten als „Agenten des Ostbüros“ kriminalisiert und verfolgt. Schon während der Tagung waren Beispiele aus den Ländern angeführt bzw. in denunziatorischer Absicht konstruiert worden, um die Schaffung der Kontrollkommissionen zu „begründen“.[16] Es dürfte schwer gewesen sein und viel Mut erfordert haben, gegen diese Konstruktionen zu protestieren, die auf die „Notwendigkeit“ der Säuberungen hinausliefen. Deswegen wirkt Paul Szillats Stellungnahme wie ein letzter schwacher Protest oder wie ein Versuch zur Verteidigung von Sozialdemokraten. Einen grundsätzlichen Einwand wollte oder konnte er nicht erheben. Doch er mahnte, die Mitglieder der Kontrollkommission dürften nicht wie Kriminalkom-

---

14 Zusammenfassend dazu Malycha/Hedeler, S. 18 f.

15 Zitiert nach Dokumente der Sozialistischen Einheitspartei Deutschlands, Bd. II, Berlin (Ost) 1952, S. 100-106.

16 Besonders deutlich wurde dies in den Beiträgen von Walter Ulbricht, Wilhelm Koenen und Fritz Lange, die mit zahlreichen Beispielen vor allem aus Sachsen aufwarteten. Vgl. dazu Stenographische Niederschrift über die 13. (27.) Tagung des PV der SED am 15./16. September 1948, in: SAPMO-BArch IV 2/1/52, insbesondere Bl. 35 ff., 86 ff., 98 ff.

missare auftreten. Szillat gehörte zu denen, die der Vorwurf getroffen hatte, keine „Schumacher-Leute“ nachweisen zu können. Dem entgegnete er, daß die Auseinandersetzung mit der „Kommission nicht die Schärfe angenommen [hätte], wenn in der Form und in der Art des Auftretens ein wirklich parteigenössischer Geist vorhanden gewesen wäre. Wir sind es schließlich aus der Vergangenheit gewohnt, daß wir trotz mancher schwerer Auseinandersetzungen nicht vergessen haben, daß wir Mitglied einer Partei waren. [...], um so mehr scheint das die Absicht zu sein, unter allen Umständen irgendwie Kreise zu diffamieren oder zu diskreditieren, ohne nur irgendetwas als erwiesen feststellen zu können, [...].“[17] Meinungsverschiedenheiten hielt er als ein aus der Sozialdemokratie stammender Funktionär für eine Selbstverständlichkeit; Reden würden darüber hinaus nicht – wie bei den Kommunisten – vom Papier abgelesen; aus der nicht immer abgewogenen freien Sprache würden dann Böswilligkeit und Absichten konstruiert, gegen die er sich entschieden wandte. Es gehe nicht um sachliche Auseinandersetzungen, sondern um reine Vorverurteilungen. Er kenne die Parteimitglieder aus Rathenow. Sie „waren natürlich in der Hauptsache sozialdemokratisch orientiert“; es mochte zutreffen, daß sie theoretisch und ideologisch nicht so versiert seien wie die Kommunisten, doch daraus konstruieren zu wollen, „dort seien Schumacher-Leute, ist doch der Versuch einer Diskriminierung am unrechten Platz“.[18] Die Tatsache, daß das Protokoll an dieser Stelle „Bravo“ registriert, führt zu der Annahme, daß er manchen aus dem Herzen gesprochen hatte. Darüber hinaus waren seine Einwände keine Über-, sondern eine Untertreibung; es sollten nicht „Schwierigkeiten“ überwunden werden, sondern die Säuberung der Partei wurde eingeleitet. Deren Opfer wurde Szillat 1950 mit einer Verurteilung zu acht Jahren Zuchthaus. Deutlich werden an seinen Einwänden und an der PV-Tagung insgesamt, daß die Säuberungen eben keine Folge dieser Resolution, sondern längst im Gange waren. Schon im Juni des gleichen Jahres war Otto Grotewohl mit seinem Verhalten im sogenannten „Spionagefall Lohrenz“ offen auf diese Linie eingeschwenkt.[19]

Die Umwandlung der SED zur „Partei neuen Typs“ hing jedoch nicht nur mit den Konflikten in Ost- und Südosteuropa zusammen, sondern auch mit der sich abzeichnenden deutschen Teilstaatenbildung bzw. der sich verfestigenden deutschen Teilung. Nachdem die Außenministerkonferenzen der Großmächte 1947 und 1948 nicht zur Herstellung gesamtdeutscher Strukturen geführt und die sowjetischen Vertreter im März 1948

17 IV 2/1/52, Bl. 83.
18 Ebd., Bl. 85.
19 Vgl. Kapitel 2 und 6.

den Kontrollrat verlassen hatten, wurde das formal oberste Gremium handlungsunfähig. Mit den im Juni 1948 getrennt durchgeführten Währungsreformen brach das deutsche Wirtschaftsgebiet auseinander. Die unmittelbar danach beginnende Blockade West-Berlins spaltete im Ergebnis zwar die Stadt; aber es war der Sowjetunion weder gelungen, ganz Berlin in die Hand zu bekommen, noch die eingeleitete Bildung des Weststaates aufzuhalten. Die entscheidenden Weichenstellungen waren längst erfolgt: Ausbau der Bizone, die Annahme des Marshallplans, mit der die Westintegration vorgezeichnet war, sowie die Währungsreform. Formaler Ausgangspunkt für die Entstehung des Grundgesetzes und der Bundesrepublik Deutschland bildeten die Empfehlungen der Londoner Sechs-Mächte-Konferenz, die als „Frankfurter Dokumente" den deutschen Ministerpräsidenten übergeben worden waren. Der im September 1948 konstituierte Parlamentarische Rat verabschiedete Anfang Mai 1949 das Grundgesetz; die Befugnisse der bisherigen Militärregierungen wurden durch ein Besatzungsstatut ersetzt. Anfang August 1949 wurde der erste Deutsche Bundestag gewählt.

Die Gegenreaktionen der Sowjetunion, die insbesondere durch den Marshallplan ihre Interessen gefährdet sah, sind im wesentlichen in zwei Formen faßbar: in der Gründung der Kominform und ökonomisch in der Schaffung des Rats für gegenseitige Wirtschaftshilfe (RGW) Anfang 1949. In ihrem deutschen Besatzungsgebiet, der Sowjetischen Besatzungszone, gab sie den Weg für eine eigene Staatenbildung frei. Im Mai 1949 wählte die Bevölkerung den III. Deutschen Volkskongreß, der einen Volksrat mit der Aufgabe betraute, die DDR zu konstituieren. Die Voraussetzungen waren durch die bisherigen Strukturveränderungen gegeben. Die SED sollte die Sowjetzone bzw. die DDR nach dem Modell der stalinistischen Sowjetunion umformen.

Mit der Herausbildung von spezifischen politischen und ökonomischen Strukturen war eine neue Rolle für die SED verbunden, die Sergej Tjulpanow, damals Chef der Informationsverwaltung der SMAD und einer der wichtigsten Besatzungsoffiziere, in einem Memorandum vom Mai 1948 skizziert hatte. Darin wurde u. a. hervorgehoben, daß die Planwirtschaft der SED neue Funktionen zuweise, für die sie in eine „Partei neuen Typs" umzuwandeln sei; sie befinde sich „an der Grenze zweier Welten, dort, wo die Welt des Kapitalismus auf die Welt des Sozialismus trifft. Deswegen sind ihr auch große verantwortliche Aufgaben auferlegt."[20] Die vollständige Angleichung an das sowjetische Planungssystem setzte nach dieser Sicht demnach einen Parteityp voraus, der mit Hilfe von zentralistischen

20 Zitiert nach Dietrich Staritz, Die SED, Stalin und die Gründung der DDR, in: Aus Politik und Zeitgeschichte B 5/91, S. 5.

Strukturen in der Lage schien, Wirtschaftspläne nicht nur zu entwickeln, sondern vor allem gesamtgesellschaftlich durchzusetzen. Deswegen begründete Walter Ulbricht auf der Parteivorstandstagung vom 29./30. Juni 1948 die „Partei neuen Typs“ auch mit der Durchführung des Zweijahresplanes für 1949/50. Da für den Parteivorstand die Entwicklung damit ein Stadium erreicht hatte, das die Perspektive des Sozialismus eröffnete, formulierte Ulbricht auf der erwähnten Septembertagung, daß und in welcher Weise dem tatsächlich oder vermeintlich entgegenstehende Kräfte „liquidiert“ werden müßten. Und die „Partei neuen Typs“ bildete nach dieser Sicht die Voraussetzung für den Aufbau des Sozialismus, d.h. die zentralistische Steuerung von Staat und Wirtschaft. Auf friedlichem Weg war der Übergang zum Sozialismus nicht denkbar; vielmehr werde die Eroberung der politischen Macht mit revolutionären Strategien verbunden sein, weil die Klassengegensätze sich als „unversöhnlich“ erwiesen.[21]

Der Prozeß der Stalinisierung erstreckte sich über einen längeren Zeitraum, dessen Eckpunkte der Mai 1948, die erste Parteikonferenz 1949 und der dritte Parteitag im Juli 1950 mit der Verabschiedung eines neuen Statuts waren. Eingeleitet wurde die Diskussion über den Wandel der SED auf der Tagung des Parteivorstandes Mitte Mai 1948.[22] Wilhelm Pieck betonte die Notwendigkeit von Veränderungen in Richtung erhöhter Kampffähigkeit, um die führende Rolle der Partei zu sichern. Dem entsprachen die Ausführungen Franz Dahlems über die Personalpolitik und die Organisationsarbeit mit den Hinweisen auf die verstärkte Bedeutung der Betriebsgruppen. Damit war der Auftakt zur Umbildung der SED in die „Partei neuen Typs“ offenkundig. Der nächste Schritt war der Beschluß über den Zweijahresplan 1949/50.[23] Ulbricht erläuterte in diesem Zusammenhang die Aufgaben der SED als „Avantgarde“; und als wichtiges Bindeglied für die „Partei neuen Typs“ bezeichnete er die Schaffung eines ideologisch gefestigten und disziplinierten „Funktionärskörpers“. Weiter ausgefaltet wurden die neuen Strukturen dann auf der Juli- und der Septembertagung mit der Entschließung zur Jugoslawienfrage, der Ankündigung von Säuberungen und des Kampfes gegen die „Agenten des Ostbüros“.[24] Deutlich wurden auch die Vorstellungen von der „Straffung“

---

21 Dementsprechend war die Argumentationskette auf der Vorstandstagung vom 20./21. Oktober 1948, IV 2/1/55, Bl. 3 ff., 83 ff.

22 Die folgenden Ausführungen basieren auf den Wortprotokollen der jeweiligen Tagungen des SED-Parteivorstandes. Hier Stenographische Niederschrift über die 10. (24.) Tagung des PV der SED am 12. und 13. Mai 1948, in: SAPMO-BArch IV 2/1/46.

23 Vgl. Stenographische Niederschrift über die 11. (25.) Tagung des PV der SED am 29./30. Juni 1948, in: ebd., IV 2/1/48.

24 Vgl. Stenographische Niederschriften über die 12. (26.) und die 13. (27.) Tagung des PV am 28. und 29. Juli bzw. am 15./16. September 1948, in: ebd., IV 2/1/50 und IV 2/1/52.

des Funktionärskörpers: Seine Zusammensetzung sollte von den zuständigen Parteileitungen bestimmt werden, die ihrerseits vorher zu überprüfen waren, um jene zu eliminieren, die sich dieser Entwicklung nicht fügen wollten. Angestrebt wurde ein hauptamtlicher Parteiapparat, der einer demokratischen Kontrolle entzogen war; und auf administrative Weise konnte und sollte der auf der unteren Ebene immer noch vorhandene sozialdemokratische Einfluß reduziert werden. Ergänzt wurden diese im nachhinein folgerichtig erscheinenden Schritte durch die dominierende Bedeutung der Betriebsgruppen, die faktisch zu alleinigen Entscheidungsträgern erklärt wurden.[25]

Verbindlich festgeschrieben wurde die Entwicklung des Jahres 1948 zwar auf der ersten Parteikonferenz vom 25. bis 28. Januar 1949. Doch die eigentlichen Beschlüsse waren am Tag zuvor auf einer Vorstandstagung gefaßt worden.[26] Sie wurden dann nur noch einstimmig bestätigt, auch die über die „innerparteilichen Maßnahmen".

Noch einmal wurden die Zielsetzungen formuliert, wozu auch die Ausschaltung der Sozialdemokraten gehörte, die sich nicht von ihren Demokratievorstellungen lossagen wollten. Darüber hinaus gehörten die Einführung von Kandidatenzeiten und die Bildung des „Politischen Büros" (Politbüro) nach marxistisch-leninistischem Vorbild zu diesen Beschlüssen.[27] Im Juli 1950 folgte die Umwandlung des Parteivorstandes in das Zentralkomitee (ZK). Folgenreich im Hinblick auf die Ausschaltung von Sozialdemokraten war die formelle Aufhebung des Paritätsprinzips. Offiziell nannte Otto Grotewohl dafür drei Gründe: 1. die Einteilung von Parteimitgliedern nach der früheren Parteizugehörigkeit werde konserviert; 2. die Doppelbesetzung von Funktionen sei ein unangebrachter Luxus; 3. die Nicht-Berücksichtigung von neuen Mitgliedern.[28] Zu den in der Folge bindenden marxistisch-leninistischen Organisationsprinzipien des „demokratischen Zentralismus" gehörten neben der straffen Parteidisziplin auch „Kritik und Selbstkritik" sowie das Verbot von Fraktions- und Gruppenbildung. Das verhinderte nicht nur jeden innerparteilichen Meinungsbildungsprozeß, sondern führte im Verlauf der weiteren Entwicklung immer wieder zur Ausschaltung von oppositionellen Gruppie-

---

25 Vgl. Stenographische Niederschrift über die 14. (28.) Tagung des PV der SED am 20./21. Oktober 1948, in: ebd., IV 2/1/55.

26 Vgl. Stenographische Niederschrift über die 16. (30.) Tagung des PV der SED am 24. Januar 1949, in: ebd., IV 2/1/59.

27 Dem ersten Politbüro gehörten folgende Mitglieder an: Wilhelm Pieck, Walter Ulbricht, Paul Merker, Franz Dahlem, Otto Grotewohl, Helmut Lehmann, Friedrich Ebert; hinzu kamen Anton Ackermann und Karl Steinhoff als Kandidaten.

28 Vgl. Protokoll der Ersten Parteikonferenz der Sozialistischen Einheitspartei Deutschlands, 25. bis 28. Januar 1949 in Berlin, Berlin (Ost) 1949, S. 376.

rungen. Hinzu kam die Zentrale Parteikontrollkommission, womit die in den ursprünglichen Statuten vorgesehenen Schiedsgerichte wegfielen und ein wichtiges Disziplinierungsmittel geschaffen war. Damit waren in der SED die wichtigsten stalinistischen Strukturen geschaffen worden, mit deren Hilfe die weitergehende Stalinisierung und Zentralisierung von Staat, Wirtschaft und Gesellschaft erreicht werden konnten.

Abgeschlossen wurde diese Stufe der Stalinisierung mit dem 3. Parteitag und einem neuen Parteistatut; es ersetzte den Parteivorstand durch das Zentralkomitee (ZK) und das Zentralsekretariat durch das Politbüro. Obwohl es auch in den 50er Jahren noch zu politischen Auseinandersetzungen und partieller Kritik auf den Tagungen des ZK kam, entwickelte dieses sich immer stärker zu einem „Deklamations- und Akklamationsgremium".[29] Da das ZK zudem nur vierteljährlich tagte, konnte es die ihm zugewiesenen Aufgaben gar nicht lösen, sondern die Beschlüsse und Maßnahmen des Parteiapparates und der politischen Führung nur noch sanktionieren.[30] Das neue Statut bestätigte den 1949 offiziell begonnenen Umbau der Führungsgremien und vor allem die Existenz eines Apparates in der Partei. Die strukturelle Gliederung des SED-Apparates von 1950 dokumentiert nicht nur den totalen Anspruch auf die Führung von Staat und Gesellschaft, sondern auch die Nachahmung des Parteiapparates der KPdSU, was die Übernahme des sowjetischen Instrukteursystems einschloß.[31]

## 3.2 Die Umstrukturierung der SED 1949–1951

Mit dem Umbau der SED zur „Partei neuen Typs" war auch die Verhärtung der Ideologie verbunden, was schon die Rücknahme der Ackermann-These deutlich gemacht hatte. Ein weiteres Indiz war, Funktionäre und

---

29 Vgl. Richert, Macht ohne Mandat, S. 30.

30 Nach den Statuten war das ZK zwischen den Parteitagen für die Durchführung der Parteibeschlüsse verantwortlich; formell sollte es die gesamte Tätigkeit der Partei leiten und diese gegenüber anderen Organisationen, Parteien und der Verwaltung vertreten. Außerdem hatte es SED-Kandidaten für leitende Funktionen zu bestimmen und Kandidaten für die Volks- und Länderkammer bzw. die Ländervertretungen zu bestätigen. Vgl. Statut der Sozialistischen Einheitspartei Deutschlands, in: Protokoll des III. Parteitages der SED, Bd. 2, Berlin (Ost) 1951, S. 316. Vgl. als Überblick Monika Kaiser, Die Zentrale der Diktatur – organisatorische Weichenstellungen, Strukturen und Kompetenzen der SED-Führung in der SBZ/DDR 1946 bis 1952, in: Historische DDR-Forschung. Aufsätze und Studien. Hrsg. von Jürgen Kocka, Berlin 1993, S. 80 ff.

31 Eine Studiendelegation der SED hatte sich extra mit der Organisationsarbeit einer bolschewistischen Partei vertraut gemacht. Vgl. Kaiser, Die Zentrale der Diktatur, S. 82.

Parteimitglieder zu verpflichten, Stalins „Kurzen Lehrgang der Geschichte der KPdSU“ zu studieren.[32] Dem folgten bald ein hierarchisches Schulungssystem und die Einführung des „Parteilehrjahres“ mit z.T. mehrjährigen Lehrgängen. Im Rahmen des verordneten Studiums des Marxismus-Leninismus wurden nach 1950 wichtige Verschiebungen deutlich; besonders auffallend war die Zurückdrängung der Schriften von Marx und Engels zugunsten der von Lenin und insbesondere von Stalin, dessen Leben und Werke glorifiziert wurden, so daß der Personenkult um ihn schon früh blühte.[33]

Die Durchsetzung des Marxismus-Leninismus war mit dem Kampf gegen Andersdenkende verbunden, der mit und nach dem 3. Parteitag noch einmal ausgeweitet wurde. Neben dem „bürgerlichen Objektivismus“ und dem „Kosmopolitismus“ war es der gegen die „Überreste des Sozialdemokratismus“ in der SED, die sich nach dieser Sicht in der Unterschätzung der Rolle der Sowjetunion und vor allem in einer „falschen formalen Einstellung zur Demokratie“ manifestierten. Das war ebensowenig neu wie die wiederholten Aufrufe zur „revolutionären Wachsamkeit“. Beides deutet darauf hin, daß die ideologischen Vorgaben nur sehr langsam nach „unten“ zu vermitteln waren.[34] Damit diente die aufoktroyierte Ideologie in hohem Maße der Disziplinierung von Mitgliedern und Funktionären; denn mit der automatischen Ablehnung von Abweichungen wurden nicht nur kritisches Denken und Diskussionen unterbunden, sondern auch Angst und Unsicherheit erzeugt. Eine darauf abgestellte Schulung sollte einen gefügigen und disziplinierten Stamm von Funktionären heranbilden.

Auch dies war schon im Sommer 1948 mit dem Beschluß „Für die organisatorische Festigung der Partei und für ihre Säuberung von feindlichen und entarteten Elementen“ konkretisiert worden. Gedacht war an einen Apparat in der Größenordnung von 200.000 bis 250.000 Funktionären.[35] Wichtig dafür war die Arbeit der Parteikontrollkommissionen, die quasi „generalstabsmäßig“ die Säuberung der SED organisierten und

---

32 Vgl. dazu Wolfgang Leonhard, Die Etablierung des Marxismus-Leninismus in der SBZ/DDR (1945–1955), in: Aus Politik und Zeitgeschichte. Beilage zur Wochenzeitung Das Parlament B 40/94, S. 3-11.

33 Daß es ihn in gewissem Umfang auch vor der offiziellen Stalinisierung gab, läßt sich an der erwähnten Kritik an den Parteihäusern ablesen, die schon nach der Vereinigung mit ihren Stalinbildern wie sowjetische Kommandanturen ausgesehen hätten. 1946/47 wurde eine solche Kritik noch hingenommen. Vgl. Kapitel 2.

34 Vgl. auch Leonhard, Die Etablierung des Marxismus-Leninismus, S. 10.

35 Vgl. Detlef Eckert, Die Liquidierung der SED als Einheitspartei. Zu den Veränderungen in Organisation und Personalstruktur im Jahr 1949, in: Scherstjanoi (Hrsg.), „Provisorium für längstens ein Jahr“, S. 286 f.

durchführten.[36] Die Zusammensetzung dieser Kommissionen mußte ebenso wie ihre Beschlüsse von der jeweils übergeordneten Hierarchieebene bestätigt werden. Durch weitreichende personalpolitische Kompetenzen waren sie zentrale Disziplinierungsinstrumentarien, denn sie konnten die „Entfernung von der Funktion im Partei- und Staatsapparat oder die Versetzung auf eine niedrigere Funktion" beschließen.[37]

Die Arbeit der Parteikontrollkommissionen macht deutlich, wie sehr die Umstrukturierung der SED Folge einer gezielten Politik war, obwohl sich häufende Austritte nicht unterschätzt werden sollten. Wie bedeutsam im Vergleich dazu jedoch die Selektion war, zeigen interne Richtlinien vom Oktober 1950.[38] Sie nahmen unmittelbar Bezug auf die Säuberungen in der Sowjetunion der dreißiger Jahre und verbanden dies mit dem Umtausch der Parteidokumente als Mittel zur „Erziehung" und zur „Verbesserung" der sozialen Zusammensetzung. Da die anvisierte Anhebung des Anteils von „Arbeitern" um 10 % über Neuaufnahmen nicht realisierbar erschien, wurde intern die „Ausscheidung" von etwa 300.000 Mitgliedern vorgesehen. Damit spielte die soziale Herkunft bei den Überprüfungen eine wichtige Rolle: Betroffen waren neben „kapitalistischen, großbäuerlichen und kleinbürgerlichen Elementen" insbesondere die Angestellten; eines der Kriterien war zwar die höhere Schulbildung (vor allem vor 1945), doch bei „fortschrittlichen Vertretern der Intelligenz" wurde ein individuelles Vorgehen für angebracht gehalten. Unabhängig davon sollten alle Parteimitglieder auf ihre politische Vergangenheit hin überprüft werden, was Ergebenheit und Treue sowohl gegenüber der SED als auch der Sowjetunion einschloß. Auch die Suche nach den „Schwankungen" bezog sich auf die Vergangenheit, auf alle „parteifeindlichen Gruppierungen". Besonders strenge Maßstäbe waren darüber hinaus an die Rückkehrer aus dem westlichen Exil und aus westlicher Kriegsgefangenschaft anzulegen. Der Kreis derer, die bei den Parteiüberprüfungen ins Visier gerieten, ging demnach weit über die Sozialdemokraten hinaus. Sofern diese noch nicht von der 1948 massiv einsetzenden Säuberungswelle erfaßt waren, standen erneut die SPD-Politik nach 1918 und die Haltung von Sozialdemokraten im Vorfeld der Vereinigung von 1946 zur Debatte. Weil Sozialdemokraten von ihrer „sozialen Herkunft" her nicht automatisch oder mit Vorrang von der Ausschlußquote betroffen sein mußten, konnten sie bei geschicktem Taktieren und zufriedenstellenden Antworten

36 Nach dem offiziellen Beschluß des SED-Parteivorstandes vom 16. September 1948 gab es sogleich entsprechende Ausführungsbestimmungen. Abgedruckt in: Dokumente der Sozialistischen Einheitspartei Deutschlands, Bd. II, S. 97-99. Zur Arbeit der Kontrollkommissionen vgl. auch Kaiser, Die Zentrale der Diktatur, S. 70 f.

37 Dokumente der Sozialistischen Einheitspartei Deutschlands, Bd. II, S. 98.

38 Vgl. zum folgenden Kaiser, Die Zentrale der Diktatur, S. 71.

die Überprüfung durchaus relativ unbeschadet überstehen, falls sie nicht die Gelegenheit nutzten, aus der SED auszutreten oder sich ausschließen zu lassen. Dennoch muß man festhalten, daß jede Opposition zum SED-Kurs oder „Abweichungen“ in Vergangenheit und Gegenwart zum Parteiausschluß führten. Noch gravierender waren die strafrechtlichen Konsequenzen, wurden doch Sozialdemokraten, aber auch Kommunisten, auf Grund von willkürlich konstruierten Anschuldigungen und nicht zuletzt von Denunziationen zu mehrjährigen Haftstrafen verurteilt.[39]

Ebenso wichtig wie die „Säuberung“ der Partei durch die Parteikontrollkommissionen war die Umstrukturierung des Funktionärsapparates durch die Personalpolitik. Die entscheidende Möglichkeit dafür war erst mit der Aufhebung der Parität gegeben, die ideologisch längst vorbereitet war. Zwar ist bei etwa 1,8 Millionen Mitgliedern im Jahre 1949 nicht zu übersehen, daß wegen der Parität tatsächlich viele SED-Mitglieder nicht in Leitungsfunktionen gelangen konnten. Doch die Personalentwicklung der nachfolgenden Jahre zeigt, daß die Verdrängung von Sozialdemokraten aus den Leitungen und aus dem Parteiapparat ein wesentliches Ziel dieser Maßnahme war. Bezogen auf die Parteiherkunft bzw. auf die Parteizugehörigkeit nach 1945 ergab sich für die Sekretäre von Grundeinheiten und die Mitarbeiter in den Apparaten 1954 folgendes Bild: 52,7 % der Sekretäre von Grundeinheiten waren nur in der SED, 26,4 % kamen aus der KPD und 20,9 % aus der SPD. In den Kreisleitungen kamen 52,8 % aus der SED, 30,6 % aus der KPD und 16,8 % aus der SPD. In den Bezirksleitungen waren 47,8 % SED, 37,4 % KPD und 14,8 % SPD. Am deutlichsten wird das Bild bei der Herkunft der Mitarbeiter des ZK: 34,2 % SED, 54,5 % KPD und 11,3 % SPD.[40] Je höher demnach die Leitungsebene war, desto größer war der Anteil von ehemaligen KPD-Mitgliedern und um so niedriger wurde der Anteil von ehemaligen Sozialdemokraten. Die Tatsache allein, daß nach den Säuberungen und – so muß man hinzufügen – nach den Ereignissen des 17. Juni 1953 immerhin noch knapp über 20 % der Sekretäre von Grundeinheiten aus der Sozialdemokratie stammten, besagt für sich genommen noch wenig, denn sie macht nicht deutlich, wo,

---

39 Dafür sollte nicht unterschätzt werden, daß die Parteikontrollkommissionen eng mit den – auch sowjetischen – Sicherheitsorganen zusammenarbeiteten. Vgl. auch Kaiser, ebd.

40 Zahlenangaben bei Eckert, Die Liquidierung der SED als Einheitspartei, S. 288. Im ZK selbst stammten zu diesem Zeitpunkt noch 13 Mitglieder (Robert Alt, Edith Baumann, Otto Buchwitz, Friedrich Ebert, Otto Grotewohl, K. Helbig, Käthe Kern, K. Krüger, Helmut Lehmann, Erich Mückenberger, Hermann Schlimme, E. Schuppe, Friedrich Wehmer) und 3 Kandidaten (Gertrud Grauer, A. Kupke, Hermann Redetzky) aus der SPD. Zu den Namen vgl. Peter Christian Ludz, Parteielite im Wandel, Köln, Opladen 1968, S. 171.

in welchem Umfeld und wie lange sie in diesen Funktionen verblieben.[41] Bei der Suche nach dem Profil dieser in Funktionen verbliebenen Sozialdemokraten dürfte neben den politischen und privaten Motiven auch die Frage nach ihrem Alter und ihrer politischen Sozialisation eine Rolle spielen. Denn für das Weiterwirken oder das Nachwirken von spezifisch sozialdemokratischen Traditionen oder Vorstellungen ist wichtig, ob diese Funktionäre in einem Alter waren, daß sie der SPD von vor 1933 hatten angehören können und dadurch geprägt waren, oder ob sie ihr erst 1945/46 beigetreten waren. Das zahlenmäßige Übergewicht von ehemaligen KPD-Mitgliedern und Nur-SED-Funktionären ist eindeutig, so daß der Einfluß der ehemaligen Sozialdemokraten insgesamt wenig ins Gewicht gefallen sein dürfte.

Bei der Neustrukturierung wurde nichts dem Zufall oder innerparteilichen Willensbildungsprozessen überlassen. Nach unten abgesichert wurde sie deswegen zusätzlich durch die Parteiwahlen vom September bis Dezember 1949. Als ihr Ziel war formuliert worden: „Die bevorstehenden Neuwahlen der Parteileitungen von den Grundeinheiten bis zu den Landesvorständen dienen dem Zwecke, die Erfahrungen bei der Durchführung der Beschlüsse der Ersten Parteikonferenz den Parteimitgliedern zu vermitteln, jede Parteiorganisation zu veranlassen, selbst zu überprüfen, welche Schwächen und Fehler sich in ihrer Arbeit [...] gezeigt haben.“[42] Eine detaillierte und einheitliche Tagesordnung wurde den Mitgliederversammlungen vorgegeben; und zusätzlich waren erstmals etwa 40.000 Instrukteure für die Wahlen in den Grundeinheiten eingesetzt, um diese zu „unterstützen“ und „anzuleiten“. Im September wurden darüber hinaus alle Organisationssekretäre der Kreis- und Landesleitungen zu einer „Beratung“ nach Berlin geholt, auf der die politische Bedeutung des mit den Parteiwahlen durchzusetzenden Organisationsaufbaus noch einmal herausgestellt wurde.[43]

Eine erste Berichterstattung über die Erfahrung mit den Parteiwahlen zeigte andeutungsweise, daß die Umsetzung der Beschlüsse nicht ganz so

41 In Detailstudien müßte geklärt werden, wie sie die Umstrukturierung und Säuberung erlebt und überstanden hatten, warum und wie lange sie im Einzelfall in eventuell wechselnden Funktionen verblieben und wirkten.

42 „Die nächsten Aufgaben der Partei“. Entschließung des PV der SED vom 24.8.1949, in: Dokumente der Sozialistischen Einheitspartei Deutschlands, Bd. II, S. 308. Damit entsprach die veröffentlichte Entschließung der wörtlichen Formulierung Ulbrichts, wie er sie dem Parteivorstand vorgetragen und als genauen Arbeitsplan für die Parteiwahlen und für die detaillierte Festlegung der Zusammensetzung der neuen Vorstände gegeben hatte. Vgl. Stenographische Niederschrift über die 21. (35.) Tagung des PV der SED am 23./24. August 1949, in: SAPMO-BArch, IV 2/1/69, Bl. 18ff.

43 Er blieb dann in den Grundstrukturen bis 1989 erhalten. Vgl. auch Eckert, Die Liquidierung der SED als Einheitspartei, S. 291.

reibungslos verlief, wie es vom Ergebnis her aussehen könnte.[44] Die angeordneten Mitgliederversammlungen stießen keineswegs auf das gewünschte Interesse; die Teilnahme war häufig so gering, daß die Instrukteure neue Versammlungen anberaumen ließen. Überdies wurden die Beschlüsse des Jahres 1949 in vielen Grundeinheiten zunächst überhaupt nicht zur Kenntnis genommen. Die Instrukteure selbst scheinen mit wenig Begeisterung aufgenommen worden zu sein, weil man sie für „Schnüffler" und „Spitzel" hielt, was man ihnen deutlich zu verstehen gab. Da die Instrukteure sich nicht immer als solche zu erkennen gaben, meinten manche Funktionäre der unteren Ebene, offen reden zu können, so daß die Diskrepanz zwischen intern geäußerter Meinung und parteioffizieller Linie offenkundig wurde: Die Stimmung an der Basis war schlecht, und die Angst vor Repressalien und vor der Denunzierung als „Reaktionär" oder „Schumacher-Agent" war besonders groß. Im Parteivorstand wurde deswegen festgehalten, daß sowohl der „Sozialdemokratismus" als auch die „Wahlvereins-Tradition", das Beharren von Sozialdemokraten auf ihrem aus dem Kaiserreich stammenden Organisationsprinzip der Wohnbezirke, als Problem „ernst" genommen werden müßten. Das konnte nur bedeuten, daß der Kampf dagegen verstärkt werden sollte, daß in allen weiteren Mitgliederversammlungen die „negative" Rolle der „Schumacher-Partei" herauszustellen war, eine Vorgabe, die ebenfalls nicht im gewünschten Umfang befolgt wurde.

Das Ergebnis der Parteiwahlen war trotz dieser Schwierigkeiten eine strukturell und personell veränderte Partei. Im Durchschnitt wurden nur 26 % der Funktionäre wiedergewählt, und nur etwa 33 % der Leitungsmitglieder waren vor 1933 in der KPD und SPD organisiert.[45]

---

44 Vgl. dazu und zum folgenden Stenographische Niederschrift über die 22. (36.) Tagung des PV der SED am 4. Oktober 1949, in: SAPMO-BArch, IV 2/1/72, Bl. 53 ff. (Bericht Otto Schön).

45 Bei diesen Durchschnittszahlen sind regionale Schwankungen zu bedenken, weiterhin die unterschiedlichen Ebenen der Hierarchie sowie die Tatsache, daß eine genaue Zusammenstellung von Wahlergebnissen schwierig ist, weil es weder einheitliche Berichtsbögen noch einheitliche Auswertungskriterien gab. Sie können nur Annäherungswerte darstellen. Die Zahlen nach Eckert, Die Liquidierung der SED als Einheitspartei, S. 291 f.; zu den Zahlen vgl. auch einen Bericht über „Die Ergebnisse der Wahlen zu den Parteileitungen", in: SAPMO-BArch, IV 2/5/261.

## 3.3 Parteiwahlen und Überprüfungen in den Ländern und Kreisen

Mit den Parteiwahlen und den „Säuberungen“ gerieten die Sozialdemokraten doppelt unter Druck. Über die Wahlen wurden sie aus den Parteifunktionen verdrängt, was nach außen „geräuschlos“ erfolgen konnte, weil bei der Kandidatenaufstellung nicht das Argument der politischen Herkunft verwendet wurde, sondern das der Verjüngung und stärkeren Berücksichtigung von Frauen. Kurz darauf begannen die Parteiüberprüfungen, durch die Sozialdemokraten ebenfalls aus der SED entfernt werden konnten oder von sich aus austraten. Mit Beispielen aus den Ländern und Kreisen soll der Frage nachgegangen werden, in welcher Weise dieser Prozeß auf der unteren Ebene verlief, wie zudem der die Umstrukturierung der SED begleitende ideologische Kampf gegen den „Sozialdemokratismus“ umgesetzt und was auf dieser Ebene darunter verstanden wurde.

Trotz seiner Sondersituation wurde Berlin keineswegs von der Umstrukturierung der SED ausgeklammert.[46] Berichte über Delegiertenkonferenzen im Osten der Stadt legen die Annahme nahe, daß die Sozialdemokraten nicht nur in den neuen Kreisvorständen zurückgedrängt wurden, sondern daß bereits die Delegierten, die zudem überwiegend aus den Betriebsgruppen kamen, nur noch zu etwa einem Drittel aus der SPD stammten.[47] Freilich besagt dies noch nichts über den Einfluß der schließlich gewählten Funktionäre, wurde doch etwa bei Kandidaten für den Kreisvorstand Prenzlauer Berg hervorgehoben, die aus der SPD seien zwar in der Minderheit, hätten aber aufgrund der politischen Schwäche der KPD-Kandidaten politisch immer noch das Übergewicht.[48]

Bei den Überprüfungen wiederum ist zunächst auffallend, daß von den Sozialdemokraten und ihrem Verhalten kaum die Rede ist, jedenfalls nicht in dem Bericht, den Hans Jendretzky vor dem ZK abgab.[49] Im Vor-

---

46 Zur Sonderentwicklung Berlins vgl. Kapitel 1.6.

47 Zu den genauen Zahlenangaben vgl. unterschiedliche Berichte über Kreisdelegiertenkonferenzen, in: SAPMO-BArch, IV 2/5/1195.

48 Vgl. ebd., Bl. 110. Das sagt allerdings auch noch nichts darüber aus, ob und in welcher Weise dieses politische Übergewicht inhaltlich umgesetzt werden konnte und wie eventuell Sozialdemokraten ihren Einfluß geltend machten.

49 Vgl. Stenographische Niederschrift über die 5. Tagung des ZK der SED am 15., 16. u. 17. März 1951, in: SAPMO-BArch, IV 2/1/93. Deutlicher wird dies erst bei der Überprüfung in Einzelbereichen. So wurde beispielsweise im Rahmen der Überprüfung von Grundorganisationen im Justizministerium statistisch genau festgehalten, daß im Juli 1951 von 57 überprüften Mitgliedern noch 18 vor der Vereinigung in der SPD organisiert waren. Das allein sagt nichts über deren Einstellung. Daß das Mißtrauen gegen sie hingegen grundsätzlich groß war, zeigt der Abschlußbericht, der nicht nur die Fluchtbewegung unter den Juristen genau registrierte, sondern nachdrücklich auf die Tatsache verwies,

dergrund stand die Kritik an den Überprüfungskommissionen, die es verabsäumten, den Ursachen für die zahlreichen Austritte nachzugehen. Kritisiert wurde zudem nicht nur die zu geringe Zahl von Ausschlüssen, sondern auch, daß keiner davon mit „Parteifeindlichkeit" begründet war. Da dies jedoch als undenkbar galt, wurden die Überprüfungen selbst für fehlerhaft gehalten. Im einzelnen scheinen diese Kommissionen höchst unterschiedlich gearbeitet zu haben.

### 3.3.1 *Brandenburg, Mecklenburg-Vorpommern*

Unabhängig von den zentralistischen Elementen gab es freilich auch länderspezifische Probleme. Das wirft die Frage nach der Rolle der Instrukteure auf, die in den Kreisen für die Durchführung der Delegiertenkonferenzen und die Neuwahl der Vorstände sorgten und darüber berichteten.[50]

Für Brandenburg mit seiner in weiten Teilen ländlichen Struktur hatte die „Bearbeitung" von ländlichen Kreisen große Bedeutung, weil die Gewinnung der Landbevölkerung als „Bündnis mit den Bauern" zwar zur propagierten Ideologie gehörte, diese jedoch offenkundig in den Orten weder bekannt war noch verstanden wurde.[51] Gleiches gilt für die „führende Rolle" der Partei, die hingenommen oder formal akzeptiert wurde, ohne daß die unteren Parteigliederungen inhaltlich damit etwas anzufangen wußten. Dem wurde mit „Kampagnen" begegnet, die auch die Feindbilder propagierten, zu denen „Sozialdemokratismus" gehörte. Wenn nicht einzelne Personen direkt als „Agenten des Ostbüros" gebrandmarkt wurden, blieb der Vorwurf des „Sozialdemokratismus" häufig vage. Bezeichnet wurden damit verbreitete Meinungen, Stimmungen und Verhaltensweisen, die auf dieser Ebene dem „Praktizismus" und „Ver-

---

daß es nicht ausreichend gelungen sei, alle „Parteifeinde" zu „entlarven", weil aus West-Berlin Flugblätter hatten eingeschleust werden können, die für ehemalige SPD-Mitglieder Verhaltensmaßregeln bei den Parteiüberprüfungen enthielten. Die statistischen Unterlagen sowie der Abschlußbericht über die Arbeit der Grundkommission 20 im Ministerium der Justiz in: SAPMO-BArch, IV 2/13/419.

50 Da diese Ausführungen weitgehend auf Berichten der Instrukteure oder dem von ihnen zusammengestellten Material basieren, muß auch die Einseitigkeit derartiger von unten nach oben weitergeleiteter Berichte mit ihrer Tendenz zur Schematik, Schönfärberei oder Schwarzmalerei quellenkritisch berücksichtigt werden. Der besonders ausgeprägte Hang zur formalistischen Durchführung der Konferenzen, der sich in der Berichterstattung widerspiegelt, zeigt aber auch die Vorgaben der SED-Führung. Trotz oder gerade wegen der sprachlichen Dürftigkeit und mangelnden Schulung auch der Instrukteure scheinen die eigentlichen Probleme durch, häufig allerdings nur durch einzelne Stichworte.

51 So in einer Analyse über Kreisdelegiertenkonferenzen und in einer Auswertung von Wahlberichten aus dem Land Brandenburg, in: SAPMO-BArch, IV 2/5/1105.

söhnlertum“ ähnlich waren. Dazu gehörten z. B. die mehrdeutig zu verstehende – meist spöttische – Gleichsetzung von „Partei neuen Typs“ mit „Russischer Partei“, der Besitz und ungehinderte Verkauf von westlichen Zeitungen wie „Telegraf“ und „Tagesspiegel“ sowie die Diskussion über die Wohngruppen, deren Zurückdrängung den Mitgliedern und unteren Parteigliederungen offensichtlich kaum zu vermitteln war. Doch auch in der Reaktion vieler Mitglieder auf die verordnete Umstrukturierung der Partei sah man nicht den Unwillen der Basis, sondern Auswirkungen des „Sozialdemokratismus“: Die Beteiligung an Versammlungen und Diskussionen war gering, die Mitglieder verhielten sich abwartend oder resigniert-passiv, und Beiträge wurden einfach nicht mehr gezahlt.

Daß die neuen Kreisvorstände in der Zusammensetzung den Vorgaben entsprachen, zeigen die Daten aus den Kreisen.[52] So stammten von den 35 Mitgliedern des neuen Kreisvorstandes von Angermünde nur noch 6 aus der SPD, in Cottbus waren es von 38 nur noch 4.[53] Schon durch die Zusammensetzung der Delegierten waren die Sozialdemokraten zurückgedrängt worden und in die Minderheit geraten.[54]

Wie sehr die Vorwürfe „Sozialdemokratismus“ und „Schumacher-Agent“ als Argument für die Neustrukturierung dienten, zeigen die Rechenschaftsberichte, in denen dieser „Kampf“ mit einzelnen Beispielen belegt werden mußte. Schuldzuweisungen drehten sich um die Fragen, warum diese nicht vorher entdeckt worden waren oder welche Parteigliederung dafür verantwortlich gemacht werden sollte. Das gegenseitige Mißtrauen und der Kampf aller gegen alle waren noch ausgeprägter, wenn beispielsweise die Flucht oder Verhaftung gleich mehrerer Funktionäre bekannt wurde.[55] So wurde in Cottbus die Notwendigkeit für die Neuzusammensetzung des Kreisvorstandes auch mit der angeblich „zersetzenden Tätigkeit der Agenten des Ostbüros“ begründet, die kurz zuvor verhaftet worden waren oder hatten flüchten können. Daß es sich dabei um eine für den Kreis größere Repressionswelle handelte, zeigt die Schlußfolgerung, daß alle „Kommandohöhen“ in Verwaltung, Wirtschaft, Partei und Massenorganisationen neu besetzt werden müßten. „Denn es

52 Daß die Wahlen jedoch nicht immer reibungslos verliefen, wird dadurch deutlich, daß Vorsitzende keineswegs einstimmig gewählt wurden, daß es gelegentlich Gegenkandidaten gab, daß Vorschlagslisten erst nach der Intervention von Mitgliedern des Landesvorstandes oder der Instrukteure passieren konnten. Vgl. z. B. Bericht über die Kreisdelegiertenkonferenz am 12. u. 13.11.1949 in Cottbus, in: SAPMO-BArch IV 2/5/1108.

53 Vgl. IV 2/5/1106, 1108.

54 In Eberswalde gab es bei 3.079 SED-Mitgliedern 265 Delegierte, von denen 32 vor 1945 in der SPD waren, 35 in der KPD, 6 in der NSDAP und 171 ohne Parteizugehörigkeit. Vgl. IV 2/5/1109.

55 Vgl. z. B. Bericht über die Kreisdelegiertenkonferenz am 11. u. 13.11.1949 in Cottbus, IV 2/5/1108.

wurden verhaftet oder flüchteten Mitglieder des Sekretariats, Landrat, Kreisräte, Polizeioffiziere, Oberbürgermeister, Direktoren vom Krankenhaus, Stadttheater und Betriebe."[56]

Wie wenig dies ein Einzelfall war, belegen Berichte über die Kreisdelegiertenkonferenzen und Parteiüberprüfungen aus brandenburgischen Kreisen.[57] Da die wirtschaftlichen Probleme nicht nur in den Gebieten nahe der Oder-Neiße-Grenze unübersehbar waren, wurden sie im Detail benannt, aber sogleich in einer Weise personalisiert, daß angeblich persönlich Verantwortliche für schuldig erklärt und in der Folge kriminalisiert wurden. Da auf dieser Ebene Sozialdemokraten noch in zahlreichen Funktionen verblieben und beispielsweise als Bürgermeister tätig waren, wurden sie für die zahlreichen örtlichen Probleme verantwortlich gemacht. Ihr Bemühen, Schwierigkeiten der Zeit und der Systemvorgabe mit den ihnen geläufigen Instrumentarien von Kommunalpolitik und Verwaltungshandeln zu begegnen, wurde kriminalisiert und unkonventionelles Handeln als „Korruption" denunziert.

Damit wird auch deutlich, daß die absolute Vorrangstellung der SED zunächst nicht auf die gewünschte Akzeptanz stieß, daß sie daher erst mit repressiven Mitteln durchgesetzt wurde. Zu dieser mangelnden Akzeptanz gehörte, daß das Zusammenspiel von Partei und Verwaltungen nicht in der gewünschten Weise funktionierte, daß vor allem Sozialdemokraten sich den Parteivorgaben nicht unterordnen wollten. Häufig bestanden sie auf einer sachorientierten Politik, die sich an lokalen Bedingungen und Möglichkeiten sowie an den unterschiedlichen politischen Kräfteverhältnissen orientierte. Diese Widerstände waren es dann, die die Vorwände und Argumente lieferten, Sozialdemokraten von ihren Posten zu entfernen und auch die Kreisvorstände neu zusammenzusetzen.

Da es sich weder um isolierte Erscheinungen noch um einzelne Personen handelte, deren Widerstand leichter hätte gebrochen werden können, liegt die Annahme nahe, daß mit Schauprozessen – wie dem gegen Paul Szillat – Exempel statuiert wurden, die der Abschreckung und Einschüchterung einer ganzen Gruppe dienten.[58] Der Sozialdemokrat Paul Szillat war schon vor 1933 Oberbürgermeister von Rathenow und Mitglied des Preußischen Landtages. Während des Dritten Reiches im KZ, übernahm

56 „Einschätzung der Lage in Cottbus", in: Ebd.

57 Vergleichbar in diesem Sinn sind nach den Daten folgende Kreise: Frankfurt/Oder, Beeskow, Jüterbog, Luckenwalde, Lübben, Niederbarnim, Osthavelland, Ostpriegnitz, Potsdam, Lebus, Spremberg, Teltow, Templin, Rathenow, Zauch-Belzig, Westpriegnitz. Die Angaben zu diesen Kreisen in: SAPMO-BArch, IV 2/5/1110 – IV 2/5/1120.

58 Zu den folgenden Ausführungen über die Behandlung des „Falles" Paul Szillat auf Kreisebene vgl. die entsprechenden Protokolle, Berichte und Materialien in: SAPMO-BArch, IV 2/5/1124.

er 1945 erneut dieses Amt, in dem er bis zu seiner Verhaftung im Juni 1950 verblieb. Gleichzeitig war er bis zu diesem Zeitpunkt Mitglied des Landtages von Brandenburg, des Parteivorstandes der SED sowie des Kreisvorstandes von Rathenow. Nach der Parteikonferenz vom Januar 1949 traf diesen Kreisvorstand der Vorwurf, unfähig zu sein und die ihm gestellten Aufgaben nicht lösen zu können, insbesondere die „Schumacher-Leute“ nicht ausreichend „entlarvt“ zu haben, deren besondere Methode sei, sich in der Parteiarbeit völlig zurückzuhalten. Die örtlichen Gremien wiederum beriefen sich darauf, daß derartige Vorgänge oder denkbare Vorfälle vom Landesvorstand untersucht und „geregelt“ würden. Zu den für diesen Kreis und namentlich für Rathenow besonders herausgestellten „negativen“ Erscheinungen gehörte, daß Flugblätter des Ostbüros verteilt wurden.

Als im November 1949 der Kreisvorstand (36 Mitglieder) neu gewählt wurde, hatten nur noch 10 der neuen Mitglieder bereits dem alten Kreisvorstand angehört; 6 waren vor der Vereinigung in der KPD und 7 in der SPD, wozu auch Paul Szillat gehörte, der also dem alten und neuen Vorstand angehörte. Doch schon gut ein halbes Jahr später stand die Kreisdelegiertenkonferenz unter dem Eindruck der Verhaftung Paul Szillats und 7 weiterer Personen, darunter dessen Sohn. Obwohl die Verhaftung dieser Gruppe von einer Verleumdungskampagne in der Presse begleitet war, kam sie für den Kreisvorstand und die Delegierten offenkundig überraschend. Man war sich unschlüssig, wie man darauf reagieren sollte. Der Landesvorstand beschloß, Szillat auf der Konferenz politisch zu „entlarven“, doch nach Rücksprache mit der Landesparteikontrollkommission und der Zentralen Parteikontrollkommission erfolgte die Anweisung, die Hauptargumentation gehe in Richtung Beschuldigung wegen „Wirtschaftsverbrechen“. Die Delegierten wollten dem keinen Glauben schenken; ihre Beiträge machten vielmehr deutlich, daß Szillat nach wie vor großes Vertrauen genoß, daß nicht nur die ehemaligen Sozialdemokraten meinten, er sei wegen seiner politischen Überzeugung und seiner in ihren Augen untadeligen Politik verhaftet worden. Trotz zahlreicher skeptischer Stimmen war es dann offensichtlich leicht, eine Delegierte aus einem Rathenower Betrieb zu finden, die bereit war, den dann einstimmig angenommenen Antrag auf Parteiausschluß einzubringen. Wie wenig glaubhaft den Delegierten die Vorwürfe erschienen, zeigt ihr Verlangen nach Details und Beweisen, die ihnen mit dem Argument verweigert wurden, anderen Instanzen nicht vorgreifen zu wollen. Gleichzeitig wurden in großer Eile Zitate mit kritischen Äußerungen Szillats über die Sowjetunion, die Rolle und Entwicklung der SED zusammengetragen, die den politischen Charakter seiner Verhaftung allerdings untermauerten. Im Schauprozeß selbst war davon nicht die Rede, weil die Anklage auf

„Wirtschaftsverbrechen“ lautete. Der politische Hintergrund wurde lediglich durch den Vorwurf deutlich, Szillat habe seit 1945 seine Stellung als Oberbürgermeister dazu benutzt, seine eigene Politik zu verfolgen und vor allem die von ihm verwaltete Stadt Rathenow ohne Rücksicht auf die Interessen der Gesamtwirtschaft und auf Kosten dieser zu stärken. Diese Politik sei allenfalls im „Kapitalismus“ vertretbar, unter den veränderten Bedingungen wurde sie zum Verbrechen. Das hieß, daß Szillat unter den gegebenen Bedingungen versucht hatte, eine effiziente Kommunalpolitik zu betreiben, wie er sie von früher her kannte. Dafür wurde er zu 8 Jahren Zuchthaus verurteilt. Nach seiner Entlassung flüchtete er 1956 in den Westen, wo er zwei Jahre später starb. Die Verhaftung Szillats und ihre Begleitumstände legen die Annahme nahe, daß mit dieser Integrationsfigur das gesamte Umfeld getroffen werden sollte. Somit gab es für einen Sozialdemokraten mit seiner Überzeugung und in seiner Funktion wenig Chancen, die Stalinisierung ungeschoren zu überstehen.

Für Sozialdemokraten ohne diese Funktionen konnte es leichter sein, auch die Parteiüberprüfung zu überstehen. Ein Bericht aus Spremberg[59] zeigt, daß in einem kleinen Ort, wo sich zudem Überprüfte und Prüfer kannten, der Instrukteur „nachhelfen“ mußte, um „Sozialdemokratismus“ zu entdecken. Einem aus der SPD stammenden Vorsitzenden der Betriebsgewerkschaftsleitung (BGL) wurde die Frage gestellt, wie er zum „Sozialdemokratismus“ der alten SPD und der „Schumacher-Clique“ in Westdeutschland stehe. Seine Antwort war lapidar: „Es ist mir klar, daß die Politik der alten SPD falsch war, so wie die Politik heute in Westdeutschland durch die SPD ebenfalls falsch ist, denn nur durch eine einheitliche Arbeiterpartei können wir zu Erfolgen kommen.“ Mehr wurde ihm zu diesem Thema nicht abverlangt. Nach schriftlicher Intervention wurde nachgebohrt, bis der Befragte äußerte, seine BGL-Arbeit sei nicht Parteiarbeit, sondern Gewerkschaftsarbeit. Das erst war der Nachweis für Tendenzen des „Sozialdemokratismus“.

Andererseits konnte es geschehen, daß ein Instrukteur sich über die Arbeit einer Grundkommission beschwerte, weil diese sich zu sehr der Vernehmungsform bediente, was den Überprüften nicht gerecht werde.[60] Sozialdemokraten wurde auch die Möglichkeit eingeräumt, sich allmählich von ihrer Vergangenheit zu lösen. Sie waren also nicht anzuprangern, sondern letztlich zu integrieren. Dabei wurde ein erzieherischer Impetus deutlich, der von den Prüfern verlangte, auf jeden Überprüften individuell

59 Bericht über den Instrukteureinsatz zum Umtausch der Parteidokumente in Spremberg, am 15. u. 16.1.1951, in: SAPMO-BArch IV 2/5/1121.

60 Vgl. Bericht über die Arbeit der Grundkommission zum Umtausch der Parteidokumente im Kreis Teltow vom 17. Januar 1951, in: SAPMO-BArch IV 2/5/1122.

einzugehen. Doch die Klagen über die Überprüfungen waren so groß, daß es meist von der personellen Zusammensetzung der Kommissionen abhing, wie man mit den zu Überprüfenden umging. Deshalb konnte es auch vorkommen, daß ein Prüfer, der der HJ angehört hatte, dies von einem Überprüften vorgehalten bekam; zusätzlich wurde ihm bedeutet, daß er ihn deswegen nicht ernst nehmen könne. Dies hätte ohne weiteres als Provokation ausgelegt werden können, was dann mit schwerwiegenden Folgen verbunden gewesen wäre.[61] Andere Berichte aus brandenburgischen Kreisen belegen, daß alte Sozialdemokraten die Überprüfung häufig mit der Begründung ablehnten, sich nicht von ehemaligen SA-Mitgliedern überprüfen lassen zu wollen.[62]

Dennoch ist unübersehbar, daß die Sozialdemokraten insgesamt im Visier waren, daß Kreis für Kreis durchgekämmt wurde. So wurden dann nicht näher definierte Tendenzen des „Sozialdemokratismus" verstärkt dort festgestellt, wo – wie in Bernau oder Oranienburg – viele Menschen in Berlin arbeiteten. Hinzu kam der Vorwurf, viele ehemalige Sozialdemokraten wollten sich nicht „hart" genug über Schumacher und seine Politik äußern, und andere erklärten, Anhänger von Bebel sein und bleiben zu wollen. Als „hemmend" für die Entwicklung der Partei wurde der Einfluß der Sozialdemokraten in den Verwaltungen bezeichnet, so daß sie in zahlreichen Kreisen ihrer Funktionen enthoben wurden. Man warf ihnen vor, Sand ins Getriebe zu werfen und vor allem durch ihre wenig entgegenkommende Haltung die Schulung zu verhindern. Als besonders gravierend galt jedoch die „sowjetfeindliche" Haltung eines Sozialdemokraten, der geäußert hatte, man solle nicht nur mit der Sowjetunion, sondern mit allen Völkern Freundschaft halten.[63]

Ähnlich wie in Brandenburg machen die Berichte über das ebenfalls in hohem Maße ländlich strukturierte Mecklenburg-Vorpommern die zentrale Organisierung und den Zweck der Umstrukturierung der SED deutlich. Obwohl in Mecklenburg-Vorpommern die Arbeiterbewegung nur in wenigen Orten bzw. Gebieten traditionell verankert war, zeigen die Zahlen aus der Veränderungsphase immer noch einen relativ hohen Anteil an Sozialdemokraten.[64] Bei den Angaben über die Parteizugehörigkeit von Vor-

---

61 Im vorliegenden Fall hat man den Betreffenden lediglich als notorischen „Krakeler" abqualifiziert und damit den Fall heruntergespielt. Vgl. IV 2/5/1121.

62 Vgl. z. B. Analyse über die Durchführung der Überprüfung der Parteimitglieder und Kandidaten – Kreis Luckau, in: SAPMO-BArch IV 2/5/1650.

63 Vgl. Analyse über Lage und Zustand der Parteiorganisation des Kreises Luckenwalde nach Beendigung der Überprüfung der Parteimitglieder und Kandidaten, September 1951, in: Ebd.

64 Die folgenden Angaben basieren auf einer Auswertung der Berichte über zahlreiche Delegiertenkonferenzen und einigen Analysen über die Arbeit der Grundkommissionen zur Parteiüberprüfung. Vgl. SAPMO-BArch, IV 2/5/1089 – IV 2/5/1104.

standsmitgliedern und Delegierten für die Zeit vor 1933 war die angegebene Mitgliedschaft in KPD und SPD etwa gleich hoch bzw. die in der SPD überwog leicht. Entscheidend ist auch hier, daß 1949 die nur in der SED Organisierten sowohl in den Kreisvorständen als auch bei den Delegierten längst die Mehrheit hatten.[65]

Dennoch wurden auch die spezifischen Probleme eines Landes mit hohem Anteil an Flüchtlingen und Vertriebenen deutlich. Diese äußerten ihre Meinung relativ freimütig und machten keine Hehl daraus, daß die politische Linie der SED bei ihnen auf wenig Resonanz stieß, was dann als mangelnde Funktionsfähigkeit insbesondere von ländlichen Parteiorganisationen interpretiert wurde. Von sich aus, d. h. freiwillig, nahmen sie zu den zentralen Fragen, nämlich der Oder-Neiße-Grenze und dem Verhältnis zur Sowjetunion, nicht Stellung. Erst nach direkter Aufforderung oder fast Herausforderung erklärten sie, daß die „Aussiedlung“ ihnen als „unnötige“ Härte gelte. Die Lostrennung der Gebiete östlich der Oder und Neiße bezeichneten nicht wenige als „Annexion“, und der offiziell propagierten Freundschaft mit der Sowjetunion und mit Polen standen sie skeptisch gegenüber.[66] Das waren keine vereinzelten Äußerungen, sondern eine in der Bevölkerung verbreitete Meinung. Die „Einheimischen“ wiederum entzogen sich der Diskussion mit dem Argument, die Oder-Neiße-Grenze gehe sie nichts an; die Regierung bestimme, und wer sich

65 Relativ typisch sind die Zahlenangaben für den Kreis Anklam: Von 246 Delegierten waren vorher 72 in der SPD organisiert, 71 in der KPD und 103 nur in der SED; im Kreisvorstand kamen 8 aus der KPD, 7 aus der SPD und 11 gehörten nur der SED an; Angaben nach der Zusammenstellung über die Kreisdelegiertenkonferenz der SED/Kreis Anklam, 12. u. 13. November 1949, IV 2/5/1090. Im Kreis Hagenow hatten vom alten Kreisvorstand 4 Mitglieder vor 1933 der KPD angehört, 10 der SPD und 2 der SAJ; im neu gewählten Vorstand war es umgekehrt: 4 kamen aus der SPD, 9 aus der KPD, 3 waren im KJV und 4 in der SAJ. Angaben in: IV 2/5/1094. Im Kreis Ludwigslust waren bei den Delegierten früher organisiert: 71 KPD, 84 SPD und 111 SED. Die Verschiebungen werden deutlich, wenn man davon ausgeht, daß noch in dem 1947 gewählten Kreisvorstand von 20 Personen 9 aus der SPD kamen, 11 aus der KPD und keiner nur in der SED organisiert war. Nicht nur, daß der Kreisvorstand personell erweitert wurde, sondern vom alten Vorstand wurden nur 5 Mitglieder wiedergewählt, und er wurde um Arbeiter aus der Produktion (13), Jugendliche (6) und Frauen (8) ergänzt, die nur in der SED organisiert waren. Deutlich wird allerdings auch, daß auf der darunter liegenden Ebene der Grundeinheiten zahlreiche Sozialdemokraten im Vorstand blieben. Für Ludwigslust lauten die Angaben für den Vorsitz in der Leitung von Grundeinheiten: KPD 46, SPD 69, SED 12. Diese Angaben erhärten die Vermutung, daß, je höher die Parteiebene wurde, desto deutlicher die Verdrängung der Sozialdemokraten sichtbar wurde, was den Eindruck bestärkt, als habe man sie auf der untersten Parteiebene belassen, um die einfachen Mitglieder zu integrieren. Die Angaben für Ludwigslust in: IV 2/5/1095.

66 Vgl. „Zusammenstellung des Materials zur Auswertung der Berichte und Protokolle der Landes- und Kreisdelegiertenkonferenzen zur Vorbereitung des III. Parteitages in der Landesorganisation Mecklenburg vom 4. August 1950“, in: SAPMO-BArch IV 2/5/1089.

nicht in der gewünschten Weise „positiv“ äußere, der „fliege“ sowieso. Das galt als „Antisowjethetze“, die den Berichten zufolge in der Rostocker Neptun-Werft besonders ausgeprägt war. Symptomatisch war, daß auf der unteren Ebene niemand – weder von der Betriebsgruppe noch vom Kreisvorstand – etwas dagegen unternommen hatte. Es gab demnach keineswegs immer vorauseilenden Gehorsam von unten, sondern die Linie wurde erst mit den repressiven Maßnahmen von oben durchgesetzt.

Der mangelnden Akzeptanz der „Partei neuen Typs“ begegnete die SED auch hier mit dem Einsatz von „Aufklärungsgruppen“, Instrukteuren und schließlich mit der Parteiüberprüfung, die neben der geforderten Umstrukturierung auch der Beseitigung von Widerständen diente. Der angeblich mangelhafte „Kampf gegen den Sozialdemokratismus“ wurde den unteren Parteigliederungen angelastet, denen das Feindbild erst vermittelt werden mußte. Die häufig isoliert und fast lächerlich erscheinenden Beispiele sind ein Indiz dafür, wie krampfhaft und systematisch zugleich es aufgebaut wurde. Doch sie zeigen auch einiges vom Unmut und dem Selbstbehauptungswillen der Sozialdemokraten.

Da die unteren Parteigliederungen „angeleitet“ wurden, die „Feinde“ zu suchen, mußte ihnen immer wieder verdeutlicht werden, wonach sie zu suchen hatten. Als Definition für „Sozialdemokratismus“ und quasi als „Prüfstein“ für die Funktionäre wurde ihnen mitgegeben: Sozialdemokratismus bedeute die Ablehnung der marxistischen Lehre und ihrer Prinzipien, das Fehlen des Klassenkampfgedankens und damit eine „versöhnlerische“ Haltung der Parteispitze sowie vor allem die Unterschätzung der Rolle der Sowjetunion und der Volksdemokratien.[67]

Es fehlte nicht an konkreten Beispielen, daß SED-Mitglieder sich diesen Anforderungen nicht unterwerfen wollten. Dazu gehörten das Abstimmungsverhalten einer sozialdemokratischen Gruppe, die versuchte, einen Kreissekretär zu „verhindern“, und die zum Ausschluß führenden Äußerungen, Sozialdemokraten zu sein und bleiben zu wollen.[68] Noch offener hatten Sozialdemokraten im Kreis Güstrow erklärt, sie wären niemals in die SPD eingetreten, wenn sie gewußt hätten, daß eine Vereinigung mit der KPD erfolgen würde. Dem stand die Ansicht der KPD-Mitglieder entgegen, alle SPD-Mitglieder müßten einfach ausgeschlossen werden.[69] Während „einfachen“ Mitgliedern zugute gehalten wurde, sie

67 Vgl. Materialien über die Kreisdelegiertenkonferenzen der SED im Kreis Anklam, November 1949 und Juni 1950, in: IV 2/5/1090.

68 Vgl. u. a. die entsprechenden Berichte aus dem Kreis Ludwigslust und aus Güstrow, in: IV 2/5/1095, 1093 sowie 1089. Besonders ausgeprägt war dieses Verhalten in einer kleinen Ortsgruppe von insgesamt 92 Mitgliedern, von denen 84 aus der SPD stammten.

69 So einige Beispiele in einem zusammenfassenden Bericht über die Kreisdelegiertenkonferenzen, in: IV 2/5/1089.

seien ideologisch noch „unklar“, war die Haltung der Parteispitze gegenüber den Funktionären wesentlich härter. So wurde ein Kreissekretär, der gerade zuvor eine Parteischule absolviert hatte, aus der Partei ausgeschlossen, weil er – wohl kaum zufällig – Bilder von Gustav Noske und Philipp Scheidemann hatte aufhängen lassen. Eine so demonstrative Mißachtung der politischen Linie mußte ebenso zwangsläufig diese Folge haben wie entsprechende verbale Äußerungen der Nichtanerkennung durch Sozialdemokraten.[70]

Wie Sozialdemokraten nicht nur aus den Funktionen der Partei gedrängt wurden, sondern auch überall dort ausgeschaltet werden sollten, wo ihr Einfluß vermutet wurde, beweist die aufmerksame Beobachtung der Werften und der Orte, die wie Rostock eine starke Sozialdemokratie hatten. Da dort der Sozialdemokrat Albert Schulz nach wie vor den Posten des Oberbürgermeisters innehatte, wurde es diesem Einfluß zugeschrieben, daß in Rostocker Betrieben die „Losung“ verbreitet wurde: „Das ZK der SED hat jetzt den Beschluß gefaßt, die ehemaligen SPD-Mitglieder herauszuwerfen.“[71] In Rostock, wo der sozialdemokratische Widerstand gegen die Zwangsvereinigung ausgeprägt und keineswegs vergessen war, stand vor allem die Verwaltung unter Beschuß. Es wurde ein schneller „Kaderwechsel“ gefordert, weil dort nach wie vor viele Sozialdemokraten, persönliche Freunde und Anhänger von Albert Schulz, tätig seien.[72] Albert Schulz, der die Vereinigung abgelehnt hatte, meinte, als Oberbürgermeister seiner Stadt besser dienen zu können als in irgendeiner Parteifunktion. Er erinnerte sich später, daß sich in Rostock tatsächlich zwei politische Führungszentren entwickelt hatten.[73] Auf der einen Seite war das Kreissekretariat der SED und auf der anderen Seite das „Rathaus“ und die Stadtverordnetenversammlung, wo die Sozialdemokraten aufgrund ihrer langen kommunalpolitischen Erfahrung noch dominieren konnten, so daß die Kommunisten sich ihrerseits den einstimmig gefaßten Beschlüssen beugten. Mit der „Partei neuen Typs“ wurde jedoch die Stellung

---

70 Vgl. ebd.

71 Analyse aus den Berichten über die Beratungen der Kreiskommissionen mit den Grundkommissionen am 15. und 16.1.1951 im Lande Mecklenburg, in: IV 2/5/1089.

72 „Die Landesleitung sollte sich deshalb einschalten, da es in Verwaltungen und Massenorganisationen die neuen Kräfte schnellstens eingesetzt werden [sic] anstelle der teilweise noch vorhandenen Bürokraten sowie opportunistischen Elemente. Dies gilt besonders für Rostock, wo zwar der Agent Albert Schulz entfernt wurde, aber seine engen Freunde in Stadtverwaltung und Arbeitsgericht ihre Tätigkeit nach wie vor ausüben.“ Zusammenstellung des Materials zur Auswertung der Berichte und Protokolle der Landes- und Kreisdelegiertenkonferenzen zur Vorbereitung des III. Parteitages in der Landesorganisation Mecklenburg, in: IV 2/5/1089.

73 Vgl. zum folgenden Albert Schulz, Erinnerungen eines Sozialdemokraten, Ms. 1972, S. 127 ff.

des Oberbürgermeisters immer unhaltbarer, der Druck auf ihn nahm zu, und die Warnungen mehrten sich, insbesondere nach der Verhaftung seines Personalchefs Heinrich Beese. Er sowie zahlreiche andere Kommunalpolitiker des Landes, die ebenfalls aus der Sozialdemokratie stammten, wurden ihrer Funktionen enthoben und aus der Partei ausgeschlossen. Albert Schulz, der 1947 schon einmal für kurze Zeit verhaftet worden war, mußte eine erneute Verhaftung befürchten und flüchtete deshalb in den Westen.

Andere artikulierten ihre Unzufriedenheit mit der Politik der SED dadurch, daß sie im Zusammenhang mit der Parteiüberprüfung aus der SED austraten oder die Überprüfung verweigerten. In Mecklenburg waren dies neben Sozialdemokraten in hohem Maße Bauern, wobei die Zahlen keine genaue Differenzierung zulassen, so daß man nur von einer ungefähren Größenordnung ausgehen kann.[74] So lag der Mitgliederstand vor der Überprüfung bei etwa 146.000 Mitgliedern, nach Abschluß der Überprüfung bei etwa 121.000. Das waren also etwa 25.000 Mitglieder weniger; davon hatten etwa 3.400 die Überprüfung verweigert, und etwa 4.200 waren vorher ausgetreten, zusammen also knapp 5 %.[75] Nicht immer eruierten oder meldeten die Kreise die Gründe dafür wie der Kreis Hagenow, wo in einem Ort 17 Sozialdemokraten erklärt hatten, sie seien mit der Vereinigung von Anfang an nicht einverstanden gewesen und wollten diese Gelegenheit benutzen, sich von der Partei zu trennen. In einem anderen Ort dieses Kreises hatten von 40 Mitgliedern und Kandidaten immerhin 32 die Überprüfung mit der Begründung verweigert, als Sozialdemokraten mit den Zielen der SED nicht einverstanden zu sein. Für Rostock wird sogar die Zahl von 1.206 Verweigerungen angegeben, wobei lediglich vermutet wurde, es habe sich um Sozialdemokraten gehandelt. Weil die Sozialdemokratie dort früher eine bedeutende Rolle gespielt hatte, wurde ein ausgeprägter „Sozialdemokratismus“ vermutet, der sich in dieser Protesthaltung manifestiere.

---

74 Bei den Angaben über die Zahl der Austritte und der Verweigerung der Überprüfung wird nicht nach den Gründen und der politischen Herkunft differenziert, da sie von den Kreisen zumeist nicht angegeben worden sind. Hinzu kommen Doppelregistrierungen in unterschiedlicher Größenordnung; auch die Zahl der Verstorbenen oder der Verzogenen sowie der in den Westen geflüchteten Personen wird nicht genau bzw. nur als Tatsache angeführt. So dürften die Angaben über den Stand der Mitglieder und Kandidaten vor und nach der Überprüfung nur die ungefähre Größenordnung der Entwicklung widerspiegeln. Angaben nach: Veränderungen im Mitglieder- und Kandidatenstand nach Abschluß der Überprüfung der Parteimitglieder und Kandidaten des Landes Mecklenburg, in: SAPMO-BArch IV 2/5/1649.

75 Bei den Kandidaten waren es weitaus weniger. Dort gab es zusammen nur etwa 250 Verweigerungen und Austritte bei einer Gesamtzahl von etwa 17.000 Kandidaten (vor der Überprüfung etwa 26.000).

Vergleicht man die Größenordnung von Austritten und Verweigerungen auf Landesebene mit den Angaben für den Kreis Hagenow, so ergibt sich ein vergleichbares Bild. Bei Beginn der Überprüfung gab es dort etwa 7.000 Mitglieder; nach ihrem Abschluß zeigte sich, daß über 800 Mitglieder verzogen oder verstorben waren. 340 waren ausgetreten und etwa 100 ausgeschlossen worden bzw. waren in den Westen geflüchtet. Bei dieser Verminderung der Mitglieder entfielen allein über 10 % auf Wegzug und Tod und damit auf die Aktualisierung der Kartei. Auffallend ist jedoch die Tatsache, daß mehr Mitglieder austraten bzw. die Überprüfung verweigerten als ausgeschlossen wurden. Derartige Zahlenangaben besagen nichts darüber, welche Folgen – etwa im Arbeitsleben – diese offene Protesthaltung der Sozialdemokraten hatte. Sie ist zunächst ein deutlicher Beweis dafür, daß und wie sich viele Sozialdemokraten der „Partei neuen Typs“ verweigerten.

### 3.3.2 *Sachsen-Anhalt, Thüringen und Sachsen*

Die bisherigen Ausführungen gelten in noch viel stärkerem Maße für die Länder mit den traditionellen sozialdemokratischen Hochburgen.[76] Auch hier wird die Tendenz deutlich, daß bei der Neuwahl der Parteileitungen von 1949 die Sozialdemokraten längst zurückgedrängt waren, weil die Dominanz bei den „Nur-SED-Mitgliedern“ lag. Um so deutlicher werden die Widerstände bei der Durchsetzung der „Partei neuen Typs“, der sich Sozialdemokraten auf vergleichbare Weise widersetzten, verweigerten, entzogen oder nur unter Druck unterwarfen. Zu diesem massiven Druck gehörte in Sachsen-Anhalt auch die Einschüchterung durch den Schauprozeß gegen Willi Brundert. Als „abschreckendes Beispiel“ mußte dieser Fall in den Delegiertenkonferenzen behandelt werden, dem fast gleichlautende Stellungnahmen folgten.[77]

---

76 Da nicht für alle sozialdemokratischen Hochburgen das verwendete Berichtsmaterial gleichermaßen flächendeckend vorhanden ist, sollen vor allem Tendenzen aufgezeigt werden. Konkrete Analysen für diese sozialdemokratischen Traditionsgebiete müssen Regional- und Detailstudien überlassen werden.

77 Vgl. u. a. die Berichte und Materialien über Wernigerode und Zeitz, in: SAPMO-BArch IV 2/5/1148, 1151. Diese Pflicht zur Stellungnahme galt auch für den Landesvorstand bzw. dessen Mitglieder; dabei wurde interne Kritik an den „ungenügenden“ Stellungnahmen einiger sozialdemokratischer Vorstandsmitglieder, vor allem an der von Adam Wolfram, geübt. Vgl. dazu „Kurzer Bericht über die Sitzung des Landesvorstandes Sachsen-Anhalt vom 6. und 7.6.1950“, in: IV 2/5/1127. Adam Wolfram war nicht nur Mitglied des Landesvorstandes der SED, sondern auch ein führender FDGB-Funktionär sowie Mitglied der Volkskammer. Er flüchtete 1951 in den Westen, wo er als Gewerkschaftsfunktionär tätig war. Vgl. auch das Interview in: Bouvier/Schulz, S. 171 ff. Vgl. auch Kapitel 4.

Vergleichbare „Fälle“ wurden gesucht. Aufhänger war stets die offiziell in Gang gesetzte hysterische Suche nach „Agenten und Spionen“. „Schumacher-Agenten“ mit einem entsprechenden Netzwerk wurden besonders dort vermutet, wo die Sozialdemokraten als nach wie vor stark oder – wie in Verwaltungen, Krankenkassen, Genossenschaften oder Sozialversicherung – als dominierend galten. Das führte leicht zur Konstruktion von Gruppen mit entsprechenden Querverbindungen und Führungspersönlichkeiten, die wie Erich Gniffke oder der Minister für Volksbildung von Sachsen-Anhalt, Ernst Thape, geflüchtet waren. Der Wahrheitsgehalt solcher Konstruktionen bestand darin, daß viele, vor allem führende, Sozialdemokraten sich untereinander kannten.[78]

Die Grenznähe erleichterte die Kontakte zur West-SPD in Hannover, die ihrerseits Material – auch mit Hilfe von Ballons – einschleusen konnte.[79] Die Reaktionen darauf bestanden in verstärkter Überwachung und Appellen zur „Wachsamkeit“. Man scheute auch nicht davor zurück, die Familie in solche Aufforderungen einzubeziehen, was den denunziatorischen Charakter dieser Hetze unterstreicht.[80]

Der Charakterisierung von „Sozialdemokratismus“ lag das bereits aus den Beispielen anderer Länder bekannte Schema zugrunde. Wenn Sozialdemokraten sich zurückhielten, wurde dies für Tarnung gehalten. Auch diesem Verhalten gegenüber wurde „Wachsamkeit“ angemahnt. Das Mißtrauen wuchs und speiste sich aus sich selbst, weil sowohl das Schweigen als auch besonders revolutionäres Gebaren wenig glaubwürdige Verhaltensweisen waren.[81] Da es sich um eine große Zahl von Mitgliedern sozialdemokratischer Herkunft handelte, gab es die Einschränkung, der Kampf richte sich nicht gegen die ehemaligen Mitglieder der SPD, sondern nur gegen den „Reformismus“, d.h. gegen die „falsche politische Linie der SPD bis 1933“.[82] Doch genau von dieser Tradition der SPD wollten sich viele Sozialdemokraten nicht lossagen. Sie wollten keine „Blutspender“ für die

78 So etwa in dem Bericht über die Kreisdelegiertenkonferenz zur Vorbereitung des III. Parteitages, in: IV 2/5/1148. Ernst Thape, Häftling im KZ Buchenwald war nach 1945 zunächst 2. Vizepräsident der Provinz Sachsen und später Minister für Volksbildung. Er floh 1948 in den Westen. Zu den Motiven für seine Flucht, über die er vorher auch mit Otto Grotewohl und Fritz Ebert gesprochen hatte, vgl. seine Erinnerungen, „Von Rot zu Schwarz-Rot-Gold“, Hannover 1969, S. 295 ff.

79 Vgl. IV 2/5/1148, 1149.

80 Vgl. hierzu den Bericht über die Delegiertenkonferenz des Kreises Zeitz, 24. u. 25.6.1950, in: IV 2/5/1151.

81 Vgl. u. a. „Rechenschaftsbericht des Gen. Glänzel für die 3. Kreisdelegiertenkonferenz des Kreises Wernigerode am 5./6. November 1949“, in: IV 2/5/1148.

82 Vgl. Kreisdelegiertenkonferenz zur Vorbereitung des III. Parteitages in Wernigerode, in: IV 2/5/1148.

Kommunisten bzw. die SED sein – eine Befürchtung, die nicht wenige auch schon vor der Vereinigung gehabt hatten.[83]

Auch die Berichte und Materialien über die Delegiertenkonferenzen in Sachsen-Anhalt sind denen der anderen Länder vergleichbar. In Dessau z. B. waren von 497 Delegierten nur 219, also weniger als die Hälfte, vor 1933 organisiert, ohne daß dies nach Parteien aufgeschlüsselt ist.[84] Nach 1945 waren den Angaben zufolge 143 Delegierte in der SPD, 149 in der KPD und 128 nur in der SED organisiert. Das Übergewicht lag bei den „Industriearbeitern" und „Angestellten", das Durchschnittsalter belief sich auf 41 Jahre. Unklar bleibt, welcher Altersgruppe die Sozialdemokraten entstammten, wie lange sie organisiert waren und welche Bindungen sie an die Sozialdemokratie hatten. Wenn der Parteieintritt beispielsweise nach 1945 erfolgte, ist eine geringe Prägung denkbar. In Rechnung gestellt werden müßte, daß die Jahre unter dem Nationalsozialismus ebenso zur politischen Sozialisation beitrugen wie in anderen Altersgruppen die demokratischen Vorerfahrungen in der Weimarer Republik. Das sind jedoch Spekulationen, die durch die vorhandenen Daten nicht abgesichert werden können.

Entscheidend war, daß schon durch die Zusammensetzung der Delegierten ein Übergewicht von KPD- und „Nur-SED-Mitgliedern" hergestellt wurde. Ebenso charakteristisch ist der Wandel in der Zusammensetzung des Kreisvorstandes, der zunächst aus 22 Mitgliedern bestand, von denen 10 aus der KPD und 12 aus der SPD kamen, der demnach noch fast paritätisch bzw. mit einem leichten sozialdemokratischen Übergewicht zusammengesetzt war. Im neuen Kreisvorstand kamen dann nur noch 8 aus der SPD, 8 aus der KPD, und 23 waren nur in der SED organisiert gewesen. Auffallend ist demnach nicht die Verringerung des sozialdemokratischen Anteils, sondern, daß die Erweiterung des Vorstandes um 17 Mitglieder, die mit der „notwendigen" Erhöhung des Anteils von Frauen und Jugendlichen begründet wurde, der entscheidende Hebel für die Veränderung war. Somit konnte die Zurückdrängung der Sozialdemokraten zunächst durchaus plausibel erscheinen. Daß dies von den Sozialdemokraten ganz anders empfunden wurde, legen die die Konferenzen begleitenden Appelle an die ehemaligen Sozialdemokraten nahe, aus ihrer „Reserve des

---

83 Vgl. „Positive und negative Beispiele, die auf den Kreisdelegiertenkonferenzen in Sachsen-Anhalt zum Ausdruck kamen", in: IV 2/5/1127. Zu diesem Begriff heißt es: „Es gab solche Auffassungen, daß wir Sozialdemokraten Blutspender für die Kommunisten sein sollten."

84 Die Angaben nach „Bericht über die Kreisdelegiertenkonferenz Dessau am 19./20.11.1949", in: IV 2/5/1133.

Schweigens“ herauszutreten.[85] Und man ließ einen ehemaligen Sozialdemokraten auftreten, der ihnen „erklärte“, warum sie aus bestimmten Funktionen entlassen würden: Nicht, weil sie Sozialdemokraten gewesen seien, sondern, weil sie es bleiben wollten; weil sie sich nicht schulen lassen wollten und sich weigerten, den neuen Anforderungen vor allem in den Verwaltungen „gerecht“ zu werden; weil sie demnach „Praktizisten“ seien. Dem Bericht zufolge wurde eine solche Rede äußerst negativ aufgenommen: Die Versammlung wollte den Betreffenden nicht ausreden lassen. Denkbar ist, daß diese Form von Überanpassung nicht nur unglaubwürdig war, sondern auch peinlich wirkte.

In Halle und Magdeburg, den beiden traditionellen und zugleich unterschiedlichen Zentren der Arbeiterbewegung, war dies kaum anders. Detailstudien könnten aufzeigen, wie die Entwicklung im einzelnen verlief, mit welchen Widerständen vor allem die Durchsetzung der „Partei neuen Typs“ jeweils verbunden war.[86] Noch 1950 entsprach der Kreisvorstand in Magdeburg nicht dem, was von ihm im Sinn der neuen Linie erwartet wurde, so daß sich auch der Landesvorstand mit den „Magdeburger Verhältnissen“ auseinanderzusetzen hatte.[87] Die Kritik bezog sich darauf, daß das Sekretariat und der Vorstand nichts gegen den „Opportunismus“ unternommen hatten, daß die Stadtverwaltung nach wie vor davon beherrscht sei, daß die „führende Rolle der Partei“ trotz Verhaftungswellen weder in der Stadtverwaltung noch in den Gewerkschaften, den Genossenschaften, der Sozialversicherungsanstalt und den Schulen bislang habe durchgesetzt werden können. In diesen Bereichen habe es Verhaftungen wegen „Spionage und Agententätigkeit zugunsten des Ostbüros“ gegeben, und dennoch werde in Magdeburg die „Partei neuen Typs“ einfach ignoriert. Ungehindert komme es zur Gruppenbildung; Sozialdemokraten träfen sich, beschwerten sich über die Behandlung, bezeichneten sich selbst „als die besseren Sozialisten“ und verteidigten darüber hinaus die Politik von Kurt Schumacher und Erich Ollenhauer. Wenn Sozialdemokraten ihre Meinung tatsächlich so frei äußern konnten, müssen sie ihrem Umfeld vertraut und sich relativ sicher gefühlt haben. Denkbar ist auch, daß in Magdeburg das sozialdemokratische Milieu trotz Repression und Verhaftungswellen zu diesem Zeitpunkt noch nicht zerschlagen war.[88]

---

85 So in dem Bericht über die Kreisdelegiertenkonferenz Dessau am 24./25. Juni 1950, in: Ebd.

86 Zu den gerade für diese beiden Zentren wenig aussagekräftigen Daten vgl. IV 2/5/1137 und 1140.

87 Dazu u. a. der „Sonderbericht“ eines Instrukteurs vom 15. Februar 1950 sowie „Zum Protokoll der 5. Landesvorstandssitzung vom 23.4.1950“, in: IV 2/5/1140.

88 Nach dem Entwurf für eine Analyse über die Mitglieder und Kandidaten aus dem Jahre 1953 soll es für Magdeburg weder Daten für die Zeit vor 1933 gegeben haben noch Daten bzw. verwertbares Material über die ablehnende Haltung bei der Vereinigung. So war

Das darf nicht darüber hinwegtäuschen, daß die Sozialdemokraten in kleineren Orten oder Kreisen kaum Möglichkeiten hatten, sich der Entwicklung zur „Partei neuen Typs“ entgegenzustellen. Doch auch hier zeigen Beispiele, daß sie sich ihr durch Austritte zu entziehen versuchten, so daß von der systematischen „Zersetzung“ ganzer Parteiorganisationen durch Austritte die Rede war.[89] Durch die Umstrukturierung der Partei sollten sozialdemokratische Traditionen in den Hintergrund gedrängt bzw. ausgeschaltet werden. Ein wichtiger Hebel dafür war die Förderung von Frauen und Jugendlichen, bei denen die Annahme bestand, sie seien frei von derartigen Traditionen.[90] Das heißt, daß durch Frauen und Jugendliche, wozu die Altersgruppe der bis zu 40jährigen gerechnet wurde, der entscheidende Traditionsbruch vollzogen werden sollte. Das dürfte auf der Annahme beruhen, daß Frauen traditionell in geringerem Maße organisiert waren und die Angehörigen der jüngeren Altersgruppen mit großer Wahrscheinlichkeit keine sozialdemokratische Sozialisation haben konnten. Die Anpassungsbereitschaft an neue Verhältnisse ermöglichte ihnen auch den individuellen sozialen Aufstieg. Vermutlich war ein Teil von ihnen im BdM oder in der HJ organisiert, was eine erneute Unterwerfung unter autoritäre Strukturen ohne große Verbiegungen denkbar macht. Unabhängig von diesen Überlegungen war die soziale Veränderung der SED mit der stärkeren Berücksichtigung von Frauen und Jugendlichen in erster Linie ein gewollter Traditionsbruch, der mit dem zunächst einleuchtenden Argument der Verjüngung, der Dynamisierung und größeren Gerechtigkeit begründet wurde.

Auch in Thüringen verliefen die Neuwahl der Vorstände und die Arbeit der Grundkommissionen nach diesem Muster.[91] Die Sozialdemokraten waren über die Zusammensetzung der Delegierten längst in den Hintergrund gedrängt. Die Daten aus einzelnen Orten bzw. Kreisen legen die Annahme nahe, daß die Gesamtzahl der vor 1933 in einer Arbeiterpartei

---

man auf Schätzungen oder mündliche Auskünfte angewiesen, die besagten, daß es vor 1933 etwa 900 Kommunisten gegeben habe, hingegen 10.000 Sozialdemokraten. Da es keine genauen Angaben gab, herrschte Mißtrauen gegenüber den Mitgliedern, deren Vergangenheit man nicht überprüfen konnte. Vgl. dazu Entwurf einer Analyse über die Mitglieder und Kandidatenbewegung im Kreis Magdeburg, in: IV 2/5/1372.

89 Das wurde etwa von Stolberg berichtet. Vgl. Rechenschaftsbericht des Kreisvorstandes der SED des Kreises Sangerhausen, in: IV 2/5/1145.

90 So heißt es dazu wörtlich: „Diese Tatsache bestätigt, daß im Kreis Salzwedel der Sozialdemokratismus infolge der früheren SPD-Tradition, und des dort herrschenden starken westlichen Einflusses, von der Jugend und den Frauen, die keine solche Tradition besitzen, überwunden worden ist“. In: IV 2/5/1144.

91 Die folgenden Ausführungen basieren auf Instrukteurberichten sowie auf Berichten und Materialien über die Kreisdelegiertenkonferenzen, in: SAPMO-BArch IV 2/5/1152-IV 2/5/1169.

organisierten Mitglieder geringer war als die der „Nur-SED-Mitglieder".[92] Bei entsprechender Bevorzugung hätten letztere demnach leicht dominieren können. Angaben über die frühere Parteizugehörigkeit oder über die „Dominanz" der SPD in Teilen der Arbeiterschaft wirken deshalb wie eine Entschuldigung für konkrete Schwierigkeiten bzw. für die mangelnde Akzeptanz der „Partei neuen Typs".[93]

Für das, was als „Sozialdemokratismus" bekämpft wurde, gibt es Beispiele aus zahlreichen Kreisen Thüringens, auch für das Fortbestehen der alten Gegensätze zwischen Sozialdemokraten und Kommunisten, das Auftauchen von Flugblättern aus dem Westen, die Angst der Sozialdemokraten vor Verhaftung oder auch deren Reaktion auf die Repression mit Parteiaustritten. Doch nicht alle Schwierigkeiten beispielsweise des Kreises Mühlhausen waren auf die Sozialdemokraten zurückzuführen. Zu bedenken sind auch die Katholiken im „Eichsfeld", das als besonders „schwierig" galt. So gab es Orte, wo die SED nicht einen Gemeindevertreter stellte.[94] Ebenso problematisch dürfte es sein, alle Widerstände, die etwa bei Zeiss in Jena beobachtet wurden, allein dem Verhalten von Sozialdemokraten zuzuschreiben, auch wenn „Sozialdemokratismus" im Sinn der genannten Merkmale dort besonders verbreitet gewesen sein muß.[95] Fraglich ist hingegen, ob der von Arbeitern glorifizierte sogenannte „Geist von Zeiss" und die lebendig gehaltene Erinnerung an Ernst Abbe auf den Einfluß von Sozialdemokraten zurückzuführen waren. Zu vermuten ist eher, daß über die vermeintlichen Wortführer Schwierigkeiten personalisiert wurden. Ebenso charakteristisch war es, alle Schwierigkeiten und Strukturprobleme über Personalpolitik lösen zu wollen.

Auch der Kampf gegen den „Sozialdemokratismus" wurde durch das Herausstellen einzelner Personen oder exemplarischer Fälle personalisiert. Gegenüber den Sozialdemokraten war dies eine unverhohlene Drohung; gegenüber den SED-Funktionären konnte es insofern disziplinierend wirken, als darin der Vorwurf enthalten war, es an „Wachsamkeit" fehlen zu lassen. In dieser Sicht war z.B. Erfurt pauschal eine „Zentrale gegnerischer Agenten", was dann mit dem Finanzamt und der Sozialversicherungskasse (SVK) konkretisiert wurde.[96] In der SVK sei das „Zentrum

92 Für Gera wird angegeben, daß etwa 1/3 der Mitglieder vor 1933 einer Arbeiterpartei angehörte. Vgl. IV 2/5/1157; für Rudolstadt sollen es 1/4 der Mitglieder gewesen sein. Vgl. IV 2/5/1166.

93 Vor allem die Berichte aus Gera legen dies nahe. Vgl. IV 2/5/1157.

94 Vgl. Berichte über Instrukteurarbeit im Kreis Mühlhausen/Thüringen, September 1950, in: IV 2/5/1164.

95 Vgl. dazu IV 2/5/1161, 1162.

96 Vgl. vor allem Bericht über die Kreisdelegiertenkonferenz der SED vom 24. und 25. Juni 1950 in Erfurt, in: IV 2/5/1156.

des Sozialdemokratismus"; doch abgesehen von einer SPD-Wandzeitung drehte sich die Kritik nur um den Direktor Max Lüdecke, einen Sozialdemokraten. Die Vorwürfe gegen ihn können als „typisch" gelten: Er weigere sich, Selbstkritik zu üben, ignoriere die Parteischule bzw. habe einen angeordneten Besuch vorzeitig abgebrochen, seine Mitarbeiter nach fachlichen Gesichtspunkten ausgewählt und beharre auf der Trennung von Partei und Verwaltungsarbeit. Das alles sei „Verratspolitik von 1918", ein Pauschalurteil gegen unliebsame Sozialdemokraten.[97]

Von „starken Überresten des Sozialdemokratismus" wird insbesondere aus dem Kreis Altenburg berichtet, wo im Frühjahr 1949 die Kreisleitung abgesetzt worden war.[98] Altenburg war als traditionelle SPD-Domäne dem zuzurechnen, was noch für die Weimarer Republik als „Stabilitätsoase des sozialistischen Lagers" sowie als „unangefochten[es] Heimatterrain für die Sozialdemokratie" bezeichnet worden ist. Zu fragen ist, ob diese Traditionslinien nach 1945 in dem Sinn weiterwirkten, daß sie eine wichtige Rolle für die Absetzung der SED-Kreisleitung spielen konnten.[99] Sowohl das Material über die Delegiertenkonferenz zur Neuwahl des Vorstandes als auch die Instrukteurberichte legen eine solche Vermutung nahe.[100] Bei

97 Max Lüdecke (Jg. 1889) war darüber hinaus bis 1947 im SED-Landesvorstand, in den er sich nicht wiederwählen ließ, Mitglied der Stadtverordnetenversammlung und bis 1950 Aufsichtsratsvorsitzender der Konsumgenossenschaft Erfurt. Da die auf der genannten Delegiertenversammlung erhobenen Vorwürfe auch in der lokalen Presse veröffentlicht wurden, konnte Lüdecke dies als ernstes Anzeichen für weitergehende Maßnahmen verstehen. Diese Art von „Warnung" veranlaßte ihn zur sofortigen Flucht in den Westen, um der befürchteten Verhaftung zuvorzukommen.

98 Vgl. dazu Bericht von der Kreisdelegierten-Konferenz am 19./20. November 1949 in Altenburg/Thüringen sowie Instrukteurberichte vom September 1950, in: IV 2/5/1153.

99 Zu Altenburg als SPD-Hochburg vgl. Franz Walter, Thüringen – Einst Hochburg der sozialistischen Arbeiterbewegung?, in: IWK, 28. Jg. 1992, H. 1, S. 21-39, Zitate S. 32; zur Absetzung der Kreisleitung von Altenburg vgl. Günter Braun, Die SED-Kreisleitung von Altenburg und die „Genossen in Uniform". Eine lokalhistorische Skizze zum Verhältnis zwischen SED und SMAD in einem traditionellen Zentrum der deutschen Arbeiterbewegung, in: Klaus Schönhoven/Dietrich Staritz (Hrsg.), Sozialismus und Kommunismus im Wandel, S. 352-377. Für die Zeit vor 1933 ist auffallend, daß fast alle KPD-Mitglieder zur KPO abgewandert waren. Anfang 1933 sollen der KPD 1.200 Mitglieder angehört haben, der SPD jedoch 3.800. Diese Mitgliederzahlen konnten bis zur Vereinigung von 1946 fast verdoppelt werden. Hinzu kamen die kurzfristig mobilisierten neuen Mitglieder, so daß die SED schon 1947 über 18.000 Mitglieder hatte. Angesichts der personellen Kontinuität der ehedem sozialdemokratischen Funktionäre auch in der SED liegt die Annahme nahe, daß sie – aus welchen Gründen und Motiven auch immer – den Weg in die Einheit mitgingen. Vgl. Braun, S. 361. Da im Vergleich dazu die LDP und die CDU sehr viel schwächer waren und die SED aus den Wahlen des Jahres 1946 mit absoluter Stimmenmehrheit hervorgegangen war, kann man schon früh von einer Vormachtstellung der SED ausgehen, die damit nicht erst in die Stalinisierungsphase der SED fiele.

100 Das bezieht sich auf die „Überreste des Sozialdemokratismus", nicht hingegen auf die Anzahl der aus der SPD stammenden Delegierten und Kreisvorstandsmitglieder. Diese entsprechen dem anhand von anderen Kreisen angeführten Durchschnitt.

genauerer Betrachtung aller Umstände fällt hingegen auf, daß die lokale SED-Führung angesichts des auch auf sie zurückfallenden Stimmungstiefs des Jahres 1947 begonnen hatte, gegenüber den „Ratschlägen" und Forderungen der sowjetischen Militärbehörden weniger „Folgebereitschaft" zu zeigen.[101] Obwohl sich diese Form von Verweigerung oder Eigenmächtigkeit auch auf personalpolitische Weisungen bezog, reagierte die Besatzungsmacht zunächst erstaunlich wenig massiv. Mit der ideologischen und strukturellen Umwandlung der SED erfolgte die formale Angleichung; doch am Parteialltag schien sich grundsätzlich nichts geändert zu haben. Die Spannungen mit der Militäradministration eskalierten dann so weit, daß die Kreisleitung sich einem Befehl direkt widersetzte. In der Folge wurden sowohl von seiten der Militäradministration als auch der SED die übergeordneten Instanzen eingeschaltet. Die Kreisleitung von Altenburg wurde abgesetzt, und der Landesvorsitzende Heinrich Hoffmann, dem „ideologische Unklarheiten" vorgeworfen wurden, mußte zugunsten von Erich Mückenberger weichen.[102] Auch der Parteivorstand war auf seiner Sitzung Anfang Mai 1949 mit den Vorgängen in Altenburg, mit den „nationalistischen Tendenzen", mit „Überheblichkeit" und einem angeblich daraus resultierenden „antisowjetischen Verhalten" befaßt.[103] Vermutlich sollte ein Exempel statuiert werden, um die Gesamtpartei im Umstrukturierungsprozeß zu disziplinieren, was auch in Altenburg nicht auf Anhieb gelang. Die Tatsache, daß dies in Thüringen geschah, dürfte darin begründet gewesen sein, daß nach Ansicht der Parteiführung die ideologische „Schwäche" der SED dort besonders ausgeprägt war. Die Ursachen und Gründe dafür versuchte Heinrich Hoffmann darzulegen.[104] Nach seiner Ansicht waren dies „Nachwirkungen" der ehemaligen Kleinstaaterei, der kleinen Fürstentümer, die Tendenz zu „Kirchtumspolitik", was Partikularismus und den besonderen Einsatz „eines Kreisvorstandes für die Interessen der Bevölkerung seines Kreises" zur Folge habe. Und in diesen Kreisvorständen seien die „Genossen" noch stark mit dem „Ballast der alten Parteientwicklung", der „liberalistischen Wahlvereinmethode" behaftet. Die Funktionäre träfen sich wie in einem Kegelklub, hielten eine Vorstandssitzung ab und gingen wieder nach Hause. Und sie seien auch deshalb so schwach, weil die Partei ihre besten Kräfte an Staat und Wirtschaft habe abgeben müssen. Allem Anschein nach waren es nicht weiterwirkende sozialdemokratische Traditionen oder KPO-Tendenzen, die

101 Vgl. Braun, S. 369 ff.

102 Vgl. ebd., S. 376.

103 Vgl. Stenographische Niederschrift über die 18. (32.) Tagung des Parteivorstands der SED am 4./5. Mai 1949, in: SAPMO-BArch IV 2/1/63, Bl. 17.

104 Zum folgenden vgl. ebd., Bl. 78 ff.

das Verhalten der SED-Funktionäre in Altenburg bestimmten, sondern diese weigerten sich offenkundig, ausschließlich als Befehlsempfänger der Besatzungsmacht zu agieren, und entsprachen damit nicht den Vorgaben und Anforderungen der „Partei neuen Typs“.[105]

Auch für Sachsen mit den traditionellen Hochburgen der Sozialdemokratie wird man das Weiterwirken von sozialdemokratischen Traditionen anhand der Neuwahl der Kreisvorstände und der Parteiüberprüfungen allein kaum feststellen können. Dennoch verlief auch dort in den Kreisen die Durchsetzung der „Partei neuen Typs“ keineswegs reibungslos, und die Sozialdemokraten wurden aus den Vorständen verdrängt, sofern die Parität zu diesem Zeitpunkt noch bestand. Verhaftungen, deren Opfer Sozialdemokraten waren, hatten bereits vorher stattgefunden, so daß sie auf den Kreisdelegiertenkonferenzen gar nicht erwähnt wurden. In Erinnerung bleiben sollte darüber hinaus, daß sich beispielsweise die Leipziger Sozialdemokraten vehement gegen die Auflösung des Bezirks gewehrt hatten, weil sie darin einen frühzeitigen Abbau der Parität sahen.[106] Nicht nur in Leipzig verteidigten Sozialdemokraten vergeblich die eigene traditionelle Organisationsstruktur, indem sie den Abbau der Wohnbezirke zugunsten der Betriebsgruppen zu verhindern suchten.[107] Schon unmittelbar nach der Vereinigung war jedoch auch festgestellt worden, daß viele alte Sozialdemokraten mit Inaktivität oder passiver Resistenz reagierten und nicht wenige frühzeitig aus der SED austraten.[108]

Zwickau ist ein Beispiel dafür, in welcher Weise mit der Abschaffung der Parität die Sozialdemokraten in den Vorständen marginalisiert wurden.[109] Im alten Vorstand stammten 20 Mitglieder aus der SPD, 16 aus der KPD und 4 aus der SED, im neuen waren es nur noch 11, wohingegen 21

---

105 Vgl. auch Braun, S. 376. Dies wird um so deutlicher, weil die in diesem Fall Hauptbeschuldigten aus der KPD stammten. Deutlich wird allerdings auch, daß ohne derartige Detailuntersuchungen die Quellen mit ihren vagen Aussagen über die Verbreitung des „Sozialdemokratismus“ auch zu Mißinterpretationen führen können. Sie legen die Annahme nahe, sozialdemokratische Einflüsse und Traditionen zu diesem Zeitpunkt für bedeutsamer zu halten, als sie offensichtlich waren. Das sagt wiederum nichts darüber aus, in welcher Weise die ehemaligen Sozialdemokraten in diesem Konflikt agierten. Doch dafür fehlen die Hinweise.

106 Vgl. u. a. Protokoll der SED-Delegiertenkonferenz vom 19. Januar 1947 in Leipzig, in: AdsD der FES, NL Trabalski 18.

107 So beispielsweise auch in einer Übersicht aus dem Jahr 1947. Vgl. SAPMO-BArch IV 2/5/221.

108 Es scheint schwierig zu sein, darüber genauen Aufschluß zu erhalten, denn in verschiedenen Berichten taucht der Hinweis auf, es fehlten alle Unterlagen über die SPD-Mitglieder. Unklar bleibt, ob entsprechende Daten nicht zusammengestellt wurden oder ob sie möglicherweise im Zusammenhang mit der Vereinigung zurückgehalten bzw. vernichtet worden sind. Vgl. z. B. IV 2/5/1192.

109 Vgl. dazu die Daten in: IV 2/5/1192.

nun „Nur-SED-Mitglieder“ waren. Offenkundig mußte die Liste mehrfach geändert werden, um die gewünschte – auch soziale – Zusammensetzung zu erreichen.

Da die soziale Zusammensetzung auch bei den Überprüfungen eine Rolle spielte, kontrollierte die Kreiskommission in Zwickau die von den Grundkommissionen vorgenommenen Streichungen von Arbeitern und ging den Austritten nach, die vor allem im Reichsbahnausbesserungswerk (RAW) vorgekommen waren, um Arbeiter zur Rücknahme dieses Schrittes zu bewegen.[110] Diese hatten als Begründung den zu hohen Parteibeitrag angegeben, den sie sich zusammen mit der Mitgliedschaft in anderen Organisationen, insbesondere der Gesellschaft für Deutsch-Sowjetische Freundschaft (DSF), nicht leisten könnten. Einer dieser Ausgetretenen (Jg. 1901) gab an, Ende September 1945 in die SPD eingetreten zu sein, aber wegen Desinteresse seit zwei Jahren keine Beiträge mehr gezahlt zu haben. Gefragt nach dem Grund für den seinerzeitigen Parteieintritt, gab er die lapidare Antwort: „Weil sie mir die Bude eingelaufen sind.“ Dies muß nicht, kann aber das wahre Motiv gewesen sein. Denkbar ist, daß in den Werbekampagnen vor der Vereinigung Mitglieder organisiert wurden, die ohne großes Interesse und ohne frühere Bindung einer der beiden Parteien eher zufällig beitraten, danach die SED-Mitgliedschaft als lästig empfanden und sich ihrer bei dieser Gelegenheit entledigen wollten. Offen bleibt, ob es sich dabei um oppositionelles Verhalten gegenüber einer als lästig empfundenen Partei handelte. Solange weitere Daten über den persönlichen und sozialen Hintergrund fehlen, bleiben die Motive für den Eintritt in eine Partei ebenso unklar wie die für den Austritt, so daß die spärlichen Angaben oder entsprechende Zahlen mit Vorsicht zu interpretieren sind. Als Protestverhalten von Sozialdemokraten wird man freilich werten können, daß 30 „Schumacherleute“ unmittelbar nach der Veröffentlichung der Beschlüsse zur „Partei neuen Typs“ vom Sommer 1948 aus der Betriebsgruppe im Stahl- und Walzwerk Riesa austraten.[111]

Bei den Berichten über die Kreisdelegiertenkonferenzen der Jahre 1949/50 und die Arbeit der Grundkommissionen fällt auf, daß die Angaben über „Sozialdemokratismus“ vage bleiben und es nur gelegentliche Hin-

---

110 Vgl. ebd., IV 2/5/1193. Im April 1951 waren von etwa 33.000 Mitgliedern des Kreises knapp die Hälfte überprüft worden; davon waren etwa 300 gestrichen und 58 ausgeschlossen worden. Gründe für den Ausschluß sind nicht zu ermitteln. Auffallend ist, daß unter „parteifeindlichen Gruppierungen“ für etwa 1.000 Mitglieder eine frühere NSDAP-Mitgliedschaft angegeben wird; von dieser Gruppe wurden 4 ausgeschlossen. Sozialdemokratismus oder eine auf Sozialdemokraten zutreffende Kategorie wird bei den Ausschlüssen nicht genannt.

111 Vgl. Bericht über die Arbeit der Betriebsgruppe im Stahl- und Walzwerk Riesa, in: IV 2/5/1182.

weise auf die traditionelle Stärke der Sozialdemokratie in Sachsen gibt.[112] Der verbliebene Anteil oder die Anzahl der Sozialdemokraten unter den Delegierten bzw. den neuen Kreisvorstandsmitgliedern entspricht dem beobachteten Durchschnitt, der nicht mit ihrem traditionellen Gewicht korrespondiert. Allein die pauschalen Angaben und allgemeinen Hinweise belegen freilich, daß sich Sozialdemokraten bis zu diesem Umstrukturierungsprozeß keineswegs freiwillig in die SED integriert hatten. Über den Kreis Bautzen wird berichtet, daß dieser ländliche Kreis vor 1933 eine „Hochburg" der SPD gewesen sei und daß ein monatelanger Kampf gegen „Schumacher-Tendenzen" habe geführt werden müssen, der zu zahlreichen Parteiausschlüssen geführt habe.[113] An Dippoldiswalde wird kritisiert, daß noch wenige Wochen vor der Kreiskonferenz Ortsgruppen der SPD und KPD bestanden hätten.[114] Besonders hervorgehoben wurde die Ortsgruppe Hertha im Kreis Döbeln, in der vor der Vereinigung 75 % der Mitglieder in der SPD organisiert gewesen waren, nur 25 % in der KPD.[115] Dort seien die „Überreste" des „Sozialdemokratismus" vor allem bei den älteren Mitgliedern besonders ausgeprägt: Sie beharrten auf den Wohngruppen, von der führenden Rolle der Sowjetunion war kaum die Rede, der „Telegraf" zirkulierte regelmäßig, und sie äußerten, nicht „Kommunisten" werden, sondern Sozialdemokraten bleiben zu wollen.

Nach welchen Kriterien auf dieser Ebene Sozialdemokraten in den Funktionen verblieben oder für einige Zeit verbleiben konnten, ist mit Momentaufnahmen kaum bzw. schwer zu klären. Sie zeigen nur selten die auch vorhandenen sozialen und politischen Aufstiegschancen, die sich nicht zuletzt jüngeren Frauen über Funktionen etwa im „Demokratischen Frauenbund Deutschlands" (DFD) boten. In Großenhain waren beispielsweise unter den 11 Kreisvorstands-Kandidaten mit sozialdemokratischem Hintergrund drei junge Frauen der Jahrgänge 1920 und 1923.[116] Sie hatten die Volksschule besucht, und zwei von ihnen arbeiteten danach als Hausmädchen. Die jungen Frauen traten 1945 bzw. 1946 der SPD bei, absolvierten in der SED Parteischulen und übernahmen im Anschluß daran Funktionen in der SED bzw. im DFD. Den Angaben zufolge stammten sie aus „Arbeiterfamilien". Wenn diese Familien selbst nicht in den

---

112 Vgl. zum folgenden IV 2/5/1174-1186. Zu berücksichtigen ist nicht nur die unterschiedliche Qualität der Berichte, sondern auch ihre mangelnde Dichte. So gibt es beispielsweise kaum Material über Leipzig und gar keines über Dresden oder Görlitz.

113 So der zusammenfassende Bericht über die Kreiskonferenz in Bautzen am 12. und 13. November 1949, in: IV 2/5/1174.

114 Vgl. IV 2/5/1175. Sowohl die Zusammensetzung der Delegiertenkonferenz als auch der Kreisvorstand entsprachen den Vorgaben mit der Dominanz der Nur-SED-Mitglieder.

115 Vgl. IV 2/5/1176.

116 Angaben nach den Lebensläufen, die für die Kreisvorstands-Kandidaten zusammengestellt wurden. In: IV 2/5/1181.

Vorfeldorganisationen der Arbeiterbewegung fest verwurzelt waren, sind bei den Frauen allein aufgrund des Alters Bindungen an die traditionellen Arbeiterorganisationen der Weimarer Zeit unwahrscheinlich. In einem Fall werden Kontakte zu den Kinderfreunden angedeutet, in einem anderen die Mitgliedschaft im Arbeiterturnverein. Da dem im Dritten Reich die Mitgliedschaft im BDM und die Übernahme durch die NSDAP folgte, mag die Verwurzelung in den Vorfeldorganisationen nicht sehr tief gewesen sein. Alle drei Frauen gehörten zu den Jahrgängen, die durch die 12 Jahre Nationalsozialismus in besonderem Maße geprägt worden waren, weil es die entscheidenden Jahre von Kindheit und Jugend gewesen waren. Für sie enthielt dann die Neuorientierung nach 1945 auch die Chance des beruflichen Aufstiegs. So war eine von ihnen Neulehrerin, die andere wechselte von ihrer Tätigkeit als Stenotypistin in die Funktion der 1. Vorsitzenden des DFD. Diese Aufstiegschancen bot ihnen die SED, nachdem sie die Parteischulen durchlaufen hatten. Angesichts einer nur wenige Monate dauernden SPD-Mitgliedschaft ist denkbar, daß in dieser kurzen Zeit nur wenig an sozialdemokratischen Vorstellungen vermittelt bzw. angenommen wurde. Das gilt freilich nicht nur für Frauen. Dennoch sind auch deren Lebenswege von großem Interesse, weil die SED sie bei diesem Umstrukturierungsprozeß so nachhaltig förderte.

Wenn Sozialdemokraten nicht wegen ihrer Kontakte zum Ostbüro oder des Verdachts der „Schumachertätigkeit" verhaftet, ausgeschlossen wurden oder flüchteten, waren es auch in den sächsischen Kreisen die Sozialdemokraten in den Kommunen und in anderen Bereichen der Verwaltung, die verstärkt wegen „Sozialdemokratismus" ins Schußfeld gerieten. Im Kreis Hoyerswerda bemängelte ein Instrukteur die „Kaderpolitk" der SED, weil nach seiner Ansicht alle Kreisräte und 80 % der Bürgermeister wegen sozialdemokratischer Tendenzen abgelöst werden sollten. Sie seien zu traditionsgebunden und „versöhnlerisch", und sie würden – manchmal erst kurze Zeit im Amt – einfach das fortsetzen, was ihre ausgewechselten Vorgänger „hinterlassen" hätten.[117] Trotz umfangreicher „Säuberungen" und Verhaftungen blieb der „Sozialdemokratismus" oder die Bindung von älteren Mitgliedern an sozialdemokratische Traditionen gerade dort virulent, wo es, wie in zahlreichen ländlichen Ortsgruppen, keine ehemaligen KP-Mitglieder gab bzw. wo es vor 1933 keine KPD gegeben hatte. Auch in anderen Orten wurde der Kampf zwischen den Funktionären auf der Grundlage der früheren Parteizugehörigkeit ausgetragen, nicht zuletzt bei der Besetzung von Posten.

117 So in einem Instrukteurbericht vom 18.10.1950 über die Kreise Hoyerswerda und Chemnitz, in: IV 2/5/1183, 1184.

Dem offenkundigen Beharrungsvermögen wurde nicht nur in Chemnitz mit Ausschlüssen von alten SPD-Mitgliedern begegnet.[118] Andererseits wurden Willkür und Eile bei Ausschlüssen bzw. bei den Überprüfungsverfahren gerügt, insbesondere, wenn es sich um einfache Mitglieder handelte. Es sei falsch, einem im März 1946 in die SPD eingetretenen Mitglied bei der Überprüfung das „Eingeständnis" entlocken zu wollen, dies sei ein Fehler gewesen.[119] Als ebensowenig sinnvoll galt die Forderung, jedes ehemalige SPD-Mitglied müsse die Einsicht „klar zum Ausdruck" bringen, einer „bürgerlichen" Partei angehört zu haben.[120] Da offenkundig wenig Klarheit darüber herrschte, wer und wieviele Mitglieder auszuschließen waren, wurden Grundkommissionen auch veranlaßt, Ausschlüsse wieder rückgängig zu machen, so z. B. bei einem 60jährigen Arbeiter, der 1911 in die SPD eingetreten war und geäußert hatte, die Politik der SED nicht zu verstehen. Das war der Anlaß für den Ausschluß; er wurde jedoch zurückgenommen, weil dieser Mann glaubhaft versichert hatte, stets für die Einheit der Arbeiterparteien gewesen zu sein und von den ideologischen Differenzen schon vor 1933 wenig verstanden zu haben.[121]

Die Vorgaben für die Überprüfungen und die gewünschte soziale Zusammensetzung, die für die Zahl der Ausschlüsse mitbestimmend waren, blieben auf der untersten Ebene völlig unklar und nahmen häufig den Charakter von Willkür und Übereifer an. Dieser stand wiederum der gezielten Neustrukturierung entgegen, die zwar nicht alle ehemaligen SPD-Mitglieder aus der SED warf, sie jedoch – wie auch in Sachsen – aus den Funktionen entfernte.

Die Durchsetzung der „Partei neuen Typs" war alles in allem ein länger andauernder und keineswegs reibungslos vollzogener Prozeß. Dennoch wurde über die Neuwahl der Parteileitungen und die Säuberungen bei den Parteiüberprüfungen das Ziel einer weitgehenden Umstrukturierung erreicht. Ungeachtet von regionalen Besonderheiten und Abweichungen im Ergebnis war dieser Vorgang – nicht zuletzt durch den Einsatz der von oben gesteuerten 40.000 Instrukteure – relativ gleich. Vergleichbar waren auch die Widerstände gegen die „Partei neuen Typs" bzw. die Resistenz gegenüber der Stalinisierung der SED. Eine weit verbreitete Verhaltens-

118 Vgl. Bericht von der Kreisdelegiertenkonferenz Chemnitz, 17./18. Juni 1950, in: IV 2/5/1184.

119 Vgl. Bericht über die Überprüfung der Mitglieder und den Erfahrungsaustausch der Grundkommissionsmitglieder am 15. und 16.1.1951 im Kreis Hoyerswerda i. Sachsen, in: IV 2/5/1183.

120 Bericht über die Konferenz der Kreiskommission mit den Grundkommissionen in Hoyerswerda (Sachsen) am 7. u. 8. Januar 1951, in: ebd.

121 Vgl. Bericht über die Überprüfung der Mitglieder und den Erfahrungsaustausch der Grundkommissionsmitglieder am 15. u. 16.1.1951 im Kreis Hoyerswerda i. Sachsen, in: ebd.

weise war, aus der SED auszutreten oder die Überprüfung zu verweigern. Freilich waren diese Reaktionen nicht auf Sozialdemokraten beschränkt, so daß Angaben und Zahlen über die Verminderung des Mitgliederbestandes der SED, insbesondere die über Streichungen, Austritte und Verweigerungen, nicht ausschließlich auf Sozialdemokraten bezogen sein können. Da die Herkunftspartei nicht immer angegeben ist, kann anhand der vermeintlichen Gründe und vorgebrachten Argumente nicht in allen Fällen auf einen eindeutigen sozialdemokratischen Hintergrund geschlossen werden. Dennoch zeigen die Beispiele aus den Kreisen, daß zahlreiche Sozialdemokraten vor allem mit Austritten auf die Stalinisierung der SED reagierten.[122]

Die Parteiwahlen belegen, daß und wie Sozialdemokraten aus den Funktionen entfernt bzw. hinausgedrängt wurden. Die Bedeutung von Hierarchieebenen ist augenfällig. Die Sozialdemokraten gerieten durch die Aufhebung der Parität bei den Wahlen bzw. bei der Kandidatenaufstellung in die Minderheit. Durch die Zusammensetzung der Delegierten und die Erweiterung der Vorstände wurde das gewünschte Ergebnis zusätzlich abgesichert. Ein wichtiger Hebel für die Veränderung der SED war die Förderung von Frauen und Jugendlichen, über die in einem nicht unerheblichen Ausmaß der gewollte Traditionsbruch vollzogen wurde.[123] Nach der Neuzusammensetzung der Parteileitungen gehörten durchschnittlich nur noch 33,8 % der Leitungsmitglieder vor 1933 der KPD und SPD an.[124]

Noch vor der Parteiüberprüfung hatte die SED mit Stand vom Dezember 1950 im Vergleich zum Dezember 1948 bereits etwa 200.000 Mitglie-

---

122 Dies bezieht sich nicht erst auf die Zeit nach der Parteikonferenz von 1949. Schon 1947/48 traten – vor allem in Sachsen – so viele Sozialdemokraten aus der SED aus, daß dies für bedenklich gehalten wurde. Vgl. einen vertraulichen Bericht der Organisationsabteilung des ZS der SED an die Mitglieder des ZS vom 11.3.1948, in: SAPMO-BArch IV 2/5/1368. In Sachsen wurden allein im Januar 1948 insgesamt 1.457 Austritte registriert, wobei der Kreis Oschatz im Landesdurchschnitt die höchste Austrittsquote hatte. Von 148 Austritten entfielen 53 auf ehemalige SPD-Mitglieder, 47 auf die aus der KPD und 48 auf „Nur-SED-Mitglieder". In Leipzig waren es 161 aus der SPD, 71 aus der KPD und 81 nur aus der SED. Für Dresden lauten die Zahlen: 58 (SPD), 22 (KPD), 47 (nur SED). Für Chemnitz: 40 (SPD), 40 (KPD), 30 (nur SED). Aus der SED ausgeschlossen wurden im gleichen Zeitraum 237 Mitglieder. Nach parteipolitischer Herkunft setzten sie sich wie folgt zusammen: 90 (SPD), 79 (KPD) und 68 (nur SED).

123 Nach einer Zusammenstellung über die Ergebnisse der Wahlen zu den Parteileitungen entfielen dann nach der neuen Zusammensetzung im Durchschnitt 25 % auf die Frauen und 12 % auf Jugendliche. Vgl. SAPMO-BArch IV 2/5/261.

124 Diese Angaben sind bezogen auf die Länder ohne Berlin. In Mecklenburg und Brandenburg war der Anteil der vor 1933 in einer Arbeiterpartei Organisierten mit 40 % bzw. 39,9 % am höchsten, in Thüringen mit 30,4 % am niedrigsten. Angaben nach SAPMO-BArch IV 2/5/261.

der weniger.[125] Mit der Parteiüberprüfung des Jahres 1951 wurde die Gesamtzahl der Mitglieder noch einmal erheblich reduziert. Bezogen auf die mit Ende des Jahres 1950 erfaßten etwa 1,5 Millionen Mitglieder, waren als Ergebnis der Überprüfungen den Angaben Hermann Materns vor dem ZK zufolge 2,8 % der Mitglieder gestrichen und 2,4 % waren ausgeschlossen worden; 2,1 % waren ausgetreten und 2,3 % hatten die Überprüfung verweigert.[126] Daß darunter viele Sozialdemokraten waren, erläuterte Matern an Beispielen aus den Überprüfungen in den Kreisen. In allen Kreisen waren die gleichen Fragen – u. a. Rolle der Sowjetunion, Oder-Neiße-Grenze, Kampf um Frieden und nationale Einheit, Beschlüsse des III. Parteitages, Entwicklung der SED zur „Partei neuen Typs" sowie die Rolle Ernst Thälmanns und Fragen zur Geschichte der deutschen Arbeiterbewegung – vorgegeben und erhebliche „Unklarheiten" und – so wird man hinzufügen müssen – Unterschiede festgestellt worden. Die größten „Unklarheiten" bzw. die geringsten Kenntnisse gab es bei Überprüften und den Grundkommissionen hinsichtlich der Fragen zur Geschichte der Arbeiterbewegung, was bei den Sozialdemokraten die Ablehnung der vorgegebenen Geschichtsinterpretation einschloß. Darüber hinaus führte Matern an, daß im Verlauf der Überprüfung verhältnismäßig wenig „organisierte feindliche Gruppen" festgestellt worden seien. Dennoch habe es in allen Ländern Beispiele gegeben, daß der „Feind" versucht habe, durch organisierte Überprüfungsverweigerungen und Austritte die Partei zu „zersetzen". Dies bezog sich nicht ausschließlich auf Sozialdemokraten, auch wenn es sich bei beiden Gruppen vorwiegend um „Arbeiter" handelte. Unberücksichtigt bleibt bei diesem Ergebnis der Parteiüberprüfung freilich, daß Sozialdemokraten und sozialdemokratische Gruppen schon vorher in hohem Maß Opfer der 1948 massiv einsetzenden Säuberungen geworden waren und in großer Anzahl die SED bereits verlassen hatten.[127]

Mit der Umwandlung zur stalinistischen „Partei neuen Typs" hörte die SED auf, eine „Einheitspartei" zu sein. Der „demokratische Zentralismus" mit der strikten Unterordnung unter die jeweils übergeordnete Führung und die strenge Parteidisziplin kennzeichneten den veränderten Partei-

---

125 Dies war eine Reduzierung von etwa 1,7 Millionen auf etwa 1,5 Millionen Mitglieder. Zu den Zahlen vgl. SBZ-Handbuch, S. 510; vgl. auch „Aufstellung über die Veränderung der Mitgliederbewegung vom Vereinigungsparteitag 1946 bis 31.1.1952". In: SAPMO-BArch IV 2/5/1370. Obwohl in dieser Aufstellung nicht alle Mitglieder und Kandidaten enthalten sind, decken sich die Angaben in etwa.

126 Vgl. Stenographische Niederschrift der 7. Tagung des ZK der SED am 18., 19. und 20. Oktober 1951, in: SAPMO-BArch IV 2/1/98.

127 Die Austritte häuften sich ab 1948; so sollen vom Januar bis zum Juli 1948 im Monatsdurchschnitt 4.400 Mitglieder die SED verlassen haben, ab August 1948 dann im Durchschnitt 7.000 Mitglieder. Vgl. IV 2/5/1368.

aufbau. Für alle SED-Mitglieder wurde das Bekenntnis zur KPdSU und zur führenden Rolle der Sowjetunion verpflichtend. In Anknüpfung an die Traditionen der alten KPD wurden die Strukturen der KPdSU übernommen. Das Politbüro wurde geschaffen und stellte mit Sekretariat und ZK-Apparat den hierarchischen und zentralistischen Organisationsaufbau sicher. Mit der Durchsetzung dieser Strukturen auch nach unten, der Ausschaltung der Sozialdemokraten und der völligen Ausrichtung der SED an der Person Stalins waren die Voraussetzungen dafür geschaffen, daß die SED als führende Staatspartei die DDR nach sowjetischem Vorbild gestalten konnte.

# 4. Vom Kampf gegen „Sozialdemokratismus" und Sozialdemokraten

## 4.1 „Sozialdemokratismus" – Verwendung und Funktion eines Begriffes

Der Vorwurf des „Sozialdemokratismus" war ein Kampfinstrument bei der Durchsetzung der „Partei neuen Typs". Darüber hinaus bediente sich die SED des Begriffs bei der ideologischen Abgrenzung von der Sozialdemokratie, so daß er Grundprobleme ihrer Beziehungen zur Sozialdemokratie aufzeigt.[1] Deren Bandbreite reichte von der Anlehnung an die Sozialfaschismus-These der 20er und 30er Jahre bis zu einer positiven Würdigung sozialdemokratischer Politik und der Betonung gemeinsamer Kampfziele.

Ungeachtet der uneinheitlichen Kritik an der Sozialdemokratie in Gestalt der westdeutschen SPD wurden im Verlauf der Entwicklung ambivalente Grundlinien sichtbar: Die SPD galt einerseits als ein „politischer Akteur des kapitalistischen Gegensystems", mit dem die SED andererseits bis zu einem gewissen Grad durch eine gemeinsame Traditionslinie verbunden war.[2] Und es war schwierig, die SPD mit dem kapitalistischen System zu identifizieren, war sie doch zugleich Adressatin von Bündniserwartungen. In den fünfziger Jahren, als die SPD auf Bundesebene in der Opposition war, sollte eine Annäherung an sie als Kern einer breiten gesellschaftlichen Opposition der Verhinderung der Wiederbewaffnung und zugleich der Anerkennung der DDR dienen. Als die SPD in den sechziger und siebziger Jahren Regierungsverantwortung trug, war sie zunächst Gegner und dann Partner einer „gemeinsamen" Entspannungspolitik. Zur Absicherung der eigenen Herrschaft erfolgte parallel dazu die ideologische Abgrenzung gegenüber den Zielsetzungen des freiheitlichen und demokratischen Sozialismus der SPD.[3]

Der Ost-West-Konflikt und die wechselnde internationale Lage waren nur von begrenzter Aussagekraft für die Schwankungen der SED-Politik gegenüber der SPD. Von größerem Gewicht sind die innenpolitischen Probleme der DDR und insbesondere die Stabilitätskrisen der SED gewe-

1 Vgl. dazu vor allem Hans-Joachim Spanger, Die SED und der Sozialdemokratismus. Ideologische Abgrenzung in der DDR, Köln 1982; ders., Die SED und der „Sozialdemokratismus", in: APuZ, B 33/81, S. 22-33.

2 Vgl. Spanger, APuZ, S. 24.

3 Vgl. Spanger, Die SED und der Sozialdemokratismus, S. 26 f.

sen. Die ideologische Abgrenzung und die Kritik an der SPD fielen in Krisenzeiten heftiger aus als in den Phasen relativer Stabilität. Hinzu kam die Abwehrfunktion gegenüber allen ideologischen Abweichungen, die das Herrschaftsmonopol in Frage stellten. Dies war schon Ende der vierziger Jahre beim Kampf gegen den „Sozialdemokratismus" auffallend und zeigte sich später etwa im Zusammenhang mit dem 17. Juni 1953, den Ereignissen von 1956, dem „Prager Frühling" oder der frühen Entspannungspolitik, die alle mit internen Reformerwartungen verbunden waren.

Die „Wechselbäder von Zustimmung und Ablehnung, Polemik und Bündnisangeboten"[4] waren weitgehend unabhängig von der Programmatik und praktischen Politik der SPD sowie von deren Verhalten. „Sozialdemokratismus" war ein Kampfinstrument zur inneren Herrschaftssicherung; die praktische Politik gegenüber der SPD wurde von innen- und außenpolitischen Interessen der SED bestimmt.

In welchem Ausmaß der Vorwurf des „Sozialdemokratismus" der Disziplinierung der SED diente, wurde im Vorfeld und bei der Umwandlung der SED zur „Partei neuen Typs" offenkundig. Während die inhaltliche Füllung des Begriffs vielgestaltig sein konnte, war der damit verbundene Vorwurf des „Klassenverrats" der SPD relativ konstant. Mit der historischen Kritik an der Sozialdemokratie sollte aufgezeigt werden, wohin Abweichungen vom Marxismus-Leninismus führten. Historische Exkurse wurden zu Begleiterscheinungen von Krisen.[5] Und sie dienten durch die Betonung des daraus resultierenden „verschärften Klassenkampfes" der Legitimierung repressiver Herrschaftsstrukturen und -praktiken.

Auch wenn diese in der Praxis von Anfang an vorhanden waren, wurden sie mit der Liquidierung der These vom „besonderen deutschen Weg zum Sozialismus" jedoch quasi parteioffiziell. Damit verbunden war die Rücknahme aller taktischen Konzessionen an die Sozialdemokratie und die auch mit „historischen Lehren" begründete Ausrichtung auf das sowjetische Modell. Dabei wurden historische Argumentationsstränge entwickelt, die beibehalten und nur unterschiedlich akzentuiert wurden. Ausgangspunkt war die Konstruktion von der „klassenverräterischen Linie" der SPD, deren Niedergang bzw. Negativentwicklung nach dieser Sicht seit der Jahrhundertwende mit dem Revisionismus begann. Die SPD sei ein Anhängsel der Bourgeoisie und eine „reaktionäre" Partei geworden, die in der Weimarer Republik keinen konsequenten Kampf gegen den „Faschismus" geführt und damit letztlich Hitler den Weg geebnet habe.

---

4 Spanger, APuZ, S. 27.
5 Vgl. ebd., S. 26.

Derartige historische Exkurse gab es in der historischen Literatur, in Presse und Publizistik, doch sie waren – wie am Beispiel der Parteiüberprüfungen aufgezeigt wurde – auch Bestandteil der Auseinandersetzung mit den Sozialdemokraten auf der unteren Parteiebene und dienten als Vorwand für deren Ausschaltung. Ergänzt wurde dies in der Hochzeit der Blockkonfrontation durch scharfe Angriffe gegen die Politik der SPD, die als „Schrittmacher“ und „Handlanger“ des Imperialismus bezeichnet wurde. Die prinzipielle Gleichsetzung von sozialdemokratischer und „imperialistischer“ Politik blieb auch in weniger konfrontativen Phasen der Systemauseinandersetzung weitgehend erhalten; allenfalls wich sie im Zusammenhang mit Aktionseinheits- oder anderen Bündnisangeboten zugunsten einer differenzierteren Betrachtungsweise.[6]

Bereits 1946/47 wurde der westdeutschen SPD der Vorwurf gemacht, die Einheit der Arbeiterklasse und die Einheit Deutschlands zugunsten einer Koalitionspolitik mit der CDU verhindert und in den Westzonen die kapitalistische Restauration mitgetragen zu haben. „Zugleich wird ihr zum Vorwurf gemacht, daß sie den Marshallplan mittrage, mit dem die USA die ‚Kolonisierung‘ Europas beabsichtigten. Dies ist nach Auffassung der SED neben der sozialdemokratischen Politik im Wirtschaftsrat der Westzonen und ihrer Zustimmung zur Montanunion ein weiterer Beweis für ihre prokapitalistische Orientierung.“[7] Mit der These vom „Sozialismus als Tagesaufgabe“ habe sie dies nur verschleiert. Auch die Konzeption eines „demokratischen Sozialismus“ und das Ziel eines sozialistischen Europa waren in dieser Sicht nur der „Beweis“ für den Bruch mit dem Marxismus.

Mit der westdeutschen Wiederbewaffnungsdiskussion stand dann die Kriegsfrage im Vordergund der Angriffe gegen die SPD. Die SED beschwor die ideologische Vorbereitung eines neuen Interventionskrieges, wobei sie der SPD die Rolle zuschrieb, die Arbeiter auf diesen Krieg vorzubereiten. Als die Diskussion im Westen ab 1949/50 konkrete Formen annahm, wurden SPD und Gewerkschaften bzw. deren „Führer“ zu einer „Agentur des anglo-amerikanischen Imperialismus in den Reihen der deutschen Arbeiterklasse“, die die Aufgabe hätten, „einen neuen räuberischen Krieg gegen den Sozialismus und gegen den Fortschritt“ vorzubereiten.[8] Ungeachtet von bündnispolitischen Angeboten blieb diese Sicht erhalten. Eine Variation war die „Einheitsfront von unten“, wonach die „Massen“ von den „Führern“ zu isolieren waren, um Mitglieder von SPD und Gewerkschaften für einen gemeinsamen Kampf zu gewinnen. Der

6 Vgl. Spanger, Die SED und der Sozialdemokratismus, S. 46.
7 Ebd., S. 47.
8 Zitiert nach ebd., S. 48.

taktische Charakter dieser Politik war unübersehbar und die mangelnde Resonanz der SED-Offerten offenkundig.

Der Vorwurf des „Sozialdemokratismus" als Disziplinierungsinstrument nach innen galt unter Rückgriff auf den stalinistischen Sprachgebrauch der späten zwanziger Jahre hingegen jenem sozialdemokratischen Gedankengut, das durch die Zwangsvereinigung in die SED eingegangen war. Alle Vorstellungen, die den stalinistischen Prinzipien einer marxistisch-leninistischen Partei entgegenstanden, wurden im Verlauf der Transformation der SED zurückgedrängt und ebenso systematisch verfolgt wie die offenkundigen und vermeintlichen Träger dieses Gedankengutes. Das „Sozialdemokratismus"-Verdikt richtete sich auch gegen sogenannte „Agenturen des Imperialismus" innerhalb der Arbeiterbewegung und in der SED, die als „Schumacher-Agenten" personalisiert wurden. Damit sollten tatsächliche und potentielle Einflüsse der westdeutschen SPD kriminalisiert und in der Folge „eliminiert" werden.[9] Mit der 1. Parteikonferenz vom Januar 1949 wurde die Zielgruppe des „Sozialdemokratismus" erweitert. Der Begriff „Sozialdemokratismus" charakterisierte zwar prominente geflüchtete SED-Funktionäre aus der Sozialdemokratie wie Erich Gniffke und Ernst Thape, betraf aber darüber hinaus alle Versuche, die SED im „Geist" der „alten" sozialdemokratischen Ideologie zu beeinflussen, was demnach viel grundsätzlicher und erheblich weiter auf alle Verfechter sozialdemokratischen Gedankenguts innerhalb der SED abzielte. Damit war „Sozialdemokratismus" ein SED-internes Problem, das auch kommunistische Formen der „Abweichung" einschloß. Da mit der Umstrukturierung und den Säuberungen der Anspruch erhoben wurde, in der SED seien dem Sozialdemokratismus als „Opportunismus und Reformismus" die organisatorischen Grundlagen entzogen worden, war nur noch von seinen „Überresten" die Rede. Sozialdemokratismus wurde nun zum Ausdruck einer „bürgerlichen Ideologie", die sozialdemokratische Ideen mißbrauche, der Entwicklung von Klassenbewußtsein hinderlich sei, womit alle auch ehemaligen Rechts- und Linksabweichungen sowie antistalinistischen Strömungen belegt wurden. Mit den umfangreichen Säuberungen hätte der Kampf gegen den „Sozialdemokratismus" beendet sein können. Doch bereits in seinem Bericht über die Überprüfungen betonte Hermann Matern im Oktober 1951 vor dem ZK, daß „Überreste" des Sozialdemokratismus überall vorhanden seien.[10] Hinter der Vagheit seiner Definition trat ein Kampfinstrument hervor, das man jederzeit wieder einsetzen konnte: „Sie [die Überreste] zeigen sich vor allem in der

9 Vgl. auch Frank Thomas Stössel, Positionen und Strömungen in der KPD/SED zwischen 1945 und dem IV. Parteitag der SED 1954, Diss. Würzburg 1982, Teil 1, S. 340 ff.

10 Vgl. dazu SAPMO-BArch IV/2/1/98, Bl. 14.

Unterschätzung der Kraft der Arbeiterklasse, dem Nichtanerkennen der führenden Rolle der Partei, im ungenügenden Kampf gegen das Eindringen parteifeindlicher Ideologien und der ungenügenden Entlarvung parteifeindlicher Kräfte."[11]

Für eine kurze Zeit war das Problem des „Sozialdemokratismus" weniger wichtig, was vor dem Hintergrund der Stalin-Noten, des Kampfes gegen die EVG und dem damit zusammenhängenden Wunsch nach einer Verständigung mit der westdeutschen SPD zu sehen ist.[12] Schon gegen Ende des Jahres 1952, nach der 2. Parteikonferenz der SED (Juli 1952) mit der Proklamation des „Aufbaus des Sozialismus", war der Begriff wieder virulent. Nun war „Sozialdemokratismus" weder an historische Traditionen der Sozialdemokratie geknüpft noch ein Kennzeichen von ideologischer Abweichung. Vielmehr diente der Begriff zur Etikettierung von „Passivität", Initiativlosigkeit, „Gleichgültigkeit" oder „unkämpferischer Haltung", die beim forcierten „Aufbau des Sozialismus" hinderlich schienen.[13] Diese neuerlich instrumentelle Auffassung trug Rudolf Herrnstadt auf der 10. ZK-Tagung im November 1952 vor. Es sei ein Irrtum, zu glauben, der Sozialdemokratismus sei 1948/49 etwa in Magdeburg oder Leipzig „liquidiert" worden, und man habe es deswegen nur noch mit „Überresten" zu tun. „Aber natürlich konnte der Sozialdemokratismus nicht bei Leipzig geschlagen werden, so wie etwa Napoleon bei Leipzig geschlagen wurde. Denn der Sozialdemokratismus ist keine Organisation, sondern eine Geisteshaltung innerhalb der Arbeiterbewegung, über deren Funktion, Geschichte und spezifische Wesenszüge man sich Rechenschaft geben muß."[14] Den meisten Parteimitgliedern sei sein Einfluß nicht bewußt, auch nicht, „daß er ein regelrechtes Erbübel der Deutschen ist, daß er – natürlich in veränderten, entwickelten Formen – auch heute noch die Arbeit unserer Partei auf allen Gebieten hemmt."[15] Herrnstadts Auffassungen blieben nicht unwidersprochen, insbesondere nicht die These vom „Erbübel der Deutschen", weil andere den Sozialdemokratismus konkret in Gestalt der „opportunistischen Parteien und ihren Agenturen" bekämpft sehen wollten.[16]

Was darunter zu verstehen war, wurde auf der gleichen ZK-Tagung artikuliert; ehemalige Sozialdemokraten und alle diejenigen waren vom Kampf gegen den „Sozialdemokratismus" betroffen, die Kontakte zur

---

11 Ebd.

12 Vgl. Spanger, SED und der Sozialdemokratismus, S. 53 f.

13 Vgl. ebd., S. 56 f.

14 Stenographische Niederschrift über die 10. Tagung des ZK der SED am 20./22. November 1952, in: SAPMO-BArch IV/2/1/107, Bl. 79.

15 Ebd., Bl. 80.

16 Vgl. Spanger, Die SED und der Sozialdemokratismus, S. 57 f.

West-SPD, insbesondere zum Ostbüro, hatten oder bei denen dies vermutet wurde. Alois Pisnik[17] berichtete aus Magdeburg, in welcher Weise dort immer noch der „Sozialdemokratismus“ in Erscheinung trete. Die Bauunion hatte eine Besichtigungsfahrt zur Stalinallee in Berlin organisiert, an der etwa tausend Menschen, nicht nur SED-Mitglieder, teilnahmen. Erst später kam auf Umwegen über die Nationale Front und fast zufällig heraus, daß nur dreihundert Teilnehmer die Stalinallee tatsächlich besichtigt hatten, während die anderen siebenhundert nach West-Berlin gefahren waren. Manche waren im Ostbüro und brachten von dort Informationsmaterial mit, das sie in Magdeburg verteilten. Allem Anschein nach wurde auf dieser Fahrt offen geredet, auch über die Besuche in West-Berlin und beim Ostbüro. Niemand hielt es für nötig, der Parteiführung etwas zu „signalisieren“, nicht einmal die informierten Funktionäre, wie Pisnik klagte.[18] Das kann mangelnde Denunziationsbereitschaft bedeuten; denn auch die Parteifunktionäre blieben zurückhaltend und ermöglichten allein dadurch einem Kontaktmann des Ostbüros die rechtzeitige Flucht. Dieses wenig regimefreundliche Klima und ein möglicherweise noch relativ intaktes Milieu galten als der Boden, auf dem „Sozialdemokratismus“ gedeihe.

Nach dem Versuch, den Begriff „Sozialdemokratismus“ anders zu fassen, fiel Herrnstadt selbst im Zusammenhang mit den Ereignissen des 17. Juni 1953 unter das Verdikt des Sozialdemokratismus.[19] Nach dem 17. Juni war „Sozialdemokratismus“ erneut ein Instrument der repressiven Stabilisierung nach innen, das wiederum enger mit der SPD verbunden wurde. Er war auch die Ideologie, die angeblich vom Westen in die DDR getragen worden sei und dort als „faschistische Provokation“ die Ereignisse des 17. Juni wesentlich ausgelöst habe. Da sich ganze Betriebe – nicht zuletzt in traditionellen Zentren der Arbeiterbewegung – der Streikbewegung angeschlossen hatten, wurde eine besondere Empfänglichkeit in der Arbeiterschaft für diese Form des „Sozialdemokratismus“ konstruiert. Es

---

17 Alois Pisnik (geb. 1911) war gelernter Maschinenschlosser und stammte aus Österreich; vor 1933 war er erst in der SPÖ, dann in der KPÖ; nach 1934 arbeitete er dort illegal und wurde 1940 zu 10 Jahren Zuchthaus verurteilt, die er in Halle/Saale verbüßte. 1945/46 war er Bezirksleiter der KPD in Sachsen-Anhalt, 1946–1949 im Sekretariat des Landesvorstandes der SED; 1949–1952 dann 2. Sekretär des Landesvorstandes in Sachsen-Anhalt; seit 1950 (bis 1989) war er Mitglied des ZK der SED, Mitglied des Staatsrats sowie Mitglied der Volkskammer.

18 Vgl. dazu IV 2/1/107, Bl. 122 ff.

19 Zu diesem Vorwurf und dem der „Fraktionsbildung“ gegen Rudolf Herrnstadt und Wilhelm Zaisser, dem die Enthebung von allen Ämtern und der Parteiausschluß folgte, vgl. Spanger, Die SED und der Sozialdemokratismus, S. 63 f.

seien „schwankende und irregeleitete“ ehemalige Sozialdemokraten, deren sich die „Agenten des Ostbüros“ hätten bedienen können.[20]

Im Anschluß daran diente der „Sozialdemokratismus“-Vorwurf erneut als Instrument zur Säuberung der SED von dessen angeblichen „Überresten“. Dies zielte nach zwei Richtungen[21]: Gebrandmarkt wurden die Politik der „rechten“ SPD- und Gewerkschaftsführer in der Bundesrepublik und deren „feindliche Wühlarbeit“ mit Hilfe des Ostbüros und seiner „Agenten“, aber auch die „rückständigen“ Auffassungen in der eigenen Arbeiterschaft, die von außen genährt würden. Der Kampf gegen den „Sozialdemokratismus“ könne nur erfolgreich sein, wenn dessen „Überreste“ in den eigenen Reihen ausgemerzt würden.

Vorübergehend trat der Begriff „Sozialdemokratismus“ in den Hintergrund, um dann Ende der sechziger Jahre in breiterer Form als Bekämpfung von Reformerwartungen erneut aufgegriffen zu werden. „Sozialdemokratismus“ blieb nach dieser Sicht das gesellschaftspolitische Modell der Sozialdemokratie, mit dem auf ideologischem Wege das sozialistische Lager aufgeweicht und „sozialdemokratisiert“ werden sollte.

## 4.2 Die Suche nach den „Schumacher-Agenten“ oder Sozialdemokraten im Visier

Die Verwendung des Begriffes „Sozialdemokratismus“ und seine Funktionalisierung lassen nur ahnen, in welchem Ausmaß Menschen von Diffamierungen und Verfolgung betroffen waren. Nicht zufällig wurden Sozialdemokraten als „Schumacher-Agenten“ bezeichnet und als solche härtester Verfolgung ausgesetzt. Unabhängig davon, ob einzelne Personen oder Gruppen Anhänger der Politik Kurt Schumachers waren, symbolisierte er doch den Widerstand gegen die Verschmelzung von SPD und KPD und die daraus resultierende Entwicklung. Das gilt für diejenigen Sozialdemokraten, die dem propagierten Einheitskurs und der SED-Politik nicht folgen wollten, aber dies nur in Ausnahmen offen und öffentlich artikulieren konnten. Aber auch für die KPD/SED-Führung wurde Kurt Schumacher mit seinem hart formulierten Antikommunismus und seinem Postulat eines freiheitlichen und demokratischen Sozialismus zum wichtigen Antipoden. Seit 1945 wurden seine Einwände gegen jede Aktionseinheit und gegen den Einheitskurs sowie seine deutlichen Warnungen vor dem Totalitätsanspruch der SED registriert und von Wilhelm Pieck in Aufzeich-

20 Vgl. ebd., S. 64.
21 Vgl. zum folgenden Spanger, APuZ, S. 31.

nungen festgehalten.[22] Als besonders aggressiv dürften Schumachers Formulierungen gegen KPD und SED wie „rotlackierte Nazis", „Partei der neuen Nazis", „russische Staatspartei" oder „Quislinge" empfunden worden sein. Die propagandistische Abwehr antwortete mit dem Vorwurf „Goebbels-Methoden" und ging mit persönlichen Diffamierungen darüber hinaus; Kurt Schumachers Integrität während der KZ-Haft sollte in Zweifel gezogen werden.[23]

Die Übertragung des Feindbildes von einem tatsächlichen politischen Gegner auf die Sozialdemokraten im eigenen Machtbereich zeigt die Virulenz einer oppositionellen Grundstimmung unter den Sozialdemokraten in der Sowjetischen Besatzungszone, die offen nicht zum Ausdruck kommen konnte. Ihre Bekämpfung fiel um so härter aus, als sie von außen unterstützt werden konnten. Die „kleinen", d. h. funktionslosen, Sozialdemokraten, die sich nach Maßregelungen oder Parteiausschlüssen mit ihren Sorgen und Nöten brieflich an Otto Grotewohl wandten, fanden wenig Gehör.[24] Deutlicher formuliert wurden Unmut und Mißstände in Flugblättern, die bald nach der SED-Gründung in der Sowjetischen Besatzungszone auftauchten. Diese Flugblätter, aufmerksam registriert und in Abschrift an die Mitglieder des Zentralsekretariats verteilt, stammten von der West-SPD oder kündeten von der Existenz einer illegalen SPD in der Sowjetischen Besatzungszone.[25] Beunruhigend waren sozialdemokratische Flugblätter, die im Westen Sozialdemokraten vor einer Zusammenarbeit mit der KPD nachdrücklich warnten. Denn sie griffen die Verhaftungen von Sozialdemokraten in der Sowjetischen Besatzungszone auf, die von der SED-Führung stets geleugnet wurden.[26] Es waren die Verhaftungen,

22 Im Nachlaß von Wilhelm Pieck gibt es aus den Jahren 1945–1948 zahlreiche handschriftliche Aufzeichnungen über Auftritte, Artikel und Äußerungen von Schumacher selbst und West-Berliner sozialdemokratischen Politikern zu diesen Fragen. Rubriziert wurden diese Notizen unter „Hetze", „Verleumdungen" oder auch „Verbrechen" der SPD-Führer. Entsprechende Aufzeichnungen in SAPMO-BArch NL 36/639.

23 Vgl. ebd., NL 36/640.

24 Vgl. SAPMO-BArch NL 90/607. Diese Korrespondenz spiegelt in hohem Maße die Probleme der Nachkriegszeit wider und zeigt die Sorgen und Nöte auch von Sozialdemokraten in diesen Jahren.

25 Es ist denkbar, daß derartige Flugblätter, die nur in Abschrift vorliegen und beispielsweise Unterschriften tragen wie „illegale sozialdemokratische Frauenorganisation" oder „SPD Ostzone/Sektion Provinz Sachsen", im Westen hergestellt und dann in der SBZ verbreitet wurden. Ebensowenig kann ausgeschlossen werden, daß sie in der SBZ selbst hergestellt wurden. Unabhängig vom Herstellungsort sind sie ein Indiz für den sozialdemokratischen Selbstbehauptungswillen, der auch von der Hoffnung auf eine baldige Änderung der deutschlandpolitischen Situation getragen war. Vgl. dazu die Flugblätter u. a. in: SAPMO-BArch IV 2/9.02, NL 36/640.

26 So z. B. das Flugblatt „Tatsachen stärker als Lügen", in: NL 36/640. In einer Begleitmitteilung wird darauf hingewiesen, daß Fälle von Verhaftungen immer wieder als Vorwurf auftauchten, daß aber seitens des Zentralsekretariats bislang nichts zur „Richtigstellung" unternommen worden sei.

die vor dem offen propagierten Kampf gegen die „Schumacher-Agenten" stattgefunden hatten und die ohne Anprangerung vom Westen aus nach außen „geräuschlos" verlaufen wären.

Die Verfolgung von Sozialdemokraten als „Schumacher-Agenten" setzte gezielt seit dem November 1947 ein, als Wilhelm Pieck dem Parteivorstand den Beschluß des Zentralsekretariats mitteilte, Agitation und Propaganda „schlagartig" auf die Gegenpropaganda zu Schumachers Politik und deren Einfluß auszurichten.[27] Unabhängig von der nach Westen gerichteten Absicht der Gegenpropaganda und dem Wunsch, die dortigen sozialdemokratischen Mitglieder für sich zu gewinnen, wird die Sorge vor dem Einfluß der Schumacherschen Argumente sichtbar. Er wurde um so mehr gefürchtet, als der krisenhafte Zustand der SED als günstiger Nährboden für eine „verstärkte Wühlarbeit" der „Schumacher-Leute" angesehen wurde, womit vor allem illegale Druckschriften gemeint waren. Große „Schwierigkeiten" gab es offenkundig in Thüringen, „denn die gewaltig lange Grenze unseres Landes Thüringen wirkt sich durch die gegnerische Propaganda, die von den westlichen Zonen herübergetragen wird, sehr stark auf die Beeinflussung der Massen aus".[28] In den Grenzkreisen sowie in Erfurt gebe es „schwere" Auseinandersetzungen mit „Schumacher-Gruppen". Die Propaganda der West-SPD sei insofern erfolgreich, als es „Fraktionen" gebe, was hieß, daß Sozialdemokraten sich in der SED nicht vereinnahmen ließen, sondern versuchten, unter sich zu bleiben und dies durch eine demonstrative Sitzordnung in Versammlungen dokumentierten. Ebenso wirksam, wenn auch konkret weniger greifbar, war die „Flüsterpropaganda". Zu diesem Zeitpunkt, während der Londoner Außenministerratstagung und noch vor den Frankfurter Beschlüssen der westlichen Militärgouverneure, durch die die Organe der Bizone zu quasi staatlichen Institutionen ausgebaut wurden und die Teilstaatsbildung damit näherrückte, war sie Ausdruck der Hoffnung auf besatzungspolitische bzw. gesamtdeutsche Lösungen.[29]

Die SED wollte herausstellen, daß die genannten Beobachtungen Teil eines Propagandafeldzuges der westlichen Alliierten seien, mit dem der Neuaufbau und die Entwicklung in der Ostzone gestört werden sollten. Einer der Hauptkanäle für die amerikanische und englische Propaganda sei der SPD-Apparat, „der Apparat des sog. Ostsekretariats in Hannover und des sog. Ostsekretariats der SPD in Berlin. Wir wissen, daß beide eng

---

27 Vgl. Stenographische Niederschrift über die 3. (17.) Tagung des PV der SED am 12. und 13. November 1947, in: IV 2/1/32, Bl. 11 ff.

28 Ebd., Bl. 41.

29 Vgl. zur politischen Konstellation und zur Einschätzung im östlichen Lager zu diesem Zeitpunkt Loth, Stalins ungeliebtes Kind, S. 116 f.

mit den beiden Geheimdiensten zusammenarbeiten, und die vielen illegalen Materialien, die jetzt als Flugblätter in unsere Zone kommen, sind dort geboren, mit Zustimmung derjenigen, die in denselben Häusern als Zensoren sitzen, die für die Flugblätter verantwortlich sind, welche in der Hauptsache bei uns anonym erscheinen. Wir haben Kenntnis davon, daß auch in der Beziehung der Übergang von der englischen auf die amerikanische Linie vollzogen ist. Das Ostsekretariat der SPD in Hannover hat an die amerikanische zentrale Militärregierung Angebote gemacht, in der Ostzone Stoßgruppen, Saboteurgruppen, einen sog. Maquis aufzubauen, mit der Bitte, neben der finanziellen und materiellen Unterstützung besonders hilfreich zu sein, wenn auf Grund ihrer Arbeit Leute nach dem Westen gehen müssen."[30] Da die SED als noch nicht „immunisiert" galt, sollten alles Material, das in großen Mengen aus Hannover komme, sofort an das Zentralsekretariat weitergeleitet und alle Gruppen der „Schumacher-Richtung" umgehend gemeldet werden, um „Gegenmaßnahmen" zentral steuern zu können.

Für die Sozialdemokraten in der SBZ hatte diese Charakterisierung Franz Dahlems die Konsequenz, gegebenenfalls als „Agenten" und „Spione" verfolgt und verurteilt zu werden. Kontakte mit der West-SPD oder mit dem Ostbüro der SPD reichten als Beweis, gelegentlich auch die reine Vermutung oder Unterstellung solcher Kontakte.

Die Flugblätter waren politisch zwar einfach zuzuordnen, doch die „Täter", d. h. Verfasser oder Verbreiter, konnten nur dann eindeutig ermittelt werden, wenn sie in flagranti erwischt wurden.[31] Das schien zunächst kaum zu gelingen. Ebenso schwierig gestaltete sich auf der unteren SED-Ebene die Suche nach den „Agenten" und „Spionen" in den eigenen Reihen.[32] Daß es sich hierbei um ein oktroyiertes Feindbild handelte, das erst nach und nach durchgesetzt wurde, zeigte sich auch daran, daß es z.B. in Rudolstadt durchaus möglich war, eine Schumacher-Rede zu verlesen, ohne daß der Betreffende unmittelbar zur Verantwortung gezogen worden war, sondern sogar in den Kreisvorstand gewählt wurde.[33]

Mit der Umwandlung der SED wurde seit dem Frühjahr 1948 das Feindbild „Schumacher-Agenten" auch nach außen unmißverständlich propagiert, vor allem, nachdem Otto Grotewohl im Zusammenhang mit dem sogenannten Fall Lohrenz den Sozialdemokraten den Kampf ange-

30 IV 2/1/32, Bl. 172.

31 Vgl. u. a. IV 2/5/220, IV 2/5/221, IV 2/5/218.

32 Die Vermittlung dieses Feindbildes wird beispielsweise an einem zusammenfassenden Bericht über Organisationskonferenzen im November 1947 deutlich, in: IV 2/5/30; vgl. auch Protokoll der Sitzung der Organisationssekretäre der Länder am 10.8.1948, in: IV 2/5/31.

33 Vgl. IV 2/5/30.

sagt hatte.[34] Gestützt auf dessen falsches Geständnis begründete er die „Notwendigkeit, sich sehr gründlich mit der planmäßig betriebenen Spitzeltätigkeit von Schumacher-Anhängern zu befassen. Wir haben Kenntnis von dem Vorhandensein einer verzweigten illegalen Arbeit von Schumacher-Anhängern. Diese ganze Tätigkeit ist koordiniert mit einer Agententätigkeit für die westlichen Besatzungsmächte, die sich auch auf Sabotageakte und Spionage erstreckt."[35] Mit dem ausführlich zitierten „Geständnis" des ehemaligen Spandauer Kreissekretärs sollte zweierlei erreicht werden. Nach dessen „Aussagen" hatte Kurt Schumacher in einer Besprechung mit Berliner SPD-Funktionären im April 1946 angeblich erklärt, eine streng geheime und zentralisierte illegale SPD-Organisation müsse als breites Netz in der gesamten Ostzone aufgebaut werden. Hauptaufgabe dieser Organisation sei die Sammlung von politischen und ökonomischen Nachrichten für die amerikanische Besatzungsmacht, die praktische Durchführung liege bei dem ebenfalls zu schaffenden „Ostbüro", das seinerseits – so weiter das angebliche Geständnis – in hohem Maße vom amerikanischen Geheimdienst finanziert werde.[36] Aufgrund dieser Konstruktion konnten Sozialdemokraten der Spionage und Agententätigkeit bezichtigt werden. Hinzu kam der ebenso schwerwiegende Vorwurf der Sabotage. Schon den Parteivorstandsmitgliedern war klar, daß derartige Vorwürfe meist unberechtigt waren, weil die angebliche Wirtschaftssabotage auf offenkundigen Unzulänglichkeiten, zeitbedingten Materialmängeln und Versorgungsschwierigkeiten beruhte.[37] Neben diesen Möglichkeiten, Sozialdemokraten unter Anklage zu stellen, sollte mit der Veröffentlichung dieses „Geständnisses" die Wirkung verbunden sein, „daß die Parteimitglieder, die heute noch mit Schumacher sympathisieren, gewarnt sind und sie davon abgehalten werden, nicht allein eine partei-, sondern auch eine volksschädigende Tätigkeit auszuüben, daß es sie dazu bringt, nicht noch weiter opportunistischen und reformistischen Tendenzen nachzuhängen".[38]

Der Zusammenhang zwischen der Konstruktion eines Agentennetzes, den massiv einsetzenden Säuberungen und ihrer nur noch formalen Begründung und Billigung ist offenkundig. Alle nachgeordneten Parteiinstanzen mußten auf die Suche nach den angeblich feindlichen Agenten gehen, und sie wurden insbesondere von Walter Ulbricht hart kritisiert,

34 Vgl. Kapitel 2 und 6.

35 Stenographische Niederschrift über die 11. (25.) Tagung des PV der SED am 29./30. Juni 1948, in: SAPMO-BArch IV 2/1/48, Bl. 213.

36 Zu dem wenig glaubwürdigen Geständnis vgl. auch die Ausführungen bei Gniffke, S. 321 ff.

37 Vgl. ebd., S. 319.

38 IV 2/1/48, Bl. 213.

wenn sie solche nicht gefunden oder deren „Tätigkeit" zugelassen hatten. Die Kritik Ulbrichts nahm den Charakter einer Hexenjagd an. Die unteren Parteiinstanzen dürften sich nicht damit zufrieden geben, daß die Besatzungsmacht Verhaftungen vorgenommen habe. Überall sollten in Versammlungen und damit öffentlich „Schumacher-Agenten" angeprangert werden, auch in den Landes- und Kreisorganisationen, wo es nach Aussagen der Parteiinstanzen keine derartigen „Agenten" gab.[39] Mit unerbittlicher Schärfe ging Walter Ulbricht auf den Tagungen des Parteivorstandes des Jahres 1948 vor, indem er einzelne Vorgänge anprangerte, auf erdrückendes „Beweismaterial" im Hintergrund verwies, sich über alle Details informiert gab – und dies über eigene Informationskanäle auch war. Die Kritik und das Verlangen nach Selbstkritik mußten auf die angesprochenen Funktionäre und die Zuhörer einschüchternd wirken. Jedes Vorkommnis wirkt im einzelnen belanglos. Doch durch die Aneinanderreihung und durch die Verbindung von rhetorischen Fragen und Detailkenntnissen stellte Ulbricht sich als allwissend und übermächtig dar. Wiederholt kam die auf „Selbstkritik" zielende Frage, warum in dieser oder jener Stadt keine „Schumacherleute" entdeckt worden seien, warum aus Leipzig nichts über illegale Gruppen berichtet werde, warum man den Leiter einer Konsumgenossenschaft noch immer als „Fachmann" bezeichne, obwohl er geäußert habe: „Das Abzeichen der SED kannst Du bald abmachen, dann wird man wieder frei sprechen können. Dieser Leiter wird als guter Fachmann betrachtet. Es ist ein ausgezeichneter Fachmann in Schumacher-Angelegenheiten. Sollten wir nicht die Begriffe über Fachmänner ein wenig revidieren."[40]

Es konnte kein Zufall sein, daß die angeführten Beispiele aus ehemaligen sozialdemokratischen Hochburgen stammten. Hier war der Hebel für die Säuberungen durch die Herausstellung von „typischen Fällen" leicht anzusetzen.[41] Mit „offenen" Diskussionen in Mitgliederversammlungen und Funktionärskonferenzen sollte die Mitgliedschaft gegen „parteifeindliche Elemente" und „Agenten" mobilisiert werden, und zugleich hat es den Anschein, als sollte allgemeine Denunziation die Atmosphäre bestimmen.

---

39 Vgl. u.a. die Ausführungen Ulbrichts auf der Juli-Tagung des PV der SED, in: SAPMO-BArch IV 2/1/50, Bl. 21 ff., 276 f. Ähnliche Ausführungen machte er auf der September-Tagung, die man auch als Vorankündigung für die Veränderung in den Vorständen auf allen Parteiebenen verstehen kann. Vgl. IV 2/1/52, Bl. 69.

40 IV 2/1/50, Bl. 23.

41 So die Ausführungen Franz Dahlems über die Notwendigkeit der Säuberungen mit dem Hinweis auf die „Feinde der Partei", auf „Schumacher-Leute und Agenten", in: Ebd., Bl. 246.

Nach der Kominform-Resolution über Jugoslawien wurde der Kampf gegen Gegner und sogenannte feindliche Elemente verstärkt und der Kreis der Betroffenen ausgeweitet.[42] Verschärft wurde auch die Verfolgung von Sozialdemokraten als „Schumacher-Agenten"; und die Behauptung von deren zunehmenden Aktivitäten unterstrich die Forderung nach Kontrollkommissionen. Wiederum führte Walter Ulbricht Beispiele an und unterlegte sie mit Details. Da die Durchsetzung des Zweijahresplans vordringlich war, mußten es Beispiele aus der Wirtschaft sein.

Ergänzt wurden diese Ausführungen über „Sabotage" von Fritz Lange in seinem Bericht über die Arbeit der Zentralen Kontrollkommission der Deutschen Wirtschafts-Kommission.[43] Zu den namentlich erwähnten Verhafteten des Jahres 1948 gehörten auch führende Mitglieder der sächsischen Landesorganisation wie Arno Wend und Arno Haufe. Sie hatten Verbindungen nach Hannover, insbesondere zu Walter Ramm und Arno Hennig, sozialdemokratischen Funktionären aus Sachsen demnach, die schon 1946 in den Westen geflüchtet waren. Sie wurden als „waschechte Schumacher-Elemente" bezeichnet, und es war zudem die Gruppe, die Anfang 1946 versucht hatte, den sächsischen SPD-Vorsitzenden Otto Buchwitz abzulösen. Auch diese früheren innersozialdemokratischen Auseinandersetzungen wurden nun als belastende Argumente herangezogen und in Verbindung mit Korruptionsvorwürfen und Wirtschaftsvergehen zur Sabotage erklärt, zu einem „Sumpf", der trockenzulegen war.[44] Lange reihte Beispiel an Beispiel, zitierte aus angeblichen Briefen an Schumacher, unterstellte als zusätzlich belastenden Faktor eine nationalsozialistische Vergangenheit, um daraus ein großes Verbindungsnetz von „Spionage und Sabotage" zwischen Unternehmern, Sozial-

---

42 Vgl. auch Kapitel 3.

43 Fritz Lange (1898–1981) war ursprünglich Lehrer und vor 1933 Mitglied der KPD. Bis 1933 war er Stadtverordneter in Berlin und Redakteur der „Roten Fahne". Während der Zeit des Nationalsozialismus war er mehrere Jahre inhaftiert. 1945 wurde er erneut Mitglied der KPD, dann der SED. Er war Oberbürgermeister von Brandenburg/Havel, 1948 Leiter der Hauptabteilung Zentrale Kontrollkommission der Deutschen Wirtschafts-Kommission (DWK), später Mitglied der Volkskammer und von 1954–1958 Minister für Volksbildung der DDR.

44 Bei der Verhaftung von Haufe und Wend spielten nach außen politische Argumente keine Rolle, sondern Vorwürfe der Unterschlagung von Kunstgegenständen bzw. bei Wend in einer Viehgenossenschaft. Die Verhaftungen erfolgten im Rahmen einer Verhaftungswelle, die Sozialdemokraten traf. Da sie offen erfolgten, waren andere gewarnt und konnten rechtzeitig fliehen. Zu den Vorgängen vgl. die Interviews mit Trabalski und Wend in: Bouvier/Schulz, S. 221 ff., 244 ff. Obwohl beide sich kannten und wie viele Sozialdemokraten untereinander und mit zahlreichen anderen Sozialdemokraten auch außerhalb Sachsens Verbindung hielten, haben sie sich nie als die „illegale Gruppe" verstanden, zu der sie bei der Verurteilung gemacht wurden. Beide waren langjährige Funktionäre der SPD; sie wurden zu 25 Jahren Zwangsarbeit in der Sowjetunion verurteilt und erst Mitte der fünfziger Jahre entlassen.

demokraten in der SED und dem Ostbüro der SPD zu konstruieren, deren Ziel es sei, die Planwirtschaft zu diskreditieren.

Hinzu kamen zwei „Musterbeispiele“, wie es „Schumacher-Leuten“ trotz „Wachsamkeit“ habe gelingen können, die Kontrollkommission zu „hintergehen“: Es waren der 1948 abgelöste Leipziger Stadtverordnetenvorsteher Ernst Schönfeld (SPD), dem vorgeworfen wurde, mit Parteigeldern „Schumacher-Agenten“ finanziert zu haben, und der Oberpostpräsident Gustav Rothardt, der in Verbindung mit der Berliner SPD die „Fraktionsarbeit der Schumacher-Leute systematisch organisiert“ habe.[45] Er wurde vor die Kontrollkommission geladen, die ihm „Fraktionsarbeit“ vorwarf. Bis zu einem gewissen Grade habe er sich dazu bekannt, so daß er nur eine Rüge erhalten und aus Leipzig weg versetzt worden sei. Drei Tage später sei er in den Westen geflohen. In seinem Schreibtisch sei ein Brief gefunden worden, aus dem hervorgehe, daß seine Flucht von Hannover aus organisiert gewesen sei. Das waren Beispiele für „mangelnde Wachsamkeit“, die mit den Säuberungen und der sozialen Umstrukturierung „überwunden“ werden sollte. Die Tatsache, daß zahlreiche Verhaftungen vor der offiziell geforderten Säuberung stattgefunden hatten, daß „Schumachersche Spionageorganisationen“ von der Besatzungsmacht hatten „zerschlagen“ werden können, war ein weiteres zynisches Argument für die Schaffung der Parteikontrollkommission, um die noch verbliebenen, „getarnten“ und vermuteten Gruppen bzw. das „große Netz“ auszuschalten.[46]

Die „Entdeckung“ von sogenannten „Schumacher-Gruppen“ und „Agenten“ zog 1948 weite Kreise. Wo man Gruppen nicht hatte verhaften und nicht einmal nachweisen können, reichten „Symptome“ für den „Nachweis“ ihrer Existenz aus, weil es diese in großem Ausmaß gab. Deren Hintergrund waren die Schwierigkeiten und der Widerstand bei der Durchsetzung der Planwirtschaft. Ohne Zweifel war es zutreffend, daß es in zahlreichen Betrieben, beispielsweise bei Zeiss in Jena, ein Zusammenwirken von Unternehmensleitungen oder Unternehmern, Personalchefs und Betriebsräten gab. Aus dieser Zusammenarbeit wurden Spionageringe mit Verbindungen zum Ostbüro konstruiert.

Zeitlich parallel zu diesem Kampf gegen die „Schumacher-Leute“, vornehmlich gegen Funktionäre der mittleren und unteren Ebene, wurden auch ehemalige Sozialdemokraten in der Führungsebene ausgeschaltet,

---

45 IV 2/1/52, Bl. 107 ff. Bei Gustav Rothardt (Jg. 1896) waren die Vorwürfe, im Postbereich Sozialdemokraten bevorzugt und Kontakte der Sozialdemokraten koordiniert zu haben, völlig zutreffend. Er war gelernter Elektrotechniker und seit 1918 Mitglied der SPD, ab 1925 Gewerkschaftssekretär. Nach 1945 wurde er bei der Post sehr schnell befördert.

46 vgl. IV 2/1/52, Bl. 115.

kaltgestellt und auf weniger wichtige Posten abgeschoben. Nach außen geschah dies relativ geräuschlos. So wurde z. B. gegen Bruno Böttge eine interne Untersuchung eingeleitet, über die dem Parteivorstand Mitte September 1948 in einer geschlossenen Sitzung Bericht erstattet wurde.[47] Es ging um Parteigelder der SPD, die bei der Vereinigung von KPD und SPD aus Mißtrauen gegenüber den Kommunisten zunächst nicht vollständig an die SED abgeführt worden waren, wovon Otto Grotewohl gewußt haben soll. Hinzu kamen wahrscheinlich auch Unterschlagungen Böttges, die jedoch von den Sozialdemokraten gedeckt bzw. finanziell durch den Geschäftsführer Paul Peters – ebenfalls mit dem Wissen und der Billigung Grotewohls – aufgefangen worden waren.[48] Mit Teilen dieser Gelder dürfte Sozialdemokraten geholfen worden sein, denn der Vorwurf lautete, Böttge habe es indirekt zugelassen, daß „Schumacher-Agenten" finanziell unterstützt worden seien. Obwohl die Hauptschuld dem als „Agent Hannovers" verhafteten Paul Peters zugewiesen wurde, konnte Böttge die Anschuldigungen nicht entkräften.[49] Er wurde gezwungen, von seinen Parteiämtern zurückzutreten. Offenkundig herrschte Unsicherheit darüber, wieviel Publizität, unliebsames Aufsehen und Unruhe dieser Fall erregen würde, so daß die Führungsgremien ein schärferes Vorgehen zunächst nur in Erwägung zogen. Da Bruno Böttge darauf bestand, sein Amt als Landtagspräsident von Sachsen-Anhalt beizubehalten, wurde die Entscheidung formal der Landtagsfraktion überlassen.[50] In aller Stille zwang diese ihn zusammen mit der Sowjetischen Militäradministration, auch dieses Amt abzugeben. Er wurde als Kurdirektor in ein Ostseebad abgeschoben.[51]

---

47 Vgl. Stenographische Niederschrift über die Geschlossene Sitzung des Parteivorstandes, Mittwoch, den 15. September 1948, 20 1/2 Uhr, in: SAPMO-BArch IV 2/1/53.

48 Dies ergibt sich aus der Korrespondenz von Eva Peters nach der Verhaftung ihres Mannes (September 1948) und von Paul Peters aus dem Jahr 1956 mit dem Büro Grotewohl, in: SAPMO-BArch, NL 90/303.

49 Paul Peters (Jg. 1894) war vor der Vereinigung Vorsitzender der SPD in Halle und danach bis 1948 Mitglied des Landesvorstandes der SED. Er wurde 1948 wegen der genannten politischen Anschuldigungen verhaftet, aber nach einer Haft von 9 Monaten wegen erwiesener Unschuld wieder entlassen. Danach übernahm er eine Stelle bei der HO in Merseburg, wurde 1952 wegen „Wirtschaftsvergehen" erneut verhaftet und wiederum freigesprochen. 1953 flüchtete er in den Westen. 1956 wandte er sich an das Büro Grotewohl mit der Bitte, ihm die Summe, die er damals aus seinem persönlichen Eigentum gedeckt hatte, zu erstatten. Das wurde zwar abgelehnt, aber gleichzeitig wurde ihm das Angebot für eine Kur in der DDR zur Wiederherstellung seiner Gesundheit unterbreitet. Das lehnte er aus Furcht vor einer erneuten Verhaftung ab. Vgl. dazu die Korrespondenz in NL 90/303.

50 Vgl. IV 2/1/53, Bl. 10.

51 Über die politische Kaltstellung Bruno Böttges, für die die Angelegenheit um die früheren Parteigelder den willkommenen Aufhänger lieferte, hatte schon im Herbst 1948 der „Spiegel" berichtet. Vgl. „Der Spiegel" vom 6. November 1948. Bruno Böttge (1891–1967) war Metallarbeiter und seit 1908 in der SPD, danach bis 1922 Funktionär der USPD.

Schon auf der nächsten Parteivorstandstagung Mitte Oktober 1948 wurde erneut über „Agententätigkeit“ und nachfolgende Verhaftungen bzw. die Flucht von „Schumacher-Agenten“ vor allem in Schwerin und Magdeburg berichtet.[52] Gleichzeitig und fast wie nebenbei wurden die Mitglieder des Parteivorstandes von einem Beschluß des Zentralsekretariats in Kenntnis gesetzt, „Erich W. Gniffke von seinen Pflichten als mitverantwortliches Mitglied des Zentralsekretariats für die Personalabteilung und die Organisationsabteilung sowie die Abteilung Verwaltung der Parteibetriebe zu entbinden“.[53] Nach dessen Erinnerungen waren diese Kaltstellungen Bestandteil der Säuberungsaktion gegen die Sozialdemokraten. Für sich selbst hat er dies als Kesseltreiben empfunden, das wenig später zu seiner Flucht in den Westen führte.[54] Zur gleichen Zeit wurde Karl Litke aus „Gesundheitsgründen“ und wegen „Schwächen und Mängeln“ in seiner Arbeit von seinem Posten als Vorsitzender der Berliner SED-Organisation abberufen und auf einen Verwaltungsposten in der Hauptverwaltung Arbeit und Sozialfürsorge der Deutschen Wirtschafts-Kommission (DWK) versetzt. Wilhelm Piecks Versuch, diese Maßnahmen als nicht gegen Sozialdemokraten gerichtet herunterzuspielen, war um so weniger überzeugend, als er gleichzeitig indirekt die Aufhebung der Parität ankündigte und von den ehemaligen Sozialdemokraten die Unterwerfung unter die Grundsätze des Marxismus-Leninismus verlangte.[55] Einer

---

Bis 1933 war er dann sozialdemokratischer Bürgermeister von Eisleben. Während der Zeit des Nationalsozialismus hat er illegal gearbeitet und war zeitweilig im KZ. 1945 wurde er wieder Mitglied der SPD und war zunächst Bezirksvorsitzender von Halle sowie Mitglied des Provinzialvorstandes von Sachsen-Anhalt. Nach der Vereinigung, deren nachdrücklicher Befürworter er war, wurde er paritätischer Vorsitzender im SED-Landesvorstand und war bis 1948 Mitglied des Parteivorstandes. Zeitgenossen berichten nicht nur von seiner Rivalität mit Ernst Thape, sondern auch, daß er versucht habe, den Einfluß von Sozialdemokraten zu wahren. Doch seine Versuche, den von Bernhard Koenen bei der Besatzungsmacht zurückzudrängen, seien fehlgeschlagen; er sei frühzeitig im Parteiapparat zurückgedrängt worden, so daß die stille Kaltstellung nur noch als Schlußpunkt anzusehen ist. Sein Posten im Landesvorstand wurde nicht wieder besetzt; sein Nachfolger im Amt des Landtagspräsidenten wurde der aus der SPD stammende Adam Wolfram (Jg. 1902), der 1951 in den Westen flüchtete. Vgl. u. a. Adam Wolfram, Hammer und Sichel über Mitteldeutschland. Erlebnisse und Erfahrungen über die Diktatur der SED in Sachsen-Anhalt von 1945 bis 1952, Koblenz 1988, S. 39 ff.

52 Vgl. Stenographische Niederschrift über die 14. (28.) Tagung des PV der SED am 20./21. Oktober 1948, in: SAPMO-BArch IV 2/1/55, Bl. 13 f.

53 Ebd., Bl. 26.

54 Vgl. Gniffke, Jahre mit Ulbricht, S. 330 ff. Berichte von SED-Funktionären aus Wernigerode im Nachlaß von Walter Ulbricht, die in denunziatorischer Form über Gniffkes Auftreten in Wernigerode berichten, legen die Annahme nahe, daß Ulbricht längst „Munition“ gesammelt hatte. Auf jeden Fall konnte damit „bewiesen“ werden, daß Gniffke nicht gewillt war, sich der neuen Linie bedingungslos zu unterwerfen. Diese Berichte in: NL 182/910. Zu diesen Auftritten vgl. auch Gniffke selbst, S. 328 f.

55 Vgl. IV 2/1/55, Bl. 32.

der Vorwürfe gegenüber Erich Gniffke lautete dementsprechend, dieser habe den Gedanken entwickelt, „die Aufgabe der Sozialistischen Einheitspartei bestehe darin, die alten Traditionen der Sozialdemokratie wieder zu entwickeln und wieder eine Partei August Bebels zu werden".[56]

Als Erich Gniffke, ehedem Zentralausschuß-Mitglied und dann führender SED-Funktionär, Ende Oktober 1948 in den Westen floh, war dies nicht in der gleichen Weise zu behandeln wie die erwähnten Kaltstellungen. Innerhalb weniger Stunden wurde eine Vorstandssitzung einberufen, um nach Beratungen mit „anderen politisch sehr interessierten Stellen" und einer Diskussion im Zentralsekretariat den Parteivorstandsmitgliedern über die Flucht Gniffkes zu berichten. Sie sollten keineswegs die Fluchtgründe Gniffkes diskutieren, die dieser in einem letzten Gespräch mit Pieck und Grotewohl dargelegt hatte, sondern lediglich den Bericht der Parteiführung entgegennehmen und der vorbereiteten Entschließung zustimmen. Die SED-Führung wollte Gniffke einen Schritt voraus sein, ihm zuvorkommen. Sie war sicher, daß Gniffke am nächsten Tag eine Presseerklärung über seine Fluchtgründe abgeben werde, und wollte dem mit einer eigenen Sprachregelung begegnen. Sie bestand darin, Gniffke Vertrauensbruch und Treulosigkeit gegenüber der Partei vorzuwerfen, ihn umgehend wegen Parteibetrugs auszuschließen und einen Korruptionsvorwurf zu erheben.

Entsprechend der Praxis, „Fälle" zu konstruieren, an denen für die Öffentlichkeit immer etwas „dran" war, folgte auf die Flucht Gniffkes die Suche nach Verbindungen und Verknüpfungsmöglichkeiten. Bei Erich Gniffkes politischen Ämtern und geschäftlichen Verbindungen innerhalb der Sowjetischen Besatzungszone war dies nicht schwierig. Seine Flucht sei nicht politisch motiviert gewesen, sondern erfolgt, weil ihm – so Hermann Matern im Januar 1949 – klar gewesen sei, „daß seine Doppelrolle zu Ende geht, sein Parteibetrug und seine Schiebungen aufgedeckt werden".[57] Besonders Leipzig mit seinen lange widerspenstigen sozialdemokratischen Funktionären geriet erneut ins Visier. Da Stanislaw Trabalski und andere ehemalige SPD-Funktionäre zum Zeitpunkt der Flucht Gniffkes verhaftet worden waren, konnten Gniffkes geschäftliche Verbindungen mit dem Universal-Verlag und dem Volkshauskreis zur breiten Basis eines Stützpunktes des Ostbüros verknüpft werden.[58] Trabalski wurde zur

56 Stenographische Niederschrift über die Außerordentliche Tagung des PV der SED am 30. Oktober 1948, in: IV 2/1/57, Bl. 4.

57 Stenographische Niederschrift über die 16. (30.) Tagung des PV der SED am 24. Januar 1949, in: IV 2/1/59, Bl. 19.

58 Über diese willkürliche Verbindung und Konstruktion bei den Verhaftungen vgl auch die Interviews mit Stanislaw Trabalski, in: AdsD der FES; gekürzt auch in Bouvier/Schulz, S. 224 ff. Trabalski wurde bald wieder entlassen, dann 1949 erneut verhaftet und zu acht Jahren Haft verurteilt. Er wollte in den Westen fahren, um dort wegen

rechten Hand Gniffkes erklärt. Einer der Vorwürfe betraf den Universal-Verlag, der 1945 der SPD übereignet worden war. Das den Sozialdemokraten zur Last gelegte „Verbrechen“ bestand in dem Bemühen, die Selbständigkeit des Unternehmens zu erhalten; „das offensichtliche Ziel war, es gegebenenfalls bei Zulassung der SPD in der Ostzone dieser zur Verfügung zu stellen“.[59] Andere drehten sich um die Transferierung von Verlagswerten in den Westen, um die Unterstützung der „parteifeindlichen Tätigkeit“ in Leipzig mit Mitteln des Universal-Verlages und um angebliche Ausplünderung des Betriebes zur „persönlichen Bereicherung“. Zur Untermauerung dieser Argumentation wurde die Geschichte des Verlages dargelegt, einschließlich der Tatsache, daß einige ehemalige Gesellschafter in den Westen geflüchtet waren und wie Rudolf Rothe im Ostbüro arbeiteten. Über die komplizierten und erfolgreichen Geschäftspraktiken, mit einer Abonnentenversicherung Gewinne zu erzielen, war auch Trabalski vernommen worden. Da man vermutlich Geschäftsunterlagen und Briefwechsel hatte beschlagnahmen können, ergaben sich Namen für weitere Verhaftungen und Vernehmungen. Die Verhafteten wurden persönlich und moralisch diskreditiert und in einer Weise kriminalisiert, daß es für Matern leicht war, einen „Sumpf“ zu finden, „an dem Gniffke maßgeblich und leitend beteiligt war, und sehr wahrscheinlich bildet das für ihn die geschäftliche Grundlage, um, wie er das in den Zeitungen zum Ausdruck gebracht hat – im Westen ‚politisch unabhängig‘ zu sein“.[60]

Es war nicht schwierig, derartige Verbindungen – und damit willkürlich Gruppen – zu konstruieren, weil die meisten Sozialdemokraten mit dem Wunsch und wohl auch Vorsatz in die erzwungene Vereinigung gegangen waren, den Zusammenhalt (und ihren Einfluß) zu wahren. Auch dieses auf persönlichen Verbindungen beruhende Geflecht sollte durch die Verhaftungen und die sie auslösende Angst zerstört werden. Daß die damit einhergehenden Fluchtwellen ebenfalls dazu beitrugen, ist eine weitere Wirkung. Im konkreten Fall, d. h. nach der Flucht Gniffkes, wurden die Annahmen der SED-Parteiführung beispielsweise dadurch bestätigt, daß ein Mitarbeiter Gniffkes aus dem Volksrat nach seiner Verhaf-

---

einiger der Vorwürfe Erkundigungen einzuziehen. Der Name Volkshauskreis ist von dem Anfang des 20. Jahrhunderts errichteten Leipziger Volkshaus abgeleitet, das den Organisationen und Vorfeldorganisationen der sozialdemokratischen Arbeiterbewegung als Begegnungs- und Versammlungsstätte diente. Während des Zweiten Weltkrieges zerstört, wurde unmittelbar nach Kriegsende der frühere Leipziger Gewerkschaftsvorsitzende Erich Schilling beauftragt, die Gewerkschaften und das Volkshaus wieder aufzubauen. Um ihn und das Volkshaus sammelten sich Sozialdemokraten, gegen die sich in Leipzig die Kampagne gegen den „Sozialdemokratismus“ richtete. 1951 wurde das Volkshaus in Ernst-Thälmann-Haus umbenannt.

59 IV 2/1/59, Bl. 20.

60 Ebd., Bl. 26.

tung von entsprechenden Gesprächen mit Fritz Schreiber, dem Sekretär des Zentralsekretariats, berichtete, der sich nach Gniffkes Flucht ebenfalls in den Westen abgesetzt hatte.[61]

Als kurz darauf mit Wolfgang Leonhard ein bis dahin überzeugter Kommunist und Dozent an der Parteihochschule über Jugoslawien in den Westen übersiedelte, war dies ein neuer Anlaß, in direkter Anknüpfung an die Moskauer Prozesse der dreißiger Jahre „Feinde" für quasi vogelfrei zu erklären, indem Mordvorwürfe hinzugefügt wurden. Die Ausweitung des Feindbildes formulierte Paul Merker im Mai 1949 wie folgt: „Wir haben es mit der Schumacher-Clique und der trotzkistischen Clique zu tun, deren aktive Repräsentanten heute besonders die Leute und Anhänger der jugoslawischen Militärmission in Deutschland sind. Es wird oft die Frage gestellt: worin besteht der Unterschied zwischen beiden? Beide sind das Werkzeug des amerikanisch-englischen Imperialismus zur Vorbereitung der werktätigen Massen für den Krieg gegen die Sowjetunion und gegen die volksdemokratischen Länder."[62] Diese Definition macht deutlich, daß es um jede Form von Abweichung und nicht mehr wie zuvor vorwiegend um die Suche nach oppositionellen Sozialdemokraten ging.[63]

Mit der Zerschlagung zahlreicher „Gruppen" war der Kampf gegen Sozialdemokraten nicht beendet. Zu denken ist an die Folgen der Säuberungen im Zusammenhang mit den Parteiüberprüfungen, an die als Abschreckung gedachten Schauprozesse sowie an die Suche nach „Agenten", „Spionen" und Kurieren des Ostbüros.[64] Im Kontext der Ereignisse des 17. Juni 1953 wurde ihm zur Untermauerung der These vom „faschistischen Putsch" eine zentrale Rolle zugewiesen.[65] In dieser Konstruktion lag die Möglichkeit, Teile der noch „sozialdemokratischen" Arbeiterschaft als „irregeleitet" zu integrieren und zugleich den „Sozialdemokratismus" in

---

61 Zur Flucht von Fritz Schreiber vgl. das Interview in: Bouvier/Schulz, S. 51 ff.

62 IV 2/1/63, Bl. 15.

63 Auch das von Merker ins Feld geführte Beispiel von Altenburg in Thüringen erhärtet dies. Vgl. dazu die Ausführungen in Kapitel 3.

64 So wie mit dem „Fall Lohrenz" eine Broschüre den offen einsetzenden Kampf gegen die Sozialdemokraten untermauerte, sollte eine im Juni 1949 veröffentlichte Broschüre des verhafteten Ostbüro-Kuriers Heinz Kühne („Kuriere, Spitzel, Spione") die Spionagetätigkeit des SPD-Ostbüros „beweisen". Heinz Kühne arbeitete als Kurier für das Ostbüro und wurde Anfang Februar 1949 aus dem Französischen Sektor Berlins entführt. Unter dem Vernehmungsdruck des NKWD gab er mit großer Wahrscheinlichkeit Namen preis, was zahlreiche Verhaftungen zur Folge hatte. Die unter Druck verfaßte Selbstbezichtigungsschrift ist ähnlich wie im Fall Lohrenz eine Mischung aus präzisen Angaben und bewußten Fehlinformationen, was vornehmlich dem „Nachweis" der Abhängigkeit des Ostbüros von westlichen Geheimdiensten diente. Vgl. Wolfgang Buschfort, Das Ostbüro der SPD. 1946–1948., Diss. Bochum 1989, S. 166 ff.

65 Vgl. IV 2/1/119, Bl. 48.

Gestalt des Ostbüros bzw. einzelner Personen zu bekämpfen. In dieser Form hörte der Kampf gegen Sozialdemokraten nie auf.

## 4.3 Der vergebliche „Rückzug" von Sozialdemokraten

Für viele Sozialdemokraten war mit der Zwangsvereinigung ein Rückzug aus dem aktiven Parteileben verbunden, weil sie sich der politischen Dominanz der Kommunisten und Auseinandersetzungen auf diese Weise entziehen zu können glaubten. Spätestens der Kampf gegen den „Sozialdemokratismus" in seinen geschilderten Erscheinungsformen machte jedoch offenkundig, daß es „Rückzugsmöglichkeiten" in einen vermeintlich „unpolitischen" oder vorpolitischen Raum kaum mehr gab. Die Ausschaltung der Sozialdemokraten und die Zurückdrängung ihres Einflusses betrafen alle Bereiche von Politik, Verwaltung und Wirtschaft, die „klassischen" sozialdemokratischen Domänen wie Krankenkassen, Sozialversicherungsanstalten und Komsumgenossenschaften eingeschlossen. Ausschaltung hieß auch in diesem Kontext nicht allein Verlust von Ämtern, sondern in vielen Fällen Verhaftung, Prozesse und Verurteilung zu Freiheitsstrafen. Wie am Beispiel des Prozesses gegen Paul Szillat dargelegt, wurden manche Verfahren zur Abschreckung und Einschüchterung als „Schauprozesse" durchgeführt, bei denen „Wirtschaftsverbrechen" oder „Sabotage gegen die volkseigene Wirtschaft" so konstruiert wurden, daß der politische Hauptgrund, die Ausschaltung unliebsamer Sozialdemokraten, nach außen verschleiert wurde.[66] In anderen Fällen gab es allenfalls fadenscheinige „Gründe" oder Vorwände, die nicht selten in einer behaupteten Nähe zum Nationalsozialismus bestanden.

Exemplarisch dafür ist die Ausschaltung Wilhelm Fischers, eines führenden Funktionärs der sächsischen Konsumgenossenschaften, an deren Wiederaufbau er sich unmittelbar nach ihrer Wiederzulassung beteiligt hatte.[67] Die Konsumgenossenschaften, eine traditionelle Domäne von

66 Vgl. Kapitel 3.

67 Wilhelm Fischer (1885–1970) war Sozialdemokrat und seit 1906 Angestellter der GEG. Seit 1925 war er Geschäftsführer der Konsumgenossenschaft Leipzig. Auch nach 1933 blieb er in der Leipziger Konsumgenossenschaft bzw. im Versorgungsring Leipzig. Nach 1945 trat er wieder in die SPD/SED ein und war erneut Geschäftsführer der Konsumgenossenschaft Leipzig. Darüber hinaus war er bis 1948 Aufsichtsratsvorsitzender des Verbandes Sächsischer Konsumgenossenschaften. Er wurde 1948 entlassen und wegen angeblicher Begünstigung des Nationalsozialismus zu 1 1/2 Jahren Zuchthaus verurteilt. 1950 ging er nach seiner Haftentlassung nach Hamburg, wo ihm durch die Vermittlung Gustav Dahrendorfs der Aufbau einer Möbelhaus-Organisation im Rahmen der GEG übertragen wurde. Vgl. zu seinem Leben das Manuskript einer Trauerrede nach seinem Tod am 19.6.1970, in: AdsD der FES, NL Trabalski 23.

Sozialdemokraten und die „dritte Säule der Arbeiterbewegung“, waren Ende 1945, als sich die Vereinigung von KPD und SPD abzeichnete und der FDGB weitgehend stabilisiert war, in der SBZ offiziell neugegründet bzw. wiederzugelassen worden.[68] Gestützt auf den SMAD-Befehl Nr. 176 vom 18. Dezember 1945, der die bis dahin bestehenden Konsumgenossenschaften mit ihren etwa 500.000 Mitgliedern legalisierte, mußten sie sich neu konstituieren und ein verordnetes Musterstatut anerkennen.[69] Hintergründe dieses Befehls waren die Verbesserung der Versorgung der Bevölkerung und die Zurückdrängung des privaten Groß- und Einzelhandels. Denkbar ist auch, daß dieser traditionell bedeutsame Zweig der sozialdemokratischen Arbeiterbewegung zur Unterstützung der Einheitskampagne offiziell wiederbelebt wurde. Durch Förderung und Aufgabenzuweisungen konnte er leichter in vorgesehene – und besser kontrollierbare – Bahnen gelenkt werden. Der Befehl sah die Bildung von Verbänden in Ländern, Provinzen und Großstädten (Berlin, Dresden, Leipzig) vor. Er erlaubte den Konsumgenossenschaften Beschaffung und Handel, und sie durften Produktionsstätten für gewerbliche Gebrauchsgüter betreiben. Ihnen wurde der Besitz der ehemaligen Konsumgenossenschaften und späteren DAF-Unternehmen sowie das an kommunale Selbstverwaltungsorgane gefallene Vermögen ehemaliger Konsumgenossenschaften übertragen. Verhindert wurde mit dem Befehl jedoch die von einigen Konsumgenossenschaften angestrebte Neugründung der GEG, und den bald darauf gewählten Verwaltungsorganen durften Mitglieder der NSDAP oder einer ihrer Gliederungen nicht angehören.

Das Interesse an den mitgliederstarken Konsumgenossenschaften war bei beiden Arbeiterparteien groß. Bereits am 6. Januar 1946 erschienen von Walter Ulbricht und Max Fechner unterzeichnete gemeinsame „Richtlinien der SPD und KPD für die Neugründung der Konsumgenossenschaften“.[70] Entscheidend waren nicht die allgemeinen organisatorischen und rechtlichen Regelungen, sondern die Wahl von Mitgliedern beider Parteien in die Leitungsorgane durch gemeinsame Listen. Wie bei der Besetzung anderer Funktionen wurde auch bei den Konsumgenossenschaften im Vorfeld der Vereinigung die Übereinkunft erreicht, deren Verbände „paritätisch“ zu führen. Gemessen an der Zeit vor 1933, bevorzugte dies die KPD.[71]

---

68 Als Überblick zu den historischen Hintergründen und zur Entwicklung der Konsumgenossenschaften in der SBZ vgl. den Artikel von Hermann Schwenger, in: SBZ-Handbuch, S. 767 ff.

69 Es entsprach im wesentlichen dem bis 1933 gültigen und stand auch im Einklang mit dem Genossenschaftsgesetz aus dem 19. Jahrhundert. Vgl. ebd., S. 769.

70 Ebd., S. 770.

71 Vgl. ebd., S. 773.

Zeitpunkt der Wiederzulassung und ausdrückliche Förderung legen die Annahme nahe, daß den Konsumgenossenschaften als einer wichtigen Massenorganisation eine politische Funktion zugedacht war, daß sie nicht im Sinn der Drei-Säulen-Theorie wirken sollten.[72] Ungeachtet der Betonung von parteipolitischer und religiöser Neutralität, mußten sie neben ihrer wirtschaftlichen Tätigkeit den Mitgliedern und Kunden die Politik der SED vermitteln. Wegen ihrer „Verbindung mit den Massen“ hatten sie zur „Untersützung von Aufrufen, Unterschriftsaktionen, Demonstrationen (z. B. gegen Währungsreform, Marshallplan, Gründung der Bundesrepublik, für Entnazifizierung, Enteignung, Volkskongreßbewegung) bei[zu]-tragen“.[73] Aufgrund ihrer langen demokratischen Tradition konnten sie in den ersten Jahren antikapitalistische Ziele legitimieren, privatkapitalistische Einflüsse zurückdrängen und wichtige Versorgungs- und Verteilungsaufgaben übernehmen. In den 50er Jahren unterschieden sie sich immer weniger von der HO, mit der sie sich praktisch den „sozialistischen“ Binnenhandel teilten. Nach dem FDGB und der Gesellschaft für Deutsch-Sowjetische Freundschaft (DSF) wurden sie zur drittgrößten Massenorganisation der DDR.[74]

Vor allem die Leitungsebenen der Konsumgenossenschaften waren paritätisch besetzt. Auf anderen Ebenen dürften die ehemaligen Sozialdemokraten dominiert haben. Die Durchsetzung der Führungsrolle der SED und der Organisationsprinzipien des demokratischen Zentralismus bedeuteten auch bei den Konsumgenossenschaften die Reduzierung des sozialdemokratischen Einflusses sowie den Kampf gegen den „Genossenschaftsreformismus“ und gegen das „Nur-Genossenschaftertum“. Deren Zentren sah und bekämpfte die SED nicht zufällig in Sachsen und insbesondere in Leipzig. Die personellen Veränderungen häuften sich, als zu Beginn der fünfziger Jahre Genossenschafter im Rahmen von Wirtschaftsprozessen verurteilt wurden. Es traf insbesondere Sozialdemokraten, die in zahlreichen Positionen der Konsumgenossenschaften tätig waren.[75]

Wilhelm Fischer gehörte als führender Genossenschafter zu den sozialdemokratischen Spitzenfunktionären, die ausgeschaltet wurden. Allerdings wurde er nicht in einem Wirtschaftsprozeß verurteilt, sondern Ende 1948 entlassen und unter einem fadenscheinigen Vorwand angeklagt. Schon im Dezember 1945, noch vor dem erwähnten SMAD-Befehl Nr. 176,

---

72 Gemeint ist damit die traditionelle Interpretation von den Konsumgenossenschaften als Teil der Arbeiterbewegung. Der angestrebte Sozialismus sollte über die parallele Arbeit von Partei, Gewerkschaften und Konsumgenossenschaften erreicht werden.

73 SBZ-Handbuch, S. 777.

74 Vgl. ebd., S. 778.

75 Vgl. ebd., S. 775.

hatten die Kommunisten in Sachsen darauf gedrungen, Wilhelm Fischer, der zum Treuhänder der Konsumgenossenschaften ernannt worden war, zurückzuziehen, wie Otto Buchwitz in einem Brief an Otto Grotewohl klagte.[76] Er sei für die KPD nicht tragbar, da er während der Zeit des Nationalsozialismus mehrfach einen Antrag auf Aufnahme in die NSDAP gestellt habe, ohne jedoch angenommen worden zu sein. Dies genügte, ihn absetzen zu wollen.[77] Buchwitz betonte, daß Fischer in Leipzig rehabilitiert worden sei und daß die SPD nicht auf ihn verzichten wolle. „Er ist vielleicht der beste Genossenschaftler nicht nur in der russ. Zone, sondern in ganz Deutschland. Wir denken nicht daran, auf Wunsch der Kommunisten einfach unsere besten Leute zurückzuziehen.“[78] Er wurde nicht zurückgezogen und wirkte in Sachsen an führender Stelle beim Wiederaufbau der Konsumgenossenschaften mit. Gerade weil er bestrebt war, die traditionellen genossenschaftlichen Grundsätze aufgrund seiner Erfahrungen während der Zeit des Nationalsozialismus frei von politischen Einwirkungen zu halten, geriet er erneut in eine Konfliktsituation. Er versuchte, sich dem politischen Totalitätsanspruch der SED dadurch zu entziehen bzw. diesem dadurch zu begegnen, daß er engeren Anschluß an Hamburg als das Zentrum der Genossenschaftsbewegung suchte. Das wurde ihm in Verbindung mit dem Bemühen, den traditionellen genossenschaftlichen Gedanken zu bewahren, sowie mit seiner anerkannten Autorität in der genossenschaftlichen Bewegung zum Verhängnis. Ende Dezember 1948 wurde er entlassen. Seine vermeintliche Nähe zum Nationalsozialismus lieferte den Vorwand für die Verurteilung. Nach seiner Haftentlassung 1950 ging er nach Hamburg, wo er noch einmal in der Genossenschaftsbewegung tätig werden konnte.

---

76 Schreiben Otto Buchwitz an Otto Grotewohl vom 14. Dezember 1945, in: SAPMO-BArch, NL 90/279.

77 Wilhelm Fischer selbst hatte im September 1945 in einem Schreiben an den Zentralausschuß sein Verhalten während des Nationalsozialismus erklärt. Danach war er auf dem Posten des Geschäftsführers des Leipziger Konsumvereins verblieben, aber ständigen Schikanen durch die Nationalsozialisten ausgesetzt. Dennoch habe er alle Mitarbeiter halten können, keiner habe seinen Platz zugunsten eines Nationalsozialisten räumen müssen, so daß der „ganze Betrieb“ habe „intakt“ gehalten werden können. Die Aufforderung an ihn, der NSDAP beizutreten, sei ein Manöver gewesen, um ihm im Fall der Ablehnung eine NS-feindliche Haltung nachweisen zu können. Der Verbandsleiter, der ihn zu diesem Schritt aufgefordert habe, habe gleichzeitig die Aufnahme bei der Kreisleitung verhindert. Derselbe Mann habe dieses Manöver 1939 noch einmal wiederholt. Als Beweis für seine Haltung legte er ein Schreiben bei, aus dem hervorging, daß er gegen Ende des Krieges durch die DAF von seinem Posten abgelöst werden sollte. Darüber hinaus hatte ihn die Kripo Leipzig nach dem Krieg politisch entlastet. Diese Unterlagen als Kopie in: AdsD der FES, NL Trabalski 23.

78 So Buchwitz in dem genannten Brief an Grotewohl.

Wenn im Fall Wilhelm Fischers ein führender Genossenschafter und überzeugter Sozialdemokrat ausgeschaltet wurde, so sollte damit auch das Umfeld – in diesem Fall Sachsen und insbesondere Leipzig – getroffen und verunsichert werden. Dies ist ein Beispiel dafür, mit welchen Methoden der Kampf gegen Sozialdemokraten geführt wurde, die sich nicht fügen wollten. Zugleich zeigt es, daß auch die vermeintlichen „Bastionen" der Sozialdemokraten gestürmt wurden, daß es für diese keine „Rückzugspositionen" gab, wenn sie sich der SED-Linie nicht unterwarfen.

Völlig anders erging es beispielsweise dem ehemaligen Sozialdemokraten Willi Nudow (Jg. 1894) aus Schwerin.[79] Er war seit 1918 in der SPD und seit 1925 Sekretär bzw. Leiter der Berufskrankenkasse der Angestellten in Schwerin und danach im Arbeitsamt tätig. Aus dieser Position wurde er 1933 fristlos entlassen. Nach 1945 wurde er erneut Mitglied der SPD, dann der SED. Bis zu seiner Verhaftung durch die Sowjetische Militäradministration Ende 1947 war er Mitglied des Schweriner SED-Vorstandes, Stadtverordnetenvorsteher und Landtagsabgeordneter sowie Ministerialdirektor und Leiter der Abteilung Arbeit und Sozialfürsorge im Sozialministerium des Landes Mecklenburg-Vorpommern. Hintergrund seiner Verhaftung soll gewesen sein, daß er einen Auftrag der SMA, wonach er Arbeitskräfte nach Warnemünde für Hafenarbeiten abstellen sollte, mit der Begründung verweigert habe, es seien keine Vorkehrungen für deren Unterkunft und Verpflegung getroffen worden. Bemerkenswert an diesem Fall ist, daß nicht allein Nudows Frau mehrfach bei Pieck und Grotewohl intervenierte, sondern daß sich darüber hinaus mehrere Mitglieder des Zentralsekretariats (u. a. Erich Gniffke, Helmut Lehmann und Franz Dahlem) offensichtlich um den Fall kümmerten und darum baten, in Karlshorst für seine Freilassung zu sorgen. Helmut Lehmann wies mehrfach darauf hin, daß entsprechende Mißstände seit langem bekannt seien und meist den örtlichen Kommandanten zugeschrieben werden müßten; zudem habe Nudow nur versucht, etwas zugunsten von Arbeitern zu erreichen. Es müsse doch möglich sein, einen „verdienten Genossen" freizubekommen. Es war möglich. Nudow wurde Ende Mai 1948, zu dem Zeitpunkt, als der Kampf gegen die Sozialdemokraten offiziell eröffnet wurde, aus der Haft entlassen. Angeblich negative Äußerungen über die Besatzungsmacht wurden ebenso wie die nicht genau geklärten Hintergründe seiner Verhaftung einem gefälschten Protokoll und einer Denunziation zugeschrieben, was in diesem Fall seiner Entlastung diente. Nudow wurde daraufhin Geschäftsführer der Konsumgenossenschaften des Landes Mecklenburg-Vorpommern. Die Tatsache, daß ein von der SMA

79 Zu dem Fall Nudow vgl. die Eingaben von Frau Nudow und die Hausmitteilungen des ZS in: SAPMO-BArch, NL 90/303.

verhafteter Sozialdemokrat nach Intervention bei der SMAD in Karlshorst freigelassen wurde, ist ein Indiz dafür, daß die Führung der SED keineswegs ohne Einfluß und durchaus in der Lage war, dort etwas zu erreichen. Weiterhin spricht vieles dafür, daß sie sehr wohl über die Verhaftungen von Sozialdemokraten unterrichtet war bzw. wurde. Man könnte deshalb annehmen, daß sie vor allem dann „erfolgreich" eingriff, wenn es in ihrem Sinn war, wenn es sich also nicht um „unliebsame" Sozialdemokraten handelte. Denn viele Verhaftungen erfolgten aufgrund von Denunziationen, die nicht zur Entlastung aufgeklärt wurden, sondern der Konstruktion von Anklagen dienten.

Für eine Domäne und zugleich „Rückzugsposition" der Sozialdemokraten hatten auch Halberstädter Sozialdemokraten die Konsumgenossenschaft halten können. Nachdem jedoch im Frühjahr 1950 Willi Brundert im berüchtigten Dessauer Schauprozeß wegen „Wirtschaftsverbrechen" zu einer hohen Zuchthausstrafe verurteilt worden war, folgte dem knapp ein Jahr später in Halberstadt ein weiterer Schauprozeß. Darin wurden Halberstädter Sozialdemokraten, unter ihnen Karl Dilßner, der Vorsitzende der Konsumgenossenschaft, ebenfalls wegen „Wirtschaftsverbrechen" verurteilt.[80] Karl Dilßner stammte ursprünglich nicht aus Halberstadt. Er war während der Jahre des Nationalsozialismus dorthin gezogen und blieb, um sich nach Kriegsende an der Wiedergründung der SPD zu beteiligen und sich ab 1946 dem Aufbau der dortigen Konsumgenossenschaft zu widmen.[81]

---

80 Zum folgenden vgl. das Interview mit Karl Dilßner vom 16. und 17. Dezember 1992, in: AdsD der FES; Karl Dilßner, Damals vor 40 Jahren. Der Schauprozeß in Halberstadt und Der Kampf gegen den „Sozialdemokratismus". Hrsg. vom SPD-Ortsverein Halberstadt, Halberstadt 1991.

81 Karl Dilßner (Jg. 1910) stammt aus einer sozialdemokratisch orientierten Familie, die zunächst in Eilenburg unweit von Leipzig, dann in Leipzig selbst wohnte. Dort ging er zur Schule und durchlief eine Lehre als Werkzeugmacher. Bereits zu Beginn der 20er Jahre war er bei den Kinderfreunden und den Roten Falken, danach wurde er Mitglied der SAJ und der SPD. Die sozialdemokratischen Vorfeldorganisationen und das politische Leben in Leipzig prägten ihn. Da er seit 1930 arbeitslos war, konnte er sich in den folgenden Jahren über die VHS und die sozialdemokratische Rednerschule sowie über kommunalpolitische Lehrgänge weiterbilden. 1934 fand er Arbeit als Werkzeugmacher bei den Junkers-Werken in Dessau, wo er in einem Halberstädter Nebenbetrieb als Konstrukteur für Spezialwerkzeuge bis Kriegsende blieb. Als nach der Wiedergründung der SPD die Einheitskampagne auch Halberstadt erfaßte, seien einige führende Sozialdemokraten – wenn auch ohne große Begeisterung – dafür gewesen, der Vereinigung zuzustimmen. Viele Sozialdemokraten hätten sich bei der Vereinigung der Stimme enthalten, was nicht gewertet wurde. Für Dilßner hieß „mitmachen", kein Parteiamt zu übernehmen, sondern sich dem Aufbau der Konsumgenossenschaft zuzuwenden, in die er mit anderen „sozialdemokratisches Gedankengut" einbringen wollte. 1950 wurde er verhaftet und 1951 zu zwei Jahren Gefängnis verurteilt. Nachdem er aus der SED ausgeschlossen worden war, trat er ihr in späteren Jahren nicht mehr bei. Nach seiner Haftentlassung absolvierte er ein Fernstudium als Ingenieur für Werkzeugmaschinen

Noch nach Jahrzehnten ist der Stolz auf die Aufbauleistung spürbar, aber auch das damalige Unverständnis über den abrupten Wechsel von Lob und Erfolgsmeldungen in der örtlichen Presse zur Anklage wegen Wirtschaftsverbrechens. Nur langsam wuchs die Erkenntnis, daß es nicht um die angeblichen Verfehlungen ging, sondern um eine gezielte Kriminalisierung aus politischen Gründen.

Im Jahr 1950 gab es in Halberstadt 28 Verkaufsstellen, und die Mitgliederzahl war auf über 4.500 angestiegen, was bedeutete, daß etwa ein Drittel der Bevölkerung durch die Konsumgenossenschaft versorgt und „betreut" wurde.[82] Dilßners Erinnerungen zufolge sei die Arbeit der Sozialdemokraten in der Konsumgenossenschaft so erfolgreich und von so großer Resonanz in der Bevölkerung gewesen, daß dies der SED bzw. ihren „orthodoxen" Teilen ein Dorn im Auge habe sein müssen. Aufgrund ihrer Leistungsfähigkeit habe man 1950 den Konsumgenossenschaften von Halberstadt und Wernigerode die Organisation für die Verpflegung von Sportlern und Besuchern bei den DDR-Wintermeisterschaften in Schierke übertragen. Diese kaum lösbare Aufgabe sei mit „Bravour" gemeistert worden.[83] Doch es waren nicht die Versorgungsleistungen allein, denen die große Beliebtheit der Konsumgenossenschaft zu verdanken war. Hinzu kamen Veranstaltungen mit Volksfestcharakter wie Volkskunstabende mit dem Leipziger Klampfenchor, Modenschauen mit Verlosungen, ein großes Sommerfest mit Buden, Karussells und Abendfeuerwerk. „Ja, die Halberstädter Konsum-Genossenschaft beherrschte damals die gesellschaftliche Szene *ohne* die SED-Partei!"[84]

Nach dieser Erinnerung war es anfangs durchaus möglich, an der SED und ihren „Arbeitsrichtlinien" vorbeizuarbeiten, weil die meisten Mitglieder und Kunden sowie die Mehrheit der Belegschaft mit der SED auf „Kriegsfuß" gestanden hätten. Da die Sozialdemokraten der Meinung waren, nichts verbergen zu müssen und mit der Meinung über ihr „Demokratieverständnis" deshalb nicht zurückhaltend waren, wurden sie

---

und arbeitete bis zum Ende seines Berufslebens 1977 als Konstruktionsleiter im VEB Maschinenbau Halberstadt. Schon während seiner Haftzeit begann er, seine Jugenderinnerungen aufzuschreiben, was er nach Beendigung des Arbeitslebens in den 80er Jahren fortsetzte. Mit der „Wende" wurde er politisch erneut aktiv und beteiligte sich an der Wiedergründung der Sozialdemokratischen Partei in Halberstadt, deren Ehrenvorsitzender er wurde.

82 Vgl. Dilßner, Damals vor 40 Jahren, S. 5.

83 Diese Detailangaben sind in der Erinnerung deshalb so wichtig, weil sie der Hintergrund für die spätere Anklage sind. Für diese Veranstaltung hatte die im Einsatz befindliche Polizei 1.200 Brote bestellt, von denen sie nur 600 abnahm. Das bald nicht mehr verwendungsfähige Brot wurde dann für Viehfütterung verwendet. Daraus wurde später ein Fehlbestand an Mehl konstruiert.

84 Dilßner, Damals vor 40 Jahren, S. 10.

zur Parteischule delegiert. Auch dort hätten sie ihr Unbehagen über die Entwicklung zur „Partei neuen Typs“ artikuliert, der sie den „demokratischen Sozialismus“ entgegenstellten. Doch dann traf auch sie der Kampf gegen den „Sozialdemokratismus“.

Im September 1950 wurde Karl Dilßner verhaftet; im Februar 1951 bekam er die nach Befehl 160 auf Wirtschaftssabotage lautende Anklageschrift. Die Vorwürfe waren während der Vernehmungen nicht zu entkräften, weil die Vernehmer bei Sozialdemokraten vorsätzliche Sabotage unterstellten und den Fall Brundert als Vergleich heranzogen. Während der Untersuchungshaft erfuhr Dilßner, daß auch anderen Sozialdemokraten ähnliche Vergehen angehängt wurden. Unter den Häftlingen war Otto Bollmann, der (sozialdemokratische) Stadtrat für Handel und Versorgung, der sich im März 1951 in seiner Zelle erhängte. Rudolf Köchig, einer der in dem Verfahren Mitangeklagten, Aufsichtsratsmitglied in der Konsumgenossenschaft und ehemaliger stellvertretender SPD-Unterbezirksvorsitzender, der sich nachdrücklich für die Vereinigung von SPD und KPD eingesetzt hatte, starb während der Untersuchungshaft. Der öffentliche Prozeß fand Mitte März 1951 im „Alhambra-Kino“ statt. Das Publikum bestand offenbar nur zum Teil aus ausgewählten Zuhörern, wurden doch während der Verhandlungen Sympathiebekundungen laut. In welchem Ausmaß neben den Anschuldigungen wegen des Fehlbestandes an Mehl der „Sozialdemokratismus“ im Vordergrund stand, zeigten die verbalen Ausfälle des Staatsanwaltes. „Die Anklagerede des Staatsanwalt Krause gipfelte in 9 to Mehlmanko, das nur politische Verbrecher, Diversanten und anderes Gesocks verursachen konnten. Es wimmelte nur so an politischen Ausdrücken wie: Klassenfeind, Schumacher-Agenten, Ost-Büro-Zuträger und Nachfahren der früheren Sozialfaschisten, [...].“[85]

Das Urteil von zwei Jahren Gefängnis war für Dilßner unfaßbar: „War es wirklich ein Vergehen oder Verbrechen, wenn man für Menschen ungenießbare Lebensmittel verfüttert. Nicht wir waren schuld an den liegengebliebenen Polizeibroten! [...] Über mir brach eine Welt zusammen! Hatte ich dafür den Konsum in Halberstadt aus einem Nichts zu 28 Verkaufsstellen in fünf Jahren aufgebaut? Die gesamte Freizeit von 1946 bis 1950 dafür geopfert? Soll das der Dank sein?“[86]

Die Haft verbüßte Karl Dilßner in der Strafvollzugsanstalt Magdeburg-Sudenburg, wo er das Glück hatte, als Handwerker in der Werkstatt arbeiten zu können. Diese Werkstatt wurde von einem alten Polizeimeister geleitet, der sich wie andere vom „alten“ Wachpersonal den Gefangenen gegenüber hilfsbereit und verständnisvoll verhielt, ihnen im Gegensatz zu

85 Ebd., S. 38.
86 Ebd., S. 39.

den „Volkspolizisten" die Haft in der Weise erleichterte, daß Dilßner, der seinerseits dem Wachpersonal half[87], an seinen Erinnerungen schreiben, Kontakte mit anderen Häftlingen haben konnte und Zeitungen bekam. Auf diesem Weg, d. h. über polemische Artikel in der Lokalpresse, erfuhr er, in welchem Ausmaß der Kampf gegen die Sozialdemokraten in Halberstadt weiterging. Mit seinem Prozeß und mit der „Zerschlagung" der sozialdemokratisch dominierten Konsumgenossenschaft habe das „Kesseltreiben" erst richtig begonnen. Im Zusammenhang mit den Parteiüberprüfungen richtete es sich gegen die Sozialdemokraten in der Kommunalverwaltung und vor allem gegen das Mitglied der Kreisleitung und Oberbürgermeister Erich Bordach, weil dieser es abgelehnt hatte, den Reichspräsidenten Friedrich Ebert als „Verräter" zu bezeichnen. Wie andere Sozialdemokraten Halberstadts wurde er abgesetzt.[88]

Während der Haft hatte Karl Dilßner sich vorgenommen, in den Westen zu gehen. Doch aus persönlichen Gründen blieb er in der DDR, wo er sich politisch „abstinent" verhielt. Seiner Erinnerung zufolge galt dies für die meisten Sozialdemokraten, nachdem sie verdrängt und ausgeschaltet worden waren. Als er wieder frei war, seien sie „weg" gewesen: Sie waren tot, geflüchtet oder in der Produktion. Als Gruppe, die politisch zusammengehörte und zusammenhielt, seien sie nicht mehr existent gewesen, weil sie verängstigt waren und zurückgezogen nur noch in ihrer Privatsphäre lebten.[89]

## 4.4 Zur Inszenierung von Schauprozessen

Die erwähnten Schauprozesse gegen Sozialdemokraten waren ähnlich inszeniert worden. Wegen ihrer Bedeutung für die politische Strafjustiz in der DDR der frühen fünfziger Jahre werden im folgenden der schon damals weithin bekannt gewordene sogenannte „DCGG-Prozeß" [genannt nach der „Deutschen Continentale-Gas-Gesellschaft"] bzw. „Fall Herwegen-Brundert" sowie die „Waldheimer Prozesse" angeführt, bei denen

87 So berichtet er von einem zum Parteilehrjahr delegierten Polizeimeister, dem er bei der Erledigung von schriftlichen Hausarbeiten geholfen habe, die sich auf die Geschichte der Arbeiterbewegung bezogen.

88 Als Dilßner nach seiner Haftentlassung in einem Maschinenbaubetrieb Arbeit fand, traf er dort den ehemaligen Oberbürgermeister und andere abgesetzte Sozialdemokraten wieder.

89 Vgl. dazu Interview Dilßner. Verständlicherweise blieb dabei unerwähnt, welche Art von Konzessionen gegenüber dem Regime trotz politischer „Abstinenz" allein in den Betrieben gemacht werden mußten.

meist übersehen wird, daß – wenn auch nicht in erster Linie – Sozialdemokraten verurteilt wurden.[90]

Die Schwierigkeiten, die Praxis der SBZ/DDR-Justiz mit adäquaten Kategorien zu beschreiben, sind deshalb so groß, weil „Recht" und „Rechtspraxis" vor allem im Bereich der politischen Strafjustiz mit dem Bedeutungsgehalt der im Westen vertrauten rechtsstaatlichen Begriffe nicht übereinstimmten.[91] Die systematische Begriffsverkehrung erfordert eigentlich eine dauernde Verwendung von Anführungszeichen, und dennoch ist der Gefahr von Fehlinformationen und -assoziationen nur schwer zu entgehen.[92]

Die Inszenierung der Schauprozesse diente – je nach Fall und damit betroffener Gruppe – unterschiedlichen politischen Zwecken. Mit den Mitteln des Strafrechts und über die Konstruktion von Kriminalfällen wurden nicht einzelne, sondern ganze Gruppen unterdrückt und gleichzeitig moralisch diskreditiert. In der Praxis der Abschreckung und der Betonung der moralischen Verwerflichkeit des Widerstandes einzelner und ganzer Gruppen waren zugleich Elemente einer Erziehungsdiktatur enthalten. Für die Justiz war frühzeitig die Rolle definiert worden, „das scharfe Schwert in der Hand unserer Arbeiter- und Bauernmacht zur energischen Unterdrückung der Feinde, zur Erziehung zur Staats- und Arbeitsdisziplin und damit zur Stärkung des Staatsbewußtseins unserer Bürger" zu sein.[93] Bei der in den Schauprozessen zugelassenen „erweiterten Öffentlichkeit" ging es um eine spezifische Form von „sozialistischer

90 Zu dem Problem insgesamt vgl. Falco Werkentin, Politische Strafjustiz in der Ära Ulbricht, Berlin 1995. Die neueste Forschung auf diesem Gebiet ist sehr reichhaltig und hat sich anders als nach 1945 sogleich dieses wichtigen Themas angenommen. Vgl. als Überblick zu Publikationen nach 1990 Hermann Wentker, Geschichte der Justiz in der DDR, in: NPL 3, 1994, S. 442-458.

91 Daneben gab es ohne Zweifel auch Rechtsbereiche, in denen die juristische Sprache der DDR mit den Begriffen eines Rechtsstaates übereinstimmte. Vergleichbare Schwierigkeiten gibt es auch bei der Darstellung des NS-Justizsystems. Vgl. dazu Dietmut Majer, Grundlagen des nationalsozialistischen Rechtssystems, Stuttgart, Berlin u. a. 1987, S. 23 ff.; Werkentin, Politische Strafjustiz, S. 14.

92 So verschleiert der Begriff „ein Urteil fällen" die Tatsache, daß Urteile vorher – etwa Todesurteile – von Walter Ulbricht ausgesprochen wurden. Auch im Zusammenhang mit den Waldheimer Prozessen wäre der Terminus „Sondergericht" oder „Ausnahmegericht" unzutreffend, weil er zwar Abweichungen von der Norm, doch immerhin noch so etwas wie Gerichtsbarkeit suggeriert. Vgl. Werkentin, S. 15.

93 So in einer Stellungnahme der ZK-Abteilung Staatliche Verwaltung vom März 1954; zitiert nach Werkentin, S. 50. Schon 1952 gab es Weisungen, in denen die erzieherische Aufgabe der Justiz betont und diese aufgefordert wurde, „geeignete Verfahren" (vor allem politische Strafverfahren) vor einer „erweiterten Öffentlichkeit" durchzuführen. Vgl. Karl Wilhelm Fricke, Politik und Justiz in der DDR. Zur Geschichte der politischen Verfolgung 1945–1968, Köln 1979, S. 273.

Gerichtspädagogik", nicht hingegen um den Gedanken von Öffentlichkeit als einer demokratischen Kontrollmöglichkeit.[94]

Im Prinzip wurden die Schauprozesse nach einem Schema inszeniert, das in Dessau mit großem Aufwand erprobt worden war; nur das Ausmaß der sie begleitenden Massenpropaganda war unterschiedlich.[95] Dennoch blieben sie stets ein propagandistisch aufeinander abgestimmtes Zusammenspiel von Justiz und Politik. Der politische und propagandistische Nutzeffekt konnte noch gesteigert werden, wenn die Angeklagten die ihnen zugedachte Rolle in der Weise spielten, daß sie sich selbst im Sinn der SED als „abschreckendes Beispiel" hinstellten. Die Technik bei den Schauprozessen wurde mit der Zeit zwar subtiler, weil der angestrebte Effekt eher ins Gegenteil umschlug, doch der Zweck, die Öffentlichkeit zu beeindrucken und die SED-Politik zu rechtfertigen oder auch zu verschleiern, blieb unverändert.

Auch die Geheimprozesse dürfen nicht vergessen werden, für die es letztlich keine gesetzlichen Schranken gab und die ebenfalls Ausdruck einer als politisches Instrument zu verstehenden Strafjustiz waren.[96] Zum Ausschluß der „Öffentlichkeit" kam es vornehmlich dann, wenn Sachverhalte aus politischen Gründen geheimgehalten werden sollten, dem Prestige des Regimes abträglich hätten sein können, und insbesondere dann, wenn die Angeklagten nicht in dem gewünschten Sinn „geständig" waren und die Gefahr bestand, daß sie auch vor „Gericht" zu ihrer politischen Überzeugung standen oder das Verfahren zur Plattform entsprechender Bekundungen hätten machen können. Abgesehen von reinen Spionageprozessen, wurden in Geheimprozessen hohe Funktionäre der Partei und Regierung verurteilt, Oppositionelle aus den eigenen Reihen und nicht zuletzt aus dem Westen verschleppte Angeklagte. Zu den bereits in den fünfziger Jahren bekannt gewesenen Prozessen dieser Art gehörten die gegen den ehemaligen Außenminister Georg Dertinger, den Staatssekretär im Justizministerium Helmut Brandt, den ehemaligen Minister für Handel und Versorgung Karl Hamann, den ehemaligen Justizminister Max Fechner und den SED-Funktionär Heinz Brandt.

---

94 Vgl. ebd., S. 51. Obwohl die Vorbilder für diese Schauprozesse in der Sowjetunion der dreißiger Jahre zu suchen sind, drängen sich immer wieder auch die Schauprozesse der NS-Zeit als Vergleich auf. Im Unterschied zu den Prozessen in der Sowjetunion ist in der frühen DDR auffallend, daß die Angeklagten weniger geständnisbereit waren, als in der Sowjetunion üblich. Aus der Sicht eines an vielen Verfahren beteiligten Verteidigers vgl. die plastischen Schilderungen bei Günther Nollau, Das Amt, München 1978, S. 87 ff.

95 Vgl. Fricke, Politik und Justiz, S. 275.

96 Vgl. ebd., S. 278.

Vor allem in den fünfziger Jahren waren das politische Strafrecht und die politische Justiz in der DDR dadurch gekennzeichnet, daß alle auch in der DDR-Verfassung garantierten justitiellen Grundrechte und Verfahrensgarantien mißachtet wurden.[97] Die „Verfahren“ – Schauprozesse oder Geheimprozesse – fanden unter der Kontrolle der obersten Parteigremien statt, die eine unabhängige Verteidigung nicht zuließen. Das Politbüro konnte an derartigen Entscheidungen beteiligt werden. Es gab hingegen auch Fälle, in denen Walter Ulbricht allein – ohne Konsultation der Führungsgremien – entschied. Das Strafrecht dieser Zeit diente nicht allein der Justizsteuerung, sondern es war auch ein Kampfmittel gegen politische Gegner und ein Hebel der gesellschaftlichen Umwälzung, wie die größeren Enteignungsaktionen zeigen, bei denen der politische Konflikt vermieden und in ein strafrechtliches Delikt umgebogen wurde, wobei der Ausgang der Verfahren von vornherein feststand.

### 4.4.1 *Der Schauprozeß von Dessau*

Der erste Schauprozeß des Obersten Gerichts der DDR ging vom 24. bis 29. April 1950 im wahrsten Sinn des Wortes über die Bühne des Dessauer Landestheaters.[98] Geleitet haben ihn Ernst Melsheimer als Generalstaatsanwalt und Hilde Benjamin als Vorsitzende des 1. Strafsenats. Dr. Leo Herwegen und Professor Willi Brundert waren die Hauptangeklagten.[99] Eine Woche lang wurden ausgesuchte „Werktätige“ aus der gesamten DDR nach Dessau transportiert, um an dem Schauprozeß gegen das „imperialistische Monopolkapital“ teilzunehmen: „Täglich waren es rund 1.400 Zuhörer im Theatersaal – und immer andere, doch stets nur Zuhörer gegen Eintrittskarte. Das war nicht alles! Im größten Saal fand durch Rundfunkübertragung eine Parallelkundgebung statt. Und abends gab es Sondersendungen im Radio! Lange Zeit nach dem Prozeß wurden in allen Verwaltungsdienststellen und volkseigenen Betrieben Schulungen mit dem Thema einer angeblichen Auswertung des großen Prozesses durchgeführt.“[100]

Die Propagandakampagne hatte bereits Ende November 1949, einen Monat nach Verhaftung der Angeklagten, mit der Veröffentlichung eines

97 Vgl. auch Wentker, S. 450 f.

98 Vgl. Fricke, Justiz und Politik, S. 274 ff.; Willi Brundert, Es begann im Theater... „Volksjustiz“ hinter dem eisernen Vorhang, Berlin, Hannover 1958.

99 Außer den Hauptangeklagten waren sieben weitere Personen angeklagt, wovon einer rechtzeitig in den Westen hatte fliehen können. Zu den Angeklagten vgl. Brundert, Es begann im Theater..., S. 22 f.; vgl. auch die Anklageschrift und das Urteil, in: SAPMO-BArch IV 2/13/433.

100 Brundert, Es begann im Theater ..., S. 10.

sogenannten „Amtlichen Berichts“ der Zentralen Kontrollkommission (ZKK) begonnen. Er erschien in mehreren Zeitungen, und allein durch die Schlagzeilen wurden die Verhafteten von vornherein schuldig gesprochen und als „Agenten“ gebrandmarkt.[101] Der Inhalt dieses „Berichts“ dürfte auf Fritz Lange, den Leiter der Kontrollkommission, zurückzuführen sein, der von deutscher Seite an den Vernehmungen im Fall Brundert beteiligt war. Der Bericht enthielt die entscheidenden Stichworte für die Anklageschrift und den späteren Prozeß: Die Verhafteten seien „monopolkapitalistische Agenten“, denen „volksfeindliche und nationalverräterische Verbrechen mit kosmopolitisch versippten monopolkapitalistischen Elementen in Westdeutschland und Westberlin“ vorgeworfen wurde. Hinzu kamen Ausdrücke wie „Konzernagenten“, „monopolkapitalistische Kreaturen“, „Hitleroffizier“ und im Zusammenhang mit Willi Brundert vor allem die Bezeichnung des Kriegsgefangenenlagers Wilton Park als „britische Agentenschule“. Die Propaganda beschränkte sich nicht auf die Veröffentlichung von Artikeln und Broschüren, sondern schloß die Inszenierung „spontaner“ Resolutionen in den Betrieben ein, in denen „strengste Bestrafung“ der „Konzernverbrecher“ verlangt wurde. Freilich verschwieg die ostdeutsche Presse, daß keiner der Vorwürfe in der Sache hatte erhärtet werden können; auch über die Haltung der Angeklagten und ihrer Verteidiger wurde nichts berichtet. Genau dies wurde in der westdeutschen Presse aufgegriffen, die auf die Vergleichbarkeit mit vorhergehenden Prozessen im Ostblock verwies, etwa die gegen Kardinal Mindszenty oder den ungarischen Außenminister Rajk, und die den Mangel an Rechtsstaatlichkeit, das Fehlen von Beweisen und von Entlastungszeugen, betonte.[102]

Grundlage für die Anklage war der SMAD-Befehl 160 vom 3.12.1945, wonach den Angeklagten vorgeworfen wurde, „in der Zeit seit Dezember 1945, fortgesetzt als Täter handelnd, in Sabotageabsicht die wirtschaftlichen Maßnahmen der deutschen Selbstverwaltungsorgane durchkreuzt zu haben, wodurch dem wirtschaftlichen Wiederaufbau Deutschlands und dem Vermögen des deutschen Volkes schwerster Schaden entstanden ist“.[103] Obwohl die strafrechtliche Konstruktion ein Vorwand für politische

101 Vgl. ebd., S. 50 ff.; Fricke, Politik und Justiz, S. 275.

102 Vgl. die Pressezitate bei Brundert, Es begann im Theater ..., S. 17 f.; Welt am Sonntag vom 30.4.1950.

103 So der Wortlaut in der Anklageschrift. Das entsprach teilweise dem Wortlaut des Befehls, in dem es u. a. hieß: „Personen, die bei Übergriffen festgestellt wurden, die eine Durchkreuzung der wirtschaftlichen Maßnahmen der deutschen Selbstverwaltungsorgane und der deutschen Verwaltung bezwecken, werden zu Gefängnisstrafen bis zu 15 Jahren und in besonders schweren Fällen zur Todesstrafe verurteilt.“ Da zu diesem Zeitpunkt noch die Unternehmertätigkeit gefördert wurde, die später unterbunden wurde, hieß es in einem weiteren Passus des Befehls, von dem später nicht mehr die

Zwecke war, sei auf diese Fallkonstruktion verwiesen, die in der Anklageschrift breiten Raum einnahm.[104] Die „Deutsche Continentale-Gas-Gesellschaft“ (DCGG) war ein Mitte des 19. Jahrhunderts gegründeter großer Energiekonzern mit Sitz in Dessau, der über weitverzweigte Eigenbetriebe und Tochtergesellschaften auf dem Gebiet der Gas- und Elektrizitätsversorgung sowie über andere Fabrikationsbetriebe und Beteiligungen verfügte. 1945 wurde das in der Sowjetischen Besatzungszone gelegene DCGG-Vermögen zunächst unter Sequester gestellt und danach enteignet. Der Einspruch der Gesellschaft wurde 1947 endgültig abgewiesen. Gleichzeitig hatten Vertreter der DCGG mit Blick auf die in den Westzonen gelegenen Vermögenswerte überlegt, wie deren Unterstellung – als „herrenloses Eigentum“ – unter treuhänderische Verwaltung zu vermeiden war. Im Ergebnis wurde eine neue Gesellschaft mit Sitz in Hagen i. W. gegründet. Alle noch in Dessau befindlichen Papiere, die sich auf die in den Westzonen befindlichen Vermögenswerte bezogen, wurden nach Hagen transferiert. An dieser Transaktion hatten einige der Angeklagten als ehemalige Vorstands- und Aufsichtsratsmitglieder der DCGG mitgewirkt, andere waren als Juristen oder in einem Fall als Auskunftsperson beteiligt. Willi Brundert wurde vorgeworfen, in seiner Eigenschaft als Ministerialdirektor im Ministerium für Wirtschaft und Verkehr des Landes Sachsen-Anhalt die Transaktion gekannt und bewußt nicht verhindert zu haben.

Die gezielte Diffamierung wurde durch die Propagandakampagne offenkundig, in der von der Verschiebung von Millionenwerten und Raub von Volksvermögen in Verbindung mit Spionage bzw. Agententätigkeit für den „Monopolkapitalismus“ die Rede war. Darüber hinaus standen zentrale Fragen auch während des „Prozesses“ erst gar nicht zur Debatte. Dazu hätte die gehört, ob in den damaligen Westzonen gelegene Vermögenswerte überhaupt Gegenstand eines sowjetischen Enteignungsbefehls sein konnten, ob demnach Enteignungsmaßnahmen über die eigene Zonengrenze hinaus wirksam waren. Weiterhin, ob der Transfer der Papiere von Dessau in die Westzonen eine nach geltendem Recht strafbare Handlung war und ob die Angeklagten in der Absicht gehandelt hatten, sogenanntes „Volksvermögen“ zu verringern. Keine dieser Fragen wurde behandelt.

Der politische Schlag richtete sich zum einen gegen die bürgerliche Opposition und gegen den „Sozialdemokratismus“, zum anderen gegen den

Rede war: „Zu denselben Strafen werden die Personen verurteilt, die Sabotageakte zwecks Lähmung der Tätigkeit der Unternehmer, zwecks ihrer Beschädigung oder Vernichtung verüben, verurteilt.“ Der Befehl zitiert nach einem Exemplar in: SAPMO-BArch IV 2/13/433.

104 Zum juristischen Sachverhalt vgl. neben der Anklageschrift auch die Zusammenfassung bei Brundert, Es begann im Theater ..., S. 18 ff.

„imperialistischen Monopolkapitalismus", als dessen „Werkzeuge und Agenten" die Angeklagten den Auftrag gehabt hätten, den „fortschrittlichen Aufbau" der sowjetischen Zone zu sabotieren. Die Auswahl der Angeklagten nach Zweckmäßigkeitsgründen liegt nahe. Sie boten sich nach Herkunft, fachlicher Ausbildung und beruflichem Werdegang an, als „Konzernknechte" angeprangert zu werden.[105] Gleiches gilt für die Verlegung des Schauprozesses nach Sachsen-Anhalt als dem Land in der SBZ/DDR mit industriellen Schwerpunkten im Bereich der chemischen Großindustrie, der Elektro- und Energiewirtschaft.[106] Mit einem wichtigen industriellen Ballungsgebiet bot Sachsen-Anhalt den „geeigneten" Hintergrund für einen Schauprozeß gegen das „Monopolkapital".[107]

Mit Dr. Leo Herwegen, Minister für Arbeit und Sozialpolitik in Sachsen-Anhalt und führender CDU-Politiker, stand zugleich die CDU unter Anklage.[108] Und die Anklage gegen Willi Brundert war Teil des Kampfes gegen den „Sozialdemokratismus". Geboren 1912 in Magdeburg als Sohn eines Schriftsetzers und späteren Buchhalters, wuchs Brundert in eine sozialdemokratische Umgebung und Tradition hinein, in der er verwurzelt blieb. Bereits Anfang der zwanziger Jahre wurde er Mitglied der sozialistischen Kinderfreunde-Bewegung und noch als Schüler 1930 Mitglied der SPD in Magdeburg. Während des über Stipendien finanzierten Jurastudiums in Halle war er Vorsitzender der sozialistischen Studentengruppe sowie Mitglied des Reichsbanners. In diese Zeit fiel auch der Beginn seiner Freundschaft mit dem Reformpädagogen Adolf Reichwein, der ihn in den

105 In dem erwähnten „Amtlichen Bericht" der ZKK wurden die Angeklagten nicht zufällig mit ihren Titeln apostrophiert, was verdeutlichen sollte, daß es sich um „typische" Vertreter des „Klassenfeindes" handelte. Im Urteil wurde festgehalten, daß jeder Angeklagte nicht nur vorsätzlich, sondern auch „aus seiner ablehnenden Haltung zur demokratischen Entwicklung in der früheren sowjetischen Besatzungszone und zur entschädigungslosen Enteignung gehandelt hat".

106 So argumentierte der damalige Industrieminister Fritz Selbmann im „Neuen Deutschland" vom 4.2.1950.

107 Möglicherweise hätten die Veranstalter des DCGG-Prozesses für die Inszenierung einen anderen Konzern vorgezogen, doch die meisten Großkonzerne waren als SAG-Betriebe unantastbar. Es mußte ein Betrieb ausgewählt werden, der in volkseigene Verwaltung übergegangen war. Vgl. Brundert, Es begann im Theater ..., S. 25.

108 Leo Herwegen (1886–1972) war Bergbauingenieur und trat 1919 dem Zentrum bei. Während der NS-Zeit war er politisch verfolgt und zeitweilig in Haft. 1945 trat er der CDU bei und war vom Juli 1945 bis zum Mai 1948 1. Vorsitzender und danach bis zu seiner Verhaftung stellvertretender CDU-Vorsitzender in Sachsen-Anhalt und Mitglied der Führungsgremien der CDU in der SBZ. Darüber hinaus war er Mitglied des Landtages sowie zunächst Leiter der Abteilung Brennstoff und Energiewirtschaft der Provinzialregierung Sachsen-Anhalt und danach Minister für Arbeit und Sozialpolitik. Er wurde wie die anderen Angeklagten des Dessauer Prozesses Ende Oktober 1949 verhaftet und wie Willi Brundert 1950 zu 15 Jahren Zuchthaus verurteilt. Nach seiner Haftentlassung flüchtete er 1958 in den Westen.

Arbeitskreis der „Neuen Blätter für den Sozialismus" einführte. Während des anschließenden Studiums in Frankfurt am Main gehörte er zu einer illegalen SPD-Gruppe, für die er als Verbindungsmann zu Theodor Haubach in Berlin fungierte. Haubach war Mitglied des Kreisauer Kreises und wurde nach dem 20. Juli 1944 hingerichtet. Nach seiner Übersiedlung nach Berlin gehörte er ab 1939 zum engsten Kreis um den ehemaligen sozialdemokratischen Reichstagsabgeordneten Carlo Mierendorff, der ebenfalls zum Kreisauer Kreis gehörte.

Nach Studium und juristischen Examina arbeitete er zunächst als Assistent an der Universität Leipzig und danach als Steuerjurist in Magdeburg und Berlin. Nachdem er 1941 zur Wehrmacht eingezogen worden war, geriet er 1944 in britische Gefangenschaft, wo er in einem Offizierslager beginnen konnte, eine staatsrechtliche Vortragsreihe aufzubauen. Im März 1946 kam er nach „Wilton Park", das Schulungslager zur demokratischen Umerziehung deutscher Kriegsgefangener, wo er als Assistent des Pädagogen und Erwachsenenbildners Fritz Borinski bis zu seiner Entlassung Ende Juli 1946 arbeitete.[109] Er ging im August 1946 nach Magdeburg zurück, wo ihn alte sozialdemokratische Freunde, vornehmlich der damalige Vizepräsident der Provinzialverwaltung Sachsen, Ernst Thape, veranlaßten, in der sowjetisch besetzten Zone zu bleiben, um den sozialdemokratischen Einfluß in der SED zu stärken. Trotz schwerwiegender Bedenken anderer Freunde entschied er sich für diese Aufgabe und wurde Mitglied der SED, der er bis zu seiner Verhaftung 1949 ange-

109 Einer der Vorwürfe lautete, er sei in Wilton Park zum britischen Agenten ausgebildet worden. Durch das Schulungslager Wilton Park sind zahlreiche deutsche Gefangene gegangen. Unter maßgeblicher Mitwirkung von deutschen Emigranten, u. a. Fritz Borinski und Waldemar von Knoeringen, wurden Kurse nach den Grundsätzen der Erwachsenenbildung aufgebaut. Die Schulung sollte zu selbständigem Urteil, zu verantwortlicher Kritik und zu selbständigem Handeln erziehen. Die Arbeitsthemen, die auch von den Gefangenen selbst gewählt wurden, befaßten sich mit vier Aufgabenstellungen: mit deutscher Geschichte seit 1871, mit Land und Leuten in England, mit der Rolle des Staates und mit den Problemen der internationalen Beziehungen. Als Referenten traten Persönlichkeiten aus allen politischen Lagern auf. Ab 1947 nahmen an den Kursen in Wilton Park auch Zivilisten aus Deutschland teil, die zunächst aus der britischen Besatzungszone, später aus allen westlichen Zonen kamen. Nach Abschluß der unmittelbaren Nachkriegszeit wurde Wilton Park weitergeführt als eine deutsch-englische bzw. europäische Begegnungsstätte. Noch 1971 würdigte der damalige Verteidigungsminister Helmut Schmidt Wilton Park mit den Worten, fast eine ganze Generation deutscher Politiker habe ihre Auffassung von Großbritannien und ihre Haltung zu diesem Land aufgrund der Eindrücke definiert, die sie in Wilton Park gewonnen habe. Vgl. dazu insbesondere Hartmut Mehringer, Waldemar von Knoeringen. Eine politische Biographie. Der Weg vom revolutionären Sozialismus zur sozialen Demokratie, München, London u. a. 1989, S. 251 ff.

hörte.[110] Im September 1946 wurde er bei der Landesregierung Sachsen-Anhalt als Oberregierungsrat eingestellt und erhielt den Sonderauftrag, am rechtlichen Aufbau der „Industrie-Werke Sachsen-Anhalt“ mitzuarbeiten. Bereits im Janaur 1947 wurde er zum Ministerialdirektor im Ministerium für Wirtschaft und Verkehr ernannt. Parallel dazu erhielt er an der Universität Halle einen Lehrauftrag für Wirtschafts- und Steuerrecht; 1948 wurde er zum Professor ernannt.

Die Verhaftung Brunderts erfolgte am 28. Oktober 1949. Während der mehrmonatigen Untersuchungshaft in Gommern bei Magdeburg erhielten weder er noch die späteren Mitangeklagten Besuchserlaubnis und, was noch wesentlicher war, keine Möglichkeit zur Vorbereitung der Verteidigung.[111] Die Anklageschrift erhielt er erst wenige Tage vor Prozeßbeginn lediglich zur Einsichtnahme, so daß vorbereitende Gespräche mit dem Offizialverteidiger nicht möglich waren. Alle äußeren Bedingungen des Untersuchungsverfahrens waren außerhalb rechtsstaatlicher Verfahrensregeln, auch die Vernehmungsmethoden. Dies bedeutete nächtelange Verhöre, durchgeführt von Russen und Deutschen, darunter Fritz Lange als Leiter der Zentralen Kontrollkommission. Während in der Anklageschrift und im Urteil nur in den Angaben zur Person die politische Absicht des Prozesses gegen Brundert hervortraten, konzentrierten sich die Vernehmungen auf Vorwürfe, er sei der Kopf der illegalen „SPD-Fraktion“, der „Schumacher von Sachsen-Anhalt“. Er sei in britischem Auftrag von Wilton Park als der angeblichen „Agentenschule“ in die sowjetische Zone gegangen, um dort die Wirtschaft zu sabotieren.[112] Darüber hinaus wurde ihm bedeutet, seine „Verstocktheit“ – das Abstreiten der strafrechtlichen Vorwürfe – sei irrelevant. Man wisse noch nicht, so hielt ihm Fritz Lange entgegen, in welchen Prozeß man ihn „schiebe“, das sei dann eine Frage der Zweckmäßigkeit. Aber man mache ihn „politisch kaputt“, es sei denn, er stelle sich im Prozeß „auf die Seite der Arbeiterklasse“ und spiele die

110 Anläßlich des Dessauer Prozesses erinnerte Curt Bley in einem Artikel an diese Entscheidung Brunderts. Brundert sei ein Idealist. In einem langen persönlichen Gespräch habe er dargelegt, es komme ihm nicht in erster Linie auf die persönliche Freiheit an, er wolle sich dort einsetzen, wo mit der sozialistischen Wirtschaft ernst gemacht werde. Dem Hinweis auf die bekannten und höchst unterschiedlichen Methoden der Besatzungsmächte begegnete er mit dem Einwand, Besatzungsmächte könne man sich nicht aussuchen, um Deutschlands willen müsse eine Verständigung mit dem Osten gesucht werden. Vgl. Welt am Sonntag („Grotewohl, wo ist dein Bruder?“) vom 30.4.1950.

111 Vgl. dazu die Schilderung bei Brundert, Es begann im Theater..., S. 37 f.

112 Auch in der den Prozeß begleitenden Pressekampagne wurden die politischen Absichten deutlich. Nicht nur im Neuen Deutschland, sondern insbesondere in der Magdeburger Volksstimme fielen die Artikel heftig aus, vermutlich, weil Brundert aus der Magdeburger Sozialdemokratie hervorgegangen war. Vgl. Brundert, Es begann im Theater..., S. 31 f.

Rolle eines „selbstkritischen Agenten".[113] Brundert übernahm diese Rolle nicht.

Die Vernehmungen waren mit der Verurteilung zu 15 Jahren Zuchthaus keineswegs beendet. Nach der Urteilsverkündung wurde er ins Zuchthaus Brandenburg gebracht, von wo aus er kurze Zeit später nach Halle überführt und zuerst im Kommandanturgebäude und daran anschließend im berüchtigten „Roten Ochsen" in monatelanger Kellereinzelhaft isoliert und zwei Monate vernommen wurde. In der Sache ging es erneut um den gleichen Fragenkomplex. Nach einer Unterbrechung folgte eine letzte Vernehmungsphase, in der mit Drohungen und Lockungen versucht wurde, ihn zur „Mitarbeit" zu veranlassen. Nachdem er ins Zuchthaus Brandenburg zurückgebracht worden war, wo er bis zu seiner Haftentlassung blieb, wurde er Ende 1953 noch einmal vernommen, vermutlich in dem Bemühen, über ihn den verhafteten Justizminister Max Fechner zu belasten.

Während des Prozesses war in der westdeutschen Öffentlichkeit mehrfach auf das Schicksal Willi Brunderts aufmerksam gemacht worden. In der SPD geriet er auch nach seiner Verurteilung nicht in Vergessenheit; im Zusammenhang mit den Bemühungen um die Freilassung von Häftlingen sollte gerade er berücksichtigt werden. Dazu gehörte ein Gnadengesuch, das der ehemalige thüringische SPD-Politiker und damalige hessische Staatssekretär Hermann Brill über die DDR-Justizministerin Hilde Benjamin an den DDR-Staatspräsidenten Wilhelm Pieck richtete.

Unmittelbar nach seiner Haftentlassung im März 1957 und Flucht in den Westen gab es Überlegungen, für Willi Brundert eine seiner Qualifikation entsprechende berufliche Stellung zu finden. An Empfehlungen von Sozialdemokraten, die selbst aus der Sowjetischen Besatzungszone geflüchtet waren, fehlte es nicht. 1958 übernahm er die Leitung der Landesfinanzschule Hessen, 1963 wurde er Staatssekretär und Chef der Hessischen Staatskanzlei und wechselte 1964 in das Amt des Frankfurter Oberbürgermeisters, das er bis zu seinem frühen Tod im Jahr 1970 innehatte.

Die politische Absicht des Schauprozesses gegen Willi Brundert war für die Sozialdemokraten unabhängig von der Begleitkampagne unübersehbar.[114] Da alle Enteignungsfragen von mehreren Stellen gemeinsam ent-

113 Vgl. ebd., S. 33.

114 Adam Wolfram, der aus der SPD stammende damalige Landtagspräsident von Sachsen-Anhalt und Leiter der Wirtschaftsabteilung des FDGB, erinnerte sich, daß seit dem Sommer 1949 spürbar gewesen sei, „daß etwas Großes im Gange war". Kommissionen aus Berlin forschten in Verwaltungen, Gewerkschaften und Parteiorganisationen, doch niemand habe zunächst etwas Genaues über Sinn und Zweck dieser Maßnahmen erfahren können. Dies sei erst mit den Verhaftungen deutlich geworden. Interventionen und Argumente zugunsten Brunderts, dieser habe das gleiche in der Enteignungsfrage ge-

schieden worden waren, wußten alle Beteiligten von vornherein, daß Brundert unschuldig war. Von den an diesen Entscheidungen beteiligten früheren SPD-Mitgliedern wurde jedoch nur Willi Brundert angeklagt und verurteilt. Ein Exempel war statuiert und die Basis des Kampfes gegen den „Sozialdemokratismus“ erweitert worden; andere konnten in der Folge auf „kaltem“ Weg ausgeschaltet werden.

Nach dem Prozeß wurde mit der Verbreitung sogenannter „Lehren“ dessen politischer Zweck weiter verdeutlicht. Das Politbüro beschloß die Veröffentlichung einer Stellungnahme; das Landessekretariat der SED von Sachsen-Anhalt mußte einen von Ulbricht „umgearbeiteten“ Bericht veröffentlichen, und es wurde beauftragt, „die Genossen Wolfram, Wessel, Diecker und Siewert zu einer selbstkritischen Stellungnahme zu veranlassen, und das Politbüro davon in Kenntnis zu setzen“.[115] Gleichzeitig ließ Walter Ulbricht Material über die zur Selbstkritik aufgeforderten Personen und andere ehemalige Sozialdemokraten sammeln, das der Zentralen Parteikontrollkommission (ZPKK) übergeben wurde.[116] Heftige Diskussionen im Landessekretariat und im Landesvorstand über die verlangte Selbstkritik verstärkten den Druck auf die früheren Sozialdemokraten, die quasi auf der Anklagebank saßen.[117] Zwar übten die Kommunisten Selbstkritik wegen „mangelnder Wachsamkeit“ und ungenügenden Kampfes gegen den „Reformismus“ und „Sozialdemokratismus“, doch letztlich sollten die aus der SPD stammenden Funktionäre zu dem Zugeständnis gezwungen werden, schon seit 1946 Politik gegen die Parteilinie betrieben zu haben.

Die Verdächtigungen und Beschuldigungen dienten weiterhin dazu, die Sozialdemokraten in der Öffentlichkeit zu diskreditieren, um einen Keil zwischen sie und die Arbeiter in den Betrieben zu treiben. Das galt beispielsweise für den Landtagspräsidenten und führenden SED- und FDGB-Funktionär Adam Wolfram, der vor und während des Prozesses durchblikken ließ, daß er von der Unschuld der Angeklagten überzeugt war. Ihn

---

tan, was andere führende Parteifunktionäre auch getan hätten, blieben ergebnislos. „Einige Wochen später erfuhr ich aus interner Quelle, daß Ulbricht erklärt hatte, von der SED kommt nur Brundert auf die Anklagebank. Wir können es uns nicht erlauben, den Landtagspräsidenten, Wirtschaftsminister und Leiter der Wirtschaftsabteilung der Partei anzuklagen, das würde in der Bevölkerung Unruhe auslösen.“ Adam Wolfram, Es hat sich gelohnt. Der Lebensweg eines Gewerkschafters, Koblenz 1977, S. 126 f.

115 Auszug Nr. 775 aus dem Protokoll Nr. 94 der Sitzung des Politbüros vom 13. Juni 1950, in: SAPMO-BArch NL 182/1121.

116 Vgl. Brief von Ernst Lange an Walter Ulbricht vom 8. Juni 1950, in: Ebd.

117 Vgl. einen Bericht über die Sitzung des Landesvorstandes Sachsen-Anhalt vom 6. und 7.6.1950, in: SAPMO-BArch IV 2/5/1127; Adam Wolfram, Hammer und Sichel über Mitteldeutschland. Erlebnisse und Erfahrungen über die Diktatur der SED in Sachsen-Anhalt von 1945 bis 1952, Koblenz 1988, S. 28 ff.

forderte die Landesparteikontrollkommission (LPKK) nachdrücklich auf, öffentlich und der Linie des Politbüros entsprechend zum Prozeß gegen Herwegen und Brundert Stellung zu nehmen.[118] Für den Fall einer Nichtbefolgung wurden ihm große Schwierigkeiten angekündigt. Wie andere Sozialdemokraten verlor er kurz darauf sein Amt. Als er 1951 einen Prozeß wegen Planvergehen fürchten mußte, konnte er sich dem durch die Flucht in die Bundesrepublik entziehen.[119]

### 4.4.2 *Die Waldheimer Prozesse*

Das, was mit Bezug auf die Begrifflichkeit für den Dessauer Schauprozeß gesagt worden ist, trifft im gleichen Ausmaß auf die Waldheimer Prozesse des Jahres 1950 zu, die in der Bundesrepublik in amtlichen Stellungnahmen und in der Publizistik als Verfahren bewertet wurden, „die mit Rechtspflege nichts mehr zu tun haben, sondern einen Mißbrauch der Justiz zur Tarnung politischen Terrors darstellen".[120] Diese und spätere Wertungen konnten sich zunächst nur auf mündliche Berichte – vor allem von geflüchteten Juristen und frühzeitig entlassenen Verurteilten – stützen. Vor dem Hintergrund des neuesten Kenntnisstandes erweisen sich darauf basierende Darstellungen als wenig revisionsbedürftig. Mit den bislang ausgewerteten Quellen werden vor allem die Hintergründe deutlicher, so daß Entscheidungen und Entscheidungsabläufe sich rekonstruieren lassen.[121]

Im Herbst 1949 begannen die Vorbereitungen für die Auflösung der letzten drei sowjetischen „Speziallager" (Bautzen, Sachsenhausen, Buchenwald) und die Übernahme der Internierten durch die „Deutsche Volkspolizei".[122] Die Bevölkerung der DDR erfuhr davon nichts; sie wurde Mitte Januar 1950 durch das „Neue Deutschland" von der Auflösung der Internierungslager in Kenntnis gesetzt. Mitgeteilt wurden die Freilassung

---

118 Das Schreiben der LPKK ist als Faksimile abgedruckt bei Wolfram, Hammer und Sichel über Mitteldeutschland, S. 30. Diese öffentliche Stellungnahme dürfte – obwohl erzwungen – zu der späteren Verstimmung zwischen Brundert und Wolfram beigetragen haben.

119 Vgl. ebd., S. 140.

120 Zitiert nach Falco Werkentin, Die Waldheimer „Prozesse" der Jahre 1950/52, in: Materialien der Enquete-Kommission des Deutschen Bundestages „Aufarbeitung von Geschichte und Folgen der SED-Diktatur in Deutschland, Bd. IV, S. 850; zu den Prozessen vgl. vor allem Wolfgang Eisert, Die Waldheimer Prozesse. Der stalinistische Terror 1950. Ein dunkles Kapitel der DDR-Justiz, Esslingen, München 1993; Falco Werkentin, Politische Strafjustiz in der Ära Ulbricht, S. 174 ff.; Karl Wilhelm Fricke, Politik und Justiz in der DDR, S. 205 ff.

121 Vgl. Werkentin, Die Waldheimer „Prozesse", S. 851.

122 Zu den Vorgängen vgl. Eisert, S. 15 ff.

von etwa 15.000 Internierten, die Übergabe von 10.513 SMT-Verurteilten an die DDR-Behörden zur weiteren Haftverbüßung sowie die von 3.432 Gefangenen an das Ministerium des Innern „zur Untersuchung ihrer verbrecherischen Tätigkeit und Aburteilung durch das Gericht der Deutschen Demokratischen Republik“.[123] Die sowjetischen Stellen übergaben für jeden Gefangenen einen ins Deutsche übersetzten Protokollauszug mit Angaben zur Person, zu den vorgeworfenen Tatbeständen und dem Datum der ersten Vernehmung. Dieses „Dokument“ wurde in den Waldheimer Verfahren zum zentralen Beweismittel und durfte nicht in Frage gestellt werden. „Nichts deutete in den von der sowjetischen Seite übergebenen Angaben darauf hin, daß Untersuchungen zu den Anschuldigungen stattgefunden hätten. Was sollte da die Vernehmung in Waldheim an neuen Erkenntnissen oder Beweisen für eine Straftat bringen, die von den meisten Inhaftierten niemals begangen worden war?“[124] Es ging nicht um Ermittlungen, um den Beweis von Schuld oder Unschuld, sondern lediglich um die Vorbereitung von Verurteilungen durch Gerichte, die das gewünschte Ergebnis garantierten.

Die Vorbereitung der Verfahren fand im zentralen Parteiapparat der SED statt. In einer Besprechung wurde festgehalten, „daß die zu bildenden Gerichte schnell zu urteilen hätten, um die gesamte Arbeit nicht über die Maßen auszudehnen und auch ihre Arbeit so auszurichten hätten, daß die Urteilssprüche der deutschen Gerichte nicht in einem zu großen Kontrast zu den von den sowjetischen Tribunalen gefällten Urteilen ständen“.[125] Innerhalb kurzer Zeit wurden Staatsanwälte und Richter ausgewählt und in Gesprächen im Zentralsekretariat der SED auf ihre politische Eignung hin überprüft. Die politische Zuverlässigkeit hatte auch in der Bereitschaft zu bestehen, „die von der Parteiführung vorgegebene Linie für die Prozesse durchzusetzen“.[126] Die Zuständigkeit für die geplanten Prozesse hätte eigentlich beim sächsischen Justizministerium gelegen; sie wurde jedoch dem Justizministerium in Berlin unter Max Fechner übertragen, der seinerseits dem Vertreter des sächsischen Justizministeriums und einem führenden SED-Landesfunktionär Einblick in das Verfahren verwehrte sowie seinen CDU-Staatssekretär Dr. Dr. Helmut

123 So hieß es im Neuen Deutschland vom 17. Januar 1950; zitiert nach Eisert, S. 22. SMT-Verurteilte waren diejenigen, die in meist geheimen Verfahren von sowjetischen Militärtribunalen verurteilt worden waren.

124 Ebd., S. 66.

125 So in dem Aktenvermerk über eine Besprechung vom 4. März 1950 im ZS betr. „Vorbereitung zur Aburteilung der bisher Nichtverurteilten, die aus dem Gewahrsam der Besatzungsmacht in die Strafanstalt Waldheim überführt wurden“. Als Dokument abgedruckt bei Eisert, S. 83.

126 Ebd., S. 56.

Brandt beschied, sich darum nicht zu kümmern, da es sich um eine reine Parteiangelegenheit handele. „Kurz, es war – unter Bruch der Verfassung der DDR vom Oktober 1949 – ein *Sondergericht* mit handverlesenen SED-Richtern gebildet worden, die von vornherein dazu verpflichtet worden waren, sich gegebenenfalls die Urteile von Parteibeauftragten in die Feder diktieren zu lassen.“[127]

Die politische Linie war unmißverständlich als Rechtsbruch formuliert worden. Die Urteile „dürfen keinesfalls niedriger ausfallen als die Urteile, die unsere Freunde bei gleichen Tatbeständen ausgeworfen haben. Es gilt, die Menschen, die von unseren Freunden bisher festgehalten wurden, auch weiterhin in Haft zu behalten, da sie unbedingte Feinde unseres Aufbaues sind. Würden die noch in Haft befindlichen, den deutschen Behörden zur Aburteilung übergebenen Menschen von unseren Freunden nicht als Feinde angesehen werden, wären sie mit entlassen worden. Es gilt also, sie unter allen Umständen hoch zu verurteilen.“ Gleichermaßen deutlich wurde auf die Irrelevanz von Beweisen hingewiesen: „Dabei darf keine Rücksicht genommen werden, welches Material vorhanden ist, sondern man muß die zu verurteilende Person ansehen. Urteile unter 10 Jahren dürfen nicht gefällt werden, wobei es heute unwichtig ist, ob diese Strafen auch verbüßt werden. Formale Gesichtspunkte dürfen dabei keine Rolle spielen. Wichtig ist, daß infolge der bevorstehenden Wahlen der gestellte Termin von 6 Wochen unbedingt eingehalten wird.“[128] Zur Einhaltung des Terminfahrplans mußten die Anklageschriften knapp sein und schnell angefertigt werden. Rechtsgrundlage der Ende April 1950 in Waldheim begonnenen Aburteilungen war neben den Kontrollratsdirektiven Nr. 10 und 38 der SMAD-Befehl Nr. 201 vom 16. August 1947.[129]

---

127 Werkentin, Die Waldheimer „Prozesse“, S. 857 f.

128 Beide Zitate stammen von Chefinspektor Röbelen, der im Auftrag der Parteispitze den in Waldheim versammelten Polizisten, Richtern und Staatsanwälten Mitte April 1950 derartige Weisungen übermittelte. Zitiert nach Eisert, S. 65.

129 Der Befehl enthielt u. a. Richtlinien zur Einstufung der Nazi- und Kriegsverbrecher und verpflichtete deutsche Organe, u a. Kriegsverbrecher, führende Persönlichkeiten des „Hitlerregimes“ und Mitglieder von „verbrecherischen“ NS-Organisationen gerichtlich zur Verantwortung zu ziehen; des weiteren ging es um die Entfernung von Nationalsozialisten und „Personen, die den Bestrebungen der Alliierten feindlich gegenüberstehen“, aus Ämtern und verantwortlichen Stellungen. Auch die Kontrollratsdirektive Nr. 38 enthielt Richtlinien für die Verhaftung und Verurteilung von Kriegsverbrechern, Nationalsozialisten und Militaristen; vorgesehen waren darüber hinaus die Internierung und Kontrolle von „möglicherweise gefährlichen Deutschen“. Nach den Durchführungsbestimmungen des Befehls Nr. 201 erhielten die Abteilungen bzw. Kommissariate 5 (K 5) der Polizei die Aufgabe, Untersuchungsverfahren einzuleiten. Sie konnten eigenverantwortlich über Haftbefehle entscheiden und Anklageschriften erstellen, die ein Staatsanwalt nur noch bestätigte. Vgl. Eisert, S. 38 f. Die schon seit 1947 laufenden Strafverfahren nach Befehl Nr. 201 blieben keineswegs auf die Verfolgung von Nazi- und Kriegsverbrechen beschränkt, sondern erfaßten zunehmend politische Delikte –

Die Eingriffe der SED beschränkten sich nicht auf die Auswahl des Personals und die genannten Vorgaben. An Ort und Stelle dirigierte ein Kollektiv die Arbeit der zwanzig Kammern und berichtete laufend dem zentralen Parteiapparat.[130] Dennoch ist einem Zwischenbericht über den Stand der Verfahren zu entnehmen, daß seitens der Justiz anfänglich „erhebliche sachliche Beanstandungen" gegenüber den Anklageschriften bestanden.[131] Auch sei die Einhaltung der politischen Linie nicht in „vollem Umfang" möglich gewesen, weil einzelne Richter und Staatsanwälte „formal-juristische Bedenken" gehabt hätten. „Die Überwindung kleinbürgerlicher Einstellungen bei Richtern, Staatsanwälten und Schöffen war notwendig, wobei in einigen Fällen einzelne Genossen am Rande parteifeindlicher Auffassungen standen."[132] Eine „politische Schwäche" wurde insbesondere bei Verurteilungen festgestellt, die aus politischen Gründen erfolgen „mußten" und für die es keinerlei Beweisführung gab. Das waren vornehmlich „Verbrechen", die in die Zeit nach dem 8. Mai 1945 fielen.

Da der uninformierten Öffentlichkeit ein Bild vermittelt werden sollte, wonach in den Waldheimer Prozessen schwer belastete und in Verbrechen verstrickte Nationalsozialisten abgeurteilt würden, begannen am 20. Juni 1950 zehn sorgsam inszenierte „öffentliche Prozesse".[133] Dafür waren Internierte ausgewählt worden, bei denen anscheinend stichhaltige Beweise für eine Beteiligung an nationalsozialistischen Verbrechen vorhanden waren, die eine Verurteilung nach dem Potsdamer Abkommen und den Kontrollratsdirektiven rechtfertigten. Im Gegensatz zu den anderen Verfahren bekamen die Angeklagten Verteidiger zugewiesen, und die Anklageschriften wurden sorgfältiger abgesichert. Die Anstaltsleitung

„Delikte, die sich in der Gegnerschaft zur SED motivierten, die also keineswegs Straftaten vor dem 8. Mai 1945 betrafen". Fricke, Politik und Justiz, S. 202. Das bezieht sich auch auf die Waldheimer Prozesse, wo unter Ausschluß der Öffentlichkeit eine Gruppe von 160 Internierten verurteilt wurde, weil sie sich als „Feinde der neuen Ordnung" erwiesen hatten. Vgl. Werkentin, Politische Strafjustiz in der Ära Ulbricht, S. 191.

130 Vgl. Werkentin, Die Waldheimer „Prozesse", S. 859.

131 Vgl. Zwischenbericht Nr. 1 vom 19.5.1950 über die Arbeitsergebnisse des U.-Organs und der Strafkammern gegen die in Waldheim zur Verurteilung stehenden faschistischen Verbrecher, in SAPMO-BArch IV 2/13/432. Ganz offenkundig hatte es mit der Verpflichtung der Richter zu Verurteilungen ausschließlich auf der Basis der sowjetischen Protokollauszüge Probleme gegeben, was jedoch „durch die Methode der Arbeitsbesprechungen im Verlauf der Tätigkeit restlos abgestellt" wurde. So in dem Abschlußbericht vom 5.7.1950 über die Kriegsverbrecher-Prozesse beim Landgericht Chemnitz in Waldheim, in: SAPMO-BArch IV/2/13/432.

132 Zwischenbericht, Ebd. So wollte z. B. ein Richter ein Todesurteil nicht unterschreiben und bekam einen Nervenzusammenbruch. Darüber hinaus äußerte er, man könne einen Nicht-PG kaum verurteilen, wenn in der DDR PGs an maßgeblicher Stelle tätig seien.

133 Vgl. dazu die Ausführungen bei Eisert, S. 179 ff.

wurde angewiesen, die „Häftlinge in ordentlicher Zivilkleidung, rasiert und auch sonst sauber“ für die Verhandlung herzurichten.[134] Die „erweiterte Öffentlichkeit“ bestand je Verfahren aus 60-80 Gewerkschaftsmitgliedern der umliegenden Betriebe und jeweils zehn VVN-Mitgliedern (Vereinigung der Verfolgten des Naziregimes). Darüber hinaus stellte die Presse die Verfahren als Ausdruck eines konsequenten Antifaschismus dar.[135]

Nach Beendigung der Prozesse wurde intern Bilanz gezogen.[136] Insgesamt waren 3.385 Verfahren durchgeführt worden, von denen 32 mit einem Todesurteil und 146 mit einer Verurteilung zu lebenslänglicher Haft endeten; für die überwiegende Mehrheit der Verurteilten lag das Strafmaß zwischen 10 und 25 Jahren.[137] Die in Waldheim Verurteilten – über 3.000 Männer und etwa 190 Frauen – stammten aus allen gesellschaftlichen Schichten.[138] Im Hinblick auf die politische Belastung – etwa Mitgliedschaften in nationalsozialistischen Organisationen – handelte es sich ebenfalls um einen Querschnitt der deutschen Gesellschaft.[139] Das bedeutet nicht, daß unter den Angeklagten nicht einige gewesen wären, denen über die reine Regimenähe hinaus strafrechtlich relevante Verbrechen vorgeworfen werden konnten. Insgesamt ergeben sich aus den bislang zugänglichen Unterlagen jedoch keine Hinweise, daß es sich um eine „Auswahl besonders belasteter oder gesellschaftspolitisch potentiell als besonders gefährlich erscheinender Personen“ handelte.[140]

Da bei der Auswahl des genannten Personenkreises der Zufall der Internierung eine große Rolle spielte, waren das individuelle Schicksal der Menschen sowie das Maß ihrer persönlichen Schuld für die Inszenierung der Prozesse weitgehend ohne Belang. „Die SED-Justiz übernahm nur in absoluter Gefolgschaftstreue die Justizpraxis der SMAD-Tribunale, ohne

---

134 Zitiert nach ebd., S. 182.

135 Nach Abschluß der Prozesse wurde eine amtliche Veröffentlichung mit Vorwürfen gegenüber der Bundesrepublik formuliert. Im Westen würden nationalsozialistische Verbrechen kaum noch geahndet bzw. diesbezügliche Urteile fielen sehr milde aus und ehemalige Nationalsozialisten seien längst wieder in Amt und Würden. Vgl. Schreiben von Max Fechner an Otto Grotewohl vom 18. August 1950 mit einem entsprechenden Entwurf, den er als „Kollektivarbeit der in Waldheim beteiligten Personen“ bezeichnete. In: SAPMO-BArch IV 2/13/431.

136 So in dem oben erwähnten Abschlußbericht der Abteilung Staatliche Verwaltung vom 5.6.1950.

137 Hinzuzurechnen sind 39 Verfahren aus dem Jahr 1952, die 1950 wegen Verhandlungsunfähigkeit der Beschuldigten nicht hatten beendet werden können. An der Praxis der Verfahren und der Urteilssprechung änderte sich nichts.

138 Vgl. die Statistik bei Werkentin, Die Waldheimer „Prozesse“, S. 867 f.

139 Das ergibt die Auswertung einer Kartei des ehemaligen Generalstaatsanwalts der DDR zu den Waldheimer Prozessen bei Eisert, S. 29 ff.

140 Werkentin, Die Waldheimer „Prozesse“, S. 866.

darüber hinaus, was die konkreten Personen betrifft, die verurteilt wurden, besondere Interessen zu verfolgen."[141] Das politische Kalkül der Abschreckung dürfte keine gewichtige Rolle gespielt haben, da Strafverfahren mit Bezug auf nationalsozialistische Verbrechen nach 1950 drastisch zurückgingen.[142] Somit bleibt als politischer Zweck dieser Prozesse neben Willkür und Terror die antifaschistische Selbstlegitimation der DDR: „Die drakonischen Strafen von Waldheim sollten demonstrativ das erklärte antifaschistische Grundanliegen dieses Staates unterstreichen. Damit verband man zugleich das Angebot an die in Millionenschar auch im Osten Deutschlands lebenden ehemaligen Mitläufer der NSDAP, am Aufbau des neuen Staatswesens teilzunehmen, ohne einer permanenten Welle von sogenannten Entnazifizierungsverfahren ausgesetzt zu sein."[143]

In der statistischen Übersicht des Abschlußberichtes über die Waldheimer Prozesse heißt es, unter den Verurteilten seien 55 ehemalige KPD-Mitglieder gewesen und 157, die vor 1933 der SPD angehört hätten. Willi Köhler ist einer von letzteren.[144] Sein Schicksal soll im folgenden näher dargestellt werden, weil es zeigt, daß völlig Unschuldige mit zynischen Argumenten in den Waldheimer Verfahren verurteilt wurden. Es ist zudem ein authentisches Beispiel dafür, wie früh Sozialdemokraten wegen

141 Werkentin, Politische Strafjustiz in der Ära Ulbricht, S. 196.

142 Dies ist der Tabelle III im Anhang bei Werkentin zu entnehmen. Vgl. ebd., S. 406.

143 So urteilte 1993 Günter Wieland, der früher beim Generalstaatsanwalt der DDR mit NS-Verfahren befaßt war. Zitiert nach Werkentin, Politische Strafjustiz in der Ära Ulbricht, S. 197.

144 Die folgenden Ausführungen basieren auf einem Interview, das die Verfasserin 1991 mit Willi Köhler führen konnte, sowie auf seinen schriftlichen Erinnerungen, die er ihr freundlicherweise zur Verfügung stellte. Er schrieb sie in den achtziger Jahren vornehmlich für die Familie. Sie folgen nicht der Chronologie seines Lebens, sondern sind nach thematischen Schwerpunkten geordnet. Dabei ist schwer auseinanderzuhalten, was authentische Erinnerung ist, was aus späteren Gesprächen mit Geschwistern und Freunden stammt und was darüber hinaus durch Lektüre rezipiert worden ist. Seine Beschreibungen sind ergänzt durch Bilder, Briefe und Zeitungsausschnitte, Auszüge aus Broschüren und Büchern, durch Ausführungen anderer und immer wieder durchsetzt mit Liedtexten. Die unterschiedlichen Elemente sind nicht exakt voneinander zu scheiden; das betrifft auch Themenkomplexe, die von Menschen handeln, die für Köhlers Lebensweg, seine Hinwendung zur Sozialdemokratie und seine frühere und spätere berufliche Existenz von Bedeutung waren. Gelegentlich haben sie den Charakter von offiziellen Würdigungen, was mit der Gewohnheit eines Politikers zusammenhängen mag, politische Rücksichten zu nehmen. Denn bei anderen Themen werden Emotionen deutlich, Liebe, Dankbarkeit, aber auch Enttäuschungen und sogar Haß bis in die Wortwahl hinein. Das eine gilt etwa für die Schilderungen der Mutter, das andere vor allem für seine Mutmaßungen über Hintergründe seiner Verhaftung sowie für seinen Weg durch die Lager Mühlberg und Buchenwald bzw. das Zuchthaus Waldheim. Daß es sich dabei um das Drama seines Lebens handelt, wird auch dadurch deutlich, daß sich dessen Schilderung gelegentlich der sprachlichen Bewältigung zu entziehen scheint. Für viele Erlebnisse verweist er auf Veröffentlichungen, in denen viel besser aufgeschrieben sei, als er selbst etwas erzählen könne.

ihrer politischen Überzeugung verhaftet wurden und für Jahre praktisch spurlos verschwanden. Sein Lebensweg ist mit „typischen“ Prägungen zugleich beispielhaft für den sozialen Aufstieg in der und durch die sozialdemokratische Arbeiterbewegung. Willi Köhler wurde am 28.12.1904 in Neuwerk/Harz unweit von Blankenburg als sechstes Kind eines Steinbrucharbeiters geboren, der kurz vor seiner Geburt tödlich verunglückte. Die Kindheit in Blankenburg war von Armut geprägt, weil die Mutter ihre Kinder als Wäscherin durchbringen mußte. Die älteren Geschwister mußten frühzeitig in Braunschweig in Stellungen gehen, die jüngeren kamen ins Große Herzogliche Waisenhaus Beatae Mariae Virginis (BMV) in Braunschweig. Die Dankbarkeit über die Entfaltungsmöglichkeiten, die gute Erziehung und die Geborgenheit in diesem berühmten Waisenhaus sind bis ins hohe Alter erhalten geblieben. Zu dem Einfluß dieser Institution auf seine geistige und menschliche Entwicklung hat er sich stets bekannt. Die Qualität der Erzieher, zu denen der spätere niedersächsische Kultusminister Richard Voigt gehörte, die gute Schulbildung und die strenge Disziplin mit ihrer Ausrichtung auf Ordnungsliebe, Fleiß, Pünktlichkeit und Zuverlässigkeit waren prägend. Ab 1919 absolvierte Köhler in Blankenburg erfolgreich eine kaufmännische Lehre in einem landwirtschaftlichen Genossenschaftsbetrieb. Er wollte der Umgebung beweisen, welchen Aufstieg ein Waisenhaus-Zögling und Sohn einer armen Waschfrau nehmen konnte.

Nach seiner Lehrzeit blieb er einige Jahre in seinem Beruf als Raiffeisen-Genossenschaftskaufmann und wechselte dann aufgrund seines politischen Engagements zum sozialdemokratischen „Harzer Echo“, einem Zweigbetrieb des Braunschweiger „Volksfreund“. Bis 1933 arbeitete er dort als Anzeigenleiter. Die führenden Mitarbeiter der Zeitung stammten aus der Braunschweiger Sozialdemokratie. Dazu gehörte auch der damalige Geschäftsführer Gottlieb Cartal, für Willi Köhler Chef und väterlicher Freund zugleich. Cartal mußte nach 1933 emigrieren, kehrte nach Kriegsende nach Braunschweig zurück und übernahm dort seine frühere Position in der „Volksfreund GmbH Braunschweig“. Er gehörte zu den Freunden und Genossen, die Willi Köhler nach der Haftentlassung und Flucht in den Westen halfen.

Willi Köhlers Leben war bis 1933 an der sozialdemokratischen Bewegung orientiert und von ihr geprägt. Er wurde in diese Tradition nicht hineingeboren, aber durch glaubwürdige Vorbilder und durch Einsicht in die Not der Menschen wuchs er schnell in sie hinein. Seit den Lehrjahren war er gewerkschaftlich organisiert, und der SPD trat er 1926 bei. Hinzu kam seine Begeisterung für sportliche Betätigung, die ihn früh in den Arbeiter-Turn- und Sportbund führte. Neben dem „Harzer Echo“ kamen die Kinderfreunde und das Reichsbanner zur Einbindung in das sozialdemokratische Milieu hinzu, und es dauerte nicht lange, bis er auch Kassierer seiner Partei in Blankenburg wurde und sich mit großer Begeisterung an der Vorbereitung von Wahlkämpfen beteiligte.

Das Jahr 1933 und die Machtergreifung der Nationalsozialisten waren auch für Willi Köhler ein wichtiger Einschnitt. Alle Aktivitäten in der SPD und im Umfeld der Sozialdemokraten endeten zwangsläufig. Von einer illegalen Weiterarbeit oder von weiterbestehenden Kontakten zu sozialdemokratischen Freunden, von solidarischem persönlichen Zusammenhalt ist in seinen Erinnerungen nicht die Rede. Er kam für einige Monate in Schutzhaft, wurde zunächst arbeitslos, bekam dann jedoch nach einiger Zeit eine Anstellung in einer Kohlengroßhandlung, deren Geschäftsführung er übernahm. Er war froh, dadurch weder der NSDAP noch einer ihrer Nebenorganisationen beitreten zu müssen.

Mit der Einberufung zum Militär im Mai 1940 endete den Erinnerungen zufolge seine Jugend. Die Kriegsjahre – mit Einsätzen u. a. in Rumänien und der Sowjetunion – verbrachte er als Fähnrich bei der Kriegsmarine. Bei Kriegsende geriet er in britische Kriegsgefangenschaft. Da er nachweisen konnte, während des Dritten Reiches im Gefängnis gewesen und keiner nationalsozialistischen Organisation angehört zu haben, wurde er bereits im September 1945 entlassen und konnte nach Blankenburg zurückkehren.

Dort hätten seine ehemaligen „SPD-Genossen" bereits gewartet, um ihm das Amt des Stellvertretenden Bürgermeisters anzutragen, ein wichtiges und damals „schweres" Amt, wie er sich erinnert. Von dem halben Jahr bis zu seiner Verhaftung am 26. März 1946 berichtet er wenig; die Erinnerung scheint überlagert von Eheproblemen und damit zusammenhängenden Denunziationsvorwürfen, vor allem jedoch von der Verhaftung selbst, den Vernehmungen sowie seinem Leidensweg durch die Lager. Schon am Tag nach der Verhaftung ging es in der ersten Vernehmung um seine Haltung in der Frage des kurz bevorstehenden Zusammenschlusses von SPD und KPD, wozu er sich auch öffentlich negativ geäußert hatte. Der sowjetische Vernehmungsoffizier fragte ihn allerdings auch, ob er in der neuen Partei Vorsitzender werden wolle, was Köhler verneinte und hinzufügte, daß er bei dem zahlenmäßigen Übergewicht der SPD an den Zusammenschluß gar nicht glaube. Die nächtlichen Verhöre gehen in den Erinnerungen unmerklich ineinander über, kreisen um Schikanen, Drohungen, Demütigungen und Erniedrigungen.

Wichtig scheint ein sowjetischer Sergeant gewesen zu sein, an dem ins Vorurteil übergehende Emotionen deutlich werden. Als „Mongolen" bezeichnet er ihn, schlitzäugig mit „blödem, asiatischem Grinsen", der ihn angespuckt und mit folgenden Worten angeschnauzt habe: „Die anderen alles kleine Faschisten, Du großer Sozialfaschist, Du nicht nach Hause,

Du nach Sibirien! Du tot." Jeden Abend sollte er ein vorher aufgesetztes Protokoll unterschreiben, was er bis zum Schluß ablehnte. Bei der Aufnahme der Personalien und seiner politischen Aktivitäten wurde erneut deutlich, daß es nicht um konkrete Vorwürfe und Taten ging, sondern um die politische Einstellung. Darüber hinaus wuchsen während der Vernehmungen bei ihm die Vermutungen über Bespitzelungen und Denunziationen. Ihm wurden Begebenheiten und nicht geleugnete interne Äußerungen vorgehalten, die fast zwangsläufig in den gefährlichen Vorwurf der Feindschaft gegenüber der Besatzungsmacht mündeten. Er war der Überzeugung, daß es über die aktuellen politischen Gegensätze hinaus auch um die in der Vergangenheit ging, daß sozusagen alte „Rechnungen" beglichen werden sollten.

Etwa einen Monat nach seiner Verhaftung kam Willi Köhler nach kurzem Zwischenaufenthalt im Magdeburger Gefängnis in das „Speziallager" Mühlberg in Sachsen.[145] Noch nach Jahrzehnten sind die Erlebnisse präsent. Immer wieder kreisen die Erinnerungen um die fast unvorstellbaren hygienischen Verhältnisse, um Hunger und Krankheiten, um das Massensterben, vor allem jedoch um das Grauen seiner Arbeit im Bestattungskommando, das die Toten außerhalb des Lagers in einem Massengrab beisetzen mußte. Für das Lagerleben in Mühlberg, aber auch für Buchenwald und später für Waldheim verweist er auf die Veröffentlichung eines Mithäftlings, der als Jugendlicher in diesen Lagern war und das Leben dort so beschrieb, daß er damit Willi Köhlers Empfindungen und Erfahrungen Ausdruck verlieh.[146]

Als im April 1948 Entlassungen begannen, kam er nach Buchenwald. Bald nach der Ankunft kam er in die Arbeitsbaracke und von dort aus zum Arbeitseinsatz. Das war neben der Kartoffelernte insbesondere die Arbeit auf dem Ettersberg zur Vorbereitung des späteren Mahnmals. Wie in Mühlberg durfte er in Buchenwald nicht an die Angehörigen schreiben, und Vernehmungen gab es kaum, so daß er deren Inhalt nicht für erwähnenswert hält. Für ihn war entscheidend, daß er kein Protokoll unterschrieben hatte und nicht verurteilt worden war. Die Arbeit auf dem Ettersberg bezeichnet er als die härteste Arbeit seines Lebens, die er nur aushalten konnte, weil er ein trainierter Sportler war. Er bzw. die Häftlinge wußten nicht, wofür die Bäume gefällt und die Erde abgetragen

---

145 Zu den Speziallagern vgl. Gerhard Finn, Die Speziallager der sowjetischen Besatzungsmacht 1945–1950, in: Materialien der Enquete-Kommission des Deutschen Bundestages „Aufarbeitung von Geschichte und Folgen der SED-Diktatur in Deutschland", Bd. IV, S. 337-396; Peter Erler/Wilfriede Otto/Lutz Prieß, Sowjetische Internierungslager in der SBZ/DDR 1945–1950, in: BzG 1990, H. 6, S. 723-734; Michael Klonovsky/Jan von Flocken, Stalins Lager in Deutschland 1945–1950, Berlin, Frankfurt a. M. 1991.

146 Vgl. Volker Hagen, Sibirien liegt in Deutschland, Berlin 1958.

werden sollte. Erst Jahre später erfuhr er von dem Mahnmal. Die Erbitterung darüber ist groß. Sie wird auch in der Weigerung deutlich, darüber zu reden oder zu schreiben. Und sie ist Ausdruck seiner Abneigung gegen jede Form von Kommunismus, aber auch seiner Enttäuschung über das sogar in der Bundesrepublik einseitige Gedenken an das KZ Buchenwald. Für ihn liegt es nahe, die Funktion des KZ Buchenwald während der Zeit des Nationalsozialismus mit der nach 1945 zu vergleichen.

Als Ende 1949 die Entlassungen einsetzten, waren deren Kriterien unklar; für Willi Köhler, der nicht entlassen wurde und von den Hintergründen der Überführung nach Waldheim nichts wissen konnte, bedeutete dies quälende Fragen nach dem Warum, nach dem dahinter stehenden System. In ihm verdichteten sich deshalb Gerüchte und spätere Berichte mit nicht nachprüfbarem Wahrheitsgehalt zu der Gewißheit, daß seine „heimatlichen" Kommunisten dahinter steckten, daß sie, für ihn die Gegner und Verfolger, verhinderten, daß er in seinen Heimatort zurückkehrte.

Von der Funktion der Waldheimer Prozesse konnte er nichts wissen; auch nicht, daß er in der Inszenierung nur eine unbedeutende Rolle zugewiesen bekam. Erst später hat er von den Zusammenhängen erfahren, so daß die Erinnerungen an Waldheim eine Mischung aus später erworbenen Kenntnissen[147] und authentischen Erlebnissen sind, Erinnerungen nicht zuletzt an Menschen, die für ihn Kameraden waren[148], aber durchaus auch an Volkspolizisten, für deren menschliches Verhalten er dankbar war.

Die Waldheimer Prozesse endeten Ende Juni 1950, und Willi Köhler war unter den letzten, die verurteilt wurden. Weil aus seiner Sicht die Blankenburger Kommunisten an seiner Verhaftung und Verurteilung schuld waren, glaubte er, daß die Besatzungsmacht das ausführte, was die deutschen Kommunisten „ihr auf den Weg" gaben.

---

147 Diesem Teil seiner schriftlichen Erinnerungen sind zahlreiche Zeitungsausschnitte beigefügt, Erinnerungsberichte von ehemaligen Waldheim-Häftlingen aus dem Nachrichtenblatt des Waldheim-Kameradschaftskreises, von dessen Braunschweiger Gruppe er später Vorsitzender war. Als Hauptquelle für sein späteres Wissen nennt er Karl Wilhelm Fricke, aus dessen Standardwerk er viele Seiten beigefügt hat. Vgl. Karl Wilhelm Fricke, Politik und Justiz in der DDR, S. 205 ff.

148 Auffallend an den Erzählungen über Begegnungen ist, daß er zwar von inhaftierten Sozialdemokraten berichtet. Doch wie bei anderen Häftlingsberichten steht die Parteizugehörigkeit nicht im Vordergrund. Alle Parteien, Weltanschauungen, Religionen, Richtungen seien „vertreten" gewesen. Auch von ehemaligen NSDAP-Mitgliedern ist die Rede, über die unter den gegebenen Bedingungen kaum zu erfahren war, ob sie tatsächlich eines „Verbrechens" schuldig waren. Betont wird, daß es im Zuchthaus bzw. Lager darauf ankam, wie sie sich verhielten, ob sie kameradschaftlich waren. Das, was alle erleiden mußten, verband sie und schweißte sie nicht nur für die Zuchthausjahre zusammen.

Der Bericht über seine Verurteilung deckt sich mit denen anderer Verurteilter.[149] Die Vernehmung im Zuchthaus dauerte wenige Minuten. Eines Tages bekam er zusammen mit anderen seine Anklageschrift. Für ein genaues Durchlesen blieb keine Zeit, denn sie wurden umgehend wieder eingesammelt. Am nächsten Morgen befragte ihn ein Richter zur Person. Als er angab, weder der NSDAP und bis auf die automatische Zugehörigkeit zur DAF keiner ihrer Gliederungen angehört zu haben, wurde er hinausgeschickt. Doch es folgte kein Freispruch, wie ihn bewachende Polizisten meinten, sondern die Verurteilung zu 10 Jahren Zuchthaus. Er nahm das Urteil mit der Begründung nicht an, er habe bei keiner Vernehmung ein Protokoll unterschrieben. Dies änderte nichts an dem Urteil, dem das „Argument" hinzugefügt wurde, der Angeklagte würde wie andere zur „Schumacher-Clique" gehören, wenn er draußen wäre. Darüber hinaus seien die 10 Jahre ein halber Freispruch. Als er ins Zuchthaus zurückkam und nach seinem Strafmaß gefragt wurde, meinten einige, mehr als drei Jahre müsse er sicher nicht „sitzen". Er wurde in der Tat am 6. Oktober 1952 entlassen.

Willi Köhler kehrte nach Blankenburg zurück, wo viele Menschen ihm mit Wärme und Sympathie begegneten. Nach kurzer Zeit meldete sich ein älterer Sozialdemokrat, der im Auftrag der West-SPD seine Flucht organisieren sollte. Die Flucht nach West-Berlin gelang zwar, doch dieser Helfer und ein an den Fluchtvorbereitungen beteiligter Neffe wurden verraten und wegen Fluchthilfe zu mehreren Jahren Gefängnis verurteilt.

Er wollte nach Braunschweig, weil er hoffte, dort bei dem Zeitungsunternehmen, zu dem das frühere „Harzer Echo" gehört hatte, eine Anstellung zu finden. Alte politische Freunde halfen ihm ebenso wie der damalige Braunschweiger Oberbürgermeister Otto Bennemann. Sein früherer Chef, Gottlieb Cartal, stellte ihn zunächst als Anzeigenleiter der „Braunschweiger Presse" ein. Später wurde er ihr Geschäftsführer und blieb dies bis zu seiner Pensionierung im Jahr 1969.

Der berufliche und politische Neuanfang im Westen war ein Wiederanknüpfen an die Zeit vor 1933, dem ein privater Neubeginn folgte. Doch es gab auch Enttäuschungen. So traf er einen ehemaligen Magdeburger Sozialdemokraten aus dem Umfeld Erich Ollenhauers, der ihm Hilfe versprach, ihm jedoch nur eine, wie Köhler meint, untergeordnete Position anbot. Gravierender war jedoch, daß er – angesichts einer nicht unbeträchtlichen Karriere – Köhler, den er aus der Weimarer Republik kannte, das alte und für diesen selbstverständliche Genossen-Du verweigerte. Das hat er wohl nie verziehen.

149 Vgl. die Schilderungen bei Eisert, S. 116 ff.

In der Braunschweiger SPD wurde er mit offenen Armen aufgenommen. Eine wichtige politische Geste brachte dies zum Ausdruck; er fühlte sich durch sie geehrt, sie freute ihn und der Erinnerung zufolge trug sie zu seiner Gesundung bei. Anfang 1953, wenige Monate nach Köhlers Haftentlassung, ehrte die Braunschweiger SPD langjährige Parteimitglieder, die zudem nicht der NSDAP angehört hatten. Gottlieb Cartal sorgte dafür, daß er sogleich in diese Ehrung einbezogen wurde, weil er der „Partei immer die Treue gehalten hätte“. Das entsprach seinen Empfindungen; denn, so schreibt er, „schließlich hatte ich ja seit meinen jungen Jahren mein Leben der Sozialdemokratischen Partei verschrieben und auch ganz erheblich geopfert! Und das machte mich wieder stark, so daß ich schon recht bald wieder, von meiner langjährigen Zuchthaus- und Todeslagerhaft befreit, zur Parteiarbeit zurückkommen konnte.“

Er kehrte in die Parteiarbeit zurück, und durch seinen Beruf blieb er dem sozialdemokratischen Umfeld verhaftet. Von 1956 bis 1968 war er Ratsherr in Braunschweig, Mitglied des SPD-Fraktionsvorstandes und zeitweilig Vorsitzender der SPD-Innenstadt. Für den ehemaligen Arbeiter-Turner, der bis ins hohe Alter täglich Gymnastik trieb, lag es nahe, daß sein besonderes Interesse dem Sportausschuß galt. Wenn er sich in jungen Jahren vorgenommen hatte, „wer“ zu sein, so hat er dies erneut erreicht. Er war, wie gesagt, nicht in die Sozialdemokratie hineingeboren worden, aber er wurzelte schon in der Weimarer Republik so stark in ihr, daß er ihr bis heute trotz Skepsis und politischer Distanz gegenüber für ihn nicht nachvollziehbaren Entwicklungen verbunden blieb.

# 5. Sozialdemokratisches Leben und Handeln unter der Diktatur

## 5.1 Der Kampf geht verloren

Wenige Wochen vor der Vereinigung von SPD und KPD faßte das Zentralausschuß-Mitglied Erich Gniffke die absehbare Entwicklung zusammen; nichts anderes werde dabei herauskommen, als daß die KPD alle Schlüsselstellungen besetze, ihren Namen ändere und einen neuen Apparat habe, „die SPD aber aufgehört hat zu existieren“.[1] Für die Sozialdemokraten in der sowjetisch besetzten Zone bedeutete dies, daß sie nach einem kurzen Zwischenspiel erneut ihre organisatorische Selbständigkeit eingebüßt hatten. Dennoch war die Situation nicht mit 1933 zu vergleichen; die Partei war weder verboten worden, noch hatte sie sich aufgelöst; die Parteiführung oder wichtige Repräsentanten waren nicht in alle Winde zerstreut, inhaftiert oder ins Exil getrieben worden. Für die meisten ging es demnach zunächst nicht – wie 1933 – um Fragen wie Übergang in die Illegalität, Bedingungen für politisches Handeln, Verhalten und Überleben in einer Diktatur. Ebenso bedeutsam war freilich, daß die Sozialdemokratie in der Sowjetischen Besatzungszone nicht die ganze SPD war, nicht die Gesamtpartei des im Bewußtsein der Zeitgenossen fest verankerten und – bald – wiederzuvereinigenden Deutschland. Somit hatte nicht die SPD aufgehört zu existieren, sondern nur die in der Sowjetischen Besatzungszone. Damit wuchsen der West-SPD und ihrem charismatischen Führer Kurt Schumacher die Aufgaben zu, Repräsentanten, Sprachrohr und Ansprechpartner der ostzonalen Sozialdemokraten zu sein.

Wenn die Überführung der ostzonalen SPD in die neue SED auch nicht mit einem Parteienverbot und einer Parteiauflösung, d. h. mit 1933, gleichzusetzen ist, so war doch schon der Weg in die Einheitspartei ein Gleichschaltungsprozeß, auf den die Sozialdemokraten nicht einheitlich reagierten.[2] Ebensowenig einheitlich konnten die Reaktionen auf die nachfolgende Entwicklung sein, gipfelnd in der „Partei neuen Typs“ mit den geschilderten Folgen für die Sozialdemokraten.[3] Anweisungen für ein

1 Schreiben von Erich W. Gniffke an den geschäftsführenden Vorstand der SPD vom 10.2.1946, in: AdsD der FES, NL Gniffke 32 alt/54 neu.
2 Zu diesem Prozeß vgl. Kapitel 1.
3 Vgl. Kapitel 3 und 4.

koordiniertes oder organisiertes Handeln seitens der ehemaligen SPD-Führung konnte es nicht geben, schon gar nicht als Perspektive eines Übergangs in die Illegalität. Der ehemalige Zentralauschuß und die ehemaligen sozialdemokratischen Landesvorstände handelten nicht als Gruppe oder sozialdemokratische Fraktion innerhalb der SED, so daß sie keine nach außen sichtbare Orientierung für ihre ehemalige Basis boten. Die Struktur der SED ließ keinerlei Fraktionierung zu. Unabhängig davon waren sie Repräsentanten der SED und Befürworter der Vereinigung. Ihre politische Haltung war damit keineswegs repräsentativ für alle Sozialdemokraten in der Sowjetischen Besatzungszone, die in weiten Teilen dieser Vereinigung skeptisch bis ablehnend gegenübergestanden, unter den gegebenen politischen Bedingungen jedoch keine Möglichkeiten gehabt hatten, sie zu verhindern. Skepsis und Bedenken hatte es auch in den Führungsgruppen gegeben; diese waren einerseits durch den Einfluß von Besatzungsmacht und KPD auf die Personalpolitik zurückgedrängt bzw. ausgeschaltet und andererseits zugunsten von Hoffnungen und Illusionen zurückgestellt worden. Deren Verlust und die möglicherweise daraus resultierende oder wachsende Einsicht in den diktatorischen Charakter des Systems führten auf dieser Führungsebene nicht zu kollektivem Handeln. Ein gemeinsamer Rücktritt hätte wahrscheinlich Flucht bedeuten müssen; doch ein solches gemeinsames Eingeständnis des Scheiterns wäre auch ein deutliches Signal für die Ablehnung einer unverkennbaren Fehlentwicklung gewesen. In einem Treffen von ehemaligen Zentralausschuß-Mitgliedern bei Max Fechner im Frühjahr 1948 stellte diese Gruppe aus der Sicht der Sozialdemokraten das Scheitern des „Experiments SED“ fest.[4] Politische Konsequenzen zogen sie als Gruppe daraus nicht. Das weitere Verhalten mußte demnach eine individuelle Entscheidung sein, deren politische und menschliche Hintergründe jeweils schwer zu rekonstruieren sein dürften. Bislang muß weitgehend Spekulation bleiben, aus welchen Beweggründen sich Sozialdemokraten auch nach der genannten Einsicht dem System zur Verfügung stellten, dessen diktatorischer Charakter ihnen nicht verborgen gewesen ist.[5]

---

4 Vgl. Kapitel 2.

5 Vor allem biographische Studien könnten zur weiteren Erhellung dieser Problematik beitragen. Weder die biographischen Arbeiten aus der DDR noch die jeweiligen Erinnerungen sind für diesen Kontext aussagekräftig. Exemplarisch deutlich wird ein Teil dieser Problematik am Beispiel von Max Fechner, in dessen Biographie Irrtum, Schuld und Leiden miteinander verschmolzen sind. Er war Opfer der nationalsozialistischen Diktatur und wurde später Täter und Opfer der SED-Diktatur, ein Opfer, das sein Unglück selbst mit heraufbeschworen hat. Vgl. dazu Karl Wilhelm Fricke, Justiz im Auftrag der Partei. Der Fall Max Fechner als Beispiel, in: Rückblicke auf die DDR. Festschrift für Ilse Spittmann-Rühle. Hrsg. von Gisela Helwig, Köln 1995.

Gerade wegen der Vorgeschichte der Zwangsvereinigung war die Reaktion von Sozialdemokraten, individuell und als Gruppen, auch auf die nachfolgende Entwicklung vielfältig und vielschichtig. Tausende ließen sich gar nicht erst in der SED registrieren, traten auch in Gruppen wieder aus oder ließen sich im Zuge der Parteiüberprüfung ausschließen.[6] Andere reagierten mit Passivität; sie wollten sich der SED für Parteiarbeit nicht zur Verfügung stellen, weil sie diese Form der Zusammenarbeit mit den Kommunisten ablehnten und sich deren machtpolitischer Dominanz entziehen wollten. Aufgrund von Alltagserfahrungen war für viele der offizielle demokratische Wandel der KPD nicht glaubwürdig, und sie maßen deswegen der vereinbarten Parität wenig Bedeutung bei, deren Unterhöhlung zudem lange vor der formellen Aufhebung offenkundig war. Das konnte den Verzicht auf politische Betätigung zur Folge haben, die Konzentration auf den Beruf, was nicht immer ohne Konzessionen oder nach außen demonstriertes Engagement möglich war. Dennoch mußte dieser Verzicht keine politische Abstinenz sein; er war ein Rückzug aus der unmittelbaren Parteipolitik, verbunden mit der Übernahme von administrativen Aufgaben in der Kommunalpolitik oder Fachaufgaben in der Verwaltung, von Funktionen in den „Massenorganisationen“ wie Gewerkschaften, Konsumgenossenschaften oder Kulturbund. Dies konnte sowohl ein freiwilliger Rückzug sein als auch ein gezieltes Zurückgedrängtwerden im Sinn der kommunistischen Taktik, die Sozialdemokraten politisch erst abzudrängen, ehe sie dann in einer weiteren Stufe auch aus diesen Funktionen ausgeschaltet wurden.

Notgedrungen mußten viele Sozialdemokraten in den Westen fliehen, weil ihre persönliche Sicherheit bedroht war. Vor allem Funktionäre, die sich offen als „Gegner der Einheit“ geäußert hatten oder aus anderen Gründen der Besatzungsmacht oder der KPD mißliebig wurden, mußten diesen Weg wählen. Zu vielen gelang die rechtzeitige Flucht nicht. Manche wählten den Weg in den Westen schon vor der Zwangsvereinigung, die sie unter keinen Umständen mitmachen wollten und deren Konsequenzen sie ebenso wie die weitere Entwicklung glaubten deutlich absehen zu können. Beispielhaft dafür sind Gustav Dahrendorf, Rudi Dux oder Hans Hermsdorf, der im März 1946 an den Bezirksvorsitzenden von Chemnitz schrieb, die Entwicklung bedeute das Verlassen der Demokratie, woraus er die Konsequenzen ziehe. Der Brief endet: „In jeder Zwangsvereinigung liegt bereits der Kern des Zerfalls, und so weiß ich, daß unsere tapferen Genossen, die im Augenblick zwangsweise in die Einheit getrieben werden, morgen, wenn sie einmal wieder das Recht freier, demokratischer

---

6 Vgl. Kapitel 3.

Entscheidung haben, sich sofort gegen den Terror der KPD auflehnen und wieder das Banner der Sozialdemokratie entfalten werden."[7] Manche der früh- oder rechtzeitig geflüchteten Funktionäre haben dann vom Westen aus versucht, die Kontakte zu den Sozialdemokraten in ihren Heimatorten aufrechtzuerhalten, sie mit Informationen aus dem Westen zu versorgen und im Westen für sie Zeugnis abzulegen.

Freilich darf nicht übersehen werden, daß Sozialdemokraten in den Anfangsjahren, d. h. vor der offiziellen Umwandlung in die „Partei neuen Typs" und vor den Säuberungen, durchaus in der Einheitspartei mitarbeiteten, auch wenn dies später angesichts von Repression und Verfolgung aus verständlichen Gründen in den Hintergrund von Erinnerungen getreten ist.

Die Motive für dieses Engagement waren unterschiedlich und hingen nicht nur mit der aktualpolitischen Situation, mit politischen Perspektiven und Hoffnungen, sondern auch mit zahlreichen Vorerfahrungen zusammen. Dazu zählen sehr persönliche Erwartungen gegenüber der frühzeitig mächtigen und seitens der Besatzungsmacht begünstigten SED, deren Personalbedarf immens war, nicht nur für die zunächst paritätisch zu besetzenden Parteifunktionen, sondern auch für die unzähligen Aufgaben in den Verwaltungen aller Ebenen, in Wirtschaft und Gesellschaft insgesamt. Karrieren und individuelle Aufstiegsmöglichkeiten waren auch für Sozialdemokraten zunächst denkbar, sofern und solange die Bereitschaft existierte, die politischen und ideologischen Vorgaben nicht nur grundsätzlich zu akzeptieren, sondern sich ihnen zunehmend bedingungs- und widerspruchslos zu unterwerfen. Davon ist die große Bereitschaft unzähliger Sozialdemokraten nicht zu trennen, aktiv am Wiederaufbau eines demokratischen Deutschland auch unter schwierigen Besatzungsbedingungen mitzuwirken, am Wiederaufbau ihrer jeweiligen Länder, Provinzen, Städte und Gemeinden, an der Ingangsetzung von Verwaltung und Wirtschaft, auch an deren Umstrukturierung, sowie an der Linderung der Not der Menschen und der Beseitigung von Kriegsfolgen.

Das Ausmaß dieser Bereitschaft zur Mitarbeit in der SED hing auch davon ab, für wie tragfähig die Kompromißstrukturen der frühen SED gehalten wurden, wie stark der eigene Einfluß und die Möglichkeiten eingeschätzt wurden, die kommunistische Dominanz zurückzudrängen. Dies hing mit den organisatorischen Erfolgen der ostzonalen Sozialdemo-

7 Schreiben von Hans Hermsdorf an den Bezirksvorsitzenden der SPD Chemnitz August Friedel vom 31. März 1946; zitiert nach Malycha, Auf dem Weg zur SED, S. 448 (Dokument Nr. 175). Unausgesprochen heißt dies auch, daß offene Auflehnung und offener Widerstand unter den gegebenen Bedingungen nicht möglich waren. Wie lange jedoch die Menschen auf das „Morgen" würden warten müssen, auf das Recht und die Möglichkeit einer freien Entscheidung, hat zu diesem Zeitpunkt niemand vorausgesehen.

kratie bis zum Frühjahr 1946 zusammen, dem Anklang und Rückhalt, den sie zudem in der Bevölkerung hatte. Hinzu kamen ihre kurz- und mittelfristigen politischen Perspektiven sowie individuell unterschiedliche Vorerfahrungen, die schon für die Diskussion über die Einheit entscheidend waren. Zu den Erfahrungen aus der Weimarer Republik und der Zeit des Nationalsozialismus kamen die mit der Besatzungsmacht hinzu, was unerwartete kollektive Benachteiligung, frühe Repression und Verfolgung bedeuten konnte, aber auch Versprechungen und – jedenfalls zeitweilig – individuelle Bevorzugung und Förderung. Geprägt war dieses Verhältnis von Sozialdemokraten zur sowjetischen Besatzungsmacht auch von ihrer grundsätzlichen Einstellung gegenüber der Tatsache eines Besatzungsregimes nach dem verlorenen Krieg, von dem Grad an Voreingenommenheit oder Unvoreingenommenheit gerade dieser Besatzungsmacht gegenüber, von der erlebten Diskrepanz zwischen Alltagserfahrungen und den proklamierten deutschlandpolitischen Zielen der Sowjetunion.

Unabhängig von der Tatsache, ob die einzelnen Sozialdemokraten unfreiwillig in die SED übernommen worden waren oder die Vereinigung „befürwortet" hatten, wollten die meisten von ihnen den Zusammenhalt untereinander wahren und in der SED sozialdemokratische Traditionen fortsetzen. Für sie war die Aufrechterhaltung von häufig langjährigen, auf gemeinsamer politischer Arbeit in der SPD und ihren Vorfeldorganisationen basierenden Freundschaften wichtig. Menschliche Verbundenheit war Ausdruck einer Haltung, mit der viele Sozialdemokraten die Zeit des Nationalsozialismus hatten überstehen und ihre auch politische Integrität wahren können. Damit ist keine unmittelbare Gleichsetzung mit der Zeit des Nationalsozialismus gemeint, aber es war Ausdruck einer Gefährdung dessen, was sie gerade wieder aufgebaut hatten. Die Preisgabe der organisatorischen Selbständigkeit sollte nicht bedeuten, auf diejenigen bedeutsamen Strukturen zu verzichten, die nach sozialdemokratischer Tradition und Vorstellung auch eine demokratische Willensbildung garantierten und eine Voraussetzung für die demokratische Ausgestaltung von Politik waren. Es war der auf die Partei bezogene demokratische Weg zur Durchsetzung von politischen Zielen, in denen sie prinzipiell mit der KPD/SED übereinstimmen konnten, sich in den Methoden jedoch fundamental unterschieden. Sozialdemokratische Organisationsprinzipien in der SED sollten das Fundament ihres auch organisatorischen Zusammenhalts sein, und sie sollten den eigenen Einfluß auf die Politik, auf deren demokratische Ausgestaltung von der Basis aus, ermöglichen. Deutlich wurde dies vor und nach der SED-Gründung am erbitterten Kampf um Wohn- und Betriebsgruppen; und der anhaltende Widerstand der Sozialdemokraten gegen die Abschaffung ihrer traditionellen Wohnbezirksorganisation ist zugleich ein Beispiel für ihren Kampf um das organisatorische Fundament ihres politischen Zusammenhalts.[8] Sie verloren diesen Kampf.

Der Zusammenhalt von Sozialdemokraten sollte darüber hinaus auch über informelle Gruppen gewahrt werden. Dieser Gruppenzusammenhang war für die Ausübung und Wahrung von Einfluß wichtig; nur so waren politische Entscheidungen und Anweisungen der Besatzungsmacht nach sozialdemokratischen Vorstellungen umzusetzen oder abzumildern. Dieses Gruppengeflecht wurde nicht gezielt hergestellt, sondern hatte sich durch die Ämter und Funktionen ergeben. Der darin sichtbare Versuch eigener Personalpolitik war bald nur noch defensiv und nicht selten ein Rückzug oder ein Einigeln in ehemalige sozialdemokratische Domänen. Diese Gruppen waren freilich kein umfassendes Netz mit überregionaler Koordinierung oder gar Führung, sondern ergaben sich aus lokalen und regionalen Kommunikationszusammenhängen, kristallisierten sich um einzelne Führungspersönlichkeiten herum und basierten auf persönlicher Bekanntschaft, auf menschlichem und politischem Vertrauen.

Wichtig für diesen Gruppenzusammenhalt wurden nicht so sehr die Kontakte zu einzelnen Mitgliedern des ehemaligen Zentralausschusses, sondern die zur West-SPD, an die sich Sozialdemokraten frühzeitig wandten, auch weil viele, die die SED nicht gewollt hatten, nicht wußten, wie sie sich nach der Vereinigung verhalten sollten. „In einem kleinen Kreis zuverlässiger Sozialdemokraten berieten wir die Frage, wie es nun weitergehen solle, welche Konsequenzen wir aus der Vereinigung ziehen müßten. Wir erfuhren, daß Kurt Schumacher in Berlin sei. Willy Jesse fuhr hin und hatte ein kurzes vertrauliches Gespräch mit Schumacher. Er kam mit der Parole von Schumacher zurück, wir sollten in unserer Funktion und im Amt verbleiben, solange man uns nichts zumute, dessen sich ein Sozialdemokrat schämen müsse."[9] In diesem Zusammenhang ist es von geringer Bedeutung, wann, unter welchen Umständen oder ob dieses Gespräch überhaupt stattgefunden hat. Auch die „Parole" von Schumacher mag nicht wörtlich so ausgegeben worden sein; es ist nicht nachzuprüfen. Doch sinngemäß haben viele Sozialdemokraten von entsprechenden Ratschlägen seitens der West-SPD berichtet.[10] Sie wurden als Auffor-

8 Vgl. Kapitel 3.

9 So der ehemalige Rostocker Bürgermeister Albert Schulz in seinen Erinnerungen. Zitiert nach AdsD der FES, Albert Schulz, Erinnerungen eines Sozialdemokraten [Ms. 1972], S. 107.

10 In zahlreichen Gesprächen, die die Verfasserin in der ersten Hälfte der siebziger Jahre mit sozialdemokratischen Funktionären aus der SBZ/DDR führte, klang dies als Grundmotiv an. Diese so oder ähnlich formulierte „Parole" stammte dann allerdings nicht von Kurt Schumacher persönlich, sondern vom Ostbüro der SPD, zu dem die Sozialdemokraten Kontakte hatten. Die meisten haben dies als Aufforderung verstanden, in der SBZ/DDR zu bleiben, dort „auszuharren", solange es irgend ging. Protokolle der

derung verstanden, in der SED zu bleiben, Funktionen zu übernehmen oder sie zu behalten. Der Grund war einmal, der kommunistischen Dominanz und der Stalinisierung entgegenzuwirken. Wichtiger war jedoch die Vorstellung, die in den Kontakten mit der West-SPD bestärkt wurde, die politischen Bedingungen – sowjetische Besatzungsherrschaft bzw. SED-Herrschaft in der DDR – würden sich bald zugunsten eines wiedervereinigten Deutschland ändern. Für diesen Fall würde man zuverlässige Sozialdemokraten benötigen. Um eine lose Struktur einer im Rahmen der SED zwangsläufig illegalen Sozialdemokratie zu erhalten, wurde Sozialdemokraten geraten, „auszuhalten" und nur bei Gefahr für die persönliche Sicherheit zu fliehen. Jeder einzelne hatte über seine Gefährdung zu entscheiden, aber auch über das Maß seiner Mitarbeit in der SED, indem er sich nach außen auf das System einließ. Das bedeutete Tarnung und Vereinzelung, da der Kreis derer, denen volles Vertrauen geschenkt werden konnte, zwangsläufig abnahm. Er schmolz auch durch die Politik des permanenten Kaderwechsels, die zeitbedingt die Personalnot dokumentiert, aber zugleich dem System entsprang, enge Bindungen und die Bildung einer „Hausmacht" zu verhindern. Zum anderen waren Flucht, Verhaftungen, Einschüchterung und Spitzel weitere Ursachen für die Vereinzelung. Nicht nur die Angst wuchs, sondern auch das Mißtrauen, das darüber hinaus aus der Gratwanderung zwischen der Verfolgung eigener Ziele und der lebensnotwendigen äußeren Anpassung resultierte. Gerade weil auch Sozialdemokraten für politische Ziele eintraten, über deren Inhalt und Wege der Verwirklichung es auch der offenen Diskussion mit der Basis bedurft hätte, wurde eine Unterscheidung zwischen eigenen Vorstellungen und reiner Anpassung an die zunehmenden Bolschewisierungstendenzen immer problematischer.[11] Da eine offene Kommunikation nicht mehr möglich war, förderte auch dies die Auflösung von Bindungen; der Rechtfertigungsdruck wuchs, was die Skepsis und das Mißtrauen einer Basis noch verstärkte, die sich im Stich gelassen fühlen konnte.

Politisches Handeln der Sozialdemokraten in der Sowjetischen Besatzungszone und DDR war geprägt von der „Einheitsfrage", gegen die offe-

---

über 100 Interviews befinden sich im AdsD der FES. In einer Auswahl wurden sie veröffentlicht in Bouvier/Schulz,"... die SPD aber aufgehört hat zu existieren".

11 Vgl. z. B. Moraw, S. 239 f., der diese Problematik am Beispiel von Ernst Thape, zeitweise Volksbildungsminister von Sachsen-Anhalt, erläutert. Thape hatte die Schul- und Universitätsreform begrüßt und, selbst Kategorien des Klassenkampfes verhaftet, Gedanken entwickelt, die einer „Erziehungsdiktatur" nahekamen. Doch 1948 mußte er sich das Scheitern eigener Konzeptionen eingestehen, nicht zuletzt, weil auch für ihn sich die SED zum reinen Instrument der Besatzungsmacht entwickelte, der er anfangs unvoreingenommen gegenübergestanden hatte. Als er sich durch die Verhaftung sozialdemokratischer Freunde (vor allem die Fritz Dreschers) gefährdet glaubte, floh er in den Westen. Vgl. Ernst Thape, Von Rot zu Schwarz-Rot-Gold, S. 233, 253 ff., 333.

ner Protest schon vor der SED-Gründung kaum mehr möglich gewesen war: Deutlich formulierter und grundsätzlicher Widerspruch war von vornherein in der SED unmöglich. Politisches Wirken war wie der Versuch sozialdemokratischer Selbstbehauptung an den Rahmen gebunden, den die SED vorgab und zunehmend einengte.

Die Artikulation von abweichenden Meinungen und die Opposition gegen die ohne demokratische Willensbildung zustande gekommene Parteilinie wurde in dem System, das sich der demokratischen Legitimierung durch Wahlen und parlamentarischen Alternativen entzog, zur politischen Gegnerschaft.[12] Wenn Opposition der anfängliche Versuch war, diese politische Gegnerschaft relativ offen zu formulieren und in legalem Handeln Ziele und Methoden anders zu definieren und durchzusetzen, so war die Grenze zum Widerstand und zur Illegalität in dem Maße überschritten, in dem für ihre legale Entfaltung keine Möglichkeit mehr bestand. Durch die Kriminalisierung jeder Art von Opposition wurde diese im Sinn des Regimes zum „illegalen" Widerstand. Die Grenzen und Übergänge zwischen Opposition und Widerstand waren im Verlauf der Entwicklung der Sowjetischen Besatzungszone und DDR in dem Maße fließend, wie Opposition der Strafgesetzgebung unterworfen und der Herrschaftsanspruch mit Rigidität und Repressionen durchgesetzt wurde. Auf unterschiedliche Weise und zu unterschiedlicher Zeit waren Menschen, Gruppen und gesellschaftliche Schichten davon betroffen. Andererseits ließ die SED zeitweilig und partiell Freiräume zu, was wiederum zu neuen Formen von Opposition führte. Hinzu kamen individuelle Reaktionen und Verhaltensweisen auf den Totalitätsanspruch des Systems gegenüber den Menschen, das schon Passivität nicht duldete. Spontanes Aufbegehren gegen die Willkür von Maßnahmen und Anordnungen gehören ebenso in diesen Kontext wie Verweigerungshaltungen und Formen der passiven Resistenz. Es waren damit politische Erscheinungen, die sich mit ihren Voraussetzungen, Bedingungen und Zielen entwickelten und veränderten. Als Opposition und Widerstand sind sie deswegen konkret nur faßbar, wenn sie in den jeweiligen historischen Kontext eingeordnet werden.

Für die Sozialdemokraten in dem hier berücksichtigten Zeitraum gilt deshalb, daß sie individuell und als Gruppen von Anfang an in dem Maße Repressionen und Verfolgung ausgesetzt waren, in dem sie sich offen und dezidiert zunächst gegen die Bildung der Einheitspartei wandten. Aus dieser Opposition, die sich dann zwangsläufig im Rahmen der SED bewegte, erwuchs ein Widerstand, der unterschiedliche Formen annahm. Diese hingen einmal mit der Zielsetzung sozialdemokratischer Gruppen zusam-

12 Zum Begriff von Opposition und Widerstand in der DDR vgl. u.a Karl Wilhelm Fricke, Opposition und Widerstand in der DDR, Köln 1984, S. 11 ff.

men, mit dem Bemühen um Wahrung ihres Gruppenzusammenhalts, der Fortführung sozialdemokratischer Traditionen, der politischen Selbstbehauptung und den Versuchen, sich der Entwicklung zur „Partei neuen Typs“ entgegenzustellen und über deren Folgen aufzuklären. Zum anderen sind sie nicht zu trennen von der zunehmenden Repression, der offenen Kampfansage gegen sie als „Feinde der Arbeiterklasse“ und „Schumacher-Agenten“, was die konspirativen Methoden geradezu erzwang. Sie wurden dadurch in die Illegalität gedrängt bzw. illegalisiert, auch wenn sie sich urprünglich keiner konspirativen Methoden bedienen wollten und sich zunächst nicht als illegale Gruppen verstanden hatten. Die sozialdemokratischen Gruppen und losen Gruppierungen waren allerdings keineswegs immer identisch mit den Gruppen, die als solche öffentlich angeprangert, kriminalisiert und als illegale Schumacher-Gruppen angeklagt und verurteilt wurden.

Während noch bis 1947 die Opposition und der Widerstand von Sozialdemokraten offiziell ebenso geleugnet wurden wie deren Verhaftung, erfolgte ab 1948 die offene politische Diffamierung, Ächtung und Verfolgung. Dieser Widerstand ging aus den vorherigen Gruppenzusammenhängen hervor und wurde aus der Sicht der Verfolger zu einem das ganze Land mit Spionagegruppen überziehenden Netz verknüpft. Laufende Enthüllungen und sogenannte „Entlarvungen“ waren ohne Zweifel ein Indiz für die Stärke des vorhandenen Oppositionspotentials unter den Sozialdemokraten. Zugleich markieren sie den Zeitpunkt für die verstärkte Zerschlagung von Gruppen. Es war der sichtbare Auftakt auch für die Zerschlagung des sozialdemokratischen Gruppenzusammenhangs.

Zerschlagung dieses Gruppenzusammenhangs bedeutete einmal die Verhaftung zahlreicher konspirativer Gruppen in der gesamten Sowjetischen Besatzungszone oder die gruppenweise Verhaftung von Sozialdemokraten. Hinzu kam die Verhaftung einzelner oder mehrerer Personen, die als Symbolfiguren eines sozialdemokratischen Umfeldes, stellvertretend für dieses Umfeld oder als potentielle Kristallisationskerne für weitere Gruppenbildungen, gelten konnten.[13] In den späten vierziger Jahren waren es sowjetische Sicherheitsorgane, die diesen Kampf – stellvertretend und mit deutscher Unterstützung – führten. Sie nahmen die Verhaftungen vor, und die Verurteilungen erfolgten durch Sowjetische Militärtribunale (SMT).[14]

---

13 Zur entsprechenden Inszenierung von Schauprozessen vgl. Kapitel 4.

14 Vgl. u. a. Karl Wilhelm Fricke, Opposition und Widerstand in der DDR, S. 38. Zur Tätigkeit der sowjetischen Sicherheitsorgane in der SBZ und zur Verurteilung durch Militärtribunale vgl. Leonid Pawlowitsch Kopalin, Die Rehabilitierung deutscher Opfer sowjetischer Verfolgung. Vortrag vor dem Gesprächskreis Geschichte der Friedrich-Ebert-Stiftung in Bonn am 16. Mai 1995, Bonn 1995 (= Gesprächskreis Geschichte, H.

Die Zuständigkeit der sowjetischen Militärjustiz für deutsche Staatsangehörige war auf dem Gebiet der Sowjetischen Besatzungszone und später in der DDR de jure in den Jahren zwischen 1945 und 1957 gegeben. De facto wurde sie nur bis etwa 1955 ausgeübt.[15] Schon etwa ein Jahr nach Beginn der Besatzungsherrschaft wurde deutlich, daß die Verfahren vor sowjetischen Tribunalen keineswegs nur die Ahndung von Verbrechen gegen die Menschlichkeit, Kriegsverbrechen und Verstößen gegen das Besatzungsregime umfaßten, sondern daß sie darüber hinausgehend insbesondere in den Jahren 1947 bis 1949 dazu dienten, durch die „Ausmerzung gegnerischer Elemente" jegliche Opposition zu bekämpfen und den Widerstand gegen die Sowjetisierungspolitik zu brechen. Grundlage für die „Rechtsprechung" dieser Militärtribunale waren die Gesetze und Direktiven des Alliierten Kontrollrats bzw. die sowjetische Strafgesetzgebung. Soweit es um Tatbestände ging, die in die Zeit vor dem 8. Mai 1945 fielen, wurde sowohl alliiertes als auch sowjetisches Strafrecht angewendet. Herangezogen wurden dafür das Kontrollratsgesetz Nr. 10 vom 20. Dezember 1945 mit der Direktive Nr. 38 vom 12. Oktober 1946.[16] Für „Delikte", die sich gegen die Besatzungsmacht oder die von ihr verordnete bzw. unterstützte Umwälzung richteten, galt ausschließlich das sowjetische Strafrecht, wonach sie als „konterrevolutionäre Verbrechen" definiert waren. Die Urteile gründeten auf den Bestimmungen des Artikel 58 des Strafgesetzbuches der Russischen Sozialistischen Föderativen Sowjetrepublik vom 22. November 1926.[17] Die darin aufgeführten Straftatbestände waren unklar definiert und in hohem Maße auslegungsfähig, so daß sie von den Militärtribunalen in der Sowjetischen Besatzungszone und DDR nach politischen Zweckmäßigkeitsgründen und in fast jeder Weise anwendbar waren. Das ebenfalls in diesen Bestimmungen des Artikel 58 festgelegte Strafmaß sah Freiheitsstrafen bis zu 25 Jahren und die Todesstrafe durch Erschießen vor.[18]

---

10). Den Angaben Kopalins zufolge wurden in der SBZ insgesamt 40.000 Personen verurteilt. Wie viele Sozialdemokraten darunter waren, ist diesen Angaben nicht zu entnehmen, so daß Angaben dazu nach bisherigem Wissensstand Schätzungen bleiben. Seit einigen Jahren werden diese Urteile durch die Militärstaatsanwaltschaft der Russischen Föderation im Sinn einer Unrechtsbereinigung überprüft. Die bisherigen Überprüfungen haben ergeben, daß die meisten Menschen zu Unrecht verurteilt worden waren; den meisten Anträgen auf Rehabilitierung wurde stattgegeben.

15 Vgl. dazu und zum folgenden Karl Wilhelm Fricke, Politik und Justiz in der DDR, Köln 1979, S. 100 ff.

16 Im Wortlaut abgedruckt in: Zur Entlassung werden vorgeschlagen... Wirken und Arbeitsergebnisse der Kommission des Zentralkomitees zur Überprüfung von Angelegenheiten von Parteimitgliedern 1956. Dokumente, Berlin 1991.

17 Abgedruckt bei Fricke, Politik und Justiz in der DDR, S. 106 ff.

18 Einschränkend gilt, daß zwischen 1947 und 1950 die Todesstrafe abgeschafft war. An ihre Stelle trat in der Regel die Verurteilung zu 25 Jahren Zwangsarbeitslager.

Der Verlauf der Verhandlungen vor den Tribunalen war in der Regel gleichbleibend, unterschied sich allenfalls nach deren Dauer.[19] Die „Gerichte" tagten zumeist nicht öffentlich in den jeweiligen Untersuchungsgefängnissen, den beschlagnahmten ehemaligen deutschen Gerichtsgebäuden in den Internierungslagern. Anfangs waren die Verhandlungen außerordentlich kurz, später gab es so etwas wie den Schein einer Beweisaufnahme. In Anwesenheit eines Dolmetschers wurden die Personalien des oder der Angeklagten geprüft, und danach wurde die Anklageschrift vorgelesen, gelegentlich durch einen Militärstaatsanwalt, in den meisten Fällen jedoch nur durch den Vorsitzenden, weil die Anklage als „genügend bewiesen" galt. Auch Verteidiger wurden aus diesem Grund nicht zugelassen. Unmittelbar nach der Hauptverhandlung folgte die Urteilsverkündung, deren Begründung in russisch verlesen und in verkürzter Form von einem Dolmetscher übersetzt wurde. Der Verurteilte mußte eine Erklärung über die Urteilsverkündung unterschreiben, wobei eine Verweigerung dieser Unterschrift keinerlei Bedeutung für die unmittelbar einsetzende Rechtskraft hatte. Eine schriftliche Ausfertigung für die Angeklagten scheint es nicht gegeben zu haben.[20]

Die Verfolgung und Verurteilung von Deutschen in der Sowjetischen Besatzungszone bzw. DDR wegen „konterrevolutionärer Verbrechen" im Sinn des Artikels 58 war im Vergleich mit der Verurteilung wegen nationalsozialistischer Verbrechen relativ hoch.[21] Solange nicht alle Daten der – nach russischen Angaben – 40.000 Verurteilten für eine wissenschaftliche Auswertung zur Verfügung stehen, bleibt eine Kategorisierung von Verurteilungen wegen „konterrevolutionärer Verbrechen" problematisch. Dennoch gab es erkennbare Schwerpunkte: Jugendlicher Widerstand, Widerstand und Opposition von ehemaligen Sozialdemokraten, Opposition bürgerlicher Politiker, studentische Opposition, SED-interne Fraktionskämpfe, Spionage für westliche Nachrichtendienste, Sabotage sowie Teilnahme am Aufstand des 17. Juni 1953.[22] Damit wird das Bild der politi-

---

19 Dies legt jedenfalls die Ähnlichkeit der Erlebnisberichte von ehemaligen Verurteilten nahe. Vgl. u. a. die Beispiele bei Fricke, Politik und Justiz in der DDR, S. 110 ff.

20 Neben dieser Form der Militärjustiz gab es auch die sogenannte Administrativ-Justiz des NKWD/MWD, wobei in Abwesenheit des Angeklagten eine Verurteilung im Rahmen eines Beschlußverfahrens durch ein Sonderkollegium in Moskau verfügt wurde. Für die Deutschen bedeutete dies, daß ihnen ein Fernurteil vorgelegt wurde, das ein Dolmetscher übersetzte. Vgl. Fricke, Politik und Justiz in der DDR, S. 129 ff.

21 Zu den Zahlen vgl. Fricke, ebd., S. 113. Seit 1947 war deren Verfolgung durch die Besatzungsmacht zurückgegangen; mit dem SMAD-Befehl Nr. 201 vom 16. August 1947 wurden entsprechende Befugnisse auf deutsche Organe übertragen. Vgl. auch die Ausführungen über die Waldheimer Prozesse in Kapitel 4.

22 Vgl. Fricke, Politik und Justiz in der DDR, S. 113. Bei dem hohen Anteil von Jugendlichen ist neben der noch zu untersuchenden Protest- und Widerstandsbereitschaft von Jugendlichen für die Nachkriegsjahre die lange nachwirkende Werwolf-Fiktion zu be-

schen Verfolgung gerade in den Nachkriegsjahren in hohem Maße durch die Verurteilung von oppositionellen Sozialdemokraten mitgeprägt.[23] Durch die Zwangsvereinigung waren sie als erste Gruppe politisch herausgefordert und in die Opposition gedrängt worden, aus der Widerstand auch in Form von konspirativer Arbeit ganzer Gruppen erwuchs. Dieser Widerstand wurde mit gnadenloser Härte verfolgt, zumeist zerschlagen, so daß zahlreiche Gruppen und manchmal sozialdemokratische Familien von den Tribunalen verurteilt wurden.[24]

Von diesen SMT-Verurteilten mußten etwa zwei Drittel mehr als sechs Jahre in Haft bleiben.[25] Nicht wenige von ihnen wurden zum Strafvollzug in die Sowjetunion deportiert, die anderen blieben in Internierungslagern und Haftanstalten in der Sowjetischen Besatzungszone bzw. DDR. Diejenigen Verurteilten (wie auch die Internierten), die in die Sowjetunion gebracht wurden, kamen dort in verschiedene Straflager, in der Mehrheit jedoch nach Workuta.[26] Dieser Lagerbezirk hatte seinen Namen nach der gleichnamigen Stadt im Nordwesten der Autonomen Sozialistischen Sowjetrepublik Komi, die nördlich des Polarkreises am Westrand des Polarural liegt. In ihrem Umkreis gab es zahlreiche Lager für politische und kriminelle Häftlinge, mit einer Häftlingszahl, die über Hunderttausend gelegen haben dürfte. Diese Lager waren in der Nähe von Steinkohlenschächten eingerichtet; dort oder in den zur Kohleförderung notwendigen Nebenbetrieben mußten die Häftlinge Zwangsarbeit leisten.[27] Die Situa-

denken. Sie hatte die Verhaftung zahlreicher Jugendlicher zur Folge. Zum Jugendwiderstand in den fünziger Jahren vgl. Patrik von zur Mühlen, Der „Eisenberger Kreis“, Bonn 1995.

23 Nach einer in der Bundesrepublik durchgeführten Befragung von 1960 unter ehemaligen SMT-Verurteilten waren etwa 18 % (von 1.565 befragten Personen) Mitglied einer nach 1945 zugelassenen Partei. Nach Parteien aufgeschlüsselt, fielen davon etwa 43 % auf die SED, was auf die ehemaligen Sozialdemokraten zurückzuführen ist. Zu diesen Angaben Fricke, Politik und Justiz in der DDR, S. 117.

24 So beispielsweise die Familie Kreutzer aus Saalfeld in Thüringen. Vgl. die Schilderung des Schicksals bei Fricke, ebd., S. 119 f.

25 Diese Angabe bezieht sich wiederum auf die bei Fricke erwähnte Befragung. Dies deckt sich mit Interviews, die die Verfasserin in den siebziger Jahren im Auftrag der Friedrich-Ebert-Stiftung mit Sozialdemokraten aus der SBZ/DDR führte, die zum Teil zu dieser Gruppe der SMT-Verurteilten gehörten. Vgl. auch eine Liste von Sozialdemokraten, die in der SBZ/DDR zu hohen Freiheitsstrafen verurteilt wurden. In: Dieter Rieke (Hrsg.), Sozialdemokraten als Opfer im Kampf gegen die rote Diktatur, Bonn 1994.

26 Als plastische Schilderung eines solchen Schicksals neben den Beispielen bei Fricke, ebd., S. 140 ff. zuletzt Peter Bordihn, Bittere Jahre am Polarkreis. Als Sozialdemokrat in Stalins Lagern, Berlin 1990.

27 Erst nach Stalins Tod gab es eine Wende zum Besseren in den Lagern, was durch Streiks und Protestaktionen der Häftlinge mitausgelöst wurde. Am bisher bekanntesten ist der Aufstand von 1953 in Workuta, der Unruhen in anderen Zwangsarbeitslagern nach sich zog. Der Aufstand wurde zwar blutig niedergeschlagen, doch danach begann sich das Lagerregime allmählich zu lockern. Im Zuge der Entstalinisierung setzten seit

tion der aus der SBZ/DDR stammenden Häftlinge unterschied sich nicht von den Bedingungen derjenigen, die aus der Sowjetunion oder aus anderen Ländern Europas stammten. Erschwerend kam für sie jedoch nicht nur der Mangel an russischen Sprachkenntnissen hinzu, sondern in den ersten Nachkriegsjahren bekamen sie auch den Haß auf den Nationalsozialismus und die von ihm begangenen Verbrechen nachhaltig zu spüren.

Diejenigen SMT-Verurteilten, die zur Verbüßung der Strafe in der Sowjetischen Besatzungszone blieben, kamen zum Teil in das als Internierungslager dienende ehemalige Konzentrationslager Sachsenhausen, andere in die Haftanstalten Torgau und Bautzen. Nach Erlebnisberichten gab es bei der Behandlung der verurteilten Häftlinge im Vergleich mit den Internierten keine wesentlichen Unterschiede. Auch der Tagesablauf, gekennzeichnet durch Monotonie und erzwungene Beschäftigungslosigkeit, war ähnlich deprimierend. Etwa seit dem Frühjahr 1949 bekamen die Verurteilten eine Vergünstigung, die die Internierten nicht hatten: Sie konnten ihren Angehörigen schreiben und durften Post empfangen.

Mit der Auflösung der letzten sowjetischen Internierungslager Bautzen, Buchenwald und Sachsenhausen wurden die SMT-Verurteilten, sofern sie nicht dann noch in die Sowjetunion deportiert wurden, Anfang 1950 den DDR-Behörden zum Vollzug übergeben.[28] Die Frauen kamen in die Strafvollzugsanstalt Hoheneck bei Stollberg im Erzgebirge, die verurteilten Männer wurden auf verschiedene Strafvollzugsanstalten verteilt. Die bis dahin in Bautzen Inhaftierten blieben in der Regel dort und wurden an Ort und Stelle der Volkspolizei übergeben. Berichten zufolge wurden den DDR-Behörden dabei keine Akten ausgehändigt, sondern lediglich ein Formblatt mit einem „Urteilsauszug" in deutscher Sprache.[29] Mit der Übergabe an die deutsche Volkspolizei war zunächst eine wesentliche Verschlechterung der Verpflegungslage verbunden, die bald darauf – im

---

Mitte der fünfziger Jahre Entlassungen größeren Stils ein, und die Lager wurden teilweise aufgelöst.

28 Vgl. Werkentin, Politische Strafjustiz in der Ära Ulbricht, S. 175 f.

29 Dies entsprach damit der Praxis bei der Übergabe derjenigen Internierten, die in den Waldheimer Prozessen abgeurteilt werden sollten, wobei es sich dabei um kurze Vernehmungsprotokolle handelte. Vgl. Kapitel 4. Zu Schilderungen dieser Übergabe vgl. Fricke, Politik und Justiz in der DDR, S. 147 ff. Mit dieser Verfahrensweise wurde der Strafvollzug aus der Kompetenz der Justizministerien der Länder herausgelöst und in die Hände des Ministeriums des Innern, respektive der Volkspolizei, gelegt. Vgl. Werkentin, ebd., S. 364. Aus Erlebnisberichten geht hervor, daß die Volkspolizei nicht genau wußte, wie hoch die Zahl der zu übernehmenden Gefangenen war und daß darüber hinaus die neuen Aufseher keine Ahnung hatten, um welchen Personenkreis es sich handelte.

März 1950 – zu Aufständen führte.[30] Nach der Übergabe der SMT-Verurteilten wurde die Verfolgung der politischen Gegner weitgehend von den Behörden und Gerichten der DDR übernommen. Die Sozialdemokraten wurden einmal mit Hilfe von konstruierten Wirtschaftsverbrechen angeklagt und verurteilt, zum anderen war es neben dem Spionagevorwurf vor allem der Artikel 6 der DDR-Verfassung, der sogenannte Boykotthetze-Artikel, der die Möglichkeit schuf, politische Gegner zu hohen Strafen zu verurteilen.[31] Zahlreiche Lebenswege führten auch in den Jahren danach durch die DDR-Zuchthäuser, für die Bautzen, das „gelbe Elend", zum Synonym geworden ist.[32]

Die meisten SMT-Verurteilten, darunter immer auch die Sozialdemokraten, erhielten ihre Freiheit durch verschiedene Entlassungsaktionen wieder, die mit der Auflösung der Internierungslager 1950 einsetzten.[33] Anläßlich der in Berlin tagenden Außenministerkonferenz verfügte die sowjetische Regierung im Januar 1954 eine größere Entlassungsaktion, die sich sowohl auf Häftlinge in DDR-Gewahrsam als auch auf die in sowjetischen Zwangslagern erstreckte. Für die Strafgefangenen in der Sowjetunion trat eine positive Wende ein, als ihr Schicksal und ihre Freilassung Gegenstand der Verhandlungen wurde, die der damalige Bundeskanzler Adenauer im September 1955 in Moskau über die Aufnahme diplomatischer Beziehungen führte. Unter den in diesem Zusammenhang Entlassenen waren auch Sozialdemokraten, beispielsweise Fritz Drescher und Arno Wend, die beide bereits während der Zeit des Nationalsozialismus in politischer Haft gewesen waren.

Im Herbst 1954 hatte der sowjetische Hohe Kommissar dem Ministerrat der DDR mitgeteilt, daß fortan die DDR allein für das weitere Schicksal der SMT-Verurteilten verantwortlich sei.[34] Im Einvernehmen mit sowjetischen Dienststellen wurden dann seit Ende 1954 weitere Massenentlassungen vorbereitet. Festgelegt wurden „schubweise" Entlassungen;

---

30 Nach diesem Hungerstreik verfaßten Häftlinge ein erschütterndes Dokument über die Haftbedingungen in der überfüllten Strafvollzugsanstalt Bautzen, das sie als einen Hilferuf nach „draußen" schmuggeln konnten. Es gelangte auf verschlungenen Wegen an den damaligen Vorsitzenden des Bundestagsausschusses für gesamtdeutsche Fragen, Herbert Wehner, der ihn 1950 auf dem Hamburger SPD-Parteitag vorlas. Der Wortlaut in Dieter Rieke (Hrsg.), Sozialdemokraten als Opfer im Kampf gegen die rote Diktatur, S. 37-41.

31 Vgl. dazu Werkentin, Politische Strafjustiz in der Ära Ulbricht, S. 381 f.

32 Vgl. die Erlebnisberichte von Bautzen-Häftlingen in: Das Gelbe Elend. Bautzen-Häftlinge berichten (1945–1956). Hrsg. vom Bautzen-Komitee, Halle 1992.

33 Zu diesen Entlassungsaktionen und den davon betroffenen Häftlingszahlen ausführlich Werkentin, Politische Strafjustiz in der Ära Ulbricht, S. 362 ff. Zu ähnlichen Ergebnissen war auch ohne die erst nach 1990 benutzbaren Quellen schon Fricke gekommen. Vgl. Fricke, Politik und Justiz in der DDR, S. 149 ff.

34 Vgl. Werkentin, Politische Strafjustiz in der Ära Ulbricht, S. 370.

zur Vorentscheidung wurden Kommissionen gebildet, die u. a. Entscheidungskriterien wie „soziale Herkunft“ und „Loyalität der Angehörigen“ zu berücksichtigen hatten. Der Adenauer-Besuch in Moskau setzte die SED dann offenbar unter Zugzwang, so daß weitere Entlassungen vorbereitet wurden. Mit dem „Tauwetter“ nach dem XX. Parteitag der KPdSU erfolgte eine erneute Wende, die Massenentlassungen zur Folge hatte. Seit April 1956 tagte eine „Kommission des Zentralkomitees zur Überprüfung von Angelegenheiten von Parteimitgliedern“, die allerdings weitaus mehr tat, als sich mit internen Parteiangelegenheiten zu befassen.[35] Denn neben der Entscheidung über die Wiederaufnahme von ausgeschlossenen Parteimitgliedern fungierte diese Kommission in erster Linie als eine Art Gnadenkommission für „strafrechtlich“ Verurteilte. Sie beschloß über die Entlassung von Hunderten von SMT-Verurteilten, die bei vorherigen Aktionen nicht berücksichtigt worden waren. Darunter waren 400 Funktionäre der Blockparteien und 691 Sozialdemokraten. Gerade diese Aktion war im Kontext des „Tauwetters“ zu sehen und enthielt darüber hinaus auch deutschland- und entspannungspolitische Signale, die in der Bundestagsdebatte Ende Mai 1956 aufgegriffen wurden.[36] Die Entlassung von Sozialdemokraten war zugleich ein Bündnisangebot an die westdeutsche SPD, das Walter Ulbricht im ZK-Plenum Ende Juli 1956 deutlich formulierte: „Ich hatte schon gesagt, daß im Sinne der Verständigungsbereitschaft mit der SPD und der Beseitigung aller Hindernisse für eine Zusammenarbeit zwischen den Arbeiterparteien in Deutschland die Kommission beschloß, die Listen der SPD-Angehörigen, die wegen Agententätigkeit verurteilt waren, zu prüfen. Auf Grund dieser Überprüfung wurden insgesamt 691 Personen entlassen.“[37]

Mit diesen zahlreichen Entlassungsaktionen und anderen Amnestien und Gnadenerweisen erlangten auch viele Sozialdemokraten, nicht allein die SMT-Verurteilten, ihre Freiheit wieder. Doch damit sank keineswegs die hohe Zahl von politischen Häftlingen in den DDR-Strafanstalten. Darunter waren immer wieder Sozialdemokraten, die wegen ihrer Gesinnung, wegen Kontakten mit der West-SPD bzw. mit dem Ostbüro oder auch wegen Handlungen im Sinn der Sozialdemokratie verurteilt wurden.

---

35 Die Arbeit dieser Kommission ist ausführlich dokumentiert in: Zur Entlassung werden vorgeschlagen ...

36 So sprach beispielsweise Herbert Wehner davon, daß es Zeit sei, die Opfer des Kalten Krieges auf beiden Seiten zu entlassen. Vgl. Werkentin, Politische Strafjustiz in der Ära Ulbricht, S. 376.

37 Protokoll der 28. Tagung des ZK der SED am 27. bis 29. Juli 1956, in: SAPMO-BArch IV 2/1/161, Bl. 32.

## 5.2 Erinnerungen an Widerstand und Verfolgung

Im folgenden sollen dieser sozialdemokratische Widerstand und illegale Gruppen rekonstruiert werden.[38] Mit ausgewählten Beispielen werden anhand von Erinnerungen und Interviews Wege aufgezeigt, die in den Widerstand führten, Lebenswege von Sozialdemokraten, die geprägt sind oder waren von Verfolgung, weil sie ihre Gesinnung beibehalten wollten.[39] Diese Erinnerungen und Interviews sind in ihrer Unmittelbarkeit besonders anschaulich. Es sind Lebensgeschichten mit ihren subjektiven „Wahrheiten", die als Erinnerungen immer nur Annäherungen sein können, weil schon das Gedächtnis auch ein Produkt von be- bzw. verarbeiteten Erinnerungen ist.[40] Im Vordergrund steht bei den nachfolgenden Erinnerungen nicht die Rekonstruktion von Ereignissen, weil Zeitzeugen-Interviews als Quelle von politischer Ereignisgeschichte problematisch sind.[41] Wichtiger als einzelne Geschehnisse ist deshalb deren Bewertung im Rückblick, was nicht nur vor dem Hintergrund nachfolgender zentraler Erfahrungen zu sehen ist, sondern auch vor dem des weiteren Lebensverlaufs, der Verarbeitung und den Nachwirkungen von Erfahrungen, zumal dann, wenn sie, wie etwa Verfolgung und langjährige Inhaftierung, traumatisch sind. Ebenso wichtig für diese Re-Interpretation des eigenen

38 Die Rekonstruktion und die Analyse von sozialdemokratischen Gruppen könnten durch andere Beispiele und durch lokal- und regionalhistorische Untersuchungen ergänzt werden. Gerade für die späten vierziger Jahre wird man vielfach auf Erinnerungen angewiesen bleiben, da es für die von sowjetischen Stellen Verhafteten und Verurteilten kaum deutsche Polizei- und Gerichtsakten gibt. Vgl. dazu die Ausführungen über die Sowjetischen Militärtribunale in diesem Kapitel. Bei einer Auswertung von deren Akten sind Übersetzungsprobleme ebenso zu bedenkenywie mityBlick auf die Ermittlungen oder die Beweisführung ihre Aussagekraft. Eine Konfrontation mit den Aussagen und Ermittlungen ist zudem in den meisten Fällen nicht mehr möglich, da die Betroffenen nicht mehr leben. Andere ergänzende Materialien, wie die personenbezogenen Akten etwa des Ostbüros der SPD, sind aus datenrechtlichen Gründen nicht verfügbar.

39 Weder die ausgewählten Beispiele noch Lebensgeschichten insgesamt können im sozialstatistischen Sinn repräsentativ sein. Die Auswahl der Beispiele und die Darstellung auf der Basis von Interviews erfolgen jedoch vor dem Hintergrund von zahlreichen anderen Interviews, deren Kenntnis damit indirekt in die Darstellung einfließt. Dabei handelt es sich um über 100 Interviews, die bereits in den siebziger Jahren durchgeführt wurden. Die Interviewprotokolle sind teilweise, d.h., sofern ihre Auswertung durch die Wissenschaft von den Interviewten genehmigt wurde, im Archiv der sozialen Demokratie der Friedrich-Ebert-Stiftung, Bonn, zugänglich. Vgl. für einige Interviews Bouvier/Schulz, „... die SPD aber aufgehört hat zu existieren".

40 Zu dieser Problematik vgl. Maurice Halbwachs, Das Gedächtnis und seine sozialen Bedingungen, Frankfurt am M. 1985; ders., Das kollektive Gedächtnis, Frankfurt a. M., 2. Aufl. 1991.

41 Zur Bewertung von Interviews als Quelle vgl. Michael Zimmermann, Zeitzeugen, in: Bernd-A. Rusinek u. a. (Hrsg.), Einführung in die Interpretation historischer Quellen. Schwerpunkt: Neuzeit, Paderborn 1992, S. 24 ff.

Lebens bzw. dessen sinnhafte Konstruktion ist in diesem Fall sowohl das jeweilige Alter oder der Lebensabschnitt zum Zeitpunkt der Erinnerung, weil auch die Zukunftsperspektiven den Rückblick beeinflussen. Aus diesem Grund sind die verschiedenen Zeitpunkte für die Durchführung der Interviews nicht ohne Bedeutung. Aus der Tatsache, daß die meisten in den siebziger Jahren und andere nach 1990 durchgeführt wurden, können sich Unterschiede auch für die Bewertung der Vergangenheit ergeben, weil diese vor dem Hintergrund der Teilung Deutschlands und vor der Vereinigung natürlich andere Akzente hatte als nachher.

### 5.2.1 *Der Beweis, „daß die SPD noch lebt“*[42]

Als im Frühjahr 1948 zahlreiche Sozialdemokraten und sozialdemokratische Gruppen in Thüringen verhaftet wurden, war Albert Wesemeyer „von unserem Kopf der letzte, der verhaftet wurde“.[43]

Geboren 1904 in Burg bei Magdeburg, wuchs Albert Wesemeyer nach dem Tod des Vaters unter dem Einfluß eines Onkels in die Braunschweiger Arbeiterbewegung hinein. Kennzeichnend für diese Arbeiterbewegung waren nicht nur politischer Radikalismus und revolutionäre Gesinnung, sondern auch eine teilweise hochqualifizierte Arbeiterschaft, vornehmlich im Bereich des Apparatebaus, der Feinmechanik und des Buchdrucks.[44] In diesem Umfeld sozialisiert, repräsentiert Albert Wesemeyer den Typ des aufgeschlossenen und gebildeten Facharbeiters. Da mit der Witwenrente der Mutter ein Studium nicht möglich war, absolvierte er eine Lehre als Feinmechaniker und kam über die Mitarbeit in einem Konstruktionsbüro für Rechenmaschinen 1930 als Chefmechaniker einer Schuhfabrik nach Kassel.

---

42 Zitat aus einem Interview mit Curt Eckhardt (vgl. weiter unten). Dies ist eine Art Motto, das aus den Erzählungen und den Erinnerungen der drei Personen herausgefiltert werden kann, die im folgenden behandelt werden. Darüber hinaus könnte es auch als Motto für das Handeln zahlreicher anderer Sozialdemokraten in der SBZ/DDR dienen.

43 So in dem Interview am 5.6.1973. Als „Kopf“ einer Gruppe bezeichnete er damit sich selbst und einige wenige Freunde. Im weiteren Umfeld habe es noch einen „Schwanz“ von Personen gegeben, zu denen nur ein loser Kontakt bestanden habe. Vgl. Interviewprotokoll Wesemeyer, AdsD der FES. Die Ausführungen basieren auf diesem Interview sowie auf den Ausführungen von Friedhelm Boll im Rahmen des 6. Bautzen-Forums. Veröffentlicht in: Wahrheit – Gerechtigkeit – Versöhnung. Menschliches Verhalten unter Gewaltherrschaft. Dokumentation. 6. Bautzen-Forum der Friedrich-Ebert-Stiftung, 9. bis 10. Juni 1995, S. 71-77.

44 Vgl. dazu u. a. Friedhelm Boll, Massenbewegungen in Niedersachsen 1906–1920. Eine sozialgeschichtliche Untersuchung zu den unterschiedlichen Entwicklungstypen Braunschweig und Hannover, Bonn 1981.

Nachdem er bereits 1920 Mitglied der SAJ geworden war, wurden in Kassel das Reichsbanner und die Gewerkschaft der Schuhmacher zu seinem wichtigsten politischen Betätigungsfeld. Geplante Kurse an der Akademie der Arbeit in Frankfurt am Main, die mit großer Wahrscheinlichkeit zu einer Gewerkschaftskarriere in leitender Position geführt hätten, wurden durch die Machtergreifung der Nationalsozialisten hinfällig. Nach einem Vierteljahrhundert, insbesondere nach Jahren der Inhaftierung unter den Nationalsozialisten und dann in der Sowjetischen Besatzungszone bzw. DDR, war allein aufgrund der gesundheitlichen Folgen daran nicht mehr anzuknüpfen.

Gegen das Dritte Reich wollte er sich aktiv zur Wehr setzen. Als Kurier brachte er Berichte aus den Kasseler Betrieben zum Exil-Parteivorstand nach Prag. Dabei wurde er verraten und 1934 in der Nähe von Halle verhaftet. Nach wochenlanger U-Haft, nächtlichen Verhören und Stehkarzer wurde er zu vier Jahren Zuchthaus verurteilt, die er im „Roten Ochsen", dem Zuchthaus von Halle, verbrachte. Dort arbeitete er mit anderen politischen Häftlingen in einem dem Zuchthaus angegliederten Forschungsbüro an Konstruktionszeichnungen zur Entwicklung eines Maschinengewehrs. Mit seiner vorzeitigen Entlassung wurde er von der Wehrmacht in dieses Büro dienstverpflichtet, und mit dessen Verlegung nach Kassel kam er für den Rest des Krieges nach Hause zurück. Über diese Dienstverpflichtung in der Rüstungsforschung, über seine speziellen technischen Fähigkeiten demnach, entging er mit großer Wahrscheinlichkeit dem KZ oder Strafbataillon.

Das Kriegsende erlebte Albert Wesemeyer als Volkssturm-Mann in Thüringen, wo er in Sondershausen zusammen mit einem anderen Sozialdemokraten, zwei Kommunisten und einem liberalen Studienrat den Antifa-Ausschuß gründete. Auch an der dortigen SPD-Gründung war er beteiligt, wurde Kreisvorsitzender und später Mitglied des Erfurter SPD-Vorstandes. Im Vordergrund seines politischen Handelns nach dem Krieg stand jedoch weder vor noch nach der Zwangsvereinigung die aktive Parteipolitik, sondern die Wiederaufbauarbeit im Rahmen der thüringischen Verwaltung.[45] Lediglich im Kulturbund engagierte er sich, dessen stellvertretender Vorsitzender er bis zu seiner Verhaftung war und wo er versuchte, einen Kreis von Gleichgesinnten um sich zu sammeln.

---

45 Zum Aufbau der Provinzial- und Landesverwaltung mit den zahlreichen Landesämtern, den daraus später entstandenen Ministerien, den wechselnden Zuordnungen sowie dem Personalwechsel in den ersten Nachkriegsjahren vgl. den Artikel von Helga A. Welsh über Thüringen, in: SBZ-Handbuch, S. 167 ff.

Als Referent von Dr. Georg Appell[46] und Leiter des Erfurter Amtes für Arbeit und Sozialfürsorge fungierte er praktisch „als Verbindungsmann zur Kommandantur“. Dort war er mit Arbeitszuweisungen und Arbeitsverpflichtungen befaßt, aber auch mit Berufsberatung, Überwachung der Löhne und Gehälter. Darüber hinaus gehörten zu dem Bereich des Amtes das Arbeitsgericht, die Unfallinspektoren sowie die Eisenbahn. Es war eine vielfältige Tätigkeit, in der er Einblicke in die Praxis der sowjetischen Besatzungspolitik bekam, die ihn zunehmend empörte. „Wer dienstlich in der Verwaltung gesessen hatte, sah ja viel mehr in den Apparat hinein als einer, der draußen stand und Politik machte. Wir mußten ja nun mit den Tatsachen fertig werden, wir konnten nicht kneifen der Besatzungsmacht gegenüber, denn es war ja unsere Regierungsstelle, wir mußten schon was bieten in irgendeiner Form.“[47] Die Vorstellungen der Besatzungsmacht waren von seinen eigenen weit entfernt; dennoch gelang es ihm und anderen, manche unsinnig erscheinenden Maßnahmen – insbesondere bei den Demontagen – abzumildern, auch wenn sie letztlich nicht verhindert werden konnten. Die Probleme mehrten sich, und deutlich kristallisierte sich für ihn heraus, „daß das überhaupt nichts mit Sozialismus zu tun hatte, was dort geschah“.[48] Ein kleines Beispiel ist es, was ihn auch in der Erinnerung noch immer entsetzt, nämlich die Einführung von dreierlei Essen für Funktionsträger auf Anordnung der Besatzungsmacht. Zwei Nächte habe er deswegen nicht schlafen können und seiner Frau immer wieder gesagt, daß dies ein „merkwürdiger Sozialismus“ sei. Auch mit seinem Minister sprach er wohl darüber; der jedoch antwortete ihm, dagegen sei nichts zu machen, es habe keinen Zweck, daß er sich „auflehne“. Er als „Sozialist“ war anderer Meinung. Die Erkenntnis wuchs in ihm, daß etwas nicht stimmte in dem System, ideologisch und menschlich, wie Wesemeyer dies ausdrückt.

Die Tatsache, daß er sich nicht einfach abfand mit der Situation, sich in irgendeiner Form dagegen „auflehnte“, ist, wie Wesemeyer nachdrücklich betont, vor dem Zeithorizont etwa des Jahres 1947 zu sehen: „Es ist ja so gewesen, wir haben die Besatzungsmächte gehabt und haben gesagt, die können doch nicht immer bleiben. Wenn wir das gewußt hätten, was heute ist, dann hätte ich den Koffer gepackt und wäre in den Westen gegangen. [...] Also wir waren im Innersten felsenfest überzeugt, daß die Einheit mal

---

46 Dr. Georg Appell (1901–1970) war Jurist. Ursprünglich kam er aus der DDP und trat 1945 der SPD bei, 1946 der SED. Er war zunächst 2. Vizepräsident der Landesverwaltung von Thüringen, dann Leiter des Landesamtes für Verkehr, danach Minister für Wirtschaft, Arbeit und Verkehr und daran anschließend bis 1949 Minister für Arbeit und Sozialwesen. Nach 1952 war er im Rat der Stadt Erfurt.

47 Interviewprotokoll Wesemeyer.

48 Ebd.

wieder kommen würde und daß der Grotewohl und dieser Vorstand zur Rechenschaft gezogen werden."[49] Wesemeyer ließ daher Berichte über das, was er sah und erlebte, in den Westen gelangen, sei es nach Berlin oder auch nach Hannover. Da er nicht selbst der Überbringer war, fügte er im Interview hinzu, er wisse nicht genau, was daraus geworden sei.[50] Kontakte nach Berlin hatte er schon früh aus beruflichen Gründen, u. a. zu Luise Schroeder, der Mitbegründerin der Arbeiterwohlfahrt und 1947/48 amtierenden Berliner Oberbürgermeisterin. Hinzu kamen bald die nach Hannover zur SPD und deren Ostbüro. Er selbst fuhr nicht dorthin, sondern es waren Curt Eckhardt und ein anderer, die in „meinem Auftrag" bzw. mit seiner Zustimmung fuhren. Über einen engsten Kreis hinaus, den „Kopf", wußte niemand von diesen Kontakten, von dieser illegalen Arbeit, auch wenn noch ein „Schwanz" anderer Personen dran war. Man kannte sich, arbeitete in verschiedenen Ausschüssen und beruflichen Positionen zusammen, aber es wurde nie direkt ausgesprochen, daß man illegal arbeitete. „Wir haben uns lediglich unterhalten, wie wir uns hier unterhalten, und da hatte man die Marschrichtung."[51] Allein dadurch konnte er feststellen, „ob der Mann noch treu zur Fahne hält oder ob er tatsächlich zur SED übergeschwenkt ist".[52]

In diesem Zusammenhang taucht der Begriff der Gruppenbildung auf, lose formiert nach dem Prinzip von Fünfergruppen, wie sie Wesemeyer von der kommunistischen Widerstandsarbeit im Dritten Reich her vertraut waren. Er hatte selbst illegal gearbeitet und kannte auch illegal arbeitende Kommunisten. Dennoch will er bei den sozialdemokratischen Gruppen der Nachkriegszeit nicht direkt von Widerstandsgruppen sprechen, das scheint ihm zu weit gesteckt. Er bezeichnet diese Form von Illegalität immer wieder als Diskussionen im eigenen und engen Kreis, was nicht den Versuch ausschließt, andere zu überzeugen und damit indirekt für die Arbeit heranzuziehen. Für die Bildung von illegalen Kadern sei zudem gar keine Zeit gewesen, weil er selbst – wie auch andere – beruflich viel zu sehr beansprucht gewesen sei. Für Wesemeyer ist jedoch vermutlich die Erfahrung aus dem Dritten Reich maßgebend: „Das haben wir nach 1933 gemacht, bis dann einer nach dem anderen Wasser saufen

---

49 Ebd. Mit dem „heute" ist der Zeitpunkt des Interviews gemeint, das Jahr 1973. Zu dieser Zeit – in der Hochphase von Ost- und Entspannungspolitik – war eine Wiedervereinigung in so weite Ferne gerückt, daß es ihm nötig schien, zu betonen, daß dies nicht immer so war, daß sein und das Handeln anderer Sozialdemokraten in der unmittelbaren Nachkriegszeit nur vor diesem Hintergrund zu verstehen ist.

50 Gedacht waren sie vermutlich zur Veröffentlichung in westlichen Zeitungen. In dieser Weise hat das Ostbüro viele solcher Berichte verwendet, andere wurden gesammelt bzw. in Veröffentlichungen verwertet.

51 Interviewprotokoll Wesemeyer.

52 Ebd.

ging.“[53] Die Sozialdemokraten seien nicht so stur gewesen wie die KPD; sie hätten nach zahlreichen Verlusten diese Form der illegalen Arbeit eher eingestellt, als Gruppen in dem Ausmaß zu opfern, „auffliegen“ zu lassen, wie die KPD dies im Dritten Reich getan hatte. Trotz dieser Einschränkungen und nachträglichen Reflexionen über die eigene Arbeit waren die Gefahren bei diesen Diskussionszusammenhängen und losen Gruppenbildungen groß, und sie sind möglicherweise unterschätzt worden. Dies gilt um so mehr, wenn Kontakte in den Westen, vor allem zum Ostbüro der SPD, eine Rolle spielten, da sie von beiden Seiten der Geheimhaltung und Verwendung konspirativer Methoden bedurften.

Nur wenige wußten demnach von diesen Kontakten, auch nicht von dem „Ausweis für die Odeonstraße“ in Hannover, wie Wesemeyer dies nennt. Curt Eckhardt bekam während seines Besuches beim Ostbüro eine Postkarte mit einer Heidelandschaft, die als „Ausweis“ dienen sollte. Darüber hinaus erhielten sie Informationsmaterial, auch Klebezettel mit Parolen und Symbolen, an die sich Wesemeyer im Detail nicht mehr erinnert, wohl aber an die Agitation, wenn „ganz Sondershausen und Erfurt“ beklebt waren, „und die Russen haben Kopf gestanden: Sie sind doch verboten, und sie sind immer noch da.“[54] Derartige Agitationsformen dienten nicht allein dem Nachweis des Weiterlebens der SPD; für die Sozialdemokraten waren sie wichtig als „Aufmunterung der eigenen Genossen, es hat ja auch gestärkt“.[55]

Nachdem der Kontakt zum Ostbüro hergestellt war, kam ein Kurier. An das Datum kann Wesemeyer sich nicht mehr erinnern, es dürfte Anfang 1947 gewesen sein.[56] Wohl vornehmlich auf diesem Wege, durch bereitwillige Auskünfte des Kuriers, erfuhr Wesemeyer von der Existenz ähnlicher Gruppen in anderen thüringischen Städten, so daß er im nachhinein betont, bis zu den Verhaftungen von 1948 habe die SPD in Thüringen existiert.

Möglicherweise aus Skepsis, aus Neugier oder dem Bedürfnis nach Vergewisserung wollte Wesemeyer selbst zum Ostbüro. Dazu kam es nicht, weil er die Gelegenheit erhielt, während einer Dienstreise in Kassel mit Kurt Schumacher persönlich zu sprechen. In dem Gespräch, an dem seiner Erinnerung zufolge Annemarie Renger und Sigi Neumann, der damalige Leiter des Ostbüros teilnahmen, äußerte er seine Bedenken,

---

53 Ebd.
54 Ebd.
55 Ebd.
56 Viel Skepsis wird im nachhinein dazu formuliert, auch der Vorwurf des Leichtsinns schwingt mit, der damit begründet wird, daß dieser Kurier für die Ostzone viel zu auffallend gekleidet gewesen sei und deswegen Aufmerksamkeit auf sich habe ziehen müssen. Derartig leichtsinnig seien sie während des Dritten Reiches nie vorgegangen.

„daß wir alle Wasser saufen gehen, es hat doch keinen Zweck".[57] Sinngemäß soll die Antwort gelautet haben: „Ihr bekommt Bescheid, wir sind genau unterrichtet, was sich tut, und dann werdet Ihr gewarnt."[58]

Am 26. April wurde Albert Wesemeyer in Erfurt verhaftet und nach mehr als zwanzigmonatiger U-Haft in Erfurt und Weimar von einem sowjetischen Militärtribunal nach mehreren Absätzen des Artikels 58 angeklagt und zu 25 Jahren Zwangsarbeitslager verurteilt. Prügel und Beschimpfungen bei den Verhören als „Schumacher-Faschist" gehörten zu den Hafterfahrungen ebenso wie nächtelange Verhöre bei gleichzeitigem Schlafentzug während des Tages, katastrophale hygienische Verhältnisse und totales Arbeitsverbot. Schwere körperliche Schäden waren die Folge; dazu gehörten zeitweise Blindheit, Gleichgewichtsstörungen und Lähmungserscheinungen, die so schwerwiegend waren, daß sie nach der Haftentlassung die berufliche Wiedereingliederung behinderten. In Bautzen, wo er die Haft verbüßen mußte, wurde er nach einiger Zeit Geräteverwalter des Zuchthaus-Bauhofs, ein Posten, der ihm die Möglichkeit gab, mit anderen inhaftierten Sozialdemokraten zu kommunizieren, Verbindungen unter ihnen herzustellen, auch zu helfen, indem er andere in diesem Arbeitsbereich unterbrachte. Diese Form der Solidarität war wichtig, nicht nur als Gruppenzusammenhalt unter politisch Gleichgesinnten, sondern auch als Überlebenshilfe.

Albert Wesemeyer wurde Anfang Mai 1956 entlassen. Er wollte zu seiner Frau, die jahrelang in Erfurt auf ihn gewartet hatte und dann nach Kassel geflüchtet war. Kurz vor seiner Entlassung war er aufgefordert worden, in der DDR zu bleiben. SED-Vertreter versprachen ihm einen attraktiven Posten, wenn er der SED beitrete. Er lehnte kategorisch ab. Sein Entlassungsschein enthielt dann den Vermerk, daß er die DDR binnen 24 Stunden zu verlassen habe. Für den inzwischen 52jährigen standen beruflich nicht mehr alle Türen offen, so daß sich manche Pläne und wohl auch Hoffnungen zerschlugen. Durch die Vermittlung des Leiters des Ostbüros wurde er Sachbearbeiter in der Stadtverwaltung von Kassel, eine Tätigkeit, die ihm die Möglichkeit ließ, sich im Rahmen von Häftlingsorganisationen und Flüchtlingsverbänden aktiv zu engagieren und

57 Interviewprotokoll Wesemeyer.

58 Ebd. Wesemeyer war 1973 sehr vorsichtig und ließ offen, ob Schumacher selbst dies so formuliert hat oder möglicherweise Sigi Neumann. In dem Gespräch, das Friedhelm Boll 1995 mit Wesemeyer geführt hat, heißt es sinngemäß dazu, es könnten doch nicht alle „abhauen"; die Einheit werde vielleicht eines Tages kommen, dann würden sie gebraucht. Unabhängig davon, ob dieses Gespräch in dieser Form geführt wurde, entspricht sein Inhalt sinngemäß den Erinnerungen auch anderer Sozialdemokraten. Sie haben vergleichbare Worte aus dem Westen nicht nur als Ermutigung empfunden, sondern auch als Auftrag zum Durchhalten.

beratend zu wirken. Das schloß die SPD ein; denn nach seiner Rückkehr auch in die SPD mußte er erfahren, daß Kenntnisse über das Schicksal der Sozialdemokraten in der SBZ, über die Motive ihres Handelns, über ihren Widerstand gegen den Stalinismus und ihre Verfolgung, keine Selbstverständlichkeit waren. Wenig einfühlsame Fragen nach den Gründen für seine Verurteilung machten dies schlaglichtartig klar. Sie schmerzten, weil es die Partei war, der er die „Treue zu wahren" versucht hatte. Dennoch oder vielleicht gerade deswegen wollte er dem Vergessen und der Verharmlosung entgegenwirken. Weitere politische Enttäuschungen blieben ihm nicht erspart; doch verlassen hat er die SPD nie.

Curt Eckhardt, der, wie Albert Wesemeyer berichtet, die Verbindung zur SPD in Hannover aufgenommen hatte, war bereits am 12. März 1948 in Erfurt verhaftet worden, zusammen mit „Gesinnungsfreunden" seiner „Gruppe" und am gleichen Tag wie andere Sozialdemokraten etwa in Jena und Weimar.[59]

Curt Eckhardt (Jg. 1895) war Ingenieur und stammte aus einer sozialdemokratischen Familie in Erfurt, wo der Vater Stadtrat war. Er hatte schon am Ersten Weltkrieg teilgenommen und war 1940, also mit 45 Jahren, wegen besonderer Fähigkeiten als Funker noch einmal eingezogen worden. Wegen „Meckerei" und Schimpfen auf Hitler wurde er nach dem „Heimtückegesetz" zu sechs Monaten Arrest verurteilt.[60] Nach Kriegsende führte er den väterlichen Textilbetrieb weiter, um den er sich eigentlich mehr hätte kümmern müssen, als er es tat, „aber ich war nun einmal der Politik verfallen gewesen, es ist noch heute so, aber es ist ein Fehler".[61]

Seit 1925 war er Mitglied der SPD und des Reichsbanners, ohne eine Funktion zu übernehmen; 1945 trat er der Partei sofort wieder bei und wurde Mitglied des Erfurter Vorstandes. Soweit dies möglich war, protestierte er gegen die Vereinigung von SPD und KPD, aber Gegenstimmen wurden bei Abstimmungen per Akklamation nicht gezählt oder auch aus

---

59 Auch dieses Interview wurde 1973 geführt. Kurze Zeit später starb Curt Eckhardt. Zu den Ausführungen vgl. Interviewprotokoll Eckhardt, AdsD der FES. Die Verbindungen und Kenntnisse voneinander liefen auch hier über die Kuriere des Ostbüros. Mutmaßungen über die Hintergründe der schlagartigen Verhaftungsaktion und auch Vorwürfe über das Verhalten einzelner scheinen den Unterhaltungen und Begegnungen während der Haft zu entstammen. Da es sich um ein kaum nachprüfbares Geflecht von Behauptungen und Verdächtigungen handelt, wird auf eine Wiedergabe verzichtet. Deutlich wird hingegen, daß diese – wie andere Gruppen – länger beobachtet worden war, daß frühzeitig Spitzel eine Rolle spielten und daß Geständnisse in Form von reiner Namensnennung nach Verhaftungen eine Lawine auslösen konnten.

60 Aufgrund dieser Verurteilung wurde er nach Kriegsende in Erfurt als „Opfer des Faschismus" (OdF) registriert, was bei seiner Verhaftung den die Russen begleitenden deutschen Polizisten zunächst verwirrte, weil er an eine Verwechslung glaubte, denn ein OdF meinte er nicht verhaften zu können.

61 Interviewprotokoll Eckhardt.

Sicherheitsgründen aus dem der Besatzungsmacht vorzulegenden Protokoll gestrichen. Die Angst vor Verhaftung ging um, so daß viele Sozialdemokraten schon früh Abstimmungen fernblieben oder ihren Protest durch verschränkte Arme ausdrückten. Als Gefühl, an einer Beerdigung teilzunehmen, beschrieb er die Stimmung beim thüringischen Vereinigungsparteitag in Gotha. Nach diesem Parteitag hat er sich, wie er berichtete, „völlig enttäuscht zurückgezogen“, eine Funktion im Rahmen der paritätischen Besetzung mochte er nicht übernehmen. Er wollte „das nicht mitmachen“, weil er bereits „unter einer Diktatur“ gelitten hatte. Viele Menschen kamen zu ihm, und er scheint ihre Meinung geteilt zu haben, „alles“ nur der Zeit überlassen zu können, „das kann ja nicht ewig dauern, sagten wir uns. Wir hatten ja eine Diktatur überwunden, ich kann mir nicht vorstellen, daß die Westmächte, die ja letzten Endes mal in den Krieg gegangen sind der Freiheit wegen, daß die zulassen werden, daß hier wieder eine Diktatur entsteht, das kann ich mir einfach nicht vorstellen; von dem Standpunkt bin ich immer ausgegangen.“[62]

Früh schon war er an der Entwicklung im Westen interessiert, wollte wissen, wie es dort „wirklich“ aussah. In der Erinnerung war deshalb ein „Flugblatt“ mit einer Schumacher-Rede wichtig, das er zufällig Anfang 1946 bekam. Ihn beeindruckten Schumachers klare Begründung für die Ablehnung der Vereinigung unter den gegebenen machtpolitischen Bedingungen, dessen Worte von den Sozialdemokraten als den „Blutspendern“ der KPD und die Anprangerung der kommunistischen Herrschaftspraktiken.[63] Das sei der eigentliche Beweggrund gewesen, der Vereinigung dann skeptisch gegenüberzustehen. Die West-SPD unter der Führung Kurt Schumachers wurde Eckhardt zum Orientierungspunkt: „Ich richtete nun, komme, was wolle, meine politische Tätigkeit darauf aus, ganz im Sinne Kurt Schumachers zu handeln.“[64] Dazu bedurfte es weiterer Informationen. Mit einem Freund ging er im März 1947 bei Nordhausen über die grüne Grenze, besuchte seinen Bruder in Celle, und von dort aus fuhren sie nach Hannover, weil er „irgendwie“ gehört hatte, daß dort die SPD sei

62 Ebd.

63 Da er von diesem Flugblatt als von der „großen Frankfurter Rede“ Schumachers sprach, ist wohl die Entschließung der Konferenz der Sozialdemokratischen Partei in der britischen Besatzungszone vom 3./4. Januar 1946 gemeint, die zwei Tage später auch von einer Versammlung von Funktionären der amerikanischen und französischen Zone in Frankfurt am Main verabschiedet wurde. Darin heißt es wörtlich: „Die Sozialdemokratie lehnt es ab, den Blutspender für den geschwächten Parteikörper der Kommunistischen Partei abzugeben.“ Zitiert nach Willy Albrecht (Hrsg.), Kurt Schumacher. Reden – Schriften – Korrespondenzen 1945–1952, S. 328.

64 Interviewprotokoll Eckhardt.

und daß Rudi Dux die Flüchtlingsbetreuungsstelle leite.[65] Sie gelangten in die Odeonstraße, wo sie nach eingehender Befragung ihr Anliegen vortrugen, an das sich Eckhardt so erinnerte: „Wir haben gar nicht vor, gegen die Besatzungsmacht vorzugehen, aber wir wollen uns gegen die Unterdrückung der SPD auflehnen, und das konnte meiner Meinung nach nicht allzu straffällig sein."[66] Sie fuhren zurück mit der Antwort, man werde die Verbindung aufrechterhalten. Ein Kurier kam, brachte Material mit, und Eckhardt „gruppierte" einige Leute um sich.[67] Sie alle kamen zu ihm, „nicht um das System zu stürzen, aber um zu beweisen, daß die SPD noch lebt".[68] Für ihn war dies die eigentliche Aufgabe, nämlich der Bevölkerung Signale zu geben, daß die SPD sich nicht ohne Gegenwehr beiseite schieben ließ.

Die Kuriere übernachteten bei ihm, brachten Informationen und Material mit und nahmen Berichte mit zurück. Zu dem Material, das Eckhardt und seine „Gruppe" vom Ostbüro erhielten, gehörten Zettel, die sie in Briefkästen steckten. Besonders in Erinnerung geblieben ist Eckhardt die große Klebeaktion, die sie am Buß- und Bettag des Jahres 1947 in Erfurt organisierten. Der Kurier des Ostbüros hatte 500 farbige Klebezettel mitgebracht. Darauf war ein großer Kreis, in der Mitte die Vereinigungshände, in dem Kreis stand „Einheit mit Zwang hält nimmer lang".[69] Die Stadt wurde in Bezirke aufgeteilt, je nach Größe erhielt jeder 40-80 Klebezettel, so daß die Aktion schlagartig beginnen konnte, leichtsinnigerweise am hellichten Tag. Die SED reagierte umgehend; Funktionäre gingen durch die Stadt und rissen die Zettel ab. Auch die Suche nach den Tätern begann unmittelbar, und Eckhardt geriet bald in Verdacht, mit der Aktion in Verbindung zu stehen. Dennoch dauerte es noch Monate bis zu den Verhaftungen am 12. März 1948, die vermutlich in Weimar und Jena begannen. Verhaftet wurden Gruppen bzw. einzelne Sozialdemokraten,

---

65 Die Angaben über den ihn begleitenden Freund decken sich nicht mit denen von Albert Wesemeyer, der einen anderen Namen nannte.

66 Interviewprotokoll Eckhardt.

67 Deren Zahl steht nicht genau fest, da sich Eckhardt nicht mehr an alle Namen erinnern konnte. Es dürften zwischen sieben und zehn Personen gewesen sein. Einem Brief Eckhardts an den PV von Anfang der 60er Jahre zufolge sollen es zehn Personen gewesen sein, von denen einige rechtzeitig fliehen konnten, darunter der stellvertretende Polizeidirektor von Erfurt, ein Kriminalkommissar und der Lehrer einer Polizeischule. Vgl. Wolfgang Buschfort, Das Ostbüro der SPD 1946–1958, Diss. (MS.) Bochum 1989, S. 79, 144.

68 Interviewprotokoll Eckhardt.

69 Dem fügte er 1973 bitter hinzu, genau dies sei ihr großer Irrtum gewesen, sie halte doch sehr lang.

von denen Eckhardt über den Kurier des Ostbüros wußte. Zusammen mit einigen von ihnen ist er später verurteilt worden.[70]

Die Verhaftung Curt Eckhardts erfolgte mitten in der Nacht. Seine Erfahrungen während der fast zweijährigen U-Haft in Weimar waren denen Albert Wesemeyers nicht unähnlich. Diese zwei Jahre konnte er nicht vergessen, Jahre, in denen seine Familie nichts von ihm wußte, in denen er als „Schumacherschwein" wie der letzte Dreck behandelt worden sei.[71] Verurteilt wurde er im Januar 1950 von einem sowjetischen Militärtribunal zu 25 Jahren Zwangsarbeitslager als „Rädelsführer der Schumacherschen Untergrundbewegung in Thüringen", der durch seine „reaktionäre und verbrecherische Tätigkeit" den demokratischen Aufbau gefährdet habe. Die ersten drei Haftjahre mußte er in Bautzen verbüßen, die anderen im Zuchthaus Brandenburg, von wo aus er Ende Mai 1956 nach Heidelberg entlassen wurde, wohin seine Familie kurz nach seiner Verhaftung mit Hilfe des Ostbüros geflüchtet war. Mit ihm zusammen kamen 23 weitere Sozialdemokraten frei. Sie hatten die Wahl, dorthin entlassen zu werden, wo die Angehörigen lebten. Außer ihm wählten fünf andere Häftlinge den Weg in den Westen. Sie bekamen die Ermahnung mit auf den Weg, nie zu vergessen, daß die Bundesrepublik ein „kapitalistischer Staat" und „wahre Menschlichkeit" nur in der DDR zu finden sei. Ausgestattet mit fünf Mark und einem Butterbrot, wurden sie von Brandenburg nach Magdeburg gefahren. Dort bestiegen sie den Interzonenzug.

Zu denen, die am 12. März 1948 in Weimar verhaftet wurden, gehörte Günter Bruschwitz, ein damals noch junger Mann.[72] Seine Gruppe hatte vom Ostbüro den Namen „Lucas Cranach" erhalten.[73]

---

70 Deutlich wird an diesem Beispiel die willkürliche Konstruktion von Gruppen bei den Verurteilungen. So gehörte Albert Wesemeyer zu dieser Gruppe, wurde aber nicht mit ihr zusammen verurteilt. Unüberprüfbar bleiben auch in diesem Zusammenhang Vorwürfe gegen einzelne Personen, durch Geständnisse Verhaftungen ausgelöst zu haben. Wahrscheinlicher ist die längere systematische Beobachtung nicht nur der Gruppen selbst, sondern auch der Kuriere des Ostbüros, die das Verbindungsglied für die Gruppenkonstruktion sein dürften.

71 Aufgrund dieser Erfahrungen, Demütigungen und Beschimpfungen war er ein entschiedener Gegner der zum Zeitpunkt des Interviews gerade abgeschlossenen Ostverträge. Für sein Gefühl, zu dem er sich vehement bekannte, war es für eine Aussöhnung, insbesondere mit der DDR, viel zu früh. Er fürchtete, daß die Zeit über die Sozialdemokraten hinweggehen würde, die wie er wegen „ihres Eintretens für Freiheit und Rechtsstaatlichkeit viele Jahre als Schumacherschweine in den Zuchthäusern der Sowjetzone vegetieren mußten". Das dürfe nie in Vergessenheit geraten, das seien die Überlebenden den Toten schuldig. Vgl. Interviewprotokoll Eckhardt.

72 Die folgenden Ausführungen basieren auf einem Interview, das 1973 durchgeführt wurde. Vgl. Interviewprotokoll Bruschwitz, AdsD der FES.

73 Als im September 1948 im Parteivorstand der SED im Zusammenhang mit der Jugoslawienresolution über die Notwendigkeit von Säuberungen diskutiert wurde, war es diese Gruppe, die als Beispiel für Thüringen herangezogen wurde. Es wurde behauptet,

Günter Bruschwitz (Jg. 1920) stammte aus einer sozialdemokratischen Familie, die ursprünglich in Schlesien beheimatet war. Nach kurzer amerikanischer Gefangenschaft gelangte er 1945 zufällig nach Weimar, wo er in die SPD und in den FDGB eintrat. Seinen Beruf als Rechtsanwaltsgehilfe konnte er zunächst nicht ausüben. Er fing als Bauhilfsarbeiter an, fungierte bald jedoch als Redner bei der Gründung von Gewerkschaftsgruppen. Dem folgten die Funktionen als Betriebsratsvorsitzender einer Behörde und Gewerkschaftssekretär. Seinen Erinnerungen zufolge stand er der Vereinigung von SPD und KPD ablehnend gegenüber. Als diese nach seiner Sicht nicht mehr aufzuhalten war, habe er sie in der Absicht befürwortet, die Sozialdemokratie in ihr zu stärken, zu aktivieren: „Wir wollten den Russen und Kommunisten nicht ohne weiteres das Feld überlassen. Wir wollten nicht aus Protest austreten und keine resignierende Haltung einnehmen."[74] Deshalb übernahm er den Posten des paritätischen SED-Vorsitzenden eines Stadtteils von Weimar. Den gab er wieder auf, weil er sich wegen seiner Westkontakte nicht offen oppositionell verhalten wollte, um sich nicht unnötig zu gefährden. So schied er aus der Parteiarbeit aus und blieb FDGB-Sekretär. In dieser Funktion konnte er nicht nur zahlreiche Kontakte knüpfen und aufrechterhalten, wichtiger waren die Reisemöglichkeiten vor allem nach Berlin. Die Fahrten zum FDGB in Berlin ermöglichten die Kontaktaufnahme zu der sich innerhalb des FDGB formierenden Gewerkschaftsopposition, aus der die Unabhängige Gewerkschaftsorganisation (UGO) hervorging, die sich 1950 dem Deutschen Gewerkschaftsbund (DGB) anschloß. Nicht ungefährlich dürfte es gewesen sein, an deren Versammlungen teilzunehmen. Was er dort – etwa von Otto Suhr, dem sozialdemokratischen Stadtverordnetenvorsteher und späteren Präsidenten des West-Berliner Abgeordnetenhauses – hörte und erfuhr, diskutierte er mit seinen politischen Freunden in und um Weimar. Darüber hinaus fuhr er während seiner Berlinaufenthalte gelegentlich zum dortigen Ostbüro, einen Kontakt, den er persönlich wahrnahm, weil ihm die Arbeit mancher Kuriere zu dilettantisch erschien. Aus Berlin nahm er Zeitungen und Zeitschriften mit, vom Ostbüro bekam er Flugblätter und Klebezettel. Die Materialien verteilte er nicht nur in Weimar, sondern überall, wohin er kam. Auch hier war der Zweck, den Zusammenhalt untereinander zu fördern bis zur Wiedervereinigung und

---

daß die Gruppe trotz Verhaftungen weiterhin aktiv sei, daß die „Schumacher-Bewegung" besonders in Thüringen wirke. Diese Behauptung dürfte der Begründung für die verschärften Säuberungen gedient haben; denn für eine illegale Tätigkeit der Gruppe nach dieser Verhaftungswelle gibt es keine Hinweise. Vgl. Stenographische Niederschrift über die 13. (27.) Tagung des PV der SED am 15./16. September 1948, in: SAPMO-BArch IV 2/1/52, Bl. 128. Vgl. auch Kapitel 4.2.

74 Interviewprotokoll Bruschwitz.

zur Wiederzulassung der SPD. In dieser Absicht fühlten sie sich vom Westen bzw. durch ihre Gesprächspartner beim Ostbüro bestätigt und unterstützt, was insofern wichtig war, weil sie von der Annahme ausgingen, daß diese gesamtpolitisch einen größeren Überblick und bessere Informationen haben müßten.

Auch Bruschwitz unterstrich 1973, daß die illegale Arbeit nicht darauf hinauslaufen konnte, etwas gegen die Besatzungsmacht zu unternehmen, weil dies unmöglich war. Aber die Propaganda richtete sich gegen die „Methoden der Kommunisten" und damit gegen die Besatzungsmacht, auch wenn dies nicht intendiert war. An den Aufbau eines illegalen Apparates war zwar ebenfalls nicht gedacht; doch unter der Hand, ohne daß er es wollte, „entstand bei mir in der Wohnung eine Art Zentrale, in der mich viele Gewerkschaftsfunktionäre und Parteifunktionäre aufsuchten. Sie fragten mich, was zu tun sei, ich hätte ja ganz gute Kontakte."[75] Freilich konnten diese Treffen der Gruppe „Lucas Cranach" nicht ohne konspirative Methoden auskommen, die darin bestanden, daß möglichst nie mehr als drei oder fünf Personen voneinander wissen sollten. Von der Existenz anderer Gruppen ahnten sie mehr, als daß sie genaue Kenntnisse hatten, denn politische Gespräche mit denen, die nicht mit dem System einverstanden waren, legten diese Annahme ebenso nahe wie Andeutungen des Ostbüros.

Auch Bruschwitz wurde nachts verhaftet, nachdem er, wie er später annahm, längere Zeit beobachtet worden war. Er versuchte zunächst zu leugnen und zu lügen, legte dann aufgrund anderer Geständnisse selbst Teilgeständnisse ab, „was sich aufgrund der Methoden nicht vermeiden ließ". Im Juni 1949 wurde die Gruppe, zu der Personen hinzugefügt wurden, die mit ihr nichts zu tun hatten, wegen „Spionage", illegaler Gruppenbildung und politischer Arbeit zu 25 Jahren Zuchthaus verurteilt. Aus Bautzen wurde Bruschwitz am 1. Juni 1956 entlassen und gelangte über Meissen in die Bundesrepublik, wo er Gewerkschaftsfunktionär wurde.[76]

75 Ebd.

76 Seine Entlassung erfolgte ebenso wie die von Curt Eckhardt und Albert Wesemeyer im Rahmen der erwähnten Entlassungsaktion von 1956. Ihre Namen sind in einer der publizierten Listen enthalten. Vgl. Zur Entlassung werden vorgeschlagen..., S. 60 ff.

### 5.2.2 *Verurteilt wegen Führung einer sozialdemokratischen Untergrundbewegung*

Fritz Drescher wurde 1904 in Dresden geboren und wuchs in Halle auf.[77] Früh schon strebte er dem Vater nach, der sich als armer schlesischer Metallarbeiter über die Sozialdemokratie „hochgearbeitet“ hatte. Nachdem dieser als Streikführer keine Arbeit mehr hatte finden können, wurde er vor dem Ersten Weltkrieg Parteisekretär in Halle und nach der Revolution Abgeordneter im Preußischen Landtag. Bereits als Handelsschüler engagierte sich Fritz Drescher in der Sozialistischen Jugend. Der SPD trat er bei, als er mit knapp achtzehn Jahren ein Volontariat beim „Halberstädter Tageblatt“ begann. Er verlor diesen Posten, als bei der Wiedervereinigung von USPD und MSPD durch die Zusammenlegung von Zeitungsredaktionen Entlassungen notwendig wurden. Danach arbeitete er in verschiedenen Betrieben, übernahm in Schlesien kurzzeitig eine kleinere Zeitungsredaktion und half beim Aufbau des dortigen Reichsbanners. Er kehrte nach Halle zurück, wo er in einem kaufmännischen Betrieb arbeitete und sich gleichzeitig in Abendkursen an der Universität weiterbildete. Im Anschluß daran schickte ihn die SPD zur Parteiarbeit nach Bitterfeld, wo er gleichzeitig eine Beschäftigung bei der Ortskrankenkasse fand.

1933 wurde sein Vater verhaftet, er selbst und sein Schwiegervater wurden arbeitslos. Wenige Monate später wurde Fritz Drescher wegen eines Flugblattes verhaftet und zu sieben Monaten Gefängnis verurteilt. Er war insofern noch glimpflich davongekommen, als noch nicht bekannt war, daß er sofort nach dem Verbot der SPD in die Illegalität gegangen, sich zeitweilig der Gruppe Neu Beginnen angeschlossen und im Bezirk Weißenfels einen illegalen Kreis mit Verbindung nach Berlin organisiert hatte.[78] Nach der Haftentlassung fand Fritz Drescher Arbeit in einem

---

77 Die folgenden Ausführungen basieren auf zwei Interviews, die 1973 und 1975 mit Fritz Drescher geführt wurden. Vgl. Bouvier/Schulz, S. 147 ff. Sein Lebensweg und sein Schicksal haben nicht zuletzt wegen seiner Verfolgung und Inhaftierung in zwei Diktaturen Beachtung gefunden. Vgl. u. a. Thape, S. 253 ff.; Erika von Hornstein, Staatsfeinde. Sieben Prozesse in der „DDR“, Köln, Berlin 1963, S. 211 ff.; Fricke, Politik und Justiz, S. 118.

78 Neu Beginnen war eine linke Splittergruppe mit dem Ziel einer revolutionären Einheitspartei, die seit den späten zwanziger Jahren konspirativ arbeitete. Sie wurde 1933 durch eine Programmschrift gleichen Namens bekannt, die deswegen Aufsehen erregte, weil sie eine Antwort auf die neuen Notwendigkeiten der Illegalität zu bieten schien und vor allem der Stimmungslage unter vielen Illegalen entsprach. Die meisten ihrer illegalen Gruppen wurden bereits 1935/36 zerschlagen. Vgl. u. a. Jan Foitzik, Zwischen den Fronten. Zur Politik, Organisation und Funktion linker politischer Kleinorganisationen im Widerstand 1933 bis 1939/40, Bonn 1986.

Fabrikbüro und nahm gleichzeitig die illegale Arbeit wieder auf, in deren Rahmen er mehrfach zum Exil-Parteivorstand der SPD nach Prag fuhr. Dort kam es zu heftigen Auseinandersetzungen über die Methoden der illegalen Arbeit, als deren Folge er Anweisungen an seinen engsten Kreis nur noch auf eigene Verantwortung erteilte. Wenig später erfolgte die erneute Verhaftung. Bei den Vernehmungen wurde er tagelang derartig gefoltert, daß er einen Selbstmordversuch unternahm, weil er keine Namen preisgeben wollte. Nach einem Jahr Untersuchungshaft wurde er zusammen mit zahlreichen anderen Angeklagten wegen Hochverrat zu vier Jahren Zuchthaus verurteilt.

Im Zuchthaus von Halle hatte er die Möglichkeit, in der Buchbinderei zu arbeiten und abends zu lesen bzw. zu studieren. Nachdem er 1940 entlassen worden war, kehrte er nach Weißenfels zurück, wo er zunächst in einem Baugeschäft Arbeit fand und dann das Kriegsende als Geschäftsführer eines Großküchen- und Kantinenbetriebes erlebte. Er gehörte zu denjenigen, die die SPD im Bezirk Halle-Merseburg wiedergründeten. Drescher war Mitglied des Bezirksvorstandes und wurde sofort Vorsitzender des Ortsvereins Weißenfels. Noch nach Jahrzehnten bekannte er sich dazu, einer der energischsten Verfechter des Einheitsgedankens gewesen zu sein. Den historischen Irrtum habe er teuer bezahlt. Dieser Einheitsgedanke war jedoch spätestens im Herbst 1945 großer Skepsis gewichen, womit sich für ihn das Gefühl verband, die Entwicklung nicht aufhalten zu können, sich ihr noch nicht einmal verschließen zu können, es sei denn, man ginge in den Westen. Das wollte er zunächst nicht, sondern so lange wie möglich dableiben, um einige Auswüchse verhindern zu helfen, was er als eine zunehmend schwierigere Situation schilderte, die mit Gewissenskonflikten verbunden war. An der eigentlichen parteipolitischen Entwicklung hatte er wegen seines Wechsels in die Verwaltung bald schon keinen Anteil mehr. Mit der eigenen Einflußlosigkeit schwand die innere Bereitschaft, sich für eine Entwicklung zuständig zu fühlen, die eine andere Wendung genommen hatte, als ihm das bei Kriegsende vorgeschwebt hatte.

Bereits Ende Juni 1945 war er auf Vorschlag des sozialdemokratischen Bezirksvorstandes von Halle-Merseburg von der Sowjetischen Militäradministration zum Vizepräsidenten der Bezirksregierung, der Nachfolgerin des ehemaligen preußischen Regierungspräsidiums, ernannt worden. In dieser Funktion blieb er bis Mitte 1947 und wurde dann mit der Auflösung dieser Mittelinstanz in die Landesregierung nach Halle versetzt. In Merseburg unterstand ihm als Leiter der Wirtschaftsdezernate die gesamte – auf der Braunkohle basierende – Großindustrie dieses bedeutenden Wirtschaftsraumes. Da die wichtigsten Betriebe SAGs wurden, hatte die eingesetzte deutsche Verwaltung keinerlei Einfluß auf sie. Sie hatte lediglich die Aufgabe, Arbeitskräfte zu beschaffen. Darüber hinaus unterstanden ihm neben der Domänenverwaltung die gesamte Landwirtschaft, die Gewerbeaufsicht, die Preisüberwachung, die Wasserwirtschaft und der Verkehr. In diese ihm unvertraute Materie mußte sich Fritz Drescher erst einarbeiten, so daß für eine darüber hinausgehende politische Arbeit weder Kraft noch Zeit blieb und er sich um Entwicklungen außerhalb des Bezirkes nicht mehr kümmerte.

Für ihn bestand die wichtigste Aufgabe darin, aus der „Konkursmasse" wieder eine einigermaßen funktionierende Wirtschaft zu machen, wobei über unmittelbare Notwendigkeiten hinausweisende Zukunftsgedanken ihm nach Lage der Dinge nicht möglich schienen, da er – wie alle anderen – in erster Linie die Weisungen der Besatzungsmacht zu erfüllen hatte. Deren Bestrebungen bestanden nach seiner Sicht vorwiegend in den Demontagen, der Erfüllung der Reparationsleistungen sowie in zahllosen Einzelwünschen sowjetischer Offiziere. Dem stand das Bemühen gegenüber, vorwiegend der eigenen Bevölkerung zu helfen, und dabei war Drescher manches legale und illegale Mittel recht. Mit der Hilfe von vertrauenswürdigen Bürgermeistern, Landräten oder auch Betriebsräten habe er alles getan und nichts unterlassen, um die „Russen zu betrügen". Er habe in zwei Schuhfabriken absichtlich „Ausschuß" produzieren lassen, der in Wirklichkeit keiner war, er habe Maschinen vergraben lassen und wichtige Kabelanlagen weggebracht und auch sonst „eine Menge [Dinge] getan, bei denen man jeden Tag mit einem Bein im Zuchthaus stand. Wir haben regelrecht Sabotage getrieben. [...] Ich habe mich dagegen gewehrt, daß man mir diesen oder jenen Beamten wegnahm, weil ich wußte, daß ich sie brauchte. [...] Niemand hier kann sich vorstellen, welchen täglichen Widerstand wir leisten mußten, um eine halbwegs geordnete Verwaltung durchzuführen und die maßlosen Ansprüche der Russen als Besatzungsmacht in irgendeiner Form abzufangen, zu begrenzen und zu vermindern."[79]

Als Fritz Drescher 1947 in der Landesregierung von Sachsen-Anhalt als Ministerialdirektor im Land- und Forstwirtschaftsministerium die Forstverwaltung übernahm, glaubte er, mit einer reinen Fachaufgabe aus dem politischen Schußfeld herauszukommen, dem Druck zu entgehen, zumal er bis dahin noch paritätischer SED-Vorsitzender von Weißenfels war. Nach dem Umzug nach Halle blieb er nur noch nominelles Mitglied des Bezirksvorstandes.

Seine Hoffnungen mit Bezug auf den Amtswechsel erwiesen sich als Irrtum. Er blieb mit den gleichen Schwierigkeiten konfrontiert, zumal er

---

79 Interviewprotokoll Drescher (1. Interview), AdsD der FES.

sich nicht scheute, sich sogleich Feinde zu machen. Als erstes entzog er dem kommunistischen Personalreferenten die Unterschriftsbefugnis, entließ Spitzel und versuchte, die in der Forstverwaltung besonders zahlreichen ehemaligen NSDAP-Mitglieder zu halten. Da sie die Fachleute waren, glaubte er, auf sie angewiesen zu sein. Ohne sie wäre seiner Meinung nach nicht nur die Forstwirtschaft zusammengebrochen, sondern hätten auch die Reparationsleistungen nicht erfüllt werden können. Darüber hinaus protestierte er gegen die exzessiven Jagden der sowjetischen Offiziere oder deren Manipulationen bei Holzverkäufen. In dieses Jahr bis zu seiner Verhaftung fiel zudem die Borkenkäferplage, die ganze Waldbestände vernichtete. Während die SED dies zu einer lautstarken antiamerikanischen Propaganda benutzte, bemühte er sich mit den Fachleuten der Forstverwaltung um die Schädlingsbekämpfung.

Mit seinem Engagement und seiner Furchtlosigkeit auch der Besatzungsmacht gegenüber konnte er manches erreichen und anderes verhindern, wenn auch nur kurzzeitig, so daß die ungeheuren Anstrengungen in keinem Verhältnis zum Erfolg zu stehen schienen. Er wußte zudem, daß er bespitzelt wurde, daß er jederzeit verhaftet werden konnte. Zunehmend fühlte er sich vereinsamt, weil er nur wenigen Menschen vertrauen konnte, weil andere – auch ehemalige Parteifreunde aus der Sozialdemokratie – weniger mutig waren und aus Angst schwiegen.[80]

Die ständige Überlegung, nicht mehr „mitmachen“ zu können, diese Form der Mitarbeit vor dem eigenen Gewissen nicht mehr verantworten zu können, reifte zu dem Entschluß, in den Westen zu flüchten, als er 1948 mehrmals vor die Landesleitung der SED geladen wurde. Ihm wurde unmißverständlich bedeutet, daß er den Weisungen der SED Folge zu leisten habe. Er weigerte sich: „Ich sei dies als alter Sozialdemokrat nicht gewöhnt, und ich würde sofort mein Amt zur Verfügung stellen, würde jeden anderen an meine Stelle lassen, es aber ablehnen und würde mich unserem Volk verantwortlich fühlen und sonst gar nichts weiter.“[81] Als ihm für diesen Fall schwerwiegende Konsequenzen angedroht wurden, ergriff auch keiner der anwesenden ehemaligen sozialdemokratischen Parteifreunde für ihn das Wort. Im Anschluß an eine Sitzung vom Juni 1948 ging er in ein Krankenhaus, weil sich gesundheitliche Folgen seiner Zuchthausjahre erneut bemerkbar gemacht hatten, aber auch aus Tarnung und um innere Distanz zu gewinnen. Dort wurde er am 4. September 1948, vier Tage vor der geplanten und vorbereiteten Flucht, verhaftet.

---

80 Sie schwiegen auch nach Dreschers Verhaftung oder hielten diese gar für „berechtigt“. So z.B. der aus der SPD stammende Paul Verdieck in der Sitzung des Sekretariats des Landesvorstandes der SED Sachsen-Anhalt am 10. Dezember 1948. Vgl. das Protokoll dieser Sitzung in: Malycha, Partei von Stalins Gnaden?, S. 310 ff.

81 Ebd.

Anlaß für den Zeitpunkt war die Verhaftung eines Kuriers des Ostbüros, der im Auftrag des kurz zuvor geflüchteten und im Ostbüro tätigen Parteisekretärs Kurt Brenner einen Brief bei Fritz Drescher für dessen Vater abgeben sollte. Er enthielt eine Frage bezüglich Fritz Dreschers Schwierigkeiten im Amt. Der Kurier war mit dem Brief und einer Namensliste von 30 Personen erwischt worden. Erschwerend kam hinzu, daß ein weiblicher Spitzel in das Ostbüro eingeschleust worden war, wo sie eine Namenskartei mit als zuverlässig geltenden Sozialdemokraten hatte einsehen können. Zahlreiche Verhaftungen waren die Folge. Sie ist später in die DDR zurückgekehrt.

Kontakte zum Ostbüro gab es seit der Zeit, als es von Rudi Dux geleitet wurde. Dreschers Erinnerungen zufolge wurden sie sehr lose gehalten, weil es Absprachen gab, daß die an exponierter Stelle in der Verwaltung tätigen Sozialdemokraten abgeschirmt bleiben sollten, weil sie von der ständigen Bespitzelung zwar wußten, aber ihr kaum entgehen konnten. Die direkten Kontaktpersonen zum Ostbüro seien die Parteisekretäre in Weißenfels gewesen, auch wenn der eine oder andere Kurier bei ihm übernachtet habe. Selbstverständlich habe er in einem solchen Kontext von seinen Sorgen und Schwierigkeiten berichtet, aber nicht im Sinn von verwertbaren Informationen. Er selbst bezeichnete sich als Kontaktperson, die Vertretern aus Westdeutschland Hilfe und Unterstützung für illegale Arbeit gewährte, nicht jedoch als Träger der illegalen Arbeit, weil er persönlich illegale Gruppenarbeit für „sinnlos“ hielt. Nach seiner Kenntnis habe es im Bezirk Halle-Merseburg so etwas wie illegale Gruppenbildung nicht gegeben. Seiner Einschätzung nach gab es lediglich eine lose Verbindung zwischen vertrauten und sich gegenseitig vertrauenden Sozialdemokraten, die offen miteinander sprechen konnten. Es sei die gleiche psychologische Situation wie im Dritten Reich gewesen, aber als organisierten Widerstand mit Gruppenbildung konnte er dies nicht ansehen. Aufgrund seiner Erfahrungen während des Dritten Reiches lehnte er diese Form des Widerstandes ab, weil die Älteren, „die wir das Dritte Reich erlebt hatten, uns über die Problematik solcher Dinge so stark im klaren [waren], daß wir genau wußten, daß das nun wirklich keinen Zweck hatte. Wenn die staatliche Macht sich auf militärische und sonstige Dinge zu gründen vermag, dann hat eine Opposition, eine organisierte Opposition – so vorsichtig sie auch immer betrieben wird – keine ernstzunehmende Chance.“[82] Darüber hinaus war er, jedenfalls in der Erinnerung, der Meinung, daß mit einem baldigen Abzug der Besatzungsmacht nicht zu rechnen war, daß es demnach nur darum ging, sich auf unabseh-

82 Ebd.

bare Zeit in der Situation einzurichten und „das beste daraus zu machen". Kurz vor seiner Verhaftung seien er selbst und andere jedoch der Ansicht gewesen, sie könnten „sich nicht mehr halten", auch nichts mehr verhindern und nichts mehr verbessern, sondern nur noch „mitschuldig" werden, weshalb Drescher seine Flucht vorbereitet habe.[83]

Die Motive seines Handelns sowie seine Einstellung spielten weder bei den Vernehmungen noch bei den Verhandlungen des Tribunals eine Rolle. Die Anschuldigungen gegen ihn und die dreizehn Mitangeklagten, von denen er einige nie vorher gesehen hatte, galten als erwiesen.[84] Der Brief an Dreschers Vater hatte ihn zum „Spion" gemacht, und man ließ ihn fast verhungern, um ihn gefügig zu machen, ihn zu Geständnissen zu bewegen. Man verzichtete nach einigen Monaten darauf. Wie in vergleichbaren Fällen bekam er die Anklageschrift nur vorgelesen, aber nicht ausgehändigt, und vergleichbar war auch die Farce des viertägigen Tribunals Mitte Juni 1949. Die Anklage gegen die Mehrzahl der Beschuldigten lautete u. a. Gruppenbildung und Materiallieferung an das Ostbüro. Die gegen Fritz Drescher enthielt: 1. Spionage, 2. Führung einer sozialdemokratischen Untergrundbewegung und 3. Verleumdung der sowjetischen Besatzungsmacht. Für jeden dieser Anklagepunkte wurde er zu 25 Jahren Arbeitslager verurteilt, die zu 25 Jahren zusammengezogen wurden. Die Spionage galt durch die Namensliste des Kuriers und den Brief als erwiesen; als „Führer" einer Untergrundbewegung hatte ihn ein ihm völlig unbekannter Belastungszeuge bezeichnet; und die Verleumdung der Besatzungsmacht beruhte auf der Aussage eines von ihm entlassenen Mitarbeiters aus der Forstverwaltung, der als Belastungszeuge aufgetreten war.

Die Verurteilten wurden ins Zuchthaus Bautzen eingeliefert. Nach kurzer Zeit wurde Fritz Drescher im Rahmen der bescheidenen Häftlingsselbstverwaltung Saalältester, eine problematische Aufgabe, da keineswegs alle Häftlinge der gleichen politischen Gesinnung waren und es

---

83 Seine Verhaftung war dann für einige „Prominente", u. a. Bruno Gleitze, Otto Kunze und Ernst Thape, das Signal, wegzugehen. Nur Willi Brundert habe geglaubt, daß ihm nichts „passieren" könne. Vgl. auch Thape, S. 295.

84 Zu den Mitangeklagten und -verurteilten gehörte der bei der Verhaftung 26jährige Hermann Polenz aus dem Kreis Eisleben. Er stammte aus einer sozialdemokratischen Familie und engagierte sich 1945 als Jugendvertreter in der SPD. Auch in der SED war er zunächst Jugendsekretär im Landessekretariat von Sachsen-Anhalt, danach Kreissekretär in Hettstedt. Er hatte Verbindung zum Ostbüro aufgenommen, weil er Kurt Brenner persönlich gut kannte, so daß er auf der Liste des erwähnten Kuriers stand. Polenz war jedoch der Meinung, das dies nicht der eigentliche Grund seiner Verhaftung war. Den Fragen bei den Vernehmungen habe er entnehmen können, daß er seit 1947 unter Beobachtung stand und daß er aufgrund der Angaben des erwähnten Spitzels im Ostbüro auf jeden Fall verhaftet worden wäre. Vgl. Interviewprotokoll Polenz, AdsD der FES.

deshalb schwierig war, sie voreinander und gegenüber der sowjetischen Verwaltung zu schützen. Dennoch scheint es eine Aufgabe gewesen zu sein, für die Fritz Drescher aufgrund seiner Zuchthauserfahrungen im Dritten Reich besonders geeignet gewesen ist.[85]

1950 wurde Fritz Drescher als einziger aus der mit ihm verurteilten Gruppe nach Workuta deportiert, von wo aus er erst 1954 Kontakt mit seiner Familie in Weißenfels aufnehmen konnte. Von den schwierigen Verhältnissen dort, von der Ausbeutung der Arbeitskraft und von den schwersten Erkrankungen, unter denen auch er litt, hat er später berichtet. Von den langfristigen gesundheitlichen Schäden und psychischen Folgen dieser Haftjahre sprach er nicht.[86]

1955 kehrte er aus der Sowjetunion zurück. Vierzehn Tage blieb er bei seinen Angehörigen in Weißenfels. Dann flüchtete er mit seiner Frau über Berlin in die Bundesrepublik. Im Westen war er bis zu seiner Pensionierung Verwaltungsleiter des Wirtschaftswissenschaftlichen Instituts der Gewerkschaften. Er starb im September 1982.

### 5.2.3 *Er galt als der kommende Mann in Sachsen*[87]

Zu den ersten Höhepunkten der von Otto Grotewohl offiziell eingeleiteten Säuberungswelle gegen die Sozialdemokraten gehörte das Vorgehen gegen zahlreiche sächsische Funktionäre. Zu den führenden Köpfen der oppositionellen Gruppierungen gehörte in Dresden neben Arno Haufe vor allem Arno Wend.[88]

85 Das bedeutet allerdings auch, daß die Meinungen über sein Wirken in dieser Funktion nicht einhellig waren, daß noch später an Gerüchte erinnernde Vorwürfe auftauchten, die möglicherweise auf Haftpsychosen zurückzuführen waren.

86 Vgl. den Bericht Fritz Dreschers in der Welt am Sonntag vom 27. Juni 1976; zu dieser noch wenig erforschten Problematik insgesamt vgl. die Materialien einer Fortbildungsveranstaltung in Magdeburg: Zur medizinischen, psychologischen und politischen Beurteilung von Haftfolgeschäden nach 1945 in Deutschland. Hrsg. u. a. von der Gedenkstätte für die Opfer politischer Gewalt in Sachsen-Anhalt 1945–1989, Magdeburg 1995.

87 Unmittelbar nach der Verhaftung Arno Wends war sein früherer Mitarbeiter und enger Vertrauter Fritz Heinicke nach Berlin geflüchtet und hatte dort über die Verhaftung berichtet. Er informierte nicht nur über beider Tätigkeit, sondern auch über die hohe Wertschätzung, die Wend unter den sächsischen Sozialdemokraten genoß. Sein „Verschwinden“ sei ein großer Verlust für die Arbeiterbewegung, „galt er doch überall als der kommende Mann in Sachsen“. So der Bericht vom 10.7.1948, in: AdsD der FES, Bestand Ostbüro, PA Wend.

88 Vgl. auch Kapitel 2 und 4; vgl. zum folgenden auch Moraw, S. 234 ff.; Bouvier/Schulz, S. 227 ff.; Interviewprotokoll Wend, AdsD der FES. (Das Interview mit Arno Wend wurde 1972 geführt.) Der Sozialdemokrat Arno Haufe (1884–1962) war nach dem Ersten Weltkrieg maßgeblich am Aufbau der sächsischen Landesregierung beteiligt. Er war führendes Mitglied des Reichsbanners, arbeitete nach 1933 illegal und kam in KZ-Haft. 1945 wurde er 2. Landesvorsitzender der sächsischen SPD. Wie Arno Wend und Arno Hennig wurde er Mitglied des sächsischen Landesvorstandes und Landessekretariats der SED.

Arno Wend wurde 1906 in Zittau geboren und lebte bis zu seiner Verhaftung im Juli 1948 in Dresden, wo er auch politisch wirkte. Er absolvierte eine Lehre als Anwalts- und Notariatsgehilfe, legte Verwaltungsprüfungen ab und arbeitete bis 1933 im Arbeitsamt Dresden. Neben seiner Berufstätigkeit bildete er sich an der Heimvolkshochschule Tinz weiter und besuchte über mehrere Semester Kurse an der Technischen Hochschule Dresden. Der SPD war er 1925 beigetreten, hatte sich vorher jedoch längst in deren Jugendorganisation engagiert. In jungen Jahren war er bald nicht nur stellvertretender Ortsvereinsvorsitzender und SAJ-Bezirksvorsitzender von Ostsachsen, sondern seit 1932 auch Stadtverordneter.

Nachdem er 1933 seine Arbeit verloren hatte, konnte er als Finanzbuchhalter unterkommen. In den Jahren bis 1939 wurde er mehrfach verhaftet und wegen Fortsetzung einer verbotenen Partei angeklagt. Durch geschickte Verteidigung wurde er jedoch nur zu geringfügigen Strafen verurteilt, so daß er trotz illegaler Reisen nach Prag verhältnismäßig „Glück“ hatte. 1940 zur Wehrmacht eingezogen, diente er bis 1945 bei verschiedenen Einheiten, zuletzt als Oberfeldwebel.

Bereits im Juni 1945 aus amerikanischer Kriegsgefangenschaft entlassen, blieb er für kurze Zeit abwartend im Westen. Als er vom parteipolitischen Wiederaufbau in der SBZ hörte, kehrte er jedoch Ende Juli 1945 nach Dresden zurück, trat sofort der SPD bei, wurde Unterbezirkssekretär für den Großraum Dresden und in dieser Funktion Mitglied des Landesvorstandes. Wie manche andere Sozialdemokraten war auch Arno Wend zunächst kein grundsätzlicher Gegner der Vereinigung mit der KPD. Er äußerte sich jedoch vehement gegen das vorgelegte Tempo, den Zeitdruck und die Methoden, mit denen die Kommunisten ihre Vorstellungen durchsetzten. Verbunden war seine Vorstellung von der Überwindung der Spaltung der Arbeiterbewegung mit einer Gewichtsverlagerung hin zur sozialdemokratischen Tradition, was eine organisatorisch intakte und mitgliederstarke SPD zur Voraussetzung hatte. Bis zum Vereinigungsparteitag kämpfte und votierte er gegen die geplanten Statuten der neuen Partei, gegen Organisationsprinzipien, die die Sozialdemokraten benachteiligten. Angesichts heftiger parteiinterner Auseinandersetzungen bis in die letzte Phase der Einheitskampagne betonte Arno Wend in einer Sitzung des SPD-Landesvorstandes im Februar 1946, daß es ihm darum gehe, die

---

Hennig und Wend wurden frühzeitig – 1946/47 – aus ihren Parteifunktionen verdrängt, Haufe dann 1948. Nach seiner Verhaftung im August 1948 wurde er zusammen mit Arno Wend und drei anderen Sozialdemokraten (Hans Lehmann, Heinz Quade und Trudi Matschke) von einem SMT zu 25 Jahren Straflager verurteilt, die er bis 1955 in Sibirien verbüßen mußte. Zur Verdrängung aus dem Parteiapparat vgl. Malycha, Partei von Stalins Gnaden?, S. 200 ff.

Partei als ganzen Block in die neue Partei einzubringen, weil sie nur auf diese Weise Gewicht haben und Politik gestalten könne. „Wir sind eine Partei, die um einen Standpunkt ringt, und es müsse in der neuen Partei mehr Haltung, Rückgrat, Selbstbewußtsein und Aktivität von unseren Genossen gezeigt werden.“[89]

Arno Wend hatte dieses Selbstbewußtsein und entwickelte die von ihm geforderten Aktivitäten in der neuen Partei, in der er wieder Mitglied des Landessekretariats wurde. In manchen Fällen, etwa beim Volksentscheid in Sachsen, trat er aus Überzeugung für die Ziele der SED ein. In anderen schien es anfangs keineswegs nötig, mit Unbedingtheit deren Zielen zu folgen. Selbstbewußtsein hatte Arno Wend schon in der SPD gezeigt, nicht zuletzt in den Auseinandersetzungen mit dem ihm zu vereinigungswilligen und gegenüber der KPD und der Besatzungsmacht zu nachgiebigen Landesvorsitzenden Otto Buchwitz, um dessen Ablösung er sich im Januar 1946 vergeblich beim Zentralausschuß in Berlin bemüht hatte. Seinen Erinnerungen zufolge hat dabei auch eine Rolle gespielt, daß er als dessen Nachfolger im Gespräch war und sich möglicherweise selbst als solcher sah, auch wenn er betonte, es sei nur um dessen politische Haltung, nicht um den Posten gegangen.

Sein Selbstbewußtsein zeigte sich auch, als es nach der Vereinigung um die Besetzung der Funktionen im Landessekretariat ging. Gegen große Widerstände konnte er es durchsetzen, die Zuständigkeit für die Personalpolitik und die Presse zu erhalten. Gerade in dieser – in der Regel sonst kommunistisch besetzten – Schlüsselposition waren die Auseinandersetzungen besonders heftig, stellten sich aber bald als sinnlos heraus, weil die Arbeit der des Sisyphus glich. Er bekam weder Unterstützung noch Rückendeckung von Otto Buchwitz, und seine „kommunistische Parität“ verschanzte sich von vornherein hinter tatsächlichen und vermeintlichen Befehlen der Besatzungsmacht. Gerade weil er sich gegen die kommunistischen Übergriffe in seinem Arbeitsbereich zur Wehr setzte und ein offenes Wort nie zu scheuen schien, mehrten sich die Anzeichen für eine Kaltstellung.

Erste Ansätze zeigten sich im Zusammenhang mit den Kommunalwahlen von 1946. Arno Wend war in das Dresdner Stadtparlament gewählt worden, obwohl die Kommunisten dies hatten verhindern wollen. Aufmerksame Sozialdemokraten hatten bei der Verlesung der Kandidatenliste festgestellt, daß sein Name einfach weggelassen wurde, und setzten daraufhin seine erneute Kandidatur durch. Als es dann 1947 gelungen war, ihn von seinen Parteiämtern zu beurlauben, mußte er aus den Aus-

89 Niederschrift über die Sitzung des engeren Landesvorstandes der SPD Sachsen am 13. Februar 1946, in: Malycha, Auf dem Weg zur SED, S. 442 (Dokument Nr. 172).

schüssen des Stadtparlaments ausscheiden. Da er damit für die SED praktisch wertlos war, forderte sie ihn zur Mandatsniederlegung auf. Das lehnte er mit der Begründung ab, dies sei kein Parteiamt, sondern ein öffentliches Amt. Auch die Androhung des Parteiausschlusses konnte daran nichts ändern, zumal dieser nach der Gemeindeordnung keine Handhabe bot, ihm das Mandat abzusprechen. Er blieb im Stadtparlament und schloß sich als Hospitant der CDU an.

Daraufhin setzte ein Trommelfeuer ein, das ihn als „Verräter an der Arbeiterschaft" brandmarkte. Gleichzeitig wurden die Sozialdemokraten seiner Umgebung aufgefordert, jeden Kontakt mit ihm abzubrechen bzw. zu vermeiden, wenn sie nicht ebenfalls in den Verdacht kommen wollten, Verräter zu sein. Im anderen Fall müßten sie früher oder später mit „Konsequenzen" rechnen. Da jeder von ihnen einzeln „bearbeitet" worden ist, dürfte mancher „weich" geworden sein.

Als Anlaß für die Beurlaubung von seinen Parteiämtern hatte – wie in anderen Fällen auch – ein Vorwurf gedient, der geeignet war, einen populären Funktionär vor einer uninformierten Parteimitgliedschaft zu diskreditieren. In diesem Fall war es die angebliche Unterschlagung von Kunstwerken in der Arbeiterakademie Oberreinsberg-Bieberstein. Hintergrund war, daß dort u.a. wertvolle Gemälde aus sächsischen Schlössern eingemauert worden waren, um sie der Enteignung zu entziehen. Er und vor allem Arno Hennig waren zufällig darauf gestoßen.[90] Sie ließen Inventarlisten anfertigen, die sie selbst behielten und an Sozialdemokraten bei der Polizei, an den Landeskustos sowie an den damaligen Ministerpräsidenten Rudolf Friedrichs weiterleiteten.[91] Sie ließen die Gemälde erneut einmauern, und vor allem Hennig war der Meinung, daß Schweigen über die Angelegenheit herrschen solle, damit die Bilder nicht in die Sowjetunion transportiert würden. Während sie die Sache damit für erledigt hielten, wurde sie später verraten. Arno Hennig flüchtete daraufhin in den Westen. Die Untersuchung gegen Wend verlief zwar ergebnislos, aber trotz Rehabilitierung wurde er nicht wieder in seine parteipolitischen Ämter eingesetzt. Man wollte ihn in andere Funktionen hoch- und weglo-

---

90 Arno Hennig (1897–1963) war vor 1933 politischer Sekretär der SPD in Ostsachsen; nach 1933 mehrfach inhaftiert, wurde er 1945 erneut Mitglied der SPD, dann der SED. Er war Kulturdezernent, Stadtschulrat und dann Oberbürgermeister von Freital. Im Herbst 1946 floh er in den Westen, wo er Kulturreferent beim Parteivorstand der SPD in Hannover und Bundestagsabgeordneter wurde.

91 Rudolf Friedrichs (1892–1947) war Jurist und seit 1922 Mitglied der SPD. Er war Stadtrat in Dresden und Regierungsrat im sächsischen Innenministerium. 1933 wurde er aus politischen Gründen entlassen und war kurzzeitig in Haft. 1945 wurde er erneut Mitglied der SPD, dann der SED. Er war zunächst Oberbürgermeister von Dresden und dann bis zu seinem frühen Tod Präsident der Landesverwaltung bzw. Ministerpräsident von Sachsen.

ben, was er ablehnte. Er bestand auf seiner Wiedereinsetzung im Landessekreta-riat. Gleichzeitig wurde Material gegen ihn gesammelt, sei es wegen seines Verhaltens im Stadtparlament, kritischer Äußerungen in Versammlungen oder Artikeln, die zu schreiben er sich weigerte. Er bekam eine Parteirüge, Funktionssperre sowie Redeverbot und wurde schließlich aus der Partei ausgeschlossen.

Wend trat dann eine Stelle als Geschäftsführer der landwirtschaftlichen Vieh-Zentralgenossenschaft Sachsens an, die weitreichende Reisemöglichkeiten in der gesamten Zone und nach Berlin bot. Bei den Dienstreisen nach Berlin fuhr er stets auch nach West-Berlin, wo er mehrfach mit Kurt Schumacher zusammentraf und vor allem den Kontakt zum Berliner SPD-Vorsitzenden Franz Neumann aufrecht erhielt. Er berichtete auch schriftlich über die politische Lage, verfaßte für das Ostbüro unter einem Pseudonym den Artikel „1 Jahr SED" und erstellte Namenslisten von „zuverlässigen" Sozialdemokraten. Politische Hauptaufgabe war für ihn, die Kontakte unter den Sozialdemokraten wiederherzustellen und aufrechtzuerhalten, nicht hingegen die „Organisation" von Gruppen, die gegen die SED eingestellt waren, denn „es ist ein Unfug, man liefert dann die Leute gewissermaßen ans Messer. Meiner Meinung nach kam es ausschließlich darauf an, daß man das möglichst auf der persönlichen Basis macht, und zwar wie das Schneeballsystem, der eine, der informiert wird, sorgt dafür, daß zwei oder drei weitere informiert werden, aber nicht als Organisation, das wäre also zu gefährlich gewesen."[92] An die Schaffung von illegalen Kaderorganisationen hat er nie gedacht; je deutlicher sich nach seiner Sicht „die Russen und die SED auf dieses Gebiet" festlegten, desto sinnloser war es, „unendliche Opfer" zu bringen. „Wir sahen doch, als sie diese Gründung der ‚Partei neuen Typs' in Szene setzten, folgten Verhaftungen noch und noch, da hatten sich schon die Leute bloßgestellt."[93]

Die eigene Opposition war zeitbedingt, denn sie hing nach Wends Ansicht davon ab, ob und in welcher Weise die Alliierten sich einigen würden, ob es eine Entwicklung in Richtung Wiedervereinigung geben werde. Obwohl er im nachhinein viel Skepsis äußerte, war es für ihn kein Widerspruch, SED-Mitglied geworden zu sein. Denn für ihn fing sein „Widerstand" nicht erst innerhalb der SED an, sondern war eine folgerichtige Entwicklung seit 1945. Zu diesem Zeitpunkt sei die Hoffnung auf eine Vereinigung der Zonen noch sehr viel größer gewesen als dann wenig später, so daß er und viele andere Sozialdemokraten es für wichtiger hielten, zu bleiben, „als daß wir alle weglaufen – das wäre das Einfachere

---

92 Bouvier/Schulz, S. 243.
93 Ebd., S. 242.

gewesen."[94] Ebenso bedeutsam für seine Haltung und die anderer Sozialdemokraten war die West-SPD. Und sie, so erinnerte sich auch Wend, legte Wert darauf, „daß wir nicht gehen, sondern daß wir bleiben, einfach weil man glaubte, daß auf der Basis der alliierten Regelung noch eine Änderung zu erwarten sei. Das war die große Illusion gewesen."[95] Solange keine endgültige Entscheidung gefallen war, wollten sie nicht gehen, sondern sich bemühen, sozialdemokratische Vorstellungen aufrechtzuerhalten, wenn sie schon nicht mehr durchsetzbar waren. Auf seinen Reisen konnte Wend bis zum Sommer 1948 feststellen, daß diese Vorstellungen überall noch „lebendig" waren, auch wenn Sozialdemokraten längst kaltgestellt waren. Mit der Entwicklung zur „Partei neuen Typs" wuchs der „Widerstand" noch. Der Bevölkerung sei deutlich erkennbar gewesen, daß sozialdemokratische Funktionäre diese nicht „mitmachen" würden. Als Prinzip galt jedoch, zum Schutz und zur Tarnung solange wie möglich offiziell nicht nur in der SED, sondern sogar in Funktionen zu bleiben. Damit wurde das „Mitmachen" für jeden einzelnen zur Gratwanderung. Das Problem der Gefährdung stellte sich für jeden anders, so daß beispielsweise die von allen Seiten an Wend gelobte Unbeugsamkeit zu einer Gefahr für seine Sicherheit werden konnte.

Wenn Arno Wend die politische Hauptaufgabe dieses Widerstandes in der Aufrechterhaltung von Verbindungen sah, so war er dabei keineswegs isoliert, sondern stützte sich auf einen Kreis von Vertrauten in der engsten Umgebung. Wo sie konnten, arbeiteten sie vertrauensvoll zusammen, ohne daß Wend sie im einzelnen über seine Aktivitäten und Kontakte mit dem Westen informierte. Gemeinsam war ihnen die politische Grundeinstellung, und persönliches Vertrauen war das Band, das sie zusammenhielt. Sie wußten von vergleichbar engen Kreisen in den anderen ehemaligen sächsischen Hochburgen der Sozialdemokratie, ohne daß dies als Koordinierung zu verstehen ist. Es war wohl eher ein isoliertes Nebeneinander. In Arno Wends Erinnerung bestand dieser für ihn engste Kreis aus etwa sechs Personen, darunter neben Arno Haufe und Hans Lehmann, der für Haufe Kurierfahrten zum Ostbüro unternahm, auch Ludwig Hoch, der stellvertretende Polizeichef des Landes Sachsen, der kurz nach Wends Verhaftung aus dem Polizeidienst entlassen und wenig später ebenfalls verhaftet wurde.[96]

94 Ebd., S. 238.

95 Ebd.

96 Ludwig Hoch war schon vor 1933 als Sozialdemokrat im sächsischen Polizeidienst in führender Position tätig. Nach 1945 wurde er erneut Mitglied der SPD und war im Bezirksvorstand von Dresden. Er wurde u. a. wegen Konterrevolution und Spionage (§ 58) angeklagt und durch ein Fernurteil zu 25 Jahren Arbeitslager in der Sowjetunion verurteilt. Nach seiner Haftentlassung kehrte er in die DDR zurück, wo er in mehreren Be-

Ähnliche Vorstellungen wie Arno Wend hatte der eine Generation ältere Arno Haufe, der in ausführlichen Berichten an das Ostbüro die politische Lage in Sachsen schilderte und ebenfalls Namenslisten von „zuverlässigen“ Sozialdemokraten erstellte.[97] Er war der festen Überzeugung, daß die SPD in Sachsen und damit in der Sowjetischen Besatzungszone wieder aufgebaut werden würde, weil er zu diesem Zeitpunkt, im Spätherbst 1947, davon ausging, daß als Ergebnis der Londoner Außenministerkonferenz eine Wiederzulassung der SPD bevorstehe. Er mahnte zu großer Vorsicht bei den Kontakten, weil er und Arno Wend besonders gefährdet seien; beide sollten deshalb bei Kurierbesuchen besser aus „dem Spiel“ bleiben. Dennoch bot er an, daß Kuriere bei ihm übernachten könnten. Als wie harmlos er letztlich seine Tätigkeit einschätzte und in wie trügerischer Sicherheit er sich trotz seiner Hinweise auf die problematische Situation und die Gefährdung wiegte, zeigt eine Äußerung über „zukünftige Pläne“: „Wenn ich jetzt in die Ostzone zurückkomme und man mich in Ruhe läßt, nehme ich keine Arbeit an, auch nicht zur Tarnung. Bei mir gibt es nichts zu tarnen, weil die Besatzungsarmee genau weiß, wo ich politisch stehe, es ist nur nicht bekannt, ob ich mit dem Westen in Verbindung stehe. Ich will mich zurückhalten und Rentenantrag stellen, um als Rentner zu erscheinen. Wirtschaftlich bin ich so gestellt, daß ich leben kann. Ich habe zwei schöne Grundstücke, von denen ich mich erhalten kann, wenn sie mir diese nicht wegnehmen. Den Rentenantrag möchte ich stellen, damit ich der Arbeitsvermittlung oder Pflichtarbeit entgehe. Ich will dann meine freie Zeit benützen, um meine alten Parteigenossen

---

richten und Eingaben, die er auch schon während der Haft u. a. an Grotewohl und Buchwitz gerichtet hatte, seine Unschuld beteuerte. Eine illegale Arbeit oder Kontakte zum Ostbüro seien ihm nie nachgewiesen worden. Möglicherweise haben ihn die anderen verhafteten Sozialdemokraten über die Tatsache des sich Kennens hinaus nicht belastet. In anderen Erinnerungen taucht die Vermutung auf, Hoch habe „auf zwei Schultern“ getragen, und man habe Persönlichkeiten im Westen bzw. das Ostbüro vor ihm gewarnt. In den Bittschreiben führte Hoch seine Verhaftung auf eine Namensverwechslung und auf Intrigen des seinerzeitigen sächsischen Innenministers und späteren Generalinspekteurs der Volkspolizei, Kurt Fischer, zurück, der bei Hochs Entlassung bereits verstorben war. Im Zusammenang mit der Amnestieaktion von 1956 hatte sich Otto Buchwitz für den schwerkranken Ludwig Hoch eingesetzt. Dieser sei anders als die anderen verhafteten Sozialdemokraten kein „Lump“, sondern allenfalls ein „politischer Esel“ gewesen, der durch „Dummheit“ zu seiner Strafe gekommen sei. Auch nach der Entlassung Hochs setzte er sich nachdrücklich für eine finanzielle Hilfe ein, weil er eine denkbare Flucht Hochs in den Westen verhindern wollte, wohin dessen Frau bereits übergesiedelt war. Ein Bekanntwerden des Falles würde der SED großen Schaden zufügen. Ludwig Hoch holte daraufhin seine Frau in die DDR zurück. Er bekam eine finanzielle Hilfe und darüber hinaus eine Rente als „Opfer des Faschismus“. Er starb 1957. Vgl. den Vorgang mit den Berichten und Eingaben in: SAPMO-BArch, NL 95/67.

97 Vgl. u. a. die Berichte vom 10./11. und vom 21. November 1947, in: AdsD der FES, Bestand Ostbüro, PA Haufe.

zu besuchen.“[98] Gleichzeitig erbat sich Haufe vom Parteivorstand westliche Zeitungen, Schumacher-Reden und Klebezettel, die man ihm „im verschlossenen Umschlag“ zuschicken möge.

Auch erste Ermittlungen der deutschen Polizei hatten nach der Verhaftung von Wend und Haufe im wesentlichen nur zu dem Ergebnis geführt, daß sie bei jeder Gelegenheit auf die zu erwartende Wiederzulassung der SPD hingewiesen und die ehemaligen Sozialdemokraten in der SED von dieser Entwicklung zu überzeugen versucht hätten, was als „Zersetzungsarbeit innerhalb der SED“ gelten konnte.[99] Die Verküpfung mit dem Fall „Lohrenz“ macht jedoch den Zusammenhang mit der Säuberungswelle deutlich. Darüber hinaus wurden die Ermittlungen gegen Wend und andere „Tatverdächtige“ nach außen hin wegen Wirtschaftsverbrechens geführt. Mit einem Trick wurde dafür Sorge getragen, daß das Verfahren in den Händen der Polizei blieb. Eine Überstellung an die Justizbehörden sollte vermieden werden, weil dies die Gefahr beinhaltete, „daß durch irgendeine Verbindungnahme mit der Öffentlichkeit (Haftentlassung, Sprecherlaubnis, Rücksprache mit Verteidiger us[w].) der Verdunklungsgefahr in Sachen ‚SPD‘ Vorschub geleistet würde und weitere mit dieser Organisation in Verbindung stehende Personen von den geführten Ermittlungen Kenntnis erhalten bzw. selbst gewarnt werden könnten.“[100]

Da Arno Wends Verhaftung am 7. Juli 1948 wegen angeblicher Unterschlagung offen erfolgt war, waren tatsächlich einige Sozialdemokraten rechtzeitig gewarnt worden und hatten fliehen können. Zahlreiche andere wurden – vermutlich auch wegen einer bei einem Kurier aufgefundenen Namensliste – verhaftet. Wends Erinnerungen zufolge hatte er für den Fall seiner Verhaftung entsprechende Anweisungen gegeben, weil er nicht wußte, wie lange er bei den – allgemein bekannten – Verhörmethoden würde „durchhalten“ können. Mehrere Wochen wurde er von der deutschen Polizei verhört. Seine Frau hatte in dieser Zeit den Dresdener Rechtsanwalt und späteren Präsidenten des Bundesamtes für Verfassungsschutz Dr. Günther Nollau mit der Verteidigung beauftragt, der jedoch keine Sprecherlaubnis erhielt. Danach wurde Wend ohne eine Erklärung oder Begründung den sowjetischen Stellen übergeben, in deren Gewahrsam er bis zu seiner Verurteilung im April 1950 blieb. In diesen Vernehmungen, wozu Foltermethoden unterschiedlicher Art gehörten, war von Wirtschaftsverbrechen nicht mehr die Rede, sondern er sollte mit

98 Ebd., Bericht vom 21. November 1947.

99 Teilweise gelangten diese Ermittlungsberichte als Abschrift ins Ostbüro. Vgl. ebd., PA Wend. Federführend war das Landeskriminalamt Sachsen, Dresden, Dezernat A, Regierungsrat Mellmann. Vgl. auch Moraw, S. 236. Arno Wend hat ihn im Interview als ehemaligen Ritterkreuzträger und Mitglied des NKFD bezeichnet.

100 So in dem Bericht vom 20. Juli 1948.

allen denkbaren Methoden dazu gebracht werden, über politische Verbindungen Auskunft zu geben und vor allem Namen preiszugeben.

Für das Tribunal in Lichtenberg war eine Gruppe von fünf Personen zusammengestellt worden, mit Arno Haufe an erster und ihm an zweiter Stelle. Als völlig „konstruiert" bezeichnete Wend diese Gruppe. Sie hätten sich seit langem aus der Parteiarbeit gekannt, hätten auch politisch miteinander diskutiert, doch illegale Arbeit sei dies nicht gewesen. Er habe nie darüber gesprochen, was er konkret machte, schon allein, um den wesentlich älteren und kranken Arno Haufe nicht unnötig zu belasten. Da er Selbstbewußtsein demonstrieren wollte, habe er bei Beginn der dreitägigen Verhandlungen Forderungen gestellt, u. a. Herstellung von Öffentlichkeit, einen Dolmetscher und Hinzuziehung seines Verteidigers. Bei Verlesung des Urteils, das dem üblichen Strafmaß von 25 Jahren entsprach, entlud sich die Spannung der Gruppe in fassungslosem, lautem Lachen.

Wenige Monate später wurden sie in die Sowjetunion transportiert. Arno Haufe und Arno Wend gelangten über zahlreiche Stationen nach Workuta; Arno Wend kam von dort aus in ein Lager noch weiter im Norden. Als besonders schwierig schilderte er nicht nur die harte Arbeit, das Fehlen der Kontakte mit der Familie, sondern das Zusammenleben der Gruppen unterschiedlicher Nationalität, vor allem wegen der feindlichen Atmosphäre gegenüber den Deutschen. Für das Überleben sei es notwendig gewesen, Selbstbewußtsein wiederzugewinnen, sich zu wehren und Respekt zu verschaffen. „Das ist das Interessanteste, wenn der Gefangene nach diesem Tief, was er dort durchläuft, das Selbstbewußtsein wiedergewinnt, wenn er sich zu wehren versucht, dann verändert sich auch die Umgebung, das Verhalten der Mitgefangenen."[101]

Ende Dezember 1955 kehrte Arno Wend aus der Sowjetunion zurück. Obwohl er nicht mehr Parteimitglied war, schlug man ihm in Dresden eine verantwortliche Position im Wohnungswesen vor. Er erbat sich eine kurze Erholungspause, die er für die Flucht in den Westen nutzte. Durch die Fürsprache und Hilfe ehemaliger sächsischer Parteifreunde erhielt er eine seiner Ausbildung als Verwaltungsangestellter entsprechende Tätigkeit beim damaligen Landesflüchtlingsamt im hessischen Innenministerium. Diese Funktion ermöglichte ihm darüber hinaus eine engagierte und kompetente Mitwirkung in SPD-Gremien, wodurch er sich nachdrücklich für die Belange der ehemaligen politischen Häftlinge aus der Sowjetischen Besatzungszone einsetzen konnte. Er starb 1980.

---

101 Bouvier/Schulz, S. 248.

### 5.2.4 *Das lange Schweigen*

Am 4. Mai 1948 wurden in Haldensleben, einer kleinen Kreisstadt in der Nähe von Magdeburg, auf einen Schlag etwa zwölf Sozialdemokraten verhaftet.[102] Unter ihnen war Emma Baumann.[103]

Emma Baumann (geb. Willke) wurde im Januar 1902 als Arbeitertochter in Alt-Haldensleben geboren, wo sie in einem Molkereibetrieb zur Meierin ausgebildet wurde. Anfang der zwanziger Jahre, während der Inflationszeit, mußte sie diesen Beruf aufgeben und fand eine Beschäftigung als Arbeiterin in einer nahen Steingutfabrik. Neben der Handschuh- und Zuckerindustrie war die Steingutfabrikation charakteristisch für die industrielle Struktur des Ortes. Mit Beginn des Dritten Reiches verlor sie erneut ihre Stellung. Zunächst arbeitete sie danach als Küchenhilfe, ehe sie mit einem Käsehandel ihren Lebensunterhalt verdienen konnte. Dies war für sie insofern günstig, als viele Sozialdemokraten bei ihr kauften und damit halfen. Gleichzeitig war es nach ihrer Sicht eine Möglichkeit, Verbindungen aufrechtzuerhalten. Eine andere sah sie nicht in dem kleinen Ort, wo jeder gewußt habe, wer Sozialdemokrat war. Einer Organisation habe sie in dieser Zeit nicht mehr angehört, sei jedoch auch keiner Verfolgung durch die Nationalsozialisten ausgesetzt gewesen. Ihrer Erinnerung zufolge galt dies auch für die anderen Sozialdemokraten in Haldensleben.[104] Da nach Kriegsende dieser Käsehandel nicht mehr möglich

---

102 Die exakte Zahl konnte bislang ebensowenig ermittelt werden wie die Namen aller Verhafteten, da sich die Überlebenden nicht an alle Beteiligten erinnern können. Vgl. dazu einige Ergebnisse, die der Leiter des Haldenslebener Kreis- und Stadtarchivs zusammentragen konnte. Veröffentlicht in: Haldenslebener Rundschau vom 16. April 1991. Bestätigt und teilweise ergänzt werden diese Angaben durch ein Interview mit Klaus Jelonneck, das 1973 durchgeführt wurde. Jelonneck, Journalist und Leiter des Nachrichtenamtes von Haldensleben, gehörte zu dem Personenkreis, der am 4. Mai 1948 verhaftet wurde. Vgl. AdsD der FES, Interviewprotokoll Jelonneck.

103 Die folgenden Ausführungen basieren auf einem Interview, das im Juni 1991 in Magdeburg geführt werden konnte. Verständlicherweise konnte sich die zum Zeitpunkt des Gesprächs bereits 89jährige Emma Baumann nicht mehr an Namen oder Details erinnern, zumal sie in der DDR jahrzehntelang über diesen wichtigen Teil ihres Lebens hatte schweigen müssen. Ihr Blickwinkel war und blieb der ihres Heimatortes. Schon Magdeburg war für sie, die in ihrem Leben nicht hat reisen können und ihren engsten Lebenskreis nie verließ, sehr weit weg. Reisen weiter als bis nach Magdeburg hat es für sie nicht gegeben. In der SPD, in der sie nie eine Funktion ausübte, war Magdeburg zudem die für sie höchste Parteiebene, von der sie wenig wußte. Eine der wichtigsten Folgen ihres jahrzehntelangen erzwungenen Schweigens über ihre Erlebnisse war nach ihrer Ansicht die Angst, nicht glaubwürdig zu sein, weil ihre Erfahrungen zu lange nicht hatten sein können und dürfen. Das bezog sich sogar auf die frühere Mitgliedschaft in der SPD, die sie nicht mehr „nachweisen" konnte, weil alle Ausweise und Unterlagen bei der Verhaftung beschlagnahmt worden waren.

104 Einige wenige habe man für höchstens ein paar Tage inhaftiert. Voller Erbitterung erzählte sie, daß diese sich dann nach 1945 über Gebühr hätten feiern lassen und eine

war, arbeitete sie beim Aufbau des „Konsum“ mit, wo sie bis zu ihrer Verhaftung blieb.

1924 war sie der SPD beigetreten, in der sie wie in anderen Organisationen keine Funktion ausübte. Wie schon ihre Eltern war sie überzeugte und organisierte Freidenkerin und darüber hinaus Mitglied im Arbeitergesangverein. Ihre Erzählungen machten deutlich, wie prägend für ihr Leben vor allem das gesellschaftliche Leben dieser sozialdemokratischen Vorfeldorganisationen war. Besonders gerne erinnerte sie sich an Feste des Reichsbanners, an denen die ganze Familie teilnahm. 1927 hatte sie geheiratet; ihr Ehemann, der 1987 verstarb, war Eisenbahner, seit 1919 in der Gewerkschaft und ein begeistertes Mitglied im Arbeiter-Turn- und Sportbund. Als überaus freundlich und jederzeit anpassungsfähig schilderte sie ihn. Er habe wohl auch immer SPD gewählt, sei aber sonst politisch in keiner Weise aktiv gewesen, so daß sie zu Versammlungen immer allein gegangen sei.

Im August 1945 trat sie der SPD erneut bei und wurde Mitglied im Konsum. Sie war gegen die Vereinigung von SPD und KPD, trat während der Einheitskampagne auch in Versammlungen offen dagegen auf, gewann dann jedoch bald den Eindruck, daß in Magdeburg „alles gelaufen“ und nichts dagegen zu machen sei. Auch in der eigenen Familie habe es die Meinung gegeben, die Arbeiter müßten sich einig sein. Selbst wenn die Idee an sich vielleicht nicht schlecht gewesen sei, „aber nicht mit den Kommunisten“, war ihre Meinung. Die Sozialdemokraten hätten doch schon immer die Mehrheit gehabt und könnten ohne Kommunisten „regieren“. Doch wegen der Besatzungsmacht hätten sie keine Chancen gehabt. In die SED oder eine Massenorganisation wollte sie von sich aus nicht gehen.[105]

Die zunächst keineswegs zahlreichen Kommunisten des kleinen Ortes habe man selbstverständlich gekannt, und viele von ihnen, vor allem diejenigen, die dies schon vor 1933 gewesen seien, seien mit der späteren Entwicklung auch nicht einverstanden gewesen.[106] Die meisten Sozialdemokraten ihres Heimatortes hatten sich ihrer Erinnerung zufolge der unvermeidlich erscheinenden Entwicklung „einfach angepaßt“, was ihnen dadurch erleichtert worden sei, daß viele prinzipiell für die Idee der Einheit gewesen seien.

---

großzügige Rente als „Opfer des Faschismus“ bezogen hätten. Und sie, die dann jahrelang inhaftiert war, erhielt nichts, weder eine Rente noch irgendeine Form der Anerkennung.

105 Vermutlich ist sie jedoch automatisch übernommen worden. Der SPD-Mitgliedsausweis ihrer Mutter, den sie noch besaß, war bei der Vereinigung einfach mit dem neuen Namen überstempelt worden. In ihrem Fall dürfte es genauso gewesen sein.

106 Auch nach den Angaben von Jelonneck waren die Sozialdemokraten nach 1945 weitaus in der Überzahl; nach seiner Schätzung betrug das Verhältnis etwa 75:25.

Ihre Welt war nach 1945 „der Konsum". Und in ihrer Schilderung wurde er zum Kern des gesellschaftlichen Lebens, um den sich die Sozialdemokraten geschart hatten, der bis 1948 ihren Zusammenhalt ermöglichte.[107] Ihre Schilderungen über die Konsumgenossenschaft als sozialdemokratische Domäne ist der über Halberstadt vergleichbar.[108] Mit wenigen Mitteln wurden Läden aufgebaut oder umstrukturiert. Mit den geringsten materiellen Möglichkeiten, aber mit großer Hilfe durch die Bevölkerung, wurden Feiern und Feste organisiert, wurde für die Kinder Puppentheater gespielt. Für sie blieb dies bis zu ihrer Verhaftung die geschlossene Welt von Sozialdemokraten, die sich ohnehin kannten, und für die sich zunächst wenig geändert hatte.[109] Nach ihrer Meinung waren die Verhaftungen vom Mai 1948 der Beginn von Veränderungen, dem Auflösungserscheinungen in dem bis dahin für sie so festgefügten sozialdemokratischen Umfeld folgten.[110]

Emma Baumann und etwa 11 weitere Sozialdemokraten wurden in der Nacht vom 4. auf den 5. Mai 1948 verhaftet. Sowjetische Offiziere brachten sie zunächst zur Kommandantur, und dann begann nach ihrer Erinnerung eine Irrfahrt, die im Untersuchungsgefängnis von Weimar endete. Lange Zeit, etwa drei Monate, habe es überhaupt keine Verhöre gegeben und dann jeden Abend gegen 10 Uhr. Seitdem hatte sie nervöses Herzklopfen. Sie sollte Namen von Sozialdemokraten nennen, das wurde erwartet. Kontakte zum Ostbüro hatte sie nicht. Doch sie hatte an einem Treffen einiger Sozialdemokraten teilgenommen, bei dem zwei Kuriere aus dem Westen anwesend waren. Sie konnte nur vermuten, daß dies „verpfiffen" worden sei.[111] Dieses Treffen und ihre nie geleugnete politische Haltung in der Einheitsfrage reichten für eine Verurteilung Emma Baumanns durch ein sowjetisches Militärtribunal zu zehn Jahren Zucht-

---

107 Von dieser Rolle der Konsumgenossenschaft ist freilich in den Erinnerungen von Klaus Jelonneck, der allerdings nicht aus Haldensleben stammte, nicht die Rede. In seiner Sicht hatten sich die meisten Sozialdemokraten relativ schnell mit der gegebenen Situation arrangiert, wenn auch ohne Begeisterung. Aufgrund der traditionellen Mehrheitsverhältnisse hätten sie geglaubt, die SED letztlich „sozialdemokratisieren" zu können.

108 Vgl. Kap. 3.

109 Auch Jelonneck berichtet, daß für die meisten Sozialdemokraten sich äußerlich zunächst wenig änderte.

110 Nach ihrer Haftentlassung im Januar 1954 waren diese Auflösungserscheinungen für sie unübersehbar. In ihrer Sprache hieß das, viele Sozialdemokraten seien inzwischen „umgeschwenkt" gewesen.

111 Auch Jelonneck berichtet von diesem Treffen, das nach seiner Erinnerung 1947 stattfand und an dem etwa acht Personen, darunter Frau Baumann, teilnahmen. Seiner Meinung nach basierte die Verhaftung der Sozialdemokraten darauf, daß ein Sozialdemokrat einige Wochen vorher an der Grenze zum Westen verhaftet worden war und mit großer Wahrscheinlichkeit Namen genannt hatte.

haus wegen antisowjetischer Hetze. Die Mitangeklagten wurden zu 25 Jahren verurteilt.[112]

Nach der Verurteilung kamen die Männer nach Bautzen, die Frauen nach Sachsenhausen. Nach der Auflösung des Sonderlagers wurde Emma Baumann wie zahlreiche andere Frauen in die Justizvollzugsanstalt für Frauen in Stollberg im Erzgebirge überführt. Bekannter unter dem Namen Hoheneck, wurde dieses Zuchthaus zum Synonym für den Leidensweg von politischen Häftlingen, in diesem Fall von den häufig vergessenen Frauen. Emma Baumann war kein Einzelfall, und ihre Erfahrungen und Erzählungen über Hoheneck deckten sich mit dem, was bislang über das Schicksal weiblicher SMT-Verurteilter in Hoheneck bekannt geworden ist.[113]

Hoheneck, ein ehemaliger Herrensitz, war 1863 als Gefängnis für 550 männliche und 150 weibliche Häftlinge errichtet worden und als solches ständig genutzt. 1950 wurde es von der Volkspolizei übernommen und zum Frauenzuchthaus bestimmt. Mit der Auflösung der Sonderlager kamen am 12. Februar 1950 1.119 Frauen im Alter zwischen 18 und 80 Jahren mit 30 Babys und Kleinkindern zur weiteren Strafverbüßung nach Hoheneck. Wegen der weiter arbeitenden Militärtribunale stieg die Häftlingszahl noch weiter an, nahm die Überbelegung zu. Nach bereits jahrelanger Haft in den Sonderlagern, nach dem Transport in Viehwaggons unter unmenschlichen Bedingungen und mit für die Eiseskälte völlig unzureichender Bekleidung, hatten die meisten Frauen geglaubt, nun unter deutscher Verwaltung „normalere“ Bedingungen, menschlichere Behandlung und eine Überprüfung ihrer Urteile zu finden. In dieser Hoffnung wurden sie bei der Ankunft sogleich enttäuscht: „Wenn es eine Gerechtigkeit Gottes gäbe, wäret ihr längst verreckt.“ Oder: „Ja, zehn Mörderinnen sind mir lieber, als eine von Ihnen.“[114] Das waren die Begrüßungsworte von „Wachteln“, wie die Häftlinge die ihnen anfangs mit Namen nicht bekannten Wachtmeisterinnen nannten. Für die Anfangszeit wird man freilich berücksichtigen müssen, daß die meisten Volkspolizi-

---

112 So nach den Erinnerungen von Jelonneck. Bei einigen kam Spionage als Anklagepunkt hinzu; bei ihm selbst Mitgliedschaft in der Schumacher-Untergrundbewegung. Bei ihm waren Flugblätter des Ostbüros gefunden worden.

113 Vgl. dazu u. a. Gerhard Finn (Hrsg.), Die Frauen von Hoheneck. Protokoll einer Anhörung, Berlin, Bonn 1994; Annerose Matz-Donath, Wege nach Hoheneck. Frauen vor Sowjetischen Militärtribunalen, in: Deutschland-Archiv 5, 1995, S. 466-480; dies., Kämpferinnen und Opfer – Politisch verfolgte Frauen in der sowjetischen Besatzungszone, in: Brigitte Kaff (Hrsg.), „Gefährliche politische Gegner“, S. 45-105; Ulrich Schacht (Hrsg.), Hohenecker Protokolle. Aussagen zur Geschichte der politischen Verfolgung von Frauen in der DDR, Zürich 1984; Margret Bechler/Mine Stalmann, Warten auf Antwort. Ein deutsches Schicksal, Berlin 1984.

114 Zitiert bei Finn, S. 24 und 25; ebenfalls bei Matz-Donath, Wege nach Hoheneck, S. 468.

stinnen zunächst auch nicht wußten, daß diese SMT-Verurteilten zumeist keineswegs Nazi- und Kriegsverbrecherinnen waren, daß sie für diese Arbeit nicht qualifiziert waren und dies durch ideologischen Übereifer kompensierten.

Von den SMT-verurteilten Frauen waren 498 zu 10 Jahren verurteilt worden, 99 bis zu 15 Jahren, 99 bis zu 20 Jahren, 593 zu 25 Jahren und 25 zu lebenslanger Haft.[115] Das häufigste „Delikt" war Spionage (etwa 48 %), gefolgt von antisowjetischer Propaganda und Beihilfe zum Landesverrat (jeweils etwa 14 %); die übrigen waren u. a.: Verbrechen gegen die Menschlichkeit, Bildung von Untergrundbewegungen, Sabotage, Werwolf-Zugehörigkeit, Zugehörigkeit zu Abwehr/Gestapo. Im Hinblick auf die soziale Zusammensetzung ergibt sich ähnlich wie bei den männlichen SMT-Verurteilten ein Querschnitt durch breite Bevölkerungsschichten: Etwa 300 waren Arbeiterinnen in Industrie und Landwirtschaft gewesen, knapp 800 kamen aus Angestelltenberufen, dem Handwerk, dem Gaststättengewerbe sowie dem medizinischen Bereich. Hinzu kamen Schülerinnen, Abiturientinnen, Studentinnen, Journalistinnen, etwa 130 Frauen ohne eine Berufsangabe sowie vereinzelt Richterinnen oder Ärztinnen. Aus der parteipolitischen bzw. organisatorischen Zugehörigkeit während des Dritten Reiches ergibt sich folgendes Bild: 95 Frauen hatten der NSDAP ohne Funktion angehört, 31 der NS-Frauenschaft und 399 dem „Bund Deutscher Mädel". Nach 1945 waren 14 in der CDU, 22 in der LDP, 2 in der SPD, 6 weitere waren durch die Zwangsvereinigung aus der SPD in die SED übernommen worden und 56 waren in der SED. Diese Mitgliedschaften allein sagen allerdings für sich genommen noch wenig aus über tatsächliche politische Aktivitäten. Dennoch dürfte die Zahl der bewußten politischen Gegnerinnen des Regimes relativ gering gewesen sein.

Nach dem von vielen Frauen, auch Emma Baumann, berichteten Schock des Empfangs traf der zweite vor allem die Mütter unter ihnen. Im April 1950 wurden ihnen die Kinder weggenommen, die sie in den sowjetischen Sonderlagern hatten bei sich behalten können.[116] Bis auf wenige Ausnahmen wurden sie nicht den Familien oder Verwandten übergeben, sondern in Heimen großgezogen. Während der Haft erfuhren die Frauen zumeist nichts vom Schicksal ihrer Kinder, Kontakte zu ihnen durften sie nicht haben. Unter der Hand erfuhren einige Frauen von einer mitleidigen Sekretärin, daß ihre Kinder in einem Kinderheim in Leipzig waren. Erst seit 1949 durften die Häftlinge in Postkontakt mit ihren Angehörigen treten. Später waren auch der Empfang von Paketen sowie Besuche mög-

115 Zu diesen und den folgenden statistischen Angaben vgl. Matz-Donath, S. 469.
116 Vgl. Finn, S. 49.

lich. So erzählte Emma Baumann, daß sie insgesamt 44 Pakete von ihrem Ehemann erhielt, was ganz wesentlich zu ihrem physischen und vor allem psychischen Überleben beigetragen habe. Bis zu diesem Zeitpunkt waren die Internierten und Inhaftierten völlig von der Außenwelt abgeschnitten. Diese totale Isolation schuf eine bislang noch nicht erforschte mentale Situation, die in Verbindung mit dem Hunger und der erzwungenen Beschäftigungslosigkeit möglicherweise zu dem Massensterben in den Lagern beigetragen hat.

Der Unterbringung in der völlig überbelegten Haftanstalt entsprachen auch die hygienischen Verhältnisse, die von allen ehemaligen Häftlingen als katastrophal (und fast unbeschreibbar) geschildert wurden. Neben den oft dreistöckigen Pritschen gab es in den Einmannzellen für noch weitere Häftlinge auf dem Boden Matratzen oder Strohsäcke, beide in der Regel stark verschmutzt und voller Ungeziefer, so daß sich die Fälle von Krätze häuften. Irgendeine Wahrung der Intimsphäre war nicht möglich, es gab weder Wasser noch Toiletten, die Frauen mußen bis in die siebziger Jahre „kübeln“. Die zwei dünnen Pferdedecken waren vor allem im Winter völlig unzureichend, weil das Dach so undicht war, daß Schnee eindrang. Erst als Einsturzgefahr bestand, wurde der Dachstuhl 1952 notdürftig repariert.

Ebenso unzureichend wie die Unterbringung und die hygienischen Verhältnisse waren die medizinische Betreuung sowie die zu Mangelerscheinungen und Krankheiten führende Ernährung. Zu den häufigsten Erkrankungen gehörte infolge des Mangels an Kalorien, Eiweiß und Vitaminen die Dystrophie, was zur mangelhaften Widerstandskraft gegen Infekte führte, die sich unter den gegebenen Bedingungen und bei fehlender ärztlicher Betreuung und Medikamenten zu lebensbedrohlichen Krankheiten entwickeln konnten. Auch Ruhrkrankheiten traten epidemisch auf und waren eine der Hauptursachen für die hohe Sterblichkeit. Im Vordergrund aller Infektionskrankeiten stand die Tuberkulose, die bei fehlenden Röntgenapparaten nicht immer diagnostiziert wurde. Zu den langfristigen Folgen gehörte nach den Schilderungen der Frauen neben schweren Zahnerkrankungen u. a. auch die vorzeitigen Wechseljahre.

Als Bekleidung gab es Hosen und Jacken aus einem Stoff, der für den Sommer zu dick und für den Winter zu dünn war. Dazu gab es ein Kopftuch, das unter allen Witterungsbedingungen fest um den Kopf zu knoten war, was nicht selten zum Kreislaufkollaps führte.[117] Als Unterbekleidung gab es abgetragene Männerunterwäsche, die drei Wochen lang Tag und Nacht getragen wurde. Fußlappen statt Strümpfe und plumpe Holzschuhe

117 Vgl. auch die plastische Schilderung von Annerose Matz-Donath, Wie es zuging in Hoheneck, in: FAZ vom 30. Dezember 1993.

mit steifen Schäften ergänzen dieses Bild. Erst als ein hoher Anteil von Frauen nicht mehr laufen konnte und der Arbeitseinsatz darunter litt, durften sie sich – auf eigene Rechnung – Schuhe kaufen lassen. Der Arbeitseinsatz auch der weiblichen Strafgefangenen galt als Erziehungsmittel. In den 50er Jahren wurden sie in hohem Maß zu Hausarbeiten eingesetzt, danach wurde ein kompliziertes System von Werkstätten Volkseigener Betriebe mit besonderer Häftlingsentlohnung eingerichtet. Die meist minderwertige Häftlingsarbeit erfolgte nach Normvorgaben, deren Erfüllung durch Disziplinarmaßnahmen durchgesetzt wurde. Emma Baumann beispielsweise mußte schwerste Maurerarbeiten leisten, Ziegelsteine schleppen und alte Mauersteine heraushauen. Unter diesen Bedingungen wogen dann die Sticheleien und Schikanen des Wachpersonals besonders schwer. Emma Baumann erinnerte sich, daß das weibliche Wachpersonal gelegentlich besonders „gemein" gewesen sei, während Männer gegenüber diesen Schwerstarbeit leistenden Frauen manchmal Mitleid gezeigt hätten. Auch die sowjetischen Bewacher seien „menschlich" gewesen und hätten eine gewisse Achtung den Frauen gegenüber gezeigt.

Im Herbst 1953 erfuhren die Frauen durch Angehörige und Zeitungsmeldungen, daß sich unter den von der Sowjetunion freigelassenen Kriegsgefangenen auch „Mittäter" befanden, die als „Rädelsführer" in die Sowjetunion deportiert worden waren. Da es für sie noch nicht einmal die Möglichkeit von Gnadengesuchen gab, baten sie wiederholt um Gesprächspartner, da sie annahmen, daß die in der Regel minderbelasteten Frauen längst hätten entlassen werden müssen. Als Reaktion auf die schroffe Zurückweisung traten sie am 18. Oktober 1953 geschlossen in den Hungerstreik. Daraufhin gab es Verhöre durch den Staatssicherheitsdienst und das vage Versprechen von Überprüfungen. Doch nichts geschah, als daß 49 angebliche Rädelsführerinnen in andere Haftanstalten verlegt wurden.

Im Januar 1954 gab es eine Teilamnestie, in deren Rahmen 680 Frauen entlassen wurden. Emma Baumann gehörte dazu. Sie kehrte in ihren Heimatort und zu ihrer Familie zurück. Sie war froh, daß ihr Ehemann zu ihr gestanden hatte, weil sie bald erfuhr, daß nicht wenige Ehen einer solchen Belastung nicht gewachsen waren. Mit dem SED-Staat wollte sie nichts zu tun haben, sie wollte „die Peitsche nicht küssen, die sie geschlagen" hatte. Und der Staat ließ sie fortan zufrieden. Jahrzehntelang nahm sie an keiner Veranstaltung teil und verzichtete auf jede Art von gesellschaftlichem Leben. Schon mit der Verhaftung habe sie „mit allem abgeschlossen", habe keine Hoffnung und kein konkretes Ziel mehr gehabt. Für sie sei diese totale Abkapselung die einzige Methode gewesen, weder „durchzudrehen" noch sich „anzupassen", denn beides wollte sie nicht.

Gleichzeitig erzählte sie, nach der Haftentlassung im tiefsten Innern doch die vage Hoffnung behalten zu haben, daß die SPD „einmal wiederkommen müsse“. Die Symbolgestalt dafür war Willy Brandt. Als 1989 in der DDR eine neue Sozialdemokratische Partei entstand, trat sie der Partei nach deren Zusammenschluß mit der West-SPD bei. Doch sie war enttäuscht, weil sie in beiden Teilen nicht die SPD sah, die sie „wiederhaben“ wollte, für die sie ihrer Meinung nach gelitten hatte. Von der Entwicklung der West-SPD über die Jahrzehnte hinweg wußte sie wenig, und die Probleme der Ost-SPD blieben ihr ebenso fremd wie deren spezifische Mitgliederstruktur. Ihre Vorstellungen von SPD und „Parteileben“ blieben den Erinnerungen an die SPD ihrer Jugend verhaftet, die sie sich über Jahrzehnte des Schweigens bewahrt hatte.

Als sie im Sommer 1992 starb, war ihr letzter Wunsch noch nicht in Erfüllung gegangen: Sie hat ihre Rehabilitierung nicht mehr erleben können.

*

Die hier vorgestellten Personen bieten mit ihren unterschiedlichen Lebensläufen ausgewählte Beispiele für das Leben von Sozialdemokraten in den Anfangsjahren der Sowjetischen Besatzungszone bzw. DDR, denen andere hinzugefügt werden könnten. Im Hinblick auf Alter, Funktion, Geschlecht und regionale Herkunft scheint sie wenig zu verbinden, und im Sinn von sozialstatistischen Daten sind sie nicht repräsentativ. Dennoch weisen sie über das Individuelle und Unverwechselbare hinaus Gemeinsamkeiten auf: in den Bedingungen, Motiven für Handeln und seinen Auswirkungen sowie in den verallgemeinerbaren Erfahrungen der Verfolgung und Haft.

Sie alle waren durch die sozialdemokratische Arbeiterbewegung geprägt und in ihr verwurzelt. Sofern sie nicht selbst schon in jungen Jahren – d. h. in den Jahren der Weimarer Republik – aktiv tätig waren, sind sie durch die Familie in sie hineingewachsen, und es war selbstverständlich, sich ihr 1945 zuzuwenden. Das geschah auf verschiedene Weise. Bei einem einfachen und immer schon funktionslosen Parteimitglied, entsprach dem der selbstverständliche Wiedereintritt in die SPD, deren Vorfeldorganisationen „Heimat“ waren. Schon vor 1933 war die SPD im Heimatort des Parteimitglieds die wichtigste politische Kraft, und sie schien dies 1945 erneut zu werden bzw. zu bleiben. Aufgrund dieser traditionellen Dominanz lehnte es eine Vereinigung mit den Kommunisten von vornherein kategorisch ab und blieb bei dieser kompromißlosen und deutlich formulierten Haltung. Man wollte sich nicht anpassen, weder damals noch später. Aus dieser dezidierten Oppositionshaltung erwuchs kein aktives

Handeln, nur die Teilnahme an einem einzigen Treffen, das zum Verhängnis wurde. Für wieviele andere sozialdemokratische Parteimitglieder eine solche kompromißlose Haltung charakteristisch war, und wieviel einfache Parteimitglieder ein solches Schicksal teilten, wissen wir nicht.

Für die herangezogenen – und weitere – Lebensgeschichten ist charakteristisch, daß aus den Vorerfahrungen insbesondere des Dritten Reiches zunächst keine gleichlautenden Konsequenzen gezogen wurden. Mit großer Selbstverständlichkeit beteiligten sich unzählige Sozialdemokraten am Wiederaufbau der SPD, ihr nahestehender Organisationen und an der Wiederingangsetzung von Wirtschaft und Verwaltung. Sie alle waren bereit, auch unter schwierigsten Bedingungen Verantwortung zu übernehmen und sowohl mit der KPD als auch der sowjetischen Besatzungsmacht zum Wohle der Menschen, denen sie sich verantwortlich fühlten, zusammenzuarbeiten. Allein die wenigen Beispiele lassen die Bandbreite an Einstellungen gegenüber der KPD und dem Neuanfang in einer sozialistischen Einheitspartei erkennen. Es war anfangs keine einheitliche Haltung, doch sie wandelte sich mit den Alltagserfahrungen des Jahres 1945 und spätestens nach der Gründung der SED in dem Maße und in die gleiche Richtung, wie Sozialdemokraten die in einer demokratisch verfaßten Gesellschaft – und in den frühen Länderverfassungen der Sowjetischen Besatzungszone festgeschriebenen – Grundrechte nicht verwirklicht sahen und nicht in Anspruch nehmen konnten. Sie erkannten und erlebten demnach den undemokratischen Charakter der SED und die schnell absehbare Diktatur des von der Besatzungsmacht installierten und gestützten Systems.

Zu den für die Sozialdemokraten als selbstverständlich erachteten demokratischen Grundrechten gehörte auch das der innerparteilichen Demokratie, die bei der SED-Gründung formal zugestanden worden war. Stellvertretend für zahlreiche andere Beispiele zeigt das der sächsischen Funktionäre, daß die Realität anders war. Diese Funktionäre der regionalen Führungsgremien, der genannten wichtigen „mittleren“ Ebene demnach, waren mit die ersten, die auf Parteiebene aus den Funktionen gedrängt und zunächst „kalt“ ausgeschaltet wurden. Ihr Handlungsspielraum tendierte aufgrund der fehlenden innerparteilichen Demokratie frühzeitig gegen Null. Sofern sie diese Erfahrung nicht schon bei der Zwangsvereinigung gemacht hatten, machten sie sie unmittelbar danach. Die fehlende innerparteiliche Demokratie wurde sowohl bei der Kandidatenaufstellung für die Gemeindewahlen als auch bei der Auflösung der Bezirksverbände offenkundig. Das Mißtrauen innerhalb der Vorstände wuchs. Die frühen personalpolitischen Weichenstellungen bzw. Veränderungen, die innerparteilichen Maßregelungen und Repressionen, kündigten die Entwicklung der SED zur „Partei neuen Typs“ frühzeitig an und nahmen sie faktisch vorweg.[118] Wenn Sozialdemokraten – wie in den Beispielen sichtbar – geglaubt hatten, mit dem Rückzug aus der unmittelbaren Parteipolitik aus der politischen Schußlinie geraten zu können, so hatten sie sich geirrt. Es gab für sie keinen vor- oder unpolitischen Raum, in dem sie einer nach ihren Vorstellungen geordneten fachlichen Arbeit nachgehen konnten. Nicht alle waren sich von Anfang an darüber im klaren, daß sie allein aufgrund einer solchen Einstellung, mit der sie Anweisungen der SED oder der Besatzungsmacht potentiell unterliefen, gefährdet waren und mit einem Bein im Zuchthaus standen.

Alle Personen, deren Lebenslauf hier geschildert wurde, wurden im Laufe des Jahres 1948 verhaftet. Der Zusammenhang mit dem offiziell verkündeten Kampf gegen die Sozialdemokraten und den „Sozialdemokratismus" ist offenkundig. Allein die Verhaftungen von zahlreichen Sozialdemokraten und sozialdemokratischen „Gruppen" im ganzen Land beweisen es. Die Beispiele zeigen freilich auch, daß der offizielle Auftakt allenfalls den Zeitpunkt für die Verhaftung bestimmte, nicht hingegen der eigentliche Grund war. Sie waren geraume Zeit vorher ins Visier des Überwachungs- und Bespitzelungsapparates der sowjetischen Sicherheitsorgane und der frühzeitig arbeitenden deutschen politischen Polizei, der berüchtigten Kommissariate 5 (K 5), geraten. Nicht alle freilich wußten oder ahnten, von wann an und in welchem Ausmaß sie bespitzelt wurden und vor allem nicht, daß das Ostbüro der SPD, zu dem sie eine – wenn auch manchmal nur sehr lose – Verbindung hatten, in diese Bespitzelung einbezogen war. Das Kuriersystem, mit dem das Ostbüro der SPD in der Anfangszeit arbeitete, erwies sich als besonders anfällig und trug mit dazu bei, daß zahlreiche Gruppen „aufflogen" und ein größerer Personenkreis durch die bei Kurieren aufgefundenen Namenslisten in die Verhaftungen einbezogen wurde.[119]

Die Verhaftungswellen der Jahre 1948/49 werden gelegentlich als „Massenverhaftungen" bezeichnet. Es würde in die Irre führen, wollte man annehmen, es habe sich um Hunderttausende von Sozialdemokraten gehandelt, die inhaftiert worden sind. Das war weder zu diesem noch zu einem anderen Zeitpunkt der Fall. Ausgedrückt wird mit diesem Begriff jedoch eine Größenordnung, die über einzelne Personen und Gruppen weit hinausgeht. Wir kennen weder die genaue Zahl der verhafteten Sozialdemokraten noch die der „Gruppen", die von den Sowjetischen Militärtribunalen verurteilt wurden. Und wir wissen auch nicht, wieviele Gruppen existierten, ohne entdeckt zu werden. Gesicherte Zahlenangaben über illegal arbeitende Sozialdemokraten und über die, die in der Sowjetischen

118 Vgl. dazu ausführlich neuerdings Malycha, Partei von Stalins Gnaden?, S. 148 ff.
119 Vgl. zu dieser Problematik vor allem Kapitel 6.

Besatzungszone und frühen DDR gemaßregelt, verfolgt und verurteilt wurden, liegen trotz des erweiterten Archivzugangs immer noch nicht vor. Schätzungen bleiben deshalb nach wie vor problematisch. Die westdeutsche SPD ging zu Beginn der sechziger Jahre davon aus, daß allein zwischen Dezember 1945 und April 1946 20.000 Parteimitglieder in der Sowjetischen Besatzungszone unter Repressalien zu leiden hatten. Darunter ist freilich die ganze Bandbreite der Methoden zu verstehen, mit denen die Zwangsvereinigung durchgesetzt wurde, und nicht ausschließlich die Verhaftung. Zu Beginn der siebziger Jahre gab der Kurt-Schumacher-Kreis bekannt, daß seinerzeit 20.000 Sozialdemokraten ihren Arbeitsplatz verloren hatten, 100.000 in den Westen flüchteten und etwa 5.000 Sozialdemokraten von ostdeutschen oder sowjetischen Gerichten verurteilt wurden, wovon 400 in der Haft verstarben.[120] Diese Zahlenangaben beruhen auf schwer zu belegenden Annahmen und Schätzungen. Es muß dahingestellt bleiben, ob eine exakte Zahl derer, die unter Repressalien wie Arbeitsplatzverlust zu leiden hatten oder zur Flucht gezwungen wurden, je festzustellen sein wird. Auch bei der Zahl der Verhaftungen bzw. Verurteilungen wird man noch für längere Zeit auf Schätzungen angewiesen sein. Die DDR gab bei der Entlassungsaktion vom Sommer 1956 bekannt, daß 691 inhaftierte und wegen „Agententätigkeit“ verurteilte Sozialdemokraten freigelassen worden waren.[121] Die Zahl der tatsächlich inhaftierten und verurteilten Sozialdemokraten war jedoch entschieden höher. Nach neueren russischen Angaben sind 40.000 Deutsche allein von sowjetischen Tribunalen verurteilt worden. Kombiniert man diese Zahl mit den statistischen Ergebnissen einer westdeutschen Befragung von 1960 unter ehemaligen SMT-Verurteilten, könnte eine Größenordnung von 5.000 bis 6.000 verurteilten Sozialdemokraten realistisch sein.[122]

Die angeführten Personen und „Gruppen“ gehörten zu diesem Kreis, der – meist gruppenweise – von Sowjetischen Militärtribunalen verurteilt wurde. Sie sind darüber hinaus plastische Beispiele dafür, was unter illegalen „Gruppen“ zu verstehen ist und wie sie zustande kamen. Es waren in der Regel keineswegs „konspirative“ Gruppen, die sich auch als solche verstanden, sondern häufig lose Gesprächskreise oder miteinander bekannte politische Freunde, die teils vom Ostbüro als Gruppen geführt oder erst durch die gemeinsame Verurteilung zu sogenannten „Gruppen“ zusammengebunden worden sind. Sie wußten wenig voneinander, arbeite-

120 Zu den Zahlen vgl. u. a. Grebing, Kleßmann u. a., Zur Situation der Sozialdemokratie in der SBZ/DDR 1945–1950, S. 48 f.; Ingrun Drechsler, Nun sagt schon ja. Der Weg der Magdeburger Sozialdemokraten in die Zwangsvereinigung (Sommer 1945 bis April 1946), Magdeburg o. J. [1996], S. 8.

121 Vgl. Zur Entlassung werden vorgeschlagen..., S. 12.

122 Vgl. die Anmerkungen 14 und 23 in diesem Kapitel.

ten unkoordiniert, und einzelne Personen lernten sich manchmal erst bei den Tribunalen kennen.

Schon die wenigen Lebensläufe deuten auf Motive des Handelns und auf Lebensbedingungen unter der neuerlichen Diktatur hin, die für andere – namentlich nicht genannte – Sozialdemokraten gleichfalls charakteristisch waren. Sie alle wollten sich nicht nur am Wiederaufbau der sozialdemokratischen Arbeiterbewegung, sondern an dem des zerstörten Landes beteiligen. Die Gestaltung dieses Aufbaus nach demokratischen Kriterien bzw. sozialdemokratischen Vorstellungen war für sie selbstverständlich. In dem Maße, wie ihre Vorstellungen mit denen der KPD/SED und der Besatzungsmacht kollidierten und sie sich den strikten Weisungen beider nicht bedingungslos unterwerfen wollten, wurden sie politisch illegalisiert und kriminalisiert, indem ihnen Sabotage unterstellt wurde. Vielfach empfanden sie die Inanspruchnahme von selbstverständlichen Grundrechten und den Versuch, andere als die verordneten Vorstellungen durchzusetzen, keineswegs als „illegalen" Widerstand. Freilich mußten sie sich schnell illegaler Methoden bedienen, vor allem, sofern es Kontakte mit dem Westen betraf. Sie alle mußten erfahren, daß jedwede politische Opposition kriminalisiert wurde.

Die Lebensgeschichten zeigen, daß die Vorstellungen von denjenigen, die im Dritten Reich aktiven Widerstand geleistet hatten, durch diese Erfahrung geprägt waren. Sie lehnten es ab, in vergleichbarar Weise erneut illegal zu arbeiten, und sie verstanden ihre politische Arbeit keineswegs als Widerstand, obwohl sie sich von Anfang an einer Entwicklung widersetzten, die sie ablehnten. Sie empfanden ihr Handeln auch deswegen nicht als illegal, weil es nicht darauf abzielen konnte, die Besatzungsmacht und das von ihr gestützte Regime zu beseitigen. So illusionär waren sie nicht. Auch das war eine Erfahrung aus dem Dritten Reich. Ihre berufliche und politische Arbeit war wie ihr Widerstand von der Hoffnung auf ein wiedervereinigtes Deutschland getragen, in dem die von ihnen abgelehnten neuen Strukturen korrigiert werden sollten, in dem sie dann für den eigentlichen Wiederaufbau zur Verfügung stehen wollten, den der SPD eingeschlossen. Dafür arbeiteten sie, dafür wollten sie in der Sowjetischen Besatzungszone bleiben und so lange ausharren, wie sie es vor ihrem Gewissen verantworten konnten. In beidem wurden sie vom Westen, namentlich vom Ostbüro der SPD, bestärkt.

Dennoch, so zeigen nicht nur die geschilderten Lebensläufe, blieb es die Gewissensentscheidung jedes einzelnen, wie er sich unter den kurz nach Kriegsende neuerlich diktatorischen Verhältnissen verhalten wollte und konnte, in welchem Ausmaß und wie lange er „mitzumachen" bereit war. Anweisungen für ein kollektives Handeln gab es nicht, konnte es nicht geben. Der Handlungsspielraum war von Anfang an gering und wurde –

zuerst in der Partei und dann in allen anderen Wirkungsbereichen – zusehends enger. Zu der Gratwanderung, zu der Sozialdemokraten gezwungen waren, kam, so zeigen die Biographien fast übereinstimmend, die Erfahrung der Vereinzelung hinzu, die allgegenwärtige Bespitzelung und das wachsende Mißtrauen. Gleichwohl wußten sie aufgrund ihrer Erfahrungen im Dritten Reich, wie vertrauenswürdige Personen herauszufinden waren, wem sie vertrauen konnten. Sie versuchten, dieses personelle Geflecht aus politischer und persönlicher Glaubwürdigkeit, aus Vertrauen und Tradition aufrechtzuerhalten. Doch dieses Geflecht wurde zerstört, zuerst durch die Verhaftungs- und Fluchtwellen, dann noch einmal durch die Schauprozesse zu Beginn der fünfziger Jahre, mit denen das gesamte Umfeld getroffen und massiv eingeschüchtert werden sollte, auch, indem wichtige Integrationsfiguren „herausgebrochen“ wurden.

Erschreckend übereinstimmend waren die Erfahrungen der Sozialdemokraten weit über die genannten Beispiele hinaus, nachdem sie ins Visier der Überwachungsapparate geraten waren. Die Verhaftungen erfolgten – wie in Diktaturen üblich – meist nachts, die Verhörmethoden schwankten zwischen offener Brutalität und psychologischer Raffinesse. Ebenso eindringlich, vergleichbar und verallgemeinerbar sind die Hafterfahrungen, seien es Erlebnisse aus Bautzen, Hoheneck oder Workuta. Die Vergleichbarkeit bezieht sich vor allem auf den Zeitraum bis Anfang oder Mitte der fünfziger Jahre; danach wandelten sich in der DDR die Haftbedingungen für die politischen Gefangenen, wie aus Erzählungen von ehemaligen Häftlingen bekannt geworden ist. Die Haftzeit des beschriebenen Personenkreises und zahlreicher anderer inhaftierter Sozialdemokraten endete mit den Amnestieaktionen der Jahre 1954 und 1956 bzw. 1955 mit der Rückkehr aus der Sowjetunion im Anschluß an die Moskauer Verhandlungen des damaligen Bundeskanzlers Konrad Adenauer. Sofern Angehörige in die Bundesrepublik geflüchtet waren, hatten die Häftlinge die Wahl, sogleich in die Bundesrepublik entlassen zu werden. Viele nutzten diese Möglichkeit. Andere flüchteten kurz nach ihrer Haftentlassung in den Westen. Doch viele andere blieben in der DDR. Sie mußten lange schweigen. Ihr Leben wurde zur Gratwanderung zwischen Wahrung der persönlichen Integrität und der notwendigen äußeren Anpassung an ein System, das diesen Tribut forderte.

# 6. Das Ostbüro der SPD – Realitäten West und Optik Ost

## 6.1 Das Ostbüro der SPD – Realitäten West

Das Ostbüro gilt inzwischen als Teil der Geschichte des „Kalten Krieges", als ein zeitbedingtes politisches Instrument der SPD.[1] Es war abhängig von der Politik der Partei und von deren Akteuren und somit gekoppelt an Wandel und Wechsel. Gängige Attribute für das Ostbüro wie „legendär" und „geheimnisumwittert" sind ein Indiz dafür, wie umstritten es in der SPD nach „Godesberg" wurde, daß es nicht selten auch der sachlichen Debatte entzogen war.[2] In ihnen spiegeln sich unterschiedliche Perspektiven, und sie sind vor allem ein Nachhall der politischen Ost-West-Auseinandersetzungen sowie der publizistischen Debatten aus der Zeit des Niedergangs des Ostbüros. Da es von interessierten Kreisen immer noch in ein gewisses Zwielicht gestellt wird, ist es wohl angebracht, auf seine Arbeit und vor allem seine Einschätzung durch das MfS auch über den zeitlichen Rahmen dieser Studie hinaus kurz einzugehen.

Die Entstehung des Ostbüros ist nur vor dem Hintergrund der Zwangsvereinigung von SPD und KPD zu verstehen. Kurt Schumacher, der bald unumstrittene Repräsentant und Führer der Westzonen-SPD,

---

1 Die Geschichte des Ostbüros zum Gegenstand historischer Forschung gemacht zu haben, ist das Verdienst der aus einer Dissertation hervorgegangenen Studie von Wolfgang Buschfort, Das Ostbüro der SPD. Von der Gründung bis zur Berlin-Krise, München 1991. Die Ergebnisse in knapper Form zusammenfassend ders., Das Ostbüro der SPD 1946–1981, in: APuZ Nr. 21 vom 15.9.1992, S. 23-32. Im Vergleich dazu ist die Arbeit von Helmut Bärwald, Das Ostbüro der SPD 1946–1971. Kampf und Niedergang, Krefeld 1991 eine weniger an Fakten orientierte Darstellung als die subjektive Erinnerung eines Beteiligten. Helmut Bärwald war jahrzehntelang Mitarbeiter und – bis zur Auflösung 1971 – letzter Leiter des Ostbüros. Wegen der von ihm verworfenen „neuen Ostpolitik" trat er danach aus der SPD aus. Seine Sicht ist von diesem Ende her geprägt und gerät in weiten Strecken zu einer Mischung aus früher „Erfolgsgeschichte" und Anklage gegen eine Politik, in der er eine Kapitulation vor den Kommunisten sieht.

2 Die Verwendung der genannten Attribute u. a. bei Buschfort, APuZ und bei Werner Müller, Das legendäre „Ostbüro", in: Das Parlament vom 29. Januar 1993. Manche Unsachlichkeit bezieht sich auf die vermeintliche Unzugänglichkeit der Akten des Ostbüros im AdsD der FES, was zumeist auf Unkenntnis der problematischen Quellenlage beruhen dürfte. Die sogenannten „Sachakten" sind seit langem der Forschung zugänglich; im Gegensatz dazu waren und sind die sogenannten „Personenakten" gesperrt. Gerechtfertigt ist dies durch die Notwendigkeit des Datenschutzes und die Problematik, daß darin gesammelte Angaben über Personen unüberprüfbar sind. Hinzu kommt, daß die Unterlagen des Berliner Ostbüros aus unbekannten Gründen vernichtet worden sind.

stand von vornherein jeglichen Einheitsbestrebungen im Osten und auch im Westen ablehnend gegenüber. Geprägt war diese dezidierte Haltung von seinen Erfahrungen in der Weimarer Republik, von den Auseinandersetzungen zwischen Kommunisten und Sozialdemokraten, aber auch von der Zusammenarbeit der Kommunisten mit den Nationalsozialisten.[3] So wie er die Haltung eines großen Teils der Sozialdemokratie nach dem Staatsstreich in Preußen 1932 als eine Kapitulation vor totalitären Kräften verwarf, so war er nach 1945 nicht bereit, „demokratisches Terrain kampflos antidemokratischen Kräften zu überlassen".[4] Als im Verlauf der Einheitskampagne der Druck auf die ostzonalen Sozialdemokraten zunahm und der Zwangscharakter der bevorstehenden Vereinigung offenkundig wurde, bestätigte dies seine Anschauung.

Nachdem die ostzonale SPD bzw. der Zentralausschuß Schumachers Vorschlag, die SPD in der Sowjetischen Besatzungszone aufzulösen, als undurchführbar abgelehnt hatte, die Vereinigung vollzogen und die SPD dort aufgehört hatte zu existieren, waren auch die Vereinbarungen von Wennigsen hinfällig geworden, worin Grotewohl vom Zentralausschuß und Schumacher als konkurrierende Führer die jeweiligen Einflußgebiete abgegrenzt hatten. Zu den sozialdemokratischen Spitzenfunktionären der SED brach Schumacher jeglichen Kontakt ab, hielt er sie doch ohne Unterschied für „Quislinge". Eine um so wichtigere Verpflichtung war es ihm, die Interessen der opponierenden oder vereinigungsunwilligen Sozialdemokraten wahrzunehmen.[5] Das war die „stumme Armee", von der Kurt Schumacher wenige Wochen nach der Vereinigung auf dem ersten Nachkriegsparteitag der SPD der Westzonen im Mai 1946 in Hannover sprach, der ihn zum Parteivorsitzenden wählte.[6] Er erinnerte die Delegierten an die zurückliegende Propaganda und vor allem an den Kampf um die Urabstimmung in Berlin, wo die „Berliner Genossen" gezeigt hätten, „was es heißt, wenn sich Männer und Frauen um die Freiheit des Geistes und um die Freiheit der Persönlichkeit wehren wollen".[7] Auch die Sozialdemokraten im Osten hätten sich keineswegs „dumm machen" lassen, seien aber „stumm gemacht" worden. „Wenn ich sage, sie sind stumm gemacht worden, dann möchte ich im Namen des Parteitages noch eins hinzufügen:

---

3 Vgl. dazu Willy Albrecht, Kurt Schumacher. Ein Leben für den demokratischen Sozialismus, Bonn 1985, S. 22 ff., 34 ff.

4 Buschfort, Das Ostbüro der SPD, S. 15.

5 Vgl. Moraw, S. 231.

6 Die Rede Schumachers zitiert nach Willy Albrecht (Hrsg.), Kurt Schumacher. Reden, Schriften, Korrespondenzen 1945–1952, S. 387 ff. Zur Bedeutung des Parteitags insgesamt vgl. Kurt Klotzbach, Der Weg zur Staatspartei. Programmatik, praktische Politik und Organisation der deutschen Sozialdemokratie 1945–1965, Bonn 1982, Neuaufl. 1996, S. 78 ff.

7 Willy Albrecht (Hrsg.), S. 398.

Wir grüßen diese stumme Armee, die Hunderttausende Sozialdemokraten in der Ostzone, die dasselbe wollen, was wir auch wollen.“ Und das war, auf den „Tag des internationalen Ausgleichs“ zu hoffen, „wo jeder nach seiner freien Erkenntnis und freien Meinung sich seine freie politische Partei wählen kann“.[8]

Gleichzeitig brandmarkte er die Vertreter des ehemaligen Zentralausschusses polemisch als „Überläufer“, deren Führungsanspruch zurückgewiesen zu haben er als eine der wichtigsten politischen Taten bezeichnete. Im nachhinein nannte er sie eine „zusammengelaufene“ Gruppe, die „ohne demokratische Legitimation in der Ostzone die einzige Partei der Demokraten verschleudert und verhökert“ habe.[9] Sie hätten genau gewußt oder wissen müssen, daß sie „hunderttausende von Sozialdemokraten“ an den „Leninismus“ verkaufen würden, denn eine Demokratie mit Einheitspartei und Einheitslisten sei eindeutig Diktatur. Für ihn war klar, daß der Kampf um die Macht innerhalb der SED schon lange vor der äußeren Vereinigung entschieden war, habe doch die Führung der KPD nie einen Hehl daraus gemacht, daß „die sozialdemokratischen Funktionäre gründlich umgeschult werden müßten“. Die Zentralausschuß-Mitglieder hätten dies gewußt, aber geschwiegen und sich geduckt. Er selbst habe ihnen gesagt, daß sie unter den herrschenden Besatzungsbedingungen niemals eine gleiche Chance hätten, daß sie zudem die Kommunisten gewaltig unterschätzten. „Diese Leute sind dressiert auf Eroberung der Macht, gleichgültig, welche politischen und sozialen Konsequenzen dabei herauskommen. Da seht doch die armen Köpfe vom Zentralausschuß, die meinen, mit Leuten kämpfen zu können, deren Lebensinhalt die Macht und die Eroberung der politischen Macht ist.“[10] Für ihn war das der sozialdemokratischen Illusion vergleichbar, man könne unter Adolf Hitler legal die SPD weiterführen. Die Situation einer Diktatur in der SBZ sah er als gegeben an, und er sprach von „neuem Material“, wonach diejenigen Sozialdemokraten in der Sowjetischen Besatzungszone, die „unbelehrbar“ an den Idealen der Demokratie festhalten wollten, politisch ausgeschaltet und „unschädlich“ gemacht werden sollten.

Da er und die westliche SPD den Anspruch aufrechterhielten, eine gesamtdeutsche Partei zu sein und sich zur Interessenwahrnehmung für die „stummen“ Sozialdemokraten verpflichtet hatten, mußte dies auch den Entschluß beinhalten, in der Sowjetischen Besatzungszone aus der Illegalität heraus zu wirken, solange eine freie Betätigung nicht möglich war. Dies war einer der Zwecke des Ostbüros.[11]

---

8 Ebd.
9 Ebd., S. 411.
10 Ebd., S. 413.
11 Vgl. Buschfort, Das Ostbüro der SPD, S. 15.

Auch wenn es Anzeichen dafür gibt, daß Kurt Schumacher schon vor der Zwangsvereinigung in Anlehnung an sozialdemokratische Traditionen eine Einrichtung für die bevorstehende Illegalität von Sozialdemokraten plante, waren die Anfänge des späteren Ostbüros freilich anders und sehr viel bescheidener.[12] Unter zunächst wechselnden Namen arbeitete es als eine Kontaktstelle und „Flüchtlingsbetreuungsstelle Ost", die von Rudi Dux geleitet wurde.[13] Dieser erinnerte sich in den 70er Jahren: „Die Anfänge waren natürlich primitiv. Das war mehr eine gewissermaßen Flüchtlingsanlaufstelle und Versorgungsstelle als ein ‚Ostbüro'. Das konnte auch gar nicht anders sein; denn als die Vereinigung sich drüben vollzog, gab es hier offiziell noch keine SPD. [...] In diesem Büro Schumacher war ich einer der ersten Mitarbeiter. Ich bekam ein Zimmer und eine Schreibkraft, und dann lief das an. Die Leute flüchteten von drüben. Ich habe innerhalb kurzer Zeit über 360 politischen Flüchtlingen Zuzugsgenehmigung, Arbeitserlaubnis, Lebensmittelmarken, Wohnraum usw. beschaffen müssen. Da bin ich dauernd als Wohlfahrtsorganisation auf Achse gewesen. [...] Später war aus der reinen Flüchtlingsbetreuung etwas anderes geworden, mußte es ja auch."[14]

Da die ankommenden Flüchtlinge beim Parteivorstand registriert wurden, sollten sie zunächst dahingehend überprüft werden, ob es sich um echte politische Flüchtlinge, um verfolgte Sozialdemokraten, handelte. Das herauszufinden, war Aufgabe der Kuriere, die, wie Wilfred Busch und Hans-Joachim Bargmann ab Herbst 1946, für das Ostbüro tätig wurden.[15] Sie fuhren mit gefälschten oder in der Sowjetischen Besatzungszone be-

---

12 Die folgende Darstellung basiert im wesentlichen auf den Ergebnissen der Studie von Buschfort. Für den Plan einer „Untergrundorganisation" zitiert er William Strang, den politischen Berater des britischen Oberbefehlshabers in Berlin, der nach einem Gespräch mit Schumacher im Februar 1946 nach London telegraphiert hatte: „His plan seems to be to maintain contact underground organisation inside the United Party, for which he is already making arrangement". Zitiert nach Buschfort, Das Ostbüro der SPD, S. 17. Als Beweis dafür dient ihm allerdings auch die Erinnerung Stephan Thomas' von 1986, wonach das Ostbüro seine Arbeit bereits vor der Zwangsvereinigung aufgenommen habe „als Instrument der Partei für die kommende Auseinandersetzung mit dem kommunistisch-stalinistischen Machtanspruch in Deutschland". Vgl. ebd.

13 Rudi Dux (1908–1979) wurde während des Dritten Reiches wegen Widerstandstätigkeit zu einer mehrjährigen Zuchthausstrafe verurteilt und kam 1944 in das Strafbataillon 999. 1945 wurde er Bezirkssekretär der SPD in Magdeburg, flüchtete jedoch bereits im Februar 1946 nach Hannover, wo er vor 1933 tätig war. Dort arbeitete er im Büro Dr. Schumacher, dann im Parteivorstand der SPD. Er war der erste Leiter des späteren Ostbüros, wechselte aber bald als gelernter Journalist zum sozialdemokratischen Pressedienst.

14 Bouvier/Schulz (Hrsg.), S. 121.

15 In diesem Fall irrt sich Buschfort ganz offensichtlich sowohl bei dem Vornamen von Busch als auch bei der Datierung des Beginns von dessen Kuriertätigkeit mit Oktober 1945. Vgl. dazu Interviewprotokoll Busch, AdsD der FES.

sorgten Ausweisen und Dokumenten in die Ostzone und besuchten dort die Funktionäre der ehemaligen SPD und Sozialdemokraten, von denen sie annahmen, daß sie Gegner des Systems seien. Daß sie darüber hinaus auch Material, u. a. Flugschriften und Schumacher-Reden, mitnahmen und schriftliche Informationen zurückbrachten, hat nicht zu ihrer Sicherheit beigetragen.

Aus dem Anliegen, Flüchtlinge zu betreuen und zugleich als Kontaktstelle für oppositionelle Sozialdemokraten zu wirken, ergab sich für eine Partei mit gesamtdeutschem Anspruch die Aufgabe, Informationen und Nachrichten unterschiedlicher Art zu sammeln, systematisch für die politische Arbeit des Parteivorstandes auszuwerten, die Erkenntnisse darüber hinausgehend der westlichen Öffentlicheit zur Verfügung zu stellen und zugleich in die Sowjetische Besatzungszone zurückzuvermitteln. Vor dem Hintergrund unmittelbarer und mittelbarer Wiedervereinigungshoffnungen, die Perspektive einer erneuten Legalität der SPD in Mitteldeutschland eingeschlossen, stand diese zwangsläufig illegale Arbeit in der Tradition der Widerstandsarbeit gegen den Nationalsozialismus. Wenn freilich Fritz Heine, der im Parteivorstand für das Ostbüro zuständig war, 1946 davon sprach, daß die Arbeit von Hannover aus mit „allen Finessen der illegalen Organisation" betrieben würde, so scheint dies für die Realität der Anfangszeit nur bedingt zuzutreffen.[16]

Bald schon erforderten die umfangreiche Aufgabenstellung und der ungeheure Informationsbedarf einen schrittweisen organisatorischen Ausbau und zusätzliche Mitarbeiter, wodurch sich auch die Arbeitsweise wandelte. Mit der Einstellung Hans Günther Webers, eines 1947 geflüchteten Leipziger Sozialdemokraten und bis dahin hohen Polizeibeamten, gab es Überlegungen, mit „nachrichtendienstähnlichen" Methoden die Arbeit effektiver zu gestalten.[17] Da Rudi Dux als Leiter der Stelle mit einigen weitreichenden Plänen nicht einverstanden war, wechselte er nach internen Auseinandersetzungen in eine andere Position. Sein Nachfolger wurde zunächst der ehemalige Kommunist Siegmund (Sigi) Neumann, den im November 1948 offiziell Stephan Thomas ablöste.[18]

---

16 Zu der Äußerung von Heine vgl. Buschfort, Das Ostbüro der SPD, S. 20. Die Beispiele Buschforts belegen vielmehr ein anfangs hohes Maß an Dilettantismus und mangelnder Koordinierung.

17 Zu diesen Plänen vgl. ebd., S. 21 f.

18 Zu den Biographien von beiden vgl. ebd.; die Tatsache, daß Stephan Thomas (ursprünglich Grzeskowiak) in britischer Kriegsgefangenschaft im Lager Ascot u. a. Erich Ollenhauer und Erwin Schöttle kennengelernt hatte und zudem bis 1944 für die BBC arbeitete, dürfte der Hintergrund für die Vorwürfe aus dem Osten gewesen sein, er sei britischer Agent gewesen. Sigi Neumann war als ehemaliger Kommunist nicht unumstritten und geriet vermutlich wegen zahlreicher Verhaftungen in der SBZ und umstrittener

Mit dem Ausbau gingen Forderungen – und wohl auch Differenzen mit dem Parteivorstand – nach mehr Personal und technischer Ausstattung wie Autos und Fernschreibern einher, was nur die britische Besatzungsmacht gewähren konnte. Nicht nur zu ihr, sondern auch zu ihrem Geheimdienst gab es regelmäßige Kontakte. Sie entsprachen freilich nicht dem, was in der östlichen Propaganda behauptet wurde, und sie waren keineswegs konfliktfrei.[19] Bei diesen Kontakten ging es in erster Linie um Informationsaustausch und Hilfestellung bei Transportfragen, nicht jedoch um finanzielle Zuwendungen. Angebote des britischen Geheimdienstes, Ostbüro-Mitarbeiter zu schulen, lehnte der Parteivorstand ab, und alle Versuche, Weisungen zu erteilen oder Ostbüro-Mitarbeiter für eigene Zwecke einzuspannen, wurden als Zumutungen zurückgewiesen. Ähnlich lose gestaltete sich das Verhältnis zum amerikanischen Geheimdienst, dessen Hilfe vor allem in Berlin in Anspruch genommen wurde.[20] Während der Berlin-Blockade gestaltete sich das Verhältnis zu beiden Geheimdiensten enger. Während die Briten Transportmöglichkeiten zur Verfügung stellten, halfen die Amerikaner – auch später noch – mit Personenauskünften.[21] Trotz prinzipieller Bereitschaft zur Zusammenarbeit mit alliierten Geheimdiensten wollte die SPD ihr Ostbüro nie in eine direkte Abhängigkeit von ihnen geraten lassen.

---

Methoden der Informationsbeschaffung unter „Beschuß“, so daß er als Leiter des Ostbüros abgelöst wurde.

19 Ausführlicher dazu Buschfort, Das Ostbüro der SPD, S. 57 ff. Auch Busch berichtet von diesen Problemen; vgl. Interviewprotokoll Busch.

20 In diesem Fall gilt das gleiche hinsichtlich der östlichen Propaganda und finanzieller Zuwendungen. Das Ostbüro hoffte auf die Unterstützung für einen eigenen „Schwarzsender“, die es zwar nicht erhielt, als Alternative jedoch Sendezeiten beim RIAS nutzen konnte. Auch materielle Hilfestellungen wie Konserven und Lebensmittel wurden in Anspruch genommen, die beispielsweise der Kurier Heinz Kühne in die SBZ mitnahm, ein Leichtsinn, der dortige Sozialdemokraten verärgerte. Von östlicher Seite wurde eine Abhängigkeit vom amerikanischen Geheimdienst auch über Ernst Tillich konstruiert, der als zur KGU „abgeordneter“ Ostbüro-Mitarbeiter bezeichnet wurde. Dies dürfte darauf zurückzuführen sein, daß die KGU tatsächlich in große Abhängigkeit vom amerikanischen Geheimdienst geraten war und daß Ernst Tillich, einer ihrer führenden Repräsentanten, Sozialdemokrat war. Daß er wegen seiner zunehmend umstrittenen Tätigkeit aus der SPD ausgeschlossen wurde, konnte nach östlicher Sicht nur Tarnung sein. Vgl. dazu Kai-Uwe Merz, Kalter Krieg als antikommunistischer Widerstand. Die Kampfgruppe gegen Unmenschlichkeit 1948–1959, München 1987.

21 Auf Wunsch des Ostbüros überprüfte der amerikanische Geheimdienst beispielsweise Sozialdemokraten, die unter Verdacht geraten waren, unerlaubte Verbindungen in die SBZ und dann DDR zu unterhalten. Diese Form der später intensivierten „Inlandsaufklärung“, d. h. Überprüfung und Überwachung von Personen und Gruppen in der Bundesrepublik, hat in späteren Jahren mit dazu beigetragen, daß das Ostbüro in Mißkredit geriet. Über die Zusammenarbeit des Ostbüros – bzw. einzelner seiner Mitarbeiter – mit dem BND und den westlichen Geheimdiensten gibt es Andeutungen vor allem bei Bärwald, S. 50 ff.

Mit dem Ausbau des Ostbüros unter Neumann und Thomas war auch ein erhöhter Personalbedarf verbunden. Aufgrund der spezifischen Rekrutierungsbedingungen unter den aus der Sowjetischen Besatzungszone geflüchteten Sozialdemokraten war dies schwierig und mit einer hohen Fluktuation verbunden.[22] Um die Arbeit effizienter als bis dahin zu gestalten, sollten den Mitarbeitern feste Arbeitsgebiete zugeordnet werden. Für jedes der damals noch existierenden Länder hatte nach Möglichkeit jemand zuständig zu sein, der von dort stammte, geflüchtet oder direkt geholt worden war, gute Verbindungen zu den dort verbliebenen Sozialdemokraten hatte, um deren Vertrauenswürdigkeit und politische Zuverlässigkeit wußte und zugleich deren Vertrauen genoß.

Da es aus der Zeit vor der Zwangsvereinigung keinerlei Unterlagen (Verzeichnis von Mitgliedern oder Funktionären, Besetzung von Ämtern und Funktionen mit Sozialdemokraten usw.) gab, begann das Ostbüro um 1947/48, Listen von „vertrauenswürdigen" Sozialdemokraten in der Sowjetischen Besatzungszone zusammenzustellen. Die Fahrten in die SBZ nahmen infolgedessen zu, Kontakte zu den dortigen Sozialdemokraten wurden intensiviert, sei es, um etwas über deren „illegale" Arbeit zu erfahren oder auch nur, um weitere Namen zu erhalten. Gleichzeitig wurden in Anlehnung an die Zeit des Nationalsozialismus sogenannte Grenzsekretariate eingerichtet, die allerdings nicht fest in die Struktur des Ostbüros integriert waren. Es waren in der Regel Helfer aus sozialdemokratischen Unterbezirken entlang der Demarkationslinie bzw. späteren Grenze, die Informationen sammelten, Flüchtlingen beim Grenzübertritt halfen, nach geeigneten und unbewachten Stellen für das Durchschleusen von Menschen und Propaganda suchten und die später vermutlich bei der Suche nach geeigneten Startplätzen für die Ballons mit Propagandaschriften unentbehrlich waren.[23]

Mit diesen Kontakten mehrten sich die im Ostbüro eintreffenden Berichte, und der Informationsbedarf wuchs. Ein eigenes Archiv wurde eingerichtet, die Informanten in Kontaktpersonen, Berichterstatter und Vertrauensleute eingeteilt, denen nun auch Ratschläge oder Verhaltensmaßregeln zugeleitet wurden. Für diejenigen, die für das Ostbüro arbeiteten oder mit ihm in Kontakt waren, mußte dies bedeuten, ein Doppelleben zu führen und offiziell Positionen zu vertreten, die der eigenen Überzeugung zuwiderliefen. Dem entsprach, sich nicht aus dem Partei- und öffentlichen Leben fernzuhalten, sondern Positionen durchaus anzustreben

---

22 Vgl. Buschfort, Das Ostbüro der SPD, S. 26 f.

23 Als die DDR 1952 begann, auf ihrer Seite die innerdeutsche Grenze zu befestigen, gewannen die Grenzsekretariate eine noch größere Bedeutung. Zu den Problemen bei dieser Arbeit und mit Mitarbeitern, u. a. Arno Behrisch, vgl. Buschfort, S. 83 f.

und eventuell sogar die eigene berufliche Zukunft an der Erfordernis der Nachrichtenbeschaffung auszurichten.[24] Zum einen war dies ohne Zweifel eine Schutzmaßnahme, entsprang jedoch auch dem Interesse an Informationen und Wirkungsmöglichkeiten. Da die ehemals führenden Funktionäre oder Sozialdemokraten in führenden Positionen besonders gefährdet waren, können nur wenige von ihnen als direkte Kontaktpersonen des Ostbüros angesehen werden, auch wenn es indirekt Kontakte und Verbindungen gab.[25] Die meisten stammten aus der mittleren Funktionsebene. Ihr bemerkenswerter Durchhaltewillen war getragen von der Hoffnung auf Änderung der Verhältnisse durch die Alliierten. Das Ostbüro bestärkte sie darin. Sie waren der Kern von losen Gruppierungen und „illegalen Gruppen“, die nach Vorgaben des Ostbüros nicht mehr als fünf Personen umfassen sollten, wovon nur eine in Kontakt mit dem Ostbüro stehen sollte. Doch in der Realität wurden solche konspirativen Regeln nicht selten ignoriert. Die Betätigung dieser illegalen Gruppen bestand in der Regel darin, zu diskutieren, Materialien darüber zu sammeln, was ihnen als kommunistische Willkür erschien, und westliche Flugblätter zu verbreiten, die selbst herzustellen allein aufgrund der Kontingentierung von Papier äußerst schwierig war. Machtlos gegen Übergriffe, meldeten sie diese den westdeutschen und West-Berliner Sozialdemokraten.[26]

Wenn die ostdeutschen Sozialdemokraten nicht selbst nach Hannover oder Berlin fuhren, wurden die Kontakte über Kuriere hergestellt und aufrechterhalten. Ihnen kam damit eine wichtige Funktion zu, und sie waren vor allem in der ersten Phase, d. h. bis 1948, möglicherweise das „Rückgrat“, aber auch eine der empfindlichsten Schwachstellen der Arbeit des frühen Ostbüros.[27] Es waren zumeist idealistische junge Sozialdemokraten aus der Sowjetischen Besatzungszone mit einer Portion Abenteuerlust, die bei ihren Fahrten ein hohes Risiko auf sich nahmen. Dennoch waren die meisten von ihnen für diese schwierige Arbeit nicht geschult, so

24 In einem Flugblatt aus dem Jahr 1952 hieß es dann allerdings vorsichtiger, „Freunde der Sozialdemokratie“ sollten zwar in der SED bleiben, aber keine Parteifunktionen mehr übernehmen. Vgl. Buschfort, S. 31.

25 Vgl. auch ebd.

26 Vgl. ebd., S. 30. Unmittelbar nach der Vereinigung von SPD und KPD hatte die West-Berliner SPD ein „Ostsekretariat“ eingerichtet, das ähnliche Aufgaben wahrnahm wie das Ostbüro in Hannover. Personalquerelen und mangelnde Kommunikation zwischen Berlin und Hannover scheinen für die frühe Aufbauzeit kennzeichnend zu sein, so daß mit dem eigentlichen Aufbau der Berliner Stelle erst begonnen wurde, als Stephan Thomas zu diesem Zweck 1948 dorthin geschickt wurde. Gerade an dieser sehr widersprüchlichen und komplizierten Berliner Situation wird deutlich, wie wenig manche der östlichen Angaben der Realität entsprachen, gerade wenn es um das angebliche Datum für die Gründung des Ostbüros ging, die in dieser Sicht in Berlin stattfand. Vgl. dazu die Darlegungen bei Buschfort, S. 34.

27 Vgl. dazu die ausführliche Darstellung über die einzelnen Kuriere bei Buschfort, S. 36 ff.

daß sie häufig genug konspirative Grundregeln außer acht ließen und damit sich selbst und andere in Gefahr brachten. Allein die Tatsache, daß sie illegales Material für die Sozialdemokraten mitnahmen und Berichte zurückbrachten, mußte sie bei den häufigen Kontrollen gefährden. Besonders verhängnisvoll für ostdeutsche Sozialdemokraten wurde, daß einige der Kuriere bei ihrer Verhaftung Namens- und Adressenlisten mit sich führten.

Die Tatsache, daß so viele Kuriere und Sozialdemokraten, die über sie direkt und indirekt in Kontakt mit dem Ostbüro standen oder damit in Verbindung gebracht werden konnten, enttarnt und verhaftet wurden, war demnach nicht nur der „erfolgreichen" Überwachung geschuldet. Unerfahrenheit und großer Leichtsinn von Mitarbeitern des Ostbüros haben dies erleichtert. Hinzu kommt, daß viele Sozialdemokraten als Gegner des Einheitskurses ohnehin im Blickfeld des Überwachungsapparates waren, weil sie eben nicht Konkurrenten, sondern politische und ideologische Gegner waren, die über kurz oder lang ausgeschaltet werden sollten, sofern sie sich nicht vereinnahmen ließen.

Bereits im November 1946 wurde Wilhelm Lohrenz, Kurier des Berliner Ostsekretariats, als einer der ersten verhaftet. Nach monatelangen Verhören, Folter und einem Selbstmordversuch unterzeichnete er als „reumütiger Sozialdemokrat" 1948 jenes „Geständnis" mit den Behauptungen über die Zusammenarbeit mit und Abhängigkeit des Ostbüros vom britischen und amerikanischen Geheimdienst.[28] Es war 1948 nicht nur der Auftakt für die Verfolgung der Sozialdemokraten, sondern zusammen mit den Angaben von Heinz Kühne das Fundament östlicher Propaganda über das Ostbüro. Dem folgte die Verhaftung weiterer Kuriere, die möglicherweise unter dem Druck von Vernehmungen und Folter Angaben machten und Namen preisgaben. Besonders folgenreich wurde jedoch, daß es den östlichen Diensten gelang, Agenten in das Ostbüro einzuschleusen oder für eine Mitarbeit zu gewinnen. Zumindest in zwei Fällen liegt eine solche Vermutung nahe, und viele Sozialdemokraten haben nach ihrer Haftentlassung einen Kurier belastet.[29] Ebenso nahe liegt damit die Annahme, daß die Art der Verbindung zwischen Ostbüro und Sozialdemokraten in der Sowjetischen Besatzungszone weitgehend bekannt war. Auch wenn das massive Vorgehen gegen Sozialdemokraten, die „Massenverhaftungen", nicht dadurch verursacht waren, so traf es die illegalen Gruppen doch besonders hart, jene Sozialdemokraten, die tatsächlich mit dem Ost-

---

28 Im Dezember 1949 wurde er entlassen und konnte nach Dresden übersiedeln, wo er zunächst beim sowjetischen Informationsbüro arbeitete, dann jedoch nach Berlin flüchtete. Vgl. ebd., S. 39.

29 Ausführlich dazu ebd., S. 42 f.

büro direkt in Verbindung standen, aber in gleicher Weise diejenigen, bei denen dies vermutet oder konstruiert werden konnte.[30] Während sie als „Spione" verurteilt und andere Sozialdemokraten öffentlich und in breiten Kampagnen als „Schumacher-Agenten" diskreditiert werden sollten, betrachtete die westdeutsche SPD sie als Widerstandskämpfer gegen ein Unrechtsregime, vor dessen Opfern es sich zu verneigen galt. Darüber hinausgehend formulierte Kurt Schumacher Ende 1948 mit Blick auf die deutsche Einheit als Kern sozialdemokratischer Politik: „Die deutsche Sozialdemokratie hat die meisten Risiken und Opfer in diesem Kampf um den deutschen Osten auf sich genommen. Für sie gibt es keine Politik des ‚Abschreibens' [...]. Für sie gibt es nur die Politik der Solidarität."[31]

Im Hinblick auf das Ostbüro war diese Zielsetzung besonders wichtig, weil es 1948/49 praktisch vor einem „Trümmerhaufen" stand.[32] Noch vor der Reorganisation durch Stephan Thomas gab es durch die Entführung Heinz Kühnes im Februar 1949 einen erneuten Rückschlag. Kühne war nach Berlin geschickt worden, um die dortige Zweigstelle funktionsfähig zu machen und das Kurierwesen neu zu organisieren. Auch wenn seine veröffentlichten – unfreiwilligen – Aufzeichnungen zahlreiche falsche Detailangaben enthalten, hat er unter dem Druck der Vernehmungen doch so viel von der Struktur und Arbeitsweise des Ostbüros und vor allem Namen preisgegeben, daß zahlreiche Verhaftungen die Folge waren und die bisherige Arbeitsweise nicht aufrechterhalten werden konnte.[33]

Um weitere Verhaftungen weitestgehend zu vermeiden, mußten sowohl der Kurierverkehr als auch das „Konzept, überall in der SBZ sozialdemokratische Widerstandsgruppen als Keimzellen einer künftigen SPD zu bilden", fallengelassen werden.[34] An dessen Stelle traten konspirativ abgesicherte Einzelkontakte, für die es trotz der Verhaftungen offenkundig eine starke Rekrutierungsbasis gab, denn Sozialdemokraten widersetzten sich nach wie vor der Stalinisierung der SED und des gesamten gesellschaftlichen Lebens. Die propagandistischen „Enthüllungen" und die Anprangerung von Sozialdemokraten als „Schumacher-Agenten" und „Agenten des Ostbüros" mögen darüber hinaus der Politik Schumachers und der Arbeit des Ostbüros zu ungewollter Publizität verholfen haben.

---

30 Noch immer ist es nicht möglich, exakte Angaben über die Zahl der verhafteten Sozialdemokraten zu machen. Auch Zahlenangaben oder Schätzungen hinsichtlich derjenigen, die als verhaftete Kontaktpersonen oder Vertrauensleute des Ostbüros gelten können, sind problematisch, weil entsprechende „Urteilsbegründungen" nicht unbedingt der Realität entsprechen mußten. Vgl. zu den äußerst schwankenden Zahlenangaben auch Buschfort, S. 46.

31 Zitiert nach Albrecht (Hrsg.), S. 622.

32 So die Formulierung bei Buschfort, S. 55.

33 Vgl. ebd. u. S. 64 ff.

34 Ebd., S. 65.

Dieses wiederum schottete aus Sicherheitsgründen nun nicht nur seine Kontaktpersonen untereinander ab, sondern sich selbst auch innerhalb des Parteivorstandes, was langfristig problematisch war, weil daraus die Gefahr eines nur schwer kontrollierbaren Apparates im Apparat erwachsen konnte. Gleichzeitig wurde das Ostbüro bzw. sein Leiter Stephan Thomas zum wichtigen Berater Kurt Schumachers für die Ostzone und gewann damit Einfluß auf die frühe Deutschlandpolitik der SPD.

Mit Nachdruck ausgebaut wurde ab Ende der vierziger Jahre die Berliner Zweigstelle, die jedoch ein Problemfall blieb. Eine Kompetenzabgrenzung zwischen den Berliner Parteistellen, die dem Ostbüro vergleichbare Aufgaben wahrnahmen, scheint es ebensowenig gegeben zu haben wie eine Koordinierung mit dem Ostbüro.[35] Dies wäre um so wichtiger gewesen, weil Berlin als Drehscheibe zwischen Ost und West der Sitz auch anderer Organisationen war. Von dort aus waren Verbindungen in die SBZ/DDR „verhältnismäßig“ leicht aufzunehmen und aufrechtzuerhalten. Noch wichtiger war jedoch, daß DDR-Besucher bis 1961 nach West-Berlin konnten, um sich Informationen zu holen oder Gesprächspartner aufzusuchen. Deswegen hatten sowohl die Berliner SPD als auch das Ostbüro eine Reihe von Kontaktadressen und geheimen Anlaufstellen, deren Adressen und Tarnnamen den östlichen Diensten bzw. dem MfS bald bekannt waren und die deshalb häufig wechselten.[36] 1949 wurde eine „offene“ Berliner Flüchtlingsbetreuungsstelle eingerichtet, deren Sprechzeiten der RIAS bekannt machte. Gleichzeitig gab es geheime Stützpunkte und Tarnorganisationen wie die „Aktionsgemeinschaft FDJ“, deren Aktivitäten dem MfS aufgrund von Schriften und Publikationen ebenfalls bekannt waren.

Wichtig war die Zusammenarbeit mit dem RIAS, die der SED als Ärgernis gelten mußte, weil über den Rundfunk besonders viele Informationen, Nachrichten, Meinungen und auch Propaganda in die DDR gelangten und dort eine breite Hörerschaft erreichten. Eine lose Zusammenarbeit hatte es seit der Endphase der Auseinandersetzungen über die Einheitsfrage gegeben. Danach konnte die SPD Sendezeiten nutzen, über Parteiveranstaltungen berichten und – indirekt – durch Kommentare sozialdemokratische Auffassungen über die politische Entwicklung verbreiten lassen.

---

35 Es gab auch keinerlei organisatorischen Zusammenhang zwischen dem Büro Willy Brandts, des Beauftragten des PV in Berlin, und dem Ostbüro, obwohl sich Willy Brandt und sein Nachfolger mit der Entwicklung in der SBZ öffentlich befaßten. Da jedoch Willy Brandt dem Ostbüro gelegentlich seinen Dienstwagen zur Verfügung stellte, dürfte dies dazu geführt haben, daß das MfS ihn zu einem „Mitarbeiter“ des Ostbüros machte.

36 Gerade im Hinblick auf die Berliner Mitarbeiter, Adressen und Tarnnamen sind die Angaben in dem weiter unten angeführten MfS-Material im wesentlichen zutreffend.

Während der Blockade konnte sich das Ostbüro dann erstmals direkt den Hörern bekannt machen. Stephan Thomas bekam die Möglichkeit, die bisherige Arbeit des Ostbüros aus seiner Sicht öffentlich zu schildern, Kommentare zu aktuellen Fragen zu sprechen und „Freunde und Genossen" in der SBZ/DDR auf die Berliner „Beratungsmöglichkeiten" hinzuweisen. Doch nicht allein Stephan Thomas sprach im RIAS, sondern während der fünfziger Jahre wurden Reden prominenter Sozialdemokraten gesendet, in denen sie sich an die „Brüder und Schwestern" oder „Genossen und Genossinnen" in der Zone wandten.[37]

Zu einem der wichtigsten Betätigungsfelder des Ostbüros wurde die Verbreitung von Flugblättern und Flugschriften. In größerer Auflage konnten sie jedoch erst Anfang der fünfziger Jahre hergestellt werden, nachdem die Papierrationierung aufgehoben worden war.[38] Um Personen durch den Transport des illegalen Materials nicht mehr zu gefährden, wurde neben Wegen über die reguläre Post und über Ballons auch an eine Methode angeknüpft, die im Dritten Reich praktiziert worden war: Paketeweise wurde Material an Zügen befestigt und an unterschiedlichen Bahnhöfen von „Eisenbahnern", echten oder vermeintlichen, wieder abmontiert.[39] Verbreitet wurden Broschüren, Camouflage-Literatur und DDR-Vorbildern ähnelnde Periodika, deren Zielgruppe die Industriearbeiter waren. Wichtiger waren die Flugblätter. Sie konnten an gezielten Personenkreisen ausgerichtet sein und damit einzelne Stimmungsberichte und Informationen aufgreifen, die das Ostbüro bekam. Andere enthielten weiter gefaßte Themen und vor allem Schumacher-Reden, deren Kernaussagen in Form von plakativen Losungen auch als Klebezettel hergestellt wurden. Hinzu kam eine verstärkte „Aufklärungsarbeit" im Westen, so wie das Ostbüro sie verstand. Mit Denkschriften und dem SOPADE-Informationsdienst wurden sowohl einzelne Ereignisse, spezifische Probleme als auch die allgemeine Entwicklung in der DDR plastisch dargestellt. Daß es dem Ostbüro keineswegs um reine Aufklärung und unvoreingenommene Berichterstattung ging, wird an der politischen Stoßrichtung der Reihe „Tatsachen und Berichte aus der Sowjetzone" deutlich. Schon mit den Titeln wurde in Anlehnung an die und grober Vereinfa-

---

37 Nach Buschfort basierten nicht wenige dieser Reden auf Manuskripten aus dem Ostbüro. Vgl. ebd., S. 73.

38 Zu den Auflagenhöhen vgl. ebd., S. 75 f. Gedruckt wurden sie in SPD-Druckereien in Hannover und Berlin. Auch hierin stimmten die MfS-Ermittlungen über Arno Scholz und den Telegraf.

39 Wie wichtig dieser Transportweg zeitweilig war, läßt sich an der Aufmerksamkeit ablesen, die das MfS ihm gewidmet hat. Dabei dürfte auch eine Rolle gespielt haben, daß Praktiken aus der Illegalität des Dritten Reiches den Kommunisten aufgrund eigener Erfahrungen vertraut waren.

chung der in den fünfziger Jahren virulenten Totalitarismustheorie nicht in erster Linie auf strukturelle Ähnlichkeiten von Nationalsozialismus und Kommunismus bzw. Stalinismus verwiesen, sondern eine Identität und unmittelbare Kontinuitätslinie zwischen beiden konstruiert.[40]

Ermöglicht wurde die Ausweitung der Arbeit nicht zuletzt durch Finanzhilfen des Bundesministeriums für Gesamtdeutsche Fragen, das auch die Ostbüros der anderen Parteien und Organisationen wie den Untersuchungsausschuß freiheitlicher Juristen, das Informationsbüro West und zeitweise die Kampfgruppe gegen Unmenschlichkeit finanziell unterstützte.[41] Denn unabhängig von Differenzen zwischen Regierung und Opposition gab es im Hinblick auf die Ablehnung der DDR zunächst keinen grundsätzlichen Dissens, teilte und unterstützte die SPD doch die harte Nichtanerkennungspolitik der Bundesregierung, so daß für längere Zeit „ein durchaus haltbarer überparteilicher Konsens zum Tragen kam".[42]

Mit der Verlagerung des Parteivorstandes von Hannover nach Bonn im Juni 1951 gingen strukturelle Änderungen und deutliche Akzentverschiebungen in der Arbeit einher. Das Ostbüro wurde nun „streng hierarchisch gegliedert"[43], was nicht allein mit der größeren Entfernung von der innerdeutschen Grenze und dem drohenden Verlust des Überblicks über die verzweigten Stellen zusammenhängen mochte, sondern auch eine der Auswirkungen eines sich selbst ausweitenden Apparates im Apparat war. In Bonn kamen Beratungsaufgaben im Kontext der Parlamentsarbeit hinzu, und Stephan Thomas verstärkte die internationalen Kontakte, was möglicherweise eher mit dessen weitergefaßten politischen Interessen zusammenhing als mit Aufgaben des Ostbüros. Erheblich intensiviert wurden auch die Aktivitäten innerhalb der Bundesrepublik, die ähnlich dem waren, was Aufgaben des Verfassungsschutzes sind und die als „Inlandsaufklärung" oder parteiinterner „Abschirmdienst" beschrieben worden sind.[44]

---

40 So lauteten die Titel z. B. „Vom Dritten Reich zur DDR", „Von der Gestapo zum SSD", „Von der DAF zum FDGB", „Von der NSDAP zur KP/SEP" oder „Von der NS-Frauenschaft zum DFD".

41 Zu dieser finanziellen Hilfe und zur Zusammenarbeit mit dem Ministerium vgl. Buschfort, S. 106 ff.

42 Hans-Peter Schwarz, Die Ära Adenauer. Gründerjahre der Republik 1949–1957, Stuttgart, Wiesbaden 1981, S. 76.

43 Vgl. Buschfort, S. 79.

44 So verwendet bei Buschfort, S. 87 und bei Bärwald, S. 102, der dies bis in die späten sechziger Jahre beschreibt. Während das Ostbüro sich ursprünglich darauf beschränkt hatte, einzelne Flüchtlinge aus der SBZ auf ihre Vertrauenswürdigkeit zu überprüfen, wurde ab den fünfziger Jahren ein breites Spektrum von Personen, Gruppen und Parteien beobachtet, „observiert".

Eines der zentralen Probleme dieses großen Apparates blieb auch weiterhin die Berliner Außenstelle, die von Bonn aus kaum zentral zu leiten war und deshalb mit Alfred Weber („Peter Wandel") einen eigenen Leiter erhielt.[45] Von dort gingen die meisten „konspirativen Aktionen" des Ostbüros aus, und sie scheint trotz Einbindung in die Bonner Strukturen ein nicht geringes Eigenleben entwickelt zu haben. Denkbar schlecht blieb darüber hinaus die Zusammenarbeit mit dem Berliner Landesverband der SPD, der – vermutlich zum Ärger des Ostbüros – bestrebt war, in eigener Regie nicht nur Flüchtlinge zu betreuen, sondern auch Nachrichten zu sammeln.

Ein Höhepunkt der propagandistischen Aktivitäten des Ostbüros war die Phase kurz vor und nach dem 17. Juni 1953. Danach wandelte sich die Arbeit erneut. Obwohl das Ostbüro seit dem Frühjahr 1953 von einer sich ausbreitenden Streikbewegung Berichte erhalten hatte, war es von den Ereignissen überrascht worden.[46] Stephan Thomas war zwar wenige Tage vorher in Berlin, habe jedoch, wie er im nachhinein betonte, in Gesprächen mit Arbeitern unter Hinweis auf die sowjetischen Panzer vor einem Generalstreik gewarnt. Darüber hinaus soll es an die Verbindungsleute des Ostbüros die Aufforderung gegeben haben, sich aus Sicherheitsgründen niemals aktiv an Aktionen zu beteiligen. Dennoch gab es wohl auch aus diesem Umfeld eine ganze Reihe von Verhaftungen.[47]

Eigener Berichterstattung zufolge hatten die Leiter der Ostbürostellen in Berlin an „Ort und Stelle" die Ereignisse verfolgt, hatten einer größeren Anzahl von gefährdeten Personen Fluchtmöglichkeiten nach West-Berlin geschaffen und versucht, die Vorgänge insofern zu „beeinflussen", als sie mit Streikkomitees „Verhandlungen" über den weiteren Verlauf und die Taktik des Aufstandes geführt hätten.[48] Einer vergleichbaren Selbsteinschätzung entsprach die Annahme von der Wirkung der zahlreichen Flugblätter und Schriften. In den Forderungen und Kampfparolen der demonstrierenden Arbeiter hätten sie ihren Niederschlag gefunden. Freilich wollte das Ostbüro bzw. Stephan Thomas darin keineswegs die Ursa-

45 Buschfort beziffert die Mitarbeiter auf nahezu 100. Vgl. Buschfort, S. 80.

46 Vgl. dazu Buschfort, S. 93 f.

47 Vgl. ebd., S. 96. In den Monatsberichten, die Stephan Thomas für den Parteivorstand zusammenstellte, ist von einigen dieser Verhaftungen die Rede, die freilich nur als Auswahl bezeichnet wurden. Darin gibt es weiterhin die Formulierung der „schmerzlichen Verluste", doch der „Apparat des Ostbüros" sei intakt geblieben. Angesichts des Systems von Einzelkontakten ist unklar, was mit dem an die Sprache der Geheimdienste erinnernden Begriff „Apparat" gemeint war. Denkbar ist, daß nicht alle Kontaktpersonen bekannt geworden waren, so daß trotz der Verhaftungen das System der Kontakte nicht infrage stand.

48 Vgl. AdsD der FES, Bestand Ostbüro, Monatsbericht über die Sonderaktionen in der Sowjetischen Besatzungszone, Juni 1953, S. 18.

chen für die Ereignisse sehen, die in der Politik der SED begründet blieben.

In der Propaganda knüpfte das Ostbüro unmittelbar an die Vorgänge an. Kurz vorher hatte es begonnen, Vervielfältigungsapparate an einige Vertrauensleute in der DDR zu verteilen, die dann während der Ereignisse und danach Flugblätter und Handzettel druckten. Unterzeichnet mit Namen, deren Hauptbestandteile „Freiheit“ und „Widerstand“ waren, sollten sie die Existenz von zahlreichen Widerstandsgruppen oder einer breiten Widerstandsbewegung suggerieren, was auf der anderen Seite den Verdacht von der zentralen Lenkung bestätigt haben mochte, auf jeden Fall einen Vorwand für entsprechende Behauptungen liefern konnte. Diese Flugblätter enthielten im wesentlichen die zentralen Parolen des 17. Juni, und noch Monate später wurden – auch vom Westen aus – die Folgen der SED-Politik und des 17. Juni dargelegt und Konsequenzen gefordert. Das Ostbüro änderte dann seine Strategie dahingehend, die Bevölkerung zu passiver Resistenz aufzufordern, „die letztlich das gesamte Gesellschafts- und Wirtschaftssystem der DDR hätte zerrütten sollen“.[49] Im Zentrum stand dabei der unterschiedlich formulierte Appell, das Arbeitstempo zu verlangsamen, womit vermutlich auch die Absicht verbunden war, über Druck in den Betrieben die Freilassung von Arbeitskollegen zu erreichen. Gleichzeitig sollte über Flugblätter mit ausführlichen Schilderungen der Ereignisse vom 17. Juni in der Bevölkerung das Bewußtsein gestärkt werden, ohne Eingreifen der Besatzungsmacht hätte der spontane Aufstand die SED „zerschlagen“.[50]

Zur verstärkten Propaganda gehörte auch die Herausgabe neuer Periodika, von denen eines sich in erster Linie an die „normalen“ Bürger wandte. Ein anderes, in dem sich das Ostbüro dann zunehmend theoretisch und sachlich mit der SED auseinandersetzte, richtete sich vorwiegend an Funktionäre, während ein weiteres den Eindruck erwecken sollte, in der DDR hergestellt worden zu sein und von einer SED-internen Opposition zu stammen. Transportiert wurden diese umfangreichen Materialien nun vorwiegend mit Hilfe von Wetterballons. Dies lag nicht an der Menge allein und der Einstellung des zu gefährlichen Kurierweges, son-

---

49 Buschfort, S. 99.

50 Den Strategiewandel des Ostbüros hatte auch das MfS registriert und als auf „Diversion“ ausgerichtet bezeichnet. Auf die nach dem 17. Juni verstärkte Propaganda des Ostbüros reagierte auch das MfS mit verstärkten Gegenaktionen, die nicht auf Propaganda beschränkt blieben. In welcher Weise vor allem in Berlin Mitarbeiter des Ostbüros zur Zielscheibe von „Maßnahmen“ wurden, erläutert Buschfort an einigen Beispielen. Vgl. ebd., S. 116 ff.

dern auch daran, daß sich in den Wochen und Monaten nach dem 17. Juni die zahlreichen Absperrmaßnahmen der DDR als effektiv erwiesen.[51]

Nach diesem Höhepunkt von Informationskampagnen und publizistischen Auseinandersetzungen mit der SED sind neuerliche Akzentverschiebungen zu beobachten. Im Zuge eines kurzen „Tauwetters" nach dem XX. Parteitag der KPdSU knüpfte das Ostbüro lose Kontakte zur innerkommunistischen Opposition, beispielsweise zu der Gruppe um Wolfgang Harich und Walter Janka, deren „Plattform" es im Westen bekannt machte. Vor allem bemühte es sich verstärkt um die Freilassung von inhaftierten Sozialdemokraten, auch unter Einschaltung befreundeter Parteien und Parteiführer, vornehmlich aus der Labour Party. Wenn im Zuge der Amnestieaktionen von 1956 seitens der SED verbesserte Beziehungen zwischen beiden „Arbeiterparteien" vorgeschlagen wurden, so verlangte sie gleichzeitig auch die Einstellung der Arbeit des Ostbüros. Die SPD reagierte darauf mit einer wohl im Ostbüro formulierten Presseerklärung, in der es hieß: „Die Tätigkeit des Ostbüros der SPD kann und wird erst dann enden, wenn in einem wiedervereinigten Deutschland auch die SPD in der heutigen Sowjetzone frei und legal tätig sein kann."[52] Mit der Entlassung von Häftlingen entstand das – zugleich juristische – Problem ihrer sozialen Absicherung; auch hierin sah das Ostbüro eine Aufgabe.

Nach der Wahl zum stellvertretenden Parteivorsitzenden übernahm Herbert Wehner 1959 auch die Verantwortlichkeit für das Ostbüro, dessen Bedeutung danach rapide zurückging. Das Bonner Ostbüro wurde 1971 aufgelöst, nachdem Helmut Bärwald den Dienst quittiert und die SPD verlassen hatte. Eine Berliner Stelle arbeitete unter dem Namen „Büro für innerdeutsche Beziehungen" noch zehn Jahre weiter, ehe es 1981 ebenfalls aufgelöst wurde. Persönliche Differenzen und Animositäten zwischen Herbert Wehner und Stephan Thomas sowie interne Auseinandersetzungen zwischen Helmut Bärwald und dem Parteivorstand mögen für die Auflösung des Ostbüros eine Rolle gespielt haben.[53] Gewichtiger waren andere Faktoren. Die Rahmenbedingungen änderten sich in dem Maße, wie die SPD ihre deutschlandpolitischen Positionen veränderte, was sich bereits 1959 mit dem Abschied vom „Deutschlandplan" ankündigte. Die ursprünglichen Aufgaben, die früheren Sozialdemokraten zusammenzuhalten und Nachrichten bzw. Informationen zu sammeln, wurden spätestens mit dem Bau der Mauer hinfällig. Darüber hinaus überlebten sich

51 Da diese Ballonaktionen auch weiterhin das wichtigste Transportmittel blieben, wurden sie mit großer Aufmerksamkeit durch das MfS verfolgt. Es gab nicht nur immer wieder die Aufforderung nach Einstellung dieser Aktionen, sondern auch den Versuch, daran beteiligte Firmen über den Interzonenhandel unter Druck zu setzen.

52 Zitiert nach Buschfort, S. 110.

53 Vgl. dazu ebd., S. 121 ff. und die sehr persönliche Darstellung von Bärwald.

traditionelle Propagandaformen angesichts der Informationsvermittlung über die neuen Massenmedien.

In der Geschichte und Entwicklung des Ostbüros spiegeln sich damit auch Phasen und Konzeptionen sozialdemokratischer Deutschlandpolitik wider. Zutreffend ist dafür vor allem die Feststellung, daß es bis weit in die fünfziger Jahre hinein „Nachrichtenbörse und Werkstatt für die deutschlandpolitischen und auf Osteuropa bezogenen Konzeptionen der Sozialdemokratie“ war.[54] Seine Gründung war eine der denkbaren Reaktionen auf die Zwangsvereinigung, und sie entsprang in hohem Maße den Absichten Kurt Schumachers, den Kontakt zu oppositionellen Sozialdemokraten und einen gesamtdeutschen Anspruch der SPD aufrechtzuerhalten. Damit lag der politische Zweck der genannten Aufgaben und Arbeiten des Ostbüros für die SPD auch darin, für den Tag X der Wiedervereinigung und freier Wahlen politisch und organisatorisch gerüstet zu sein. Dazu gehörte, nicht nur die Sozialdemokraten, sondern alle in der Sowjetischen Besatzungszone lebenden Menschen von den eigenen politischen und ökonomischen Vorstellungen als Weg eines „demokratischen Sozialismus“ zu überzeugen. Dies änderte sich auch nicht, als die ersten Bundestagswahlen anders als erhofft ausfielen. Vielmehr dürfte als Motiv für ein verstärktes Hineinwirken in die ehemaligen sozialdemokratischen Traditionsgebiete die Hoffnung hinzugekommen sein, mit diesem Wählerpotential nach der Wiedervereinigung gesamtdeutsche Wahlen gewinnen zu können.

Die Tatsache, daß das Wirken des Ostbüros und damit einer politischen Partei in die SBZ/DDR hinein im Sinn von Informationsvermittlung, Kontakten und Sammlung von Informationen mit illegalen, konspirativen und nachrichtendienstlichen Methoden geschah, entsprang den Bedingungen eines Systems, das eine freie politische Betätigung von Parteien, das Meinungs- und Informationsfreiheit nicht zuließ, wie sie in Demokratien westlicher Prägung selbstverständlich sind. Die vehementen östlichen Reaktionen mögen ein Indiz dafür sein, wie ernst nicht nur diese politische Arbeit, sondern auch das Ostbüro genommen wurde. Wichtiger war jedoch, daß sie von der Virulenz des „Sozialdemokratismus“ und der latenten Furcht vor ihm und vor abweichenden Meinungen zeugen. Die Arbeit des Ostbüros war keine Spionage, auch wenn sie dazu erklärt wurde. Obwohl das MfS in vielen Details zutreffende Erkenntnisse über das Ostbüro hatte, blieb es nicht nur bei der Propaganda, sondern auch bei der internen Charakterisierung des Ostbüros als Spionageorganisation, weil diese Grundannahme Bestandteil von ideologischen Vorgaben war, die

54 So Buschfort, S. 125.

weder durch Tatsachen noch durch Erkenntnisse infrage gestellt werden konnten. Besonders betroffen von diesem auch im Westen lange nachwirkenden Spionagevorwurf waren diejenigen, die diese politische Widerstandsarbeit im einzelnen leisteten, weil sie nicht als politische Gegner wegen illegaler politischer Arbeit, sondern als „Spione“ verurteilt wurden.[55] Ob die mit dieser Arbeit verbundenen hohen Opfer gerechtfertigt waren, können nur die Betroffenen selbst entscheiden.

## 6.2 Das Ostbüro in der Sicht des Ministeriums für Staatssicherheit (MfS)

Mit dem Kampf gegen Sozialdemokraten, „Sozialdemokratismus“ und „Schumacher-Agenten“ war das Ostbüro der SPD frühzeitig ins Visier östlicher Überwachungs- und Verfolgungseinrichtungen geraten. Kontakte und Verbindungen zum Ostbüro galten als „Spionage“, und das Ostbüro war in dieser Sicht das Zentrum und die „Agentur“, die von außen die „subversive“ Arbeit anleitete und organisierte.

Die „Abwehr“ dieser inneren und äußeren „Bedrohung“ oblag dem kurz nach der DDR-Gründung geschaffenen „Ministerium für Staatssicherheit“ (MfS), das die Funktionen eines internen Sicherheitsdienstes mit denen eines extern operierenden Nachrichtendienstes in sich vereinte.[56] Es war eines der wichtigsten Herrschaftsinstrumente zur Durchsetzung und Sicherung des Machtanspruchs der SED. Ihm war die Überwachung der Bevölkerung übertragen worden, um oppositionelle und regimefeindliche Bestrebungen frühzeitig „entlarven“ zu können. Als „Behörde eigener Verantwortung“[57] war das MfS keiner parlamentarischen Kontrolle unterworfen, sondern nur der politischen Kontrolle durch die SED-Führung. Im ZK-Apparat war die Abteilung Sicherheitsfragen zuständig, die aus der ursprünglich beim Parteivorstand der SED eingerichteten Abteilung Schutz der Volkswirtschaft hervorgegangen war. Einfluß hatte auch die Zentrale Parteikontrollkommission (ZPKK), die die „Einheit und Reinheit“ der Partei „schützen“ sollte. Sie konnte sich bei Ermittlungen und Unter-

---

55 Auch der BGH hat in einem Urteil darauf hingewiesen, daß die Arbeit für das Ostbüro Teil des politisch-ideologischen Widerstandskampfes einer Partei war, auch wenn die damit verbundene Informationstätigkeit einen nachrichtendienstlichen Charakter aufwies. Vgl. NJW 1971, Heft 32, S. 1404 ff.

56 Vgl. zum folgenden Karl Wilhelm Fricke, Die DDR-Staatssicherheit. Entwicklung, Strukturen, Aktionsfelder, 2. aktualisierte Aufl., Köln 1987.

57 So die Formulierung von Otto Nuschke, Vorsitzender der CDU und stellvertretender DDR-Ministerpräsident, aus dem Jahr 1952. Zitiert nach Fricke, Politik und Justiz, S. 173.

suchungen gegen sogenannte „Parteifeinde“ in den eigenen Reihen auf die Untersuchungsorgane des MfS bzw. von dessen Vorläufern stützen und sich ihrer bedienen. Umgekehrt hatte das MfS die ZPKK und die Parteikontrollkommissionen der mittleren und unteren Ebene von Erkenntnissen über Ansätze zu innerparteilicher Opposition zu unterrichten.

Der Aufbau des MfS entsprach dem der Verwaltung mit Bezirks- und Kreisstellen, die sich auf Beauftragte in Verwaltungen und Betrieben stützten. Parallel dazu entstand zur Kontrolle der Bevölkerung ein weitverzweigtes Überwachungs- und Spitzelsystem, dessen Basis die konspirativ organisierten Gruppen von „Geheimen Informanten“ (GI) oder „Geheimen Mitarbeitern“ (GM) bildeten, die von hauptamtlichen Mitarbeitern des MfS eingesetzt und gesteuert wurden.

Zu den breitgefächerten Aufgaben der Hauptabteilungen und Abteilungen gehörten neben „operativen Abwehrfunktionen“ insbesondere Beobachtungen, Ermittlungen und Festnahmen, Vernehmungen, Untersuchungen, einschließlich der Sicherung und Verwaltung der Untersuchungsgefängnisse. Seit 1956 war darüber hinaus der zur Hauptverwaltung Aufklärung (HVA) zusammengeschlossene Geheimdienst für die Spionage in der Bundesrepublik und im Ausland zuständig.[58]

Eine dieser Aufgaben war die Beobachtung und Bekämpfung des Ostbüros der SPD und seiner in der DDR angeblich tätigen „Agenten“. Damit wurde keineswegs erst mit der Gründung des MfS begonnen. Neben der Kontrollkommission der Deutschen Wirtschaftskommission (DWK), den Parteikontrollkommissionen aller Ebenen und insbesondere den sowjetischen Stellen war daran führend die politische Polizei beteiligt, die Kommissariate 5 („K 5“), aus denen das MfS anfangs sein Personal rekrutierte. Sie waren der Deutschen Verwaltung des Innern (DVI) unterstellt, deren Vizepräsident Erich Mielke war, und sie arbeiteten den sowjetischen Sicherheitsbehörden zu, denen sie verantwortlich waren. Sie hatten zwar keine Exekutivgewalt, aber ihnen oblagen die Bespitzelung, Verfolgung und Festnahme von „feindlichen Elementen“. Die Arbeit der „K 5“ unterlag strenger Geheimhaltung. Anfangs sollte sie vornehmlich auf ehemalige

58 In den Zuständigkeitsbereich der HVA gehörten weitestgehend auch die „Maßnahmen“ gegen das Ostbüro der SPD, da es als westliche Spionageorganisation galt. Die Akten der HVA wurden im Zusammenhang mit der Auflösung des MfS vernichtet, so daß Aktionen gegen das Ostbüro allenfalls über Personalakten rekonstruierbar wären, die der Forschung aufgrund des Datenschutzes jedoch nicht uneingeschränkt zur Verfügung stehen. Für die Forschung uneingeschränkt zugänglich sind beim Bundesbeauftragten für die Unterlagen des Staatssicherheitsdienstes der ehemaligen Deutschen Demokratischen Republik (im folgenden BStU) lediglich die Sachakten, sofern sie bisher erschlossen werden konnten. Mit Bezug auf das Ostbüro ist das nur begrenzt möglich gewesen, so daß auf der Basis dieses Materials noch kein abschließendes Bild gezeichnet werden kann.

Nationalsozialisten bezogen sein, richtete sich jedoch dann zunehmend gegen angebliche „Konterrevolutionäre", „Feinde der Sowjetunion" und „Gegner des demokratischen Aufbaus".[59] Darin eingeschlossen waren die Beobachtung und Verhaftung von Sozialdemokraten wegen „illegaler Tätigkeit" und Verbindungen zum Ostbüro sowie die Bemühungen, illegales Material, Flugblätter, Broschüren, aber auch Parolen, systematisch zu erfassen.[60]

An dieser Aufgabenstellung änderte sich nach Gründung des MfS wenig. Wie Dienstanweisungen zeigen, sollten alle Einzelvorgänge über SPD, Sozialdemokratismus, Reformismus, Schumacher-Agenten und Agenten des Ostbüros in monatlichen Berichten zusammengestellt und nach Berlin gemeldet werden.[61] Dabei ging es nicht nur um entsprechende Aktivitäten in der DDR, um den Einsatz von GM und GI, sondern auch um die Struktur des Ostbüros, dessen Dienststellen, „Agenturen" genannt, sowie um dessen Ziele, Arbeitsmethoden und vor allem Mitarbeiter.

Mit der SED-Interpretation des 17. Juni 1953 als eines weitgehend von außen gesteuerten „faschistischen Putsches" waren fast zwangsläufig Vorwürfe des Versagens an das MfS verbunden, die darin bestanden, davon nichts gewußt und auch deshalb versagt zu haben.[62] Im Zusammenhang mit der nachfolgenden Reorganisation im MfS listete ein Beschluß des Politbüros die Kritikpunkte genauer auf. Für die mangelnde Schlagkraft wurden Wilhelm Zaisser und seine engeren Mitarbeiter verantwortlich gemacht. Sie hätten die Partei nicht rechtzeitig von dem bevorstehenden „Putsch" informiert, hätten zudem durch ihr „defaitisti-

---

59 Vgl. Fricke, DDR-Statssicherheit, S. 21 ff.

60 Dies geht einmal aus den übereinstimmenden Berichten und Erzählungen von ehemaligen Häftlingen hervor, aber auch aus den vereinzelten Unterlagen aus den Jahren 1948/49, die beim BStU zugänglich bzw. bisher gefunden worden sind. Dabei handelt es sich um Meldungen von örtlichen Kommissariaten über Verhaftungen von Sozialdemokraten und über illegale Arbeit an der Universität Leipzig. Deutlich wird nicht nur die enge Zusammenarbeit mit den sowjetischen Stellen, sondern auch der Einsatz von Spitzeln und der Rückgriff auf Denunziationen, die eine nicht unwesentliche Rolle gespielt haben dürften. Vgl. BStU, ZA (MfS), AS 330/67; 403/67; 185/67; 40/67; 713/66; 626/66; 355/67; 542/66; 614/66; 272/66; 412/66. Zu den entsprechenden Berichten der K 5 vgl. auch Wolle, in: Der Tag X, S. 248 ff.

61 In den bisher aufgearbeiteten Akten des BStU gibt es bislang nur einige dieser Dienstanweisungen, nicht jedoch die Berichte selbst. Vgl. BStU, DA Nr. 2/51 vom 16. Januar 1951; DA Nr. 4/52 vom 19.2.1952 sowie Nachtrag vom 16.2.1954 zur DA Nr. 29/53 vom 26.9.1953.

62 Dabei darf nicht vergessen werden, daß mit dieser Schuldzuweisung und der darauf folgenden Rückstufung des MfS zu einem Staatssekretariat ein interner Machtkampf, die Abrechnung Walter Ulbrichts mit Wilhelm Zaisser, dem Minister für Staatssicherheit, verbunden war. Darüber hinaus war einer der Vorwürfe gegen die „Plattform" von Zaisser und Herrnstadt, sie enthalte die „sozialdemokratische" These, die SED müsse die Partei des ganzen Volkes sein.

sches“ Verhalten die Schlagkraft gelähmt, die Stärke der Untergrundbewegung unterschätzt und demzufolge keinen „konzentrierten Kampf“ dagegen geführt. „Die gegen das Ostbüro der SPD und seine Filialen in der DDR ergriffenen Maßnahmen waren unzureichend und ungenügend. Sie waren von vornherein zum Scheitern verurteilt, weil wir weder in den feindlichen Zentren außerhalb der DDR, noch in den zahlreichen Untergrundorganisationen in unserer Republik Informatoren hatten, ebenfalls weil für den Kampf gegen die Untergrundorganisationen des Ostbüros Mitarbeiter mit wenig Parteierfahrung eingesetzt und diese ungenügend angeleitet und kontrolliert wurden“.[63]

Unabhängig von dem Hintergrund des parteiinternen Machtkampfes und damit zusammenhängender Vorwürfe und Rechtfertigungen mußte die verstärkte Suche nach „Agenten“ und die Intensivierung des Kampfes gegen das Ostbüro eine der Folgen dieser Sicht sein. Erich Mielkes Ausführungen vor dem ZK waren dementsprechend eine Kombination von Rechtfertigung und Offensive, war er doch als Staatssekretär im MfS und inzwischen als stellvertretender Leiter im „degradierten“ Staatssicherheitsdienst von der Kritik der Parteiführung mitbetroffen. Er folgte den Ritualen der Selbstkritik und verband sie mit der Aufforderung zu erhöhter Wachsamkeit, was er mit den erst während und vor allem nach dem „Putsch“ hervorgetretenen Gefahren und „neuen Methoden“ des allgegenwärtigen Feindes begründete. Er griff die Forderung des ZK auf, die „Agenturen des Ostbüros“, die „Organisatoren des faschistischen Putsches“, zu liquidieren, die Walter Ulbricht mehrfach an die Adresse der Staatssicherheit gerichtet hatte. Das beschränkte sich keineswegs auf das Ostbüro, sondern meinte allgemein die „Agenturen der Geheimdienste der Imperialisten und der Bonner Adenauer-Regierung“, deren „feindliche Pläne“ aufgedeckt und „zunichte“ gemacht werden sollten. Erich Mielke baute genau darauf auf, indem er im ZK im September 1953 ohne Detailangaben von der „Zerschlagung“ zahlreicher „Agenturen“ seit dem 17. Juni berichtete, von der Verhaftung von einigen tausend „Agent-Provokateuren und Organisatoren“.[64] In dieser Argumentation waren nicht die Verhaftungen, der „Erfolg“, von Belang, sondern die neuen Gefahren, die Mielke zufolge daraus entstanden waren, daß viele „Agenten“ dennoch hatten in den Westen flüchten können. Die Aufklärung der „Organe“ habe feststellen können, daß sie „mit Hilfe der bestehenden feindlichen Zentralen in Westberlin und Westdeutschland mit den ange-

63 Beschluß des Politbüros über die Arbeit der Parteiorganisation des Staatssekretariats für Staatssicherheit des MdI [1953], in: SAPMO-BArch IV 2/5/2.

64 Die Ausführungen Mielkes nach Stenographischer Niederschrift der 16. Tagung des ZK der SED vom 17.–19. September 1953, in: SAPMO-BArch IV 2/1/122, Bl. 226 ff.

schlagenen Agenturen in den Betrieben wieder Verbindung aufzunehmen versuchen". Sie würden alle „Kanäle" – Verwandte, Bekannte und Kollegen – nutzen, „Direktiven" des Ostbüros und des amerikanischen Geheimdienstes an noch bestehende Gruppen zu übermitteln. Deren wichtigste war in dieser Optik der Auftrag zur Tarnung. Und das waren Reaktionen und Verhaltensweisen, die aus der Niederschlagung des Aufstandes resultieren konnten. Bestätigt wurde diese Annahme, wenn sie nicht gar darauf basierte, durch westliche Rundfunksendungen und nach dem 17. Juni in die DDR eingeschleuste Flugblätter, die Empfehlungen für defensives Verhalten und Formen der passiven Resistenz enthielten. Die größte Gefahr jedoch, die Mielke an die Wand malte, waren diejenigen, die Pakete aus dem Westen bekamen bzw. sie dort abholten. Hintergrund sei weder Not noch Hunger, sondern reine „Opposition", um sich „dort registrieren zu lassen". Diese Paketaktion sei der Versuch, Unruhe zu stiften, um eine Basis für „feindliche Aktivitäten" zu schaffen. Da Mielke die Zahl der potentiellen „Paketabholer" auf 800.000 schätzte, waren dies für ihn ebensoviele potentielle „Agenten". Um dieser „Gefahr" zu begegnen, bedurfte es zunächst einer zahlenmäßigen Verstärkung und besseren Qualifizierung der Staatssicherheit.[65] Neben der Selbstrechtfertigung dürfte diese Forderung ein wichtiger Hintergrund für die gewaltig erscheinende Zahl von außengesteuerten fiktiven Feinden gewesen sein.

Trotz quantitativer Verstärkung und qualitativer Verbesserung im Gefolge des 17. Juni scheint die „Bekämpfung" des Ostbüros nicht so zufriedenstellend verlaufen zu sein, wie die offiziellen Erfolgsmeldungen dies vermuten ließen. Eine der Ursachen dafür könnte der beklagte Mangel an Personal gewesen sein, das für die personalaufwendigen „operativen Vorgänge" benötigt wurde. Entscheidender war vermutlich jedoch die fehlende Koordinierung der damit befaßten Abteilungen im MfS einerseits und die zwischen Zentrale und unteren Stellen andererseits.[66] Doch weder der Personalmangel noch die fehlende Koordinierung konnten die erfolglose Bearbeitung von „Vorgängen" erklären. Dies schien an der mangelnden Qualifikation der offensichtlich stur bürokratisch arbeitenden Mitarbeiter zu liegen. „Den Kampf gegen die Tätigkeit des Ostbüros der SPD kann man nicht mit den vorhandenen 46 Mitarbeitern, die auf [sic!] der Arbeitsgruppe Ostbüro in der Deutschen Demokratischen Republik tätig sind, führen, sondern dies ist nur möglich, wenn alle Mitarbeiter an der

65 Politisch qualifizierte „Genossen" müßten den „Klassenkampf" kennen, um den Kampf gegen das Ostbüro führen zu können.

66 Zu entnehmen ist dies jedenfalls einem Bericht „über den Stand der Bekämpfung des Ostbüros bzw. der Konzentrationen ehemaliger SPD-Mitglieder, die eine feindliche Tätigkeit ausüben, durch die Organe des MfS" vom 28.6.1957, in: SAPMO-BArch IV 2/12/122.

Basis für diese Aufgabe qualifiziert werden."[67] Die Beispiele für die mangelnde Qualifikation der Mitarbeiter an der Basis und in der zuständigen Abteilung im Ministerium lassen die Annahme zu, daß diese als zu jung und unerfahren in der Parteiarbeit galten, daß sie nichts über die SPD, über Sozialdemokraten in der SED und nichts über die verschiedenen Interpretationsmöglichkeiten von „Sozialdemokratismus" wußten und deshalb keine Ansatzpunkte für die gewünschte „Feindbekämpfung" fanden.

Unabhängig von Erfolgen und Mißerfolgen des MfS bei „operativen Vorgängen" soll im folgenden vornehmlich nach der Optik gefragt werden, die der Bekämpfung des Ostbüros der SPD zugrunde lag.[68] Die Zusammenfassung und Mischung von eigenen Beobachtungen und vermeintlichen Erkenntnissen in Verbindung mit ideologischen und politischen Vorgaben waren auch das Rüstzeug für die Ausbildung und Schulung der MfS-Mitarbeiter, vermutlich auch derjenigen, die das Ostbüro bekämpfen sollten.[69]

---

67 Ebd., Bl. 11.

68 Die beim BStU erschlossenen operativen Vorgänge wie „Fuchsbau" und „Dachsbau" beziehen sich auf die späten fünfziger Jahre, die im Kontext dieser Arbeit unberücksichtigt bleiben. Bei der „Aktion Morgenröte" (1951–1954) ging es um die Verhaftung von UGO-Anhängern und Sozialdemokraten bei den Berliner Verkehrsbetrieben; die „Aktion Steigbügel" etwa zeigt, mit welchem auch personellen Aufwand in diesem Fall der Berliner SPD-Parteitag von 1954 beobachtet und wie und mit welcher Zielsetzung GMs „eingesetzt" wurden. Vgl. BStU (MfS) ZA, AS 79/54. Mit noch größerem Aufwand wurde in den fünfziger Jahren den sogenannten Ballonaktionen nachgegangen. Gesucht wurde nicht nur nach den dafür verantwortlichen Gruppierungen, sondern auch nach den festen und mobilen Abschußbasen, nach den Herstellerfirmen für das verwendete Gas, aber auch nach den Herstellungsorten für die Druckschriften. Vgl. BStU (MfS) AS 35/62, Bd. 1-6; AS 312/63; AS 314/63. Große Aufmerksamkeit wurde naturgemäß den Mitarbeitern des Ostbüros gewidmet, deren Beobachtung auch nach Auflösung des Ostbüros fortgesetzt wurde und bis weit in die siebziger und achtziger Jahre hinein (zumeist mit Zeitungsausschnitten) dokumentiert ist. Das gilt insbesondere für Stephan Thomas und Helmut Bärwald als den letzten Leitern des Ostbüros. Als beispielsweise Stephan Thomas in den sechziger Jahren vom Parteivorstand der SPD zur Friedrich-Ebert-Stiftung wechselte, führte dies zu der Annahme, das Ostbüro sei vom PV gelöst und der Friedrich-Ebert-Stiftung angegliedert worden, die es dann finanziert habe. Vgl. BStU, ZA, ZAIG 9737.

69 Zugrunde gelegt werden sogenannte „Lektionen" sowie Studien- und Lesematerial der Juristischen Hochschule in Potsdam, wie die Stasi-eigene Hochschule offiziell hieß, während sie inoffiziell als Ministerium für Staatssicherheit (MfS), Juristische Hochschule (JHS) geführt wurde. Dieses Lehrmaterial stammt aus den fünfziger, siebziger und achtziger Jahren. Noch 1988 war eine Diplomarbeit an der JHS dem Thema „Ostbüro" gewidmet. Federführend war dieser Arbeit zufolge für die Bekämpfung des Ostbüros die ehemalige HA V, die spätere HA XX, die für die Beobachtung der eigenen Bevölkerung zuständig war. Unberücksichtigt bleibt auch darin die Tätigkeit der Hauptverwaltung Aufklärung. Den Bezirksverwaltungen des MfS waren zur „operativen Bearbeitung" einzelne Gebiete zugeordnet worden; so waren beispielsweise für die Zentrale in Bonn sowohl die Bezirksverwaltungen von Magdeburg als auch die von Halle, Leipzig und Dresden zuständig. Vgl. BStU (MfS), JHS 21149/1, Bl. 88.

Zu den unverrückbaren Vorgaben gehörten die Hauptaufgaben der „Sicherheitsorgane", aufbauend auf den sowjetischen Befehlen nach 1945 und der „Kampfgemeinschaft mit den sowjetischen Tschekisten" mit der Bezeichnung „Freunde" als deren Inbegriff.[70] Zu diesen Aufgaben hatte auch die Verfolgung von oppositionellen Sozialdemokraten, von „Schumacher-Agenten" und „Agenten des Ostbüros" gehört, die vom MfS fortgeführt und nach dem 17. Juni intensiviert wurde. Vermutlich sind die jeweils neuesten „Erkenntnisse" aus Beobachtung und Infiltration sowie die Ergebnisse von Verhören und Geständnissen in das eingeflossen, was als „Lektionen" der Abteilung V zusammengestellt wurde.

Ausgangspunkt einer solchen „Lektion" über das Ostbüro aus dem Jahr 1954[71] waren Behauptungen, die als Tatsachen dargelegt wurden und aufgrund ihrer ideologischen Prämissen keines Beweises bedurften. Dazu gehörte die Sicht von der imperialistischen Kriegspolitik der USA, die die Spaltung Deutschlands förderten, um einen Dritten Weltkrieg gegen die Sowjetunion und die Volksdemokratien vorzubereiten. Eines der Mittel dazu sei das Ostbüro der SPD, das unter dem Aushängeschild eines „Büros für Ostflüchtlinge" Befehle der imperialistischen Auftraggeber ausführe. Bereits 1946, unmittelbar nach der Vereinigung, hätten die Westmächte Spionage- und Sabotage-Agenturen geschaffen, deren wichtigste und aktivste das Ostbüro sei, das zuerst von den Briten finanziert worden sei, danach vom amerikanischen Geheimdienst. Hauptagenten des Ostbüros waren nach dieser Sicht und zu diesem Zeitpunkt Fritz Heine als „Leiter des Ostbüros in Hannover", von dem die Zweigstelle in Berlin ihre Anweisungen erhalte; weiterhin Erich Ollenhauer als Mitarbeiter des Ostbüros in Hannover; [Herbert] Kriedemann, dessen Vornamen offenkundig unbekannt war, sowie Willy Brandt als Leiter der Zweigstelle in Berlin und Ernst Tillich, der vom Ostbüro zur Leitung der „Kampfgruppe gegen Unmenschlichkeit" eingesetzt worden sei. Weiterhin wurde behauptet, alle Genannten seien zu Agenten geworden, nachdem sie ihre Zuverlässigkeit früher bewiesen hätten und „demzufolge verantwortlich sind für die Ermordung und Einkerkerung von tausenden aufrichtigen Antifaschi-

70 So in dem Studienmaterial zur Geschichte des Ministeriums für Staatssicherheit, Teil II aus dem Jahr 1980, in: BStU, ZA (MfS), JHS 23970, S. 34 (MfS-Zählung). Angeführt werden darin die einzelnen SMAD-Befehle sowie die besonderen Aufgaben der K 5. Darin wird deutlich formuliert, daß das MfS und seine Vorläufer nur im Kontext der Geschichte des sowjetischen Geheimdienstes zu begreifen sind, daß das MfS bis in Details dessen Strukturen und Arbeitsprinzipien übernahm.

71 Zum folgenden nach Lektion der Abteilung V „Das Ostbüro der SPD" [1954], in: BStU (MfS), JHS, Tgb.-Nr. 78/54. Die Lektion ist gegliedert nach: Einführung, Einschätzung des Ostbüros der SPD, Struktur, Ziele und Methoden, Maßnahmen zur Bekämpfung der feindlichen Tätigkeit mit Beispielen aus der operativen Arbeit sowie zur Durchführung qualifizierter Anwerbungen.

sten, die sich entschieden gegen die Hitler'sche Kriegspolitik, die gegen die Sowjetunion gerichtet war, stemmten".[72]

Aufgeteilt war das Ostbüro nach dieser MfS-„Lektion" in vier Abteilungen: Politische Zersetzungsarbeit, Wirtschaftsspionage, Organisierung der Untergrundarbeit in der DDR sowie Militärspionage. „Selbstverständlich" gebe es zusätzliche Abteilungen für Zersetzungsarbeit unter den „fortschrittlichen Kräften" in Westdeutschland. Gestützt auf „Aussagen" und die veröffentlichte Selbstbezichtigung des verhafteten Ostbüro-Kuriers Heinz Kühne, wurde eine Tätigkeit des Ostbüros entfaltet, die in „Militärspionage" gipfele und deren Ziel u. a. sei, mit Stützpunkten entlang der Demarkationslinie und mit Angehörigen einer Untergrundbewegung „im Fall eines Krieges die DDR von innen mit Waffengewalt zu bekämpfen".[73] Die Untergrundgruppen in der DDR, über deren zahlenmäßige Stärke freilich keine Angaben gemacht wurden, seien in Dreier- und Sechsergruppen organisiert und würden von außen nach militärischen Gesichtspunkten geführt. Bei einer Gruppe habe man Sprengstoff gefunden, bei einer anderen ein Funkgerät. Alle „liquidierten" Gruppen hätten Propagandamaterial verteilt und „Spionagematerial" aus Wirtschaft und Parteien gesammelt sowie Skizzen von „sowjetischen Objekten", von Flug- und Übungsplätzen der sowjetischen Armee, angefertigt.

Geleitet werde die Tätigkeit von der Zentrale in Bonn und der Zweigstelle in Berlin; weitere „Agenturen" und zugleich Anlaufstellen seien neben der Arbeitsgemeinschaft für politische Flüchtlinge der „Telegraf", insbesondere die Ostredaktion der Zeitung, sowie die „Berliner Korrespondenz", die sich auf Informations- und Spionageberichte von Agenten aus der DDR stütze, woraus auf ein eigenes Agentennetz zu schließen sei. Dies schien um so gravierender, als die „gesamte" West-Berliner Presse daraus Artikel übernehme. Auch der „Telegraf" sei Anlaufstelle für in der DDR wohnende Agenten und zugleich das Personalbüro der in West-Berlin wohnenden „Chefagenten". Dort würden nicht nur die „Hetzschriften" des Ostbüros hergestellt, sondern auch die Informations- und Spionageberichte ausgewertet und dem amerikanischen Geheimdienst übergeben. Während es dafür weder einen Beweis noch ein konkretes Beispiel gab, wurden die ermittelten Wege des Flugschriftenversandes sowie die auch potentiellen Adressaten detailliert dargelegt. Dies diente als Ansatzpunkt für operative Maßnahmen im Sinn von Beobachtungen, Verhaftungen und nicht zuletzt von Anwerbungen. Zielgruppe waren, so die umständliche Analyse, die ehemaligen Sozialdemokraten, die das Material an Verwandte und Bekannte weitergäben, was die Basis für

72 Ebd., S. 4.
73 Ebd., S. 6.

„Agenten des Ostbüros“ erheblich erweiterte. In diesem Umfeld sollten auch die GI und GM für das MfS angeworben werden, die das „wichtigste Hilfsmittel“ seiner Arbeit seien. Die größten „Perspektiven“ dafür wurden im Kontext von Verhaftungen gesehen, was bedeutet, daß eine Zusammenarbeit mit dem MfS erzwungen oder erpreßt werden sollte.

In „Lektionen“ aus den Jahren 1957 und 1958[74] blieben die Grundannahmen des MfS über Charakter, Struktur und Aufgaben des Ostbüros und seiner „Hilfsorganisationen“ erhalten, insbesondere die über die Gründung, Finanzierung und Abhängigkeit von „imperialistischen Geheimdiensten“. Einige Punkte wurden der politischen Linie entsprechend stillschweigend modifiziert. Andere Aspekte wurden offenkundig je nach dem Stand von operativen Maßnahmen oder aktuellen Bedürfnissen detailliert entfaltet. Erich Ollenhauer war nun nicht mehr „führender Agent des Ostbüros“, sondern der SPD-Vorsitzende, der „jede Hilfe und Unterstützung von Seiten der SED im Wahlkampf ablehnte“.[75] Und Fritz Heine war nun derjenige, der im Parteivorstand für die Tätigkeit des Ostbüros zuständig war. Nach wie vor wurde behauptet, Hauptaufgabe des Ostbüros seien militärische, wirtschaftliche und politische Spionage. Doch als Haupttätigkeit wurde die „Zersetzungsarbeit“ gegen die SED, gegen die politische und wirtschaftliche Entwicklung der DDR genannt. Als gleich wichtiges Aufgabengebiet sei der „Kampf gegen alle verständigungsbereiten Kräfte in der SPD, in den Gewerkschaften und darüber hinaus in der westdeutschen Bevölkerung“ hinzugekommen.[76]

Bei den Darlegungen über „Abwehrmaßnahmen ging das MfS bzw. die HA V zu diesem Zeitpunkt davon aus, „erfolgreiche Schläge“ gegen das Ostbüro und die daraufhin beschleunigte Anwerbung von Agenten hätten zu großer „Nervosität“ geführt, deren Folge Mißtrauen der hauptamtlichen Mitarbeiter untereinander sowie gegenüber V-Leuten sei, weil Unsicherheit herrsche, wieviele Doppelagenten seien. Dies rechnete das MfS sich als so großen Erfolg an, daß in dieser Richtung, d. h. lancierter Desinformationen, weitergearbeitet werden sollte.

Da in der zweiten Hälfte der fünfziger Jahre alle politischen Organisationen, auch das Ostbüro, in Berlin besonders aktiv waren und von dort aus operierten, wurde dessen Berliner Stellen und Aktivitäten – den Mitarbeitern (mit Namen und Decknamen), den Büroräumen und Treffpunkten, den Kontakten mit dem RIAS, dem „Telegraf“ und anderen Zeitungen und vor allem den Ballon-Abflugbasen – besondere Aufmerksamkeit gewidmet. In einem Monat seien allein von West-Berlin aus fast 3 Millionen

---

74 Vgl. dazu BStU (MfS), JHS, Z-Tgb. Nr. 201/57 u. 202/57; JHS, Tgb.-Nr. 310/58 u. 316/58.
75 BStU, JHS, Z-Tgb.-Nr. 202/57, Bl. 5 (BStU-Zählung).
76 Ebd., Bl. 9.

Flugblätter über dem Gebiet der DDR abgeworfen worden. Diese Art der Verbreitung von Flugschriften sei für das Ostbüro deshalb so wichtig, weil sie den Eindruck erwecke, „daß überall sogenannte Widerstandsgruppen existieren".[77] Für das MfS war diese breite Streuung von Propagandamaterial sehr viel schwieriger zu unterbinden als der vormalige Transport durch Kuriere. Darüber hinaus hatte es festgestellt, daß die Propaganda vom Inhalt her „raffinierter und demagogisch verfeinert" war, geeignet und darauf angelegt, „Zersetzung und Unruhen unter die Bevölkerung zu tragen".[78]

Zur Vermittlung dessen, was die mit dem Ostbüro befaßten MfS-Mitarbeiter über die Struktur und Arbeitsweise des Ostbüros als Voraussetzung für offensive „Abwehrmaßnahmen" zu beachten und zu erforschen hatten, gehörten genaue Kenntnisse über die Ansatzmöglichkeiten des Ostbüros, über den Resonanzboden für die Flugblätter, die in „bestimmten Kreisen" gelesen und weitergegeben würden. Vom militärischen Eingreifen des Ostbüros war plötzlich nicht mehr die Rede, sondern – im Gefolge des XX. Parteitages der KPdSU – von ideologischer Aufweichung und Zersetzungsarbeit, vom Revisionismus alter Prägung als einer nachwirkenden Idee. „Das Ostbüro der SPD stützt sich besonders auf diese Mentalität großer Teile der Bevölkerung unter Ausnutzung der Tradition der SPD."[79] Was genau damit gemeint war, wird nicht ausgeführt oder definiert, bezog sich vermutlich jedoch auf die „Besonderheit" der „sogenannten Hochburgen der SPD im Gebiet der DDR".[80] Da ein historisches Wissen über ehemalige sozialdemokratische Hochburgen offensichtlich nicht vorausgesetzt werden konnte, mußten diese aufgezählt und erklärt werden. Wenn von Hochburgen bzw. Schwerpunkten in der Gegenwart die Rede war, so meinte dies die Wohngebiete und alten Siedlungen, die vor 1933 entstanden waren und wo fast ausschließlich SPD-Mitglieder wohnten „und noch wohnen". Dieser Form von „SPD-Konzentration" sollte Beachtung geschenkt werden, weil darin Ansatzmöglichkeiten einer ideologischen Aufweichung und Zersetzung durch das Ostbüro gesehen wurden. Flugschriften könnten zu Diskussionen unter den ehemaligen Sozialdemokraten führen. Sie hätten immer noch Verbindungen untereinander und zu den in den Westen geflüchteten Funktionären. Deren Zahl gehe in die Hunderte; erwähnt wurden jedoch nur einige wenige prominente Persönlichkeiten wie Hermann Brill, Arno Hennig,

77 BStU (MfS), JHS, Tgb.-Nr. 310/58, Bl. 17 (BStU-Zählung).
78 Ebd.
79 Ebd., Bl. 16.
80 Ebd., Bl. 20.

Hans Hermsdorf und Paul Löbe.[81] Sie seien zwar keine direkten „Residenten" des Ostbüros, wirkten jedoch politisch in dem gleichen Sinn und beeinflußten deshalb die sie aufsuchenden Besucher aus der DDR in dieser Richtung, die ihrerseits nach ihrer Rückkehr im „Sinn der rechten SPD-Führung" wirkten. Zu beachten war für die MfS-Mitarbeiter deswegen, daß es diesen als groß vermuteten Personenkreis gab, der das Ostbüro nicht direkt aufsuchte, so daß auch „eine unmittelbare Feindtätigkeit in Richtung Spionage, Schädlingstätigkeit oder Sabotage in den seltensten Fällen konkret nachzuweisen sein [wird]. Bei intensiver Bearbeitung wird jedoch immer Aufweichungs- und Zersetzungstätigkeit mit dem Ziele des Sturzes unserer wirtschaftlichen und politischen Ordnung nachzuweisen sein."[82]

Ende der fünfziger Jahre hatte sich an der grundsätzlichen Einschätzung des Ostbüros wenig geändert. Doch es ist auffallend, wieviel weniger Augenmerk auf die angebliche Spionage, Sabotage und Untergrundgruppen gerichtet war. Betont wurde die Zielrichtung „Zersetzungsarbeit", die darin gipfele, „daß eine Änderung der gesellschaftlichen Verhältnisse in der Deutschen Demokratischen Republik nur durch eine sogenannte ‚stille Revolution', d. h. die Spaltung der SED, zu erreichen" sei.[83] Auch die „Abwehrmethoden" hatten sich nicht geändert, waren aber differenzierter geworden. Das zeigten die Überlegungen zu den Desinformationskampagnen und für die Anwerbung von GM und GI, die gezielt im Umfeld gesucht werden sollten, das beobachtet und ausgeforscht wurde, d. h. unter den Sozialdemokraten und deren Kindern. Nun setzte man nicht mehr allein auf Zwang und Erpressung, sondern auf psychologisch geschicktes Vorgehen. Durch lange und behutsame Gespräche über die SPD sollte eine Atmosphäre entstehen, die Sozialdemokraten gesprächsbereit mache. Daraus könne sich weiteres ergeben.

In den siebziger und achtziger Jahren gehörte der Kampf gegen das ehemalige Ostbüro bereits zur Geschichte des MfS und des darüber zu vermittelnden – stets wortgleichen – Wissens.[84] In entsprechend knappen

---

81 Da deren Namen teilweise falsch geschrieben (und zwar in mehreren Lektionen gleichermaßen falsch) und entgegen der sonstigen Gewohnheit teilweise ohne Vornamen angegeben wurden, kann von ungenügenden Kenntnissen bzw. wenig sorgfältigen Recherchen ausgegangen werden; die Angaben dürften auf Hörensagen oder mündlichen Aussagen basiert haben.

82 BStU (MfS), JHS, Tgb-Nr. 316/58, Bl. 16 (BStU-Zählung).

83 Ebd., Bl. 6.

84 Behandelt bzw. dargestellt wurde dies im Studienmaterial zur Geschichte des Ministeriums für Staatssicherheit, Teil II und des Lesematerials zum Studium der Geschichte der deutschen Arbeiterbewegung und des MfS, Teil III. Die Materialien stammen aus den Jahren 1973, 1975 und 1980. Vgl. BStU (MfS), JHS 23711, JHS 23808, JHS 23806, JHS 23970.

Zusammenfassungen, die frei von operativen Notwendigkeiten und Beispielen waren, werden die Grundannahmen sichtbar, die früh entwickelt und letztlich nie modifiziert worden sind. Sie werden vor allem durch die Quellen sichtbar, auf die sich die Darstellungen bezogen, nämlich die sowjetischen Befehle und die Übernahme der tschekistischen Tradition sowie die faktisch selbstgeschaffenen Quellen. Das waren die 1949 als Propagandaschriften veröffentlichten „Aussagen", „Geständnisse" und Selbstbezichtigungen des Ende 1946 verhafteten Wilhelm Lohrenz und des 1949 in den Osten verschleppten Ostbüro-Mitarbeiters und Kuriers Heinz Kühne.[85] Die Mischung aus Tatsachen und Fiktionen sowie die Kombination von richtigen und falschen Detailangaben dienten dem Nachweis, das Ostbüro sei eine 1946 gegründete Spionageorganisation gewesen: Kurt Schumacher habe sie in Verbindung mit dem britischen und amerikanischen Geheimdienst gegründet. Diese hätten das Ostbüro finanziert, es sei von ihnen abhängig gewesen und habe in deren Auftrag gehandelt. Das Zustandekommen dieser „Gründungsgeschichte" wurde bis zum Schluß nie infrage gestellt, nicht die politischen und tschekistischen Vorgaben für die wahrscheinlich erpreßten, erfolterten und vor allem vorgefertigten Geständnisse und damit auch nicht die Methoden, mit denen Aussagen zustande gekommen waren.

Die Rolle der ideologischen und politischen Vorgaben wird darin deutlich, daß die Geschichte des Ostbüros und des Kampfes dagegen in die historische Auseinandersetzung zwischen Sozialdemokratie und Kommunismus eingebettet blieb. Die „rechten Führer der Sozialdemokratie" hätten nur die „konterrevolutionäre Konzeption" weiterverfolgt, die schon 1917/18 ihr Handeln bestimmt habe. Nachdem es der in dieser Tradition stehenden „Schumachergruppe" 1946 nicht gelungen sei, die Vereinigung der beiden Arbeiterparteien zu verhindern, habe sie mit der Organisierung der illegalen Arbeit in der Sowjetischen Besatzungszone begonnen, um „die SED und die neuen Machtverhältnisse von innen her zu unterhöhlen und einen konterrevolutionären Umsturz vorzubereiten".[86] Diesem Zweck habe die Gründung des Ostbüros gedient, dessen ursprünglicher Name „Flüchtlingsbetreuungsstelle Ost" nur Tarnung gewesen sei. Dahinter habe sich der Aufbau von Agentengruppen vollzogen, die zur Tarnung ihrer Spionage für die westlichen Geheimdienste nach Funktionen in der SED, den Massenorganisationen und staatlichen Organen hätten streben sollen. „Bewiesen" wurden diese Angaben stets mit den Authentizität suggerierenden Zitaten aus den genannten Schriften. Ergänzt wurden sie

---

85 Vgl. Wilhelm Lohrenz, Hinter den Kulissen der SPD-Führung, Berlin 1949; Heinz Kühne, Kuriere, Spitzel, Spione, Berlin 1949.

86 BStU (MfS), JHS 23970, S. 61 (MfS-Zählung).

durch „Beweise“ der ehemaligen K 5, wonach das Ostbüro Ende der vierziger Jahre nicht nur „Spionage und Zersetzungsarbeit betrieben, sondern auch Anschläge auf Gebäude, auf Leben und Gesundheit friedliebender Bürger“ durchgeführt habe.[87] Einen „besonderen Platz im Programm des Ostbüros“ nahmen in der Sicht des MfS dann während der fünfziger Jahre die „politisch-ideologische Diversion und andere Formen der subversiven Tätigkeit“ ein.[88] Dazu rechnete es die „massenhafte Verbreitung von Gerüchten und Falschmeldungen unter der Bevölkerung“ sowie die von systematischen Lügen und Verleumdungen über Rundfunk, Flugschriften, Handzettel und mündliche Propaganda. Unterstützt worden sei diese Tätigkeit durch ein Agentennetz, das in zwei Gruppen von „Agenten“ unterteilt wurde: Die einen seien „aus verschiedenen Gründen“ Anhänger der westlichen Sozialdemokratie und mit der SED-Linie nicht einverstanden gewesen. Sie hätten jedoch nicht gewußt, „daß die Herren vom Parteivorstand der SPD um ihrer politischen Interessen willen in verbrecherischer Weise das Leben und Wohlergehen dieser einfachen Parteimitglieder in der sowjetischen Besatzungszone aufs Spiel setzten“.[89] Der anderen Gruppe sei es ausschließlich um Opposition gegen die sowjetische Besatzungsmacht, die SED und die Organe der Staatsmacht gegangen, „um die neuen Machtverhältnisse zu zerstören“. Sie hätten auch für jeden anderen Auftraggeber oder jede andere „Spionageorganisation“ arbeiten können.[90]

Diese Sicht des MfS blieb bis zum Ende der DDR erhalten, wie eine Diplomarbeit von 1988 verdeutlicht.[91] Ausgehend von der dem MfS als Erfolg zugeschriebenen Einstellung der Arbeit des Ostbüros 1971 und dessen „echter Bedeutungslosigkeit“ durch die Umwandlung in ein „Referat für gesamtdeutsche Fragen“ wurden noch einmal die Grundlinien so entfaltet, wie sie ursprünglich festgelegt und dann fortgeschrieben worden waren. Die Sichtweise des MfS hätte sich auch kaum ändern können, weil es die einmal geschaffenen „Quellen“ stets nur noch reproduziert hatte. Veränderbar waren lediglich die Rahmenbedingungen, namentlich das wechselvolle Verhältnis zwischen SED und SPD, in das diese Optik eingebettet blieb. Aus der Sicht der späten achtziger Jahre war das Ostbüro ein Produkt des „Kalten Krieges“, ein Instrument der „rechten SPD-

87 JHS 23970, S. 64.
88 Ebd., S. 62.
89 Ebd., S. 64.
90 Vgl. ebd.
91 Vgl. BStU (MfS), JHS 21149/1. Dabei handelt es sich um die im März 1988 abgeschlossene Diplomarbeit des Feldwebels Uwe Reinhardt mit dem Thema „Charakterisierung und Spezifik des Ostbüros der SPD im Kampf gegen die Deutsche Demokratische Republik und dessen Zerschlagung durch das Ministerium für Staatssicherheit (1957–1961)“.

Führung", das die „Spionagetätigkeit im Osten" zur Hauptaufgabe der SPD erklärt hatte und auch später „wesentlich den imperialistischen Geheimdiensten bei ihren subversiven Absichten" diente.[92] Seine „besondere politische Gefährlichkeit" ergab sich nicht nur daraus, daß es „mit spezifischen geheimdienstlichen Mitteln aktiv gegen die DDR wirkte", sondern vor allem daraus, daß es sich im Unterschied zu anderen „Feindorganisationen" gegen die „Arbeiterklasse als den Kern der deutschen Nation" gewandt habe.[93] Das war Geschichte, und das Ostbüro wurde zu einer historischen Einrichtung. Die mit ihm „damals" verfolgte Politik sei gescheitert, sei zudem gar nicht zu „halten" gewesen, wie das wesentlich verbesserte Verhältnis zwischen SED und SPD zeige.[94] Durch diese Form der historisch-politischen Einbindung der Geschichte des „erfolgreichen" Kampfes des MfS gegen das Ostbüro sollte ein Stück Aufarbeitung „komplizierter DDR-Geschichte" geleistet werden. Die Sicht war jedoch die der „Traditionspflege des MfS". Und da das MfS die Bindung an die „tschekistische Tradition" beibehielt, mußte es bis zum Schluß an Grundannahmen festhalten, die darin ihre Wurzeln hatten.

---

92 BStU (MfS), JHS 21149/1, Bl. 16 (BStU-Zählung).

93 Vgl. ebd.

94 Als Ausdruck dieses neuen Verhältnisses sieht der Autor das sogenannte „Streitpapier" von 1987. „Die SPD ist im Ringen um die Erhaltung des Weltfriedens für die SED ein potentieller Bündnispartner geworden, was sich in gemeinsamen Veröffentlichungen und Dokumenten niederschlägt". Ebd., Bl. 6.

# 7. Sozialdemokraten und der 17. Juni 1953

## 7.1 Der 17. Juni 1953: Volksaufstand – Arbeiteraufstand – Revolution?

Die Ereignisse des 17. Juni 1953 können seit einigen Jahren insofern historisiert werden, als frühere politische Funktionalisierungen obsolet geworden sind. Das bezieht sich zum einen auf die in der DDR bis zuletzt im Kern beibehaltene Version eines von „westlichen Drahtziehern" und „faschistischen Provokateuren" ausgelösten „konterrevolutionären Putsches"; zum anderen auf den 17. Juni als „Tag der deutschen Einheit", mit dem in der alten Bundesrepublik an die Ereignisse erinnert wurde. Dieser Staatsfeiertag war ursprünglich, d. h. 1953, nur eine Art kleinster gemeinsamer Nenner zwischen Regierung und Opposition, hatten sie doch unterschiedliche Schlüsse aus dem „Volksaufstand" gezogen. Beide sahen sich in den erbitterten Auseinandersetzungen über Wiedervereinigung, Westintegration und Wiederbewaffnung jeweils in ihrer Prioritätensetzung bestätigt. Gemeinsam war ihnen freilich eine positive Grundeinstellung zum 17. Juni, deren emotionaler Antrieb mit der Zeit verlorenging. Eine über die Jahrzehnte konservierte Empörung, die keine praktischen Konsequenzen nach sich zog, mußte „als unverbindliche Phrase erscheinen".[1]

Die westdeutsche Historiographie hat sich frühzeitig mit dem Thema befaßt.[2] Ihr Blick richtete sich in hohem Maße auf den 17. Juni als „Arbeiteraufstand", was zumeist mit der Konzentration auf dessen Haupt-

---

1 Richard Löwenthal im Vorwort der 2. Auflage von Arnulf Baring, Der 17. Juni 1953, Stuttgart 1983, S. 7. Vgl. auch Ilse Spittmann, Der 17. Juni im Wandel der Legenden, in: 17. Juni 1953. Arbeiteraufstand in der DDR. Hrsg. von Ilse Spittmann und Karl Wilhelm Fricke, Köln 1982, 2. erw. Aufl. 1988.

2 Als Überblick vgl. Karl Wilhelm Fricke, Der Juni-Aufstand im Spiegel der Geschichtsschreibung, in: Das Parlament vom 11.6.1993, S. 20; hierfür ist die Studie von Baring zu nennen, die in erster Auflage bereits 1957 erschien. Für den differenzierten Diskussionsstand in der Bundesrepublik vgl. das in Anm. 1 genannte Buch von Spittmann und Fricke (Hrsg.), 17. Juni 1953; Martin Jänicke, Der dritte Weg. Die antistalinistische Opposition gegen Ulbricht seit 1953, Köln 1964; ders., Krise und Entwicklung in der DDR – Der 17. Juni 1953 und seine Folgen, in: Hartmut Elsenhans und Martin Jänicke (Hrsg.), Innere Systemkrisen der Gegenwart, Reinbek 1975; Theodor Ebert, Gewaltloser Widerstand gegen stalinistische Regime?, in: Adam Roberts (Hrsg.), Gewaltloser Widerstand gegen Aggressoren. Probleme – Beispiele – Strategien, Göttingen 1971; Karl Wilhelm Fricke, Selbstbehauptung und Widerstand in der Sowjetischen Besatzungszone Deutschlands, 2. Aufl., Bonn 1965; Rainer Hildebrandt, Der 17. Juni 1953, Berlin 1983.

trägergruppe und den Ausgangsort Berlin zusammenhing. Auf einer erweiterten Quellenbasis haben nach 1989 Forschungen eingesetzt, deren erste Ergebnisse zeigen, daß frühere Ansätze ergänzt und modifiziert werden, aber auch durch neu zugängliche Quellen nicht völlig hinfällig geworden sind.[3] Für ostdeutsche Historiker spielt die Auseinandersetzung mit der SED-Version und deren unkritische Übernahme durch die DDR-Historiographie eine wichtige Rolle.[4] Unter veränderten Gesichtspunkten wird zudem die Frage nach dem „Charakter“ des 17. Juni als „Arbeiteraufstand“, „Volksaufstand“ oder gar „Revolution“ diskutiert. Die Ausweitung von Untersuchungen über Berlin und die industriellen Ballungsgebiete hinaus sowie die Einbeziehung weiterer Trägergruppen haben deutlich gemacht, daß mehr Menschen aus allen gesellschaftlichen Schichten sich daran beteiligten als die verbreitete Bezeichnung „Arbeiteraufstand“ vermuten läßt. Unbestritten bleibt, daß die Initialzündung von den Berliner Bauarbeitern ausging, daß die Arbeiter darüber hinaus die wichtigste Trägergruppe der Bewegung waren.

Die Frage nach dem revolutionären Charakter des 17. Juni ist früh gestellt worden. Unmittelbar nach den Ereignisssen schrieb das Ostbüro der SPD von „revolutionären Ereignissen“, von der „Einleitung eines revolutionären Prozesses“ als „Bilanz der achtjährigen Katastrophenpolitik der SED“.[5] Synonym dazu wurde die Bezeichnung Arbeiteraufstand verwendet und später beibehalten. Diese Charakterisierung war Ausdruck einer politischen Hoffnung auf fundamentale Veränderung. Sie richtete sich zugleich an die Adresse der SED, der die Lektüre von Marx und Engels über „revolutionäre Aktionen der Arbeiterklasse“ empfohlen wurde.[6]

---

3 Die wichtigsten Beispiele für die neuere Forschung sind Torsten Diedrich, Der 17. Juni 1953 in der DDR. Bewaffnete Gewalt gegen das Volk, Berlin 1991; Manfred Hagen, DDR – Juni '53. Die erste Volkserhebung im Stalinismus, Stuttgart 1992. Die Erweiterung der Quellenbasis um die Unterlagen des ehemaligen MfS wird an den Veröffentlichungen von Armin Mitter und Stefan Wolle zu diesem Thema deutlich, deren wichtigster Bezugspunkt die Stasi-Unterlagen sind. Als Darstellung auf dieser Basis vgl. das Kapitel über den 17. Juni, in: Armin Mitter, Stefan Wolle, Untergang auf Raten. Unbekannte Kapitel der DDR-Geschichte, München 1993; Ilko-Sascha Kowalczuk, Armin Mitter, Stefan Wolle (Hrsg.), Der Tag X – 17. Juni 1953. Die „innere Staatsgründung“ der DDR als Ergebnis der Krise 1952/54, Berlin 1995.

4 Vgl. Jochen Czerny, Altes und Neues über den 17. Juni, in: Das unverstandene Menetekel – Der 17. Juni 1953. Materialien einer Tagung, Potsdam 1993. Für Mitter und Wolle ist der Nachweis wichtig, daß es dem MfS nicht gelungen war, den Beweis der Anzettelung des Aufstandes durch westliche Geheimdienste zu erbringen, daß auch die „Organisatoren der Provokationen“ nicht hatten festgestellt werden können. Vgl. Mitter/Wolle, Untergang auf Raten, S. 153.

5 Vgl. AdsD der FES, Bestand Ostbüro, Bericht über die Sonderaktionen in der sowjetischen Besatzungszone für Juni 1953, S. 5; vgl. auch Buschfort, S. 97.

6 Vgl. Buschfort, ebd.

Baring hat darauf hingewiesen, daß nach Lenins Bedingungen für eine „konkrete revolutionäre Situation“ in der DDR im Frühjahr 1953 die wesentlichen Merkmale vorhanden gewesen seien. In „treffender“ Weise hätten Lenins Thesen die Hauptursachen des 17. Juni umschrieben: „Die Unsicherheit in den kommunistischen Führungsschichten, die äußerst schwierige Ernährungs- und Wirtschaftslage und die zur Entladung drängende Erregung der Arbeiterschaft.“[7] Nach diesem Verständnis sei auch das Scheitern des Aufstandes wenig überraschend, weil ihm wesentliche Elemente einer erfolgreichen revolutionären Bewegung, vor allem eine stabile Führung und Organisation, fehlten. In der nachfolgenden Entwicklung schienen für längere Zeit keine Bedingungen für eine Wiederholung zu liegen. Mittelfristig deutete sie eher auf eine Evolution als auf eine Revolution hin.

Überlegungen aus der Zeit nach 1989 zum 17. Juni als einer Revolution sind von anderen Erfahrungen geprägt. In unterschiedlicher Weise könnten sie auch einem Wunsch nach Einbindung in Traditionen und Traditionsbildung entsprechen. Da wird für die Bezeichnung „Arbeiteraufstand“ plädiert und zugleich nach dem revolutionären Charakter der Entwicklung nach 1945 gefragt. Durch deren grundsätzliche Bejahung wird der 17. Juni zu einer neuerlichen Revolution, weil auf anderem Wege die überfällige Demokratisierung des Sozialismus nicht mehr zu erreichen gewesen sei.[8] Auch als „gescheiterte Revolution“ gehört der 17. Juni dann „allemal“ zur revolutionären Tradition, die freizulegen gerade die verpflichtet seien, die sie mit verschüttet hätten.[9]

Aus anderer Sicht wird der 17. Juni quasi zum Vorläufer der „Revolution von 1989“, in der die Ziele von 1953 verwirklicht wurden.[10] Dabei gehen Bezeichnungen wie Arbeiteraufstand und Volkserhebung ineinander über. Mit Blick auf die zentrale Rolle etwa der Bauarbeiter und der Ereignisse in Berlin wird der 17. Juni zum „spontanen Arbeiteraufstand“ mit „Analogien zu Hungeraufständen im 19. Jahrhundert“.[11] Als weitergehender „Volksaufstand“ markiere er jedoch einen Wendepunkt in der Revolutionsgeschichte, sei er doch „noch Arbeiteraufstand vom Typus der

7 Baring, Der 17. Juni 1953, S. 126 f.

8 Vgl. Czerny, in: Das unverstandene Menetekel, S. 66.

9 Ebd., S. 75.

10 So beispielsweise Gerhard Beier, Wir wollen freie Menschen sein, S. 49. In diesem Sinn sind auch die Ausführungen von Armin Mitter und Stefan Wolle zu verstehen, wonach es 1989 nicht um einen wie auch immer gearteten „Dritten Weg“ gehen konnte, sondern ausschließlich – wie 1953 – um die Abschaffung des SED-Regimes, das ohne die Unterstützung der Besatzungsmacht bereits 1953 zusammengebrochen wäre. Vgl. u. a. Mitter/Wolle, Untergang auf Raten, S. 551 ff.; Kowalczuk/Mitter/Wolle (Hrsg.), Der Tag X, S. 27.

11 Vgl. Beier, ebd.

proletarischen Revolution und schon eine Erhebung im Rahmen der – mit totalitären Mitteln angestrebten – ‚klassenlosen' Gesellschaft.“[12] Gerade die Einordnung in den Kontext historischer Revolutionstypen bleibt jedoch schwierig, nicht nur, weil diesen vergleichbare Merkmale fehlten, sondern weil dieser Aufstand so frühzeitig niedergeschlagen wurde, daß er sich als revolutionärer Prozeß nicht entfalten konnte.

Anderen Argumenten zufolge sollten sich Untersuchungen über den 17. Juni nicht auf die kurze Phase der Erhebung im Juni beschränken, sondern die Krise zwischen 1952 und 1954 insgesamt in den Blick nehmen.[13] Zu berücksichtigen wäre demnach nicht allein die Beteiligung an Aktionen des 17. Juni, sondern Reaktionen, Verhaltensweisen und auch Hoffnungen von breiten gesellschaftlichen Gruppen in der Phase danach.[14] Aus dieser Sicht werden die Juni-Tage zu einer Revolutionsphase, zum Volksaufstand in einer – gescheiterten – Revolution, deren Ziel die Abschaffung des SED-Regimes und deren „geistiger Klärungsprozeß“ längst vorher abgeschlossen war: „Es ging um die Errichtung demokratischer Verhältnisse oder die Beibehaltung kommunistischer Diktatur.“[15]

Da es für die endgültige Einordnung des 17. Juni noch gezielterer Untersuchungen bedarf, wird im Kontext dieser Arbeit dafür plädiert, beim gegenwärtigen Diskussionsstand von einer Volkserhebung auszugehen, bei der die Streik- und Protestbewegung der Arbeiter eine herausragende Rolle spielte.

## 7.2 Die SED und das Ostbüro der SPD: Zur Bedeutung der Sozialdemokraten am 17. Juni

Im folgenden sollen weder die Ursachen des 17. Juni, der Verlauf der Ereignisse noch die Niederschlagung der Erhebung durch das – insgesamt eher vorsichtige und zurückhaltende – Eingreifen der sowjetischen Truppen nachgezeichnet werden. Hinzuweisen ist auf die tiefe wirtschaftliche und politische Krise, deren Wurzeln in der weiter zurückreichenden Systementwicklung zu sehen sind, die jedoch durch den seit der II. Parteikonferenz im Juli 1952 forcierten „Aufbau des Sozialismus“ erheblich verschärft wurde. Die damit verbundene Aufrüstung, die bevorzugte Entwicklung der Schwerindustrie und die Zwangskollektivierung der Landwirtschaft erforderten erhebliche finanzielle Mittel, die aus anderen

12 Ebd., S. 22.
13 Dies vor allem ist der Ansatz in: Der Tag X.
14 Vgl. ebd., S. 25 f.
15 Ebd., S. 23.

Bereichen abgezogen werden mußten. Entsprechende – auch repressive – Maßnahmen betrafen den sozialpolitischen Sektor, die Konsumgüterindustrie und die noch privatwirtschaftlich arbeitenden Betriebe in Industrie, Landwirtschaft und Handel. Deren Folgen zeigten sich u. a. in den rapide ansteigenden Flüchtlingszahlen, aber auch in der ernsten Versorgungskrise des Winters 1952/53. Unzufriedenheit und Unruhe wuchsen in allen Schichten der Bevölkerung, deren Lebensstandard zudem erheblich sank. Für die Arbeiter kam erschwerend und sie erbitternd hinzu, daß ihnen mit der Normerhöhung zusätzliche Gehaltseinbußen drohten. Der nach dem Tod Stalins und wohl auf Druck Moskaus überraschend und überstürzt eingeleitete „Neue Kurs" konnte die Lage nicht mehr entspannen. Er bedeutete zwar die Rücknahme von Beschlüssen der II. Parteikonferenz und von Repressionsmaßnahmen, allerdings nicht die der Normerhöhung. Ihre Rücknahme war eine der zentralen Streikforderungen. Doch in der unmittelbar politisierten Stimmung gingen diese weit darüber hinaus.

Die Streiks und Demonstrationen entstanden und entwickelten sich angesichts der verbreiteten Unruhe unabhängig voneinander. Dennoch waren die Berliner Ereignisse mit Protestversammlungen, Demonstrationszügen sowie Streikaufrufen mit gelegentlicher Generalstreikforderung die Initialzündung. Wie ein Lauffeuer verbreiteten sich die Nachrichten, lösten ihrerseits Aktionen aus und hatten einen großen Solidarisierungseffekt. Allen voran gingen die Demonstrationen der Bauarbeiter der Stalinallee, die von der staatlichen Propaganda seit der Verkündung des „Nationalen Aufbauprogramms" in den Mittelpunkt gerückt worden waren. „Nicht die Bauarbeiter hatten sich in den Brennpunkt gerückt, vielmehr wurden sie durch eine kultisch überhöhte Öffentlichkeitsarbeit zu Trägern des revolutionären Weltgeistes erhoben, um ihre ganze Existenz willig in den beschleunigten Aufbau des Sozialismus sowjetischer Prägung einzubringen."[16] Daß gerade diese herausgehobene Gruppe sich Zumutungen entzog, hatte Signalwirkung. Verbreitet wurden die Nachrichten durch die Menschen selbst, das Telefon, sowie den westlichen Rundfunk; vor allem der RIAS und der NWDR berichteten sehr zurückhaltend und vorsichtig von den Berliner Geschehnissen und Streikforderungen. Auch diese Berichterstattung hatte Signalwirkung. „Sonst hätte der Protest nicht derartige Ausmaße angenommen und mit Sicherheit auch nicht so schnell in vielen Städten und Dörfern eingesetzt, *unabhängig* von dem, was an diesem Tag in Berlin geschah."[17]

---

16 Beier, Wir wollen freie Menschen sein, S. 14.
17 Der Tag X, S. 59.

Streikbewegungen, Demonstrationen, auch Gewaltaktionen gegen Personen und Einrichtungen entwickelten sich ohne zentrale Leitung und Koordinierung. Auffallend ist die Intensität der Bewegung in den industriellen Ballungsgebieten, den traditionellen Hochburgen der sozialdemokratischen und kommunistischen Arbeiterbewegung, in denen die klassischen Formen des Arbeitskampfes besonders ausgeprägt waren. Dennoch darf nicht übersehen werden, daß es darüber hinaus in mehreren hundert Orten zu Streiks und Unruhen kam, ein Ausmaß, das bisher unterschätzt worden ist.[18] Unklar ist die genaue Zahl der „Teilnehmer" bzw. Beteiligten, die jedoch in die Hunderttausende ging. Wichtiger als genaue Zahlen dürften die jeweiligen örtlichen Ballungen sein sowie die Dynamik, die sich aus der Mischung von Menschen unterschiedlicher sozialer Herkunft und der Aktionsformen entwickelte. Auch Parolen, Losungen und Forderungen gingen ineinander über und zeigten die Politisierung. Als Streikforderungen formulierte Kataloge enthielten von vornherein politische Ziele wie Rücktritt der Regierung, Zulassung aller großen demokratischen Parteien Westdeutschlands, freie Wahlen, Freilassung der politischen Gefangenen, Abschaffung der Zonengrenzen und keine Repressalien gegen Streikende.[19] In dieser oder ähnlicher Form liefen die meisten Forderungen auf Rücktritt der Regierung und freie Wahlen hinaus.

Die Funktionalisierung des Kampfes gegen den „Sozialdemokratismus" und gegen die „Schumacher-Agenten" des Ostbüros hatte in dieser Zeit einen neuen Hintergrund gewonnen. Im Kontext der These vom außengesteuerten Putsch, von der zentralen Leitung durch „Agenten", wurde den Sozialdemokraten in der DDR selbst sowie dem Ostbüro eine wichtige Rolle zugewiesen. Auf der Juni-Tagung des ZK bezeichnete Otto Grotewohl den 17. Juni als eine „Bewegung", die Ausdruck der Unzufriedenheit und zugleich eine zentral geleitete „Aktion" von politischer Bedeutung sei.[20] Ein ganzes „Netz" war nach seinen Worten über die DDR gespannt worden mit klar erkennbaren „Knotenpunkten": Magdeburg, Halle, Bitterfeld, Gera, Leipzig und Görlitz. Dies waren, so die vermeintliche Kenntnis aus jahrelanger Organisationsarbeit, diejenigen ehemaligen sozialdemokratischen Hochburgen, „wo weite Kreise der äußerlich für uns gewonne-

---

18 Während Hagen noch von etwa 300 Orten ausgeht, sind es nach Mitter über 560 Orte, in denen es „zwischen dem 17. und 21. Juni 1953 zu Demonstrationen, öffentlichen Kundgebungen, Streiks oder Gewalttätigkeiten gegen offizielle Personen oder Einrichtungen kam". Vgl. Der Tag X, S. 335.

19 So in einem Telegramm aus dem Kreis Bitterfeld an die Regierung am 17. Juni; zitiert nach Beier, Wir wollen freie Menschen sein, S. 17.

20 Zum folgenden nach Stenographischer Niederschrift über die 14. Tagung des ZK der SED am 21. Juni 1953, in: SAPMO-BArch IV 2/1/117.

nen Leute offensichtlich innerlich nicht auf unserer Seite stehen".[21] Darin sah er Voraussetzungen für die Bildung von „Widerstandsgruppen", deren Arbeit seit Jahren spürbar gewesen und nun mit einem Schlag als „Widerstandsbewegung" aufgeflackert sei. In dem Szenario, das er von diesem Widerstand entwarf, gab es Gruppen mit amerikanischen Hemden, bewaffnete Fallschirmspringer und ebenfalls bewaffnete Brandstifter, die jeweils Aufstände entfesseln sollten.

Während zu diesem Zeitpunkt die Hinweise auf die ehemaligen sozialdemokratischen Hochburgen und wichtigen Streikzentren von einem nicht genau kontrollierten und kontrollierbaren Potential als Ansatzmöglichkeit für die keineswegs eindeutig sozialdemokratisch definierten „Agenten" ausgehen, sind einen Monat später die „Feststellungen" dezidierter.[22] Die Verwirrung war vorbei. Nach Unsicherheit und einige Wochen währender Selbstkritik erfolgten die Abrechnung mit Wilhelm Zaisser und Rudolf Herrnstadt sowie die Schuldzuweisungen an das ehemalige MfS und an Max Fechner. Auch das Feindbild „Sozialdemokratismus" war nun klarer formuliert. Der 17. Juni habe gezeigt, daß in der DDR eine geheime und gut organisierte faschistische Untergrundbewegung existiere. Darüber hinaus habe sich „herausgestellt, daß es bei uns eine illegale SPD-Organisation gibt, die, gesteuert von der rechten SPD-Führung und organisiert von dem sogenannten Westberliner ‚Ostbüro' der SPD, gegen die Deutsche Demokratische Republik arbeitet. In einigen Städten, zum Beispiel in Magdeburg, in Leipzig, in Halle u. a., bestanden illegale Organisationen aus ehemaligen SPD-Mitgliedern, die noch immer den arbeiterfeindlichen Auffassungen des Sozialdemokratismus anhingen und darum leicht Opfer der Agenten des ‚Ostbüros' wurden, welche unter den Arbeitern faschistische Losungen verbreiteten und Streiks organisierten. Die ehrlichen alten SPD-Mitglieder, die den Agenten Gehör schenkten, begriffen nicht, daß sie damit gegen ihre eigenen Klassengenossen und -interessen und gegen die alten Ideale der deutschen Arbeiterbewegung auftraten."[23] Festgestellt worden war darüber hinaus, so Walter Ulbricht, daß es nach dem 17. Juni eine Reihe von Parteiaustritten gegeben habe, wobei es sich vorwiegend um ehemalige SPD-Mitglieder gehandelt habe. In einigen Betrieben seien diese organisiert gewesen, so daß „dort offenkundig eine illegale Agentur des Ostbüros besteht".[24] Die Vorschläge zur „Klärung" der Gründe in „Aussprachen" konnten nur auf Druck, Repres-

21 Ebd., Bl. 15.
22 Zum folgenden nach Stenographischer Niederschrift über die 15. Tagung des ZK der SED vom 24.-26. Juli 1953, in: SAPMO-BArch IV 2/1/119.
23 Ebd., Bl. 48.
24 Ebd., Bl. 127.

sion, Parteiüberprüfung und Säuberung hinauslaufen. Doch gleichzeitig enthielten sie wie bei der vorherigen Parteiüberprüfung ein Integrationsangebot, wenn es hieß, daß den „schwankenden" ehemaligen Sozialdemokraten „geholfen" werden und Arbeitern die Rücknahme des Austritts ermöglicht werden sollte.

Bei der Suche nach Schuldigen und angeblichen Organisatoren des 17. Juni geriet auch eine Gruppe in den Blick, die man „vernachlässigt" hatte, nämlich die aus der SED ausgeschlossenen Sozialdemokraten. Gerügt wurde mangelnde „Wachsamkeit" im Sinn von ungenügender Überwachung, hätten sich doch die örtlichen Parteileitungen nicht mehr um sie gekümmert.[25] Neben Otto Buchwitz war es vor allem Erich Mückenberger, der unter Hinweis auf Beispiele aus dem Bezirk Erfurt diese Personengruppe in den Vordergrund rückte. In den Tagen um den 17. Juni habe sich in verschiedenen Orten und Großbetrieben gezeigt, daß gerade sie die „Provokationen" geleitet hätten. „Sie konnten das, sie konnten mit zum Rückgrat der illegalen SPD-Organisation werden, weil sich niemand mehr mit ihnen seit ihrem Ausschluß aus der Partei auseinandersetzte, weil niemand vorher ihre gefährliche Wirksamkeit erkannte."[26] Als exemplarisches Beispiel nannte er den Fall des „Reckstadt" [sic] aus den Abus-Werken in Nordhausen, eines ehemaligen „Reichsbannerführers" und Gewerkschaftsfunktionärs, dessen Familie in England lebe. Er sei inzwischen „entlarvt", aus der Gewerkschaft ausgeschlossen, aus dem Betrieb entlassen und nach tagelangen „Kämpfen" mit den Sicherheitsorganen verhaftet worden.

---

25 So verwies Otto Buchwitz auf Erich Schilling in Leipzig, den ehemaligen Gewerkschaftsvorsitzenden und dezidierten Gegner der Vereinigung, den keiner mehr überwacht habe. Dieser habe zwischen Leipzig und Berlin pendeln können, habe sogar in Frankfurt am Main auf einer SPD-Konferenz als Vertreter aus der Ostzone gesprochen, und niemand habe davon gewußt. Da Buchwitz Schilling für einen der klügsten und erfahrensten Funktionäre der Arbeiterbewegung hielt, galt er ihm als besonders gefährlich. Deshalb schien es ihm selbstverständlich, daß dieser in Leipzig eine „Untergrundbewegung" gegründet habe. Vgl. ebd., Bl. 254. Wie unsinnig derartige Behauptungen und auch die vermeintliche Selbstkritik waren, zeigt gerade dieses Beispiel, wobei hinzukommt, daß Schilling zu den entschiedensten politischen Gegnern von Buchwitz gehört hatte. Erich Schilling (1882–1962) war einer der führenden Sozialdemokraten, die bereits vor der Vereinigung von SPD und KPD ausgeschaltet worden waren. Er stand gerade wegen seiner klaren Haltung unter ständiger Überwachung, wurde 1948 verhaftet, kurze Zeit später wieder entlassen und im Anschluß daran immer wieder verhört. Um einer weiteren Verhaftung zu entgehen, floh er spätestens Anfang 1953 in den Westen, wo er noch in hohem Alter für den Internationalen Bund Freier Gewerkschaften tätig war. Seine „Gefährlichkeit" und die „Untergrundbewegung" konnten sich demnach kaum auf den 17. Juni beziehen. Die Behauptungen galten dem unter den Sozialdemokraten nach wie vor hoch angesehenen Mann.

26 Ebd., Bl. 268.

Hintergrund war, daß es in Nordhausen bereits vor dem 17. Juni zu Streiks gekommen war.[27] Zentren des Protestes waren die Metallbetriebe, darunter Abus. Dort war in den Tagen des 17. Juni ein Forderungskatalog aufgestellt worden, und Otto Reckstatt war als Streikleiter hervorgetreten. Vor 1933 war er Funktionär des Transportarbeiterverbandes und sozialdemokratischer Stadtverordneter gewesen; nachdem er 1950, vermutlich bei der Parteiüberprüfung, aus der SED ausgeschlossen worden war, hatte er gewerkschaftliche Aufgaben beibehalten können. Nach den sich über mehrere Tage hinziehenden Streiks war er verhaftet und in einem Schauprozeß zu acht Jahren Zuchthaus verurteilt worden, der dem Muster früherer Schauprozesse entsprach: In einer Betriebs- und Parteikampagne wurde seine „Ausmerzung“ verlangt. Die britische Gefangenschaft machte ihn zum westlichen Spion mit dem seit 1945 bestehenden Auftrag, im ganzen Gebiet für Unruhe zu sorgen. Auch die Funktion des Prozesses dürfte mit der früherer Schauprozesse vergleichbar sein: Die Beschwörung des „Sozialdemokratismus“ als große Gefahr und Otto Reckstatt als „Rädelsführer“ der Unruhen des Kreises lieferten die Rechtfertigung für die Statuierung eines Exempels, das abschreckend, einschüchternd und disziplinierend für das gesamte – offenkundig für unsicher gehaltene – Umfeld wirken sollte.

Im Ostbüro war man von den Ereignissen ebenso überrascht worden wie die SED-Führung selbst.[28] Aufgrund seiner wechselvollen Geschichte, seiner Struktur und Arbeitsweise hätte es die ihm unterstellte führende Rolle gar nicht spielen können. Dennoch waren Vertrauensleute des Ostbüros – entgegen anderslautenden Weisungen – an „Aktionen“ beteiligt, Berichterstatter informierten über die Ereignisse, und eine noch unbekannte Anzahl von Vertrauensleuten und Berichterstattern wurde verhaftet.[29] Manche konnten rechtzeitig fliehen, anderen – vor allem aus dem Raum Berlin – konnte das Ostbüro zur Flucht verhelfen, wieder andere wurden verhaftet und verurteilt, ohne daß die Verbindung zum Ostbüro hatte nachgewiesen werden können. Dies war beispielsweise der Fall bei Siegfried Berger (Jg. 1918), der am 19. Juni 1953 verhaftet wurde, nachdem er die Betriebsversammlung des „RFT Funkwerks Köpenick“, in dem er als Ingenieur arbeitete, während der Streikabstimmung geleitet hatte. Er hatte die Parolen formuliert (Rücktritt der Regierung, freie und geheime Wahlen, deutsche Einheit), die Streikleitung übernommen und den

27 Zum folgenden nach Klaus Schmidke, Die Sozialdemokratie in Nordhausen und Salza – Bürgerstadt und Arbeiterdorf zwischen Kaiserreich und DDR, in: Walter/Dürr/Schmidke, Die SPD in Sachsen und Thüringen zwischen Hochburg und Diaspora, S. 280 f.

28 Vgl. Kapitel 6.1; vgl. Buschfort, S. 94.

29 Vgl. Buschfort, S. 96.

Demonstrationszug von Köpenick aus in Richtung Regierungsviertel angeführt. Berger war nie in der SED, sondern lediglich im FDGB. Während sein Vater Kommunist war, hatte er sich frühzeitig in der SAJ engagiert und sich während des Dritten Reiches eine Weile illegal betätigt. Er hatte sich als „illegales" Mitglied in der SPD einschreiben lassen und war seit 1948 Mitarbeiter des West-Berliner Ostbüros. Nach der Verhaftung machte die Stasi ihm und anderen Mitverhafteten das Angebot der sofortigen Freilassung, wenn sie vor den Werksangehörigen erklärten, vom „Westen" verführt und angeleitet worden zu sein. Als er dies ablehnte, wurde er den sowjetischen Behörden übergeben. Ende 1953 verurteilte ihn ein sowjetisches Tribunal wegen Widerstands gegen die Staatsgewalt, Aufforderung zum Sturz der Regierung und Gruppenbildung zu sieben Jahren Zwangsarbeit. Er wurde nach Workuta deportiert, 1955 entlassen und siedelte danach in den Westen über.[30]

Ungeachtet der Beteiligung von Vertrauensleuten oder Berichterstattern an den Ereignissen des 17. Juni, hatte das Ostbüro keine ihrer Aktionen initiiert.[31] Schon allein aufgrund der Plötzlichkeit, Spontaneität und Dynamik dieser Streik- und Massenbewegung war die Entscheidung zum Handeln, zum Eingreifen oder zur Beteiligung eine Sache jedes einzelnen, und sie mußte darüber hinaus von den Möglichkeiten, der Situation selbst und den örtlichen Gegebenheiten abhängen. Die Motive dafür dürften unterschiedlicher Natur gewesen sein. Denkbar sind spontane und emotionale Reaktionen und Verhaltensweisen, in denen die politische Sozialisation durch die Sozialdemokratie und die Einübung von spezifischen politischen und gewerkschaftlichen Verfahrensfragen zum Tragen kamen oder spontan wiederauflebten. Auch persönliches Ansehen, Integrität und Autorität dürften eine Rolle gespielt haben. Damit korrespondierte möglicherweise die Bereitschaft, in bestimmten Situationen Verantwortung zu übernehmen bzw. sich in die Verantwortung nehmen oder drängen zu lassen. In welcher Weise sich dabei die Kontakte zum Ostbüro direkt oder indirekt auswirkten, bleibt eine individuell zu beantwortende Frage.

Obwohl es zu den wichtigen Aufgaben des Ostbüros gehörte, das sozialdemokratische Widerstandspotential zu stärken, zu erhalten und Ansätze von Resistenz zu unterstützen, war dies aufgrund der punktuellen und individuellen Kontakte zwischen Vertrauensleuten und Ostbüro durch den Zwang zur Konspiration besonders schwierig. Durch die Illegalität und Tarnung gegenüber der Umwelt konnte eine Abwendung von dem Umfeld oder den Gruppen von Gleichgesinnten bedingt sein, die in ihrer

30 Die Angaben entstammen schriftlichen Mitteilungen von S. Berger an die Verfasserin aus dem Jahr 1991.
31 So Buschfort, S. 94.

Widerständigkeit ermutigt werden sollten. Dies bezieht sich vor allem auf den Zeitpunkt der frühen fünfziger Jahre. Nach den zahlreichen Verhaftungen und Fluchtbewegungen, der Ausschaltung aus Funktionen und massiven Einschüchterung mußte fraglich sein, ob und inwieweit ein sozialdemokratischer Gruppenzusammenhalt noch existieren und möglich sein konnte. Um so schwerer wog die Verantwortung des Ostbüros gegenüber diesen Vertrauensleuten, nicht nur wegen deren Sicherheit, sondern weil es in deren Vereinzelung wichtig war, welche Ermutigung sie erhielten, welche Hoffnungen geweckt wurden und welche unmittelbaren und weitergehenden politischen Ziele ihnen vermittelt wurden.

Die Kontaktpersonen des Ostbüros wurden auch als Multiplikatoren wirksam, indem sie Flugblätter verteilten, die sie bekamen oder mit Vervielfältigungsapparaten selbst herstellten. Das Ostbüro selbst glaubte in den Junitagen, „daß die Millionen von Flugblätter und Hunderttausende von Zeitungen nicht unwirksam gewesen sind und ihren Niederschlag gefunden haben in den Kampfparolen, die in den Tagen des Aufstandes in den Betrieben und Städten der Zone von den demonstrierenden Arbeitern erhoben worden sind“.[32] Wahrscheinlich ist dabei, daß die Parolen und Losungen der Junitage Ausdruck einer weit verbreiteten Stimmung, konkreter Forderungen und noch nicht aufgegebener Hoffnungen waren, die das Ostbüro direkt und indirekt aufgreifen, verstärken und verbreiten konnte. Dies konnte nur „erfolgreich“ sein, wenn Kernfragen angeschnitten und Schwachpunkte des Regimes bloßgestellt wurden. Dafür bedurfte es der Informationen und Stimmungsberichte, die das Ostbüro durch Kontaktpersonen erhielt. Wenn beispielsweise unmittelbar im Anschluß an den 17. Juni die Parole über den RIAS verbreitet wurde, keine Mitgliedsbeiträge mehr an den FDGB zu zahlen und das Ostbüro sogar FDGB-Beitragsmarken fälschen ließ, so sollte diese Aktion ohne Zweifel Verwirrung stiften und dem in Schwierigkeiten geratenen FDGB schaden.[33] Gleichzeitig war es eine Ermutigung zu Protesten und die Verbreitung eines Protestverhaltens, von dem das Ostbüro bereits vor dem 17. Juni Kenntnis erhalten hatte. So waren einem Bericht an das Ostbüro zufolge Monate früher 200 Mitarbeiter (von 450) des Reichsbahnbetriebswerkes Merseburg aus dem FDGB ausgetreten oder hatten zu Dutzenden die Zahlung von Mitgliedsbeiträgen eingestellt. Hintergrund sei die Ausschaltung von ehemaligen Sozialdemokraten aus leitenden Positionen.[34]

32 AdsD der FES, Bestand Ostbüro, Bericht über die Sonderaktionen in der sowjetischen Besatzungszone, Juni 1953, S. 18.

33 Vgl. zu dieser Aktion Buschfort, S. 98.

34 Vgl. AdsD der FES, Bestand Ostbüro 0434 (= 03347); vgl. auch Stefan Wolle, „Agenten, Saboteure, Verräter ...“. Die Kampagne der SED-Führung gegen den „Sozialdemokratismus“, in: Der Tag X, S. 258.

Im Hinblick auf die Widerständigkeit von Sozialdemokraten auch unterhalb der Funktionärsebene mußten dies für das Ostbüro ermutigende Signale sein, an die es propagandistisch anknüpfen konnte, die in seiner Sicht nicht nur einzelne Beispiele waren, sondern exemplarischen Charakter hatten.

In welcher Weise das Ostbüro indirekt während und unmittelbar nach den Junitagen wirken konnte, zeigt der Bericht über eine Flugblattaktion in Dresden, wo offenkundig Vervielfältigungsmöglichkeiten zur Verfügung gestellt worden waren.[35] So konnten während des Aufstandes Flugblätter oder Handzettel gedruckt werden, die in Anknüpfung an die aktuelle Situation an Demonstrationsteilnehmer verteilt wurden. Auch zu deren Losungen gehörten die Forderung nach Rücktritt der „arbeiterfeindlichen Regierung“ sowie „Frieden und Einheit in Freiheit“. Ein an das Ostbüro nachträglich verfaßter Bericht besagt, daß die „Quelle“ am Vormittag des 17. Juni vom Streik im Sachsenwerk erfahren hatte. Erst nachdem er sich selbst von dieser Tatsache und den im Fabrikhof diskutierenden Arbeitern durch Augenschein überzeugt hatte, fuhr er los, um mit „seiner Gruppe“ Flugblätter herzustellen.[36] Die Gruppe habe bis zum 21. Juni sieben verschiedene Flugblätter verfaßt, hergestellt und verteilt, jeweils in einer Auflage von etwa 800–1.000 Stück. Während der Aktion sei das Papier ausgegangen, das auf privatem Weg, d. h. durch verwandtschaftliche Beziehungen, aus Leipzig beschafft wurde. Die Flugblätter enthielten kurze Losungen, die die allgemein virulenten Forderungen aufgriffen und von den zahlreichen Streiks in der näheren Umgebung knappe Mitteilung machten. Am 20. und 21. Juni reagierten sie auf die bis dahin bekannt gewordenen Verhaftungen und riefen zum Generalstreik auf, um durch Arbeitsniederlegungen die Freilassung der Verhafteten zu erreichen. Das letzte Flugblatt forderte dann nur noch allgemein die Freilassung aller Verhafteten.

Die Herstellung der Flugblätter scheint gut organisiert gewesen zu sein. Wenige Stunden nach Bekanntwerden der Arbeitsniederlegung wurde dem Bericht zufolge das erste Flugblatt in den Demonstrationszug der in Richtung Postplatz marschierenden Arbeiter geworfen. Überall dort, wo sich eine größere Menschenmenge versammelte, wurden sie verteilt. Folgt man dem Bericht weiter, entwickelten sie dann in und mit der Menge eine beträchtliche Eigendynamik. „In der Nähe des Fucik-Platzes befindet sich eine große Schule, vor der sich eine riesige Menschenmenge versammelt

35 Vgl. dazu Buschfort, S. 98 f.

36 Dazu und zum folgenden nach Bericht der Quelle 10902 vom 13. Juli 1953 über die „Flugblattaktionen am 17. Juni und der folgenden Tage“, in: AdsD der FES, Bestand Ostbüro 0434 (= 03350).

hatte. [...] Quelle sah, wie einige Arbeiter Flugblätter in der Hand hatten. An der Wand der Schule stand etwas erhöht, daß jeder aus der Menge sie sehen konnte, eine große Wandtafel. Einer der Arbeiter schrieb darauf an Hand des Flugblattes die Forderungen, die Quelle auf seinem Flugblatt festgehalten hatte. Die Masse brach bald darauf in die Rufe aus: ‚Nieder mit der Regierung!' Ein anderer Arbeiter, der sich indessen aus der Masse zur Tafel vordrängte, schrieb darauf mit Kreide die Parole: ‚Es lebe die SPD! Nieder mit der SED, hoch lebe die SPD!' Die Masse nahm diese Parole auf und während kurzer Zeit ertönten immer wieder Rufe: ‚Hoch lebe die SPD!'"[37] Auch auf dem Fucik-Platz selbst, so nur nach Hörensagen, seien diese Hochrufe ausgebracht worden.

Auch von den Reaktionen in der örtlichen SED wußte die „Quelle" einiges zu berichten. Da er selbst eine Anstellung bei der Kreisdienststelle der Gesellschaft für Sport und Technik (GST) bekommen sollte, wurde er bereits in den Junitagen als Kradfahrer zwischen SED-Stellen und der GST eingesetzt. In der Bezirksleitung sah er mehrere der von ihm hergestellten Flugblätter. Er war überzeugt, daß die „Aktion unserer illegalen SPD-Gruppe [...] bei der SED in Dresden, aber auch in den einzelnen Betrieben, wo die Flugblätter im Laufe der einzelnen Tage auftauchten, ungeheure Erregung hervorgerufen" hätten.[38] Das schloß er vermutlich aus der Kenntnis von Anweisungen an alle Dienststellen der SED, Vopo und KVP, „sofort Streifen auszuschicken und verdächtige Personen, die als Flugblattverteiler infrage kamen, sofort festzunehmen. Die Anweisung lautete dahingehend, daß Personen, die mit derartigen Flugblättern in der Hand angetroffen würden, der sowjetischen Kommandantur zugeführt werden sollten."[39]

Derartige Berichte scheinen das Ostbüro in seiner Grundannahme über das sozialdemokratische Widerstandspotential bestätigt zu haben. Dies wurde publizistisch und propagandistisch umgesetzt, wenn es hieß: „Die mitteldeutsche Arbeiterschaft blieb ihrer sozialdemokratischen Tradition treu. Sie scharte sich um die illegalen Funktionäre der SPD und zeigte am 17. Juni [...] der ganzen Welt, daß sie die ihr von der Besatzungsmacht aufgezwungene SED-Diktatur ablehnt."[40] Bis zu einem gewissen Grad traf es sich damit auf einer Linie mit den Behauptungen und Annahmen der SED, die dies ebenso verbreitete, wenn auch in Gestalt der Agententheorie. Denkbar sind deshalb nicht nur Formen der gegenseitigen Bestätigung, sondern auch verstärkende Effekte.

---

37 Ebd.
38 Ebd.
39 Ebd.
40 So in der „Einheit", dem Organ des Ostbüros. Zitiert nach Buschfort, S. 94.

Beide – Ostbüro und SED – stützten sich auf die Tatsache der massiven Streikbewegung in den industriellen Ballungsgebieten und zugleich ehemaligen sozialdemokratischen (und kommunistischen) Hochburgen sowie auf die Annahme, daß die Streikführer in hohem Maße aus der Sozialdemokratie oder den sozialdemokratisch orientierten Freien Gewerkschaften stammten. Hinzu kamen die während der Junitage oder kurz danach eintreffenden Meldungen und Berichte, die in verschiedener Form auf die Lebendigkeit sozialdemokratischer Traditionen und die Virulenz von sozialdemokratischem Gedankengut hindeuteten, die Forderungen nach Zulassung oder Wiederzulassung der SPD eingeschlossen. Ende Juni berichtete ein geflüchteter Streikleiter über seine Ansprache vor etwa 20.000 Betriebsangehörigen des Leunawerkes.[41] Er habe die „bekannten" Forderungen formuliert und die Zulassung aller in Westdeutschland genehmigten Parteien gefordert. „Angeblich soll hierbei besonders auch durch Zurufe der Belegschaftsmitglieder die SPD gefordert worden sein. Helle Begeisterung herrschte unter den Streikenden. Spontane Zurufe über die Zulassung der SPD, [...]. Nachdem die Streikenden am Toreingang sich formierten, zogen sie geschlossen in Richtung Merseburg-Stadt. Unter Absingen des Deutschlandliedes und ‚Brüder zur Sonne zur Freiheit' wurden unterwegs u. a. Transparente an öffentlichen Gebäuden entfernt oder mit weißer Kalkfarbe mit anderen Losungen überschriftet."[42]

## 7.3 Der „Volksaufstand" in Rathenow

Doch das Bild, das sich das Ostbüro von den Sozialdemokraten und ihrem Verhalten am 17. Juni machte oder machen konnte, war nicht nur geprägt von diesen spontan wirkenden Forderungen nach Zulassung der SPD oder durch die Aktionen, an denen es selbst – wie am Beispiel Dresdens aufgezeigt – indirekt beteiligt war. Hinzu kamen Berichte, die darüber hinausgingen. Charakteristisch dafür ist ein Bericht über die „Volkserhebung in Rathenow".[43] Er zeugt von dem Mut, im Bewußtsein der persönlichen

---

41 Vgl. zum folgenden Bericht der Quelle 3630/1 vom 30.6.1953 über die Ereignisse im Leunawerk am 17.6. und 18.6.1953, in: AdsD der FES, Bestand Ostbüro 0434 (= 03347). Der Bericht ist so abgefaßt, daß er zumindest Skepsis gegenüber der dem Ostbüro vermutlich bis dahin nicht bekannten „Quelle" ausdrückt.

42 Ebd.

43 Der Bericht trägt das Datum des 23.6.1953; er stammt von Kurt Gaede aus Rathenow, einem Metallschleifer, der in den Rathenower Optischen Werken (ROW) arbeitete und eigenen Angaben zufolge flüchten mußte, weil er als Mitglied der Streikleitung verhaftet werden sollte. In: AdsD der FES, Bestand Ostbüro 0434 (= 03347). Über ihn selbst sind dem Bericht keine weitere Angaben zu entnehmen. Einige seiner Angaben sind nicht korrekt; sie scheinen auf Hörensagen zu beruhen.

Gefährdung öffentlich aufzutreten. Daß zudem eine größere Menschenmenge an einen ehemals führenden und zu diesem Zeitpunkt inhaftierten Sozialdemokraten erinnerte, machte deutlich, daß die ausgeschalteten und/oder verhafteten Sozialdemokraten auch in der Bevölkerung nicht in Vergessenheit geraten waren.

In Rathenow, einer kleinen Stadt im damaligen Bezirk Potsdam mit einer bedeutenden optischen Industrie, waren am Abend des 16. Juni 1953 die Berliner Ereignisse das „Gesprächsthema in allen Häusern, Gaststätten und Ladengeschäften". Am nächsten Morgen wurden in den verschiedenen Abteilungen der ROW (Rathenower Optische Werke) Beschlüsse gefaßt, sofort zur Stadtverwaltung zu marschieren, um dort Solidarität mit den Ost-Berliner Arbeitern zu bekunden. Dem Demonstrationszug schlossen sich unterwegs Belegschaften anderer Betriebe an, aber auch Angestellte, etwa der Post, der HO und einiger Behörden. An der Spitze des geordnet marschierenden und von Kurt Wetzel geführten Demonstrationszuges fuhr ein Traktor, entgegenkommende Fahrzeuge reihten sich ein, Frauen mit Kindern schlossen sich den Arbeitern an. „Es gab erschütternde Szenen. Frauen und alte Arbeiter weinten vor Freude. Immer wieder ertönten Sprechchöre ‚Willst Du ein echter Deutscher sein, reih Dich ein!'".[44] In der Innenstadt hatte sich wohl zur gleichen Zeit der Teil der „Bevölkerung" versammelt, der nicht mitmarschiert war. Die Geschäfte hatten geschlossen. In einigen Betrieben und Behörden hatten sich SED-Funktionäre und „Linientreue" verbarrikadiert und auch versucht, andere an der Teilnahme am Demonstrationszug und der nachfolgenden Kundgebung zu hindern. Dabei war es zu Prügeleien gekommen. Dennoch sei der Demonstrationszug insgesamt „ordnungsgemäß" verlaufen, was heißen sollte, daß die ROW-Arbeiter Ausschreitungen, wie das Einschlagen der verschlossenen Türen des Amtsgerichts, verhinderten. Sie erklärten, „es ist nicht unsere Aufgabe zu zerstören, sondern wir wollen in Ruhe und Ordnung für unsere gerechten Forderungen eintreten".[45] Deshalb sei es bei Protestrufen gegen den „Justizterror" der SED und bei der Forderung nach sofortiger Freilassung aller politischen Häftlinge geblieben.

Als der Demonstrationszug am Stadthaus vorbeikam, hielt er an und skandierte: „Wir wollen unseren Bürgermeister Zillert wiederhaben!"[46] Gemeint war Paul Szillat, ein in Brandenburg bekannter sozialdemokratischer Verwaltungsfachmann und Politiker, der nach 1945 Oberbürgermeister von Rathenow wurde. Bis zu seiner Verhaftung im Jahr 1950 war er

44 Ebd.
45 Ebd.
46 Dazu heißt es in einer Bemerkung, die Schreibweise des Namens sei nicht genau bekannt. Er sei SPD-Mann gewesen, 1948 abgesetzt und sei seitdem verschwunden.

Mitglied des Brandenburgischen Landtages und Mitglied des Parteivorstandes der SED. Der Schauprozeß gegen ihn war, anderen Fällen vergleichbar, wegen „Wirtschaftsverbrechens" geführt worden. Doch hatte die damit beabsichtigte Diskreditierung offenkundig nicht den gewünschten Effekt. Eher ist vom Gegenteil auszugehen, wie diese Form der Sympathiebekundung zeigt. Erinnert wurde mit diesen Rufen an einen ebenso beliebten wie kompetenten und integren Politiker, der nach 1945 unter schwierigsten Bedingungen versucht hatte, eine an der Not und den Bedürfnissen der Bevölkerung orientierte Kommunalpolitik durchzusetzen, und dessen Glaubwürdigkeit auch nicht durch seine Ämter in der SED gelitten hatte. Zum anderen lag darin eine gezielte Provokation, weil der inhaftierte Paul Szillat jene sozialdemokratische Resistenz gegen die Stalinisierung symbolisierte, die so vehement bekämpft wurde. Und es war ein Protest gegen die unglaubwürdige Politik des SED-Regimes und dessen Träger.

Der Demonstrationszug der Arbeiter war zum Protestmarsch der Bevölkerung geworden, der in den Mittagsstunden mit einer Kundgebung in der Innenstadt endete, an der etwa 20.000 Menschen teilgenommen haben sollen. Kurt Wetzel von den ROW sei auf den Traktor gestiegen und habe der Menge zugerufen: „Es könne nicht seine Aufgabe sein, Worte an die Bevölkerung zu richten. Das stände allein dem alten erprobten sozialdemokratischen Kämpfer, Karl Recklinghausen [sic], zu."[47] Dieser wiederholte in seiner Ansprache die Forderungen der Berliner Bauarbeiter und forderte die Arbeiter zur Fortsetzung des Streiks auf. Die Menge soll ihm begeistert zugejubelt haben. Als er sagte, er kenne die Gefahr, in die er sich durch diese Ansprache begeben habe, antwortete ihm die Menge: „Wir lassen niemanden im Stich!"[48] Karl Renziehausen muß durch sein öffentliches Auftreten, durch seine Ansprache in der für ihn persönlich gefährlichen Situation, allein durch seine physische Anwesenheit das symbolisiert haben, was auch in den Rufen nach Paul Szillat deutlich wurde. Renziehausen war damals zweiundfünfzig Jahre alt; wie Szillat gehörte er 1945 zu denjenigen, die die SPD in Rathenow wieder aufbauten und dann in die SED übernommen wurden. Bis 1950 war er Stadtverordneter und Leiter des Arbeitsamtes. Nach der Verhaftung von Szillat sollte er diesen belasten. Er wurde wegen „antidemokratischen Verhaltens" aus dem Amt entlassen und aus der SED ausgeschlossen. Danach fand er in seinem

47 Ebd. Der Name wurde dann in dem Bericht handschriftlich korrigiert. Gemeint ist Karl Renziehausen. Der Bericht enthält weiter die Angabe, er sei SPD-Stadtrat gewesen und 1948 zusamen mit dem Bürgermeister Zillert [Szillat] „beseitigt" worden. Auch diese Angaben sind nur teilweise zutreffend.

48 Ebd.

gelernten Beruf als Feinmechaniker Arbeit bei den ROW, wo er bis zum 17. Juni blieb. Er flüchtete vermutlich noch am gleichen Tag.[49]

Nach Abschluß der Kundgebung kehrten die Arbeiter dem Bericht zufolge in die Betriebe zurück und wählten Delegierte für eine Streikleitung, die konkrete Forderungen für die einzelnen Betriebe aufstellte. Zur gleichen Zeit, gegen 14 Uhr, marschierten sowjetische Truppen in der Stadt ein. Geschossen wurde nicht, sondern sie forderten die Menschenmenge und die zahlreichen Diskussionsgruppen lediglich auf, auseinanderzugehen. Gegen Abend wurde der Ausnahmezustand verhängt.

Zu fragen bleibt bei einer solchen Quelle, inwieweit sie, unabhängig von den eingeschränkten Wahrnehmungsfähigkeiten jedes Augenzeugen, als im Kern zuverlässig gelten kann. Da der Berichterstatter seine Erlebnisse für eine sozialdemokratische Organisation mündlich oder schriftlich formulierte, muß in Betracht gezogen werden, daß er die sie interessierenden Aspekte scharf konturierte und die Rolle von Sozialdemokraten besonders hervorhob. Es gibt jedoch zu den Ereignissen in Rathenow zwei weitere Berichte, die zum Vergleich herangezogen werden können.[50] Aus dem Inhalt der einen – knappen – Schilderung kann geschlossen werden, daß sie von Karl Renziehausen stammt. Darin ist von der „Quelle" als demjenigen die Rede, der die Ansprache auf der Abschlußkundgebung gehalten habe. Daß er dieser Redner war, kann als sicher gelten, denn die beiden anderen Quellen bestätigen es in ähnlichen Formulierungen. Im Westen war zudem bald bekannt, daß er zur Fahndung ausgeschrieben war und noch im Jahr darauf in der SED-Presse als „Rädelsführer" angeprangert wurde.

Festzuhalten ist, daß alle drei Versionen aus der Sicht von Beschäftigten der ROW formuliert sind; das bedeutet die Betonung der Disziplin des in etwa gleich geschilderten Ablaufs des Demonstrationszuges und der Kundgebung. Deutlich wird das Bemühen der Arbeiter bzw. der Streiklei-

---

49 In dem Bericht heißt es, Wetzel und Renziehausen seien in der Nacht zum 18. Juni spurlos verschwunden, auch die Ehefrauen seien nicht mehr „aufzufinden" gewesen. Mit Sicherheit könne angenommen werden, daß sie verhaftet worden seien. Das Schicksal von Kurt Wetzel konnte bislang nicht geklärt werden. Einem anderen Erlebnisbericht zufolge wurde er tatsächlich am Abend des 17. Juni verhaftet. Die Wohnung von Renziehausen sei ebenfalls umstellt gewesen, doch dieser sei nicht anwesend gewesen. So nach dem Bericht (EB 26695) über Brandenburg – Rathenow vom 3.7.1953, in: AdsD der FES, Bestand Ostbüro 0434 (=03351). Renziehausen ist offensichtlich umgehend geflüchtet, hielt sich mehrere Tage versteckt, bis er dann nach West-Berlin gelangte. Wenige Monate später war er SPD-Vorsitzender in Peine, woher seine Frau stammte und wo er schon während der Weimarer Republik als SPD-Funktionär und Kreistagsabgeordneter gewirkt hatte. Er hatte während des Dritten Reiches in Rathenow als Feinmechaniker gearbeitet.

50 Bericht der Quelle 20858 (3703/3) vom 3.7.1953, in: AdsD der FES, Bestand Ostbüro 0434 (=03351); EB 26695 vom 3.7.1953, in: Ebd.

tung, Demonstration und Kundgebung in geordnete Bahnen zu lenken und kontrollierbar zu halten. Diese nachträgliche Betonung gewinnt zusätzliche Bedeutung dadurch, daß es im Anschluß an die Kundgebung, als nämlich die Streikleitung und wohl ein großer Teil der Arbeiter längst wieder in den Betrieben waren, zu einem gravierenden Vorfall kam. Ein stadtbekannter SSD-Spitzel, der sich seiner Tätigkeit brüstete, war so sehr verprügelt und danach in die Havel geworfen worden, daß er wenig später starb.

Unterschiedlich sind die Angaben über die Teilnehmer an der Kundgebung. Es war auf jeden Fall eine für die kleine Stadt große und ständig anwachsende Menge; die auf Schätzungen beruhenden Zahlen reichen von von 8-10.000–20.000 Menschen. Karl Renziehausens Darstellung über die Rufe nach Paul Szillat weicht von den beiden anderen ab. Bei ihm ist von dem Sprechchor vor dem Stadthaus nicht die Rede. Während seiner Ansprache seien aus der Menge „Zwischenrufe" gekommen, die „Szillat frei" lauteten. Er sei darauf eingegangen und habe versprochen, dies in den von ihm formulierten Forderungskatalog aufzunehmen. In der dritten Quelle wiederum wird der Sprechchor geschildert, der vor dem Stadthaus „Wir wollen unseren Szillat wiederhaben!" rief. Auffallend ist weiterhin, daß Renziehausen seine eigene Rolle deutlich herunterspielte. Von den Worten Kurt Wetzels, dessen Namen er – möglicherweise aus Vorsicht – nicht erwähnte, berichtet er nichts. Es heißt lediglich, daß er – wahrscheinlich von der Streikleitung – aufgefordert worden sei, zu den „Massen" zu sprechen.[51] Das mag Zurückhaltung und Bescheidenheit ausdrücken. Doch anderes ist auch denkbar. Es könnte für ihn und die anderen selbstverständlich gewesen sein, daß ihm – eventuell in Stellvertretung Paul Szillats – diese Rolle zufiel und er sie deswegen übernahm; ebenso ist möglich, daß er in sie hineingedrängt wurde, sie ohne diese Aufforderung von sich aus nicht übernommen hätte, weil er sich persönlich gefährdet wußte. Daß er in seiner Rede darauf hingewiesen haben soll, wird in den beiden anderen Quellen nicht erwähnt.

Die Schilderungen über den Abschluß der Kundgebung stimmen in zwei Quellen überein. Die erstgenannte und ausführlichste von ihnen enthält die lakonische Bemerkung, die Arbeiter seien in die Betriebe zurückgekehrt. Die beiden anderen halten fest, daß zum Abschluß „Brüder, zur Sonne, zur Freiheit" gesungen wurde. Die Menschen hätten begeistert mitgesungen. Bei der dritten Strophe, in der es heißt „Brüder, in eins nun die Hände,/ Brüder, das Sterben verlacht:/ Ewig der Sklav'rei ein Ende,/

51 Auch in der dritten Quelle finden sich die Worte Kurt Wetzels über den alten sozialdemokratischen Kämpfer nicht wieder. Nüchtern heißt es darin, daß im Anschluß an den „Aufmarsch" 8-10.000 Menschen der Rede Renziehausens zuhörten.

Heilig die letzte Schlacht!“ hätten sich Tausende von Menschen an den Händen gefaßt.[52] Die sowjetischen Truppen waren bereits am Rande des Platzes und in den Nebenstraßen zu sehen. Möglicherweise fühlten sich die Menschen für einen Augeblick aufgehoben in einer verschworenen Gemeinschaft, so daß das Lied nicht die Hoffnung auf eine bessere Zukunft ausdrückte, wie es in der ersten Strophe heißt, sondern den für diesem Moment gültigen Wunsch, tatsächlich kämpfen zu wollen. Vielleicht war es auch nur Selbstvergewisserung und ein Sich-Mutmachen beim Anblick der sowjetischen Truppen.

Derartige Berichte zeigen exemplarisch die noch vorhandene sozialdemokratische Wiederständigkeit. Aufgrund der Kontakte und Kontaktmöglichkeiten des Ostbüros stammten sie in größerer Zahl aus Berlin und seiner unmittelbaren Umgebung. Dabei muß bedacht werden, daß die Situation in der DDR nicht mit der in Berlin zu vergleichen war, wo sozialdemokratische Einflüsse anders – auch unmittelbarer – wirksam wurden.[53] Aufgrund der legalen Existenz der Ost-Berliner SPD waren sozialdemokratische Aktivitäten zwar anderen Bedingungen unterworfen als in der übrigen DDR, konnten aber dennoch dorthin ausgestrahlt haben. Sowohl für das Ostbüro als auch die Stasi bzw. SED wurde in ihnen ein nicht zu unterschätzendes Widerstandspotential sichtbar.

## 7.4 Von Sozialdemokraten und sozialdemokratischen Traditionen

Bei den Fragen, wie und in welcher Form sich Sozialdemokraten am 17. Juni beteiligten, sozialdemokratisches Gedankengut zum Tragen kam und Traditionen sich als lebendig erwiesen, wird man sich kaum an dem Bild orientieren können, das die SED nach außen zeichnete und das sich auf

52 Beide zitieren den Wortlaut der Strophe nicht; bei Renziehausen heißt es wörtlich: „Die dritte Strophe gestaltet sich zu einer machtvollen Demonstration gegen das SED-Regime und für die Einheit Deutschlands, wie sie Rathenow bisher noch nicht erlebte. Etwa 10-12.000 Personen haben sich an den Händen gefaßt und singen laut und begeistert mit.“ In der anderen Quelle lautet es: „Zum Schluß wurde das Lied ‚Brüder zur Sonne, zur Freiheit‘ gesungen. Bei der 3. Strophe hoben sich 10.000 Hände und faßten ineinander zum Schwur gegen das brutale stalinistische System.“

53 Als Beispiel dafür sei auf Aktivitäten von Mitgliedern einer sozialdemokratischen BVG-Gruppe am 17. Juni hingewiesen, die schon früher als UGO-Mitglieder unter Beobachtung der Stasi geraten waren. Sie hatten bereits Anfang der fünfziger Jahre versucht, den FDGB zu unterwandern und die BGL mit eigenen Leuten zu besetzen. Vgl. dazu die ausführliche Schilderung bei Wolle, in: Der Tag X, S. 252 ff. Sie basiert auf Stasi-Unterlagen, der sogenannten Aktion „Morgenröte“. Vgl. BStU, ZA, AS 201/58. Die Beobachtung dieser Sozialdemokraten und UGO-Mitglieder reichte in das Jahr 1951 zurück.

die interne Suche nach den „Hauptschuldigen", Sozialdemokraten und „Agenten des Ostbüros", stützte. Vor allem nach der Niederschlagung des Aufstandes, im Spätsommer und Herbst 1953, wurde diese Suche durch den Einsatz von Instrukteuren intensiviert, die mit entsprechenden Vorgaben über die Erscheinungsformen des „Sozialdemokratismus" arbeiteten.[54] Wie schon Ende der vierziger Jahre wurden die „Schuldigen" gefunden. Gemeint sind nicht diejenigen, die wegen ihrer Beteiligung an Aktionen des 17. Juni verhaftet, verurteilt oder als sogenannte „Rädelsführer" zur Fahndung ausgeschrieben waren. Sondern dies bezieht sich auf den Sozialdemokratismus-Vorwurf als ein innerparteiliches Disziplinierungsinstrument. Erneut gab es Ausschlüsse auch von Mitgliedern, die vor 1933 in der SPD organisiert waren.[55] Wie früher waren es die Kreisleitungen, die unter die Lupe genommen und kritisiert wurden. Und wieder wurde es ein – nicht auf das Jahr 1953 beschränkter – Umstrukturierungsprozeß der SED.[56] Zum Kaderwechsel kamen die Ausschlüsse als Disziplinierungsmittel hinzu. In der zweiten Hälfte des Jahres 1953 und 1954 stiegen sie erkennbar an.[57] Insgesamt wurden 1953 etwa 22.700 Mitglieder (und ca. 4.000 Kandidaten) aus der SED ausgeschlossen; davon waren etwa 1.400 vor 1933 in der KPD und etwa 1.800 in der SPD organisiert gewesen. Damit ist nichts ausgesagt über diejenigen, die erst nach 1945 der SPD beitraten, nichts über deren politische Einstellung und auch nichts über diejenigen SPD/SED-Mitglieder, die über die Jahre hinweg in den Westen geflüchtet waren. Die Gesamtzahl der Ausschlüsse deutet im Hinblick auf die Sozialdemokraten zwar nicht auf ein Massenausschlußverfahren hin, sondern auf einen allmählichen und stetigen Verdrängungsprozeß des sozialdemokratischen Anteils. Dennoch sind sie von einer beträchtlichen Größenordnung. Schaut man sich zusätzlich die Zahl der Austritte für das Jahr 1953 an, so wird man gerade darin ein Protestverhalten von „alten" Sozialdemokraten sehen können.[58]

---

54 Dazu ausführlich die Beschreibungen bei Wolle, in: Der Tag X, S. 246 f., 262 ff.

55 Zu den innerparteilichen Maßnahmen und der Mitgliederentwicklung der SED zwischen 1952 und 1954 vgl. Ilko-Sascha Kowalczuk, „Wir werden siegen, weil uns der große Stalin führt!" Die SED zwischen Zwangsvereinigung und IV. Parteitag, in: Der Tag X, S. 219 ff.

56 Als „Fallbeispiel" dient hierfür wiederum der Kreis Altenburg, der die SED-Führung bereits 1949 beschäftigt hatte. Vgl. ebd., S. 225 ff.; vgl. auch Kapitel 3. Bis Ende 1953 wurden in Altenburg insgesamt 97 Mitglieder und 19 Kandidaten aus der SED ausgeschlossen; davon hatten 10 vor 1933 der KPD und 17 der SPD angehört.

57 Aber auch danach blieben sie, wie Jahresdurchschnittsraten bis zum Mauerbau zeigen, ein wichtiges Disziplinierungsmittel. Zu den Zahlen im einzelnen vgl. Kowalczuk, S. 233 f.

58 Die Gesamtzahl der Austritte lag bei etwa 4.200 (zuzüglich an die 600 Kandidaten). Davon waren vor 1933 organisiert: ca 240 in der KPD und ca. 500 in der SPD. Vgl. ebd. Bis Ende Juli sollen es etwa 1.200 Mitglieder gewesen sein, die ihren Austritt erklärten. Die höchsten Zahlen wurden aus den Bezirken Halle, Leipzig, Dresden, Gera sowie dem

Die während oder bis etwa zum 20. Juni eintreffenden aktuellen Meldungen über die Lage in den Bezirken und Kreisen enthielten freilich Hinweise, die die Annahmen der SED-Führung über das Verhalten von Sozialdemokraten und die Virulenz sozialdemokratischen Gedankengutes bestätigten. Manches mochte auf Gerüchten beruhen, die in einer solchen Situation schnell aufkommen. Ein solches Beispiel wäre die Meldung aus dem Bezirk Magdeburg, daß am Abend des 17. Juni ein Flugzeug Flugblätter mit der Aufschrift „Freiheit der SPD" abgeworfen habe.[59] Zu den im Kern nicht zu bezweifelnden Meldungen gehörten Einzelheiten wie die angeblich organisierten Austritte aus den Massenorganisationen, das Verstreuen von Hunderten von Mitgliedsbüchern auf der Straße, die Forderungen nach Zulassung der SPD oder Äußerungen wie „Wir sind keine SED-Mitglieder, wir sind SPD-Mitglieder".[60] Gleiches gilt für das Singen eines Liedes zum Abschluß einer Kundgebung, sei es das Deutschlandlied wie in Magdeburg, sei es „Brüder, zur Sonne, zur Freiheit" wie in Rathenow, aber auch in Brandenburg oder Schmölln.[61]

Als äußerst „bedenklich" wurde die Lage in Görlitz bezeichnet, einer Stadt demnach, in der besonders viele Flüchtlinge lebten und wo die Oder-Neiße-Grenze in mehrfacher Hinsicht spürbar war.[62] Zu den für die SED alarmierenden Anzeichen gehörte auch, daß sich in Behörden (etwa im Stadtkrankenhaus) und Betrieben Initiativ-Komitees der SPD gebildet hätten.[63]

In der Tat verliefen die Ereignisse in Görlitz in so ausgeprägter Form, daß sie Aufmerksamkeit verdienen.[64] Ähnlich wie andernorts begann der 17. Juni mit Diskussionen in den Betrieben, Protestversammlungen und einem großen Diskussionszug in die Stadtmitte. Demonstranten stürmten

---

Kreis Altenburg gemeldet. Als Hauptargument sei angegeben worden, mit der Politik der Partei nicht einverstanden zu sein. Vgl. SAPMO-BArch IV 2/5/1370.

59 So in einem Stimmungsbericht aus dem Kreis Oschersleben vom 18.6.1953, in: SAPMO-BArch IV 2/5/533. Die Flugblätter seien eingesammelt und der Volkspolizei übergeben worden. Doch niemand scheint dieses Flugzeug gesehen zu haben; hätte es dies gegeben, wäre die Menge der Flugblätter sicher so groß gewesen, daß sie nicht alle hätten sofort eingesammelt werden können. Dennoch mag es diese oder vergleichbare Flugblätter – wie an anderen Orten – gegeben haben. Ungeklärt bleibt, wo sie hergestellt worden sind; denn denkbar ist, daß sie angesichts der nahen Grenze aus dem Westen kamen.

60 Vgl. SAPMO-BArch IV 2/5/530, 534, 543.

61 Vgl. ebd. IV 2/5/532, 535.

62 Otto Grotewohl hatte Görlitz als einen der Schwerpunkte der Ereignisse bezeichnet. Otto Buchwitz hatte mehrfach auf die besonderen Probleme der Stadt hingewiesen, zuletzt noch einmal auf der 15. ZK-Tagung vom Juli 1953.

63 Zu den Meldungen IV 2/5/535.

64 Zum folgenden nach Manfred Hagen, DDR – Juni '53, S. 157 ff.; die besondere Rolle von Görlitz wird auch herausgehoben in: Der Tag X, S. 60. Görlitz gilt darin als Beispiel dafür, wie sich die Auseinandersetzungen in anderen Orten entwickelt hätten, wenn Besatzungsmacht und Sicherheitskräfte der DDR nicht eingegriffen hätten.

die Dienststelle des MfS, andere besetzten und verwüsteten teilweise die Zentralen der FDJ und des FDGB. Parallel dazu kam es zur gewaltsamen Befreiung aller Häftlinge aus den beiden Gefängnissen der Stadt. Bereits am Vormittag, früher als in anderen Städten, gab es eine Großkundgebung, für die ein Mechaniker eine – vermutlich gestohlene – Sprechanlage installierte und diese an den Stadtfunk anschloß, so daß mit der Durchsage von sehr unterschiedlichen Forderungen eine gewisse Öffentlichkeit hergestellt wurde. Wenig später hatte sich ein zwanzigköpfiges Streikkomitee gebildet, das in einem Hotel beriet. Wortführer war ein Architekt, der sich an die noch wartende Menge wandte, zu einer neuen Kundgebung für den frühen Nachmittag aufrief und vor Lynchjustiz warnte. Dort sprach als Streikdelegierter auch der „alte Latt", ein vielen Menschen bekannter und vertrauter Sozialdemokrat, dessen Rede bewegend gewesen sein muß.[65] Er wiederholte noch einmal alle Forderungen und faßte sie so zusammen, daß deren politischer Kern, die Beseitigung des SED-Regimes, deutlich hervortrat. Das Komitee verkündete die Absetzung des Oberbürgermeisters bzw. der Stadtverwaltung und präsentierte deren neue Vertreter. Darüber hinaus stellte es eine „Heimwehr" auf, wie es in den Meldungen an die SED hieß, wohl eine Art Bürger- oder Arbeiterwehr, die unbewaffnet war, aber Armbinden trug und vermutlich Ordnungsdienste leisten sollte.[66] Parallel dazu hatte sich ein SPD-Revolutions- oder Streikkomitee gebildet; auch eine spontan entstandene SPD-Ortsgruppe im Umkreis von Görlitz hat es gegeben. Darüber hinaus sollen auch illegale Zusammenkünfte von CDU-Mitgliedern stattgefunden haben. Wenn demnach Grotewohl von „illegalen SPD-Organisationen" sprach, die es in einigen Städten gegeben habe, so waren in Görlitz Ansätze davon zu sehen. „Görlitz hebt sich aus den Bewegungen in der DDR nicht nur durch den nirgendwo sonst erreichten hohen Grad von Organisation und geregelter Machtübernahme heraus. Hier erwuchs die Führerschaft aus breiter sozialer Basis, und hier treffen wir auf die Belebung noch vorhandener Opposition in den Parteien."[67]

---

65 Gemeint ist Max Latt (Jg. 1884), Sohn von Webern und gelernter Buchdrucker, der aus Oberschlesien stammte. Er war (wie auch seine Söhne) nach 1945 Mitglied der SPD/SED und bis 1951, seinem Rentenalter, Funktionär des FDGB. Obwohl er bis zu seiner Flucht Mitglied der SED war und die Parteiüberprüfung „überstanden" hatte, galt er unter den alten Sozialdemokraten als „treuer Genosse" und war darüber hinaus als „Antistalinist" bekannt. Schon seit 1947 hatte er öffentlich und parteipolitisch nicht mehr auftreten dürfen, weil er sich vehement gegen die Oder-Neiße-Grenze geäußert hatte. Die Verhaftung der Mitglieder des Streikkomitees erfolgte am 18. Juni. Max Latt hatte jedoch rechtzeitig nach West-Berlin flüchten können.

66 Gegen 17 Uhr tauchten die ersten sowjetischen Truppen im Stadtinnern auf; eine halbe Stunde später wurde der Ausnahmezustand verhängt. Nach Berlin erlebte der Raum um Görlitz die massivste Truppenkonzentration während des Aufstandes.

67 Hagen, S. 159.

Das Beispiel von Görlitz kann deutlich machen, in welcher Weise die Behauptungen der SED von der „Gefährlichkeit" sozialdemokratischer Aktivitäten teilweise der Wahrheit entsprachen oder zu relativieren sind. Die spontane Entstehung von SPD-Organisationen und Komitees war Ausdruck von Protest und des Wunsches nach eigenem parteipolitischen Wirken und zeigte die sozialdemokratische Resistenz gegen das SED-Regime. Die zahlenmäßige Größenordnung dieses sich auch organisatorisch manifestierenden Protestes ist bislang unbekannt. Ebensowenig wissen wir etwas darüber, ob es sich um aus der SPD stammende SED-Mitglieder, ausgeschlossene oder ausgetretene Sozialdemokraten handelte. Angaben der SED zufolge hatte die SPD in Görlitz vor 1933 etwa 1.300 Mitglieder, die KPD etwa 400.[68] Für Ende 1945 lauten die Angaben für die SPD 4.700 und nur 1.100 für die KPD. Bis zur Vereinigung stiegen die Zahlen noch einmal an, so daß die SED Anfang Mai 1946 etwas über 7.000 Mitglieder hatte, vermutlich mit einem Übergewicht der ehemaligen Sozialdemokraten. Danach war die Mitgliederentwicklung der SED in Görlitz insgesamt rückläufig. 1954 waren noch etwa 25 % der Mitglieder schon vor 1933 in der KPD oder SPD organisiert; hinzu kämen diejenigen, die erst nach 1945 der SPD beigetreten waren. Freilich sagen alle statistischen Angaben nichts aus über das Verhalten und Ansehen einzelner am 17. Juni, über ihren offenkundig an diesem Tag besonders wichtigen moralischen und politischen Kredit. Dies gilt auch für diejenigen, die nach 1945 keine Parteimitglieder wurden, die aber vor 1933 in der SPD und/oder den Freien Gewerkschaften organisiert waren und die damit durch diese politische und gewerkschaftliche Sozialisation einer nicht-kommunistischen Tradition der Arbeiterbewegung verpflichtet waren.

Ein Beispiel dafür ist der aus Eisenach stammende Walter Kellner (1906–1995).[69] Als ältestes von sieben Geschwistern konnte der Sohn eines Klempners nur die Volksschule besuchen. Im Anschluß daran absolvierte er eine Lehre als Motoren- und Autoschlosser bei den späteren BMW-Werken in Eisenach. Da er aus einem sozialdemokratisch geprägten Elternhaus stammte, wuchs er fast automatisch in die Arbeiterbewegung und ihre Organisationen hinein. Bereits 1921, mit fünfzehn Jahren, wurde er Mitglied des Metallarbeiterverbandes; dem folgte 1924 das Reichsbanner, wo er sich besonders engagierte, und 1927 wurde er Mitglied der SPD.

---

68 Zu den Zahlen vgl. Wolle, in: Der Tag X, S. 266 f.

69 Die folgenden Ausführungen basieren auf mehreren Interviews, die im Februar und März 1992 mit Walter Kellner in Ludwigsfelde geführt wurden.

Mit dem Machtantritt der Nationalsozialisten wurde ihm wegen seiner Aktivitäten im Reichsbanner der Boden in Eisenach „zu heiß“. Da ihm die Lage aussichtslos erschien, wollte er nicht illegal arbeiten, sondern durch einen Ortswechsel „wegtauchen“. Er fand eine Stellung bei den Daimler Benz-Werken im Kreis Teltow. Als Spezialist für die Prüfung und Wartung von Flugzeugmotoren wurde er bald nach Stuttgart versetzt, im Außendienst verwendet, was während des Krieges häufige Ortswechsel, auch den Einsatz in Rußland, nach sich zog. Da er sich politisch nicht mehr betätigte, blieb er weitgehend unbehelligt und mußte seiner Erinnerung nach nur wenig Zugeständnisse machen. Bei Kriegsende war er in Dresden, von wo aus er sich im April 1945 zu seiner Familie nach Ludwigsfelde durchschlug.

Die Sorgen der ersten ein bis zwei Jahre nach Kriegsende galten dem nackten Überleben der Familie, nicht den sich überstürzenden politischen Ereignissen. Obwohl er fürchtete, als Spezialist in die Sowjetunion zu müssen, arbeitete er für die Besatzungsmacht. Seine Fachkenntnisse bei der Reparatur von Motoren wurden erneut dringend benötigt. Von der Wiedergründung der SPD erfuhr er den eigenen Erinnerungen zufolge nichts. Über die Vereinigung von SPD und KPD habe er gehört oder gelesen. Da er sie ablehnte, trat er der SED nicht bei. Als er 1947/48 Arbeit in einem Ludwigsfelder Reparaturbetrieb fand, wurde er Mitglied und Betriebskassierer des FDGB. Auch im Gemeinderat wirkte er zeitweise mit. Der Betrieb wurde nach Kleinmachnow verlegt, und am 17. Juni 1953 arbeitete er dort als Arbeitsvorbereiter. Die Unruhen griffen sofort auf den Betrieb über. Die Arbeiter hätten nicht gewußt, wie sie ihren Unmut und Protest artikulieren sollten. Aufgrund seiner Erfahrungen in der Gewerkschaftsarbeit habe er sich veranlaßt gesehen, eine Resolution für sie zu entwerfen und im Betrieb vorzutragen. An den genauen Inhalt konnte er sich nicht mehr erinnern, es sei jedoch um ein „einheitliches Deutschland“, bessere Versorgung mit Lebensmitteln und die Organisation der Arbeit gegangen. Daraufhin wurde er als „Provokateur“ verhaftet und zu anderthalb Jahren Zuchthaus verurteilt, die er in Rathenow und Neuruppin verbüßen mußte. Wegen guter Führung – sie bestand darin, daß er sich während seiner Einzelhaft mit dem Marxismus-Leninismus beschäftigte – wurde er vorzeitig entlassen. Folgenreicher als die Zuchthausstrafe war seiner Erinnerung zufolge die gleichzeitige Verurteilung zu mehrjährigen Sühnemaßnahmen. Diesem quasi ungeschriebenen Gesetz entsprach ein Maßnahmenkatalog, der einer gesellschaftlichen und beruflichen Ächtung gleichkam. Für Walter Kellner bedeutete dies u. a. Ausschluß aus Verbänden und der Gewerkschaft sowie Aberkennung von Auszeichnungen wie der eines „Aktivisten“ oder „Freundes des Jugend“, was bedeutete, daß er sich nicht mehr wie vorher von Schülern befragen lassen durfte. Wichtigste Folge war, daß er nach der Haftentlassung keine Arbeit bekam und bis zum Mauerbau als „Grenzgänger“ in Westberlin arbeitete. Danach war für ihn eine Übersiedlung in den Westen unmöglich geworden, die er immer wieder erwogen, aber stets verworfen hatte, weil er sich 1945 ein Grundstück mit einem „Häuschen“ gekauft und in all den Jahren selbst ausgebaut hatte. Dies aufzugeben und mit Frau und Kindern noch einmal vor dem Nichts zu stehen, wollte er nicht wagen. Er fand schließlich Arbeit als Schlosser im Rohrleitungsbau, arbeitete jahrelang auf Montage, zumeist bei Tanklagern der NVA, erneut also in der Rüstungsindustrie, in der Spezialisten wie er gebraucht wurden. Seinem Bestreben, stets pflichtbewußt zu sein, entsprach auch, „immer ordentliche Arbeit“ zu leisten. Bis über das Rentenalter hinaus blieb er in diesem Bereich als Baustellenleiter, setzte sich voll für seine Arbeit ein und engagierte sich bis zur Überlastung. Politisch oder gesellschaftlich engagierte er sich nicht mehr. Erst als mit der „Wende“ eine neue SPD entstand, trat er ihr Anfang 1990 sofort bei, hatte er sich doch immer als Sozialdemokrat gefühlt. In der „neuen“ SPD wollte er den Jüngeren mit seinen Erfahrungen aus der Weimarer Zeit beim Aufbau der Parteiorganisation und bei der Parteiarbeit helfen. Doch die „neue“ Partei entsprach nicht seinen Erinnerungen an die Weimarer SPD.

## 7.5 Sozialdemokratische Traditionsgebiete am 17. Juni

Allein die in der SED verbliebenen früheren SPD-Mitglieder reichten der SED aus, die „Gefahren“ des „Sozialdemokratismus“ an die Wand zu malen. Über die Funktionalisierung hinaus konnte dies auch jenen Grad an Beunruhigung und Verunsicherung bedeuten, der in der Unwägbarkeit des Verhaltens und potentiellen Unkontrollierbarkeit des Umfeldes lag, in das diese „Reste“ immer noch eingebettet sein konnten. Gemeint waren insbesondere die ehemaligen sozialdemokratischen „Hochburgen“, die quasi als „Hort“ des „Sozialdemokratismus“ stets im Blick der SED waren. Unabhängig von der Überlegung, ob es die traditionellen sozialdemokratischen Milieus Anfang der fünfziger Jahre in der Form noch gab, daß sozialdemokratische Traditionen fortwirkten, blieb der Kampf gegen sie Ausdruck der Furcht vor ihrer Existenz oder ihrem Wiederaufleben. Nicht nur aus den Reihen der Sozialdemokraten in der SED, sondern aus dem weiteren Umfeld konnten – wie am 17. Juni – einzelne oder Gruppen hervortreten und das artikulieren und formulieren, was viele andere nur dachten.

Beispielhaft dafür können die Ereignisse im ostthüringischen Schmölln sein, das zum Bezirk Leipzig gehörte und als Schwerpunktgebiet der „feindlichen Tätigkeit“ galt, wo im Anschluß an eine „Hetzrede“ das Lied

„Brüder, zur Sonne, zur Freiheit“ gesungen wurde.[70] In Schmölln, einst Zentrum einer bedeutenden Knopfindustrie und sozialdemokratisch geprägt, waren wie überall die ehemals lokal führenden Sozialdemokraten im Zuge der Stalinisierung und Parteiüberprüfung aus allen wichtigen Ämtern und Funktionen entfernt oder herausgedrängt worden. Eine sozialdemokratisch geprägte Führung gab es demnach nicht mehr, und die „einst sozialdemokratische Arbeiterschaft“ schien resigniert oder „lethargisch“ nur ihrer Arbeit nachzugehen, ohne sich parteipolitisch von der SED vereinnahmen lassen zu wollen.[71] Gerade weil die SED über die Jahre hinweg auch dort die kleinsten Regungen von sozialdemokratischem Eigensinn und Widerspruchsgeist fast hysterisch registrierte, dürfen diese als Gesamtphänomen zwar nicht überbewertet werden, können jedoch Indizien für den vereinzelt oder latent vorhandenen Widerspruchsgeist, die Resistenz gegen Formen und Inhalte der ideologischen Indoktrination und für „sozialdemokratische Aufsässigkeit“ sein.[72]

Die Vorgänge des 17. Juni in Schmölln sind denen anderer Orte – etwa Rathenows – vergleichbar. Ausgangspunkt der Streiks war der mit 700 Beschäftigten größte Betrieb, die Präzisionswerkzeugfabrik (PWS), wo im Anschluß an die RIAS-Meldungen erregte Diskussionen einsetzten. Wortführer wurde der damals 32jährige Schleifer Heinz Neumann, der aus Schlesien stammte. Er kam aus einer sozialdemokratischen Familie und war 1945 in einem Nachbarort Schmöllns in die SPD eingetreten. Er hatte für kurze Zeit der Betriebsgewerkschaftsleitung angehört und war 1951 – vermutlich im Zug der Parteiüberprüfung – aus der SED ausgeschlossen worden. Seine Kollegen schätzten und achteten ihn, weil er „immer offen und ehrlich war“, wie er selber sich erinnerte.[73] Auf ihn hörten sie deswegen auch am 17. Juni, und er war es, der den disziplinierten Demonstrationszug in die Innenstadt anführte, dem sich Belegschaften anderer Betriebe, Geschäftsleute und Jugendliche anschlossen. „Na, und dann hab' ich eben ein paar kurze Worte gesprochen: daß wir uns mit den Berliner Bauarbeitern solidarisch erklären und um unsere Lohnforderungen kämpfen usw. und daß wir ehrlichen Arbeiter keinen Unfug machen wollen und nichts anstiften wollen. Wir wollen wieder in unsere Betriebe gehen und

---

70 Vgl. SAPMO-BArch IV 2/5/535. Zu den folgenden Ausführungen über Schmölln nach Tobias Dürr, Schmölln: Die rote Knopfstadt, in: Walter/Dürr/Schmidke (Hrsg.), Die SPD in Sachsen und Thüringen zwischen Hochburg und Diaspora, S. 287 ff.; zu den Ereignissen am 17. Juni vgl. S. 454 ff.

71 Vgl. ebd., S. 453.

72 So gab es beispielsweise noch im März 1953 die Äußerung: „Ich bin nicht für die Russen, denn ich war SPD. Ich bin SPD und bleibe SPD.“ Ebd.

73 Dürr hat 1991 ein Interview mit ihm geführt, das im folgenden nach Dürr, S. 455 f. zitiert wird.

unsere Arbeit wieder aufnehmen, und zum Abschluß singen wir noch das alte Kampflied ‚Brüder zur Sonne, zur Freiheit' und stellen uns die Freiheit vor Augen vor. Und da hat der ganze Markt angestimmt ‚Brüder zur Sonne, zur Freiheit'."[74]

Die Berichte der SED zeigen, daß ihr nicht nur die „Hetzrede" Neumanns, sondern auch das sozialdemokratische Lied „Unbehagen" bereitete, und „daß die Menge ausgerechnet *dieses* Lied anstimmte, traf die Einheitssozialisten tatsächlich an ihrem empfindlichsten Nerv, denn vor nichts fürchteten sie sich gerade in Schmölln mehr als vor einem Wiederaufleben des ‚Sozialdemokratismus'".[75] Hinzu kam in Schmölln, daß neben den allgemein verbreiteten Forderungen die nach Rückkehr zum sozialdemokratischen Organisationsprinzip der ehrenamtlichen Parteiarbeit auftauchte.[76] Möglicherweise verwies beides trotz zwanzigjähriger Diktaturerfahrung auf ein Fortbestehen oder Wiederaufleben von sozialdemokratischen Vorstellungen. Gewiß wird man zwischen den sozialdemokratischen „Unterströmungen" in der Arbeiterschaft und den Vorstellungen oder Erinnerungen ehemaliger Funktionäre unterscheiden müssen.[77] Ob jedoch in der Situation des 17. Juni das öffentliche Singen des alten sozialdemokratischen Liedes ein bewußtes Anknüpfen an die sozialdemokratische Vergangenheit des Ortes oder „angesichts des ideellen Vakuums" eher „Ausdruck einer existentiellen Sehnsucht nach politischer und lebensweltlicher Heimat überhaupt" war, ist nicht ganz klar. Beides muß aber nicht als Gegensatz empfunden werden.[78] Die Versuche, sozialdemokratische Politikvorstellungen in der SED durchzusetzen, waren zwar gescheitert und erstickt worden. Doch die Erinnerung an das sozialdemokratische Gegenbild hatte nicht völlig unterdrückt werden können. Und für den Augenblick eines Tages war dieses Gegenbild mehr als nostalgische Erinnerung. Es war eine – möglicherweise vage – Hoffnung. Angesichts der Bekämpfung des und Verfolgung wegen „Sozialdemokratismus" war es zudem eine offene Provokation und ein Protest gegen die erlebte Form des Sozialismus.

---

74 Ebd., S. 456. Neumann wurde in der Frühe des nächsten Tages verhaftet und blieb drei Wochen in Untersuchungshaft. Anders als in Rathenow gibt es für Schmölln keinen Hinweis auf die emotionalisierende Wirkung der dritten Strophe.

75 Dürr, ebd.

76 Vgl. ebd., S. 458.

77 So Dürr, ebd. Ob die sozialdemokratischen Unterströmungen tatsächlich nur diffus und verwässert vorhanden waren, wie er annimmt, müßte anhand einer differenzierten Analyse der Arbeiterschaft überprüft werden. Schwer zu entscheiden bleibt darüber hinaus, wie einflußreich diejenigen waren, die Erinnerungen und Erfahrungen an frühere Kampfformen in dieser konkreten Situation weitergeben konnten.

78 Vgl. Dürr, S. 459.

Die genannten Beispiele machen deutlich, in welcher Weise Sozialdemokraten an den Ereignissen des 17. Juni beteiligt waren und daß sie mit ihrem Protest das gefürchtete „Gegenmodell SPD" in Erinnerung riefen. Freilich kann dies ebensowenig für *alle* Sozialdemokraten gelten, wie sich am 17. Juni auch nicht das *ganze* Volk erhob. Der Aufstand wurde zudem so schnell im Keim erstickt, daß über die allgemeinen Forderungen nach Sturz der Regierung, freien gesamtdeutschen Wahlen und Zulassung demokratischer Parteien hinaus kaum konkrete Vorstellungen eines Demokratisierungsprozesses hätten entwickelt werden können. Welche Rolle dabei Sozialdemokraten oder eine wiedererstandene Sozialdemokratische Partei hätten spielen können, muß Spekulation bleiben.

Mit Blick auf die Bedeutung der Streikaktionen wird man freilich die Frage nach der Bedeutung von Sozialdemokraten, sozialdemokratischen Forderungen und Traditionen nicht auf die parteipolitische Tradition reduzieren können, sondern die der Freien Gewerkschaften einbeziehen müssen. Wichtig waren nicht allein der gewerkschaftliche und gewerkschaftsbezogene Charakter vieler Forderungen, sondern auch der sozialdemokratische *und* freigewerkschaftliche Tenor, wie er in Parolen und Losungen namentlich in Berlin deutlich wurde.[79] Derartige Tendenzen sind zweifellos aus „Parolen, programmatischen Forderungen und organisatorischen Ansätzen herauszuhören". Anhand von Betriebsstudien könnte weiter untersucht werden, inwieweit derartige Tendenzen tatsächlich in der „Industriearbeiterschaft der Aufstandsgebiete traditionell tief verankert" waren.[80] Die erwähnten Beispiele zeigen, daß Streikführer, Anführer von Demonstrationen und Redner auf zentralen Kundgebungen aus der Sozialdemokratie stammten, daß es personell eine sozialdemokratische und freigewerkschaftliche Kontinuität gab, die es organisatorisch nicht mehr geben konnte.[81]

Die Frage, inwieweit und in welcher nachweisbaren Weise die „Kernschichten der alten gewerkschaftlichen und politischen Arbeiterbewegung" die Ereignisse des 17. Juni beeinflußt haben, ist vorläufig nicht zu beantworten.[82] Bei diesen „Kernschichten" ist zu überlegen, ob sie nicht

79 Vgl. Beier, Wir wollen freie Menschen sein, S. 16.

80 So die Behauptung bei Beier, ebd., S. 48.

81 Vgl. die Beispiele auch bei Fricke, Opposition und Widerstand in der DDR, S. 96 f.; vgl. Armin Mitter, Hochrufe auf den Klassenfeind, in: FAZ vom 17. Juni 1995; Lutz Niethammer kommt anhand seiner in der zweiten Hälfte der achtziger Jahre in der DDR geführten Interviews zu dem Ergebnis, daß in diesen Erinnerungen namentlich erwähnte Streiksprecher meist frühere ortsbekannte Sozialdemokraten gewesen seien. Vgl. Lutz Niethammer, Wir wollen nicht mehr Sklaven sein, Kollegen, reiht euch ein, in: FAZ vom 9. November 1990.

82 Baring meinte unter Bezug auf ein Zitat Willy Brandts aus dem Jahr 1954, dies aufgrund seiner Quellen verneinen zu müssen bzw. nicht belegen zu können. Vgl. Baring,

auch als „Restschicht“ und „Restgruppen“ Erfahrungen tradieren konnten. Erste Untersuchungen über den 17. Juni in einigen traditionellen Zentren der Arbeiterbewegung – Leipzig, Halle und Magdeburg – scheinen für viele Fragen noch keine befriedigende Antwort geben zu können.[83]

Trotz der begrenzten Quellenbasis enthalten diese Lokalstudien weiterführende Aspekte. In Leipzig sollen – nach Einschätzung der SED – am 17. Juni gegen Mittag ca 30–40.000 Menschen auf den Straßen unterwegs gewesen sein, etwa die Hälfte davon Arbeiter. In 81 Betrieben Leipzigs hatten insgesamt 26.993 Beschäftigte (von 168.815), demnach weniger als 20 %, die Arbeit niedergelegt. Aus den bestreikten Betrieben hatten sich zwei Drittel der SED-Mitglieder dem Streik angeschlossen.[84] In den bestreikten Betrieben wurden Streikleitungen gebildet, über deren Zustandekommen, politische und soziale Zusammensetzung die ausgewerteten Parteiakten keine Hinweise enthalten. Sie waren es jedoch, die die Forderungen aufstellten, die Resolutionen verfaßten und diese an die betrieblichen Gewerkschaftsleitungen bzw. die Bezirksverbände der Industriegewerkschften weiterleiteten oder persönlich nach Berlin brachten. Es dominierten die politischen Forderungen nach Sturz der Regierung, freien Wahlen und Einheit Deutschlands.

Bis zum 2. Juli waren 59 sogenannte „Rädelsführer“ inhaftiert worden, von denen 39 als „Arbeiter“ galten. Vier von ihnen stammten aus der SED. Die Angaben beziehen sich nur auf die damals aktuelle, nicht auf eine frühere Parteizugehörigkeit. Auch über die gewerkschaftlichen Bindungen scheint es in diesen Quellen keine Hinweise zu geben. Unter den bis Anfang August verurteilten 143 Personen waren 121 Arbeiter. Auch hier fehlen detaillierte Angaben. Bei den Streikleitungen und „Rädelsführern“

---

S. 80. Freilich ist der Satz, den er aufgreift, nicht vollständig zitiert und damit zumindest mißverständlich. Bei Brandt heißt es anders als bei Baring wörtlich: „Es hat sich herausgestellt, daß Kernschichten der alten politischen und gewerkschaftlichen Arbeiterbewegung die Willensbildung der Massen wesentlich zu beeinflussen vermochten.“ Willy Brandt, Arbeiter und Nation, Berlin 1954, S. 36. Dies zielt nicht so sehr auf die Ereignisse selbst, sondern auf die Frage nach Ansätzen von Steuerung und Kanalisierung in der gegebenen Situation durch möglicherweise auch kleinere Gruppen.

83 So vor allem Heidi Roth, Der 17. Juni 1953 im damaligen Bezirk Leipzig, in: Deutschland Archiv 6, 1991, S. 573-584; Angelika Klein, Die Arbeiterrevolte im Bezirk Halle (Heft 1-3). Hrsg. vom Brandenburger Verein für politische Bildung „Rosa Luxemburg“ e. V., Potsdam 1993; zu Magdeburg vgl. Wolfgang Hillger, Zu sozialdemokratischen Traditionen im 17. Juni, in: Das unverstandene Menetekel – Der 17. Juni 1953. Materialien einer Tagung. Hrsg. vom Brandenburger Verein für politische Bildung „Rosa Luxemburg“ e. V., Potsdam 1993, S. 5-11; Matthias Puhle (Hrsg.), Magdeburg 17. Juni 1953, Magdeburg 1993 (= Magdeburger Museumshefte 2). Bei Hillger handelt es sich eher um Thesen, bei denen nicht deutlich ist, anhand welcher Quellenbasis sie untermauert werden sollen. Die Untersuchungen von Roth und Klein basieren auf der Auswertung von Parteiakten, was eine begrenzte Sichtweise nach sich zieht.

84 Zu diesen Zahlen vgl. Roth, S. 580. Diese Mitglieder werden nicht weiter differenziert.

dominierten die Altersgruppen bis zu 40 Jahren. Nur insgesamt dreizehn waren zwischen 40 und siebzig Jahre alt, in einem Alter demnach, in dem sie Erfahrungen aus der Zeit vor 1933 hätten weitergeben können. Bei den Streikleitungen sollen die – zum damaligen Zeitpunkt – Parteilosen überwogen haben. Bei einigen jedoch scheint es Hinweise auf ihre Erfahrungen in den bis 1948 existierenden Betriebsräten zu geben.[85] Überdies erklärten in der Stadt Leipzig um den 17. Juni herum 73 SED-Mitglieder ihren Austritt (in Altenburg 54), wovon 25 als Arbeiter bezeichnet wurden, ohne daß weitere Differenzierungen bekannt sind. Bis Ende September kamen weitere 81 hinzu, von denen über die Hälfte über 50 Jahre alt war. Auch dies könnte man als spezifische Protestform werten.

Wenn als Bilanz der Untersuchung über Leipzig festgestellt wird, daß in Leipzig und Altenburg „vielfach" die Hoffnung ausgesprochen worden sei, „daß aus freien und demokratischen Wahlen in ganz Deutschland die SPD als wählerstärkste Partei hervorgehen würde", und daß dies dahingehend interpretiert werden könne, daß das „zukünftige Deutschland ein demokratisch-sozialistischer Staat sein sollte", so fehlen Angaben über die Häufigkeit derartiger Äußerungen. Im Kontext der ausgewerteten Daten wirkt das „vielfach" wenig überzeugend.

Auch die Untersuchung über den Bezirk Halle als einem der Streikzentren mit sowohl sozialdemokratischen als auch kommunistischen Traditionen beruht auf der Auswertung von Parteiakten. Die Zusammenstellung der daraus gewonnenen Daten erfolgte nach einem Fragenkatalog mit dreizehn Punkten, wovon einer den „informellen" (sozialdemokratischen) Strukturen, Verbindungen nach West-Berlin oder in die Bundesrepublik gilt, während andere sich auf Losungen oder Forderungen sowie Initiatoren, Organisatoren sowie auf das Zustandekommen und die Zusammensetzung von Streikleitungen beziehen.

Die zusammengetragenen Angaben über die „informellen Strukturen" sind in der vorgelegten Form, d. h. ohne andere Quellen, insgesamt wenig aussagekräftig, weil sie nur die vagen Angaben der Akten über „starke sozialdemokratische Traditionen" widerspiegeln. So heißt es beispielsweise für das Braunkohlenwerk Nachterstedt, daß informelle Strukturen nicht überliefert seien, daß jedoch in der Parteiorganisation der Hauptwerkstatt, einem der Ausgangspunkte für den Streik, die ehemaligen SPD-Mitglieder dominiert hätten. Von den 110 SED-Mitgliedern waren 43, davon 38 schon vor 1933, Mitglied der SPD, nur zwei kamen aus der KPD.[86]

85 Vgl. ebd., S. 581.

86 Klein, Die Arbeiterrevolte im Bezirk Halle, H. 2, S. 9. Die Gesamtbelegschaft betrug 3.124 Personen. Bei 2.261 gab es Personalbögen, die vermutlich von der SED damals ausgewertet wurden. Danach waren nach 1945 32,2 % in der SED organisiert, und 6,2 % gehörten vor 1933 der SPD an. Unklar ist, wie viele nach 1945 in der SPD organisiert

Insbesondere für die Kreise Bernburg, Bitterfeld, Merseburg, Querfurt sowie den Saalkreis, Dessau und die Leuna-Werke wird auf diese „informellen Strukturen“ bzw. ehemals starke und noch vorhandene sozialdemokratische Traditionen verwiesen. Die SED-Akten enthalten vermutlich keine weitergehenden Angaben. Sie beziehen sich u. a. auf die „Tatsache“, daß die SPD vor 1933 stark gewesen sei, auf zeitlich zurückliegende Auseinandersetzungen mit dem „Sozialdemokratismus“ in den Parteiorganisationen, auf einzelne Personen und ihren Einfluß (sozialdemokratische Bürgermeister) sowie in den Leuna-Werken auf das angebliche Wirken von „Agenten des Ostbüros“ und deren Verhaftung im April 1953.[87] Die Akten scheinen jedoch auch die Vermutung zuzulassen, daß die Rolle einzelner Personen gezielt hochgespielt wurde, daß die angeblich starken sozialdemokratischen Traditionen möglicherweise nur den „Sozialdemokratismus“-Übertreibungen geschuldet waren.[88] Dennoch läßt sich ohne weitergehende Quellen nicht feststellen, wie manche Hinweise zu beurteilen sind. So seien vor allem in Bitterfeld am 17. Juni „starke“ sozialdemokratische Traditionen „wiederbelebt“ worden. Als Belege dienten Äußerungen der Zugehörigkeit zur SPD, Verurteilungen von angeblichen „Agenten des Ostbüros“ (aus der Poliklinik Wolfen) zu lebenslänglicher Haft wegen „Sabotageplänen“, vor allem jedoch der Hinweis, daß es beim Rat des Kreises und beim Rat der Stadt ehemalige SPD-Mitglieder gegeben habe, die das Vertrauen des Kreisstreikkomitees gehabt hätten. Dazu habe der kommissarische Bürgermeister von Bitterfeld gehört, der frühere Stadtschulrat Selle, der vom Streikkomitee als Bürgermeister

---

waren und ob sich die Angaben auf die SED-Mitglieder beziehen oder auf die Gesamtbelegschaft. Im Tagebau Königsaue (670 Beschäftigte) waren 19,4 % in der SED organisiert, und 2,4 % waren vor 1933 in der SPD. Auch hier gibt es keinerlei Angaben über die Altersstruktur und eine frühere gewerkschaftliche Zugehörigkeit. Für über 50 % wird jedoch ein Militärverhältnis angegeben, das sich auf die NS-Zeit beziehen dürfte. Vgl. Klein, H. 3, S. 44 f.

87 So waren diesen Angaben zufolge sieben Angehörige der Leuna-Werke unter dem „Verdacht der Spionagetätigkeit für das Ostbüro der SPD und dem RIAS verhaftet“ worden. Sie hätten Flugblätter verteilt. Auch nach dem 17. Juni wurden derartige Verbindungen vermutet, ohne nachgewiesen worden zu sein. Vgl. Klein, H. 2, S. 50.

88 Dies könnte auf Halle zutreffen, wo Verbindungen unter ehemaligen Sozialdemokraten behauptet wurden, die z. T. aus der SED ausgeschlossen worden waren. Erwähnt wurde namentlich Bruno Böttge, der angeblich Verbindungen zu früheren Mitarbeitern und Freunden unterhielt, die teilweise in Westdeutschland lebten. Dies ist unwahrscheinlich, weil Böttge als einer derjenigen, die vehement die Vereinigung betrieben hatten, unter den Sozialdemokraten aus Sachsen-Anhalt nicht unbedingt wohlgelitten war. Dennoch ist denkbar, daß anderen, die in der DDR und in der SED verblieben waren, die Bekanntschaft oder frühere Freundschaft mit ihm nach dem 17. Juni zum Verhängnis wurde, daß sie wegen Sozialdemokratismus aus der SED ausgeschlossen wurden und ihre beruflichen Stellungen verloren. Nähere Angaben dazu fehlen. Vgl. Klein, H. 2, S. 29.

vorgesehen war.[89] Dieses 17köpfige Streikkomitee spielte – den Vorgängen in Görlitz vergleichbar – eine wichtige und „ordnende" Rolle, indem es in einer erregten und angespannten Situation für einen friedlichen Ablauf der Demonstrationen sorgte. Einer der spontan zum Wortführer ausgerufenen und dann zum zweiten Vorsitzenden des Streikkomitees gewählten Personen war der damals 39jährige Elektromechaniker Horst Swoboda, der aus einem sozialdemokratischen Elternhaus stammte. Diese Wahlen und die Ernennung des Bürgermeisters wurden über Lautsprecher übertragen. Während schon die sowjetischen Truppen heranrückten, formulierte das Streikkomitee die erwähnten Forderungen. Es erzwang bei der Post noch deren Absendung als Telegramm an die Regierung in Pankow und eine weitere Depesche an die Besatzungsmacht.

Für die Frage nach der genauen Zusammensetzung dieses und auch anderer Streikkomitees oder Streikleitungen geben die Parteiakten allein zu wenig Auskünfte. Deutlich werden zunächst die Überraschung der Parteiführung, daß in den eigenen – kommunistischen – Traditionsgebieten die Industriearbeiter vornehmlich der Großbetriebe streikten, und die Forderung, daß diese „Massen" zurückgewonnen werden sollten. Zu den im Bezirk die Streiks und Proteste auslösenden Betrieben gehörte neben der Lokomotiven- und Waggonfabrik Ammendorf (Lowa) auch die Schiffswerft Roßlau, wohin Bauarbeiter von Fremdfirmen, die teilweise in West-Berlin wohnten, Nachrichten über die Ereignisse in Berlin gebracht hatten.[90] Einer der Bauarbeiter, der eigenen Angaben zufolge in der Betriebsgewerkschaftsleitung eines Privatbetriebes war, äußerte unter großem Beifall: „Heute ist es wahr geworden, was schon in früheren Zeiten galt: Alle Räder stehen still, wenn Dein starker Arm es will! Wir müssen uns besinnen auf unsere Stärke. Wir sind geknechtet worden, und wie viele kamen nach Bautzen. Die Rote Armee hat uns vom faschistischen Joch befreit, und was kam dann?"[91] Dieses Zitat aus Georg Herweghs „Bundeslied" für den Allgemeinen Deutschen Arbeiterverein (ADAV) scheint mehr als die Lebendigkeit alter Traditionen anzudeuten. Es wirkt wie eine Rückbesinnung auf die Formen der Solidarität, mit denen die sich organisierende Arbeiterbewegung im 19. Jahrhundert Selbstbewußtsein gewann und nach und nach Kraft und Wirkung entfalten konnte.

Die Auswertung der Forderungen, die häufig in der traditionellen Form der Resolutionen abgefaßt waren, zeigt, daß diese zumeist aus der Situation der Betriebe erwuchsen. Durchgehend enthielten sie jedoch auch die

89 Zu diesen Vorgängen in Bitterfeld vgl. auch Hagen, S. 151 f.
90 Vgl. Klein, H. 1, S. 9.
91 Zitiert nach Dokument 17 (Bericht über die Vorfälle in der Roßlauer Schiffswerft), in: Klein, H. 3, S. 26 ff.; das Zitat S. 29.

Forderung nach freien Wahlen und Rücktritt der Regierung.[92] Zwar nicht gleichermaßen durchgängig, aber gehäuft, gehörten Zulassung der SPD und dezidiert gewerkschaftliche Forderungen dazu, vor allem solche, die mit dem Streik, der Anerkennung seiner Rechtmäßigkeit, den Folgen für die Teilnehmer usw. zusammenhingen. Darüber hinausgehend bezogen sie sich auf die Auflösung der Betriebsgewerkschaftsleitungen, die Trennung von Partei und Gewerkschaften sowie die Neuwahl von Gewerkschaftsleitungen von unten nach oben. Neu gewählte Leitungen sollten Verbindung zum DGB aufnehmen, und in kurzer Zeit könne dann die Einheit Deutschlands hergestellt werden.[93] Dies waren Vorstellungen von der demokratischen Funktion der Gewerkschaften, ohne daß deutlich wird, wer sie artikuliert hatte und auf welche Resonanz sie stießen. Die Forderung nach Wiederzulassung der SPD kann in Verbindung mit Parteiaustritten auch im Bezirk Halle als spezifische Protestform gewertet werden, wenn sie in Betrieben gehäuft vorkam.[94] Während des gesamten Jahres 1953 waren 418 Mitglieder aus der SED ausgetreten, davon stammten 30 aus der SPD. Ausgeschlossen wurden 2.423, wovon 167 der SPD zuzurechnen waren.[95] Da auch hier die Daten über die gewerkschaftlichen Bindung fehlen, sind die über die frühere Parteizugehörigkeit allein nicht aussagekräftig genug.

Magdeburg war für die SED-Führung nicht erst seit dem 17. Juni ein Hort des „Sozialdemokratismus". Seit 1945/46, verstärkt dann im Kontext der Entwicklung zur „Partei neuen Typs" und der Parteiüberprüfung, galt Magdeburg als eines seiner Zentren. Dort waren die sozialdemokratischen Traditionen insbesondere der Weimarer Republik mit den herausragenden Leistungen von Stadtverwaltung und Oberbürgermeistern, darunter Ernst Reuter, im Bewußtsein der Sozialdemokraten *und* in der Bevölkerung auch nach zwölf Jahren Nationalsozialismus noch lebendig.[96] Betrof-

92 Namentlich genannt wurde Walter Ulbricht; diese Forderung galt wenig später als äußeres Anzeichen für „Sozialdemokratismus" und fand in Parteiverfahren und Ausschlüssen einen Niederschlag. Nachdem das Politbüro die SED-Bezirksorganisation wegen Versagens gerügt hatte, konzentrierte diese sich auf die Begründung des „Sozialdemokratismus". Er bestand darin, daß in den wichtigsten Kreisen sich die SED-Grundorganisationen der Betriebe an den Streiks beteiligt hatten. Vgl. Klein, H. 1, S. 40.

93 Ebd., S. 25, 31.

94 Im Kaliwerk Friedenshall (Bernburg) waren es 51 Mitglieder, die aus der SED austraten und mehrere Arbeiterparteien forderten, um demokratisch auswählen zu können. Einer erklärte, er habe noch sein altes SPD-Parteibuch, das ihm mehr bedeute als das der SED. In seinem Heimatort würden 75 „Genossen" nur darauf warten, daß die SPD wieder zugelassen werde. Vgl. ebd., S. 40.

95 Vgl. ebd., H. 3, S. 46. Auffallend bei diesen Daten ist, daß in Bitterfeld mehr ehemalige KPD-Mitglieder (25) als ehemalige Sozialdemokraten (19) aus der SED ausgeschlossen wurden.

96 Vgl. Hillger, Zu sozialdemokratischen Traditionen im 17. Juni, S. 6.

fen von dem Verdikt des „Sozialdemokratismus" im Sinn von erzwungener Flucht, Verhaftung und Ausschaltung waren nicht nur diejenigen, die von Anfang an klar erkennbare politische Gegner der Kommunisten und einer Vereinigung der beiden Arbeiterparteien waren, sondern dann auch andere, die, wie etwa Hermann Prübenau, die Vereinigung forciert hatten. Auch in Magdeburg war dieser Prozeß mit „Säuberungs-Aktionen", insbesondere in der Stadtverwaltung und der Sozialversicherung, verbunden. Dennoch hatte noch im November 1952 Alois Pisnik vor dem ZK auffällige Tendenzen des „Sozialdemokratismus" beklagt.[97] Kennzeichen dessen war nicht nur die Tatsache, daß während eines organisierten Berlin-Besuches von 1.000 Menschen Hunderte in den Westen – nicht wenige davon zum Ostbüro der SPD – gegangen waren. Wichtiger war, daß sie offen darüber redeten und dies für sie folgenlos blieb. Noch nicht einmal die informierten Funktionäre hatten sich zu einer Denunziation veranlaßt gesehen. Daraus konnte nicht nur auf ein offenkundig wenig regimefreundliches Klima geschlossen werden, sondern darüber hinausreichend auf noch bestehende oder neu entstehende Solidarstrukturen, die möglicherweise vom alten sozialdemokratischen Milieu beeinflußt waren.

Anfang 1953 wurde dann der aus der KPD stammende Magdeburger Oberbürgermeister Philipp Daub, der den Sozialdemokraten Rudolf Eberhardt abgelöst und die Säuberungen eingeleitet hatte, kritisiert. Sie seien nicht konsequent genug weitergeführt worden.[98] Hintergrund dieser heftigen Kritik an der gesamten Magdeburger Parteiorganisation waren Streiks und kurze Arbeitsniederlegungen im Dezember 1952.[99] Betroffen waren auch die Ernst-Thälmann-Werke, der größte Betrieb im Bezirk Magdeburg, der am 17. Juni zu einem der Streikzentren wurde. Schon bei den Beratungen über diese Dezemberstreiks waren die Schuldzuweisungen eindeutig. Als Ursachen des Protestes galten keineswegs die verfehlte Politik und die verheerenden Folgen des forcierten „Aufbaus des Sozialismus", sondern die Schuld wurde den Funktionären in den Betrieben zugewiesen, die den Arbeitern die Ziele der SED nicht richtig erklärt und vermittelt hätten. Da darüber hinaus Magdeburg von Anfang an als ein „Zentrum der Feindarbeit" angesehen wurde, waren die Ursachen festgelegt. Sie wurden im Januar 1953 noch einmal wiederholt und konnten nach dem 17. Juni mühelos fortgeschrieben werden. Der „Gegner" war in dieser Sicht organisiert, provokatorisch, nutzte die Verärgerung der Arbeiterschaft aus und stützte sich auf Menschen, die der Entwicklung von Staat und Gesellschaft „feindlich" gegenüberstanden. Genannt wurden

97 Vgl. Kapitel 4.

98 Vgl. Hillger, S. 7.

99 Vgl. dazu Magdeburg – 17. Juni 1953, S. 34 ff.

„Elemente", die höhere Dienstgrade in der Wehrmacht innegehabt, der NSDAP oder einer ihrer Gliederungen angehört hatten sowie diejenigen, „die aus unserer Partei ausgeschlossen wurden, die RIAS-Hörer und vorbestrafte Verbrecher sind".[100] Damit sind die ehemaligen Sozialdemokraten nicht gesondert erwähnt, dürften jedoch darin eingeschlossen gewesen sein sein. Des „Sozialdemokratismus" verdächtig waren freilich nicht nur sie, sondern auch die SED-Parteimitglieder, die ein kritisches Wort über die Entwicklung und die konkrete Situation wagten. Auch sie wurden zu Parteifeinden erklärt. Über die Betriebsparteiorganisation des Thälmann-Werkes lautete deshalb das Urteil: „... Das bestehende Parteiaktiv war vollkommen von den Tendenzen des Sozialdemokratismus durchsetzt."[101]

Ein Jahr später ließ Alois Pisnik als SED-Bezirksleiter von Magdeburg Materialien über die Struktur des Bezirkes im Jahr 1953 zusammenstellen.[102] Darin ging es auch um die zahlenmäßige Größenordnung bzw. „Konzentration" von sogenannten „feindlichen Personengruppen", zu denen ehemalige SPD-Mitglieder gerechnet wurden. Für das Ernst-Thälmann-Werk als den wichtigsten Ausgangspunkt der Magdeburger Streik- und Protestbewegung wurden folgende Zahlen genannt: Von etwa 12.000 Beschäftigten wurden 1.750 als SED-Mitglieder und -Kandidaten geführt. Unter den „feindlichen Gruppen" waren neben 531 ehemaligen NSDAP-Angehörigen auch 400 frühere SPD-Mitglieder sowie 30, die aus der SED ausgeschlossen/ausgetreten waren.[103] Damit ist nur die frühere Parteizugehörigkeit erfaßt, nicht hingegen die für die Betriebsebene ebenso oder möglicherweise bedeutendere frühere gewerkschaftliche Bindung. Dies wäre nicht nur auf die ehemaligen SPD-Mitglieder zu beziehen, sondern unter Berücksichtigung weiterer sozialstatistischer Daten auf die Belegschaft insgesamt. Da bislang genauere Daten und biographische Untersuchungen über personelle Kontinuitäten und deren denkbare Ausstrahlungskraft in den Betrieben fehlen, bleiben manche Thesen über „sozialdemokratische Traditionen im 17. Juni" hypothetisch.[104]

---

100 Zitiert nach ebd., S. 36.

101 Ebd.

102 Vgl. die folgenden Daten und Zahlen bei Hillger, S. 5. Zu dem Verlauf der Ereignisse am 17. Juni in Magdeburg vgl. Magdeburg – 17. Juni 1953, S. 37 ff.

103 Als weitere Kategorien werden ehemalige SS-Angehörige erwähnt, Offiziere, leitendes Personal im Krupp-Konzern, Fremdenlegionäre sowie Rückkehrer aus dem Westen. Unklar ist, ob die genannten SPD-Mitglieder zu diesem Zeitpunkt noch SED-Mitglieder waren oder dies eventuell früher gewesen sind.

104 Nur so sind die im folgenden erwähnten Ausführungen von Hillger zu verstehen. Solange die spezifisch sozialdemokratischen und freigewerkschaftlichen Traditionen nicht über genauere biographische und sozialstatistische Daten herausgefiltert worden sind, bleiben sie gegenüber den demokratischen Forderungen und Traditionen, die im 17. Juni gegen den Totalitätsanspruch der SED ansatzweise artikuliert wurden, schwer abgrenzbar.

Dazu gehört etwa die Überlegung, ob und inwieweit die Nutzung des prinzipiell in der DDR-Verfassung von 1949 garantierten Streikrechts in Verbindung mit dem ausgeprägten Solidaritätsgedanken – als Solidarität mit den Berliner Bauarbeitern oder anderen bereits Streikenden – Ausdruck einer solchen sozialdemokratischen und gewerkschaftlichen Tradition ist. Problematisch ist der Versuch, bei den auch in Magdeburg feststellbaren Forderungen nach Freilassung der politischen Gefangenen oder Versuchen zu ihrer gewaltsamen Befreiung nur von den leidvollen Erfahrungen der Sozialdemokraten auszugehen. Zu viele andere waren ebenfalls aus politischen Gründen inhaftiert worden. Ein wichtiger Aspekt ist hingegen der vehemente Protest gegen die Unterordnung der Gewerkschaften unter und ihre enge Anbindung an die SED, was in Forderungen nach ihrer Unabhängigkeit, nach neuen Gewerkschaftsleitungen und Wiederzulassung der Betriebsräte einen deutlichen Ausdruck fand. Wenn darüber hinaus als „charakteristische sozialdemokratische Verhaltensweisen“ die einem „gewissen Legalitätsdenken“ entspringende Gestaltung von Forderungen als Resolutionen oder Eingaben genannt werden[105], so ist dies plausibel und nicht nur durch Magdeburger Beispiele belegbar. Ob jedoch Spontaneität und die Elemente „basisdemokratischen Verhaltens“ aus den „historischen Erfahrungen“ der sozialdemokratischen Strömung der Arbeiterbewegung resultierten, mag bezweifelt werden. Eher ist anhand der Beispiele von am 17. Juni beteiligten Sozialdemokraten und dem Ablauf der Ereignisse an verschiedenen Orten anzunehmen, daß Sozialdemokraten oder sozialdemokratische Traditionen in eine ordnende und lenkende Richtung wirkten, daß darüber hinaus diese Form der Einwirkung ansatzweise zu bekannten oder vertrauten Strukturen vor allem der Gewerkschaftsbewegung hätte führen können. Und diese Strukturen waren wenig basisdemokratisch.

Ohne Zweifel wurden auch in Magdeburg in den Forderungen und Losungen zahlreiche Elemente von sozialdemokratischem Gedankengut, Grundwerten und Traditionen sichtbar. Dies gilt sowohl für die Forderung nach Wiederzulassung der SPD als auch für jene Forderungen, die sich um das Streikrecht und den Schutz der Streikenden drehten sowie für die Kombination von ökonomischen und politischen Forderungen, die den Streiks ansatzweise den Charakter von politischen Massenstreiks verliehen. Der politische Massenstreik gehörte zwar zu dem Arsenal strategischer Überlegungen der sozialdemokratischen und freigewerkschaftlichen Arbeiterbewegung, war jedoch vorwiegend ein Bestandteil der theoretischen Diskussion und flächendeckend und historisch erfolgreich nur ein-

---

105 Vgl. Hillger, S. 9.

mal – im Kapp-Putsch – angewandt worden. Gerade die politischen Forderungen – Wiederzulassung von demokratischen Parteien, Herstellung eines Mehrparteiensystems, freie Wahlen und Wiedervereinigung – waren dezidiert sozialdemokratische Forderungen. Sie entsprachen den Grundwerten der Sozialdemokratie und der Grundüberzeugung von Sozialdemokraten. Aber diese waren es nicht allein, die am 17. Juni dem Verlangen nach Demokratie Ausdruck verliehen und für einen kurzen Augenblick den Führungs- und Machtanspruch der SED infrage stellten.

# 8. Ausschaltung – Verfolgung – Widerstand. Eine Bilanz

Die eingangs zitierte Notiz Wilhelm Piecks über die „Einheit“ als das spezifische Problem der SPD, werde sie dadurch doch ausgeschaltet, ist für die ostzonale Sozialdemokratie zur fatalen Wahrheit geworden. Unter den besonderen Bedingungen der sowjetisch besetzten Zone gelang es, die SPD über die zur „Schicksalsfrage“ stilisierte Einheitsdiskussion einzubinden, in die Defensive zu drängen, faktisch zu spalten, zu vereinnahmen und dann auszuschalten. Diese Ausschaltung zog sich über mehrere Jahre hin, war dann jedoch im wesentlichen bis 1953/54 vollzogen. Die Stufen dieses Prozesses galt es nachzuzeichnen. Aufzuzeigen war, was inhaltlich mit dem verharmlosenden Terminus „Ausschaltung“ zu verbinden ist, wie dies auf verschiedenen Ebenen aussehen konnte und welche Folgen damit für die Sozialdemokraten verbunden waren. Die Handlungsebenen – Führung, mittlere Ebene und Basis – waren dabei nicht in gleicher Weise zu behandeln; das Hauptaugenmerk galt der mittleren Ebene als der tragenden Funktionsebene und Funktionärsschicht, der als Mittlerinstanz zwischen Führung und Basis auch bei der Ausschaltung insofern eine herausragende Rolle zukam, als sie mit besonders viel Repressionen verbunden war.

Auf der ehemaligen Führungsebene der SPD muß man Ausschaltung als zunehmende Einbindung verstehen, was zugleich eine Isolierung von der Basis bedeutete, da die mittlere Ebene bald fehlte. Dies war nicht selten eine Selbsteinbindung, weil bereits auf dem Weg in die Einheitspartei diejenigen in die Führung gelangt waren, die die Vereinigung befürworteten und ihrerseits schon wenig innerparteiliche Opposition gegen diesen Prozeß duldeten. Ungeachtet der Tatsache, daß sie die Vereinigung befürwortet hatten, gingen sie von der Illusion aus, in der SED als Sozialdemokraten weiterexistieren, Einfluß nehmen und politisch handeln zu können. Auch wenn dies angesichts der SED-Struktur und der kommunistischen Dominanz von vornherein nicht zu einer wie auch immer gearteten Fraktionsbildung führen konnte, war in den Jahren bis 1948 zwar kein großer Handlungsspielraum vorhanden, aber – wie die Debatten im Parteivorstand der SED gezeigt haben – dennoch die Möglichkeit gegeben, eigene und bis zu einem gewissen Grad abweichende Meinungen intern zu artikulieren. Diese relative Offenheit fiel in die Zeit der unverkennbaren Krise der SED, deren denkbare Möglichkeiten von den Sozialdemokraten freilich nur begrenzt genutzt wurden; die „Stunden der Wahrheit“ blieben selten. Manche derer, die sie nutzten oder der weiteren Entwicklung der SED nicht folgen mochten, trennten sich von ihr. Doch auch diejenigen, die schwiegen, wurden bald auf politisch einflußlosere Posten abgeschoben und „kaltgestellt“. Einige wenige wurden zwar verhaftet, doch für die meisten war diese Form der Ausschaltung nicht mit massiven Repressionen verbunden.

Nachdem sich Sozialdemokraten auf der Führungsebene das Scheitern des „Experiments“ SED eingestanden hatten, gingen diejenigen, die keine Konsequenzen daraus ziehen wollten, den Weg von der Illusion über die Selbsttäuschung in die Selbstverleugnung. In diesem allmählichen Prozeß, bei dem auch individuell die sozialdemokratische Vergangenheit erst in den Hintergrund gedrängt und dann verleugnet und verleumdet wurde, mußte die Erinnerung an sozialdemokratische Geschichte und Traditionen langsam verblassen. Damit trugen Sozialdemokraten der Führungsebene selbst dazu bei, daß diese Traditionen verschwanden.

Erkennbar anders vollzog sich die Ausschaltung der „mittleren“ Ebene, deren Bedeutung dadurch unterstrichen wird. Es waren diejenigen, die – zumeist in der Weimarer Republik politisch sozialisiert – nach Kriegsende den Aufbau von Partei und Verwaltung lokal und regional maßgeblich getragen hatten, deren Fähigkeiten, Sachkenntnis und Erfahrungen unentbehrlich waren. Ihre Alltagserfahrungen mit dem kommunistischen Machtanspruch und der Besatzungsmacht hatten sie skeptisch bis ablehnend gegenüber der Vereinigung gemacht, der sich die meisten um der Geschlossenheit der Partei willen gleichwohl fügten, nachdem sie sie nicht hatten verhindern können. Die Ausschaltung von Sozialdemokraten vollzog sich auf dieser Ebene in mehreren Stufen und mit unterschiedlichen Methoden, die in ihrer Systematik nicht sogleich erkennbar waren, weil nicht wenige Sozialdemokraten sich aufgrund ihrer zahlenmäßigen Stärke, fachlichen Kompetenz und Dominanz in klassisch sozialdemokratischen Politikbereichen überlegen wähnten.

Schon vor der Vereinigung wurden sie – sofern sie sich kritisch äußerten oder unliebsam auffielen – über das gängige Mittel der Kaderpolitik zurückgedrängt, abgesetzt und versetzt, hoch- und weggelobt, aber auch mit Drohungen, Repressionen und kurzzeitigen Verhaftungen eingeschüchtert. Dies fand seine Fortsetzung nach der Zwangsvereinigung, ergänzt dann durch die Parteischulungen, mit deren Hilfe Sozialdemokraten gefügig gemacht oder als ideologische Gegner gebrandmarkt werden konnten. Ausschaltung über Kaderpolitik bedeutete auch, daß Sozialdemokraten von sich aus dem Druck auszuweichen versuchten, indem sie sich aus der aktiven Parteipolitik auf vermeintlich unpolitische Positionen und Posten zurückzogen. Früh schon wurde damit zugleich die in den

SED-Statuten vereinbarte Parität unterhöhlt, bevor sie offiziell abgeschafft wurde.

In der nächsten Stufe folgte die offene und massive Repression mit der Verhaftung von sozialdemokratischen Gruppen im ganzen Land. Diese Verhaftungswelle setzte ein, noch bevor Otto Grotewohl im Sommer 1948 offiziell den Kampf gegen die Sozialdemokraten eröffnet hatte. Sie hatte ihren Höhepunkt in den Jahren 1948/49 und traf die Ebene der mittleren Parteifunktionäre besonders hart, die im Zuge des Kampfes gegen den „Sozialdemokratismus" zumeist wegen Untergrundarbeit und „Spionage" von sowjetischen Militärtribunalen in geheimen Verfahren zu hohen Freiheitsstrafen verurteilt wurden.

Im Zuge der Stalinisierung und Umwandlung der SED zur „Partei neuen Typs" wurden die Sozialdemokraten dann gleichzeitig über die Parteiwahlen aus den Parteifunktionen entfernt. Wie die Beispiele aus den Kreisen gezeigt haben, geschah dies ebenso systematisch wie flächendeckend auf „kaltem" Wege bereits über die gezielte Zusammensetzung der Delegierten. Wenn die veränderte soziale Zusammensetzung der SED mit dem Argument der stärkeren Berücksichtigung von Frauen und Jugendlichen auch auf den ersten Blick einleuchtend sein mochte, so war genau damit ein gewollter Traditionsbruch verbunden, weil bei beiden Gruppen davon ausgegangen wurde, daß sie wenig traditionelle – sozialdemokratische – Bindungen hatten und leichter in die gewünschte Richtung zu sozialisieren und über Aufstiegschancen einzubinden waren.

Hinzu kam – zeitlich fast parallel bzw. unmittelbar daran anschließend – die Ausschaltung über die Parteiüberprüfungen. Sie betraf die Sozialdemokraten in ihren „klassischen Domänen" von Kommunalpolitik, Sozialversicherungen, Krankenkassen oder Konsumgenossenschaften sowie allen anderen Verwaltungsbereichen. Der Vorwurf des „Sozialdemokratismus" war allgegenwärtig und führte nicht nur zu Parteiausschlüssen, sondern auch zur Entfernung aus den Ämtern, zu Verhaftungen und Verurteilungen. Höhepunkt dafür waren die Jahre 1950/51.

Mit der Ausschaltung der Sozialdemokraten ging stets ein Integrationsangebot an die einfachen Mitglieder einher, an die wenig greifbaren sozialdemokratischen „Massen", die Basis der Mitglieder, für die es kaum sozialstatistische Daten gibt. Ob und in welchem Ausmaß diese Basis oder eine Vielzahl von einfachen Parteimitgliedern dieses Integrationsangebot nutzte, ist an exemplarischen Beispielen nicht zu klären. Ob es andererseits sie waren, die am 17. Juni 1953 dann die Streik- und Protestbewegungen trugen, kann mit der Frage nach den parteipolitischen Bindungen und Traditionen allein nicht beantwortet werden. Doch gerade weil die SED bis zum Schluß die Mischung aus Kampf gegen den „Sozialdemokratismus" und Integrationsangeboten an die Arbeiter oder einfachen ehemaligen SPD-Mitglieder aufrechterhielt, kann davon ausgegangen werden, daß sie ihrer nie sicher war.

Durch die Ausschaltung dieser wichtigen mittleren Ebene und die Einbindung der Führungsebene gelang es, den sozialdemokratischen Gruppenzusammenhalt aufzulösen, die nach der Zwangsvereinigung noch lose vorhandenen „Strukturen" zu zerstören, die früh sichtbare Spaltung durch Angst, Mißtrauen und Entfremdung zu vertiefen. Die den Sozialdemokraten traditionell wichtige Solidargemeinschaft verschwand auch auf diesem Wege, weil sie nicht mehr erlebt und gelebt werden konnte. Das bedeutete freilich nicht, daß sie aus der Erinnerung einzelner verschwand, daß sie nicht tendenziell – wie am 17. Juni sichtbar – noch weiterlebte oder partiell wiederauflebte. Dennoch wird man diese Jahre der massiven Ausschaltung als entscheidend für das Zurückdrängen und Verschwinden der sozialdemokratischen Traditionen ansehen müssen.

Dieser Prozeß verlief keineswegs reibungslos; er traf auf Widerstände, die erst gebrochen werden mußten. Sozialdemokratischer Widerstand war also nie ein zielgerichtetes Handeln zum Sturz der Besatzungsmacht und des von ihr gestützten Systems. Es war vielmehr von Anfang an eine Opposition, bei der die Grenzen zum Widerstand in dem Maße fließend waren, sich überlappten und gegenseitig bedingten, wie Opposition als offene und legale politische Gegnerschaft keine Entfaltungsmöglichkeit hatte.[1] Politische Opposition im Sinn einer politischen Gegnerschaft mit einer klar erkennbaren Abweichung von der herrschenden politischen Linie und deutlichen ideologischen und politischen Alternativkonzepten konnte durch die Möglichkeit ihrer Kriminalisierung jederzeit in Widerstand umschlagen, der im Sinn der Herrschenden von vornherein „illegal" war. Beides provozierte Verfolgung durch das Regime und damit neue Formen von Opposition und Widerstand. Sie wandelten sich und nahmen im Laufe der Jahrzehnte unterschiedliche Formen an, die dann auch von den jeweiligen Freiräumen abhingen, die das Regime – aus zumeist taktischen Gründen – zuließ. Auch die politische Verfolgung hatte vielfältige Formen. Dazu gehörten Ausgrenzung, soziale Ächtung und Berufsverbote, aber auch die Kriminalisierung und strafrechtliche Ahndung von politischer Gesinnung und politischer Gegnerschaft, die sich in Opposition und Widerstand manifestierte, aber auch andere Verhaltensformen einschloß. Unter ebenfalls wechselnden Bedingungen waren dies Proteste, wie sie

1 Zu diesen Unterschieden und der Begrifflichkeit vgl. vor allem Karl Wilhelm Fricke, Opposition und Widerstand in der DDR, Köln 1984; Christoph Kleßmann, Opposition und Dissidenz in der Geschichte der DDR, in: APuZ, B 5/91 vom 25. Januar 1991, S. 52-62; orientiert ist die Diskussion über die Begrifflichkeit vor allem an Martin Broszat u. a. (Hrsg.), Bayern in der NS-Zeit. Herrschaft und Gesellschaft im Konflikt, Bd. 4, München 1981, S. 691 ff.

etwa am 17. Juni deutlich wurden, aber auch Formen der „Resistenz“ oder partiellen gesellschaftlichen Verweigerung gegenüber der Durchsetzung eines umfassenden ideologischen und politischen Herrschaftsanspruchs.[2] Vielfach überschnitten sich die Formen, doch im Kern waren sie alle gegen den Monopolanspruch der SED gerichtet.

Für die Sozialdemokraten begann der Widerstand mit dem Kampf gegen die Zwangsvereinigung. Dabei sind die Grenzen zu dem, was Opposition zu nennen ist, besonders fließend, weil es sich zunächst um eine Frage der innerparteilichen SPD-Opposition zu handeln schien. Dennoch war auch sie bereits Widerstand, weil sie keine Möglichkeiten der freien und legalen Entfaltung hatte. Nach der Fusion mußte sich dieser Widerstand sehr schnell auch „illegaler“ Formen des politischen Kampfes bedienen. Das war insbesondere jede Art von Beziehung oder Kontakten zur West-SPD und deren Ostbüro. Davon nicht zu trennen ist die Verfolgung wegen dieser Kontakte, wegen tatsächlicher oder auch unterstellter Aktivitäten im Sinn der West-SPD. Zu den „illegalen“ Formen des politischen Kampfes gehörten Gruppenbildungen, sei es in konspirativer Absicht oder als lose Gesprächskreise, sei es als erst durch die Verfolgung entstandene Gruppen. Zu nennen sind weiterhin Berichte, Flugblattaktionen und Informationsaustausch bis hin zu den Aktionen am 17. Juni, die Beteiligung an Streiks und Demonstrationen eingeschlossen. Am 17. Juni sind dann noch einmal all die Protestformen sichtbar geworden, deren sich – allerdings nicht nur – Sozialdemokraten bedienten. Das konnten noch einmal Flugblätter sein, aber auch Parolen, Forderungen oder das Singen eines Liedes. Auch die massiven Fluchtbewegungen oder gehäufte Parteiaustritte sind als Protest zu werten. Durchgängig vorhanden waren auch unter den Sozialdemokraten Formen der Resistenz oder gesellschaftlichen Verweigerung: Ablehnung von Funktionen, spontane Verweigerung der Durchführung von Anordnungen, Beharren auf Verfahrensfragen, Ablehnung der Parteischulung, Aufrechterhalten von Freundschaften, Verhaltensweisen bei der Parteiüberprüfung oder deren Verweigerung. Bei manchen dieser Resistenzformen wurde der sozialdemokratische Hintergrund besonders deutlich, weil Sozialdemokraten ihr klares Gegenbild erkennen ließen, sich auf ihre Traditionen beriefen und davon nicht lassen wollten. Insgesamt wird man diese Verweigerung – bis Anfang der fünfziger Jahre jedenfalls – auch als Widerstand gegen die Stalinisierung, gegen die Entwicklung der SED zur „Partei neuen Typs“ verstehen können. Es war

2 Zur Begründung des Begriffes gesellschaftliche Verweigerung anstelle von „Resistenz“ vgl. Richard Löwenthal, Widerstand im totalen Staat, in: Richard Löwenthal/Patrik von zur Mühlen (Hrsg.), Widerstand und Verweigerung in Deutschland 1933 bis 1945, Bonn 1982, S.14.

beides, aktiver Widerstand, der scheitern mußte, und Widerständigkeit, die langfristiger wirkte und schwerer zu ahnden war.

Auch wenn man nicht – wie immer bei Widerstand – von „dem“ Widerstand „der“ Sozialdemokraten wird sprechen können, weil es sich angesichts der Folgen stets um eine einsame und individuelle Entscheidung handelt, sollten doch Beispiele aufgezeigt werden, die charakteristisch auch für andere sind. Deutlich geworden ist, daß niemand die Vorstellung oder Illusion hatte, die Besatzungsmacht oder das von ihr gestützte Regime durch eigenes Handeln oder Verhalten hinwegfegen zu können. Vorherrschend war bis in die fünfziger Jahre hinein jedoch die Annahme, die Besatzungsbedingungen und die Spaltung Deutschlands seien vorübergehender Natur, die in der SBZ und frühen DDR herausgebildeten Strukturen seien in einem wiedervereinigten Gesamtstaat reversibel. Dieser Widerstand war deshalb zunächst der Versuch der Selbstbehauptung, des Bewahrens von Strukturen und Traditionen für einen anderen Wiederaufbau, den der SPD eingeschlossen. Damit korrespondierte das Bemühen, sich auch unter den gegebenen Besatzungsbedingungen sofort an einem Wiederaufbau des zerstörten Deutschland zu beteiligen, Wirtschaft und Verwaltung in Gang zu setzen, der notleidenden Bevölkerung zu helfen. Aus der anfangs selbstverständlichen Kooperationsbereitschaft erwuchs aufgrund von Alltagserfahrungen Widerstand auch gegen die Besatzungsmacht und gegen die als deren Erfüllungsgehilfen angesehenen Kommunisten. Vor allem die Demontagepolitik und die rigorose Erfüllung der Reparationen waren für sie nicht Elemente der zu unterstützenden sowjetischen Deutschlandpolitik, sondern unsinnige Maßnahmen und Ausplünderung, der sie sich auch mit Methoden widersetzten, die in der Sicht der Besatzungsmacht und der herrschenden Kommunisten Sabotage waren. Für sie hingegen war es der Versuch, „Schlimmeres zu verhüten“, solange es irgend tragbar war, sich einer politischen und ökonomischen Entwicklung entgegenzustemmen, die sie jedoch letztlich nicht aufhalten konnten.

Den Begriff „Widerstand“ wollten viele Sozialdemokraten für ihr Handeln, ihre Gegenwehr und ihr Verhalten nicht anwenden, vor allem nicht diejenigen, die damit Erinnerungen an das Dritte Reich verbanden, an ihren eigenen und den Widerstand der Kommunisten. Sie faßten ihn sehr eng im Sinn von konspirativer illegaler Kaderbildung, die sie unter den Bedingungen der Besatzungsherrschaft für unmöglich und viel zu gefährlich hielten. Zudem waren sie nicht selten der Meinung, daß diese Art des Kampfes schon im Dritten Reich zu viele Opfer gekostet hatte, daß sie nicht die gleichen Fehler machen wollten, die sie der opferreichen kommunistischen Widerstandsarbeit anlasteten. Sie glaubten, aus den Erfahrungen der eigenen Widerstandsarbeit im Dritten Reich gelernt zu haben, und knüpften dennoch daran an, mußten sich erneut illegaler Methoden bedienen, die sie freilich zunächst nicht als solche ansahen. Doch in der Sicht ihrer politischen Gegner arbeiteten sie illegal, und diese unterstellten die kommunistische Praxis von illegaler Kader- und Gruppenbildung, die die Sozialdemokraten ablehnten. Schon die Kontakte mit dem Westen waren illegal, galten als Spionage. Die Sozialdemokraten wollten als Gesinnungsfreunde zusammenhalten und wurden in willkürlich zusammengewürfelten Spionagegruppen verurteilt. Es gab konspirative Gruppen, die sich als solche verstanden, und es gab lose Kreise, die sich aus gemeinsamer politischer Arbeit und gleicher Grundhaltung ergeben hatten. Sie wußten voneinander, ohne koordiniert miteinander in Verbindung zu stehen. Häufig hatten sie nur über die Kuriere des Ostbüros Kenntnis voneinander und erfuhren auf diese Weise, daß sie keineswegs isoliert arbeiteten. Dennoch blieb es ein loses Gruppengeflecht, auch wenn der Aufbau eines engmaschigen, über die gesamte Zone gespannten Netzes von Widerstandsgruppen in der Absicht des Ostbüros gelegen hat und die ostzonalen Überwachungsorgane dies ebenfalls so gesehen haben. Doch bis zu den Verhaftungswellen von 1948/49 gab es diese losen Gruppen und Gruppierungen, und sie waren ein Indiz für das breite sozialdemokratische Oppositionspotential, aus dem die Widerstandsaktivitäten hervorgingen.

Die Verhaftungswellen der späten vierziger Jahre erwecken den Anschein, als sei dieser Gruppenwiderstand erst zu diesem Zeitpunkt – der Stalinisierung der SED – entstanden. Doch dies würde verkennen, daß es nur der Höhepunkt einer Entwicklung war, die 1945 einsetzte, und die Sozialdemokraten haben ihren Kampf und ihre „illegale" Arbeit als folgerichtige Fortsetzung dessen verstanden, worum es ihnen seit 1945 ging. Zu dem Zeitpunkt, als die Verhaftungen sich häuften und den sozialdemokratischen Widerstand sichtbar machten, hatten sich die meisten längst die Frage gestellt, ob das, was sie nach 1945 gewollt hatten, noch möglich war, ob sie noch „mitmachen" und widerstehen konnten, ohne vor ihrem Gewissen schuldig zu werden. Der Beantwortung einer solchen Frage, die Flucht in den Westen bedeutete, wurden nicht wenige durch die Verhaftung enthoben, was die beschleunigte Flucht anderer nach sich zog.

Unabhängig davon, ob Sozialdemokraten für kurze Zeit den Einheitsgedanken befürwortet oder heftig bekämpft hatten, waren sie dafür eingetreten, möglichst geschlossen in die SED übernommen zu werden, weil sie nur auf diese Weise ihr Gewicht, zahlenmäßig und politisch, würden in die Waagschale werfen können. Ihr Irrtum, die neue Partei „sozialdemokratisieren" zu können, wird vor dem Hintergrund verständlich, daß die „Einheit" eigentlich nur unter sozialdemokratischem Vorzeichen denkbar sei. Damit war dieser Widerstand zum einen der Versuch, die organisatorische Selbständigkeit zu bewahren, und als dies unter dem Gleichschaltungsdruck unmöglich geworden war, möglichst viel davon in die neue Partei hinüberzuretten und der kommunistischen Dominanz so lange etwas entgegenzusetzen, wie dies bis zur endgültigen Durchsetzung der „Partei neuen Typs" möglich war. Dem diente auch das Beharren auf den eigenen Organisationsprinzipien, deutlich sichtbar an dem heftigen Widerstand gegen die Abschaffung der traditionellen sozialdemokratischen Wohngruppen zugunsten der Betriebsgruppen. Dies war freilich nicht nur das nostalgische Festhalten an eigenen Traditionen und Ausdruck eines anderen Willensbildungsprozesses, sondern diese Organisationsstrukturen waren auch die organisatorische Grundlage für den Zusammenhalt der Sozialdemokraten in der SED. Diesen Kampf verloren sie. Dennoch wollten sie sich nicht „kampflos" beiseite schieben lassen, nicht alle resignieren oder „abhauen". Und kämpfen bedeutete nichts anderes als auszuhalten und zusammenzuhalten, Kontakt mit all den in der engeren Umgebung zu pflegen, die ebenso dachten, mit ihnen zu diskutieren, wie sie die Lage einschätzten. Und die Traditionen, an denen sie festhalten wollten, waren für sie Ausdruck ihres Demokratieverständnisses mit Menschenrechten und Rechtssicherheit, Pluralismus und individueller Freiheit sowie Meinungs- und Informationsfreiheit. Daran wollten sie festhalten, das war für sie das Gegenmodell, das sie den in ihrer Sicht nicht zu Demokraten gewandelten Kommunisten und dem sowjetischen System entgegenstellten. Kämpfen bedeutete freilich auch, für eine „Öffentlichkeit" zu sorgen, die es weder in der Sowjetischen Besatzungszone noch in der DDR gab.

Je deutlicher wurde, daß sie sozialdemokratische Politik in der SED nicht durchsetzen und Politik in ihrem Sinn nicht gestalten konnten, desto wichtiger wurde der Zusammenhalt untereinander. Er mußte dies so lange bleiben, wie sie an eine deutschlandpolitische Änderung, an Wiedervereinigung und eine damit verbundene Wiederzulassung der SPD, Hoffnungen knüpften. Darin wurden sie vom Westen, namentlich vom Ostbüro der SPD, bestärkt. Es war Kurt Schumacher, der dem Ausdruck verlieh und für viele zur Symbolgestalt wurde, der sie in ihrem Widerstands- und Durchhaltewillen bestärkte und sie doch nur noch der Anteilnahme und Solidarität versichern konnte, als die „Massenverhaftungen" deutlich machten, welch hoher Preis mit diesem Kampf verbunden war.

Früh schon hatten Sozialdemokraten Kontakte zu Kurt Schumacher persönlich, zu Parteistellen in West-Berlin und zum späteren Ostbüro gesucht. Deren illegaler Charakter konnte ihnen angesichts des gesamtdeutschen Anspruchs und der gesamtdeutschen Postulate der offiziellen SBZ/DDR-Politik vielfach nicht von vornherein klar sein. Sie wollten über das berichten, was aus ihrer Sicht an Fehlentwicklungen zu beobachten war, wollten auf diese Weise auch an die Öffentlichkeit gehen oder diese herstellen. Aufgrund seiner Aufgabenstellung benötigte das Ostbüro Informationen, und es intensivierte seinerseits die Kontakte zu den Sozialdemokraten in der Sowjetischen Besatzungszone und war über das Kurierwesen zugleich Verbindungsglied zwischen ihnen. Wenn damit Widerstand von außen organisiert und gestützt werden sollte, so konnte dies freilich nur so lange sinnvoll sein, wie von einer baldigen Wiederzulassung der SPD ausgegangen werden konnte, für deren Aufbau die noch als „zuverlässig" geltenden Sozialdemokraten als lose Struktur innerhalb der SED die Voraussetzung waren. Auch die Schwachstellen dieses bald aufgegebenen Kuriersystems waren bald unübersehbar, weil die häufig wenig professionell arbeitenden Kuriere nicht nur sich selbst, sondern auch die Sozialdemokraten in der Sowjetischen Besatzungszone gefährdeten, deren Verhaftung sie zwar letztlich nicht verursachten, aber doch erheblich erleichterten. Dennoch blieben diese Kontakte wichtig, weil sie Ermutigung und Orientierung bedeuteten. Einen ebenso großen Stellenwert hatte das schriftliche Informationsmaterial, auch die Flugblätter und Klebezettel, die in die Sowjetische Besatzungszone bzw. DDR gelangten. Mit ihrer Hilfe konnte eine begrenzte Öffentlichkeit hergestellt werden. Sie sollten den Sozialdemokraten Mut machen, indem sie in knappen Parolen das formulierten, was sie offen nicht sagen konnten, sollten von der Weiterexistenz der Sozialdemokratie zeugen und dies auch der Bevölkerung signalisieren.

Mit den „Massenverhaftungen" und der nicht zuletzt dadurch ausgelösten Fluchtwelle von 1948/49 begann sich jedoch dieser bis dahin vorhandene – wenn auch lose – sozialdemokratische Gruppenzusammenhang aufzulösen. Dennoch waren nicht zuletzt in den ehemaligen Hochburgen und Zentren zahlreiche Sozialdemokraten in Funktionen verblieben. Nach wie vor waren sie in verantwortlichen Positionen in der Verwaltung, in der Kommunalpolitik, in den Arbeitsämtern, Sozialversicherungsstellen oder den Konsumgenossenschaften tätig, traditionellen sozialdemokratischen Domänen demnach. Sie hatten nach – der innerlich abgelehnten – Vereinigung geglaubt, sich auf diesen Posten, umgeben von anderen Sozialdemokraten und eingebettet in ihr traditionelles Milieu, aus der unmittelbaren Parteiarbeit heraushalten zu können, dies teilweise sogar als Rückzugspositionen angesehen. Gestützt auf ihre Sach- und Fachkompetenz, personelle Dominanz in traditionell sozialdemokratischen Politikfeldern und Akzeptanz in der Bevölkerung, bemühten sie sich um eine an der Not der Bevölkerung, den unmittelbaren Notwendigkeiten und sachlichen Erfordernissen und Effizienz orientierte pragmatische Politik. Für sie war dies zugleich demokratische und sozialdemokratische Politik, die sich an den Traditionen und Vorbildern maß, wie sie in der Weimarer

Republik entwickelt worden waren. Dennoch waren auch sie in die SED eingebunden, in der „Einheit“ gefangen. In dem Maße, wie sie sich weigerten, Parteibefehlen oder den Forderungen der Besatzungsmacht Folge zu leisten, sich ihnen widersetzten und in ihren Auswirkungen abzumildern versuchten, wurde dies in der Sicht der Herrschenden zum Widerstand, den sie selbst als solchen nicht empfanden. Obwohl sie nur vereinzelt Kontakte in den Westen hatten und das Ostbüro längst seine Arbeitsweise geändert hatte, wurden ihnen im Kampf gegen den „Sozialdemokratismus“ derartige Verbindungen unterstellt, wurden sie illegalisiert und kriminalisiert. Dies wurde besonders um 1950/51 deutlich, als sie aus den Funktionen entfernt, aus der Partei ausgeschlossen und in Schauprozessen verurteilt wurden.

Die Verhaftungen der Sozialdemokraten in den späten vierziger Jahren waren meist durch die Besatzungsmacht erfolgt, die sie auch in nicht öffentlichen Militärtribunalen wegen „Spionage“ und Untergrundarbeit verurteilte. Das bedeutete auch, daß die Umgebung nicht immer wissen konnte, was mit ihnen passiert war. Häufig waren Sozialdemokraten dann einfach „verschwunden“, sei es, daß sie verhaftet oder auch geflüchtet waren. Nach Gründung der DDR wurde der Kampf anders geführt, sollte der Widerstand von Sozialdemokraten gebrochen werden, indem man das Umfeld miteinbezog. Dort, wo die Sozialdemokratie traditionell stark war, wo Sozialdemokraten noch in zahlreichen Funktionen wirkten und als Integrations- oder Symbolgestalten über ihre engste Umgebung hinaus gelten konnten, wurden einzelne bzw. Gruppen in großangelegten Propagandakampagnen gegen den „Soziademokratismus“ diskrediert. Im Vordergrund standen deshalb auch nicht ein stets geleugneter politischer Widerstand und das unübersehbare Oppositionspotential, sondern die Konstruktion von den „demokratischen Aufbau der Wirtschaft“ sabotierenden Wirtschaftsverbrechen, die ihren sichtbarsten Ausdruck in den – immer nach dem gleichen Muster inszenierten – Schauprozessen fanden, in denen Sozialdemokraten zu allerdings unterschiedlich langen Haftstrafen verurteilt wurden.

Auch wenn diese Prozesse keineswegs den gewünschten diskreditierenden Effekt hatten, was auch durch unliebsame Aufmerksamkeit und gefürchtete Popularität vermeidende Geheimprozesse bestätigt wird, hatten sie dennoch eine einschüchternde Wirkung. Durch das Herausbrechen von einzelnen bzw. von Gruppen aus dem bisherigen Solidarzusammenhang wurde nicht nur der Prozeß der Isolierung und Vereinzelung vorangetrieben, sondern auch der Widerstandswillen der bisherigen Umgebung geschwächt, wenn nicht gar gebrochen. Auch dies förderte – in der Kombination von Angst, Mißtrauen und Entfremdung zusammen mit den nicht zu vergessenden Fluchtbewegungen – die Auflösung von sozialdemokratischen Gruppenzusammenhängen, einer Solidargemeinschaft, die konkret nicht mehr gelebt werden konnte, die allmählich zur Erinnerung wurde.

Daß freilich diese Erinnerung noch nicht ganz verschwunden war, wurde immer wieder in Protesten einzelner und kleinerer Gruppen deutlich, die häufig symbolhaft verkürzt und in Parolen zugespitzt zeigten, daß Sozialdemokraten an ihrem Gegenmodell SPD festhalten, sich der Überformung durch die SED entziehen wollten. Weithin sichtbar wurde dies noch einmal am 17. Juni 1953. Denkt man allein an die große Zahl der geflüchteten und zu diesem Zeitpunkt bereits und noch inhaftierten Sozialdemokraten, konnten Sozialdemokraten freilich nicht die Rolle spielen, die ihnen die SED-Propaganda zuwies. Dennoch zeigten die Forderungen, Losungen, Parolen und Lieder, daß sozialdemokratische Traditionen noch nicht in Vergessenheit geraten waren oder spontan wiederauflebten, daß Sozialdemokraten darüber hinaus an den Streiks und Demonstrationen führend beteiligt waren. Führend heißt nicht, daß sie Streiks oder Proteste initiierten, bedeutete aber – soweit ersichtlich –, daß sie häufig Forderungen bündelten und aufgrund ihrer parteipolitischen oder gewerkschaftlichen Sozialisation bereit waren, in der gegebenen Situation Verantwortung zu übernehmen. Ihre offensichtlich unbestrittene Integrität verlieh ihnen Autorität und wies ihnen damit eine Rolle zu, der sie sich nicht entzogen. In der Regel scheinen sie diese Rolle und ihre Autorität dazu genutzt zu haben, Demonstrationen und Proteste zu kanalisieren, sie angesichts der Spontaneität des Aufstandes in „geordnete Bahnen" zu lenken, um Ausschreitungen zu vermeiden.

Auch nach der Niederschlagung des Aufstandes vom 17. Juni, der neuerlichen Verhaftung und Flucht zahlreicher Sozialdemokraten gab es Widerstand. Er konnte freilich kaum noch in das weiter aufgelöste sozialdemokratische Umfeld eingebettet sein, in das Gruppengeflecht, das – abgesehen von Berlin – weitgehend zerstört war. Auch als Kontakt mit dem Ostbüro wurde er zur mutigen Tat von einzelnen oder kleinen Gruppen. Als Gruppen waren die Sozialdemokraten bis Anfang der fünfziger Jahre ausgeschaltet worden, ihr Widerstand hatte weitgehend gebrochen werden können. Der Preis, den sie dafür, für ihren Gruppenzusammenhalt und für ihr Handeln im sozialdemokratischen Sinn, hatten zahlen müssen, war hoch, wie – unabhängig von der erzwungenen Flucht ungezählter Sozialdemokraten – allein die Verurteilungen durch die sowjetischen Militärtribunale und DDR-Gerichte zeigen. Ob dieser Widerstand vergeblich war und diesen hohen Preis von langjährigen Haftstrafen, gesundheitlichen und nicht zu unterschätzenden psychischen Spätfolgen rechtfertigte, können nur die Betroffenen selbst entscheiden.

Diejenigen, die in dem in dieser Arbeit untersuchten Zeitraum verurteilt worden waren, erlangten zumeist erst Mitte der fünfziger Jahre ihre Freiheit wieder. Viele von ihnen wurden in den Westen entlassen oder flüchteten nach der Haftentlassung, andere blieben in der DDR. Im Westen kamen die ehemaligen politischen Häftlinge aus der SBZ/DDR in eine Gesellschaft, die sich im Wirtschaftswunder einzurichten begann, und in eine Partei, die sich nach und nach von den harten und konfrontativen Positionen Kurt Schumachers löste und über die Entspannungspolitik nach anderen Wegen zur Überwindung der Spaltung Deutschlands suchte. Die Opfer, die sie nach ihrer Sicht für „ihre" Partei gebracht hatten, mochten zwar nicht ganz in Vergessenheit geraten sein, fanden freilich immer weniger die Anerkennung, auf die sie gehofft hatten. Das Bemühen, ihre Erfahrungen des im nachhinein und lange vergeblich erscheinenden Kampfes und der Verfolgung zu vermitteln, stieß in einer Gesellschaft ohne konkrete Diktaturerfahrungen auf zunehmende Unkenntnis. Desinteresse kam in dem Maß hinzu, wie dieser Widerstand und vor allem die Verfolgung nicht mehr als Strukturmerkmale einer Diktatur galten, sondern als bedauerliche Erscheinungen einer überwundenen Phase des Stalinismus zugeordnet wurden, wie die DDR und der Kommunismus als reformfähig galten.

Für diejenigen, die in der DDR blieben, begann ein jahrzehntelanges Schweigen über Erfahrungen, die nicht hatten sein dürfen und nicht hatten sein können, ein Schweigen, das erst nach 1990 gebrochen werden konnte. Für viele kam dies ebenso zu spät wie die auch juristische Rehabilitierung, die ein nur geringes und doch wichtiges Äquivalent ist für die politischen, moralischen, physischen, psychischen, beruflichen und sozialen Folgen des erlittenen Unrechts. Dies gilt nicht nur für jene, die aus unterschiedlichen Gründen in der DDR blieben. Doch gerade für sie und für alle, die in der DDR einer weniger massiven Verfolgung ausgesetzt waren und sich nach wie vor als Sozialdemokraten fühlten, begann eine individuelle Gratwanderung zwischen notwendigen Unterwerfungsritualen, sozialer Anpassung an das System und Wahrung der persönlichen Integrität. Erleichtert werden konnte Sozialdemokraten dieser komplizierte Prozeß durch ihre Facharbeitertradition, durch eine Ausbildung, die sie unentbehrlich machte und ihnen bei Verzicht auf politische Betätigung zu einem begrenzten sozialen Aufstieg und sozialer Integration verhalf. Durch und mit dem Stolz auf diese Tradition konnten sie sich ein persönliches Stück sozialdemokratischer Identität bewahren, an ihrer sozialdemokratischen Sozialisation festhalten. Gleichzeitig jedoch mußte die sozialdemokratische Tradition zur Erinnerung an die verlorene Solidargemeinschaft werden, zur Reminiszenz an die Weimarer SPD und ihre Vorfeldorganisationen, der die Gegenwart auch nach 1990 nicht mehr entsprechen konnte. Die politischen und strukturellen Veränderungen der West-SPD hatten sie trotz Massenmedien nicht nachvollziehen können, und die 1990 gegründete neue Sozialdemokratische Partei war keine Anknüpfung an Weimarer Traditionen. Beides war nicht die Welt, an die sie sich erinnerten und die sie wiederhaben wollten.

Ein Wiederanknüpfen an diese alten Traditionen war nicht möglich. Die Sozialdemokraten waren ausgeschaltet worden, das für sie wichtige Gruppengeflecht, ihr Gruppenzusammenhang, war bis Anfang der fünfziger Jahre zerstört worden, auch wenn es später noch Sozialdemokraten in der DDR und in der SED gegeben hat. Ihr früher Widerstand muß zum Bestandteil demokratischer Traditionen werden, die sich erst dann bewähren, wenn Menschen auch unter hoffnungslos erscheinenden diktatorischen Bedingungen für Freiheit und Rechtsstaatlichkeit eintreten.

# Anhang

# Quellen- und Literaturverzeichnis

## 1. Archivalische Quellen

*Archiv der sozialen Demokratie der Friedrich-Ebert-Stiftung, Bonn (AdsD)*

NL Brill

NL Gniffke

NL Trabalski

Bestand Ostbüro

Erinnerungen: Albert Schulz, Gerhard Börner, Karl Dilßner

Interviewprotokolle:
u. a. Günter Bruschwitz
Wilfred Busch
Rudi Dux
Fritz Drescher
Curt Eckhardt
Hans Hermsdorf
Klaus Jelonneck
Rudolf Paul
Hermann Polenz
Arno Wend
Albert Wesemeyer
Adam Wolfram

*Stiftung Archiv der Parteien und Massenorganisationen der DDR im Bundesarchiv, Berlin (SAPMO-BArch)*

ZPA I 3/13/44
ZPA II 1/1
ZPA II 2/1-33
ZPA II 145/87
ZPA II 3/1/1-2
ZPA II 3/2/1-2
ZPA II 3/4/1
ZPA II 3/5/1-3
ZPA II 3/7/1
ZPA II 3/8/1-6

ZPA V G 125/1
ZPA V G 127/1

Stenographische Niederschriften über die Sitzungen/Tagungen des Parteivorstandes/ZK der SED aus den Jahren 1946–1956
ZPA IV 2/1/1 bis IV 2/1/161

Stenographische Niederschrift der Sitzung des erweiterten Zentralsekretariats, 7. August 1946
ZPA IV 2/2. 1/22

Bestand: SED, ZK, Parteiorgane
IV 2/5/2
IV 2/5/4
IV 2/5/30-32
IV 2/5/218-222
IV 2/5/530-543
IV 2/5/1089-1186
IV 2/5/1192-1196
IV 2/5/1367-1376
IV 2/1650
IV 2/5/4970-4975

IV 2/9.02/44, 163

IV 2/12/122

IV 2/13/402-404, 419

Nachlässe

| | |
|---|---|
| NL 36 | Wilhelm Pieck |
| NL 72 | Franz Dahlem |
| NL 88 | Heinrich Deist |
| NL 90 | Otto Grotewohl |
| NL 95 | Otto Buchwitz |
| NL 101 | Max Fechner |
| NL 103 | Gottfried Grünberg |
| NL 145 | Käthe Kern |
| NL 182 | Walter Ulbricht |

Erinnerungen

| | |
|---|---|
| EA 1291 | Anton Ackermann |
| EA 1391 | Werner Bruschke |
| EA 0177 | Friedrich Ebert |
| EA 1274 | Max Fechner |
| EA 0240 | August Friedel |
| EA 1786 | Alexandr Kotikow |
| EA 0647 | Erich Mückenberger |
| EA 1589 | Hermann Prübenau |
| EA 1307 | Karl Steinhoff |

*Schriftliche und mündliche Mitteilungen, Erinnerungen, Interviewprotokolle im Besitz der Verfasserin*
Emma Baumann
Siegfried Berger
Karl Dilßner
Walter Kellner
Willi Köhler
Rudolf Wehrstedt

*Bundesbeauftragter für die Unterlagen des Staatssicherheitsdienstes der ehemaligen DDR, Berlin (BStU)*
MfS AS 35/62
MfS AS 40/67
MfS AS 79/54
MfS AS 185/67
MfS AS 201/59
MfS AS 313/66
MfS AS 314/66
MfS AS 315/66
MfS AS 330/67
MfS AS 403/67
MfS AS 595/66
MfS AS 713/66
DA Nr. 4/52 und Nr. 29/53
MfS JHS Tgb.-Nr. 201/57 und 202/57
MfS JHS Tgb.-Nr. 310/58 und 316/58
MfS JHS 21149/1
MfS JHS 23711
MfS JHS 23806
MfS JHS 23808
MfS JHS 23970

## 2. Literatur


Albrecht, Willy (Hrsg.), Kurt Schumacher. Reden Schriften, Korrespondenzen 1945–1952, Berlin, Bonn 1985.

Badstübner, Rolf, „Beratungen“ bei J. W. Stalin. Neue Dokumente, in: Utopie kreativ, 7, 1991, S. 99-102.

Badstübner, Rolf, Fehlerkritik ja, „aber so präzis wie möglich“, in: Utopie kreativ, 15, 1991, S. 20-23.

Badstübner, Rolf, Zum Problem der historischen Alternativen im ersten Nachkriegsjahrzehnt. Neue Quellen zur Deutschlandpolitik von KPdSU und SED, in: BzG 33 (1991), S. 579-592.

Badstübner, Rolf/Wilfried Loth (Hrsg.), Wilhelm Pieck. Aufzeichnungen zur Deutschlandpolitik 1945–1953, Berlin 1994.

Bahr, Egon, Zwangsvereinigung. Zur Erinnerung an den April 1946 und die Gründung der SED, in: Neue Gesellschaft/Frankfurter Hefte, 33, 1986, S. 9-25.

Bärwald, Helmut, Das Ostbüro der SPD, Krefeld 1991.

Baring, Arnulf, Der 17. Juni 1953, 2. Aufl., Stuttgart 1983.

Bechler, Margret/Stalmann, Mine, Warten auf Antwort. Ein deutsches Schicksal, Berlin 1984.

Becht, Ludwig, Otto Grotewohl in der Gründungsphase der SED. Zur Geschichte des Zentralausschusses der SPD (Mai 1945 bis Februar 1946), Magisterarbeit, Frankfurt am Main 1979.

Beier, Gerhard/Köbele, Bruno (Hrsg.), Wir wollen freie Menschen sein, Frankfurt a. M. 1993.

Benser, Günter, Antifa-Ausschüsse – Staatsorgane – Parteiorganisation, in: ZfG 16 (1978), H. 9, S. 795-802.
Benser, Günter, Quellenveröffentlichungen ja, doch so präzis wie möglich. Einwände gegen Interpretationen von „Stalins Direktiven an KPD und SED“, in: Utopie kreativ, 11, 1991, S. 101-107.
Benser, Günter, Die KPD im Jahre der Befreiung. Vorbereitung und Aufbau der legalen kommunistischen Massenpartei (Jahreswende 1944/45 bis Herbst 1945), Berlin (Ost) 1985.
Bensing, Manfred, Führende Kraft des demokratischen Neuaufbaus. Über die Formierung und beschleunigte Entwicklung der SED als marxistisch-leninistische Partei im Ringen um die antifaschistisch-demokratische Umwälzung und die Macht der Arbeiterklasse im Bezirk Leipzig 1946–49, Leipzig 1985.
Bensing, Manfred, In revolutionärem Kampf geschmiedet. Über das Ringen um die Aktionseinheit der Arbeiterklasse und die Vereinigung von KPD und SPD zur SED im Bezirk Leipzig 1945/46. Hrsg. von der Kommission zur Erforschung der Geschichte der örtlichen Arbeiterbewegung bei der Bezirksleitung Leipzig der SED in Zusammenarbeit mit der Sektion Geschichte der Karl-Marx-Universität Leipzig, Leipzig 1978.
Bohl, Friedrich/Kraus, Rudolf, SPD und SED. Die politischen Verstrickungen der SPD in die SED-Diktatur. Hrsg. von der CDU/CSU-Fraktion im Deutschen Bundestag, o. O., o. J. [Bonn 1990].
Bordihn, Peter, Bittere Jahre am Polarkreis. Als Sozialdemokrat in Stalins Lagern, Berlin 1990.
Borsdorf, Ulrich/Niethammer, Lutz (Hrsg.), Zwischen Befreiung und Besetzung. Analyse des US-Geheimdienstes über Positionen und Strukturen deutscher Politik 1945, Wuppertal 1976.
Bouvier, Beatrix W., Antifaschistische Zusammenarbeit, Selbständigkeitsanspruch und Vereinigungstendenz. Die Rolle der Sozialdemokratie beim administrativen und parteipolitischen Aufbau in der sowjetischen Besatzungszone auf regionaler und lokaler Ebene, in: Archiv für Sozialgeschichte, XVI, 1976, S. 417-468.
Bouvier, Beatrix/Schulz, Horst-Peter (Hrsg.), „... die SPD aber aufgehört hat zu existieren.“ Sozialdemokraten unter sowjetischer Besatzung, Bonn 1991.
Bradter, Hiltrud, Zur Rolle und Funktion des Sozialdemokratismus, in: Wissenschaftliche Zeitschrift der Universität Jena, 20, 1971, 6, S. 141-154.
Brandt, Willy, Arbeiter und Nation, Berlin 1954.
Braun, Günter, Determinanten der Wahlentscheidungen in der sowjetischen Besatzungszone 1946. Problemskizze, in: Deutsche Studien, XXIV (1986), Nr. 96, S. 341-357.
Braun, Günter, Die SED-Kreisleitung Altenburg und die „Genossen in Uniform“. Eine lokalhistorische Skizze zum Verhältnis zwischen SED und SMAD in einem traditionellen Zentrum der deutschen Arbeiterbewegung, in: Sozialismus und Kommunismus im Wandel, S. 352-377.
Brill, Hermann, Gegen den Strom, in: Wege zum Sozialismus, H. 1, Offenbach 1946.
Broszat, Martin u. a. (Hrsg.), Bayern in der NS-Zeit. Herrschaft und Gesellschaft im Konflikt, Bd. 4, München 1981.

Broszat, Martin/Weber, Hermann (Hrsg.), SBZ-Handbuch. Staatliche Verwaltungen, Parteien, gesellschaftliche Organisationen und ihre Führungskräfte in der Sowjetischen Besatzungszone Deutschlands 1945-1949, München 1990.

Brundert, Willi, Es begann im Theater ... „Volksjustiz“ hinter dem Eisernen Vorhang, Berlin/Hannover 1958.

Brundert, Willi, Spiegelbild deutschen Schicksals. Ein Lebensweg, Hannover 1964.

Brundert, Willi, Von Weimar bis heute, Hannover 1965.

Bruschke, Werner, Für das Recht der Klasse – für die Macht der Arbeiter und Bauern, Halle 1981.

Buchstein, Hubertus, Demokratieverständnis und Wissenschaftskonzeption sozialdemokratischer Nachkriegspolitologien in Berlin, Diss., Berlin 1990.

Buchwitz, Otto, Brüder in eins nun die Hände, Berlin (DDR) 1956.

Buschfort, Wolfgang, Das Ostbüro der SPD 1946–1981, in: Aus Politik und Zeitgeschichte, 1992, B 21, S. 23-32.

Buschfort, Wolfgang, Das Ostbüro der SPD. Von der Gründung bis zur Berlin-Krise, München 1991 (= Schriftenreihe der VfZ, Bd. 63).

Buschfort, Wolfgang, Gefoltert und geschlagen, in: Günther Scholz (Hrsg.), Verfolgt – verhaftet – verurteilt. Demokraten im Widerstand gegen die rote Diktatur. Fakten und Beispiele, Berlin/Bonn 1990, S. 58-68.

Caracciolo, Lucio, Alba di Guerra Fredda. All' origine delle due Germanie, Rom 1986.

Caracciolo, Lucio, Communistes contre sociaux-démocrates: la liquidation du SPD dans la zone d'occupation soviétique (1945–1946), in: Communisme (Paris), 24/25, 1989/90, S. 36-48.

Caracciolo, Lucio, Grotewohls Positionen im Vereinigungsprozeß (1945–1946), in: Einheitsfront – Einheitspartei, S. 76-107.

Caracciolo, Lucio, Der Untergang der Sozialdemokratie in der Sowjetischen Besatzungszone. Otto Grotewohl und die „Einheit der Arbeiterklasse“ 1945/46, in: Vierteljahrshefte für Zeitgeschichte, Jg. 36, 1988, 2, S. 281-318.

Conquest, Robert, Der Große Terror. Sowjetunion 1934–1938, München 1992.

Dahrendorf, Gustav, Die Zwangsvereinigung der Kommunistischen und der Sozialdemokratischen Partei in der russischen Zone, in: ders., Der Mensch, das Maß aller Dinge. Reden und Schriften zur deutschen Politik 1945–1954, Hamburg 1955.

Deutsch, Karl W., Politische Kybernetik, Freiburg 1969.

Deutschland, Heinz, Theodor Leipart zur Einheit der Arbeiterbewegung 1945–1947, in: Beiträge zur Geschichte der Arbeiterbewegung, 29, 1987, 3, S. 350-362.

Diedrich, Torsten, Der 17. Juni 1953 in der DDR. Bewaffnete Gewalt gegen das Volk, Berlin 1991.

Ding Qing, Reformgeschichte der SED. Die evolutionäre Umwandlung der Führungsrolle der SED in der DDR (1945–1971), München 1990.

Dokumente der Sozialistischen Einheitspartei Deutschlands, Bd. II, Berlin (Ost) 1952.

Dokumente und Materialien zur Geschichte der deutschen Arbeiterbewegung, hrsg. vom IML beim ZK der SED, Reihe III, Bd. 1 (Mai 1945-April 1946), Berlin (Ost) 1959.

Dokumente zur Geschichte der kommunistischen Bewegung in Deutschland. Reihe 1945/46, Bd. 1: Protokolle des Sekretariats des Zentralkomitees der KPD, Juli 1945 bis April 1946, bearb. von Günter Benser u. Hans-Joachim Krusch unter Mitarb. v. Hans Meusel, München u. a. 1993.

Eckert, Detlef, Die Liquidierung der SED als Einheitspartei. Zu den Veränderungen in Organisation und Personalstruktur im Jahr 1949, in: Elke Scherstjanoi (Hrsg.), „Provisorium für längstens ein Jahr“, S. 285-292.

Eggerath, Werner, Die fröhliche Beichte. Ein Jahr meines Lebens, Berlin (Ost) 1981.

Einheit oder Freiheit? Zum 40. Jahrestag der Gründung der SED. Methodisch-didaktisch aufbereitete Materialien für die schulische und außerschulische Bildungsarbeit, zusammengestellt anhand der Protokolle und Unterlagen eines Seminars der Abteilung politische Bildung der Friedrich-Ebert-Stiftung im September 1985 in der Gustav-Heinemann-Akademie/Freudenberg, Bonn 1986.

Einheitsdrang oder Zwangsvereinigung? Die Sechziger Konferenzen von KPD und SPD 1945 und 1946. Mit einer Einführung von Hans-Joachim Krusch und Andreas Malycha, Berlin 1990.

Einheitsdrang oder Zwangsvereinigung? Dokumentation, zusammengestellt von Andreas Malycha und Reiner Zilkenat, hrsg. vom podium progressiv, Berlin 1990.

Einheitsfront – Einheitspartei. Kommunisten und Sozialdemokraten in Ost- und Westeuropa 1944–1948, hrsg. von Dietrich Staritz und Hermann Weber, Köln 1989.

Eisert, Wolfgang, Die Waldheimer Prozesse. Der stalinistische Terror 1950. Ein dunkles Kapitel der DDR-Justiz, Esslingen, München 1993.

Elsenhans, Hartmut/Jänicke, Martin (Hrsg.), Innere Systemkrisen der Gegenwart, Reinbek 1975.

Engelmann, Horst, Die Vereinigung von KPD und SPD zur Sozialistischen Einheitspartei Deutschlands und der Kampf um den weiteren Ausbau der Machtposition der Arbeiterklasse, in: Der antifaschistisch-demokratische Neuaufbau und die Schaffung der revolutionären Einheit der Arbeiterklasse in Dessau. Geschichtskonferenz der Kreisleitung Dessau der SED aus Anlaß des 40. Jahrestages der Vereinigung von KPD und SPD zur Gründung der SED, Dessau 1986, S. 7-24.

Erler, Peter/Laude, Horst/Wilke, Manfred (Hrsg.), „Nach Hitler kommen wir“. Dokumente zur Programmatik der Moskauer KPD-Führung 1944/45 für Nachkriegsdeutschland, Berlin 1994.

Erler, Peter/Otto, Wilfriede/Prieß, Lutz, Sowjetische Internierungslager in der SBZ/DDR 1945–1950, in: BzG 1990, H. 6, S. 723-734.

Finn, Gerhard (Hrsg.), Die Frauen von Hoheneck. Protokoll einer Anhörung, Berlin, Bonn 1994.

Finn, Gerhard, Die politischen Häftlinge der Sowjetzone, Pfaffenhofen 1960 (Reprint Köln 1989).

Finn, Gerhard (unter Mitarb. von Karl Wilhelm Fricke), Politischer Strafvollzug in der DDR, Köln 1981.

Finn, Gerhard, Sachsenhausen 1936–1950. Die Geschichte eines Lagers, Bonn, Bad Münstereifel 1988.

Fischer, Alexander (Hrsg.), Studien zur Geschichte der SBZ (Schriftenreihe der Gesellschaft für Deutschlandforschung), Berlin 1993.

Foitzik, Jan, Befehls- und Kommunikationsstruktur der Sowjetischen Militäradministration in Deutschland (SMAD), in: Sozialismus und Kommunismus im Wandel, S. 324-351.

Foitzik, Jan, Die Sowjetische Militäradministration in Deutschland. Organisation und Wirkungsfelder in der SBZ 1945–1949, in: Aus Politik und Zeitgeschichte, 1990, B 11, S. 43-51.

Foitzik, Jan, Zwischen den Fronten. Zur Politik, Organisation und Funktion linker politischer Kleinorganisationen im Widerstand 1933 bis 1939/40 unter besonderer Berücksichtigung des Exils, Bonn 1986.

Fricke, Karl Wilhelm, Die DDR-Staatssicherheit. Entwicklung, Strukturen, Aktionsfelder, 2. aktualisierte Aufl., Köln 1987.

Fricke, Karl Wilhelm, Das Ministerium für Staatssicherheit als Herrschaftsinstrument der SED, in: Sozialismus und Kommunismus im Wandel, S. 399-414.

Fricke, Karl Wilhelm, Opposition und Widerstand in der DDR, Köln 1984.

Fricke, Karl Wilhelm, Politik und Justiz in der DDR. Zur Geschichte der politischen Verfolgung 1945–1968. Bericht und Dokumentation, Köln 1979.

Fricke, Karl Wilhelm, Selbstbehauptung und Widerstand in der Sowjetischen Besatzungszone Deutschlands, 2. Aufl., Bonn 1965.

Fricke, Karl Wilhelm, Sozialdemokraten und Kommunisten, in: Deutschland Archiv, 6, 1973, S. 912 ff.

Fricke, Karl Wilhelm, Warten auf Gerechtigkeit, Köln 1971.

Friedrich-Ebert-Stiftung (Hrsg.), 40 Jahre Sozialistische Einheitspartei Deutschlands, Bonn 1985.

Friedrich-Ebert-Stiftung (Hrsg.), Gerechtigkeit den Opfern der kommunistischen Diktatur, Bonn 1991 (Reihe Bautzen-Forum, Nr. 2).

Friedrich-Ebert-Stiftung (Hrsg.), Stalinismus – Analyse und persönliche Betroffenheit, Bonn 1991 (Reihe Bautzen-Forum, Nr. 1).

Germer, Karl J., Von Grotewohl bis Brandt. Ein dokumentarischer Bericht über die SPD in den ersten Nachkriegsjahren, Landshut 1974.

Geschichte der Bundesrepublik Deutschland, Bd. 1: Theodor Eschenburg, Jahre der Besatzung. 1945–1949, Stuttgart, Wiesbaden 1983; Bd. 2: Hans-Peter Schwarz, Die Ära Adenauer. Gründerjahre der Republik. 1949–1957, Stuttgart, Wiesbaden 1981.

Gniffke, Erich W., Jahre mit Ulbricht, Köln 1966.

Grabe, Kurt, Vier Stationen in Rot, St. Michael 1982.

Grebing, Helga, Politische und soziale Probleme der Arbeiterklasse am Ende des Zweiten Weltkrieges und in der unmittelbaren Nachkriegszeit, in: Internationale wissenschaftliche Korrespondenz zur Geschichte der deutschen Arbeiterbewegung, 22, 1986, 1, S. 1-20.

Grebing, Helga/Christoph Kleßmann/Klaus Schönhoven, Zur Situation der Sozialdemokratie in der SBZ/DDR im Zeitraum zwischen 1945 und dem Beginn der 50er Jahre, Marburg 1992.

Grotewohl, Otto, Wo stehen wir, wohin gehen wir? Der historische Auftrag der SPD, Berlin o. J. [1945].

Otto Grotewohl und die Einheitspartei. Dokumente Band 1: Mai 1945 bis April 1946. Mit einer Einführung von Wolfgang Triebel. Auswahl und Kommentierung: Hans-Joachim Fieber, Maren Franke und Wolfgang Triebel; Dokumente Band 2: Mai 1946 bis Januar 1949, Berlin: Edition Luisenstadt 1994.

Gruner, Gert/Wilke, Manfred (Hrsg.), Sozialdemokraten im Kampf um die Freiheit. Die Auseinandersetzungen zwischen SPD und KPD 1945/46. Stenographische Niederschrift der Sechziger Konferenz am 20./21. Dezember 1945, München 1981.

Hagemann, Frank, Der Untersuchungsausschuß Freiheitlicher Juristen 1949–1969, Frankfurt u. a. 1994.

Hagen, Manfred, DDR – Juni '53. Die erste Volkserhebung im Stalinismus, Stuttgart 1992.

Hauth, Ulrich, Die Politik von KPD und SED gegenüber der westdeutschen Sozialdemokratie (1945–1948), Frankfurt a. M. 1978.

Helwig, Gisela (Hrsg.), Rückblicke auf die DDR. Festschrift für Ilse Spittmann-Rühle, Köln 1995.

Hildebrandt, Rainer, Der 17. Juni 1953, Berlin 1983.

Hurwitz, Harold, Die Anfänge des Widerstands, Teil 1: Führungsanspruch und Isolation der Sozialdemokraten, Köln 1990 (= Demokratie und Antikommunismus in Berlin nach 1945, Bd. 4/1).

Hurwitz, Harold, Die Anfänge des Widerstands, Teil 2: Zwischen Selbsttäuschung und Zivilcourage: Der Fusionskampf, Köln 1990 (= Demokratie und Antikommunismus in Berlin nach 1945, Bd. 4/2).

Hurwitz, Harold, Kontinuität und Bruch. Sozialdemokratie, Massenöffentlichkeit und die Besatzungsmächte im Berliner Abwehrkampf nach 1945, in: Rolf Ebbinghaus/Friedrich Tiemann (Hrsg.), Das Ende der Arbeiterbewegung in Deutschland? Ein Diskussionsband zum 60. Geburtstag von Theo Pirker, Opladen 1984, S. 240-273.

Hurwitz, Harold, Wie die SPD-Basis die Zwangsvereinigung erlebte. Beispiele aus den Ländern der SBZ, in: Deutschland Archiv, 23, 1990, 9, S. 1439–1442.

Hurwitz, Harold, Zwangsvereinigung und Widerstand der Sozialdemokraten in der Sowjetischen Besatzungszone und Berlin, Köln 1990.

Hurwitz, Harold/Sühl, Klaus, Autoritäre Tradierung und Demokratiepotential in der sozialdemokratischen Arbeiterbewegung, Köln 1984 (= Demokratie und Antikommunismus in Berlin nach 1945, Bd. 2).

Jänicke, Martin, Der dritte Weg. Die antistalinistische Opposition gegen Ulbricht seit 1953, Köln 1964.

Kaden, Albrecht, Einheit oder Freiheit? Die Wiedergründung der SPD 1945/46, Bonn 1980.

Kaelble, Hartmut/Kocka, Jürgen/Zwahr, Hartmut, Sozialgeschichte der DDR, Stuttgart 1994.

Kaff, Brigitte (Hrsg.), „Gefährliche politische Gegner“. Widerstand und Verfolgung in der sowjetischen Zone/DDR, Düsseldorf 1995.

Kaiser, Monika, Die Zentrale der Diktatur. Organisatorische Weichenstellungen, Strukturen und Kompetenzen der SED-Führung in der SBZ/DDR 1946 bis 1952, in: Historische DDR-Forschung. Aufsätze und Studien. Hrsg. von Jürgen Kocka, Berlin 1993, S. 57-86.

Keiderling, Gerhard, Die Gruppe Ulbricht in Berlin, Berlin 1993.

Klein, Angelika, Die Arbeiterrevolte im Bezirk Halle (H. 1-3). Hrsg. vom Brandenburger Verein für politische Bildung „Rosa Luxemburg“ e. V., Potsdam 1993.

Kleßmann, Christoph, Die doppelte Staatsgründung. Deutsche Geschichte 1945–1955, 3. erg. Aufl., Bonn 1984.
Kleßmann, Christoph, Opposition und Dissidenz in der Geschichte der DDR, in: APuZ, B 5/91 vom 25. Januar 1991, S. 52-62.
Klonovsky, Michael/Flocken, Jan von, Stalins Lager in Deutschland 1945–1950, Berlin, Frankfurt am Main 1991.
Klotzbach, Kurt, Der Weg zur Staatspartei. Programmatik, praktische Politik und Organisation der deutschen Sozialdemokratie 1945 bis 1965, Bonn 1982, (Neuaufl. 1996).
Koch, Manfred, Versuch und Scheitern gesamtdeutscher Parteibildung, Mannheim 1982.
Kocka, Jürgen (Hrsg.), Historische DDR-Forschung. Aufsätze und Studien, Berlin 1993.
Kolesnitschenko, I. S., Im gemeinsamem Kampf um das neue antifaschistische Deutschland, in: Beiträge zur Geschichte Thüringens, Erfurt 1985.
Kopalin, Leonid Pawlowitsch, Die Rehabilitierung deutscher Opfer sowjetischer politischer Verfolgung. Vortrag vor dem Gesprächskreis Geschichte der Friedrich-Ebert-Stiftung in Bonn am 16. Mai 1995, Bonn 1995 (= Gesprächskreis Geschichte, H. 10)
Kowalczuk, Ilko-Sascha/Mitter, Armin/Wolle, Stefan (Hrsg.), Der Tag X – 17. Juni 1953. Die „innere Staatsgründung" der DDR als Ergebnis der Krise 1952/54, Berlin 1995.
Krisch, Henry, German Politics under Soviet Occupation, New York, London 1974.
Krusch, Hans-Joachim, Im Vorfeld der Gründung der SED. Die Reichskonferenz der KPD am 2. und 3. März 1946, in: Beiträge zur Geschichte der Arbeiterbewegung, 28, 1986, 2, S. 178-191.
Krusch, Hans-Joachim, Neuansatz und widersprüchliches Erbe. Zur KPD 1945/46, in: Beiträge zur Geschichte der Arbeiterbewegung, 5, 1991, S.
Krusch, Hans-Joachim, Von der Dezember-Konferenz 1945 zur Februarkonferenz 1946. Programmatische Arbeit der KPD vor der Gründung der SED, in: Beiträge zur Geschichte der Arbeiterbewegung, 28, 1986, 1, S. 16-28.
Kuba, Karlheinz, Die Entwicklung der Berliner Parteiorganisation der SED und ihr Kampf um die sozialistische Umgestaltung in der Hauptstadt von Oktober 1949 bis Mitte 1952, Berlin (Ost), Diss. (Humboldt-Univ.) 1988.
Kühne, Heinz, Kuriere, Spitzel, Spione, Berlin (Ost) 1949.
Kurt-Schumacher-Gesellschaft (Hrsg.), Den Delegierten und Gästen des SPD-Parteitages in Leipzig, Bonn 1990.
Laufer, Jochen, Das Ministerium für Staatssicherheit und die Wahlfälschungen bei den ersten Wahlen in der DDR, in: APuZ, B 5/91, S. 17-30.
Laufer, Jochen, Die SED und die Wahlen (1948–1950). Untersuchungen zu den politischen Entscheidungsprozessen, in: Elke Scherstjanoi (Hrsg.), „Provisorium für längstens ein Jahr". Die Gründung der DDR, Berlin 1993, S. 101-124.
Leonhard, Wolfgang, Die frühe Opposition in der SED (1946–49). Erinnerungen und Erfahrungen, in: Hartmut Jäckel (Hrsg.), Ein Marxist in der DDR. Für Robert Havemann, München/Zürich 1980, S. 20-43.
Leonhard, Wolfgang, Die Revolution entläßt ihre Kinder, Köln 1955, (Neuaufl. 1981).
Leonhard, Wolfgang, Spurensuche. 40 Jahre nach „Die Revolution entläßt ihre Kinder", Köln 1992.

Lipski, Horst, Die ersten Schritte und Maßnahmen zur ideologisch-politischen und organisatorischen Stärkung der SED (Sommer 1946 bis Frühjahr 1947), in: 20 Jahre SED. Beiträge, Berlin (Ost) 1966, S. 13-56.

Lipski, Horst, Die „Sozialistische Einheit" – ein Wegbereiter der Vereinigung von KPD und SPD zur SED, in: Wissenschaftliche Beiträge der Parteihochschule „Karl Marx" beim ZK der SED, 35, 1986, 1, S. 9-19.

Löwenthal, Richard/Mühlen, Patrik von zur (Hrsg.), Widerstand und Verweigerung in Deutschland 1933 bis 1945, Bonn 1982.

Lohrenz, Wilhelm, Hinter den Kulissen der SPD-Führung. Tatsachenbericht über die Spionagetätigkeit des SPD-Parteivorstandes, Berlin (Ost) 1948.

Loth, Wilfried, Stalins ungeliebtes Kind. Warum Moskau die DDR nicht wollte, Berlin 1994.

Loth, Wilfried, Das ungeliebte Kind. Stalin und die Gründung der DDR, in: Elke Scherstjanoi (Hrsg.), „Provisorium für längstens ein Jahr". Die Gründung der DDR, Berlin 1993, S. 31-38.

Loth, Wilfried, Ziele sowjetischer Deutschlandpolitik nach dem Zweiten Weltkrieg, in: Sozialismus und Kommunismus im Wandel, S. 303-323.

Ludz, Peter Christian, Die Ideologie des „Sozialdemokratismus" aus der Sicht des Kommunisten, in: Neue Gesellschaft, 19, 1972, 5, S. 358-363.

Lukács, Georg/Johannes R. Becher/Friedrich Wolf u. a., Die Säuberung. Moskau 1936: Stenogramm einer geschlossenen Parteiversammlung. Hrsg. von Reinhard Müller, Hamburg 1991.

Majer, Dietmut, Grundlagen des nationalsozialistischen Rechtssystems, Stuttgart, Berlin u. a. 1987.

Malycha, Andreas (Hrsg.), Auf dem Weg zur SED. Die Sozialdemokratie und die Bildung einer Einheitspartei in den Ländern der SBZ, Bonn 1995.

Malycha, Andreas, Der Aufruf des Zentralausschusses der SPD vom 15. Juli 1945. Entstehung und historische Bedeutung, in: Beiträge zur Geschichte der Arbeiterbewegung, 30, 1988, 5, S. 606-619.

Malycha, Andreas, „Hier stehe ich, ich kann nicht anders!" Rede Otto Grotewohls am 11. November 1945, in: Beiträge zur Geschichte der Arbeiterbewegung, 34, 1992, 2, S. 167-184.

Malycha, Andreas, Partei von Stalins Gnaden? Die Entwicklung der SED zur Partei neuen Typs in den Jahren 1946 bis 1950, Berlin 1996.

Malycha, Andreas, Der Zentralausschuß der SPD im Jahre 1945 und seine Stellung zur Sowjetunion, in: Beiträge zur Geschichte der Arbeiterbewegung, 28, 1986, 2, S. 236-247.

Malycha, Andreas, Der Zentralausschuß der SPD und der gesellschaftspolitische Neubeginn im Nachkriegsdeutschland, in: Zeitschrift für Geschichtswissenschaft, 38, 1990, 7, S. 581-595.

Malycha, Andreas, Der Zentralausschuß, Kurt Schumacher und die Einheit der SPD, Beiträge zur Geschichte der Arbeiterbewegung, 33, 1991, 2, S. 182-193.

Malycha, Andreas, Der „besondere deutsche Weg" zum Sozialismus. Eine Ackermann-Legende?, in: Utopie kreativ, 1991, 6, S. 55-64.

Malycha, Andreas, Die Sozialdemokratische Partei Deutschlands (SPD) im Jahre 1945. Zu Rolle und Wirksamkeit des Zentralausschusses (ZA) im Ringen um antifaschistische Umgestaltungen in der Etappe der Aktionseinheit von KPD und SPD (Mai 1945 bis Dezember 1945), Diss. Berlin (Ost) 1988.

Malycha, Andreas, Sozialdemokratische Vorstellungen in der SED in den Jahren 1946–1948, in: Beiträge zur Geschichte der Arbeiterbewegung, 32, 1990, 3, S. 339-349.
Malycha, Andreas, „Partei neuen Typus". Die Umwandlung der SED in eine Organisation Stalinschen Typs 1948, in: Cerny, Jochen (Hrsg.), Brüche, Krisen, Wendepunkte. Neubefragung von DDR-Geschichte. Beiträge zu einem Kolloquium, Leipzig 1990, S. 36-44.
Malycha, Andreas/Hedeler, Wladislaw, Die Stalinisierung der SED, Mainz 1991.
Materialien der Enquete-Kommission „Aufarbeitung von Geschichte und Folgen der SED-Diktatur in Deutschland" (12. Wahlperiode des Deutschen Bundestages), hrsg. vom Deutschen Bundestag, 18 Bde., Baden-Baden 1995.
Matz-Donath, Annerose, Wege nach Hoheneck. Frauen vor Sowjetischen Militärtribunalen, in: Deutschland Archiv, 5, 1995, S. 466-480.
Mazassek, Volker, Sozialdemokraten und „Sozialdemokratismus" in der SED (1946–1951), [unveröffentlichte Magisterarbeit, Göttingen 1992].
Merritt, Richard L./Francisco, Ronald A., Die Symbolpartei in der Ost-West-Auseinandersetzung. Die Sozialdemokratie in Berlin 1945 bis 1961, in: Politische Vierteljahresschrift, XIII, 1972, S. 331-334.
Merz, Kai-Uwe, Kalter Krieg als antikommunistischer Widerstand. Die Kampfgruppe gegen Unmenschlichkeit 1948–1959, München 1987.
Meuschel, Siegrid, Legitimation und Parteiherrschaft. Zum Paradox von Stabilität und Revolution in der DDR 1945–1989, Frankfurt am Main 1992.
Meuschel, Siegrid, Überlegungen zu einer Herrschafts- und Gesellschaftsgeschichte der DDR, in: GG 19, 1993, S. 5-14.
Mitter, Armin/Wolle, Stefan, Untergang auf Raten. Unbekannte Kapitel der DDR-Geschichte, München 1993.
Moraw, Frank, Die Parole der „Einheit" und die Sozialdemokratie. Zur parteiorganisatorischen und gesellschaftspolitischen Orientierung der SPD in der Periode der Illegalität und in der ersten Phase der Nachkriegszeit (1933–1948), 2. Aufl., Bonn 1990.
Mühlen, Patrik von zur, Der „Eisenberger Kreis". Jugendwiderstand und Verfolgung in der DDR 1952–1958, Bonn 1995.
Müller, Reinhard, Die Akte Wehner. Moskau 1937 bis 1941, Berlin 1993.
Müller, Rolf-Dieter, Die deutsche Wirtschaftspolitik in den besetzten sowjetischen Gebieten 1941–1945, Boppard 1990.
Müller, Rolf-Dieter, Hitlers Ostkrieg und die deutsche Siedlungspolitik, Frankfurt/M. 1991.
Müller, Werner, Die KPD und die Einheit der Arbeiterklasse, Frankfurt a. M./New York 1979.
Müller, Werner, SED-Gründung unter Zwang – Ein Streit ohne Ende? Plädoyer für den Begriff „Zwangsvereinigung", in: Deutschland Archiv, 24, 1991, 1, S. 52-58.
Müller, Werner, Sozialdemokratie und Einheitspartei. Eine Fallstudie zur Nachkriegsentwicklung in Leipzig, in: Dietrich Staritz/Hermann Weber (Hrsg.), Einheitsfront – Einheitspartei, S. 129-166.
Müller, Werner, Sozialdemokratische Partei Deutschlands (SPD), in: SBZ-Handbuch, München 1990, S. 460-480.
Müller, Werner, Sozialdemokratische Politik unter sowjetischer Militärverwaltung. Chancen und Grenzen der SPD in der Sowjetischen Besatzungszone zwi-

schen Kriegsende und SED-Gründung, in: Internationale Wissenschaftliche Korrespondenz zur Geschichte der deutschen Arbeiterbewegung, 23, 1987, 2, S. 170-206.
Naimark, Norman M., Die Sowjetische Militäradministration in Deutschland und die Frage des Stalinismus, in: ZfG 1995, H. 4, S. 293-307.
Neugebauer, Gero, Die führende Rolle der SED. Prinzipien, Strukturen und Mechanismen der Machtausübung in Staat und Gesellschaft, in: Ilse Spittmann (Hrsg.), Die SED in Geschichte und Gegenwart, Köln 1987, S. 65-77.
Neumann, Thomas, Die Maßnahme. Eine Herrschaftsgeschichte der SED, Reinbek 1991.
Niethammer, Lutz/Ulrich Borsdorf/Peter Brandt (Hrsg.), Arbeiterinitiative 1945. Antifaschistische Ausschüsse und Reorganisation der Arbeiterbewegung in Deutschland, Wuppertal 1976.
Nollau, Günther, Das Amt. 50 Jahre Zeuge der Geschichte, München 1978.
Otto, Wilfriede, Zur stalinistischen Politik der SED Anfang der fünfziger Jahre, in: Archiv (Wien), 7, 1991, S. 129-137.
Overesch, Manfred, Hermann Brill in Thüringen 1895–1946. Ein Kämpfer gegen Ulbricht und Hitler, Bonn 1992.
Overesch, Manfred, Hermann Brill und die Neuansätze deutscher Politik in Thüringen 1945, in: Vierteljahrshefte für Zeitgeschichte, 27, 1979, 4, S. 524-569.
Parteivorstand der SPD (Hrsg.), Vor 40 Jahren. Zur erzwungenen Vereinigung von SPD und KPD in der Sowjetisch Besetzten Zone 1946, 2. Aufl., Bonn 1990.
Plener, Ulla, Zum ideologisch-politischen Klärungsprozeß in der SPD der sowjetischen Besatzungszone 1945, in: Beiträge zur Geschichte der Arbeiterbewegung, 1, 1972.
Pommerin, Reiner, Die Zwangsvereinigung von KPD und SPD zur SED. Eine britische Analyse vom April 1946, in: Vierteljahrshefte für Zeitgeschichte, 36, 1988, 2, S. 331-338.
Protokoll des Vereinigungsparteitages der Sozialdemokratischen Partei Deutschlands (SPD) und der Kommunistischen Partei Deutschlands (KPD) am 21. und 22. April 1946 in der Staatsoper „Admiralspalast“ in Berlin, Berlin 1946.
Puhle, Matthias (Hrsg.), Magdeburg – 17. Juni 1953, Magdeburg 1993 (= Magdeburger Museumshefte 2).
Rexin, Manfred, Zugelassen 1946 – aufgelöst 1961. Die SPD in Ost-Berlin 1946–1961, Berlin 1989 (= Schriftenreihe des Franz-Neumann-Archivs Berlin, H. 5).
Richter, Michael, Die Ost-CDU 1948–1952. Zwischen Widerstand und Gleichschaltung, 2. Aufl., Düsseldorf 1991.
Ritscher, Bodo, Speziallager Nr. 2 Buchenwald. Zur Geschichte des Lagers Buchenwald 1945 bis 1950, Weimar-Buchenwald 1993.
Roberts, Adam (Hrsg.), Gewaltloser Widerstand gegen Aggressoren. Probleme – Beispiele – Strategien, Göttingen 1971.
Roth, Heidi, Der 17. Juni 1953 im damaligen Bezirk Leipzig, in: Deutschland Archiv 6, 1991, S. 573-584.
SBZ-Handbuch. Staatliche Verwaltungen, Parteien, gesellschaftliche Organisationen und ihre Führungskräfte in der Sowjetischen Besatzungszone Deutschlands 1945–1949. Im Auftrag des Arbeitsbereiches Geschichte und Politik der DDR an der Universität Mannheim und des Instituts für Zeitgeschichte München, hrsg. von Martin Broszat und Hermann Weber, München 1990.

Schacht, Ulrich (Hrsg.), Hohenecker Protokolle. Aussagen zur Geschichte der politischen Verfolgung von Frauen in der DDR, Zürich 1984.

Scherstjanoi, Elke (Hrsg.), „Provisorium für längstens ein Jahr". Die Gründung der DDR, Berlin 1993.

Schlegelmilch, Arthur, Hauptstadt im Zonendeutschland. Die Entstehung der Berliner Nachkriegsdemokratie 1945–1949, Berlin 1993.

Schmitz, Kurt Thomas, Deutsche Einheit und Europäische Integration, Bonn 1978.

Schön, Otto, Der Weg zur Vereinigung der beiden Arbeiterparteien in Leipzig, in: Leipzig. Aus Vergangenheit und Gegenwart, 4, 1986, S. 35-53.

Schönhoven, Klaus/Staritz, Dietrich (Hrsg.), Sozialismus und Kommunismus im Wandel. Hermann Weber zum 65. Geburtstag, Köln 1993.

Schneider, Dieter Marc, Renaissance und Zerstörung der kommunalen Selbstverwaltung in der sowjetischen Besatzungszone, in: Vierteljahrshefte für Zeitgeschichte, H. 3, 1989, S. 457-497.

Schuller, Wolfgang, Geschichte und Struktur des politischen Strafrechts in der DDR bis 1968, Ebelsbach 1980.

Schulz, Klaus-Peter, Auftakt zum Kalten Krieg. Der Freiheitskampf der SPD in Berlin 1945/46, Berlin 1965.

Schulz, Klaus-Peter, Sorge um die deutsche Linke. Eine kritische Analyse der SPD-Politik seit 1945, Köln 1955.

Sieger, Volker, Die Entwicklung der SED zur „Partei neuen Typus", Magisterarbeit, Bochum 1992.

Spanger, Hans-Joachim, Die SED und der Sozialdemokratismus. Ideologische Abgrenzung in der DDR, Köln 1982.

Spittmann, Ilse/Fricke, Karl Wilhelm (Hrsg.), 17. Juni 1953. Arbeiteraufstand in der DDR, 2. Aufl., Köln 1988.

Staffelt, Ditmar, Der Wiederaufbau der Berliner Sozialdemokratie 1945/46 und die Einheitsfrage. Ein Beitrag zur Nachkriegsgeschichte der unteren und mittleren Organisationsgliederungen der SPD, Frankfurt a. M. 1986.

Staritz, Dietrich, Die Gründung der DDR. Von der sowjetischen Besatzungsherrschaft zum sozialistischen Staat, München 1984.

Staritz, Dietrich, Die SED, Stalin und der „Aufbau des Sozialismus" in der DDR. Aus den Akten des Zentralen Parteiarchivs, in: Deutschland Archiv 24, 1991, 7, S. 686-700 (unter dem gleichen Titel in: Aus Politik und Zeitgeschichte, B 5, 1991, S. 3-16).

Staritz, Dietrich, Die SED und die Opposition, in: Ilse Spittmann (Hrsg.), Die SED in Geschichte und Gegenwart, Köln 1987, S. 78-97.

Staritz, Dietrich, Ein „besonderer deutscher Weg" zum Sozialismus?, in: Aus Politik und Zeitgeschichte, B 51/52, 1982, S. 15-31.

Staritz, Dietrich, Einheits- und Machtkalküle der SED (1946–1948), in: Elke Scherstjanoi (Hrsg.), „Provisorium für längstens ein Jahr", S. 15-31.

Staritz, Dietrich, Das ganze oder das halbe Deutschland? Zur Deutschlandpolitik der Sowjetunion und der KPD/SED 1945–1955, in: Jürgen Weber (Hrsg.), Die Republik der fünfziger Jahre. Adenauers Deutschlandpolitik auf dem Prüfstand, München 1989, S. 112-129.

Staritz, Dietrich, Sozialismus in einem halben Land. Zur Programmatik und Politik der KPD/SED in der Phase der antifaschistisch-demokratischen Umwälzung, Berlin 1976.

Staritz, Dietrich, Zur Gründung der SED. Forschungsstand, Kontroversen, offene Fragen, in: Dietrich Staritz/Hermann Weber (Hrsg.), Einheitsfront – Einheitspartei, S. 38-75.
Steinbach, Lothar, Sozialgeschichte, Arbeitergeschichte, erinnerte Geschichte, in: Archiv für Sozialgeschichte, XXVIII, 1988, S. 541-600.
Steinbach, Peter, Die Zwangsvereinigung von SPD und KPD im Jahre 1946. Eine Phase der Auseinandersetzung zwischen Sozialdemokratie und Sowjetkommunismus im 20. Jahrhundert, in: Wilhelm Treue (Hrsg.), Geschichte als Aufgabe. Festschrift zu seinem 60. Geburtstag, Berlin (West) 1988, S. 677-707.
Steininger, Rolf, Eine Chance zur Wiedervereinigung? Die Stalin-Note vom 10. März 1952, Bonn 1985.
Stern, Carola, Porträt einer bolschewistischen Partei. Entwicklung, Funktion und Situation der SED, Köln 1957.
Stössel, Frank, Positionen und Strömungen in der KPD/SED 1945–1954, Köln 1985.
Suckut, Siegfried, Blockpolitik in der SBZ/DDR 1945–1949, Köln 1986.
Suckut, Siegfried, Die Betriebsrätebewegung in der Sowjetischen Besatzungszone Deutschlands (1945–1948). Zur Entwicklung und Bedeutung von Arbeiterinitiative, betrieblicher Mitbestimmung und Selbstbestimmung bis zur Revision des programmatischen Konzepts der KPD/SED vom „besonderen deutschen Weg zum Sozialismus“, Frankfurt/M. 1982.
Sühl, Klaus, Arbeiterbewegung, SPD und deutsche Einheit 1945/46, in: Ebbinghaus/Tiemann (Hrsg.), Das Ende der Arbeiterbewegung in Deutschland? Ein Diskussionsband zum sechzigsten Geburtstag von Theo Pirker, Opladen 1984.
Sühl, Klaus, Schumacher und die Westzonen-SPD im Vereinigungsprozeß, in: Dietrich Staritz/Hermann Weber (Hrsg.), Einheitsfront – Einheitspartei. Kommunisten und Sozialdemokraten in Ost- und Westeuropa 1944–1948, Köln 1989, S. 108-128.
Sywottek, Arnold, Die „Fünfte Zone“. Zur gesellschafts- und außenpolitischen Orientierung und Funktion sozialdemokratischer Politik in Berlin 1945–1948, in: Archiv für Sozialgeschichte, XIII, 1973, S. 53-129.
Thape, Ernst, Von Rot zu Schwarz-Rot-Gold. Lebensweg eines Sozialdemokraten, Hannover 1969.
Thomas, Stephan, Sozialdemokratie und Kommunismus, in: Aus Politik und Zeitgeschichte, B 45, 1957, S. 753-773.
Tjulpanow, Sergej, Deutschland nach dem Krieg (1945–1949). Erinnerungen eines Offiziers der Sowjetarmee, Berlin (Ost) 1986.
Ulbricht, Walter, Zur Geschichte der deutschen Arbeiterbewegung. Aus Reden und Aufsätzen, Bd. 2: 1933–1945, Berlin (Ost) 1953.
Um ein antifaschistisch-demokratisches Deutschland, Berlin (Ost) 1968.
Das unverstandene Menetekel – Der 17. Juni 1953. Materialien einer Tagung. Hrsg. vom Brandenburger Verein für politische Bildung „Rosa Luxemburg“ e. V., Potsdam 1993.
Urban, Karl/Schulz, Joachim, Die Vereinigung von KPD und SPD zur Sozialistischen Einheitspartei Deutschlands in der Provinz Brandenburg. Der Beginn der antifaschistisch-demokratischen Umwälzung 1945–1946, hrsg. von der Bezirksleitung der SED, Potsdam 1985.
Vogelsang, Thilo (Hrsg), Oberbürgermeister in Jena 1945/46. Aus den Erinnerungen von Dr. Heinrich Troeger, in: VfZ, 25. Jg. 1977, H. 4.

Volker, Hagen, Sibirien liegt in Deutschland, Berlin 1958.
Vorstand der SPD, Terror in der Ostzone, Hannover 1948.
Voßke, Heinz, Otto Grotewohl. Biographischer Abriß, Berlin (Ost) 1979.
Voßke, Heinz, Friedrich Ebert. Ein Lebensbild, Berlin (Ost) 1987.
Voßke, Heinz: Die Vereinigung der KPD und der SPD zur SED in Mecklenburg-Vorpommern. Mai 1945 bis April 1946, Rostock 1966.
Walter, Franz, Sachsen – ein Stammland der Sozialdemokratie?, in: Politische Vierteljahresschrift, 22, 1991, 2, S. 207-231.
Walter, Franz, Thüringen – einst Hochburg der sozialistischen Arbeiterbewegung?, in: Internationale wissenschaftliche Korrespondenz zur Geschichte der deutschen Arbeiterbewegung, 28, 1992, 1, S. 21-39.
Walter, Franz/Dürr, Tobias/Schmidtke, Klaus, Die SPD in Sachsen und Thüringen zwischen Hochburg und Diaspora. Untersuchungen auf lokaler Ebene vom Kaiserreich bis zur Gegenwart, Bonn 1993.
Weber, Hermann, DDR. Grundriß der Geschichte, vollständig überarb. u. erg. Neuaufl., Hannover 1991.
Weber, Hermann (Hrsg.), Parteiensystem zwischen Demokratie und Volksdemokratie. Dokumente und Materialien zum Funktionswandel der Parteien und Massenorganisationen in der SBZ/DDR 1945–1950, Köln 1982.
Weber, Hermann, Aufbau und Fall einer Diktatur. Kritische Beiträge zur Geschichte der DDR, Köln 1991.
Weber, Hermann, Die Sozialistische Einheitspartei Deutschlands, 1946–1971, Hannover 1971.
Weber, Hermann, Gab es eine demokratische Vorgeschichte der DDR?, in: Gewerkschaftliche Monatshefte, 43, 1992, 4/5, S. 272-280.
Weber, Hermann, Geschichte der DDR, 3. Aufl., München 1989.
Weber, Hermann, Sozialdemokraten und Kommunisten. Die Haltung der Sozialdemokraten, in: Deutschland Archiv, 6, 1973, S. 706-712.
Weber, Hermann, Zwangsvereinigung oder freiwilliger Zusammenschluß? Zur Gründung der SED vor 40 Jahren, in: Neue Gesellschaft/Frankfurter Hefte, 33, 1986, 1, S. 26-31.
Werkentin, Falco, Politische Strafjustiz in der Ära Ulbricht, Berlin 1995.
Wolfram, Adam, Es hat sich gelohnt. Der Lebensweg eines Gewerkschafters, Koblenz 1977.
Wolfram, Adam, Hammer und Sichel über Mitteldeutschland. Erlebnisse und Erfahrungen über die Diktatur der SED in Sachsen-Anhalt von 1945–1952, Koblenz 1988.
Wolkogonow, Dimitri, Stalin. Triumph und Tragödie. Ein politisches Porträt, Düsseldorf 1993.
Zimmermann, Fritz, Otto Buchwitz. Ein Lebensbild, Berlin (Ost) 1984.
Zur medizinischen, psychologischen und politischen Beurteilung von Haftfolgeschäden nach 1945 in Deutschland. Fortbildungsveranstaltung am 26. Oktober 1994 in Magdeburg. Hrsg. von der Gedenkstätte für die Opfer politischer Gewalt in Sachsen-Anhalt 1945–1989, Friedrich-Ebert-Stiftung, Landesbüro Sachsen-Anhalt u. a., Magdeburg 1995.

# Abkürzungen

| | |
|---|---|
| Abt. | Abteilung |
| ADAV | Allgemeiner Deutscher Arbeiterverein |
| AdsD | Archiv der sozialden Demokratie der Friedrich-Ebert-Stiftung |
| AfA-Bund | Allgemeiner Freier Angestellten-Bund |
| AfS | Archiv für Sozialgeschichte |
| APuZ | Aus Politik und Zeitgeschichte. Beilage zum „Parlament“ |
| BdM | Bund deutscher Mädel |
| BGL | Betriebsgewerkschaftsleitung |
| BL | Bezirksleitung |
| BStU | Bundesbeauftragter für die Unterlagen des Staatssicherheitsdienstes der ehemaligen DDR |
| BzG | Beiträge zur Geschichte der Arbeiterbewegung |
| DA | Deutschland Archiv |
| DAF | Deutsche Arbeitsfront |
| DDR | Deutsche Demokratische Republik |
| DFD | Demokratischer Frauenbund Deutschlands |
| DGB | Deutscher Gewerkschaftsbund |
| Dok. | Dokument |
| DSF | Gesellschaft für Deutsch-Sowjetische Freundschaft |
| DVI | Deutsche Verwaltung des Innern |
| DWK | Deutsche Wirtschaftskommission |
| FAZ | Frankfurter Allgemeine Zeitung |
| FDGB | Freier Deutscher Gewerkschaftsbund |
| GEG | Großeinkaufs-Gesellschaft deutscher Konsumvereine mbH |
| GG | Geschichte und Gesellschaft |
| GI | Geheimer Informant |
| GM | Geheimer Mitarbeiter |
| GST | Gesellschaft für Sport und Technik |
| H. | Heft |
| HJ | Hitlerjugend |
| HO | (staatliche) Handelsorganisation |
| HVA | Hauptverwaltung Aufklärung (des MfS) |
| IG | Industriegewerkschaft |
| IML | Institut für Marxismus-Leninismus |
| IWK | Internationale Wissenschaftliche Korrespondenz zur Geschichte der deutschen Arbeiterbewegung |
| KGU | Kampfgruppe gegen Unmenschlichkeit |
| Komintern | Kommunistische Internationale |
| KPD | Kommunistische Partei Deutschlands |
| KPdSU | Kommunistische Partei der Sowjetunion |

| | |
|---|---|
| KVP | Kasernierte Volkspolizei |
| KZ | Konzentrationslager |
| LPKK | Landesparteikontrollkommission |
| LV | Landesvorstand |
| MdL | Mitglied des Landtages |
| MdR | Mitglied des Reichstages |
| MfS | Ministerium für Staatssicherheit |
| MdVK | Mitglied der Volkskammer |
| MdVR | Mitglied des Volksrats |
| NKWD | Narodny komissariat wnutrenych del/Volkskommissariat des Innern |
| NL | Nachlaß |
| NPL | Neue Politische Literatur |
| NS | Nationalsozialismus, nationalsozialistisch |
| NSDAP | Nationalsozialistische Deutsche Arbeiterpartei |
| OdF | Opfer des Faschismus |
| PV | Parteivorstand |
| PVS | Politische Vierteljahresschrift |
| RAW | Reichsbahnausbesserungswerk |
| RIAS | Rundfunk im amerikanischen Sektor (Berlins) |
| SAG | Sowjetische Aktiengesellschaft |
| SAJ | Sozialistische Arbeiterjugend |
| SAPMO-BArch | Stiftung Archiv der Parteien und Massenorganisationen der DDR im Bundesarchiv |
| SBZ | Sowjetische Besatzungszone |
| SD | Sicherheitsdienst |
| SMA | Sowjetische Militäradministration der Länder und Provinzen |
| SMAD | Sowjetische Militäradministration in Deutschland |
| SMT | Sowjetisches Militärtribunal |
| SPD | Sozialdemokratische Partei Deutschlands |
| SSD | Staatssicherheits-Dienst |
| StadtVO | Stadtverordnete(r) |
| UdSSR | Union der Sozialistischen Sowjetrepubliken |
| UGO | Unabhängige Gewerkschafts-Opposition/Organisation |
| VHS | Volkshochschule |
| VjhZG | Vierteljahrshefte für Zeitgeschichte |
| Vopo | Volkspolizei/Volkspolizist |
| VVN | Vereinigung der Verfolgten des Naziregimes |
| ZA | Zentralausschuß |
| ZfG | Zeitschrift für Geschichtswissenschaft |
| ZK | Zentralkomitee |
| ZPKK | Zentrale Partei-Kontrollkommission |
| ZS | Zentralsekretariat |

# Personenregister

# Die Autorin

Beatrix Bouvier, Dr. phil. habil., Studium der Geschichte und Politikwissenschaft, ist wissenschaftliche Mitarbeiterin im Institut für Sozialgeschichte e. V. Braunschweig-Bonn und Privatdozentin an der Technischen Hochschule Darmstadt.